明
室
Lucida

照亮阅读的人

奥登传

穿越焦虑时代

W. H. AUDEN
A BIOGRAPHY
BY HUMPHREY CARPENTER

［英］
汉弗莱·卡彭特 著
蔡海燕 译

北京联合出版公司
Beijing United Publishing Co.,Ltd.

奥登在母亲怀里;1941年母亲去世后,奥登将这张照片送给了伊丽莎白·梅耶。

小时候的奥登;在约翰·莱亚德的文件中发现了这张照片。

1913年8月,奥登一家在赖厄德度假。从左到右依次为G. A. 奥登医生、威斯坦、伯纳德、约翰、康斯坦斯·奥登。

1913年8月,威斯坦趴在赖厄德自来水厂的栏杆上。"那些从不开口的漂亮机器/让这个小男孩如此崇拜……"

奥登三兄弟。从左到右依次是伯纳德、约翰、威斯坦。

小学时期的威斯坦·奥登。

中学时期的威斯坦·奥登。

20世纪20年代在湖区村屋。从左到右依次是威斯坦、父亲、二哥约翰。

1928年，在斯坦利·费舍尔的建议下，埃里克·布拉莫尔在牛津为奥登和克里斯托弗·伊舍伍德拍摄照片。

同上，属于 1928 年拍摄的系列照片。

希拉·理查森,在1928年至1929年期间,短暂地成为奥登的未婚妻。

1930年的加布里埃尔·卡里特。

1929年,奥登和约翰·莱亚德在德国,可能摄于哈茨山区的红屋村。

1931年，奥登、斯蒂芬·斯彭德和克里斯托弗·伊舍伍德在吕根岛。三人签名的照片被送给了加布里埃尔·卡里特。

20世纪30年代早期的奥登、伊舍伍德和斯彭德，由霍华德·科斯特拍摄。

以"哦,爱,真正感兴趣的是无知的天堂"为开篇的诗歌的部分手稿,翻拍自奥登当时的创作笔记本。这首诗写于1932年5月。

1933年夏季科尔沃尔的唐斯学校。奥登坐在教工排的最右边;彼得·罗杰坐在他旁边;莫里斯·费尔德坐在最左边;戴着眼镜的校长杰弗里·霍伊兰坐在这一排的中间,他的膝盖上坐着一个孩子;迈克尔·那次站在校长身后的左边。

奥登和埃丽卡·曼,摄于1935年6月15日婚礼后。彼得·罗杰站在最左边,抱着约翰·费尔德,孩子的母亲亚历山德拉·费尔德(唐斯学校艺术科教师莫里斯·费尔德的妻子)站在最右边。

奥登和伊舍伍德,可能拍摄于1936年3月,当时他们在葡萄牙合写《攀登F6》。奥登将这张照片送给了E. R. 多兹,题写道"面向真正更美好的世界的人",出自他以"当然是我们的城市,贫困的棚屋一路延伸"为开篇的诗歌。

路易斯·麦克尼斯,1936年奥登摄于冰岛。

奥登和E. M. 福斯特,一位海滨摄影师摄于多佛港。

1938年1月,奥登和伊舍伍德正启程前往中国。

1938年,奥登在中国抗日战争前线。

奥登和伊舍伍德在纽约中央公园,可能是1938年7月他们第一次到访这座城市时拍摄的照片。

1941年，奥登和本杰明·布里顿在纽约排演《保罗·班扬》。

奥登和切斯特·卡尔曼的第一张合影照片。切斯特的父亲爱德华·卡尔曼站在最左边,挨着奥登。切斯特站在前排的最右边,就在篱笆后面。这张照片是1939年在新泽西州拍摄的。

1946年,切斯特·卡尔曼在火岛。

伊丽莎白·梅耶在长岛阿米蒂维尔村家中。

1945年,奥登和詹姆斯·斯特恩在德国进行"美国战略轰炸调查"。

1945年,身着军服的奥登。

20世纪40年代,奥登正在阅读托尔金的《霍比特人》。

切斯特·卡尔曼、罗达·贾菲和奥登在火岛。

1948年，奥登、切斯特·卡尔曼、莫里斯·费尔德及其儿子；摄于奥登和切斯特·卡尔曼在伊斯基亚岛度过第一个夏天后旅英期间。

1947年的奥登,这张照片送给了罗达·贾菲。

奥登注视着切斯特·卡尔曼与一位男士交谈,可能摄于20世纪60年代。

20世纪60年代中期,扬尼斯·波拉斯和切斯特·卡尔曼在基希施泰腾。

1965年4月,奥登在侄女丽塔的婚礼上。

20世纪60年代末,奥登在牛津大学基督教堂学院。

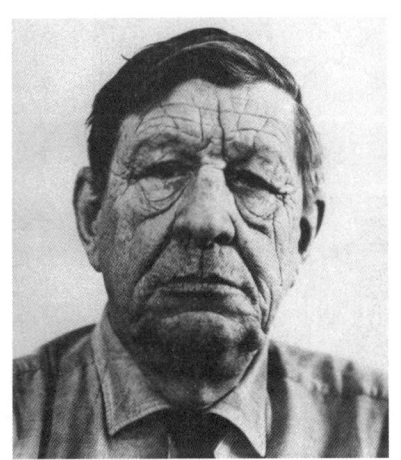
20世纪60年代末的奥登。

1973年9月28日,奥登生命中的最后一晚,在出席维也纳帕尔菲官的诗歌朗诵会时,奥地利艺术家安东·舒米希为奥登绘制了四幅速写。

作者按语

这是第一本基于奥登的大量信件和可查手稿而写成的叙述奥登生平的著述。虽然此书不是作者"授权"的传记,也不是奥登文学遗产受托人委托的项目,而是我自主撰写的作品,但他的遗产所有者允许我在传记中引用这些未曾公开发表的文献,对此我深表感激。

这不是一本文学批评专著。我通常不会对奥登的作品进行点评。不过,我试图呈现这些作品在他彼时彼刻的生活境遇中的生成机缘,并尝试解读他的创作主旨和思想观点。但愿字里行间已经传达了我本人对他诗歌作品无与伦比的热爱。

汉·卡
1980 年于牛津

前言　奥登与传记

"有关作家的传记，"W. H. 奥登宣称，"一般都废话连篇，格调也经常低俗。作家是一位创造者，而非实干家。当然，有些作品，或者从某种意义上说全部作品，都源于作家的个人生活经历。但是，了解这些原生态的素材，并不能帮助读者从作家精心准备的文字盛宴中品尝出其独特风味。除了他自己、他的家人和朋友，作家的私人生活与任何人无关，而且也不应该产生关联。"

奥登在人生暮年写下了上述文字，这其实是他多年来一直秉持的观点。他甚至提出，大多数作家宁愿匿名出版自己的作品，这样读者就不得不专注于作品本身，而不是作家。他尤其反对出版或引用已逝作家的书信内容，声称这种行为并不光彩，无异于趁当事人不在房间时偷阅他的私人信件。至于文学传记作家，他公然给他们贴上了"自称为学者的八卦作家和偷窥狂"的标签。

基于此，以下事件的发生也就不足为奇了：奥登在1973年9月离世后，他的文学遗产受托人公布了他的生前诉求，要求朋友们"看完"他的信件就烧掉，不要留存任何信件，也决不要向任何人展示这些信件。奥登本人曾在去世前不久向其中一位文学遗产受托人解释过原因，声称这是为了"杜绝传记的产生"。

在奥登离世后的几个月里，只有为数不多的几个朋友烧毁了他的一两封信，大多数朋友选择保留手中的信件，有些人将信件捐赠或售卖给了公共机构收藏。与此同时，他的许多朋友非但没有采取措施阻止有关他生平的书写，反而纷纷撰写了与他有关的回忆性文字（出现在各类书籍和报刊上），这为传记作家提供了宝贵的素材。

乍一看，他们似乎践踏了奥登的遗愿。但事情并非如此简单。奥登实际上对此采取了一种教条式的态度，这种武断在他的日常生活中屡见不鲜，往往不会反映出他的全部看法，有时候甚至会自相矛盾。

诚然，他经常抨击文学传记这一体裁，但在实际操作中又出现了一些例外情况。他几乎总是津津有味地品读此类作品，为自己的毫无原则找寻各种各样的借口。他说过，我们需要一本蒲柏的传记，因为他的许多诗作都源自特定的事件，只能仰赖于传记来答疑解惑；我们需要了解特罗洛普的生平，因为他的自传遗漏了很多信息；我们需要知晓瓦格纳的生活，因为他是一个怪胎；至于阅读杰拉尔德·曼利·霍普金斯的传记，那是因为他与艺术之间存在一种跌宕起伏的浪漫关系。换言之，奥登的"杜绝传记"之原则，恰如他的文学遗产受托人爱德华·门德尔松所言，"灵活机动，随时可以被放弃"。

他对作家书信的态度亦如此。他通常友好地评论公开出版的作家书信集，只有当这些书信里的私人性内容仅仅关乎作家个人，而对理解其作品无甚帮助的时候，他才会提出批评。他自己编辑出版了梵高的书信集，要不是别人抢先一步的话，他可能会出版西德尼·史密斯的书信集。至于他自己的信件，他生前已经允许人们在学术书籍以及类似的作品中进行大量引用了。

事实上，他还留下了很多自传性作品。他曾宣称："任何诗人都不应该写自传。"然而，他的不少作品里都带有个人生活的印记。在他的诗歌作品里，我们不仅可以看到数不胜数的自传性段落，还可以发现有些诗（包括他最长的两首诗《致拜伦勋爵的信》和《新年书简》）大体上就是自传性书写。在他的散文作品里，我们也可以找到他对生活中的各类重要事件的评述。到了晚年，他允许记者前往他的纽约寓所和奥地利的消夏宅院拜访他，准许他们发表那些显而易见地透露了他的生活细节的采访稿。

这些都为传记作家提供了充足的发挥空间。那么，奥登到底会不会同意有关他的传记诞生呢？

或许可以如此解读，由于他是一个"行动的人"，他的生活本就丰富多彩，值得以文字的形式记录下来。这是他接受传记的理由，不过，还有一个附加条件。他写道："如果艺术家的生活足够有趣，那么他的传记也是可以存在的，前提是传记作家及其读者能够意识到此类记述与艺术家的作品毫无关系。"

当然，这一点让我们回到了奥登对作家传记的不敢苟同。但是，他曾补充道："相反，我倒剑走偏锋地相信，他的作品可能映射了他的生活。"

目 录

第一部分　英　国

第一章　童年..003
第二章　校园..023
第三章　诗歌..044
第四章　牛津..066
第五章　柏林..132
第六章　执教..172
第七章　旅行..278

第二部分　美国和欧洲

第一章　"切斯特，我的密友"..............................385
第二章　皈依..417
第三章　危机..463
第四章　再执教鞭..487

第五章	伊斯基亚岛	555
第六章	"大西洋的小歌德"	595
第七章	重返英伦	674

附录一	参考文献	697
附录二	引用文献	704
附录三	致谢	753

索引 757

译后记 791

第一部分

英 国

第一章　童年

1907年2月21日,威斯坦·休·奥登出生于英国北部的约克,是乔治·奥古斯塔斯·奥登和康斯坦斯·罗莎莉·比克内尔的第三个孩子,也是家中最小的孩子。

他是家里三个男孩中的老幺。在后来的生活中,他热衷于指明一个现象:童话故事里的三兄弟,往往是老幺完成了任务、赢得了奖赏。"归根结底,我这人有好运气,"他在一首诗中写道,"我是逍遥自在、被宠溺的第三圣子。"

他的眼睛是浅褐色的,头发和眉毛的色泽淡得就像漂白了似的。他的肤色也很白皙,近乎苍白。他的脸上有一处明显的特征——右颊上长了一颗棕色的痣。他有一双胖乎乎的大手,双脚很快就长成了平足。他笨手笨脚的,而且养成了啃指甲的习惯。

浅淡的发色和肤色是从父亲那里遗传来的,但长相更接近母亲。他自出生后便与母亲十分亲近,这一方面是因为作为最小的孩子,他从来都没有被另一个孩子取代过;另一方面是因为他与两位哥哥相差了几岁,他们更喜欢把他留给母亲,只管自己玩得开心。(母亲在生完第二胎后有流产的经历,这造成了奥登与哥哥们的年龄相差较大。)不过,他后来渐渐意识到,他与母亲的亲密关系,多半也是母亲主观促成的结果。他觉得她自一开始便试图与他形成"一种有意识的精神交流关系,在某种意义上类似于成人之间的关系"。

他不仅是家里的老幺,也是家族孙辈中的老幺。上学后,这聪慧的男孩又常常是班上年纪最小的一个。这些经历让他产生了一种认知:"我有个根深蒂固的想法,无论我的同伴是谁,我都是群体中最年轻的那个人。"此话所言非虚,直到生命的最后时刻,他依然像是一个早慧而又备受宠爱的年纪最小的孩子。

他的两个哥哥分别叫伯纳德和约翰。与他们相比,奥登的名字"威斯坦"颇具异国情调,体现了父亲私下里的一大兴趣爱好。乔治·奥登的职业是内科医生,但他的阅读范围相当广泛,并不仅仅局限在医学领域。他读过有关古代撒克逊人和北欧人的文献,这多半是因为他曾在德比郡的雷普顿公学接受教育,学校所在教区的教堂有一处保存得相当完好的撒克逊人墓窖,深深地吸引了年岁尚小的乔治。这座教堂是为一位名叫圣威斯坦的麦西亚[1]王子而建,他在公元849年因反对寡居的母亲与叔叔之间有违纲常的婚姻而惨遭谋杀。威斯坦·奥登说,这是"一个哈姆雷特式的故事"。

圣威斯坦的故事在《什罗普郡[2]小指南》中有所记载。这本指南书的作者是威斯坦·奥登的叔叔(J. E. 奥登牧师),里面专门列了一个条目介绍"威斯坦斯托",也就是圣威斯坦殉难的村庄。

---

[1] 西罗马帝国灭亡后,大量盎格鲁人、撒克逊人渡过英吉利海峡进入不列颠,击败当地的凯尔特人,建立了一些王国,麦西亚王国是其中的大国之一。——本书未标明"原注"的脚注均为译注

[2] 什罗普郡(Shropshire)位于英格兰西部,在盎格鲁-撒克逊时代隶属于麦西亚王国。

一直以来，威斯坦都小心翼翼地收藏着自己手头的那本指南书。他对自己的名字生出了强烈的占有欲。他表示，要是遇到有人也叫威斯坦的话，他会"抓狂"的。

他的中间教名"休"，是为了纪念他的姨父休·卡利，后者曾是蒙茅斯文法学校的校长。成年后，威斯坦·休·奥登迷上了纵横填字游戏，常常用自己的姓名设计异序词字谜。他最喜欢的一个组合是"Why shun a nude tag"[1]，另一个让他颇为自得其乐的组合是"Hug a shady wet nun"[2]。他戏言道，艾略特（T. S. Eliot）的姓名只能组成"litotes"[3]。

他的父亲是一名综合内科医生，在约克从事医务工作。小奥登出生的时候，他的事业正做得风生水起。八年前，也就是1899年（时年27岁），奥登医生新婚后不久来到约克，在布瑟姆街76号的一座虽然宽敞但不太雅致的砖房安了家，开办了诊所。砖房坐落在古城墙外的一条整洁的街道上，距离约克大教堂很近。[4] 当威斯坦在1907年出生时，他们已经举家搬进了那条街上一栋更为宽大漂亮的房子里。房子位于布瑟姆街54号，典型的乔治风建筑[5]，大门处设有古典门廊。奥登医生诸事顺遂，雇了一个车夫送他去看病人，还雇了两个女仆和一个厨子帮忙打理居家生活。

1　威斯坦·休·奥登的英文为 Wystan Hugh Auden，奥登用其中的15个字母组成新的异序词句。这句的意思是"为何要回避裸露的标签"。
2　这句的意思是"拥抱一位湿漉漉的阴凉修女"，也可理解为"拥抱一位温漉漉的可疑修女"。
3　"litotes"的意思是"反语""双重否定"。除了"litotes"，奥登还曾将艾略特的名字组成"toilets"（卫生间）。——原注
4　约克的古城墙是整个英格兰保留最完整、最长的城墙，最早修建于罗马人统治时期，而今留存的大部分城墙是中世纪后期重建的。古城墙以约克大教堂为中心，形成长达五公里的正方形城墙结构。
5　乔治风建筑是英语国家对1720年至1840年间古典建筑风格的统称，此类建筑注重对称、平衡和精美的装饰。

但事实上,生活富足无法确保奥登家的社会地位。医生在爱德华时代[1]的处境大体上是模棱两可的。在"约克街道名录"中,奥登医生和其他医务人员一样,并没有被列入"居民"条目,而是出现在"商户"条目里。这意味着医生的地位并不比商人强。当威斯坦·奥登的母亲向一位阿姨宣布她要嫁给一位医生时,那位阿姨这么跟她说:"如果你执意嫁给他,以后别指望有人登门拜访你!"不过,奥登医生出身于牧师家庭,这提高了他的社会认可度。此外,由于学识出众,他在约克颇有名望。在威斯坦·奥登出生的前一年,英国科学促进会在当地举办年会,奥登医生被推选为《约克地区历史科学考察》的编辑,负责统筹出版该书,以此纪念盛会,他本人撰写了有关该地区史前史和考古学的篇章。

显然,要是奥登一家人留在约克的话,他们应该会有一个平稳安定的未来。对威斯坦来说,他可以在约克大教堂的辐射圈一带度过美好的童年时光,要知道它可是全英格兰地区保存得最为完好的中世纪大教堂之一;在想象力的大门不断开启的年岁里,他可以在这座仍然保留了工业革命之前风貌的城市里快活地成长。然而,现实并非如此。1908年,在威斯坦一岁半的时候,他们举家南迁,离开了约克,搬到伯明翰定居。

他的父亲被任命为伯明翰的第一位学校卫生官员。这份工作在当时颇具开拓性,主要负责检查由市教育委员会管辖的各个学校的卫生设施,在必要时督促校方整改。这不是一份轻松的工作,伯明翰及其周边地区早在19世纪就已经成为英格兰中部最大的工业区之一,大多数学校的建筑以现今的标准来看颇为简陋,孩子们在恶劣的环境中成长。此外,这份工作也意味着奥登医生的收

---

[1] 爱德华时代一般指1901年至1910年英王爱德华七世在位时期。

入减少了,伯明翰教育委员会能够支付的工资,可比不上他在约克挣得的可观收入。这其实也不是什么大问题,因为他还有一些小额的私人收入,搬到伯明翰后依然雇得起帮佣。然而,威斯坦在回首往事时确信,收入减少这件事让父亲切切实实地承担了心理压力,父亲成了"那种为了哪怕最微小的支出都会经历一番内心挣扎的人"。

虽然奥登医生的工作地点在伯明翰,但他为全家购置的房子却坐落在离市区几英里[1]外的索利哈尔。索利哈尔现在是伯明翰的郊区,但当时不过是一个大村庄,与伯明翰东南边缘尚未连成一片。就是在此地,在洛德巷的"阿普斯利邸宅"[2],威斯坦开始探索他的周遭环境。

乍看之下,索利哈尔并不是一个吸引人的地方。村庄平淡无奇,大部分房屋和小店都是新近才拔地而起的。然而,沿着道路一直走下去,这个小男孩发现了一个十分有趣的地方——煤气厂。虽然威斯坦长得结实,身体也比较健康,但有轻微的支气管疾病,大人们相信煤气厂的废气对他的胸腔有益,经常带他去周边散步。威斯坦也的确喜欢那里。当提笔写到孩童时光的时候,他留下了这样的文字:"我特别喜爱那些在煤气厂上班的人。"煤气厂的气味、导管以及大型储气罐升降运作的情形,给他留下了深刻的印象。煤气厂在他眼里是第一个"神圣"的地方,引发了一种混合着惊奇和敬畏的复杂情感。

家乡索利哈尔的北部是工业发达的伯明翰。对威斯坦来说,

---

[1] 英美制长度单位,1英里约为1.609千米。
[2] 洛德巷(Lode Lane)位于索利哈尔地区;阿普斯利邸宅(Apsley House)又称"伦敦一号",游客通过骑士桥后首先映入眼帘的就是这座建筑物。此处是奥登对儿时住所的一种戏称。

最令人兴奋的事情莫过于从索利哈尔坐火车进入伯明翰,那里有冒着烟的烟囱和巨大的仓库。然后(要是幸运的话),他还能转乘另一列火车继续前行,驶向更北方的伍尔弗汉普顿——经过了运河,一英里又一英里,轨道两边随处可见一座座熏黑了的工厂,熊熊燃烧的锅炉冒出滚滚烟尘。他从未忘记这一幕:

> 从伯明翰到伍尔弗汉普顿的一路风景
> 深印我心,它远比斯科费尔峰[1]更为清晰。

威斯坦对于家人的最初记忆主要是日常生活里的一些"小危机":父亲用针刀刺破了小狗脚上的脓肿;他自己在咖啡壶里塞烟草,差点害得母亲出了事。总体而言,威斯坦的孩童时代"充满了爱,还有好东西可以吃"。

当然,并非一切都如田园诗般美好。厨子艾达提供的食物其实很普通,只是爱德华时代家庭的寻常吃食。不过,奥登家的孩子们欣然接受了。"对于某些风味,那些童年时未曾尝过的人无法理解,他们也不可能换口味,"威斯坦在人生暮年写道,"比如说,除了英国人,谁还欣赏得了早餐里像石头一样冷冰冰、咬上去像皮革一样的烤面包片?又有谁能体会'死人腿'[2]的奇妙之处?"

家庭之爱也并非完美无缺。在某种程度上,父母的结合有些奇怪。母亲意志坚定,相当地神经质。父亲比母亲小三岁,温文尔雅,非常随和。威斯坦表示"从未见过这么温和的父亲",但他又补充说"太温顺了,以前我时常会想,他是个惧内的丈夫"。年齿渐长后,威斯坦喜欢玩一种游戏,为自己的父母设计更合适的

---

[1] 斯科费尔峰(Scafell Pike)是英格兰最高峰,位于湖区。
[2] "死人腿"(Dead Man's Leg)是英国甜点黄油布丁的诨名。

伴侣。例如,他曾这样设想:"妈妈应该嫁给一个性感迷人、身材健硕的意大利人,他会背叛她。她肯定会愤懑不已,但这会让她保持警醒。爸爸应该娶一个比他更温柔的人,全心全意地爱着他。当然,如果是这样的话,我就不复存在了。"虽然父母性格迥异,关系并不融洽,但在威斯坦的记忆里,他们"真心实意地爱我们,对我们很有耐心"。

他从父母那里学到了很多东西。母亲让他喜欢上了去教堂。他的父母都出身于英国国教的教区牧师家庭,只不过父亲现在对宗教抱持一种相当淡漠和理智的态度,而母亲却是一个深信不疑的虔诚基督徒。她每天都要督促家人祈祷,每个礼拜日都要带孩子们去索利哈尔的教区教堂参加晨祷和晚祷。由于她的信仰更倾向于高教会派[1],后来每逢礼拜日她就带孩子们去离家更远的高教会派教堂参加大弥撒[2],烛火摇曳、馨香缭绕。六岁时,威斯坦经常在这些宗教仪式中担任"持香船者"的角色。他穿着一件红色的长袍,罩着白色亚麻质地的短袖法衣,手持装有香料的船形器具,懵懵懂懂地学会了在祭坛旁娴熟地侍奉。回首往事,他认为这是一段绝佳的经历,让他最初的宗教体验是审美性的,而不是智性的。他回忆说:"我最初的宗教记忆是那些激动人心的神秘仪式,而不是聆听布道。"

父亲让他对各种传说故事和思想观念着了迷。在威斯坦还不会认字的时候,深谙古典文学的奥登医生就绘声绘色地给他讲述了特洛伊战争的故事,以及奥林匹斯山上众神之间纷争不断的关

---

1 高教会派(High Church)是英国国教里的一个支派,在信仰和仪式方面比较接近罗马天主教。
2 大弥撒(High Mass)是由教区最高神职人员举行的整套宗教仪式,包括焚香、祈祷、唱诵等隆重仪式。

系。他也讲述其他神话人物——雷神托尔、火神洛基等冰岛神话谱系中的神祇。奥登医生尤其希望自己的儿子能够了解这些故事，因为他不仅非常热衷于北欧古代文化，而且根据家族姓氏"奥登"推断出他们的祖先来自冰岛。

之所以有此想法，是因为他相信"Auden"类似于冰岛的名字"Auðun"或者"Auðunn"（发音为"Authunn"，其中"th"为重读辅音念法，与"there"中的"th"发音一致），其经常出现在古代北欧文学中，以现代冰岛姓氏的形式留存了下来。显然，乔治·奥登认为他们家族的先祖是一位叫奥登·司寇库尔[1]的人，或者至少与他有一定的关联；据记载，奥登·司寇库尔是公元9世纪第一批到冰岛定居的北欧人之一。他还告诉威斯坦，在移居冰岛之前，奥登家族更遥远的先祖们生活在维克沿岸，也就是现代丹麦北部海湾一带，那儿曾是维京人活动频繁的区域。

奥登医生对家族早期历史的叙述有可能是真实的。奥登家族的先祖原先生活在冰岛，后来随着冰岛与英国之间的渔业贸易而移居到了英国。如果真有其事的话，那么肯定发生在18世纪初之前，因为那时候威斯坦的高曾祖父威廉·奥登（现在能追溯到的最早的家族成员）就已经居住在离伯明翰不远的罗利里吉斯镇了，他是一位拥有田产的乡绅，据说他的主要收入来自家族田地里发现的煤矿。

然而，更有可能的情况是，英国的"Auden"家族与冰岛的"Auðun"家族的联系发生在年代更为久远的某个时间点。或许在一千多年前，在冰岛移民时期和维京人入侵不列颠岛之前，他们

---

[1] 原文为"Auðun Skökull"，其中"Skökull"意为"车辕"，俚语中似乎也指"阴茎"。奥登在长诗《致拜伦勋爵的信》中的第一篇结尾部分提到过"Auden Skökull"。——原注

同属于斯堪的纳维亚人的后裔。不过，这种假设难免有牵强附会之嫌。英国姓氏研究专家们并不认为"Auden"与"Auðun"有任何关联，倒觉得它很有可能是"Alden"或者"Aldwyn"，抑或"Edwin"的变体。（兰开夏郡有个地方叫"Audenshaw"，以前拼写为"Aldwyneshaw"。）如果是这样的话，"Auden"就有可能溯源到盎格鲁-撒克逊时期的"Healfdene"（即"half Dane"），或者"Ealdwine"（即"old friend"），抑或"Eadwine"（即"rich friend"）。[1]

无论先祖的真相是什么，威斯坦·奥登都宁愿相信他是北欧人的后代——这不仅是因为父亲的家族渊源，也因为母亲的家族谱系。他母亲的家族——比克内尔家族，有确凿的证据可以追溯到诺曼人[2]（由此可以最终溯源到北欧人）的帕夫利家族或德·帕维利家族，他们在13世纪通过婚姻获得了古老的"Bykenhulle"庄园（后来拼写为"Bickenhall"，并且逐渐演变为这个家族的姓氏"Bicknell"的写法），也就是萨默塞特郡伊尔明斯特镇西北方几英里外的一个庄园。正因为如此，威斯坦·奥登戏称自己为"纯粹的北欧人"，而且还说过这种话——"在我童年的幻想里，冰岛是一个神圣的地方"。

---

[1] "Auden"这个姓氏的拉丁语拼写方式为"Audoenus"，有人根据这个拼法在《英国土地志》中找到了它的另一个词源，即法语中的"Ouen"。"Ouen"是一位圣徒的名字，通常还被称为圣欧文或者圣奥都努斯，法国鲁昂市（Rouen）便以他的名字命名。这个说法似乎也有些道理，因为有些奥登家族成员相信他们的先祖是法国胡格诺派的教徒，而且法国和比利时的许多地名都以"Aud-"为前缀。

还有些人认为"Auden"源自盎格鲁-撒克逊时期的名字"Ælfwine"（即"elf-friend"，精灵朋友）。不过，这只是P. H. 雷尼先生的一个失误。雷尼先生在其编写的《英国姓氏词典》中列举了一个姓名"Ælfwine Aldine"，"Ælfwine"是其中的名，但显然姓氏"Aldine"才可能是"Auden"的前身。——原注

[2] 诺曼人（Norman），原意为"北方人"，主要是指公元7世纪至11世纪期间自北欧向欧洲大陆各国进行掠夺性、商业性远征的日耳曼人。

如果撇开奥登医生论及家族史时的异想天开的话，我们会发现他在通常情况下是一个实事求是、博闻强识的人，他对待知识的态度极大地影响了威斯坦。19世纪90年代，他在剑桥大学修习自然科学，获得了优等成绩并赢得了金牌。后来，他到伦敦的圣巴塞洛缪医院，在那里被培训为医生。他熟悉古典时期以来的医学历史，精通拉丁语和希腊语（他被推选为伯明翰古典协会的秘书），也能娴熟地运用多种现代语言，可以将德语和丹麦语的有关考古学、古代文物的著述翻译成英语。此外，尽管人们普遍认为人文学科与科学研究截然不同，他却并不拘泥于这种成见。"在父亲的藏书室里，"威斯坦回忆道，"小说、诗歌作品的旁边就摆放着科学书籍，我从未想过这其中的哪本书会显得更'人文'。"他还说："我父亲的藏书不仅给了我阅读的机会，还引导了我的阅读选择。它不是一个文学工作者的藏书，也不是一个视野狭隘的专科医生的藏书，而是各种学科门类的书籍的大集合，不过小说作品并不多。因此，我的阅读一直是宽泛的，也是随机的，一点也不学究，而且主要偏于非文学。"

由此，威斯坦在孩童时期迷恋的大多数书籍并不是通常意义上的"文学"作品。我们根据他后来的回忆得知，他早期喜欢阅读的书籍包括《爱丁堡外科学院》《比特恩夫人的家居管理手册》《健康危害》，这最后一本书是维多利亚时期关于管道工程的专题论文，里面配有彩色的插图。当然，儿童室的架子上摆放着很多维多利亚时代和爱德华时代的经典儿童读物。爱德华·李尔、刘易斯·卡罗尔和毕翠克丝·波特是小威斯坦崇拜的对象，他们的名字一直在他心目中占据着神圣的地位。他也熟读汉斯·安徒生的童话、法勒的《埃里克，或积水成渊》和乔治·麦克唐纳的作品，认为麦克唐纳的《公主与妖精》是"唯一堪与爱丽丝系列媲美的英国童话书"。后来,儒勒·凡尔纳和赖德·哈格德的作品、福尔摩斯探案系列,也都成了他阅读的对象。事实上,这些都是他那一代的孩子们接触的典型文学养料,诗歌并没有在其中起到特别大的作用。在他的印象中,他最早欣赏的"严肃的"诗歌是《悼念集》[1],父亲经常大声朗读这些诗篇,此外还有爱伦·坡的《乌鸦》和《钟声》。威斯坦很早就认识到,诗歌是一种需要大声朗读或者吟诵的文类,这个观点伴随他走过了一生的文学道路。在接触诗歌后不久,他就对克里斯蒂娜·罗塞蒂和理查德·哈里斯·巴勒姆的诗作产生了浓厚的兴趣,并向同学们朗诵他们的诗篇。他也反复吟咏过希莱尔·贝洛克和刘易斯·卡罗尔的美国式谣曲和诗歌。那时候,他主要将诗歌看成是有趣的东西,或者说一种娱乐的方式。他喜欢霍夫曼的《蓬蓬头彼得》、贝洛克的《警诫故事》和哈里·格雷厄姆的《无心馆的残酷诗》里的可怕又滑稽的诗行。例如,这是他最喜欢的格雷厄姆诗歌之一:

在那口饮水井里
水管工为她打造的井里,
玛丽亚阿姨坠了下去;
我们得去买个过滤器。

他坦言:"小时候,我就是喜欢这种类型的诗歌。"

他从父亲那里还学到了一些东西。乔治·奥登所从事的医务工作,让他不仅重视医学的实践与历史,而且还思考医学的哲理成分。他常常说起一句格言——医生应该"更关注作为个体的病人,

---

[1] 《悼念集》是英国维多利亚时期诗人丁尼生(Alfred Tennyson)的代表作之一。

而不是其所患疾病的特殊方面"。他告诉威斯坦:"治疗并不是一种科学,而是讨好自然的直觉性艺术。"这些话深刻地烙印在威斯坦心中,促使他对医学的哲理层面始终保有一份兴趣。或许,他在早期诗歌中经常将自己装扮成外科医生或医疗人员的做法,在一定程度上体现了父亲对他的影响。

显然,正是在孩童时期,他对心理学有了最初的认识。父亲对这个富有争议的新兴学科非常感兴趣,心理学界的先锋人物一有新作出版,他就迫不及待地购置回家。在伯明翰,他除了是学校卫生官员,还担任儿童医院的"名誉心理学家"职务,同时也是当地智障机构的医疗顾问。随着年龄的增长,威斯坦逐渐对父亲的工作领域有所了解。事实上,打从很小的时候开始,他就对家庭成员们(尤其是叔叔阿姨们)形成了一种心理学家式的冷峻客观的临床态度。

威斯坦家亲戚众多。唯一健在的祖辈是祖母,她住在雷普顿附近的霍宁洛城郊,当年祖父一直在那里担任教区牧师的工作,只可惜英年早逝。威斯坦第一次去拜访祖母是在四岁的时候,一路上因为乘坐火车而雀跃不已。长长的铁轨穿过了一片广阔的煤田,那里的矿坑和煤堆为他心中逐渐丰富起来的工业图景增添了重要的一笔,而彼时,那个图景里已经包含了煤气厂、铁路、工厂、运河等设施。不过,由于母亲与祖母相处得并不融洽,威斯坦很少有机会去拜访祖母。相较而言,他与奥登家族的其他成员接触得多一些,但他不太欣赏他们。这些人要么是牧师,要么是律师,要么从事差不多的职业,只有父亲的单身汉弟弟(也就是哈里叔叔)引起了他的兴趣。哈里叔叔是一位工业化学家,拥有一辆汽车。(不为人知的是,他有同性恋倾向,收集了唱诗班男孩的裸照。)威斯坦喜欢哈里叔叔,对于奥登家族的其他成员,他的印象不过是"性格冷静,为人真诚,有些迟钝,有些吝啬,都有一副好体格"。

他与舅舅阿姨们相处较多,也就是母亲这边的比克内尔家族的人,尤其是两个阿姨和一个舅舅。这位舅舅在蒙茅斯地区有住宅,在伦敦霍本地铁站附近的布鲁克街也有公寓,而且还是不远处默塞小学的校长。奥登家族和比克内尔家族的社会境况大体相当。与威斯坦的祖父一样,外祖父也是牧师,在诺里奇周边的沃斯汉姆任教区牧师,而且也早早地过世了。双方的家庭都有数量庞大的八个孩子[1],他们要么从事体面但无聊的职业,要么选择与从事这种职业的男人成婚。就像父亲那边有一位头脑"简单"的刘易斯·奥登叔叔,得由管家帮忙打理生活,母亲这边也有一位"弄不灵清"的黛西阿姨,与英国国教的修女们住在一起。虽然有很多相似点,但威斯坦无法忽视比克内尔家族突出的性格特点。在心理学意义上,他们与奥登家族的人完全不同。他很早就意识到,比克内尔家族的人"反应迅捷、脾气急躁、为人慷慨,但体质较弱,有些神经质,容易变得歇斯底里",而他自己继承了比克内尔家族的绝大多数特点,除了体质比较好以外。他在六岁时已经认定"我接触的大多数成年人都很愚蠢",特别是毛病多多的阿姨们,没少受到他的冷嘲热讽。他在观察阿姨们的过程中逐渐认识到"疾病可能由心身失调引起",尽管那时候还没有出现"心身失调"这样的字眼。

如果阿姨们一不留心说了无知或愚蠢的话,威斯坦会毫不留情地非难她们,无怪乎她们觉得他简直就是"一个早熟而又无礼的小怪物"(他后来才意识到这一点)。他的轻慢态度也常常惹恼他的哥哥约翰,这多多少少是因为约翰非常喜欢阿姨们,他从她

---

[1] 奥登经常误以为他的父母各有六个兄弟姐妹。事实上,他的外祖母生了六个女儿和两个儿子,他的祖母生了七个儿子和一个女儿。——原注

们身上得到的关爱远比从父母那里得到的多，而父母（尤其是母亲）似乎把所有的关爱都放在了威斯坦身上。

从许多方面来看，康斯坦斯·奥登都是一位与众不同的母亲。父母在她幼年时去世，一位单身汉叔叔将她抚养长大。自少女时代开始，她就形成了独立自主的行事作风。18岁那年，她与这位叔叔出国旅行，途中叔叔不幸去世，她年纪轻轻就得应对此等突发事件。后来，她进入伦敦大学学习法语，而当时有幸接受大学教育的女性寥寥无几。毕业后，她留在伦敦从事护理工作，希望有朝一日能够成为英国国教的医务传教士。就是在圣巴塞洛缪医院工作期间，她遇到了比她小三岁的乔治·奥登——她出生于1869年，他则出生于1872年。不过，纵然她善于独立思考，也受过良好教育，她的思想却不怎么"进步"。比如，在约克生活的时候，她并不赞成丈夫把妇科作为自己行医的一部分，而当丈夫换了工作后，她顿时喜笑颜开，因为这意味着他终于不必再从事那方面的医务工作了。

她热爱音乐，鼓励威斯坦学习钢琴。他虽然谈不上有什么突出的钢琴天赋，但大体上表现得还不赖。他的高音也很棒，有时候会与她一起对唱。威斯坦八岁时，她将瓦格纳的名曲《特里斯坦和伊索尔德》中的爱药那一幕[1]的歌词和旋律教授给他，让他与自己一起演绎这段激情涌动的二重唱。匪夷所思的是，她让威斯坦演唱伊索尔德的部分。威斯坦后来回忆起这段往事时，忍不住数落她"实在是古怪"。

---

[1] 根据亚瑟王传说，特里斯坦是一位骑士，伊索尔德是一位爱尔兰公主。伊索尔德嫁给了康沃尔国王，却和他的骑士特里斯坦发生了恋情。德国著名作曲家瓦格纳的相关音乐剧共有三幕，第一幕的情节发生在浩瀚大海中的一艘孤船上，特里斯坦和伊索尔德决定以毒药殉情，却被侍女换成了爱药，两人之间暗中流淌的情愫顿时化为不可遏制的热恋。

第一章　童年

威斯坦深爱母亲，同时也意识到这种亲密关系让自己承受了巨大的心理压力。他曾为此写过几行诗，但没有公开发表：

汤米按照母亲的意愿行事
　直到心灵被撕扯成两半；
　一半交给了天使
　　另一半却是狗屎。

在回顾自己的孩童生活时，威斯坦觉得自己成年后的所有个人特征都与母亲息息相关：他的笨拙举止（他觉得这是由于母亲的鼓励让他在精神上过于早熟），他的性别气质（他觉得自己在认同母亲的过程中悄然滋生了一种女性倾向），甚至他的才情智慧。"我想我们应该注意到，"他曾说过，"所有聪明人都是孩童时期心理冲突的产物。"他认为智识上的成果，尤其是艺术成果，源于孩子试图"理解圈套的机制"，殊不知这个过程蕴藏着"圈套"本身。正如他后来在《致拜伦勋爵的信》中的感喟："没有人愿意驻足思考，除非错综复杂的情结裹挟他。"

威斯坦的这番自我认识无疑是可信的，他一生都没有摆脱母亲对他造成的影响。成年后，他喜欢用母亲的价值判断来品评自己以及他人的言谈举止，通常会用"母亲不会喜欢这样"来批评任何引起他不满的行为。

当然，他孩童生活的主要特点是安全感，这种安全感给了他强大而坚定的自信，是他个性中最为重要的品质。他在为人处世方面确实从来不感到焦虑，这主要是因为他坚信事情会朝着他预想的方向发展，而事实也常常证明了这一点。

此外，正如他自己所言，神经症与其说是智识或艺术成果的根源,不如说是实现它们的手段。"通常所说的创伤体验,"他写道,"并不是偶然事件,而是孩子在漫长的翘首等待中把握住的机会,以便找到自身存在的必然之物和发展轨迹,赋予生命严肃的意义。即使这次没有握住它,下次还会有一个类似的稍纵即逝的机会。"

1913年,威斯坦六岁了,他们举家迁入索利哈尔荷马路13号的宅子,离大西部铁路线的火车站点近在咫尺。那年夏天,他们在威尔士中部的赖厄德度过了整整一个月的悠长假期。那时,约翰·奥登已经九岁了,将长假的点点滴滴记录在日记本里,并且用照片作配图,这让我们有机会详尽地了解他们当时的情况。遇上晴朗的天气,他们就散散步,或者骑自行车出行,威斯坦往往坐在父亲的车后座上。一天,奥登医生教儿子们攀岩——他们,尤其是约翰,由此对地质学产生了兴趣。每逢周日,孩子们都被带到教堂参加教理问答训练[1],有时到了晚上还要再去一次教堂参加礼拜仪式。一位叔叔带着两个孩子来拜访过他们,开车载他们出去兜风。这样的家庭生活,正如威斯坦自己所描述的,"基本上仍然是一个维多利亚时代的世界"。唯一不太寻常的是,这家人有一个习惯(尤其是在下雨天),喜欢到当地的工厂以及其他有机械装置的地方开展调研。以下内容摘自约翰·奥登的日记:

8月9日 星期六

早上下了雨。我们去了制革厂。巴顿先生是负责人。他

---

[1] 教理问答训练(Catechism)是基督教的一种传教方式,由指导者和被指导者以口头问答的方式来巩固对教理的认识,有一套固定、制式的标准答案。

第一章　童年

带我们到处参观。

8月13日　星期三
尽管早上下了点雨,我们还是去了毛纺厂参观,看到了梳棉机。

8月14日　星期四
我们参观了自来水厂。斯旺先生接待了我们,带我们去了地下通道。他给我们看了滤水池和发电站。威斯坦钻进了一个集水斗。

日记里还夹了一张威斯坦隔着栏杆注视发电站机械设备的照片。多年后,他写下了几行诗,很好地诠释了他在此类场合的参观感受:

那些从不开口的漂亮机器
让这个小男孩如此崇拜,而学会了它们
难记的长长名字,也令他骄傲得意。

与其说他想要了解这些机械装置并弄清它们的运作方式,倒不如说他热爱它们,想要把它们纳入到属于他自己的幻想世界里——那个以煤气厂为开端的幻想世界。翌年,也就是1914年复活节,他们家再次去往威尔士度假。这一次他们继续北上,威斯坦看到了世界上第一条窄轨铁路——费斯蒂尼奥格铁路,它从采石厂一直延伸到波特马多克码头。随后,他就将窄轨铁路添加到一张专门记录特殊地点和神奇事物的地图上。

1914年8月，战争爆发，乔治·奥登旋即加入了皇家陆军医疗队。在接下来的四年里，他相继在加利波利、埃及和法国服役，与家人几乎失去了联系。[1]

　　一切都变了。他们在索利哈尔的房子继续住了几个月后，威斯坦也像两个哥哥那样去寄宿学校上学了。之后，母亲收拾好家具，将房子租了出去，自己则借住在亲戚家。到了学校放假的时候，她就和孩子们再次团聚，通常会带他们到乡下的一些带家具的房子租住。由此可见，从1915年到1918年，威斯坦一直没有固定的居所。

　　他喜欢这种居无定所的日子。每到假期，他们就会在不同的"家"生活，他便有了发现新事物的机会，为自己的私人地图增添了新东西。在这段时间里，他为这张地图添加了两个非常重要的景观：石灰岩和铅矿。

　　奥登兄弟们对于全新的环境总是充满好奇心，他们兴致勃勃地向周边探索，收集各种各样的化石，在教堂的铜器上乱涂乱画。有时候，他们会长途跋涉，探寻史前的山地堡垒和洞穴，查看古老的石圈[2]、诺曼人的教堂和撒克逊人的十字架。战争爆发后不久的一个假期，他们到德比郡的布拉德韦尔居住，就在奔宁石灰岩山脉附近。他们就近参观了蓝约翰矿洞（以那里发现的矿物命名），随后跟着游人穿过狭长陡峭的小道，进入一片地下水冲击而成的溶洞中。洞里凌空倒悬着形态各异的钟乳石，与源源不断的涓涓

1　奥登在1971年11月7日接受《观察者》彩刊采访时回忆说，有关父亲去皇家陆军医疗队参军前的最后记忆，有一幕是父母穿上了化装舞会的服装。"她穿了他的衣服，戴了假胡子，而他穿上了她的衣服……我猜他们原本是要逗我开心的，没承想把我吓坏了。"不过，约翰·奥登认为，这件事发生在1912年，当时威斯坦才五岁。——原注

2　石圈（stone circle），欧洲远古时期遗留下的巨石围成的环形景观。

细流相映成趣。这样的场景给威斯坦留下了深刻的印象，但更让他着迷的是废弃的铅矿，荒野上随处可见、无人问津的矿场设备。从那时起，他在幻想世界里"把自己想象成一个矿业工程师"。

他这样描述当时的所思所想："我醒着的时候，有很大一部分时间都在构建并加工一个私有的神圣世界，其中的基本元素包括北方石灰石的风景和铅矿工厂。"他坦言，在他的想象中，他是这个梦幻国度的"唯一主宰者"。当然，这个幻想世界还包括窄轨铁路和上射式水轮机等景观。

他非常认真地对待自己的幻想世界，拜托母亲和其他长辈为他购置诸如《金属矿机械》之类的教科书，还有地图、指南书和照片。一有机会，他就说服他们带他去实地参观矿场。他尤其钟情于采矿业的技术词汇、矿山和矿脉名称，以及与采矿有关的地质学术语。他说："一个像'pyrites'（黄铁矿）这样的词语，对我来说，并不是一个简单的指示符号，而是一个'神圣事物'的专有名称。所以，听到一位姨妈将它念成了'pirrits'时，我心下震惊不已……无知是一种亵渎。"他仔细研究过水轮机、卷扬机、滚筒破碎机等矿业设备的图表。他还为这个幻想世界设定了一系列规则，在添置物件时，他只允许自己从在制造商产品目录里可以切实找到的水轮机类型中进行挑选（此处只是拿水轮机举个例子），而不是凭空臆造出一种不存在的机器装置，更不会使用魔法手段来操控他想象中的矿场。

不出所料，那些知道他对采矿业感兴趣的长辈都一致认为他崇尚科学，推断他在这个方面很有可能具备一定的天赋，有望成为他自己宣称（并且坚信）的那种矿业工程师。然而，事实上，他在机械操作方面的能力乏善可陈。无论他对采矿业的兴趣看起来与技术和科学多么相关，那不过是一种浪漫而不切实际的喜爱

（正如他后来意识到的），与真正的采矿业无关。机械、隧道、地质学知识……它们之所以令他着迷，是因为它们的名称本身，是因为它们蕴藏了不可言说的象征含义。这种着迷其实已经让他走上了一条与工程技术行业相去甚远的道路。"我想，"他说，"如果一个人同时拥有两种热情——对词语和象征的热情，那么他必然会成为诗人。"

第二章　校园

1915年秋，威斯坦八岁了，作为寄宿生被送到萨里郡欣德黑德的圣埃德蒙学校念书。这是一所私立小学，大约招收了50个男孩，威斯坦的二哥约翰早已在这里上学，而大哥伯纳德被送去了另外一所寄宿学校。

威斯坦觉得开学后的头几个星期并不特别难熬。"我敢肯定，如果一定要送男孩去寄宿学校，"他后来说，"那么尽早送过去比较好。七八岁的孩子似乎很快就能忘了想家这回事。"尽管如此，他把自己的学校形容为"一个由善神或恶魔统治的原始部落"。

他们的寄宿生活确实有些"原始"：每天早晨，他们都要洗冷水澡；时不时地，他们要被校长杖笞；而他们自己也经常欺凌弱势同学，把他们丢进荆豆灌木丛。在那个年代，大部分私立小学的状况都大同小异，甚至可以说，圣埃德蒙学校在整体上要比很多私立小学强。他们的校舍建于19世纪晚期，坐落在一片丘陵环绕的旷野上，孩子们可以尽情地玩耍。学校非常重视音乐教育，威斯坦因此有机会加入学校的唱诗班，并且继续练习钢琴。学校的教学质量总的来说也令人满意。

他们的课程表里基本上都是拉丁语课、希腊语课、数学课、法语课和神学课之类的课程，还有一些时间段被安排了历史课和地理课。除了"拼写、词源和同义词"的教学之外，学校并没有专门开设英语课。古典教学主要由校长西里尔·摩根-布朗负责，他是该校创建人的儿子，孩子们给他起了个绰号"西迪"。在成年人眼里，他不太起眼，经常一副无精打采、茫然不知所措的样子。在孩子们眼里，他有些难以捉摸，有时候还很残暴：要是碰巧心情不佳，他很有可能因为孩子的一点小失误就实施体罚；即使在心情良好的情况下，他也不会对学生好言好语。有一次，他见约翰·奥登把拉丁词"misit"拼成了"missit"，就无情地厉声呵斥："连这种错误都会犯的孩子，长大后肯定没什么出息。"不过，威斯坦认为，抛开这些问题，"西迪"其实算得上是一位出色的老师，他的严苛教育令他终身受益。他觉得，从小对拉丁语和希腊语的深入学习让他对英语的运用更加得心应手。"任何一个年轻时修习了两门在句法和修辞上不同于母语的语言，并且花了很多时间对这两门语言进行互译的人，都能更好地掌握自己的母语，而且能学到一些通过其他方式不可能学到的东西。例如，这种训练可以让人形成一种习惯，让他下意识地审视自己将要使用的词汇——'它的确切含义是什么？'"

数学方面的教法不尽如人意。老师不会解释基本原理和公式，主要靠学生死记硬背。在这种记忆训练下，威斯坦必须学会——

负负得正；
不必追问缘由。

第二章 校园

威斯坦觉得，如果说"西迪"容易让人绷紧神经的话，那么圣埃德蒙学校的其他教员则令大家担惊受怕。这是他第一次真正地接触到家人以外的成年人，但他们在他眼中都成了"声音刺耳、习惯古怪的多毛怪物"。当他在一本历史书中读到约翰王[1]怒气冲冲地啃草席的故事时，他一点都不感到惊讶，因为学校里的老师们也是如此行为乖张。

较之寻常时期，威斯坦在圣埃德蒙学校就学期间遇到的教职员工确实更为古怪。身强体壮的年轻人都上了前线，在岗的正规教员早已短缺，取而代之的是一些临时来代课的老师，这导致学校的日常氛围愈发反常。"老老少少的助理教师，"威斯坦回忆说，"他们来了又走，一个比一个奇葩。最奇葩的是雷金纳德·奥斯卡·加特赛德-巴格诺尔上校，真是'名'副其实。他曾写过一个剧本《海浪》，用亨利·欧文的声调大声朗读给崇拜他的学生们听，他们听得满是敬畏和惊叹，但后来我发现，他居然抄袭了《铃铛》[2]一剧，实在是厚颜无耻。"当年崇拜他的学生，自然也包括威斯坦。他会给他们一些啤酒和饼干，也许还对他们毛手毛脚，因为威斯坦隐晦地提及"雷吉"[3]的品格让人"迷茫又困惑"。尽管如此，威斯坦对这位古怪的老师还是心存感激的，毕竟他的教导让他获得了"对茫茫人世最初的幻想"。当然，学校里也有一些比较正常的老师，最出众的是"西迪"的女儿罗莎米拉（被大家称为"罗莎小姐"）。她对待威斯坦的方式就像母亲一般和蔼可亲，威斯坦特

---

1 约翰王（King John，1166—1216）是英国历史上最不得人心的国王之一。
2 《铃铛》（*The Bells*）是英国剧作家利奥波德·戴维斯·刘易斯（Leopold Davis Lewis）的三幕剧，亨利·欧文（Henry Irving）因在剧中扮演市镇长官一角而一举成名。
3 "雷吉"（Reggy）即前文的雷金纳德，奥登在长诗《致拜伦勋爵的信》中提到过这位老师。

别喜爱她。

战争致使教职员工流动频繁,但对校园生活的影响不大。伙食并不比和平年代差,但由于物资短缺,孩子们不可能敞开怀吃喝。有一次,正当威斯坦伸手去拿第二片黄油面包时(按理说这是允许的),有位教员开口说话了:"奥登,我看你是想让德国佬赢吧。"学校对战争的主要贡献是成立了低龄版军官训练团,男孩们(年龄最大的有13岁)手持木制来复枪到处行军操练。训练团定期安排"野战日",男孩们在萨里郡的乡间进行军事演习,用响板模仿机枪开火的声音。下面这段写于1917年6月的文字,很好地记录了相关场景,当时约翰·奥登还与他的小弟弟威斯坦一起待在圣埃德蒙学校:

> 一号机枪,由第一团的小奥登驻守,他被安排在哥哥的左前方,他们小队通过文件传递与总部保持联系……红方军团的指挥官做了一个相当不明智的决定。为了撤向山林后不至于失去联络,他设法通过一号机枪位传递信息,要求那边为他的撤退打掩护。随后,他立刻一路小跑退了下来,有些人负责掩护,另一些人冲了上去(机枪小队似乎没有什么动静,他后来才知道,那时第一团的小奥登正心不在焉地干自个儿的事情)……接着,大奥登上前征求意见。第一团的小奥登认为机枪位也该撤下了,并且建议大奥登为他顺利撤向高地打掩护,之后再换他掩护他撤退。这个方案得到了实施,他俩都把注意力转向了敌人的动向。尽管下士给他们下达了很多指令,但他们还是自顾自地行动。

学校的军事训练饶有趣味,但孩子们还是渐渐地意识到战争并不仅仅意味着他们可以借此玩假扮士兵的游戏。他们中的许多人失去了父亲或兄长,在亲人战死的头几个星期里,相关孩子要在学校里佩戴黑色臂带,受到大家的礼敬。不过,大多数孩子还是太年幼了,他们非但不能理解沉重的哀悼之情,还对丧亲之痛产生了一种可怕的兴趣。要是有孩子被唤出教室接收亲人战死的消息,伙伴们等他回来后就一窝蜂地拥了上去,争先恐后地问他:"你刚才有没有哭得稀里哗啦?"要是有孩子厌倦了服丧,他只要一把扯下黑色臂带,再次加入玩得热火朝天的伙伴们就行了。正如威斯坦所说,对他们而言,真正的战争并不是与德国人大干一场,而是校园生活里的永恒争斗:

> 一战已经打响:老师们的监督
> 　以及大男孩的拳头,才是我们的战争;
> 这就像印军哗变[1]一般无伤大雅,
> 　一拳打到脑门才真正可怕。

威斯坦在这场属于自己的战争中赢得了胜利。打从一开始,他的自信沉着和超然态度就给圣埃德蒙学校的每一个人留下了深刻的印象。他后来回忆说,他在开学第一天就试图用一种心理学家式的口吻告诉女舍监"我就喜欢看各种各样的男生"[2],这自然令对方大吃一惊。他的渊博知识和权威派头在同龄人中显得别具一

1　印军哗变(Indian Mutiny),一般指 1857 年至 1858 年间发生在印度北部和中部的反对英国殖民统治的民族起义,英国称该次战乱为"印军哗变",印度则称之为"第一次独立战争"。这次起义终结了英国通过东印度公司管理印度的体制,使印度置于英国的直接统治之下。
2　这句诗出自奥登的《致拜伦勋爵的信》,原诗为"我上学后说的头一句话就语出惊人,/险些让一位女舍监心慌意乱:/'我就喜欢看各种各样的男生'"。

格。一直以来,他从父亲的藏书室里广泛汲取知识,现在有机会在同学们面前炫耀一番了。有个叫哈罗德·卢埃林·史密斯的同学指出,小奥登特别痴迷于"言论的效果"。他记得有一次,经常在同一间教室上课的两个班级由于纪律问题而被分开了,奥登将这件事称为"大分裂"[1],并绘声绘色地给同学们讲述14世纪晚期的历史。那时,他不过是个十岁的小男孩。

他的功课十分优异,尽管他有点邋遢,还有些懒惰,有时候也不太尊重老师。孩子们都很喜欢他,一开始叫他"威特尼"(Witny)或"威蒂"(Witty),沿用了他母亲根据"威斯坦"(Wystan)的发音演变而来的叫法。后来,他们管他叫"小渡渡鸟"(Dodo Minor)。这个绰号其实并没有特殊含义,只是因为他哥哥约翰戴着眼镜,看起来有点像渡渡鸟,得了个"渡渡鸟"的绰号,威斯坦也就顺理成章地被称为"小渡渡鸟"了。课业之余,威斯坦喜欢玩音乐,而且用他自己的话来说,是一只"热衷于一切游戏的兔子"。大人们并不会干涉他的活动,默许他发展各种有利于智力发展的兴趣爱好,比如收集贝壳和昆虫,这些收藏品还在学校竞赛中展出过。与此同时,他不会觉得自己比那些喜欢体育运动的同学出色。"我想,"他写道,"扪心自问,我从未把自己的曲高和寡看作高人一等。上学时,我对体育完全没有兴趣,也完全没有运动方面的才能,但我没有因此鄙视运动员。相反,我很羡慕他们。只要有一技之长的人,我都会钦佩,可我不会嫉妒他们,因为我知道无论如何也学不会他们的本领……我从未有过非要与志趣不

---

[1] 西方历史上有多个事件被称为"大分裂"(The Great Schism),比如发生在公元1054年的东西教会大分裂事件,基督教由此分成了东正教和天主教。不过,根据后文的时间提示,这里指的应该是发生在公元14世纪的天主教会大分裂事件,伴随着世俗权力的勃兴,教皇权力进一步衰落。

第二章 校园

同者'合群'的想法,即使被孤立,也不曾心生怨怼。为什么他们一定要接纳我呢?我们只需各走各的阳关道。"

圣埃德蒙学校确实让他有了自由发展的机会,这在其他学校是很难实现的。然而,他在学校里并不快乐。在同学们看来,他似乎很自信,但在他自己眼里,他大体上算是一个失败者。与那些很受欢迎的运动达人相比,他觉得自己"邋遢、低能、无趣",甚至觉得这些都是天命,他注定要成为一个局外人,一个"要过充满失败和嫉妒的生活的人"[1]。

他之所以萌生此类想法,多半是因为寄宿学校"密不透风的群体生活"(他如此表述)正是最不适合他的那种生活。他认为,有些人会喜欢寄宿学校的生活,大部分人在寄宿学校里过得马马虎虎,但总有一小部分人会跟他自己一样,受不了这样的环境。他们不得不成天待在学校里,与其他人近距离接触,但他们的天性更希望独处。他注意到,这种有违个人意愿的生活给他造成了影响,让他养成了瞧不上同伴的习惯,尤其是瞧不上与他一起上学的同学——那群中产阶级的孩子。他后来总结说,寄宿生活是"我接受左派观点的一个不可谓不重要的诱因"。

★ ★ ★

1917年复活节,奥登一家人在怀特岛扎特兰湾度假,照例租了带家具的房子居住。十岁的威斯坦写了日记,这可谓威斯坦留下的最早作品之一。以下摘录的日记内容,是威斯坦讲述的从萨

---

[1] 不过,正如上文所言,晚年奥登说自己不会"嫉妒"有一技之长的人,与此处所说的"要过充满失败和嫉妒的生活"看起来有所冲突。这里可能是不同表达语境的缘故,读者可以自行体会。

里郡所在的学校一路前往海岛的旅程经历:

> 乘坐10点40的火车离开黑斯尔米尔，12点整抵达朴次茅斯。我们的车厢里有一位身材魁梧的副主教（他的名字缩写为E. S. I.，证件上印着"圣袭德教区牧师，南安普敦[1]"的字样）。他一直忙着写布道词。我们在朴次茅斯码头玩得起劲，看到蒸汽渡轮在水面上穿梭往来……不巧的是，一场暴风雪突然席卷而来，直到我们上船了都没有消停的迹象。船上有漂亮的桨扇发动机和巨大的曲柄……然后我们到了弗雷什沃特海湾[2]，遇到了一群和蔼可亲的新西兰护士。她们说，不久前，她们乘坐一艘从阿弗尔[3]启程的医用专船，船上有600名伤员。凌晨4点之际，她们乘坐的轮船径直撞到了卡尔弗崖[4]。船长一直守在驾驶台，在出事前10分钟才让大副接替了他的位置，离开前还叮嘱他留意卡尔弗崖那边的灯塔。不幸的是，大副最终还是误把卡尔弗崖看成了云块，将船开了过去，撞在了崖上。他们被困了几个小时，后来被营救队安置到南安普敦。船被拖进了干船坞，经检测，从船首一直裂到了船侧中部，幸好船上的沙囊压舱物起到了一种类似于水泥的作用，所以船并没有下沉。大副开枪自杀了。我们在弗雷什沃特海湾只找到一辆客运马车[5]，但已经被人预订了，所幸那个预订者说

---

1 此处原文为"Southsea"，通常指英国南部港口城市南安普敦（Southampton），紧临英吉利海峡。
2 弗雷什沃特海湾（Freshwater）位于怀特岛。
3 阿弗尔（Havre），也写作勒阿弗尔（Le Havre），是法国北部的一座港口城市，临近英吉利海峡。
4 卡尔弗崖（culver cliff）位于怀特岛。
5 此处对应的原文为"growler"，在英国俚语里指的是一种客运马车，通常是一匹马拉的封闭式四轮出租马车，后备厢较为宽敞。

第二章 校园

我们可以搭车同乘。

日记里的内容显示，他们的假日生活与战前没有太大区别。孩子们还跟以前一样，喜欢外出远足，收集化石。母亲经常带他们去教堂，要是天气比较糟糕，就暂且在家里做礼拜。一天晚上，威斯坦同母亲联手合作了"盛大音乐会"，他独奏了钢琴曲，与母亲表演了二重唱。然而，回顾这段人生，威斯坦十分确信父亲的缺席对自己造成了影响。"从某种程度上来说，我失去的是父亲的精神存在。"他如此坦言，并且补充说这种情况发生在他七岁的时候，正是"儿子开始认真看待父亲，对父亲有很多需求的年纪"。他觉得，这导致他和父亲"从来没有真正了解过彼此"。

不过，他有两个哥哥的陪伴，尤其与约翰相处融洽，两人有一些共同语言。他与伯纳德并不亲近，那时伯纳德在什鲁斯伯里学校念书，但显然不是读书的料。当然，威斯坦与母亲相伴的时间更多。他清楚地记得那些年发生的一件事：

> 父亲在遥远的战场，
> 母亲试着讲述性常识，
> 尴尬得笨口拙舌，
> 他却不敢坦言相告
> 自己早已了然于心。

由于某些原因，他在七岁时去割了包皮。这个年龄才做这种手术，实在是太晚了，以至于给他带来了巨大的心理阴影。他曾告诉一个朋友，这件事"确实影响很大"。

他对性的理解，比同年龄段的大多数男孩都要透彻，这主要是因为他设法在父亲的藏书室里翻阅了解剖学书册。到了学校后，他经常兴致勃勃地向同学们灌输自己了解到的这些知识，还以拙劣的画技在黑板上配图来辅助"教学"。他的隐秘知识给同学们留下了深刻的印象，就像他给他们背诵的有关地质学和铅矿业的芜杂信息（包括技术术语）一样。

"对我们几个人来说，包括我自己，"一位曾聆听他的"讲授"的圣埃德蒙校友说，"他最先向我们掀开了性的遮羞布，给出了各种有关性真相的粗俗而惊人的暗示。我之所以记得他，就是因为他的顽皮和骄傲，以及知晓那些不体面但吊人胃口的秘密而扬扬得意的傻乐神气。他拿腔拿调地抖搂那些禁忌知识，很多科学词汇都发错了音，但即便如此，也足以令他在同学们中间确立特殊的地位，一种类似于巫医在愚昧而轻信的人群中扮演的角色。"

写下这段回忆的人是克里斯托弗·威廉·布拉德肖-伊舍伍德。时值1917年，13岁的伊舍伍德也在圣埃德蒙学校就读。他的父亲是一个职业军人，在伊普尔战争[1]中丧命。这一年，威斯坦升到该校的最高班上课，结识了已经在该班学习了一段时间的伊舍伍德。威斯坦粗短的手指上经常沾着墨渍，似乎永远紧皱着眉头，这显然引起了伊舍伍德（他喜欢别人这么称呼他）的兴趣。"我看见他皱着眉头，"伊舍伍德写道，"在唱诗班，他就站在我对面，白色阔翻领大剌剌地敞开着，硕大的红色耳垂分立在苍白如布丁的瘦长而阴沉的脸侧。"奥登也清楚地记得第一次见到伊舍伍德的情形："一个小男孩，脑袋大大的，眼睛也大大的，小心翼翼地抄着同桌的作业。"

没过多久，奥登就对伊舍伍德欣赏有加。一个星期日，他们

---

[1] 伊普尔（Ypres）是比利时西部靠近法国边境的一座城市，第一次世界大战期间，它是1914、1915和1917年三次大规模战役的所在地。

第二章 校园

一起出去散步，穿过了萨里郡的乡野。周围的景色稀松平常，伊舍伍德随口说了一句："我想，上帝在创造这个乡村的时候，一定是累了。"奥登后来说，这是他第一次听到此类言论，觉得诙谐有趣。

有那么一两次，他和伊舍伍德在宗教问题上发生了争执。作为英国国教高教会派家庭的一员，奥登反对福音派教堂只把十字架画在圣坛后面墙壁上的做法。他愤愤不平地说："那些教堂应该被烧掉，那些牧师应该被送进监狱。"伊舍伍德不一样，他出身于信仰低教会派的家庭，表达了截然不同的观点，尽管他本人对宗教没有什么真情实感。还有一次争执发生在他们与哈罗德·卢埃林·史密斯一起打板球的时候，那次他们盘算着要合写一部历史小说，连情节都商量好了（但他们从未真正动笔去写）。事实上，那时候奥登和伊舍伍德并没有真正地深入了解对方。他俩毕竟相差了两岁半，而且伊舍伍德在1918年12月就离开了圣埃德蒙学校，去雷普顿求学。伊舍伍德走后，奥登在圣埃德蒙学校继续待了18个月。虽然父亲奥登医生曾在雷普顿公学就读，但奥登最终没有被送到那所学校，而是去了诺福克郡霍尔特镇的格雷欣公学。

这时，战争已经结束了。奥登医生终于返家，他们重新安定了下来。他们没有回索利哈尔，而是在哈伯恩中心地带的洛兹伍德路42号购置了一栋房子。哈伯恩也是一个不太起眼的郊区村庄，在伯明翰城西的方向。奥登医生的藏书和先前的家具都从仓库里搬了出来，妥善地安置在新家。生活似乎和战前一样，尽管有了一些变化。伯纳德离开了学校，乘船去了加拿大，准备在那里从事农业生产。约翰目前在马尔伯勒学校念书，等待时机成熟，他要去剑桥大学攻读自然科学，因为他想成为一名地质学家。奥登医生重操伯明翰学校卫生官员的职务，还在伯明翰大学兼任公共保健科教授一职。他很受学生们的欢迎，每当讲授卫生学和公共保健体系的知识时,他会时不时地蹦出一两句拉丁诗,这让他在校园里出了名。

至于威斯坦,他很少关注新家周围的环境,倒是宁愿抓住一切可能的机会前往奔宁山脉的石灰岩地区度假。上学期间,他开始去奔宁山脉西北部奥尔斯顿和嫩特黑德一带的乡村旅行,很有可能是跟朋友们结伴而行。这片区域曾是铅矿业的主要中心,令他神往不已。他有一本名为《诺森伯兰郡和奥尔斯顿沼泽的铅锌矿》的技术手册,还有一本书讲述了深入奥尔斯顿某个矿井的旅程,作者是维多利亚时期一位名叫托马斯·索普维斯的旅行者。除了翻阅相关书籍,他自己也尽可能地来此地探险。他爬过鲁克霍普村附近的一座小山(即博尔特山[1]),那里有一座高耸入云的烟囱(属于铅矿废墟的一部分),还有一堆又一堆锈迹斑斑的采矿机器,被遗弃在露天矿口四周的草地上:

> 在鲁克霍普我才第一次意识到了
> 自我与非我,死亡与恐惧:
> 坑道是通往地下非法界域的
> 入口,也通往他者,通往
> 那可怕、那仁慈、那母神群像;[2]

---

[1] 这座山原名为"Bolt's Law"。"law"在英格兰北部和苏格兰地区的方言里等同于"hill",也就是小山,所以此处译为"博尔特山"。事实上,鲁克霍普村附近有很多类似的小山,但博尔特山因为被奥登写进了作品(尤其是1940年的长诗《新年书简》)而在当地小有名气。

[2] 根据奥登研究者富勒先生的考证,"他者"很有可能来自海德格尔的"他者自我"(they-self),与本真自我(authentic self)形成了区别;"那可怕"和"那仁慈"隐射了上帝的二元性;"母神群像"与下文出现的"原母恐惧"形成了呼应,其基本概念出自歌德的《浮士德》第二部第一幕"阴暗的走廊"里的"母亲们"的府第,是永恒与无限的最高浓缩,也是一切艺术、理想、真理的最终象征。

第二章 校园

> 独自一人，在一个大热天，
> 我跪在升降机井的边沿
> 感到了那个深层的原母恐惧
> 是它推动了我们毕生探索知识领域，
> 探索我们命运的内在隐秘，
> 去追求文明与创造力……

他对废弃矿场的兴趣日益浓厚。在他看来，废弃的矿坑比那些仍然在开采的矿坑更有象征意蕴。他的父母依旧认为，他对采矿业的好奇心彰显了他对自然科学由衷的喜爱。或许正是因为他们本身希望他偏向自然科学，才把他送到了在自然科学方面教学效果显著的格雷欣公学念书。

大家都鼓励威斯坦申请格雷欣公学的奖学金。他在圣埃德蒙学校成绩优异，在最后一个学期，他获得了最高年级的年级奖，以及数学一等奖学金。[1] 此外，他还帮助组建了一个校级文学协会，成为该协会的第一届会长。这个协会的主要活动是阅读莎士比亚作品，但根据一次会议记录，"会长将书抛出了窗外"。威斯坦最终没有申请到任何形式的奖学金，1920年9月入读格雷欣公学时，父母支付了全额费用。

---

1 虽然他在学校里的数学成绩很好，但可惜的是，他在后来的岁月里与数学渐行渐远。他说："我与数学彻底没了关联。这是一个悲剧。这意味着我失去了世界的另一半。自然科学家可以毫不费力地理解人文学科的内容，但是一个数学差的人却没办法理解自然科学。"（他在接受《时代》杂志采访时如此说过，但这份采访稿并没有刊出来。）——原注

头一眼望去，格雷欣公学是一所雅致的学校，与周遭环境相得益彰。学校坐落在诺福克郡北部小镇霍尔特的边缘地带，不出五英里就是大海和盐沼地，各种珍稀的海鸟在那儿栖息。男孩们可以去乡间的任何场所玩耍，只要他们能够按时回来吃饭和上课。在校园里，他们的正当隐私得到了尊重，无论是在晚上（每个男孩的床都设在一个小隔间里），还是在白天，他们都可以在书房里度过闲暇时光。"我们每个人都有书房，"威斯坦来到格雷欣公学后不久就写道，"头几个学期，大概要与三个男孩共用一间书房；随后，人数慢慢减少；到了后来，就可以一个人拥有一间书房了。"他对自己的新学校赞不绝口地总结道："建筑很棒，教学也很好。"

　　与其他公学相比，这儿的建筑即便不是响当当，也足够出色了。大部分楼房都是由 G. W. S. 豪森（他从 1900 年开始担任校长）主导新建的，在格雷欣担任校长时期的校园基础上进行了大量扩建。豪森接任校长时，格雷欣公学还只是一所规模较小的地方性学校（"约翰·格雷欣爵士的免费文法学校"），在职教师 4 人，在校生 40 人。19 年后，也就是豪森去世时，学校占地面积已经是原来的 6 倍，而且新建筑继续拔地而起。奥登来这里一年后，一所生物实验室正式落成。在教学方面，不同于当时大部分公学的做法，学校特别重视科学，在这方面投入了大量精力，因而艺术类教学活动就十分有限。他们只有一点拉丁语课，压根没有开设希腊语课，就连英语课的份额都很少。尽管如此，奥登依然觉得学校的拉丁语老师和英语老师让自己获益良多。拉丁语老师是一位名叫菲尔德的牧师，因为长有鹰钩鼻而被起了个"鸟嘴"的外号。在奥登的记忆里，他苦口婆心地"跟我们解释那些轻视古典文化的人十分浅薄"。英语教学延续了此类课程惯常的模式，由

第二章 校园

一位名叫嘀嗒·泰勒[1]的老师负责。他朗诵的时候嗓音低沉，效果甚佳。"听他朗读《圣经》或莎士比亚作品，"奥登说，"我充分感受到了诗歌和人文学科的魅力，这比大学里的任何课程都更让我受益。"

格雷欣公学在很多方面都是一所自由派学校。豪森曾在另一所"与时俱进"的公学阿平汉姆学校任教，成为格雷欣公学校长后，他坚决反对把运动健儿当作英雄来崇拜。由于这个原因，格雷欣公学不允许学生参与校际运动比赛，甚至不允许孩子们在自己学校举办的足球比赛上欢呼喝彩。智力得到高度评价与鼓励，赢得奖学金的学生能够获得极大的荣誉。他们在政治上也是自由派的做法（学校各类辩论的记录可以证明这一点），虽然有一个军官训练团，但大多数孩子对之比较反感。校园里几乎没有体罚和欺凌的现象，也不会有盲目的阶级优越感。总体而言，孩子们普遍能够友好相处。

然而，学校的道德面貌却一点也不自由。豪森执掌格雷欣公学时秉持着一个信念——孩子们有能力遵守比通常所推行的中小学生品行更高的道德规范，他决定以这个更高的标准来塑造孩子们的品性，并视之为自己的首要职责。他会亲自接待所有新生，向他们阐释学校的道德理念。他要求他们向自己保证，绝不会纵容自己做这三件事——吸烟、说脏话和"有失体统"[2]，也会尽量杜绝其他男孩犯下此类错误。旦孩子们向他许下诺言，就需要去舍监面前重复一遍，后者会进一步跟他们宣讲道德问题。学校制

---

[1] "嘀嗒"对应的原文为"Tock"，是孩子们给这位老师取的绰号，大概出自"tick tock"。由此推断，这应该是一位恪守时间的老师。
[2] 此处对应的原文为"indecency"，通常指粗鄙的行为、下流、猥亵等，根据后文内容可以进一步确认，应该是指当时公学里存在的非正常性行为现象。这里依循豪森校长的"道德标准"，采用委婉的译法。

定了两套惩处方案：如果孩子违背了自己的承诺，他应该"供认"；如果发现其他孩子违背了诺言，他首先应该设法说服犯错者主动坦白，要是不奏效，就向管理者揭发他。

奥登进入格雷欣公学念书的时候，豪森的"荣誉制度"（人们如此称呼这套体系）已经由继任校长 J. R. 埃克尔斯全面主导。他是一个谨小慎微、一丝不苟的单身汉，整天忙得团团转，却缺乏豪森那样强大的人格魅力，把自己搞得像是一个精力过剩的童子军领袖。埃克尔斯会在学校的礼拜堂里通过布道的方式加强荣誉制度，警告孩子们注意手淫的危害——这显然是荣誉制度尤为禁止的行为。这些布道内容，以及舍监们就同一问题的反复说教，都引起了孩子们的焦虑情绪。但从总体上来看，荣誉制度至少在表面上起到了作用。孩子们确实会主动去舍监那里坦承自己的小错误，骂脏话、吸烟和"淫秽"的确几乎不曾发生。但毫无疑问，那些违背道德规范的重大过错肯定无法被杜绝，转而以一种十分隐蔽的方式悄悄存在。

后来回忆起在格雷欣公学的就学经历时，奥登从孩子们的视角出发，指出荣誉制度完全是毁灭性的。他如此写道："我相信，再没有比这更强大的引擎了，把他们变成了神经症的牺牲品。原本是想要借此治愈他们的性格缺陷，到头来却使得这些缺陷变得根深蒂固。"正如他所说，荣誉制度"起到了作用"，却是通过唤起孩子们的忠诚感和荣誉感来运作的，到最后这成了他们唯一得到充分发展的情感。这种情感极有成效地抑制了其他没有得到发展的情感需求，包括他们的性感觉。"然而，"他写道，"不管其他情感需求在你看来是多么愚蠢、多么可憎，如果你否认它们的表达与发展，它们不仅不会成长，而且还会倒退，因为人性不可能一直处于停滞的状态。它们就像任何被幽闭起来的东西一样，终

第二章 校园

究会反噬你自己。"

更糟糕的是,荣誉制度要求孩子们在必要时刻充当彼此的告密者,奥登对此持强烈的反对态度。他在离开格雷欣公学十年后写道:"这意味着我们的道德生活完全建立在恐惧之上,建立在对集体的恐惧之上,更不消说这种模式助长了那些天生告密者的恶行。恐惧不是人们健康发展的基础,它让人不安、不诚实、不敢冒险。我反对法西斯主义的最正当的理由是,我的校园生活完全是法西斯式的。"

奥登在格雷欣公学的第一年过得并不舒心。他很难与法菲尔德楼的其他男孩们相处融洽,也不太喜欢舍监。他们的舍监是一位名叫罗伯逊的单身汉,让他来管理这群低年级孩子实在是大材小用了,以至于他觉得这份工作简单得离谱。好在奥登可以去学校图书馆看书,那里的藏书可谓浩如烟海。很快,他就对学长 T. O. 加兰萌生了敬意,他是协助管理法菲尔德楼低年级学生的年级长。"真正优秀的年级长就像彗星一样罕见,"他提及加兰时如此写道,"他是天生的领袖;在学校里,无论是同学们还是老师们,只有他让我感觉到传统的宿舍楼和对学校的忠诚是有意义的。"加兰曾小心翼翼地跟学弟们解释说,校长有关禁止手淫的警告是没有必要的危言耸听,此举令奥登刮目相看。与此同时,他也对奥登印象深刻,至少记住了他的固执与倔强。起因是共用一间书房的四个男孩中,有个男孩指控奥登和另外两个男孩把他的草帽当自制枪的靶子用了,而且弄坏了它。加兰回忆说:"我把孩子们分开。两个大一点的男孩很快就承认他们应该对此事负责,奥登却犟了半天。他压根不打算老实交代。这让我很惊讶。我花了好一番工夫去说服他,反复跟他解释,既然其他人已经认错了,他死鸭子嘴硬只不过是浪费大家的时间而已。我很佩服他这一点。我觉得他对那两个伙伴的忠诚,比他俩对彼此的忠诚要坚定得多。"

从第三学期开始,奥登在格雷欣公学的生活有所改善。他开始参加辩论社活动,在一个家庭剧里扮演了小角色,还在学校公演剧目《无事生非》中饰演了欧苏拉一角[1]。到了秋天,他获得了再次申请奖学金的机会。虽然入学时申报奖学金一无所获,但这一次他以第一名的成绩赢得了两个开放性奖学金名额中的一个,而且还因此连跳两级,升入高年级学习。从那时起,他在学业上几乎毫不费力地日有所进、月有所长。他的英语作文得到了老师的青睐,经常被示范给全班同学。尽管他不怎么努力,甚至在有些人看来表现得颇为懒散,但有不少同学发现他"在所有科目上都表现出色"(一位名叫迈克尔·福德姆的同学就是这么说的)。他对运动竞技类活动兴味索然,比在圣埃德蒙学校时还缺乏兴致——福德姆直截了当地表示"他的运动能力很差劲"。不过,他喜欢参与唱诗班的活动,修习了管风琴和钢琴的课程,还跟音乐老师沃尔特·格雷特雷克斯成了朋友。

格雷特雷克斯是一位优秀的管风琴家,在格雷欣公学的处境有点类似于局外人。据说他之前在另一所学校任教时,因为同性恋而闹出了一些小丑闻,之后才来到这里教学。奥登回忆说,他是"第一个能够以平等的态度对待我的老师"。他还写道:"他满足了我对老师的所有幻想。他是良师益友,而不是好为人师的教导者,给予青少年在个人关系里所需要的一切安慰与激励,同时又不会为他自己谋求任何回报。要知道,对像他这样能够吸引并影响后辈的人来说,必定会经历此类私心的诱惑。他是'淡然'这个词的最佳演绎者,假设我的学生时代糟糕透顶(当然事实并

---

[1]《无事生非》是莎士比亚的名剧,欧苏拉(Ursula)是剧中的一位侍女。

非如此），那么单单他的存在就可以让所有回忆变得美好。"

大约在此期间，奥登失去了宗教信仰。现有资料显示，他在1920年还处于所谓的"宗教狂热时期"。那时他13岁，在圣埃德蒙学校念最后一个学期，热衷于去礼拜堂忏悔。此举得到了学校牧师的极大鼓励，因为他倾向于高教会派。然而，奥登来到格雷欣公学后不久便发现，这里的宗教缺乏真切的信条基础，如他所言，"只有含糊不清的鼓动，就像一瓶放久了的苏打水般索然无味"。他开始疑心自己曾经历的虔诚阶段其实是一种伪虔诚，暗藏了"相当露骨和放肆的爱欲成分"。此外，假期在家里的时候，他陪同母亲去了当地的一座英国国教高教会派教堂，留意到最虔诚的信徒往往都有这样或那样的不幸：他们或是有身体疾患，或是有精神疾病，或是婚姻生活不幸，或是因为不讨人喜欢而一直单身。他开始怀疑"只有不被人所爱了，人们才会爱上帝"。他渐渐萌生了一种想法，觉得自己已经长大了，是时候拥有某种真正属于自己的信仰了，而教会使用的语言和宣讲的意象无法让他感同身受。例如，在他看来，"上帝的羔羊"的用法"很容易让人联想到荒谬的意象"[1]。不久之后，他注意到许多让他感兴趣的作家都不是基督徒。于是，他渐渐对基督教失去了积极的兴致，也不再接受相关的教义。不过，他带着一定的热情继续去教堂，但这要归功于他喜欢参加格雷欣公学唱诗班的活动，无论是在变声前还是变声后，

---

[1] "Lamb of God"最直接的含义是"上帝的羔羊"。不过，奥登后来为《现代坎特伯雷朝圣者》（*Modern Canterbury Pilgrims*，1956）撰写了一篇文章，里面提到了做弥撒时要唱诵的《羔羊颂》（英文亦是"Lamb of God"）。他认为，这首圣歌如果用的是拉丁语版本"Agnus Dei"，在场者多多少少会受到感染，至少能够被其中的神秘元素和音乐魅力所吸引；而如果用的是英语版本"Lamb of God"，这对没有体验过献祭牲畜的现代城市人而言，无疑会勾起一种古怪的情绪和引发一连串滑稽的联想。

他都乐于去那里唱歌。他依然保留了一个粗浅的信念，认为"一切生命尽在神秘力量的统治之中"。

伴随性意识的萌发与觉醒，他的宗教信仰经历了一个逐渐消失的过程。到了1922年，当他15岁的时候，至少有一位同学对他产生了性吸引力。在很多公学，浅尝辄止的同性恋关系以及相关的流言蜚语是日常生活的一部分，他的性意识或许不算是可耻的事情。然而，格雷欣公学的荣誉制度就是为了杜绝此类事情的发生，让孩子们对性本身产生深深的恐慌。因此，奥登很有可能对自己正在萌生的情感自惭形秽。他显然没有把自己的感受透露给那个令他感兴趣的男孩，至少在一开始是这样的。

这个男孩叫罗伯特·梅德利，比他年长一岁。由于交通事故（他骑车的时候打滑了，被甩到了一辆蒸汽货车下面），梅德利在1921年的大部分时间都处于休学状态。1922年初回到格雷欣公学后，他加入了学校的新社会学协会。奥登指出，该协会表面上旨在研究当代社会、政治和经济问题，但实际上只是为"乘坐游览车到处参观工厂"找了一个冠冕堂皇的理由。在其中一次参观行程中（这事发生在1922年3月22日），奥登结识了梅德利——这个身形单薄、头发乌黑的男孩，并设法在车上一直挨着他坐。

梅德利抱着一种对格雷欣公学的幻灭感受回到学校，他觉得自己不属于这儿，打算尽快熬过这段求学生涯。正是在这种情绪之下，奥登给他留下了深刻的印象。虽然奥登比他小一岁，却已经对校园生活产生了一种冷静客观的超然态度。梅德利对绘画很感兴趣，有很多艺术家朋友，但他发现奥登比他们中的任何一位都善于表达。

他和奥登无话不谈。梅德利的思想观念主要是威廉·莫里斯

第二章 校园

的社会主义和"布莱克-雪莱"[1]的浪漫主义的混合物。他反对宗教，拒不接受坚信礼[2]。在两人相识的那次参观行程之后的星期日，他们结伴去学校附近的原野散步，讨论的最后一个问题就是关于宗教的。梅德利抨击了教会。奥登那时尚未背离宗教，他宣布自己就是一个信徒，这令梅德利大为吃惊。梅德利回忆说："我担心对他造成了严重的伤害，为了缓和气氛，我停顿了一会儿，然后问他是否写诗。作为交换，我首先坦承自己写诗。他说还没有写过诗，这倒是有点出乎我的意料，便建议他可以试一下。"

在这个阶段，奥登对自己和未来的设想尚且模糊。他仍然有意无意地想着从事矿业工程师的工作，同时也有其他方面的喜好，热衷于摩托车、摄影之类的东西。梅德利漫不经心抛出的问题，突然让他有了一个全新的答案，看清了自己的人生走向：

> 踢着块小石头，他朝我转过身子，
> 问道："告诉我，你写不写诗？"
> 我从没写过，就如实以告；但我自知
> 正是在那一刻我希望去一试。

---

[1] 此处指英国浪漫主义文学先驱诗人布莱克（William Blake）和英国浪漫主义文学杰出代表雪莱（Percy Bysshe Shelley）。
[2] 坚信礼（confirmation）是一种基督教仪式，孩子一般在13岁时接受坚信礼，成为正式教徒。

第三章 诗歌

据奥登所言,他写下的第一首诗是关于布莱湖[1]的十四行诗。布莱湖是湖区高地的一个小湖泊,位于华兹华斯故乡的中心位置。1922年夏,奥登曾与父亲和二哥约翰在湖区住了一段时间。这首十四行诗的手稿被奥登弄丢了,尽管如此,他依然记得诗的结尾——

在悄无声息
的寂灭中,你让他们逗留在你的水波里。

他表示:"'他们'指的是何人或何物,我一直没能想起来。"

然而,母亲坚持认为,他最早写成的诗歌是《加利福尼亚》,诗题以伯明翰老家附近的一个小村庄命名。母亲仔细地保存了他早期作品的大量手稿,最后都送给了一位世交好友。奥登并不喜

---

[1] 布莱湖对应的原文为"Blea Tarn",其中"tarn"在英格兰北部往往指"a small mountain lake",即山上的小湖泊。

欢母亲这么做,因为在他看来,收藏一个诗人的少年习作不过是出于无聊的好奇心,而不是源于真正的学术目的。在母亲送出的手稿里,就有这首《加利福尼亚》:

> 摇曳的灯光涌上了山冈
> 经过农场,经过磨坊
> 就在山路的尽头赫然可见
> 一轮圆月宛若斯提尔顿奶酪片[1]。
>
> 沿着那条小路徐徐上山
> 便可采摘月亮把它带回来
> 或者将星星们聚在了掌心
> 就像颗颗草莓点缀英格兰。
>
> "然而,可怜如我,岂敢
> 迎上前承受圆月的凝视?"
> 我停下了脚步,木然伫立
> 转身匆忙奔下了那座山。

这是一首简单的诗。不过,奥登的诗歌创作很快就表现出更为远大的抱负。到了1922年12月,也就是罗伯特·梅德利建议他尝试写诗的九个月后,他的一些诗作以匿名的形式在校刊《格雷欣公学》上发表,其中有一首《黎明》:

---

[1] 斯提尔顿奶酪(Stilton cheese)生产历史悠久,往往是圆柱形,圆周规则且统一,通常切片食用。

茫茫一片雾霭愈发地幽暗
　　深邃而神圣的寂静四野倾覆，
火光尽情燃烧着雾气的边缘，
　　遍地洒满了水晶般的露珠。

落单的星辰奋力逃离发亮的云天，
　　乍然出现了，动人而温柔的光芒，
浩瀚脉动的音乐以及同频震颤的和弦，
　　注视着太阳自夜幕的昏冥之中释放！

　　奥登后来意识到，这种写法是在仿照自己认可的那些诗歌，不是对于某位特定诗人的仿写，而只是对于"一般性诗歌"的模仿。当然，这在当时是明智之举。多年后，他写道："一个诗人再也不可能像刚开始在纸上奋笔疾书时那样灵感充沛了，也不可能有那种对自我天赋的笃定。"他在此阶段就已经有意识地修习写诗技巧，例如，他关注到一些词与其他词放在一起的时候，音长会发生变化。与此同时，他开始阅读严肃的诗歌作品来打发时间，期望通过翻阅各类诗歌选集撷取些许灵感，找到一些写作方向。

　　几个月间，他在学校图书馆里博览群书。他通常花几个星期的时间研究某位诗人，然后又去研究另一位诗人。华兹华斯或许是他最早模仿的诗人之一（这可以从他最初几首诗歌的字里行间看出一二），W. H. 戴维斯和"A. E."（即爱尔兰诗人 G. W. 拉塞尔）显然也一度吸引了他的注意力。他还喜欢阅读沃尔特·德·拉·梅尔的作品，并且尝试用德·拉·梅尔的风格写了一首诗，诗中描述了两个小孩将石头推过一堵墙，结果被墙外的一个小绿人[1]逮个正着。他继续在学校图书馆里浏览、翻阅,"却没有找到真正想要的东西"。

1922年夏季学期,他在学校排演的《驯悍记》中扮演主角凯瑟琳娜[2]。对一个小男生来说,演绎这个角色并非易事,而且更要命的是,还要穿戴上糟糕的假发和丑陋的戏服。彼特鲁乔的角色由塞巴斯蒂安·肖扮演,他日后成了一位职业演员。根据塞巴斯蒂安·肖的回忆,奥登"发红的手腕突兀地露在褶边袖子外面,两只手显得不知所措","然而,他嗓音洪亮,台词表现力也十分出彩"。《格雷欣公学》刊文评价奥登的表演:"奥登在这场演出中表现最为出色,他将适度的高雅融入迸发的激情,更重要的是,他精神饱满的表演让我们看到,坚定的意志可以克服一切看似不可逾越的困难。"

那年暑假,奥登自愿参加了学校军官训练团的年度夏令营活动,这在罗伯特·梅德利看来是一件极为不可思议的事情,因为奥登向来对此类活动嗤之以鼻,而且他还是一个"最不像士兵的人"(梅德利如此表述)。不过话说回来,军官训练团的确激发了他内心的荒诞感受,这个夏令营给了他一个机会,让他看到格雷欣公学的孩子们在接触那些来自管教相对松散的学校的男孩们时,是如何轻易地背离了他们的端庄品行。但总的来说,奥登在学校

---

1 沃尔特·德·拉·梅尔继承了浪漫主义诗歌传统,其诗风奇而不怪,充满了想象力。奥登在少年习作一度模仿其诗风,"小绿人"就是典型的德·拉·梅尔式产物,指一种相貌古怪的人。

2 《驯悍记》是莎士比亚的戏剧作品,讲述富家女凯瑟琳娜被丈夫彼特鲁乔"改造",从"悍女"变成了"贤妻"的故事。

里不善于交际,也尽可能地不参加任何团体活动。他仍然对格雷欣公学的校风和舍监罗伯逊(就个人层面而言)深恶痛绝。一天晚上,罗伯逊在"课后作业"[1]时间段发现奥登忙着写诗而不是写作业,便说道:"你不该把大好年华浪费在这种注定一无所获的事情上,奥登。"哪怕过了十年,每当奥登想起这件事,也依然情不自禁地要咒骂罗伯逊。

对罗伯特·梅德利的情动,强化了奥登在格雷欣公学的局外人之感。然而,梅德利的心思全都放在了另一个男孩身上,丝毫没有察觉奥登的心绪。尽管如此,有一次奥登设法与他进行了几秒钟的亲密肢体接触,这事发生在1922年夏季学期的学校游泳池里。当时,擅长游泳的梅德利正与其他男孩厮混在一起,他们两两结对站在最上面的跳板上,一个人骑在另一个人肩上,然后一起跳进游泳池。奥登一直在旁边观看他们的惊人演绎,过了一阵子,他上前让梅德利也跟他玩这个游戏。梅德利答应了,向奥登演示了如何用双腿夹紧他后再一起跳水。等他俩浮出水面的时候,只见奥登的鼻子血流不止。"我觉得自己负有责任,"梅德利说,"我忐忑不安,第一次领教到他的肢体居然这么笨拙。我想,这是我们(或者说我们大多数人)在格雷欣公学能如此近距离接触甚至拥抱的地方。"

奥登养成了一大早就独自离开学校外出散步的习惯,尽管此举有违校规。一天凌晨,有个男孩(他是博物学爱好者,得到了特殊许可,可以在这个时间点走出校门)发现奥登在距离学校几英里外的地方,孑然立在韦伯恩岸边眺望大海。多年以后回忆起这段求学岁月时,奥登清晰地记得在索尔特豪斯观看暴风雪自海

---

[1] "课后作业"对应的原文为"prep",在英国通常指私立学校给学生布置的课后作业。

第三章　诗歌

面席卷而来的情景,以及在6月的黎明时分漫步于距离格雷欣公学几英里的亨普斯特磨坊[1]的情形。他表示:"[清晨外出散步的]经历有上百次,但这两次令人最为印象深刻。"他试着把这些体验写入诗歌:

> 黎明的靓颜在冰冷的瀑流里熠熠生辉
> 狂风肆意地鼓吹呐喊他那暗夜的笑声
> 太阳把夜晚的盛大帷幕悉数收卷而起
> 群星欢欢喜喜地躲藏到山后渐渐下沉。

他也尝试潜心观察自然万物——

> 秋天来了,亲爱的良善女士
> 您的爱意令我们人类好生惋惜
> 我们不能在屋外随意乱跑
> 野兔或老鼠会横穿我们的小道
> 苹果落在潮湿的青葱绿草地里
> 好似散落其间的一颗颗红宝石
> 当我们沿乡野小路漫步的时候
> 红浆果在一片片矮树篱里眨眼
> 牛蒡果喜欢粘附上我们的衣服
> "老人胡子"[2]覆盖了所有的道路。

---

[1] 索尔特豪斯(Salthouse)是一个村庄,亨普斯特磨坊(Hempstead Mill)是一座水磨坊,两者都在格雷欣公学附近。

[2] "老人胡子"(Old Man's Beard)在英语里指那种叶子下垂的植物,就像老人的胡子一样,其中有一些干脆被叫成"胡须地衣"。

（他几乎不会花心思去给自己的诗作加标点符号，声称自己不懂这种艺术，无论是在写诗还是写信的时候，他都经常省略单词后面原本需要加上的撇号[1]。这些省略，以及其他一些书写癖好，在本书摘引的奥登诗文中时有出现。）

奥登只写了为数不多的此类诗歌，因为他在不久之后就意识到自己没有观察大自然幽微之处的天赋。他把这种匮乏主要归咎于视力不良，据他所言，他在青春期的早期阶段便视物不清，然后就近视了。他配了眼镜，但由于特定原因很少佩戴（他在阅读时不需要戴眼镜）。而如果不戴眼镜的话，他便看不清周围的环境，可他对此并不介意。他曾坦承自己的近视"很有可能是对现实的一种逃避，一种把现实世界拒之门外的意图"。事实上，他的感官似乎都比较迟钝，一切物事都需要经过他的智性思考才能够真正地被识别。成年后，有一段时间他对荣格的思想观点感触颇深，把自己描述为一个"思维-直觉型"的人（就像他母亲一样），而不是一个"情感-感官型"的人。[2]

最终，他把自己的感官迟钝描述为一种优点，宣称人类的天性是以自我为中心，只会对人类自身感兴趣，因此艺术也应该尤为关注人类的生活，风景不过是一种背景。他在1936年的一首诗里写道："对我来说艺术的主题是人类的身躯，／而风景对人类躯体而言只是个背景。"

在学校的大部分时间里，他的心思都放在了对罗伯特·梅德利的无望之爱上，他没有勇气向他表白心底的爱意，也不敢做

---

[1] 例如，在上述诗歌中，第六行对应的原文为"Deep in long grass thats green and wet"，其中"thats"的正确写法应该是"that's"，奥登省去了中间的撇号。
[2] 荣格认为，每个人的内心世界都拥有四种心理（人格）功能，分别是思维、情感、直觉和感官，但这四种功能在一个人内心不会均衡地发展，有一两种功能会尤其发达，影响这个人的行为个性。

任何出格之事。他在这一时期写了一些诗歌，主题无外乎是出于怯弱而不得不拒绝美好的物事或感官的吸引。比如这首《致毒蕈》——

> 噢，猩红的美人，长着乳白色的眼睛
> 看！我将你连根拔起，你这可爱的物事。
> 我知道，品尝你的人必定会变得聪明
> 可以看见仙女们围成一圈翩翩起舞
> 可以读懂并知晓柳树的每一声叹息
> 可以感受到夜莺声声啼唱的激情。
> 但我听过太多人类编织的谎言与故事
> 此刻只能慌张地伸手按住自己的双唇。

1922年底，罗伯特·梅德利离开了格雷欣公学，到伦敦上艺术学校。奥登去伦敦拜访过他，他们一起去剧院看戏，看过恰佩克的《昆虫生活》和《R. U. R.》[1]。奥登还与梅德利一家人在约克郡的山谷地带度过了几个假期，比如沃夫河谷的阿波尔特里威克、温斯利谷地的阿斯克里格[2]（另一次假期去的）。他很喜欢阿波尔特里威克村，以之为题材写了一首诗。斯韦尔谷地也深深地吸引了他，就在阿斯克里格村往北不远处。他把这两个地方都添到了自己的神圣地图里。

梅德利也会去哈伯恩，与奥登一家人同住。一天，正值梅德

---

[1] 这部剧的全称是"Rossum's Universal Robots"，即"罗素姆万能机器人"，是一部复杂的讽刺作品。
[2] 阿波尔特里威克（Appletreewick）和阿斯克里格（Askrigg）这两个地名尚无固定译法，此处采用音译。

利在他们家，奥登医生在儿子的手稿里（威斯坦通常会把诗作展示给父母）发现了一首诗，描写了梅德利在学校游泳池的情景。父亲敏锐地察觉到诗中有一些情色因素，以一贯以来的温和态度询问两个孩子对此事的看法。梅德利回忆道："[奥登医生解释说]他自己年轻的时候也曾有过亲密的友谊，但不会有任何情欲的成分，也不会到'那种'程度——我们真的走到'那种'程度了吗？我们真心实意地向他保证，我们之间的关系完全是柏拉图式的，他这才松了一口气。"奥登医生对这个结果感到满意，之后再没有插手他们的友谊。

那首描写梅德利在游泳池的诗歌并没有被保存下来，但另一首同期的诗歌似乎也反映了奥登对梅德利的感情。这首诗很有可能写了他们在约克郡度过的某个假期，因为诗中关涉的环境是一片荒野地带，"我俩"共度了"被幸福点亮"的一个星期：

> 那些日子里，是谁令我们双耳失聪，
> 是谁让我们双目黯然失色，
> 以至于生活那宏大的华彩领章
> 我们没能心领神会？
>
> 当我们看着磨坊里的水轮不停地转动
> 没有人悄声告诉我们：
> "你们不曾体验过比这更丰盈的时光，
> 以后也不再有此机会。"
>
> 少顷，在日落时分伫立于悬崖之上，
> 夕阳点燃了你的鬈发；

第三章 诗歌

> 没有人向我坦言:"你将无处寻觅
> 只因世间少有两心相惜。"

他写诗的措辞方式已经渐趋明朗。这在很大程度上是因为他从沃尔特·德·拉·梅尔编辑的诗选《到这儿来》中发现了一系列全新的风格模式,该选集在1923年一经出版便成了奥登的案头书。奥登很喜欢翻阅这本选集,不仅仅是因为他从中发现了一些原本并不知道的诗人,还因为德·拉·梅尔将严肃的诗歌与童谣、民谣和广义上的滑稽诗并置在一起(他根据不同主题编选诗歌,而不是按照不同诗人罗列作品)。奥登后来说,《到这儿来》让他明白了一个道理,"好的诗歌并非一定要是宏大或严肃的"。

奥登开始尝试写题材各异的诗歌。在这个阶段写成的一系列诗歌作品中,我们仅从标题便能管窥它们涉及的主题范围:《马戏团》《观荷兰画》《客栈之歌》《欢乐》《矿工的妻子》《希腊墓浮雕》。他现在的产出量非常高,梅德利收到了他寄来的"一捆捆诗",父母收到的来信中也往往夹进了一首诗(甚至两三首),这些诗都写在他从练习本上随意撕下来的纸张上,字迹潦草,有时候难以辨认。"我想知道你怎么看这首诗,"他在一首自由诗的底部写道,"这是一种实验。"而在另一首诗里,他留下了这行字:"我很抱歉,上个星期日忘了寄这首诗给你。随信附上。"

奥登从《到这儿来》中发现了罗伯特·弗罗斯特(当时他在英国还是鲜为人知的诗人),选集收录了他的三首诗歌。很快,奥登就模仿起弗罗斯特的诗歌语调,比如这首《知更鸟》:

> 是的,他这会儿
> 总是跟随着我

> 在草坪四周兜转
> 从这棵树到那棵树。
>
> 如果我临时起念
> 去采摘覆盆子
> 他便会在藤蔓间
> 栖停，鸣啭歌唱……
>
> 倘若他知晓了
> 我们人类的本性
> 定然不会如此这般
> 一蹦一跳地跟着我。

《到这儿来》收录的诗人中，乔治时代的诗人比较少，现代诗人更是一个也没有。奥登在谈到这种情况时指出，这倒是一件好事。"技巧过早地成熟，以及接触到'现代'作家，其危害不可小觑，"他写道，"有关当代艺术的学术类课程往往收效甚微，我对此类课程的存在价值难免会持保留态度。我真的很幸运，因为我找到了唯一谱写了我的世界的诗人。"

这位诗人就是托马斯·哈代，奥登在德·拉·梅尔的选集里读到了他，对他的诗歌一见如故。根据回忆，他在1923年至1924年间通读了哈代的所有威塞克斯作品[1]，包括小说和诗歌。他写道："将近一年多的时间，我不再阅读其他人的作品。上课时偷偷地看，星期日散步时随身带着看，大清早捧着去宿舍看，尽管

---

[1] "威塞克斯"是英国道塞特郡及其附近地区的古称。哈代在家乡道塞特郡度过了一生，他的大部分作品都以该地为蓝图，使他的家乡跟着他的名字走向了世界。

在床上阅读如此大部头的书实在是不方便。"

  他后来举重若轻地解释了哈代的吸引力。在他看来，一个在寄宿学校里过着黯淡无光、郁郁寡欢生活的性格内向的青少年，想要在一个基本上是悲观的、认为世界是充满敌意的作家的作品里寻求慰藉，这似乎是一件自然而然的事情。除此之外，奥登之所以喜欢哈代，是因为哈代的诗歌写出了爱情的不幸，他可以借此对读自己的真实处境；还因为哈代书写的世界，正是奥登自己经历过的童年世界；而且相当巧合的是，哈代的模样看起来跟奥登的父亲很相像，都有"浓密的髭须、光秃的前额，以及布满皱纹、神情悲悯的脸庞"。

  哈代的悲观主义哲学很快就在奥登的诗歌中显露端倪：

> 我们人类是什么？我们对于生活的看法
> 是没有刻度的仪表，
> 日月星辰可能会搅动天马行空的想象，
> 我们只握有一次微薄的机会
> 去实现所谓的价值，
> 把留存在事物表面的痕迹说成是
> 岁月的智慧。

  一些诗歌的主题和标题，打上了哈代的烙印，比如《他故地重游》和《卡特的葬礼》。更重要的是，他开始把哈代的语调运用到一个已经能够激发他无穷想象力的题材上——工业机械和风景，尤其是处于荒弃状态下的景观。像《旧煤矿场》这种标题的诗歌，开始出现在他而今用来写诗的笔记本里：

> 铁轮悬挂在
> 升降机井上
> 锈迹斑斑，破败不堪
> 人们曾在此欢声笑语……

这种写法也出现在一首关于生锈的牵引发动机的诗歌里。第三首以哈代的语调写成的诗歌更为雄心勃勃，描述了奥尔斯顿旷野周边铅矿区的艾伦代尔小镇：

> 冶炼厂的大烟囱正在倒塌，不再有烟雾缭绕，
> 山谷下方的熔炉里不再有适合燃烧的铅矿；
> 此刻已经成为衰颓工业的坟茔，不再奋力
> 　　推动地球的旋转。

所有这些诗都以凄凉或悲观的基调收尾，通常还附加了对生命意义的追问，尽管这些问题往往没有任何解答。事实上，无论奥登在此阶段多么不顺心，这种悲观主义的论调对他而言都有些矫揉造作，过了一段时间之后，它们就从他的诗歌里消失不见了。然而，他的确从哈代那里学到了一些东西，这些东西在他往后余生的想象世界里绵延不绝。"迄今为止，我在哈代那里最受裨益的，"他在1940年写道，"是他的'鹰的视域'，是他站在极高的位置俯瞰生活的那种方式。"在写下这段话的时候，奥登心里浮现的是《还乡》开篇第一章从极远的高处俯瞰埃格敦荒原的景象，以及《列王》舞台指示中的内容，换言之，盘亘在他脑海里的是哈代的小说和戏剧作品，而不是他的诗歌。但就奥登本人的创作而言，"鹰的视域"的确成了他诗歌作品中的一个要素。

第三章 诗歌

★ ★ ★

虽然奥登投入了很多心力在诗歌创作上，但父母依然期望他能够从事科学类的职业。16岁那年，当奥登不得不选择一个大学入学科目的时候，家人一致认为他应该专攻科学。也许是因为家里的医学背景，也许是因为格雷欣公学新建成的生物实验室正蓬勃发展，这些外在因素或多或少影响了他的决定，让他选择了生物学而不是物理学作为自己的主要方向。不管怎么说，从1923年10月开始，他把大部分时间都用在了研究动植物学上，还涉及化学方面的知识。

他在1923年10月写给父母的信中提到："在动物学方面，我上周一直在研究小龙虾，还对原生动物、腔肠动物和蠕虫的神经与排泄系统进行了比较，这是一个非常有趣的课题。"他在这些方面做得很好。解剖有机体并用显微镜观测它们，这一系列过程符合他的思维习惯。某种程度上而言，他在20世纪30年代表达的诗歌观点——诗人应该像临床医生那样写作，部分原因就在于他曾接受过生物学方面的训练。他在《皮下之狗》中写道："解剖这些寄身之所，可以暴露一个族群的生活。"

与此同时，他的诗歌创作得到了新的激励。正是在那封描述自己在动物学方面的初期研究工作的信件中，他向父母透露了一个讯息："我有一个小惊喜给你们。我的一些作品被1924年卷的《公学诗集》收录了，也就是说，我的作品明年就要第一次见刊了。你们千万别跟其他人说，连家人都不行。"

这份惊喜源自一段友谊。奥登与一个名叫迈克尔·戴维森的26岁男子有了交情，他当时是诺里奇市一家报社的工作人员，多年后以"这是一个迷恋男孩者的生活史"为开篇写了自传。戴维森曾经是一位公学学生,在索姆河战役中受了伤,战后成了一名常备兵,但只在部队待了一个晚上;紧接着,他去了南非,与一个16岁的威尔士男孩合伙创办了一家养猪场;现在,他已经回到了英国,在东英格兰做记者。他的姐姐嫁给了格雷欣公学的小提琴老师,因而他有机缘结识了该校的音乐老师格雷特雷克斯,又在他家被引荐给奥登。

"奥登,我记得他那时候的样子,"他写道,"高高瘦瘦的,白皙的额上有一头柔软的金发,笨手笨脚的,总是不知所措;还有一张不符合他这个年纪的古怪的脸,深思熟虑的神情完全不像少年。他似乎太过专注于思考,以至于有点老成;这是一张心理年龄远超真实年龄的脸孔,已经有了清教徒似的肃穆表情,对任何虚掷时光而无助于智性思考的行为都显露出鄙夷之态。"

戴维森在第一次见面时就被奥登"迷住了",不是因为外表的吸引力(他一点也不觉得如此),而是因为他相信这个16岁的男孩(此年龄段的男孩对他而言有着特殊的魅力)天赋异禀。"哪怕只是只言片语,也能展现出惊人的老到,"他如此形容奥登,"在与他相处的过程中,人们不可能不注意到这种动人心魄的智慧,实在是令人惊叹。我当下便意识到,尽管我比他年长10岁,但在智力和学识上都不如他,这让我着实惭愧。"戴维森随即断定:"我找到了我心目中的男孩,他就是济慈,或是查特顿,我要把一切文学上的母性关爱都倾注到他身上。我坠入了爱河。"

戴维森向奥登提出了肌肤之亲的需求,但被奥登拒绝了。奥登解释说:"不是由于道德上的原因,而是我觉得他的魅力不够。"戴维森毫不气馁地维护这份友谊,煞费苦心地鼓励并帮助奥登的诗歌创作。

奥登相当冷静地看待戴维森对他倾注的情感,几乎将他看作是一个临床标本。"他曾告诉我,"戴维森回忆说,"我是他遇到的第一个成年同性恋者,那口吻好像是在叙述一个有趣的科学事实。"不过,奥登的处理方式还是比较得体的。根据戴维森的回忆,奥登看了他写的一些题献给他的诗篇后,"善意地忽略了糟糕的诗艺,同时十分坚决地对诗中表达的情感保持缄默"。奥登极为看重戴维森对他的诗歌实验的诸多鼓励。时隔多年后,他由衷地表示:"我很感谢他。"

奥登把自己写的每一首诗都寄给了戴维森,戴维森则给出批评意见,或者更确切地说,是讨论与建议。戴维森还广泛浏览文学期刊,找寻能够让奥登产生兴趣的东西,并为他订购了一些诗歌和批评方面的新书(由戴维森出资)。在他俩的往来书信中,时常会出现因为发现了某位新作家而激动不已的内容。

在他们发现的新作家中,有一位是爱德华·托马斯。根据奥登的说法,1924年秋发生了一场"宫廷政变",原本他全身心地崇拜着托马斯·哈代,而现在托马斯·哈代不得不与爱德华·托马斯一起分享他的内心王国。他以爱德华·托马斯的风格写了一首诗《栖林地》,描述了一群秃鼻乌鸦突然毫无预兆地舍弃了一排榆树的情形:

> 在睡眼惺忪之际,我们觉察到
> 似乎比往常更寂静了;没有人想到
> 一切都已改变,直到我们走下楼
> 四处张望,这么多年来习以为常,
> 只见草坪外围的那排榆树巨墙……

他还写了一首题献给爱德华·托马斯的诗歌——"你的音乐

和文字到处都有人欣赏/有些人听懂了榆树和獾说给你听的话/深爱过它们的你而今已逝去……"。此外,他写了一首诗题献给理查德·杰弗里斯,认为他的冒险故事《贝维斯》是唯一尚可阅读的关于少年生活的书。随后的几个月时间里,他受到 A. E. 豪斯曼的影响。他后来谈到豪斯曼时说:"在我们这代人眼中,没有一个诗人能像豪斯曼那样清晰地表达一个男性青少年的情感。"豪斯曼对上帝的抨击也吸引了奥登,为此他写下了这样的诗句:

> 苏醒并快乐吧,你很坚强;
> 你可以随心所欲地享受
> 一阵子,尽管很久以前
> 上帝用膝盖折断了你的脊梁。

不过,奥登正在步入一个新阶段,不再需要借用他人的风格或观点。他开始运用一种完全不同于其他人的语调写诗:

> 粉碎机停止作业,这里十分宁静;
> 只有传送带发出的咔嗒响声
> 还有湍急水流低沉的哗啦声
> 述说了流水在下落时感受到的
> 狂喜;宁静让我们有了说话的机会。
> "这个巨大的涡轮机有多少马力?"
> "七十;在格林厄斯岔口筑起河坝,
> 有三百英尺[1]高;新的管道线

---

[1] 英美制长度单位,1 英尺约为 0.305 米。

> 保守估计还会加长一百英尺；
> 磨坊急需电力。"他转动方向盘
> 传送带上的拍打声愈发剧烈
> 嘈杂的声响变得更为刺耳……

铅矿以及相关的机械、抽水机，还有"山冈长长的蜿蜒曲线"（如他所描述的），而今占据了他的许多诗篇，往往以一种极具个性化的方式被呈现出来。让人遗憾的是，他所谓的"第一次见刊"，即刊于1924年卷的《公学诗集》上的那些诗篇，并没有体现出这种崭新的诗歌特质。

根据迈克尔·戴维森的回忆，他在没有征询奥登本人意见的情况下，把奥登的一些诗歌作品寄给了《公学诗集》的出版商。要是此言属实，那么只能说奥登一点也不反感他的做法。他写给父母的那封信表明，他很高兴诗作能够在刊物上发表。不过，当1924年卷的诗集最终出版时，奥登只有一首诗被收录了进去，一首四平八稳的小诗——《雨中的树林》（"置于一片迷人的风景，欣然／看到雨滴洒落在林间……"），诗人的名字被错拼为"W. H. Arden"，这反倒是一桩幸事。

没过多久，迈克尔·戴维森就放弃了他在诺里奇报社的工作，去伦敦混日子了。他和奥登继续保持通信联系。1925年初，奥登寄给他一首悼亡诗，哀悼一个不幸从树上摔下来死去的学生：

> 鹡鸰在溪流间喳喳鸣叫
> 麻雀在大门外喋喋不休，
> 我们还没有从梦中醒来
> 它的奇景一如往常笼罩；

但我们中的一个再无可能
把他的音乐献给最后的春光。

他找到了最早的一窝画眉鸟
先于我们所有人;他蒙受恩典
就像杨树收拢了枝叶保持静默
或者像风中的小马驹;他的脸
在孤独之中流露出恐惧与哀伤
十六年来从未有过这样的体验。

那年的春天来得尤其早,时间
伴随着我们一天天流淌而去
径直奔向四月,直至他爬上树
仔细探究绿叶掩映的一窝松鼠。
腐烂的枝杈原本可以撑住他
他坠落的时候已经够到了它。

他躺了三个星期,看着风雨中
的秃鼻乌鸦或者飘摇的丁香花
一对歪脖鸟来了,在窗玻璃外
筑起了它们的巢,很快就孵化
一窝后代;第一只幼鸟嗷嗷叫
正是在他离世的那个早上。

40　　教堂墓地下方的街道没有狗吠声
他们在上面一铲铲地挖他的墓穴,

> 这一天没有出现任何反常的迹象
> 大地就这样收回了她曾给予的尘土，
> 我们把他留在山上便转身离开了
> 四周的布谷鸟儿兀自声声啼唱。

　　这首诗写于1925年春季学期，正值奥登在格雷欣公学的最后一年。在这一年中，他"长时间独自漫步，一个人演奏管风琴，除非是必要的情况，几乎不与他人交谈，但感到非常快乐"。他获得了牛津大学基督教堂学院的一项自然科学方面的奖学金（一份小奖金）。当时，他参加了年轻的动物学讲师朱利安·赫胥黎在牛津大学安排的一场面试，赫胥黎展示了一块骨头，他需要回答此为何物。奥登解答道："一只鸟的骨盆。"他的答案是正确的。赫胥黎表示，有一些面试者误将它说成是一种已经灭绝的爬行动物的头骨。

　　他在学校的最后一个学年并不完全是孤独的。在最后一个学期，他与一个比自己小两岁的男孩约翰·普德尼相处融洽。"他爱上我了，"普德尼回忆道，"而且表达情感的时候很有分寸——我们仍然用姓氏称呼彼此。"奥登已经不再拿格雷欣公学的规章制度当回事了，这让普德尼有点惊讶。"他会在清晨大家都还在沉睡的时候，沿着管道爬进我的书房，"普德尼说，"给我留个口信，还会翻看我放在书桌上的作业，做出一些修改。他会在当地农舍购买一大堆茶点，比如鸡蛋、草莓和奶油甜品等，而事实上学校禁止我们与当地人接触，他的所作所为早已违反了半打校规。我们通常会谨慎地挑选一些乡间小道散步，这当然是因为校规不允许。"不过，奥登与普德尼并没有任何进一步的肌肤之亲，虽然他之后对此感到遗憾。据普德尼回忆，奥登只不过是"给我讲了些同性恋和自虐方面的东西"，以及他正感兴趣的心理学知识——他已经读过弗洛伊德的一些作品（他的父亲相当关注弗洛伊德），也自行收集了弗洛伊德的作品，有时候还会把这些作品借给学校里的朋友看。"威斯坦说话的样子一点也不像青少年，"普德尼说，"他的言谈老到成熟，充满了智性的挑战。"

奥登给普德尼看了自己的诗歌手稿，有时候会大声朗读给他听。他也关心普德尼在诗歌方面做出的努力，对他的一些创作尝试表现得十分审慎和苛刻。普德尼则过于羞涩，也过于钦佩奥登，以至于不敢对奥登的作品提出任何批评意见。在夏季学期的一个清晨，发生了一件令普德尼震撼不已的事情："威斯坦居然宣称他写的东西不如我，因为它们充满了夸夸其谈的成分。他的作品妄图体现一种智性思考，而我的作品是一个翻看过《牛津英语诗选》的中学生写出的无伤大雅的短歌。他一边满是自嘲地说出这些话，一边把我领到了学校小树林的绿荫里。这是一个瓦格纳式的场景，东英格兰的狂风吹响了一阵阵命运的和弦。整件事的高潮部分很是骇人。当我们深入校园里那一片较大的池塘时，他让我退后一步，而他，这位诗人，把一头浅淡的直发往脑后一甩，随后从口袋里掏出了手稿，独自一人往池塘走去，把手稿全都掷进了池水。这无疑是一种文学上的自戕行为。"做完这件事后，奥登宣布"他已一劳永逸地把诗歌抽离了自己的世界，人类将被科学拯救"。

这并不完全是一时兴起的胡闹，因为奥登已经半推半就地要投身于科学事业了。据迈克尔·戴维森回忆，那时奥登"下定决心要成为一个心理学家"。然而，奥登在诗歌方面的兴致又是十分浓烈的，不可能在冲动之下彻底抛弃它们。那天晚上，普德尼和另一个男孩被喊来帮忙放哨，奥登自己则涉水打捞手稿，万幸的是，那些手稿还漂在水面上。

最后一个学期快要结束时，奥登参加了格雷欣公学的《暴风雨》[1]的演出。他在剧中扮演了凯列班的角色。这是他主动选择的角色，甚至为选上这个角色付出了很多努力，最终呈现的表演效果非常出色。罗伯特·梅德利从奥登那里听说了这个演出，留意到奥登在诠释角色时暗含了自己对格雷欣公学的特殊感受。梅德利写道："威斯坦有所觉察，凯列班一角可以融入他对荣誉制度的反抗，一种让他吃尽了苦头的制度。他绝对不会错过这个机会，以一种巧妙的个人化演绎来深度戏仿这种制度。"多年后，他以凯列班的语调写了一首诗，那是他最为杰出的作品之一。

奥登离开了格雷欣公学，用他自己的话来说，成了"一个坚定的无政府主义的个人主义者"。暑假里，有一段时间他在伯明翰家中度过，学习骑摩托车，而且也学会了。"我摩托车骑得很棒，"他写信告诉迈克尔·戴维森，"我只撞了一次车，当时的时速大概是六英里每小时。"他还跟父亲去了奥地利，这是他第一次出国旅行。他们参加了奥地利的萨尔茨堡音乐节，住在蒂罗尔州基茨比厄尔小镇的黑德维希·佩措尔德夫人家里。父亲之所以如此安排，部分初衷是让威斯坦学习德语，尽管他这次几乎什么都没学到。暑假结束后，他去牛津大学念本科，虽然缺乏昂然的斗志，但他认为这至少是摆脱家庭圈子的一种方式。他仍然与母亲分外亲近，把自己的第一本诗歌手稿送给了她，并在上面附了一首献诗，但他们之间的相处模式已经出了问题。牛津算得上是一个避风港。正如他在大学里的一个新朋友观察到的，他把牛津当成了"方便的旅店"。

---

1 《暴风雨》是莎士比亚的名剧。

第四章　牛津

奥登所在的牛津大学基督教堂学院确实很像一个旅店。按照各个学院的规模来说，基督教堂学院占地面积广大，一个大学生身处其中几乎可以做到销声匿迹。在大学生涯的第一年，奥登的宿舍有些偏僻，位于草地大厦1号单元楼的阁楼上。他可以从房间往外俯瞰基督教堂学院的一整片草地，但这栋大厦本身不过是19世纪中期的建筑，与学院里其他地方的恢宏气派不太相融。

他楼下的这几位住客值得关注：有一位大三的奖学金获得者，名叫埃姆林·威廉斯，他把时间都花在了演戏和写剧本上，对学习事务不太上心；有一位名叫F. A. 林德曼的教师（即后来的彻韦尔勋爵），他是物理学家，在第二次世界大战期间成为丘吉尔的科学顾问；还有一位大二的奖学金获得者，名叫斯坦利·费舍尔。奥登和埃姆林·威廉斯只有点头之交，彼此并没有深入了解。林德曼的作息时间与常人不太一样，楼里的其他人鲜少见到他。不过，奥登倒是很快就与费舍尔成了朋友。

费舍尔的隔壁室友是学院的管风琴助理西德尼·纽曼。正式

第四章 牛津

开课的头一天晚上，费舍尔坐在西德尼·纽曼的房间里，静候主人归来。据费舍尔描述，"有人使劲拍了一下门，门就砰的一声打开了，那人旋即冲了进来，脑袋猛地一抬，一边挥着手中的烟斗一边说'我想加入音乐俱乐部'。我解释说我不是音乐协会的院级秘书，他听罢转身就要走。我马上把他喊了回来。我跟他说，我可以转告纽曼他的名字，也会确保他的申请能够成功递交上去。他回答说'我是奥登，W. H. 奥登'。"

费舍尔向奥登做了自我介绍，并与奥登有了一番交谈。当他得知奥登热衷于音乐的时候，他随口说了一句，虽然他自己不会弹钢琴，但在房间里摆放了一架钢琴，这是特意为会弹奏的朋友们准备的。他不知道的是，奥登无论如何也无法拒绝钢琴的诱惑。从那一刻开始，奥登每天至少要去一趟费舍尔的宿舍，弹奏颂歌的曲调或圣公会的圣歌，有时候也会在琴键上敲出巴赫的 48 首前奏曲和赋格曲，有一位本科生形容他弹奏巴赫的方式"花哨、笃定、但错漏百出"。

费舍尔、西德尼·纽曼以及其他逐渐了解奥登的本科生，都对这个与众不同的新生印象深刻。有人形容他"超乎寻常的稚气，粉嫩的脸蛋上一点皱纹都没有，在智性领域的探索劲头十分惊人"，而且还补充道，奥登在谈话时语速飞快、滔滔不绝，"通常会显现出一种积极进取的姿态，这使得他有别于我们大多数人"。另一人形容他"很随意，也很随和，扁平的双足，胖乎乎的人手，指甲被啃得厉害，笨拙地抽着烟，生动的大脸善于表达各种复杂的念头"。这位朋友还观察到，他"衣着传统，也很整洁，但总感觉他的服装不太合身"。奥登稍后才养成了抽香烟的习惯，刚开始来牛津大学的时候，他喜欢抽一种被称为"火山喷发"的大烟斗，一直叼在嘴里，还将之解释为"断奶不彻底，需要吸吮点什么东西"。

每次在费舍尔那里弹钢琴,他都会边弹琴边抽烟,键盘上落满了烟灰。

第一次去弹琴时,他询问费舍尔是否写诗。费舍尔坦言会写诗,并拿出自己的诗歌集子给奥登看。奥登说,他喜欢其中一首关于约克郡化石的诗歌,但没有进一步点评,此后再也没有谈到这些作品。费舍尔知道奥登是一位诗人,便想看看他的作品。据费舍尔回忆,奥登没有去自己的房间拿手稿,而是"从嘴里抽出烟斗,抬起了下巴,吟诵了近半小时的诗歌"。费舍尔只觉心潮澎湃,不仅仅因为诗歌本身,还因为奥登以一种极为平淡、克制、近乎"不诗意"的方式吟诵它们,正如另一位本科生朋友观察到的那样,他"将智性内涵隐没在语词的地平线之下"。到了这个阶段,奥登已经确信高声吟诵诗歌的重要性(他后来将诗歌定义为"难忘的言语",并且宣称"要是一首诗歌……听起来不如读起来那么好,便算不得好诗"),他常常通过吟诵的方式向新朋友们展示自己的作品。他有超强的记忆力,即使到了暮年,他依然宣称能够辨识出自己写过的任何一行诗,但写过的散文词句就记不清了。他还能够仅凭记忆就大段地征引其他作家的作品,尽管路易斯·麦克尼斯指出"他常常记错了"。

费舍尔花了点心思,把奥登吟诵的诗歌都写了下来。他俩很快就发现彼此有一些共同之处。费舍尔是英国圣公会牧师的儿子,曾是利兹文法学校的高才生。他与奥登一样,来到基督教堂学院修习生物学。不过,他现在已经换了专业,正在攻读英语。他知道奥登心心念念的奥尔斯顿铅矿区,也知道约克郡的阿波尔特里威克村(那是奥登和梅德利一起度过假的地方,也是奥登最想居住的地方)。费舍尔有一种清晰的印象,奥登对于他知道这些地方似乎闷闷不乐,仿佛是觉得他冒犯了他的私人疆域。不管怎么说,

第四章 牛津

他俩相处得很融洽。奥登在基督教堂学院的头两个学期里,他俩至少每两周要出去散步一次。

通常情况下,奥登会郑重其事地宣布:"我们今天下午去散步。"(费舍尔发现,奥登说出"我们"这个字眼的时候,语气里带有一种不容置疑的权威感。)散步时,奥登健步如飞,对周围的环境毫不在意,一路上说个不停,时不时地挥舞着手中的烟斗。"我不够聪慧,"费舍尔说,"不足以成为他心灵之锤的铁砧,但我是一个很好的倾听者。"

在诸如此类的散步中,奥登的谈话(或者更确切地说,他的独白)主要围绕四个话题展开。第一个话题是,要是继续留在牛津,他就不可能成为一个真正的好诗人。他说,他确信大学的生活方式太容易导致无所事事,大学在他眼里不过是一个与现实世界完全脱节的人为机构。当费舍尔提议他或许可以加入大学代表团去伦敦码头区做一些工作时,奥登戏言只有像他母亲那样的人才会提出做善事的建议。奥登还说(这是他的第二个话题),他不可能再住在哈伯恩的家里,因为他与母亲总是争执不休。他很害怕回家过圣诞节,询问能否在费舍尔家中度过一段时间的假期,费舍尔欣然做了安排。第三个话题涉及信仰人格化上帝的不切实际。费舍尔持有这种信仰(他后来成为英国教会的牧师),回应了奥登的挑衅,试图从哲学和科学的角度证明上帝的存在,奥登自然是否认了费舍尔的一切论证。几个月后,奥登写了一首有关这个话题的诗歌给费舍尔看:

> ……我们绘制了宇宙的结构
> 让它的规程合乎我们的钱袋……
> 阐述我们井然有序的雪茄哲学,

> 上帝在上，尽你所能地无害，
> 愚人乐园里的守护者，
> 角状幻境里可爱的拱形单体[1]。

奥登告诉费舍尔，所谓的基督教信仰，与他给费舍尔贴上的"惨不忍睹的浪漫主义"的标签大体上类似，而这正是他们一起散步时的第四个话题，即有必要成为一位古典主义诗人，而不是一位浪漫主义诗人。

奥登对费舍尔说，他已经完全放弃了浪漫主义，视自己为一位古典主义者。不过，这并不意味着他不再欣赏浪漫主义诗人了，而是现如今他更为看重他们身上的"古典"特质。在他看来，托马斯·哈代是一位古典主义者，因为他在本质上是一位现实主义者；豪斯曼是一位古典主义者，因为他"质朴"（奥登在这个阶段很喜欢使用这个词）；虽然沃尔特·德·拉·梅尔的作品充满了浪漫主义色彩，但他技巧圆熟，因而勉强也可以算是一个古典主义者。费舍尔认为奥登的说辞匪夷所思。他注意到，那时候奥登喜欢大段地背诵塞缪尔·约翰逊的长文，还把起居室墙上的一幅亚平宁牧童的水彩画取了下来，只因为费舍尔断言此画倾向于浪漫主义风格。他把画交给费舍尔，在背面写了"致我浪漫的朋友斯坦利"，落款为"W"，还在这个名字首字母下方加了一句——"一个无可救药的古典主义者"。

---

1 "拱形"（原文为"Arch"，也可译为"拱门"），奥登此处很有可能化用了基督教"窄门"的说法，即救恩的门、信仰的门。"单体"（Monad）是生物学的概念，指单细胞生物，哲学上也指不可分割的实体。作为合成词的"Arch-Monad"，体现了奥登在"失去了信仰"的阶段对基督教的戏谑态度。

第四章 牛津

★ ★ ★

1925年圣诞节前十天,也就是他在牛津大学第一个学期结束后不久,奥登去了伦敦南部的诺伯里,斯坦利·费舍尔家就在那里。他与费舍尔一家人共处了一个星期,他们发现他是一个让人苦不堪言的客人。

他天一亮就起床了,因为他觉得这是一天中最适宜工作的时间。甫一起床,他就开始肆无忌惮地讲话,声音响亮到旁人压根无法忽略。他用餐时毫不在意其他人的需求,只管自个儿大口吞咽。他通常并不关心所食之物——自称拥有"马一般的消化能力"——但有时兴之所至,也会关注起眼前的食物。比如,后来有一次在斯蒂芬·斯彭德家中做客时,当他看到午餐的餐盘盖被打开后,便情不自禁地用法官宣判的那种严厉口吻哀呼道:"煮火腿!"

他需要一杯接一杯地喝茶。一位朋友戏言,"他庞大的身躯苍白得毫无血色,得持续不断地补充热量"。不出太阳的日子里,哪怕只是阴天,他都会要求点燃壁炉,把客厅弄得到处都是烟灰,有时候散落的烟头还会烧掉家具。他每次脱口而出的歉意难免有敷衍了事之嫌。不过,奥登并非一味地散漫无礼:面对女士们,他的表现可谓谨小慎微、彬彬有礼,主动为她们开门,帮她们拎包和拿物件,与她们上街时,坚持走在人行道外侧。这都是母亲教给他的社交礼仪。但除此之外,他可以心安理得地用沉默寡言和一贯以来的蹙额皱眉的表情吃完一整顿饭。人们有时候会发现他大半夜到食品柜前搜刮冰冷的土豆或其他残羹冷炙。有一次被人撞见了,他解释说:"我只是想看看那份牛肉是不是还在里面。"他喜欢往床上堆满各种各样的寝具:毛毯、羽绒被、床罩,以及任何能够让床铺显得厚实的东西。如果此类寝具不够用的话,他就会搜罗其他可以替代的东西。在费舍尔家做客时，他把卧室里的地毯拖到了床上。在另一位朋友家做客时，他把卧室的窗帘取了下来，把它们当成额外的毯子盖在身上。还有一次，他对楼梯地毯动了心思。更夸张的是，有一天早上，人们发现他身上叠压的东西中有一幅大型镜框画。

46　　奥登到斯坦利·费舍尔家做客后没几天，克里斯托弗·伊舍伍德给斯坦利·费舍尔打了一通电话。那时，伊舍伍德和自己的弟弟在雷普顿上学。适逢假期，伊舍伍德就住在不远处的肯辛顿，他表示很期待费舍尔能够过去跟他喝喝茶。费舍尔回答说，有一位名叫奥登的朋友正在他家做客。这个名字立马引起了伊舍伍德的注意。他问道，这位奥登，难道就是那个跟他上同一所寄宿学校的奥登？他们交换了一些信息，最终确认了。于是，这份邀约就变成了费舍尔和奥登两个人。

伊舍伍德时年21岁，这一年夏天因为故意损毁期末试卷而离开了剑桥大学。他住在伦敦家中，靠为音乐世家芒若家族担任秘书赚点生活费，经常与母亲发生争执。还在剑桥大学念书的时候，他写了一本小说，但自认为毫无价值，便抛之脑后。他现在又开始动笔写另一本小说了。

伊舍伍德再次见到了奥登，在他眼里，这位昔日校友变化不大。他写道："是的，他长大了很多；不过，他那双淡黄色的小眼睛还是那么痛苦地拧在一起，因为近视的缘故眯成了一条缝，他那些粗短稚气的手指头依然清晰可见啃咬过的痕迹，也依然沾满了污渍，只不过现在是尼古丁和墨水的混合物。他穿了一套价格昂贵但显然没有熨烫过的巧克力色西装，内搭一件看起来挺时髦的双排扣背心，但整体上依然给人一种不修边幅的感觉。粗糙的羊毛袜子已经卷了边，草草地裹在他那完全没有曲线的孩童般的

第四章 牛津

赤裸脚踝上。"当伊舍伍德和费舍尔侃侃而谈时，奥登静静地坐在一旁，皱着眉头抽烟斗，时不时地从架子上抽出一本书，漫不经心地翻几页，然后随手丢在地板上，压根没有意识到此举令伊舍伍德大为光火。稍后，费舍尔因为另外有约离开了，把奥登单独留在伊舍伍德家里，他的表现才开始正常了一些。他们聊起了当年在圣埃德蒙学校就读时的旧闻趣事，拿教职员们的滑稽神态和古怪行径逗乐，比如，模仿"雷吉"朗读他那荒诞的戏剧《海浪》，以及"西迪"在礼拜堂里布道的样子（这是奥登最喜欢的一出）。他们很快就笑成了一团，正如伊舍伍德所说，"寄宿学校的氛围"重现了。

在跟伊舍伍德告别的当口，奥登提及他目前在写诗。伊舍伍德留意到："他极为刻意地以一种漫不经心的态度宣布这一消息。"对于奥登写诗这件事，伊舍伍德觉得很是不可思议，甚至有违常理。在他看来，奥登是一个喜欢机械的人，不会有真正的文学品味。他屈尊俯就地表示可以看一看他写的诗。奥登生硬地同意了。几天后，伊舍伍德收到了邮寄过来的一捆手稿。这些手稿字迹潦草，有些地方难以辨认，但诗歌本身却给伊舍伍德留下了深刻的印象，倒不是因为才华横溢——他认为"它们既不是惊人地出色，也不是惊人地糟糕"，而是觉得它们"意蕴丰富，带有一定的模仿性，整体上卓有成效"。这着实令他刮目相看，要知道圣埃德蒙时期的奥登屡屡以"一个彻底的粗人"的形象颠覆他的认知。

★ ★ ★

春季学期返回牛津大学后，奥登结识了草地大厦同一单元楼的另一位住客，修习历史学的优秀学生戴维·艾尔斯特。他们都是学院随笔俱乐部的会员。除了音乐俱乐部以外，这是奥登在牛津大学就读期间唯一加入的俱乐部。艾尔斯特比奥登年长两岁，给奥登起了个绰号"孩子"，因为他觉得奥登虽然博学多才，但看起来稚气未脱。奥登最令艾尔斯特惊讶的地方在于"他那冰冷的想象力充满了锋芒与力道"。不过，与斯坦利·费舍尔一样，艾尔斯特也对奥登显露出来的另一个面相大为震惊：他经常沉迷于同性恋活动。

在格雷欣公学，任何关涉爱欲的蛛丝马迹都会被荣誉制度压制。回顾那段过往，奥登认为接受过此类严苛教育的学生在离开学校以后，会发现自己毫无招架能力："他们要么留下了深刻的烙印，一直处于停滞的未开化状态，要么幼态的本能忽然得到了释放，陷入莽撞而危险的放纵之中。"奥登清楚地知道自己属于哪一类。正如他在离开格雷欣公学后决定不再洗冷水澡一样，他也决定不再约束自己的爱欲生活。

鉴于此，成为同性恋者几乎是他在当前处境下的必然结果。诚然，牛津大学也有女大学生，而且一些前卫的女大学生想方设法抛开了传统的陪读模式。但是，正如奥登所说，她们不过是一些特例："在我读书的那个时代，有三四个女孩想办法逃了出来，我们接纳了她们，就像盎格鲁-撒克逊白人新教社区象征性地接纳了犹太人一样。也不是每个午餐会都只限定男士参加，但是在男女同席的午餐会上，来来去去总是那几副女生面孔。"男大学生们通常都有同伴。当时同性恋很流行，或者至少在奥登之前的牛津那一代人中蔚然成风——奥登称之为"堕落、乖离的那一代人"，"为'爱'这个词平添了新的光彩"。他们中的一些人留在大学里，混迹于牛津的知识分子圈，有意与校园里的运动健将们形成不同的圈子，因为那些人都是传统意义上具有正常性取向的人。在奥登之后不久来到牛津大学的路易斯·麦克尼斯观察到："我在牛津

第四章　牛津

发现，同性恋和'智识'，异性恋和'肌肉'，几乎是不可分割的对子。"（麦克尼斯补充道："这让我倍感失落，我只能借酒消愁。"）

奥登既没有沉迷于"唯美主义"的做派，也没有加入那个依然聚集在牛津大学乔治餐厅的忧郁圈子——麦克尼斯称他们为"颓废大师"——尽管这个圈子的主要成员都在基督教堂学院，而且奥登后来与其中一位成员（即布赖恩·霍华德）成了朋友。总体而言，奥登的确充分利用了牛津大学依然强劲的同性恋风气，或者说，他受到了这一风气的影响。

朋友们很快便了解到，他会在特定的夜晚出去寻欢作乐，深夜回来后再向他们做一番临床诊断报告，详述他的猎艳、艳遇以及口交实验（这是他最喜欢的性行为模式[1]）。毫无疑问，他跟他们说这些事，一方面是为了吓唬他们，或者是为了让他们见见世面（尤其是费舍尔），另一方面也许是为了证明他对自己的所作所为毫无罪恶感。艾尔斯特并不完全相信这一点；他私下里认为，奥登其实心有愧怍，但他又羞于承认这种负罪感，因而决意要从这些感觉中挣脱出来。当然，奥登在此阶段创作的一首诗表明，

---

[1] 我之所以记录这个细节，是因为奥登本人认为，在记述同性恋者的生活时，有必要清晰地描述性行为。奥登在1969年为J. R. 阿克利的自传《我的父亲与我自己》撰写的书评里写道："阿克利先生虽然坦诚布公，但对于自己在床笫之事上的确切偏好却从来都没有露骨的记载。省略的部分其实是举足轻重的，因为所有'反常'的性行为都是具有象征意义的魔法仪式，只有明白了相互期待对方扮演的角色的象征意义，才能够正确理解二人之间的实际关系……我觉得（阿克利）与常见的两类同性恋都有区别，他既不属于扮演母和/或子角色的'口交'同性恋，也不属于扮演夫和/或妻角色的'肛交'同性恋。我猜想……他最喜欢的性交方式是完全'兄弟式'的，'平针缝纫式'或者'普林斯顿新生式'。"（*Forewords and Afterwords*, p. 453）其中，"普林斯顿新生式"对应的原文"Princeton-First-Year"，显然是"Princeton Rub"的变体，这个术语是"股间摩擦性交"的意思；"平针缝纫式"对应的原文"Plain-Sewing"是一个海军俚语，意为"相互手淫"。奥登是第一个在印刷品中使用这些术语的人，他为此深感自豪。——原注

他珍视欲望得到满足后的片刻安宁：

> ……就像风一定会带来
> 云中鸟雀的歌唱声，而非雨水，
> 我将再一次懂得欲望的意蕴；
> 阳光洒在河坝上无意识地喧扰
> 并不会改变我之前的任何面貌。
> 但我知道，在这短暂的一时片刻
> 我心满意足、无牵无挂并容光焕发……

然而，大多数朋友都认为他完全没有负罪感，也毫无顾虑，这一切都是他为自己制定的艺术家计划的组成部分。斯蒂芬·斯彭德（稍后在牛津大学结识了奥登）观察到这一点："自知之明，完全没有拘束感和负罪感，这对实现他的目标来说是必不可少的。"

他的确对自我有所认知，或者说，他相信自己拥有自知之明。他深谙弗洛伊德学说，非但没有夸耀自己的性能力，反而把自己的滥交归因于一种补偿心理，一种想要弥补自己阴茎短小的意图，他相信自己对此怀有一种情结。虽然他从未吹嘘自己的性能力，但他确实喜欢八卦自己和朋友们的风流韵事，尽管后来不再轻易吐露自己的私事。

在牛津大学头几个月的滥交日子里，奥登声称要放弃爱情。他对斯坦利·费舍尔说，爱欲是一种需要被满足的欲望，但爱情是一种需要避开的陷阱。然而，这只是一厢情愿的想法，并非他为自己设定的法则。戴维·艾尔斯特指出，他总是爱上这个或那个年轻人，通常是不太可能回应他恋情的异性恋者，而且他们往往是运动健将。相反，那些愿意与他发生肌肤之亲的人，一般都是本科生里的熟人或朋友,他喜欢他们,但对他们鲜有浪漫情愫,甚至压根没有这方面的感觉。他与他们的相处之道是,到了他们的房间,锁上门,直截了当地说:"你是知道我来干什么的。"除此之外,他会在火车上与陌生人发生性关系。基督教堂学院的一位名叫 A. L. 罗斯的同学写道:"在去往伦敦的短途火车旅程中,威斯坦总能与陌生人勾搭上。"有时候,他会邀请某个朋友来他的宿舍,这样他们就可以进行性方面的实验。一天早上,他们单元楼的"巡查员"发现,他和一个来自马格达伦的大学生睡在一张床上。奥登不得不用一张五英镑的钞票让那人闭嘴,尽管他几乎难以负担这么一大笔钱。[1]

奥登很清楚自己在爱欲方面的矛盾之处——欲望的满足和爱情的缺失之间的冲突。他鄙视自己,因为他感觉到了自己所说的那种"对异性恋者的钟爱……可悲而强烈的爱意",但他在理论上又坚持认为,一个同志对另一个同志深沉的奉献才是一种更为高尚、更为可取的情感——"这是正确的方式,是的,在黑暗的房间里纵情肆意"。到目前为止,他还没有找到一种能够同时满足这两种需求的关系。他也不确定这种性爱模式是不是自己的真正所求。他在 1927 年写信告诉一位大学生朋友:"我的脑海里仍然萦绕着一种想法,那就是同性恋关系中有一些不雅的成分。"[2]

---

[1] 这个故事的另一个版本是,奥登事先贿赂了那个"巡查员",而不是被逮个正着;事后,他表示,这次实验"不值五英镑"。——原注

[2] 有一则轶事时不时地被人提起:奥登向基督教堂学院的院方恶意投诉了一位名叫 R. H. 邓达斯的教师,因为他喜欢询问大学生们的性生活,指导他们了解"性知识",这使得他在学生群体里颇为"知名"。例如,A. J. 艾耶尔在《我的人生阶段》(*Part of My Life*)里就曾写到过这件事(Collins, 1977, p. 81)。据说,邓达斯对奥登的投诉分外沮丧,休了一年的假去环游世界。然而,事实上,邓达斯是在 1931 年才休假的,那已经是奥登离开基督教堂学院三年后的事情了,所以这则轶事似乎没有真实性可言。不过,奥登的确给邓达斯起了一个绰号——"第三只狒狒",这是指两只狒狒在林中空地交配,而第三只狒狒眼巴巴地在树上观望,一边喋喋不休地艳羡,一边情难自禁地手淫。——原注

★ ★ ★

50　　复活节假期期间，奥登在位于哈伯恩的家中给斯坦利·费舍尔写信："你听我说，复活节后的一周，你来我这儿住两三天吧。家里的氛围一直很糟糕，你是唯一能够扭转乾坤的人，因为你熟知我的小毛病和怪癖。"奥登还在附言中补充道："假期守贞，异常艰难。"

费舍尔同意前去拜访。到哈伯恩小住后，奥登母亲的脾性让他大吃一惊。他发现她思想"顽固，不像我母亲那样开明"，"她还很挑剔，不会鼓励别人"。费舍尔了解到，她现在几乎不赞成威斯坦所说或所做的任何事情。他失去信仰这件事让她惴惴不安，他现在写的诗也很难让她满意（她更喜欢他早前在中学时代的作品，而奥登早已与那种诗一刀两断了）。她告诉费舍尔，她不赞成他结交那些坏朋友——"在一阵令人心慌意乱的停顿之后，幸亏她将我从中排除了出去"。费舍尔还注意到，与母亲的频繁争吵让奥登深感不安。一天早上，他们在共进早餐时爆发了激烈的冲突，奥登独自奔上楼痛哭了起来。奥登夫人没有留给费舍尔任何替威斯坦辩护的机会，他只好在回到伦敦南部家中写信感谢她的款待时，借机表达了自己对威斯坦的欣赏，并且为能够成为他的朋友而感到荣幸：

天才［他写道］总是有点出人意料，毫无疑问，他实在是天赋异禀。事实上，他生来比大多数人更能自给自足，这便是他觉得不需要一个人格化上帝（或者一位母亲）的原因，尽管这种情况让您难以接受！

第四章 牛津

这是奥登夫人的回复：

在这么短的时间里，你对威斯坦的了解已经很深入了，但我们做母亲的，总是比其他任何人都更了解我们儿子性格中的善恶倾向。首先，从他们的孩提时代开始，我们就熟知他们，那时他们不会假模假样，而且"孩子是成年人的父亲"这句话也很有道理。因此，发现了他们身上稚嫩的弱点或长处时，母亲们会情不自禁地设想未来的发展走向，以及前方可能会存在的危险。

不要以为我没有意识到他身上的那些优点——我当然知道，但我也知道他的弱点——我不免觉察到，自我牺牲、自我约束（甚至是自我控制）遭到了轻视，而不是被视为具有可能性的崇高理想。你说他意识到任何形式的放纵都会阻塞情感通道——尽管如此，他在任何事情上都是毫不节制的。（举一个微不足道的例子，他会把目力所及的食物全都吃掉；这本是一件小事，但能够说明很多问题。）

至于我们之间的关系，直到最近，他对我的依赖都要比其他任何人多，这几年他在学校里，有两次都是我在危急关头拉了他一把。[1]（我不知道他有没有跟你说过此类事情。）他可能没有告诉你，那天早上他突然哭了后，很快我就给了他一个解释的机会，他对自己不可理喻的"粗鲁"感到十分抱歉。

---

[1] 有一个危机，可能是奥登的校友迈克尔·福德姆在写给本书作者的信中描述的一个事件："在一次学校探险活动中——我想是在德文郡或康沃尔郡，但已经记不清具体在哪里了——奥登见了一个妓女，也有可能是与她有所接触，这在学校上上下下引起了轰动。全体教员对此事深思熟虑之后，决定正式地由校长在年级长们面前给他施六记教鞭！当时，学校已经不再用体罚作为惩处手段了，因此这件事很不寻常——我在该校期间，这是唯一的一次。"——原注

事实上,当我们单独相处的时候,他一直尽可能地保持老样子。没有什么比上周更幸福的了,但是当朋友们在场的时候,他喜欢表现出独立于我的样子!作为同在一个屋檐下的人,他总是令人恼火——非常邋遢,一点也不考虑别人的感受。[1]

奥登夫人正打算离开英国,去加拿大探望长子伯纳德。她在上述信件的结尾拜托费舍尔经常写信给她,"跟我说说奥登的情况"。她说,届时她会很期待收到家书,但威斯坦"几乎从不写信"。费舍尔发觉,这意味着他要"监视"威斯坦。为此,他不再与奥登夫人通信。

★ ★ ★

1926年5月初,奥登在牛津大学的第一个夏季学期刚开始时,大罢工爆发了,一批大学生立即动身前往伦敦,其中只有少数人——也许50人左右——支持罢工者,绝大多数人前去协助政府的工作,充当志愿警察或者帮忙驾驶公共交通工具。他们中很少有人认真看待此次罢工;对大多数人而言,不过是趁机找点乐子。奥登本人并没有跟随大多数人的步伐,而是决定支持罢工者,倒并非因为他对这些问题有过严肃的思考,而仅仅是如他自己所说的,出于一种"纯粹的逆反心理"。来自基督教堂学院的朋友戴

---

[1] 玛丽·桑德巴奇在致《亚当国际评论》的一封信中写到了奥登夫人,让我们看到了她在外人面前的样子:"奥登一家是我们在哈伯恩的邻居……我们都很喜欢奥登医生,但受不了他妻子,她是一个不讨人喜欢的专横的女人"(*Adam International Review*, Nos 385-390, 1974. 5, p. 104)。玛丽·桑德巴奇在给本书作者的信中补充说:"我觉得我对奥登夫人的印象,很有可能受到我父母对她的看法的影响。他们指责她操控了儿子们的生活。"——原注

维·艾尔斯特是学校劳工俱乐部的主席,正协调人员支持劳工们。奥登在本次罢工事件中的立场,无疑受到了他与艾尔斯特的友谊的影响,不过他没有加入劳工俱乐部,也没有参加在牛津大学举行的任何政治活动;他至多有一种模糊的自由主义或社会主义的倾向,想要站在"人民"这一边(不管他们是谁),反对保守主义根深蒂固的家长式权威。即便他此刻在罢工事件中站到了劳工们这边,他也没有当回事。他在伦敦待了几天,为总工会开车。[1] 一天上午,他开车送 R. H. 托尼回梅克伦堡广场家中。奥登回忆说:"碰巧我有个堂姐住在附近,她嫁给了一个股票经纪人,所以我去拜访了他们。我们三个正要坐下来吃午饭,她丈夫突然问我是不是来伦敦干临时警察的工作[即为政府工作]。我回答说:'没有,我就是给总工会开车来着。'听罢,他立马要撵我走,完全出乎我的意料。我从没想过会有人把大罢工这么当回事。"

大罢工很快就结束了,奥登和同学们相继回到了牛津大学,没有因此萌生政治方面的兴趣。他后来在谈到这个阶段时说:"德国和奥地利的通货膨胀、意大利的法西斯主义,无论诸如此类的事件在长辈们心里引起了多大的恐惧或期望,我们却对它们不加理会。在1930年以前,我从未翻阅过一份报纸。"

到了这个时候——1926年夏季学期开始之际——奥登已经改变了专业学习方向。他很快便意识到,继续学习生物学不会有任何成就,正如他所说,"我没有成为科学家的天分"。为了通过自然科学的预考,他不得不在第一年里从事科学方面的学习与研究:截至1925年圣诞节,他成功通过了动物学和植物学的考试;但直

---

[1] 这辆车很显然是奥登自己的。根据 V. M. 阿洛姆的回忆,这是一辆迪尔桑牌法国三轮汽车,奥登与另一位大学生共用,但阿洛姆已经记不起那位大学生的名字了。有关奥登当时生活状况的各类文献资料里,没有人提到过这辆车。——原注

到 1926 年夏，他才通过了化学的考试。那时候，他已经获得了基督教堂学院的准许，可以放弃科学研究，选择另一个专业参加最后的荣誉学位考试，以此获得他的学位。尽管如此，他并没有完全放弃对科学的兴趣。在之后的岁月里，他经常阅读科学书籍打发时间，时不时地把从科学书籍里汲取的思想和意象运用到诗歌创作里，这在一定程度上体现了科学认知对诗人的显著影响。他不再宣称要成为真正的科学家。他这样说道："当我与科学家待在一起时，我觉得自己就像是一个迷途的教区小牧师，误闯了满是王公贵族的会客室。"

他对新专业的第一个想法是，应该选择"哲学、政治和经济"，这个专业的课程通常被称为"现代经学"或"P. P. E."[1]。早在第二个学期，他虽然名义上还是科学专业的学生，但已经开始从基督教堂学院图书馆大量借阅哲学书籍，参加了在基督教堂学院教授经济学的罗伊·哈罗德的导师辅导班[2]，还参加了哲学家吉尔伯特·赖尔的导师辅导班。奥登无疑对哲学十分感兴趣，但对世界事务一无所知，所以很难透彻理解政治和经济。在哈罗德看来，他是一个怯懦的、不太自信的学生。到了夏季学期开始的时候，奥登断定"P. P. E."不是适合自己的专业，下定决心要攻读英语语言文学专业。关于这个决定，他如此写道："我并不打算把英语文学当作专业来读，但我喜欢阅读，到了英语学科，我就可以名正言顺地读书了。"

当时，基督教堂学院并没有聘请英语方面的教师，用奥登的

---

[1] "P. P. E."由"哲学、政治和经济"的英文首字母组成，最初由牛津大学贝利奥尔学院在第一次世界大战后创立，将原先的西方古典学课程改进为融合政、经、哲三门知识的现代三艺（Modern Greats），被誉为人文社科类最顶尖的专业之一。

[2] 牛津大学的课程往往包括导师辅导班（tutorials）、学院课程（college class）以及系内课程（faculty lecture）。

第四章 牛津

话来说,这是因为"太傲慢了"。在大学里,英语是一个相对较新的荣誉学位专业,在某些场合被贬低为一个较次的选择。既然基督教堂学院没有这方面的老师,奥登不得不另觅导师。斯坦利·费舍尔正在攻读英语,他的导师是基督圣体学院的 H. F. B. 布雷特-史密斯。费舍尔提醒奥登,"布雷特尔"[1]是一个乏味的导师,让人提不起学习的兴致。他们萌生了一个念头,或许可以一起转到莫顿学院的戴维·尼科尔·史密斯的门下。于是,他们一起去拜访他,询问有没有可能成为他的门生。费舍尔回忆说:"此举并未成功。他说他带的学生太多了。威斯坦紧皱着眉头,茫然地看着他。随之而来的礼貌性拒绝也就不足为奇了。"最终,奥登被安排到埃克塞特学院接受指导,那里的英语文学由一位27岁的新任教师内维尔·科格希尔负责,他是盎格鲁-爱尔兰人[2]。

科格希尔回忆起第一次见到奥登的情形:"一天上午,他愁眉不展地站在我面前。那副样子,我记忆犹新——冷峻的愁容,蓬乱的金发,不羁的发型,意味深长的大嘴,棱角分明的面部骨骼,浅棕的皮肤略微有些粗糙,跟爱泼斯坦[3]的雕塑模型没什么两样。他有些无精打采,随身携带的灰色法兰绒拎袋松松垮垮的,跟我的一样。我喜欢他的样子,内心希望他也能喜欢我。"

导师辅导班课程开始了,奥登发现他的确喜欢这位导师。"他

---

[1] "布雷特尔"是斯坦利·费舍尔为 H. F. B. 布雷特-史密斯教授起的绰号,大概是揶揄教授的口音。
[2] 盎格鲁-爱尔兰人(Anglo-Irishman),又译英裔爱尔兰人,是爱尔兰的一个社会群体,其成员的祖先在历史上拥有新教优势,大部分人加入了爱尔兰教会。
[3] 爱泼斯坦(Jacob Epstein)是美裔英国雕塑家,1905年定居伦敦,他的肖像画和雕塑作品带有表现主义、旋涡主义风格。

不是大师,"他说,"每次去敲他的门,我都不用深呼吸。相反,他让我很自在,我觉得我可以对他说任何话,不管我的言论多么愚蠢,不管是关于文学还是我的个人生活,都不必担心会遭到揶揄或指责。"科格希尔显然是一位宽容的导师。一天,他回到自己的房间,发现奥登已经在里面了,正在读自己的一封信(奥登曾在一首诗里写道:"在他的房间里等候一位朋友/我们立即开始翻阅他的信件")。奥登抬头看了他一眼,虽然被逮个正着,却毫无愧意,只是抱怨少了一页。

科格希尔清楚地记得他被指定为奥登的导师后的一次谈话:"为了根据他的需求和兴趣安排他的学习,我询问了他的人生规划。'我要成为诗人。''噢,是的!'我自以为是地说(一个人在27岁的年纪很容易闹出各种糗事),'那么念英语是个不错的开始,假如你想要写诗,它可以帮助你深入这个领域的技术性层面,而不仅仅是一种精神上的升华!此外,写诗也可以提高你的散文水平。'我扬扬自得地说了一通,得到的回应却是满脸怒色。'你根本不明白,'他说,'我的意思是大诗人。'"

科格希尔很快就习惯了此类谈话。他给奥登上的辅导课,已经成为他一周中思维最为活跃的时刻。奥登每次来见他,都会带着交流某些新发现的强烈欲望。科格希尔读过达森特翻译的《尼亚尔萨迦》[1]吗?他知道莫扎特的降E大调圆号五重奏吗?有时候,他会说一些本周发生的趣事或丑闻。科格希尔欣然接受了这一切,就跟他听奥登汇报前一次课结束后的读书体会(无论他评说的是

---

[1] "Saga"(萨迦)源于古日耳曼语,本意是"说",即讲故事。大约在公元13世纪前后,冰岛人和挪威人用文字记载了古代民间口传故事(主要包括神话和历史传奇),加工整理成"萨迦",因此现在也有人将"萨迦"意译为"传奇"。《尼亚尔萨迦》(*Njal's Saga*)是"冰岛人萨迦"里篇幅最长的,历来被誉为"有王者风范的扛鼎之作"。

哪一位诗人或小说家）一样热情。

显而易见，奥登对诗歌的兴趣大于小说。他十分欣赏特罗洛普和狄更斯（他可以整页地记诵狄更斯的小说），他喜欢简·奥斯汀以及19世纪的俄国小说家，但他对现代小说没什么兴趣，尽管他后来喜欢上了罗纳德·弗班克的古怪的"坎普"[1]故事，甚至迷上了侦探小说。至于他在大学阶段的诗歌阅读，他很快就认定华兹华斯是一个"最乏味的老古董"。确实，总的来说，他对浪漫主义缺少兴趣，声称济慈和雪莱让他"无感"。当时，大学生们推崇的是玄学派诗人。他并不排斥这种潮流，尽管他本人更喜欢赫伯特而不是多恩。16世纪的这些诗人里，他发现斯凯尔顿值得一读。毫无疑问，蒲柏和德莱顿也让他激动。他这样评价蒲柏："他最优秀的那些作品，视觉和语言紧密融合，鲜有诗人能够与之匹敌。"他认为德莱顿是"英国文学史中一位具有常识的杰出诗人"，"当一个人厌倦了名副其实的诗歌[2]时（我经常会陷入这种情况），他是理想的阅读对象"。更为不合潮流的是，没过多久他就对英语教学大纲中的盎格鲁-撒克逊部分产生了极大的兴趣，而这部分内容在牛津大学本科生群体中一直颇受冷遇。

一位大学同学惊讶地发现，奥登"真的欣赏那些索然无味的盎格鲁-撒克逊诗人们"。奥登本人在谈到那个时期的作品时说：

---

1 "坎普"是单词"camp"的音译，可能引申自一条法国俚语"Se Camper"，即"以夸张的方式展现"，《牛津英语词典》对这个词的解释是"铺张的、装模作样的、戏剧化的……"，后来在文化上出现了"坎普风""坎普美学"等现象。
2 此处原文为"Poetry with a capital P"，直译为"名副其实的诗歌"，我们或许可以从奥登有关拜伦的一篇散文《唐璜》（"Don Juan"）中捕获其隐含意义——"So long as Byron tried to write Poetry with a capital P, to express deep emotions and profound thoughts, his work deserved that epithet he most dreaded, una seccatura"（只要拜伦努力去写名副其实的诗，表达深刻的情感和丰盈的思想，其作品就配得上他最为憎恐的那个绰号——"一个讨厌鬼"）。

"这是我第一次接触到北方的'野蛮'诗歌,立刻被它们的独特韵律和修辞手法所吸引,它们与我所熟悉的后乔叟时代的诗歌完全不同。"这并非意味着他要致力于钻研盎格鲁-撒克逊时期的文学。有关这方面的知识,他并不是从科格希尔那里学到的,而是由一位讲授盎格鲁-撒克逊语的讲师查尔斯·雷恩指导的。雷恩还引导奥登从语文学(philology)和历史的角度审视英语语言,他专注于研究盎格鲁-撒克逊时期的语言机制,而非那些文字迷人的想象力。奥登这样说道:"雷恩是一个彻头彻尾的语言学家,无法品读出文字以外的东西。"事实上,真正让奥登对盎格鲁-撒克逊文学产生兴趣的,不是雷恩的指导,而主要是 J. R. R. 托尔金讲授的课程。托尔金时年 34 岁,是盎格鲁-撒克逊方面的专家。奥登在谈到托尔金的课程时说:"他说过的话,我全都忘了,但记得他抑扬顿挫地背诵了一长段《贝奥武甫》。我听得入迷。我知道,这部史诗会是我喜欢的类型。"

他很用心地学习盎格鲁-撒克逊语,以便能够阅读《十字架之梦》《流浪者》《航海者》,以及《埃克塞特书》[1]中的一些谜语和《贝奥武甫》中的部分内容。在中世纪的英国诗歌中,他更为欣赏《农夫皮尔斯》,而不是乔叟。从上述诗篇中汲取的养料,都被他运用到了自己的诗歌创作里。他如此说道:"盎格鲁-撒克逊语和中古英语诗歌,一直是对我影响最深远、最持久的因素之一。"此外,他也喜欢冰岛萨迦(他阅读的是英译本)和早期爱尔兰诗歌,这显然与孩提时代父亲讲述的故事有一定的关联。"一般而言,诗人生活的年代或表达的情感距离你越远,"他说,"你就越能够从他们身上获得为己所用的东西。通常情况下,这样学来的一些技巧,

---

[1] 《埃克塞特书》(Exeter Book)是一部公元 10 世纪的手抄本,收录了盎格鲁-撒克逊时期的诗歌和谜语。

第四章 牛津

可能会在不经意间解锁了自己的内在潜力。"

他在牛津大学英语专业的大部分学习内容是研读文学批评资料和掌握被普遍接受的批评观点。他并不喜欢这些。他形容自己的批评写作为"更加直觉性，而不是分析性"。W. P. 克尔可以算是唯一令他欣赏的批评家，而他的文章之所以让他喜欢，主要是因为文章里谈到了韵律问题——他已经熟读了圣茨伯里的《英诗韵律史》。他也很欣赏 I. A. 瑞恰兹的论文《科学与诗歌》以及他的《文学批评原理》——他对斯蒂芬·斯彭德说，《泰晤士报文学副刊》居然只给瑞恰兹安排了一个简短的介绍，这真是可笑。总体而言，他对大多数现代批评家都兴味索然。随着时间的推移，他日益觉得英语专业的组织架构存在严重的问题，至少对有才华、有兴趣的人来说是这样的。

他在多年后写道："我的建议是，日后不打算成为英国文学或社会学方面的教师的人，千万不要攻读这些专业。"他还说："如果说一个诗人攻读英语专业并非明智之举，这倒不是因为他无法从中获得成为一个诗人所需要的养分。其实，他很有可能从中大获裨益。真正的原因在于，他所能够胜任的谋生行当，将只会是教学或文学新闻行业。"在他看来，或许可以设定一系列为诗人提供专业培训的课程，其操作路径应该与通常施行的英国文学课程体系完全不同。以下是他为想象中的"吟游诗人学院"安排的课程：

（1）除了英语，至少要开设一门古代语言，可能是希腊语或希伯来语，还要开设两门现代语言。

（2）默记以上述语言写成的数千行诗歌。

（3）学习韵律学、修辞和比较语言学。

（4）唯一的批评练习是模仿和戏仿。学院图书馆里除了历史性文献或作品文本，不得存在任何批评作品。

（5）设置数学、博物学、地质学、气象学、考古学、神话、礼拜仪式和烹饪课程。

（6）每个学生都需要亲自照看一只家畜和一块园地。

看似玩笑性质的课程设置，隐藏了一种非常严肃的要求，那就是对技巧的训练，以及对诗人可能有所裨益的非文学学科的通识教育。奥登在牛津大学学习期间，应该还没有意识到这些训练和培育的缺失，但毫无疑问的是，尽管科格希尔悉心教导他，他已经觉察到英语教学大纲无法满足他的需求。

这导致他没有把心思放在课程上。他花了很多时间看书，但不一定是课程要求阅读的书。心理学继续吸引着他，人类学家 W. H. R. 里弗斯的作品也令他颇感兴趣。一位朋友形容他在 1926 年的日常交流里夹杂了"来自荣格、里弗斯、克雷奇默和弗洛伊德的奇诡而又充满暗示性的话语"。与之形成对比的是，英语专业方面的学习让他感到"因无所事事而愧疚"。后来回顾这段学习经历时，他说自己早已预见了失败："我很清楚自己会获得什么样的学位，也明白父母将会多么失望。"这句话可能是真情实感，但也可能不是。牛津大学的朋友们并没有发现他有这种不祥预感，反倒觉得他对自己的学术前景充满了信心。不过，他显然对一件事不甚满意："我在 19 岁时的反思足以让我有自知之明，我写的诗只不过是别人的衍生品，我还没有找到自己的声音。"

第四章 牛津

★ ★ ★

1926年夏季学期，奥登与一位名叫汤姆·德莱伯格的基督教堂学院本科生成了朋友，此人在大罢工期间也为总工会提供过帮助。德莱伯格在同性关系上比较不检点，但尽管两人现在成了好朋友，他们的关系却是"纯洁的"（据德莱伯格描述）。德莱伯格向奥登介绍了T. S. 艾略特的诗歌。

就在这个学期，德莱伯格让奥登看了《标准》[1]自1922年以来的一些过刊，其中就包含了《荒原》。他们一起读了这首诗——"刚开始读的时候，"德莱伯格回忆说，"我们难以置信地笑作一团（比如，读到博尔特太太那一段时）；随着阅读的深入，敬畏之心油然而生。"

奥登意识到，艾略特描述的正是他所生活的社会的真实面貌。他说："1907年，我出生的那一年，无论英国外省在本质上如何，看上去都是丁尼生式的；1925年，我进入牛津大学的那一年，无论英国看上去如何，在本质上都是《荒原》式的。"

他购买了艾略特的《诗集：1909—1925》。不久之后，他去科格希尔那里接受辅导，其间对导师说："我把自己以前写的东西都撕掉了。"科格希尔问他原因。他回答说："它们都不是好作品……你应该去读读艾略特的作品。我最近一直在读他。现在，我找到写作的方向了。"

没过多久，他就写出了艾略特式的诗歌：

在这片松林下，

---

[1] 艾略特在1922年至1939年期间任文学评论季刊《标准》（*The Criterion*）的主编。

> 我为他的思想支付了一便士。他送来
> 一张有签名的照片,但蜘蛛在上面爬行
> 模糊了面庞。
>
> 这意味着什么?
> 颂歌后我们坐在那里,擦了擦黏糊糊的手指,
> 想到了家,此地,此刻,对我们而言
> 又有什么意味?

克里斯托弗·伊舍伍德在谈到奥登这一时期的作品时指出:"现在,艾略特是他的大师。"的确,这些诗效仿了艾略特的风格。未经解释的典故、晦涩难懂的科学术语、令人耳目一新但又互不相融的意象,全被杂糅在了一起,形成了一种艾略特式的混合物:

> 双向奔赴的爱意已经抵达第一次共熔,
> 而我们必须分开。火车启动,推动
> 灵魂驶入未曾探索过的土地,
> 远离了公园里塞壬女妖们为尤利西斯
> 奉上的歌唱,盛装打扮如同受伤的手指,
> 像特大的酒瓶一样在草地上打滚;
> 远离了在墓地喋喋不休的肥胖牧师;
> 远离了地下室厨房四周的下沉地面……
> 我们被苔藓般的欲望紧紧拥抱,
> 悄然在地府将"野游"变为"悲世"[1]。

---

[1] "野游"(Wanderlüst)和"悲世"(Weltschmerz)的原文均为德语词汇,押了头韵。

第四章　牛津

> 卷毛狗又回到了她曾经作呕的地方，
> 我们像蜷曲的奥菲利亚回到了我们的小屋，
> 赫然发现约伯笨手笨脚地蹲在土坑上，
> 用钝了的奥卡姆剃刀反复刮着自己
> 他曾打磨这剃刀刮去了"绝对"。

他不仅采用了艾略特的诗歌风格，也全盘接受了艾略特的诗歌观。在艾略特的《传统与个人才能》（发表于1919年）一文中，奥登发现了这样一句话："诗歌不是一种情感的放纵，而是一种情感的逃避。"这与他目前对"古典"和"朴素"的关注是一致的。艾略特在上述文章中指出，诗人应该经历一个"去个性化的过程"，交出自己的个性，这样便可以成为一个用来获取和储存诗歌素材的容器。奥登决定按照这个方式推行他的创作。

他开始挖掘自己的非个性化。他对朋友们说："诗人必须看起来像是一位股票经纪人。"换言之，诗人的言行举止不能有任何的"诗意"。他宣称，牛津最美的散步路线，不是"诗意"的风景区，而是河边纤道那段最阴暗的地方，刚好在这座城市的煤气厂那里，与艾略特在《荒原》中描述的"沉滞的河道……在一家煤气厂背后"十分吻合。

塞西尔·戴-刘易斯[1]在奥登受艾略特的影响达到顶峰时结识了他，据他回忆，"奥登最喜欢的散步路线就是经过煤气厂的那条路"。然而，如果奥登选择这条路线的目的是让朋友们相信诗人之平凡的话，那么他就彻底失败了。"很可能是这样的，"刘易斯回忆起奥登在煤气厂散步的情形时说，"他带着一把发令枪，穿着一

---

[1] 我用连字符拼写"戴-刘易斯"这个姓氏，因为肖恩·戴-刘易斯在他那本有关父亲的传记（1980）里指出，这么拼写才是正确的。——原注

件不同寻常的司祷式黑色大衣,这件大衣一直垂到了膝盖,是他从母亲的一次旧杂物义卖中抢救回来的。至于他是如何搞到发令枪的,我倒是记不清了。"

奥登十分敏锐地发现,他不应该继续让艾略特影响自己的诗风。"与丁尼生一样,他也是一位特质极为鲜明的诗人,"他在多年后谈到艾略特时写道,"你会意识到,如果把他当作一个诗人典范加以效仿,就只能写出艾略特式的东西。"艾略特的痕迹一直出现在他的诗歌作品里,直至他生命的尽头,但他模仿艾略特的时间确实很短暂,大概只有几个月。即使在模仿艾略特的那段时间里,他也在持续不断地发掘其他与众不同的诗人,并对他们表现出极大的热情。斯坦利·费舍尔向他介绍了艾米莉·狄金森的诗歌,不久之后,奥登便以狄金森的风格写了一首短诗——《爱能征服一切》:

> 芸芸众生皆为六英尺。
> 然而又会有什么不同?
> 难道你能高居太阳之上
> 抑或行走于世纪之间?
> …………

他也欣赏威尔弗雷德·欧文,部分因为他的诗歌技巧,也因为他的战争诗表现出来的冷峻态度,他觉得这要比萨松的那些多愁善感的诗歌好多了(他对斯蒂芬·斯彭德说过)。他还喜欢罗伯特·格雷夫斯的作品,他后来坦言,格雷夫斯是"为数不多的几位一有新作,我就会买下来的诗人之一"。杰拉德·曼利·霍普金斯也给他留下了深刻的印象。他偶尔会模仿霍普金斯,但很快就意识到他的影响也很危险。他曾说:"霍普金斯应该像一本下流书一样摆放在一个特殊的书架上,只留给那些不会被他毁掉的读者去阅读。"

那时,艾略特对奥登的重要性是有限的。奥登在人生暮年列出了一个名单,上面是他认为从他们身上获益良多的现代前辈诗人,而艾略特的名字并没有位列其中。[1] 他在其他场合说过,哈代的口语化措辞对他影响更大,艾略特的措辞"可以被窃取,但永远无法化为己用"。他最终把"本世纪最伟大的英语长诗"这个殊荣授予了戴维·琼斯的《诅咒》,而不是艾略特的《荒原》。

在把艾略特这一页从自己的生命篇章里翻过去以后,奥登可以算是牛津大学最出色的本科生诗人了。诚然,竞争并不激烈:1925年的《牛津诗歌》(布莱克韦尔出版社每年推出一本)收录了格雷厄姆·格林、塞西尔·戴-刘易斯和A. L. 罗斯等人的作品,大部分诗作平庸乏味,难得有几篇出彩的是基督教堂学院的首席唯美主义者哈罗德·阿克顿的华丽而"颓废"的诗篇(一行典型的诗句——"我们的腹股沟布满了疮疤累累的头脑")。在这种背景下,奥登的诗歌愈发显得突破传统、锐意创新。自大学的第三个学期开始,他在本科生期刊上发表诗作,《牛津展望》(1926年5月)刊登了他在前一个假期创作的64行无韵诗——《铅是最好的东西》。这首诗颂扬了奔宁山脉废弃的铅矿以及曾在那里开采做工的人们,结尾处不无揶揄地点明废弃的矿坑不过是"诗人借以抒发夕阳之思的题材"。同样在那个夏季学期,《牛津大学评论》刊登了奥登送给斯坦利·费舍尔的那首抨击人格化上帝的诗歌——《灰烬》;《彻韦尔》刊登了他的两首爱情小诗——《惜别》和《肖

---

1 这个名单出现在《某个世界:备忘书》(*A Certain World*, p. 372)。——原注

像》。在《肖像》中，被爱者的性别模糊不清：

> 嘴唇完全倾向于激情的行为
> 让人窒息的发丝扼制了呼吸
> 如此相仿的形体裹藏于
> 爱尔兰雨披之下……

这首诗要比他6月份刊登在《牛津杂志》上的诗歌《沉巷》精彩得多。出现在《沉巷》里的恋人是一位女性，或许由于这个原因，诗中表达的情感颇为空洞：

> 美好的夜晚总会让他们想起她，
> 但主要是山毛榉林——它们躁动的沉默
> 恰似她的举动……

当然，他的诗歌水平仍然不稳定。但到了夏季学期结束的时候，他的声誉已经足以让他与查尔斯·普拉姆一起受邀编辑1926年的《牛津诗歌》，而查尔斯·普拉姆曾与人合编过1925年的那一期。普拉姆和奥登的诗歌品味截然不同，诗选的前言部分很有可能出自普拉姆之手，字里行间有一种妥协的意味：

> 我们尽量兼顾激进派和保守派，而非取悦他们……如果住在一间窗户朝向仙境的屋子是一种极为自然的偏好，那么还应该有一扇窗户朝向"荒原"。与此同时，激进派在证明其目的与进程相匹配之前，他们的自信满满并非全然合理。

第四章　牛津

尽管如此，奥登还是设法把他的一首最具艾略特色彩的诗歌（即《托马斯的收场白》[1]）编进了诗选。可以确信的是，1926年离开校园开始暑假生活时，他至少在本科生圈子里赢得了诗人的声誉。

★ ★ ★

他原本打算邀请戴维·艾尔斯特与他一起住在哈伯恩，但是去加拿大探望伯纳德的奥登夫人回来了，这个计划不得不放弃了。"我疯狂的母亲在这里，"他在给艾尔斯特的信中写道，"不可能邀请别人同住……这地方超级无聊。只剩下一件像样的事。"

为了缓解无聊，他到怀特岛弗雷什沃特海湾与克里斯托弗·伊舍伍德会合，后者正在那里度假。奥登特地为此搞到了一顶宽边黑色毡帽，穿上系有黑色晚装领结的灰色法兰绒外套。伊舍伍德觉得奥登的帽子有点装腔作势，纯粹是牛津大学浮夸风的一种表现；弗雷什沃特海湾的年轻人也都对它嗤之以鼻。奥登倒是一副处变不惊的样子。他宣称："笑是性吸引力的首要表征。"他常常在公共场合高声说出脑子里突然冒出来的各种念头，此举令伊舍伍德尴尬不已。比如，他高谈阔论道："当然，无论如何，智力是唯一重要的东西……我完全不会用到色彩。只有形态……诗歌必须由具有形态的意象构成。我讨厌落日和鲜花。我厌恶大海。大海是无形的……"尽管伊舍伍德难免觉得尴尬，但他注意到，与帽子不同的是，奥登宣扬的教条式言论一点都不造作。他意识到，

---

[1] 诗中有这么两行——"伊莎贝尔，她跳动的乳房／追逐着我度过了整个夏天"。多年后，奥登自认这是他写过的最糟糕的诗行，几乎可以成为詹姆斯·瑟伯漫画的绝佳配文。——原注

正如他后来评说的，奥登只是"大声地试练"，"把他从书本中读到的最新内容说出来，听听它们被说出来后是什么感觉"。他还发现，他们朝着一种闲谈的模式发展，奥登正试图以奇特的方式成为一个模范客人。正如伊舍伍德所说："他非常希望自己来访的每一分钟都能有好的表现——在最高的智慧层面上。"而且，这些戏剧性的表现也带有一定的滑稽成分。奥登当然不是在模仿，但他喜欢进行各种角色扮演，尤其喜欢扮演一个向信众们布道的疯狂牧师。有时很难分辨这些角色扮演行为何时结束，奥登又是何时以真正的面目示人。

在怀特岛度假期间，伊舍伍德逐渐意识到，奥登不仅欣赏他，而且视他为文学上的兄长。奥登向他展示了正在创作的诗歌，全盘接受他提出的任何批评与建议。几年后，伊舍伍德描述了当时的情形：

> ［威斯坦］虽然懒散，但也高产，不假思索地接受我提出的任何建议，丝毫不怀疑我的判断是否正确。如果我提议改变一个形容词，他立刻就替换掉它。不过，如果我建议整段重写，他会说："还是全都不要了吧。"随后，他果真毫不犹豫地把那首诗扔进了废纸篓。要是我赞扬而不是批评了某行诗，这一行就会出现在另一首新写的诗歌里。还有，要是我不喜欢一首诗，但欣赏其中的某一行，那么这一行连同我刚才说到的那一行，都会出现在第三首新诗里，以此类推——直至最终形成了一首诗，一个我喜欢的诗行的小小汇编。这些诗行串联在一起，彼此之间没有内在整合的肌理。由于这个原因，［威斯坦］在那个时期完成的大部分作品都晦涩难懂。

第四章 牛津

我们需要谨慎地看待这段叙述。首先,它来自伊舍伍德的《狮子与影子》,这部作品在形式上是自传体,但正如伊舍伍德在序言里强调的那样,书中对朋友们的描绘带有漫画式的夸张,而不是精准地刻画。"休·韦斯顿"——伊舍伍德为奥登起的名字(所有朋友都是化名)——的形象并没有完全按照奥登的真实面目呈现给读者。毫无疑问,把伊舍伍德最喜欢的诗句汇编成诗歌的说法,有一定的夸大其实的成分,也有违常识。而且,奥登在这一时期创作的诗歌并非总是那么"晦涩难懂"。不过,需要指出的是,奥登的早期诗歌确实有很多这样的例子:一首诗歌虽然被放弃了,但其中的短语和诗句却被置入一首新诗中,并且通常不会从严格意义上考虑合理性。[1]

诚然,伊舍伍德的说法可能有些夸张,但不至于太离谱。无论如何,他从未声称自己参与过奥登作品的实际创作。他说,它们就像是奥登从帽子里变出来的兔子——"在它们出现之前,人们无法谈论它们"。

如果说奥登在文学方面仰望伊舍伍德的话,那么他会毫不犹豫地在其他话题上扮演教导者的角色。他鼓励伊舍伍德阅读北欧萨迦——随身带了《格雷悌尔》和《被焚者尼亚尔》——两人一

---

[1] 两次使用同一短语的例子:"乳房/舌尖喊出了山丘'塔拉萨!'"(创作于1926—1927年间,未公开发表,出现在一封写给W. L. 麦克尔威的未标注日期的信中,此信如今收藏于大英图书馆)和"乳房是最后的山丘,/塔拉萨在舌尖上"(*The English Auden*, p. 24);"被袭击的城市里没有食物"(ibid., p. 411)和"这座被袭击的城市里没有和平"(ibid., p. 32);"更清晰地在天空中聚集星群"(ibid., p. 437)和"正在天空中更清晰地聚集星群"(ibid., p. 39);"像所罗门和示巴,错了很多年"(ibid., p. 438)和"一种姿态的持有者,错了很多年"(ibid., p. 45);"爱,是这种爱,在醒目的分叉口/策马离开了农场"(ibid., pp. 441, 68,仅略微改动);"冻僵的秃鹰/从坝上滚落而下,被带入汪洋大海"(ibid., pp. 437, 40)。据斯蒂芬·斯彭德在《世界中的世界》中所述,他曾见过早期奥登根据伊舍伍德的建议修改诗行。——原注

起讨论北欧古代勇士们面临的宿世的仇怨、命运的愚弄以及黑暗的威胁,那情形仿佛就是英国寄宿学校里的两个同住者。令伊舍伍德尤为惊讶的是,奥登居然还跟他大谈特谈性话题。

伊舍伍德曾在公学时期对男孩们充满了"浪漫的渴望",在剑桥大学时与一个男大学生上床睡过觉,而现阶段他对自己的性取向困惑不已。奥登发现这一点后,就把帮助伊舍伍德确立性向视为自己当仁不让的任务。"他肆意侵犯我的隐私,"伊舍伍德说,"我老处女式的整洁,我性生活方面的小偏好,我极为私密的小毛病,我最为隐秘的性恐惧。"

伊舍伍德表示,奥登本人的性态度"让我大吃一惊"。他发现,奥登不是唐璜式的人物,他并不追求性冒险,只不过是以一种不带情感色彩的强烈欲望行事——这与他对待食物的态度是一致的。他向伊舍伍德描述了自己的性经历,伊舍伍德发现"他的那些毫无诗意可言的情色轶事着实令人印象深刻","入夜后独自躺在单人床上,听着海浪翻腾,我辗转难眠"。伊舍伍德的内心已经被搅乱了。怀特岛之行后,他与另一个朋友爱德华·厄普华去了法国。岂料他在途中突然抛下了爱德华·厄普华,去追求火车上结识的一个小伙子。后来,他买了一把左轮手枪,扬言要自杀。总的来说,正如伊舍伍德本人所言,奥登给了他"一种迫切需要的洗礼"。

在之后的几个星期里,伊舍伍德一直躲着奥登,但没过多久又开始见他。几个月后,他与奥登有了肌肤之亲。"并不浪漫,"伊舍伍德说,"但很愉悦。"

他们当然彼此相悦。有一次就寝时,伊舍伍德把奥登的旧大衣铺在床上,因为这让他感到与奥登近在咫尺。毫无疑问,奥登对伊舍伍德也有同样的感觉;事实上,他可能有更强烈的依恋感——若果真如此,伊舍伍德并没有意识到这一点。他们从没有

第四章 牛津

严肃认真地表达过自己的感情，经常拿对方的外表开玩笑——无论是在私下里还是在公开发表的文字里。伊舍伍德写过奥登的"粗短稚气的手指头"和"淡黄色的小眼睛"，奥登则嘲笑伊舍伍德"矮胖整洁的身体和硕大的脑袋"，说他是"骑兵少校和一本正经的女店主的结合体"。

他们的关系里没有浪漫爱情的元素。当他们相拥在一起时，并没有排山倒海般的激情（至少对伊舍伍德来说是这样的）——尽管如此，他们经常发生性关系，如伊舍伍德所言，"一有机会，就会这么做"。伊舍伍德发现奥登在体格和性格上都与自己太相像了，以至于无法体验那种只有截然不同的人才能相互碰撞出的火花。要理解他们之间的肌肤之亲，关键线索是看清这种关系里蕴藏的学生气的一面。

多年后，伊舍伍德以一种客观的视角回顾这一段关系："他们的友谊根植于学生时代的记忆，这种性关系带有青春期的特质……他们并不认为是彼此的情人，但性给了他们的友谊一个额外的维度。他们意识到了这一点，这让他们有些尴尬——也就是说，成熟的成年朋友关系里，不合时宜地杂糅了学生气的性伴侣关系。"[64] 伊舍伍德不免思忖，正是因为这种尴尬，他们才有意无意地取笑对方的外表，似乎是为了破除这段关系里任何真情实意的苗头。他还写有这么一段文字："做爱的价值在于让我们的关系保持了一种青春期的活力——几乎就像是我们可以随时借此回到过去。"换言之，他们可以通过同床共眠重温学生时光。

★ ★ ★

1926年秋，奥登回到牛津大学，开始了他在大学里的第二学年。他在基督教堂学院换了宿舍，搬进了一处装有橡木护墙板的漂亮套房——"派克5号"，位于18世纪建筑派克沃特方庭一角的楼上。他很少关注窗外的景色，大部分时间都拉着窗帘，因为他觉得自己只能靠人造光工作。宿舍里的房间，除了卧室和起居室之外，还有一间储藏室。他在储藏室里放了一架钢琴，这种做法很快就成了一桩奇闻，在同学们中间传开了。有传言说，奥登在壁炉台面上放了一个腐烂的橘子，面朝墙壁的那一面已经完全发霉了，他这是借此提醒自己西方的命运。还有传言说，他在办公桌上放了一把左轮手枪，一旦他认定生活是一场败局，随时准备用它了结自己的性命。（事实上，这很有可能是戴-刘易斯看到的那把发令枪。）奥登的穿衣打扮助长了此类传言。人们在不同场合看到他拿着手杖、戴着单片眼镜，有时候戴着牧师式的巴拿马帽，有时候穿着他父亲的医用旧夹克，要是他心血来潮赶时髦的话（偶尔会发生），就会穿上他的双排扣棕色西装。不过，尽管他有这种爱出风头的偏好，却一点也没有花花公子的派头。他不太在意着装，而且也没办法把它们穿得整洁得体。

他在基督教堂学院换了宿舍以后，交友圈也发生了很大的变化。他不再需要斯坦利·费舍尔做自己的密友，也鲜少碰到已经拿到学位的戴维·艾尔斯特。在新结识的朋友中，有一位来自莫德林学院的本科生，名叫约翰·贝杰曼。奥登第一次见到他，是在1926年的夏季学期。贝杰曼对于英国圣公会和维多利亚时代哥特式风格的偏爱让奥登惊喜不已，他觉得所有这些都与他自己对外省煤气灯城镇、海边小屋、管风琴和大弥撒的童年记忆吻合。他们对这些东西的热爱是如此相似，以至于奥登曾开玩笑说，他实际上是以自己的生命原基创造了贝杰曼。他说："我一直没弄明白，贝杰曼究竟是肉体凡胎，还是在1926年的一个夏夜，我在彻

第四章 牛津

韦尔河的一艘平底船上奇迹般地孕育了他。我不记得那次出游时有人陪伴,但回来时他显然跟我在一起。自那一天起,贝杰曼先生就实实在在地出现于我的生活,这委实令人困惑。"

贝杰曼熟知维多利亚时代和爱德华时代的诗人,意外地发现奥登也熟悉这个领域。不过,让贝杰曼无法接受的是,奥登居然认为那些诗人无甚价值。有一次闲谈中,奥登驳斥了风靡一时的西特韦尔三姐弟,却称赞了在贝杰曼看来无聊至极的盎格鲁-撒克逊时代的诗歌,这显然也令贝杰曼大吃一惊。尽管如此,贝杰曼依然认为奥登值得信赖。"他一向都很明智地拒绝浮夸的东西,"贝杰曼说,"我记得他走进我在牛津大学的房间,看了看我的书架,发现架子上都是当时流行的书籍,但其中夹了几卷埃德蒙·布伦登的诗,他表示:'这些才是你真正喜欢的。'的确,他说对了。"

贝杰曼与基督教堂学院时髦的"唯美"团体(包括布赖恩·霍华德和哈罗德·阿克顿)颇有些交情,与瓦德汉学院的教师莫里斯·鲍勒也是朋友,而这个文化圈的很多人正是聚集在莫里斯·鲍勒周围。贝杰曼为拥有这些友谊而自豪,但他相信奥登对他的这些大有来头的朋友一点也不感兴趣。事实上,他错了。奥登后来在谈到莫里斯·鲍勒的圈子时写道:"我没有'进入',但我多么希望自己能够成为其中一员。"他说,这个圈子的成员给他留下了深刻的印象,因为"那时候大多数年轻人都在漫无目的地折腾,而他们已经形成了自己的特质"。

奥登没有进入贝杰曼的交友圈,无疑有经济上的原因。他们中的多数人都过得阔绰,至少手头宽裕,而他自己却承担不起奢侈的生活,特别是在饮酒方面——"在牛津大学以及之后的许多年里,我之所以很少饮酒,"他说,"是因为没有机会(我的朋友们都不酗酒),也因为没有钱(我喝不起酒,也负担不了经常性饮酒）。"不过，这其中也有他特立独行的原因。他很独立，不需要加入现有的圈子或本科生群体。[1] 他宁愿找寻属于自己的朋友。

塞西尔·戴-刘易斯是他在此阶段找到的朋友之一。作为瓦德汉学院攻读古典学（古代历史和古典哲学）的大四学生，戴-刘易斯的大学生涯已经走到了最后一年。他自费出版了自己的第一本诗集，奥登与人合编1926年的《牛津诗歌》时，收录了他的诗歌作品。还有雷克斯·沃纳，他也是瓦德汉学院的大四学生，与戴-刘易斯合租了圣吉尔斯街的一处住所。在牛津诗人群体中，雷克斯·沃纳显得与众不同，因为他是校橄榄球队运动员（蓝色荣誉者[2]）。奥登很想结识沃纳，此人在取得体育成就的同时还能在拉丁与希腊文学学士学位第一次考试中取得最高等级的成绩。奥登与沃纳最终成了朋友。在一首诗中，奥登将沃纳描述为"看得越来越透彻的君王"[3]。不过，他们之间的友谊，不像奥登与戴-刘易斯那样深厚。

戴-刘易斯对奥登的第一印象是"超凡的智慧"。奥登并不是他在牛津大学遇到的第一个聪慧之人，但正如他所说，奥登的独特之处在于，他把这种智慧奉献给了诗歌："然而，一开始给我留下最深刻印象的是他的活力，而不是他的智慧——这种活力异常充沛，洋溢在某些姿态、愚蠢行径和极为不切实际的想法之中，给了它们一种权威的气息，一种合理的幻觉，这诱使一些同龄人

---

[1] 在基督教堂学院的时候，奥登与以布赖恩·霍华德和哈罗德·阿克顿为首的"圈子"的最为接近的接触，似乎发生在第一学期的一次聚会上。当时，他是"伪君子俱乐部"的客人，而"霍华德-阿克顿圈子"在聚会上分外耀眼，他们在基督教堂学院正大门对面的圣奥尔达特街都有房间。在这次聚会上，奥登第一次见到了 V. M. 阿洛姆（彼得），他是埃克塞特学院的本科生。奥登向阿洛姆发出了性暗示，尽管后者没有给予回应，但他们在余下的大学时光里成了朋友。——原注
[2] 牛津大学和剑桥大学的校队运动员往往被授予蓝色荣誉者（blue）的头衔。
[3] 此处为双关，雷克斯·沃纳的原名"Rex"，有"国王"的含义。

第四章 牛津

信以为真。"

奥登的大多数本科生朋友确实被他抛出的观点、言论和判断震慑住了。他认为格特鲁德·斯泰因非常出色,索菲·塔克"绝对是唯一的女喜剧演员"。电影注定会失败,现在的现实主义戏剧也全都会失败。只有音乐厅[1]是好的。芭蕾舞应该被禁止。人们应该去赛狗或者去煤渣路找乐子——煤渣路是"传奇世界在机器时代的一种转换形式"。至于诗歌,诗人应该对此没有观点,也没有定论。诗歌必须与政治毫无瓜葛。

朋友们觉得很难跟上他的思路,尤其是因为他对这些言谈所涉及的领域已经有丰富的阅读基础。他们注意到,他十分擅长在短短几分钟内就提取出一本书的重要内容:他可以快速浏览,迅速找到关键性段落。他对读到的内容有非凡的记忆力,几乎像照片一样印刻在了脑海里,所以很快就能掌握大量的知识,成为他发表言论的依据。他喜欢使用晦涩难懂的词语,这让朋友们很是懊恼。他的谈话就像他的诗歌一样,充满着科学、心理学和哲学领域的术语,以及他从《牛津英语词典》中翻找的一些词汇。诸如"glabrous""sordes""callipygous""peptonised"这样的单词(这些词在他这一时期创作的诗歌中都曾出现过)[2],他用起来得心应手,但他的听众们却困惑不解。"我不太明白威斯坦所说的话。"一位同期的本科生说,但仍然觉得"他的谈话很重要,这是因为

---

[1] 19世纪初期,英国开始出现了一些音乐厅(music-hall),但实际上不过是一些带有舞台表演的餐馆或酒吧,主要满足中下阶层的消费需求。到了19世纪末期,"音乐厅"已经不只是中下阶层的专属娱乐场所,知识分子、名流政客们也都会去消费。英国的音乐厅不断向法国、美国等地传播,在法国促成了小型的卡巴莱(Cabaret),在美国出现了杂艺秀(Variety)。奥登钟爱音乐厅,也喜欢卡巴莱和杂艺秀。

[2] "glabrous"是植物学术语,指"无刺的";"sordes"的含义是"污物"或"痂";"callipygous"的含义是"臀部线条匀称的";"peptonised"的含义是"胨化的"。

他说得煞有介事"。

同样令人费解的是——事实上程度更深——他常常彻底推翻自己的观点。1926年秋,他向伊舍伍德称赞了格特鲁德·斯泰因,但几个月后,他对斯蒂芬·斯彭德说,格特鲁德·斯泰因通篇都是"废话"。这种突然的转变并不少见。斯彭德说过,奥登在牛津大学时期的观点"给我留下了更为深刻的印象","因为他离开校园后不久就改变了大多数观点"。奥登并不承认自己改变了观点,对他而言,似乎只是轻而易举地从记忆里抹去了先前的表态。在其他行为举止方面,他也会表现出这种特质。一位朋友说:"他果真做了一件蠢事后,在接下来一个星期里,这件事仿佛'从未发生过'。"奥登曾形容自己是这样一个人:

> 他禁止我去回忆任何一个痛苦印象:
> 恶劣的行为,不管由自己犯下还是他人所为,
> 意气颓丧、自暴自弃的时日,糟糕的厨艺,
> 　　这些立刻就会被压制下来。

他之所以改变观点,有一个很简单的原因,那就是他第一次表达的观点过于激进,需要进行调整。但他绝不会持有任何将信将疑的观点。斯彭德指出:"奥登有一个特点,对自己正在做的任何事都怀有一种宗教般的虔诚态度,这是他成为诗人必须具备的品质。"奥登本人曾奉劝大家,他的观点——以及任何作家的观点——都应该被谨慎对待,因为这些观点在很大程度上是"他与自身就下一步应该做什么和回避什么而进行论辩的外在表现"。回顾牛津大学的时光,他这样写道:"如果一个大学生在某一天早上对他的导师宣称,格特鲁德·斯泰因是有史以来最出色的作家,

第四章 牛津

而莎士比亚并不优秀,他实际上只是在说这样一句话——'我不知道写什么或怎么写,但是昨天读格特鲁德·斯泰因的时候,我觉得自己找到了一条线索',或者'昨天读莎士比亚的时候,我发现自己在写作中有滥用修辞的缺点'。"事实上,他完全明白自己的武断。他这样反思道:"从本质上而言,我太容易成为一个武断的暴君和好为人师者,喜欢管别人的事情,要是有人不同意我的看法便会心急火燎。"他并不希望人们把他的话太当真。"请永远记住,"他在给友人的信中写道,"我把自己幻想成一个疯狂的牧师。当然,我相信自己宣讲了一些道理,但一般需要打个折扣去听。大多数会众的问题在于,他们要么只字不听,要么一字不落地囫囵吞下去了。"

他并不是自视甚高之人,但肯定已经认识到自己拥有非凡的天赋。他平静地接受了这个事实,一刻也没有怀疑过。他也认识到,虽然他能够快速且轻易地在表层上掌握知识,但对于深层知识的学习却进展得缓慢。他曾在一封信中写道:"我确实是一个需要慢慢成长的人,我的发展比大多数人都缓慢。"

熟悉奥登的人会发现,他卓越的智识和武断的特性被一种谦逊乃至质朴所平衡。一位在牛津大学的朋友说他"真的很善良、很纯粹",这让那些只了解他的公共面孔的人感到困惑不已。另一位朋友注意到,他"拥有疯子所匮乏的一种感知能力——荒谬感"。但可以肯定的是,刚刚接触大学生奥登的人,会觉得他不可思议。塞西尔·戴-刘易斯说过,奥登"可能最好被小剂量地一点点服用"。

戴-刘易斯对奥登的诗歌印象深刻。他觉得它们很难被理解,有时候没办法让人喜欢,但总体而言充满活力,也很有创新力。他说,这是一种"有自己的想法"的诗歌。奥登把哈代和弗罗斯特的诗歌介绍给了戴-刘易斯,戴-刘易斯则让奥登熟悉了叶芝的后期诗歌。这对奥登产生了很大的影响,他后来说自己从叶芝那里"学到了很多"。不过,他目前的诗风已经趋向成熟,不至于像他一度采用艾略特的风格那样全盘接受了叶芝。相比之下,戴-刘易斯虽然比奥登年长几岁,却被他的这位大学同学深深地震撼了,正如他自己所说的,"我自己的诗作一时成了奥登诗歌的大拼盘"。

1926年秋季学期,当奥登和戴-刘易斯开始熟络了起来的时候,一个名叫路易斯·麦克尼斯的本科生正在默顿学院度过他的第一个学期,念的是古典文学。奥登很快就结识了"这位高个子、黑皮肤、慢条斯理的本科生……穿得花里胡哨",奥登还说,他给人的最初印象是"一个懒散而不爱交际的人,大把时间都泡在酒吧里"。没过多久,奥登发现他实际上头脑敏锐,开始有点欣赏他了,但他们两个暂时还不太了解对方。麦克尼斯到基督教堂学院拜访了奥登。"你总能备受鼓舞地从他那儿离开,"他这样说过,"这里至少有一个想法跟我接近的人。"奥登给他留下了一段栩栩如生的记忆,那就是忙着"处理手头的工作"。不过,作为本科生,他们基本上沿着不同的生活轨迹前行。

对奥登来说,这时候更为重要的是另一种形态的友谊,实际上是一段恋情。在这个秋天,他迷上了基督教堂学院的一个历史学新生——W. L. 麦克尔威(比尔),他刚从塞德伯公学毕业。奥登开诚布公地向麦克尔威表达了自己的感情。他有一首未发表的诗歌——《爱过》[1],献词为"致唯一的促因——W. L. 先生",这在一定程度上是一种爱的宣言,尽管字里行间是用含混的措辞来思

---

[1] 原标题"Quique amavit",来自一首拉丁诗《维纳斯节前夜》,该诗有一行重复出现的副句"Cras amet qui nunquam amavit; quique amavit cras amet"(可以译为"谁从来没有爱过,明天就去爱吧;谁已经爱过了,明天就去爱吧"),其中"quique amavit"用作从句。考虑到奥登在此借用为标题,故译为"爱过"。

第四章 牛津

考恋爱的复杂性：

> 你在这儿吗？哪个是你？掀开盖子，你
> 把烟头摁在碟子里熄灭，
> 你在厨房里，喝着酒，浑身被雪打湿，
> 让此刻的你如此讨厌……

无法描述奥登和麦克尔威的确切关系。奥登的大多数朋友都有这样的印象：麦克尔威不打算回应奥登的爱，也不会与他上床，尽管奥登的关注令他受宠若惊。然而，据一位同期的本科生说，奥登声称他和麦克尔威已经做了安排，每星期都要同床共眠一次。假如真有其事的话，那只能说明奥登没有向其他人提过这件事。不管怎么说，大多数人认为，对麦克尔威的爱让奥登陷入了一种苦恼失望的情绪。

1926年圣诞节假期里，奥登和麦克尔威结伴出游奥地利。这次旅行后，奥登写信给戴维·艾尔斯特："我和麦克尔威在奥地利度过了非常愉快的三个星期，谢天谢地，没有任何突发状况！"他的言下之意大概是指没有发生同性关系。不过，似乎正是在这个假期，他有了异性关系方面的纠葛。他和麦克尔威在基茨比厄尔小镇稍作逗留，住在黑德维希·佩措尔德夫人家里，奥登与父亲在1925年夏的奥地利之行中就曾是她家的房客。奥登后来对二哥约翰和一两个密友说，第一个跟他有过肌肤之亲的女人是佩措尔德夫人。几乎可以肯定的是，这桩风流韵事就发生在1926年住在她家期间。似乎是她而不是他最先提出了这方面的需求。她比他大几岁。他没有说自己是否喜欢这次经历。此后，他在1934年再一次见到了她，当时他正驾车经过蒂罗尔州；第二次世界大战后，他经常去基茨比厄尔拜访她。除了1926年的那次肌肤之亲，他们之后显然没有再发生任何亲密的行为。随着友谊的发展，他更愿意把她定位为母亲或者姨母的角色，因为那时候他写给她的许多信件都称呼她为"最亲爱的黑德维希阿姨"。

1927年初，奥登拜访了麦克尔威一家，在他们位于萨默塞特郡惠灵顿附近的乡居中度过了复活节假期的一段时光。在那儿，奥登被麦克尔威英俊潇洒的兄弟帕特迷得神魂颠倒，帕特取代了比尔·麦克尔威在他心中的地位。这让比尔心烦意乱，他称自己为"被抛弃的情妇"。（不久他就订婚了。）这次拜访之后，奥登写信对比尔说："就我们的相处而言，我说不出像样的话来。你知道我的感受，不是吗？请代我向帕特里克［帕特］问好，帮忙留意他对我的印象。我得知道自己是否成功了。献上我所有的爱，威斯坦。"

这一年6月，在萨谢弗雷尔·西特韦尔的建议下，奥登向伦敦的费伯-格怀尔出版社（即后来的费伯-费伯出版社）提交了一份自己的新诗选集。根据西特韦尔的记忆，弗朗西斯·比勒尔声称自己是奥登的远房表亲（奥登的家人对这层亲戚关系不太确定），邀请他去见见奥登。在比勒尔的提议下，西特韦尔在伦敦的一家餐馆请奥登吃了一餐饭。奥登在一封写给伊舍伍德的没有标注日期的信（几乎可以肯定是写于1927年6月）中提到："前几天我和萨谢弗雷尔·西特韦尔共进晚餐……他让我把写的东西寄给艾略特，我今天已经照做了。天知道他会有什么看法。"[1]

---

[1] 据萨谢弗雷尔·西特韦尔爵士说，安排这餐饭是为了把奥登介绍给艾略特，艾略特也出席了。但如果真的是这样的话，奥登在把这餐饭的情形告诉伊舍伍德的时候，竟然没有提到他见过艾略特，似乎有些奇怪。——原注

第四章 牛津

T. S. 艾略特读了奥登交给费伯-格怀尔出版社的所有诗歌。过了三个月,他才决定给奥登回信。"我下结论很慢,"他最终在9月9日给奥登写了一封信,"我觉得提交的这些作品都不太行,但我有兴趣关注你的后续发展。"

奥登并没有心灰意冷。他对伊舍伍德说:"总的来说,我从艾略特的只言片语里读出了一种赞美。"暑假里,他先是邀请麦克尔威与自己一起住在哈伯恩家中,然后与塞西尔·戴-刘易斯一起去了他最喜欢的约克郡阿波尔特里威克村,在那里与戴-刘易斯合编了1927年的《牛津诗歌》。他在阿波尔特里威克村的新客栈给麦克尔威写信道:"这里成天下雨,石墙像甘草一样嵌在山上,我们客栈的司机是一个阿多尼斯[1],这儿还有一个像糙汉子的姑娘。"他和戴-刘易斯仔细阅读了他们收到的诗歌,从中挑选出来的作品,包括路易斯·麦克尼斯和雷克斯·沃纳的几首诗,汤姆·德莱伯格的一些西特韦尔式的诗配乐作品,以及一首带有私人玩笑性质的艾略特式的作品,或者更确切地说,这是对奥登近些日子来的艾略特阶段的一个戏仿。他们以匿名的形式印出了这首诗,冠以《假日的纪念》的标题,作者其实是克里斯托弗·伊舍伍德——"那天的牛排馊了,他来了。我们发现／去年射杀鸬鹚却击中了一个密探……"另一首匿名作品是《鸟类学视域下的生存》,奥登的本科生朋友 V. M. 阿洛姆写了这首诗,但他不允许奥登公开他的作者身份。阿洛姆很欣赏奥登,在奥登生日那天将这首诗献给了他。

奥登和戴-刘易斯为这卷《牛津诗歌》写了序言。他们在序言中将诗歌定义为"在混乱的公共领域中形成私人领域",后来的一

---

[1] 阿多尼斯(Adonis)是古希腊神话里的美少年,此处应该是指代俊俏的年轻人。

些文学批评家将之视为一场诗歌新运动的早期宣言。其实,正如戴-刘易斯坦言,他们的序言在很大程度上只是一种自嘲。不过,它的确包含了一个关于诗歌的发人深省的陈述——"情感不再一定要通过'沉静中的回忆'来加以深究[1],而要同时在情感和智性的层面上被理解。"几乎可以肯定的是,奥登的作品正是如此,这是他现阶段开始创作的那类诗歌的关键所在。

很有可能是在约克郡度假期间,奥登怀着对奥尔斯顿旷野铅矿地区的记忆,创作了一首诗,这成为他找寻自己的诗歌声音的转折性作品。以下是这首诗的完整版本:

> 我选择这片贫瘠的乡村
> 在此度过七天的假期,
> 去取悦我的眼睛和耳朵
> 让它们得到满足,去看看
> 慢条斯理的分界线
> 让条条框框的规矩瓦解,
> 杓鹬嘎吱嘎吱的叫声
> 从始料未及的角落传来,
> 沙锥鸟发出了咚咚声,
> 雨夹着雪突然来袭

---

[1] 这个措辞显然源自华兹华斯。1927年8月,与戴-刘易斯的度假结束后不久,奥登在给V. M. 阿洛姆的信中写道:"《牛津诗歌》的序言与《抒情歌谣集》的序言一样重要。"——原注

第四章 牛津

寒意一阵阵地刺骨
而对于陌生人的唇舌
此处的溪水如此呛口。

昨日迈步去攀爬
蜿蜒曲折的山谷地带,
我手脚并用地快速前行
绕过一个拐弯处后看到
石块已逐渐剥落的厂房,
一座废弃的矿井里
有一架笨拙的水轮车;
在那里的瀑布边闲坐
与一位诗人谈到了玛格丽特
那个无所顾忌的医师,
还有那个严厉的克里斯托弗,
以及诸如此类的话题
直到我们的谈话被爱绊住,
彼此都沉默了下来
在沉思中凝神注视
眼前的奇异景象
和疑窦重重的旁观者,
一只桀骜不驯的鸟
跌落在一块亮白色大石上
它站起来不停地咒骂。

昨天晚上,一阵头昏眼花

穿过了幻梦的狭长通道
我看见自己身处于
埋藏地底的机器间。
发电机、锅炉,躺卧于
一片撩人的寂静,我
握紧油滑的栏杆扶手,
对一位老到的听众
激情四射地发表言论,
他紧锁眉头,抿着嘴
在痛苦的狂喜中说
"我知道,我知道,我知道"
并伸手抓住了我的手。

此刻在积水的采石场
陷入了神思缥缈的遐想,
我思忖每一个人是如何
纵使拼尽全力却一无所获,
只能在光秃秃的柳树下
面如土色地坐着发牢骚,
在圣马丁的夏日[1]里
转过辛劳坚韧的肩膀,
直到死亡尽数抹除了
这愚蠢透顶的太阳,
并且引领这些人

---

1 圣马丁的夏日(Saint Martin's summer),指秋天里异常炎热的天气,尤指11月初出现的小阳春天气。

第四章　牛津

去往阴暗发霉的宿舍。
但当我看着他们离开时，
一只乌鸦突然起飞
断裂的枝丫随之坠落
震动了死寂的池水；
赶紧从树林里逃离，
我爬上了山，我的尸体
已经淌满了泪水，随后
安然无恙地走进屋子。

这首诗当然有一些私人性的指涉。第二诗节中的"诗人"应该是戴-刘易斯；"玛格丽特/那个无所顾忌的医师"是戴-刘易斯的朋友玛格丽特·马歇尔，她是一位精神病医生，后来成为奥登的二哥约翰的第一任妻子（"医师"的原文"leech"有多种含义，但在这里主要是"医师"的含义）；"严厉的克里斯托弗"当然是伊舍伍德。然而，奥登在诗中运用这些指涉，并不是为了拿自己的朋友圈子逗乐，其晦涩难懂恰似第三诗节梦境描写里出现的语焉不详的"老到的听众"。这首诗是一个自成一体的私人世界，正如《牛津诗歌》序言中所说，是一个"私人领域"。诗歌内容由奥登的记忆碎片组成——奥尔斯顿周围的坎布里亚森林的风景，一座废弃的铅矿，一个位于地下的机器间（就像他童年时在赖厄德度假时看到的那个机械操作房），一个可能是在北威尔士看到的积水的采石场，甚至还有公学（诗中出现了"发霉的宿舍"）——这些记忆融合为一片"贫瘠的乡村"，一个心灵的国度，一种无法交流的私人性感受，一段特定的痛苦经历（很有可能是失意的爱情），而痛苦本身是模糊不清、无法言喻的。"晦涩"正是这首诗的一切，也是奥登不久之后诗歌创作的一大特点。

1927年7月,奥登与戴-刘易斯度假归来后,与父亲一起前往南斯拉夫。显然,这次旅行并不愉快。多年后,他抱怨道:"我曾与父亲结伴去南斯拉夫,那感觉糟糕透顶。"不过,他对斯蒂芬·斯彭德说,有些南斯拉夫少年是他见过的最俊俏的人。这段旅程催生了一首诗,就像"我选择这片贫瘠的乡村……"般晦涩、奇诡,开篇似乎反映了奥登横跨欧洲旅行的经历:

> 拂晓之际渐渐抵达了边境地带,
> 燕子抚慰了灼热的双眼:有人犁地
> 在小镇后方贫瘠的山脊坡地,
> 而缰绳在晨曦里闪着光……

他和父亲去了杜布罗夫尼克和斯普利特,几个星期后回到英国哈伯恩的家中,奥登写了一首诗,在人生后期编辑自己的诗选时,这是他选入的创作时间最早的一首诗;换言之,在回顾自己的诗歌生涯时,他认为这是自己在诗艺上已经成熟且表现出色的第一首诗。这首诗的标题是《分水岭》,恰如其分地反映了它在他生命中的特殊位置。当然,更确切地说,这首诗一开始没有标题。有一段时期,奥登认为诗歌并不需要运用标题来诠释自身,正如他对约翰·贝杰曼说的那样——"它本身就是标题"。

这首新诗以"谁站在,分水岭左面的十字荒野"开始,表面上看很像是他早先对铅矿的颂扬,比如《铅是最好的东西》;还借用了他在中学时代写的一首短诗《抽水机,卡什威尔》。不过,早前的诗作只是描写了旧矿场的景象和衰颓的机械装置,但它们在这首新诗里却组合为一幅阴沉不祥的画面:"废弃的冲积矿床",

第四章　牛津

"摇摇欲坠的水泵",还有一个落单的人,他的棺材被抬往"长年废弃的水平巷道"。这些意象蕴含了某些象征含义,而不仅仅是"一个行业已昏迷不醒"(这不过是诗歌的表层主题)。在《分水岭》结尾处出现的诗人,显然是一个年轻的中产阶级知识分子,他困惑且沮丧地转身离开了,觉得这片"贫瘠的乡村"对他怀有敌意,不会再与他沟通交流。

1927年暑假的尾声阶段,奥登前往苏格兰北部。在北部城市因弗内斯附近的卡尔桥,他参加了由基督教堂学院中世纪历史教师欧内斯特·雅各布组织的本科生读书会。他们借住在当地的宿舍,上午各自研读,下午则出去散步。奥登写了一首诗,开头是"假如他们相遇,那不可避免的一步／手指伸向脖颈的举动会淹没／布谷鸟的长鸣"。这首诗表达了一种因不合时宜的旧道德而无法实现圆满爱情的憾恨,诗中的恋人"虽然房门从未关上,却分开睡觉",他们仍然害怕"他们嘲笑的那个步履蹒跚的耶和华"。最后一行"他们倒下了;在此之后徒留悲伤",是盎格鲁-撒克逊或早期中古英语诗歌的余音。回到哈伯恩后,奥登写了另外一首诗("那也不是最终的,对彼时而言"),直接借用了《十字架之梦》的第13行——"十字架如此绝妙,而我满身罪恶"。然而,尽管他对盎格鲁-撒克逊时期很是着迷,他的相关学术工作却进展得并不顺利。这一年他写信给比尔·麦克尔威说:"我对工作感到灰心……我的头脑在一堆不温不火的含糊黏稠的想法中极其缓慢地运转……而且我很懒惰,没有耐心,也挺虚弱的。"

★ ★ ★

回到牛津大学后,奥登开始了大学生涯的最后一年学习时光。

导师内维尔·科格希尔注意到，奥登在本科生群体里享有很高的学术声望。"他的言论被滥用，"科格希尔写道，"而且会以乱七八糟的形式出现在我的其他学生的文章里。他们被追问时，哪怕那些胡说八道的内容被当面戳穿了，仍然摆出一副胜券在握的样子，在退无可退之际便打出一张王牌——'好吧，不管怎么样，威斯坦是这么说的'。"戴维·艾尔斯特多年后回忆说，他注意到奥登对牛津大学同时代人的影响是巨大的，而反过来，奥登本人几乎没有受到他们中任何人的影响。

奥登充分意识到自己在本科生圈子里的声望。事实上，他通过自己独特的行为方式对此推波助澜。"拜访奥登是一件严肃的事情，"有一位同学回忆说，"我第一次赴约的时候，他坐在一个阴暗的房间里，拉着窗帘，桌上紧挨着他的手肘位置放了一盏灯，这样他可以看清楚我，而我只能看到他苍白的脸上反射的光晕……他猛地抬起头，请我坐下来。接着就是一番相当简洁的盘问……'你喜欢什么诗人？'他问道。'布伦登。'我回答。'不错。还有谁？'我提到了另一个诗人的名字。'太离谱了。'我又提到了一个诗人的名字。'写了美丽的诗句，却有一个傻瓜蛋的脑子。'……他问我每隔多久会写诗。我想都没想就脱口而出，我每天写四首诗。他惊呼道：'真是文思泉涌啊！'我问他多久写一首诗。他回答说：'我大约三个星期写一首诗。'此后，我便每三个星期只写一首诗。"

上述内容是斯蒂芬·斯彭德的回忆，他在 1927 年秋成为牛津大学的本科生。斯彭德是一个身材高大的年轻人，留着一头狂野的卷发（路易斯·麦克尼斯这样描绘他——"一个高耸的天使，未必清楚他是否坠落了"），来自一个以自由主义政治与写作为主要行当的伦敦家庭。进入大学伊始，他便被围绕着奥登的纷纭众说迷住了。后来，他与奥登的共同朋友 A. H. 坎贝尔举办了一场午餐会，坎贝

第四章 牛津

尔在席间正式介绍两人认识。斯彭德深觉百闻不如一见。

斯彭德发现，奥登现在似乎认为自己是一场新运动的领袖。正如斯彭德所说："一群新生艺术家在他的脑海里成形，就像一群内阁成员在政党首领的脑子里。"可以说，每个成员都肩负着各自的职能。伊舍伍德会成为小说家；奥登的中学校友罗伯特·梅德利会成为画家；塞西尔·戴-刘易斯已经取得学位——目前在北牛津的一所私立小学任教——也在奥登心目中的成员之列。斯蒂芬·斯彭德惊讶地发现，在与奥登接触了几个星期后，他自己也被奥登视为成员了。

斯彭德给奥登看了他写的诗歌，但鲜少得到褒奖。"在我认识他六个星期之后，"他说，"他肯定已经认可了我的许多诗作。当我发现他竟然认为我是'团体'成员之一时，我十分惊喜。有一次我问他，我是不是应该写散文。他回答说：'你必须写诗歌，我们不想在诗歌领域失去你。'听闻这句话，我瞬间屏住了呼吸，内心升腾起一股希望夹杂着绝望的奇妙感受。我不禁问道：'但你真的认为我能写出好诗吗？'他淡淡地回答：'当然。''但到底是为什么？''因为你拥有承受羞辱的无穷潜能，'他用冷冰冰的语调补充道，'艺术正是从羞耻中诞生的。'我陷入了沉思，疑心他何时感受过羞辱。"

尽管奥登的脑海里可能存在一个"团体"，但他没有试图召集成员参加任何形式的会议，也没有向他们发出任何指令。斯彭德指出，不管奥登多么具有团体意识，他还是更愿意每次只与一位朋友会面，而且在一定程度上以盘问者或心理分析师的方式与他们谈话。当然，奥登确实把斯彭德介绍给了伊舍伍德。在一个阳光明媚的日子，他们在奥登的房间里相遇，窗帘像往常一样是拉上的，奥登的眼睛蒙上了一层绿色的阴影。斯彭德说，他那时"就像一个业余的药剂师"。斯彭德还发现，奥登很喜欢干预朋友们的生活，尤其是他们的性生活。斯彭德的私人问题很快就暴露在了奥登面前，并且如伊舍伍德一样被奥登详细地加以分析。与此同时，斯彭德也像戴-刘易斯一样，开始在诗歌里加入奥登式的工厂、储气罐等元素。

奥登自己的情感生活并没有得到改善。1927年秋，比尔·麦克尔威把他介绍给了基督教堂学院的一位新生加布里埃尔·卡里特，他与麦克尔威一样，也是从塞德伯来到牛津的。卡里特曾经是塞德伯橄榄球队的队长，富有个人魅力，奥登很快就爱上了他，并把自己的感受告诉了他。此后，他们两人的关系恰如斯彭德所描述的，是一种"轻度的折磨和被折磨的关系"。卡里特并不回应奥登的任何示爱，这让奥登备受煎熬。痛苦的感受似乎弥漫于奥登在1927年11月创作的一首诗歌里，时值他结识卡里特的几个星期以后。虽然这首诗像他这个阶段的大多数诗歌那样神秘难解，但主题还是可以辨认的，依稀表达了恋人对现实层面的性爱行为反应迟钝。诗中出色地融合了公学、冰岛萨迦和外科手术方面的诸多意象：

> 由于精元已经衰竭
> 在寒夜来袭之前，我们看到
> 一棵饱受摧残的植物。
> 我们失败了，下楼
> 来到了更衣室，
> 收起了荣光，我们闲坐调笑，
> 在切近但干涩的亲密关系中，
> 回想起
> 陷入俗套的情节，握握手
> 与一个塌鼻子的赢家；

> 随意打开一个储物柜，厌烦地
> 嗅了嗅那些陈旧的激情。
>
> 爱，这份爱，这显然岔开了的爱，
> 从农场策马离开，如凶兆所示，
> 在结冰的堤坝上作战？谁预言了
> 这些致命的因素，谁能理解
> 这惰性的溃疡？现在带进来，
> 藏在病体正待手术的爱；
> 用纱布捂住嘴，无声地投降。

原稿上留有"致G. C."的字迹，显然是指卡里特。奥登在后来献给他的一首未曾公开发表的诗中写道："我称你为一个塌鼻子的赢家……"[1]

他曾表示，他之所以认为卡里特是"赢家"，是因为他心平气和的精神面貌。几年后，他写信对他说："你独特的品德——当然你也知道这一点——是一种莫大的慰藉。你身边总是汇聚着一些才华横溢、感情用事的人，他们都愿意对你倾尽所有。"有关"才华横溢"的说法表明，奥登并不认为卡里特在智性上具备与自己相当的水准。当卡里特把自己创作的诗歌拿给奥登看时，奥登的

---

[1] 常有人说，奥登的爱情诗早已超越了催生这些诗的爱情事件本身，过于仔细地追索每一首诗蕴藏的具体情景是一种错误的做法，这种观点自有其合理性。然而，大约在1939年，奥登送给切斯特·卡尔曼一本《诗集》（1934年美国版），在特定诗歌上标注了催生这些诗作的恋人或者被爱者的姓名首字母缩写。在这些被标注的诗歌中，以"第一次来到了"为开篇的诗歌（写于1927年12月）被标记为"W. M."（即麦克尔威）；之后的一些诗歌，灵感来源应该是奥登在1928年至1929年旅居柏林期间结交的男友们。——原注

反应是相当冷酷无情的。"这首诗,"他告诉卡里特,"我觉得很难对此说点什么。诗写得很用心,有一些让人赞叹的句子;它散发着属于你的美妙气息——但是——我要说的是——这完全是赞助人会写的那类诗,是苏格兰国王詹姆斯一时高兴为邓巴所写的那种东西[1]。我并不是说这不值得写——你喜欢写诗,而且也能够取悦你的朋友们——但我不觉得这是创造性思维的产物。"

尽管他们之间的关系困难重重,奥登依然深爱着卡里特。在初次见面三年后,奥登写信告诉他:"我意识到,虽然很少见到你,也不常想起你,但每当想到你,我就知道这世上再没有哪个人如你这般让我深爱了,也再没有哪个人能够让我如此彻底地信任,这是劳伦斯意义上的血谊兄弟关系[2]。"

1927年12月至1928年1月间,奥登在牛津大学和哈伯恩家中写了三首以爱的困阻为主题的诗歌,首行分别是"第一次来到了""四人坐在空无一物的房间""控制这重重关隘,他明白是关键所在"。其中,第三首诗后来被冠以标题《间谍》,诗中的间谍形象似乎象征了个体的性冲动,这种欲望最终被意志摧毁了(因背叛而被射杀)。然而,如果硬要说奥登对卡里特的爱而不得是此类诗歌得以产生的直接原因的话,那也不过是一种诱因。这些诗歌的意象具有梦幻般的特质,早已超越了蕴藏其间的个人境遇。[3]

---

1 威廉·邓巴曾在詹姆斯四世的宫廷中服务,是苏格兰诗歌黄金时代的宫廷诗人。
2 D. H. 劳伦斯十分推崇"血谊兄弟"(a blood-brotherhood),认为男性之间赤诚的兄弟情谊可以超越父子、婚姻等关系。一些研究者片面地将其理解为同性关系,但劳伦斯强调这是肉体上的欣赏和精神上的吸引的双重统一。
3 梦元素是奥登刻意为之的艺术手段,不一定都是真正的梦境或意识流写作的产物。奥登说:"在我的一生中,似乎只有一个梦是我经过深思熟虑之后仍然有兴趣把它写下来的。"(*A Certain World*, p. 126)这个梦出现在《冰岛书简》(*Letters from Iceland*, 2nd edition, pp. 146—147)。以"亲爱的,夜晚虽已逝去"开篇的诗歌,也基于一个真实的梦。——原注

第四章 牛津

我们甚至可以提出这样的指控——为了刺激自己的艺术,奥登甘愿陷入与卡里特的纠葛关系里。斯彭德写下这段话的时候可能已经意识到了这一点:"奥登虽然有敏锐的洞察力,但缺乏人际交往中的某些常规性要素。他咄咄逼人,迫使每一个人都深度省察自我。他往往处于一个观察者的位置,他的观察行为令人不安。有时,他给人一种印象,他这是让自己与其他人一起玩智力的游戏,从长远来看,这导致了他的孤独。"

卡里特的父亲在牛津的一个学院里教哲学,他们家就住在牛津郊外的博斯山上,奥登经常去拜访他们。起初,他的直率让他们大为惊讶(有一天他脱口而出"卡里特夫人,我的茶尝起来就像温热的尿一样")。之后,他被这个家庭接纳为一个有趣的成员,与卡里特夫人建立了近乎母子般的感情。他还常常与加布里埃尔·卡里特一起在牛津城周边散步。正是在其中一次散步中,卡里特注意到奥登有一个颇为奇怪的性格特质,如他所言,"奥登相信命运"。那一次,他们在旺蒂奇附近的丘陵地带散步,奥登发现裤兜里的三英镑钞票不见了。"没关系,"他说,"我们会在回来的路上捡到它们的。"四个小时后,已经是黄昏时分了,当他们沿着山脊路线返回时,赫然发现有三张纸钞在草丛间随风轻轻曳动。奥登一言不发地捡起它们放回口袋。奥登始终秉持这种心态,一直到生命的尽头。他说过,他自己是这样一种人,每当走到十字路口时,交通灯肯定会为他转绿。

在卡里特家里,奥登遇到了一位名叫理查德·克罗斯曼的本科生,他那时对政治已经产生了浓厚的兴趣,同时也会打橄榄球和写诗。奥登欣赏甚至是有些嫉妒风度翩翩、雄心勃勃的克罗斯曼,在一首未曾发表的诗歌中提到了他——"迪克……他头脑发达、身强体壮"。奥登似乎与克罗斯曼至少上过一次床(克罗斯曼那时候正处于同性恋阶段)。卡里特并没有意识到他的两位朋友发生了这个层面的关系,但奥登自己后来表示确有其事。

奥登说服克罗斯曼一起前往英格兰北部的塞德伯公学,也就是卡里特和麦克尔威的母校,在那里观看卡里特参加的一场橄榄球校友赛。塞德伯公学确实让奥登着迷,即使以公学的标准来衡量,这也是一所独特的斯巴达式学校;而当卡里特绘声绘色地描述学校里强悍的少年和勇猛的教师、他们的运动成就以及他们之间的恩恩怨怨和复杂纠葛(当然,特别是隐秘的性爱关系)时,奥登听得目瞪口呆,却又津津有味。塞德伯公学并不是唯一吸引他的此类学校。那时,他和伊舍伍德宣称要编写一套三卷本的关于私立小学、公学和大学的研究性"忏悔书"。有一段时间,牛津大学的朋友们发现,奥登翻看了他们放在抽屉里的任何适合被收入"忏悔书"的信件。例如,一位在南美洲工作的塞德伯校友写给加布里埃尔·卡里特的几封信——他在信中的署名是"小猪",述说了自己对小男孩的热情。奥登抄下了这些信件的内容,有一天,他大声念给刚刚入选万灵学院[1]的 A. L. 罗斯听,此举很有可能是为了让罗斯承认自己的性冲动。不过,罗斯只是感到尴尬,奥登的朗读行为很快就草草结束了。"忏悔书"的编写计划没有继续进行下去。

奥登在 1928 年 3 月写了一首诗,塞德伯公学的元素蕴藏于字

---

[1] 牛津大学万灵学院(All Souls College)没有设置本科,只招收牛津大学最优秀的学生。每一年,万灵学院都会补充新成员,即邀请牛津大学最优秀的学生参加万灵学院组织的考试,其中最出色的两名学生将会成为新成员。

里行间，与他之前写的那些富有梦幻色彩的诗歌如出一辙。这首诗以"更离奇的今天，我们忆起了同样的暮晚"为开头，诗中提及但未做解释的"弗格森上尉"，其实是在塞德伯公学工作的一位前军官。塞德伯公学的身影还出现在这一年上半叶开始创作的《两败俱伤》里，这是他在一些诗歌和散文的基础上扩展而成的作品，被他称为"一个猜谜游戏[1]"。

在1月至4月间，他写了许多短诗。他后来说，这些诗"似乎是什么东西的组成部分"，尽管它们原本是独立成篇的诗作。这种"东西"逐渐被证明是一种杂糅了铅矿地区、公学和冰岛萨迦的混合体，其主题是社会成见的压力和恋人扭曲的人格导致情爱关系走向了失败。当然，这些都是他在此阶段已经写过的题材，不同之处在于形式上的扩展。奥登决定尝试戏剧创作，而且由于麦克尔威一家邀请他在即将到来的8月份去他们位于萨默塞特的家中做客，他选择了"猜谜游戏"的形式（这是乡村宅第每逢周末最受欢迎的娱乐活动），以便到时候让他们表演。事实上，这并不是严格意义上的猜谜游戏：它不涉及猜字环节；除了寻常的家庭设施和摆放物品之外，不需要任何布景；舞台说明[2]中指定的演出服是常规的乡村服饰，包括晚礼服、灯笼裤、无尾礼服和巴拿马帽。歌队[3]要穿"橄榄球服"，领唱则需要戴上争球头盔。

伊舍伍德认为，《两败俱伤》源于他和奥登的一种比较视野，

---

[1] "猜谜游戏"（charade）通常指看手势猜字谜游戏，但是在传统的英国民间游戏里，一般是众人商议好进行哑谜化装表演，其余人则努力猜破谜底。
[2] "舞台说明"只在《两败俱伤》的第一份手稿里出现过，之后公开发表的版本里并未收录。读者可以在《英国奥登》（*The English Auden: Poems, Essays and Dramatic Writings*）的附录中查阅这份"舞台说明"。——原注
[3] 歌队（chorus）指传统戏剧中专门安排的歌者和舞群，奥登的戏剧作品往往会安排歌队。

他们认为冰岛萨迦的世界和英国寄宿学校的氛围存在文化共通性，都以轻描淡写的方式传递了宿怨、愚弄和黑暗的威胁。这可能是"猜谜游戏"的缘起，但即使在奥登写出的第一个版本（篇幅比他最终发表的版本要短很多）里，基调也比伊舍伍德所提示的更加压抑。

该剧的场景是被两个敌对家族占据的领地，分别是肖家族和诺尔家族。奥登设置了一些听上去颇为刺耳的地名，有人认为他之所以这么做，是为了暗示故事的背景与冰岛萨迦有关。但事实上，许多名字都来自他最喜欢的那幅坎伯兰地区铅矿景观的地图。[1]

该剧以歌队哀叹"往昔冬日里的杀戮、朋友们的死亡"为开场，随后具体描述了这场宿怨——"一个诺尔家的人在夜里被拖出来，一个肖家的人／伏击在墙后。"接着，围绕着宿怨的争斗粉墨登场；每一次杀戮的动机都仅仅是复仇——"去年复活节他狙击了可怜的迪克，骑着马一闪而过。"措辞和意象都与公学有关——"放低身子，拼命奔跑"；"球突然被抛出，前锋们的冲刺停止了"。两个家族中，有一个叫亚伦·肖的首领提议达成和解，便有了约翰·诺尔和安妮·肖的订婚。宾客齐聚喜宴现场，他们收起了怨怼，载歌载舞，有一搭没一搭地闲聊。然而，塞斯·肖被母亲强烈要求杀死威廉·诺尔，因为正是此人杀害了塞斯的兄弟。塞斯无奈地照做了，于是威廉中弹倒地。显然，随着这出戏的结束，还会有更多的杀戮接踵而来。歌队在最后不仅提到了宿怨，也提及恋人

---

[1] 肖家族的所在地纳特拉斯（Nattrass），实际上是奥尔斯顿旷野东南部的一个农场，而诺尔家族的所在地林茨加斯（Lintzgarth），就在奥尔斯顿东边的村庄鲁克霍普附近。另外，奥尔斯顿的名字也出现在了这个"猜谜游戏"里。布兰登围墙（Brandon Walls）和加里吉尔（Garrigill），分别位于鲁克霍普和奥尔斯顿周边地区。似乎是为了突出《两败俱伤》中的公学元素，奥登也顺便提到了格雷欣公学北面的杭斯山谷（the Hangs），以及塞德伯公学附近的考特利（Cautley）。——原注

第四章 牛津

们与母亲们之间更为激烈深沉的冲突。因为,尽管"男人认为自己是幸运儿,/迎娶了一位妻子回家",他却被母性力量击败——"他的母亲和她的母亲赢了",而结局无非是干旱与贫瘠——"他的田地被鼹鼠蚕食殆尽,/目之所及皆为荒芜……"

奥登大概在1928年6月或7月完成了《两败俱伤》[1]的最初版本。与此同时,他在6月初到"考试院"[2]参加了文学学士学位考试,结束了他在牛津大学的本科生涯。

在考前的几个星期里,奥登一直处于心神不宁的状态。他在复活节写信告诉比尔·麦克尔威:"我刚刚从持续一个星期的悲观绝望中恢复过来,这种抑郁导致我患上了流感。"他在另一封信中写道:"学位考试是一场噩梦。我的性情和才智远不如预期;再这么下去的话,我下星期肯定要吐血了。"

考试在临近夏季学期尾声时进行。奥登的考桌就在一个来自奥里尔学院的本科生旁。这位学生名叫J. I. M. 斯图尔特,之前就认识奥登。他注意到,奥登在答题时显得十分吃力,这让他分外诧异,因为"我们都以为他能够轻松驾驭这些琐碎的题目"。有关盎格鲁-撒克逊时期的考试结束后,比尔·麦克尔威发现奥登在自己的房间里哭泣。[3]几个星期后,名单公布了出来,奥登的名字出

---

1 劳伦斯·海沃斯发现,这个标题来自《贝奥武甫》第1304至1306行:"这不是一个好交易,他们将会两败俱伤,朋友们为此付出生命的代价。"——原注
2 牛津大学的考试由考试院(Examination Schools,简写为Schools)统一管理。每到学年最后几周的考试季,总能看到大街上身着统一制服的各年级学生赶到考试院参加考试,形成了一系列独特的考试传统与仪式。
3 斯蒂芬·斯彭德在写给本书作者的信中提及了此事:"奥登的眼睛十分脆弱,容易流泪(这导致眼眸就像是蒙上了一层绿色的水印)。参加毕业考试期间,它们——不是他——眼泪流个不停。他在考试之前就一直处于劳累过度、精疲力竭的状态。"——原注

现在三等荣誉学士学位[1]里。

朋友们都不太能接受这个结果,而且一直心存疑惑。奥登要是拿到了一等荣誉学士学位,大家会觉得理所当然;要是落在了第四档[2],或者彻底搞砸了,大家也不会大惊小怪,因为这至少能说明他对考试嗤之以鼻。但三等学位仅仅意味着学业糟糕,这似乎与他的脾性和实力完全不符。

究其原因,可能涉及考官的性格。1928年夏的考官是J. R. R. 托尔金、研究华兹华斯的专家欧内斯特·德塞林科特、来自利物浦大学的艾伦·马威尔,以及拒绝接受奥登为学生的戴维·尼科尔·史密斯。他们都不可能认同答卷里出现天马行空的想象力,即使是奥登极为欣赏的托尔金也不会如此,更不消说尼科尔·史密斯了——作为一位严苛的教师和批评家,哪怕奥登已经功成名就了,他也会毫不客气地吼道:"我给他三等。"除了这个原因以外,奥登自己也对考试没什么把握,他要么是在前两年没能赶上功课进度,要么是在最后时刻疲于赶工(这一点完全可以想象)。

他后来倾向于将这个结果归咎于懒惰。"我在学业上没花力气,"他曾这样说,"所以我得了三等。"他还解释说,他之所以只得到了三等学位,是因为他拥有的是诗人而不是学者的头脑,这当然也有一定的道理。他写道:"假如一个年轻诗人很少在考试中表现优异,这不足为奇……没有任何东西是一个未来的诗人知道自己必须知道的。他听凭当下的摆布……一本书、一次乡间漫步或一个吻,对他而言几乎没有区别。所有这些都是经历,一样地

---

[1] 牛津大学的本科实行三年制,学生毕业成绩是三年总成绩的综合,学校根据每个学生最终的毕业成绩授予不同等级的荣誉学士学位,三等荣誉学士学位的均分明显偏低。

[2] 原文为"a Fourth",根据牛津大学的学士学位等级划分,应该是指四等荣誉学士学位。

存储于他的记忆里。"

还有一个原因是 V. M. 阿洛姆发现的,他也是内维尔·科格希尔的学生,经常与奥登一起参加辅导课。他写道:

> 人们通常会惊讶于威斯坦最终只拿了三等学位,但我对此一点都不意外。尽管内维尔天赋异禀,但他并不是一个在智识上纪律严明的人,而且那时候也不是一个经验丰富的导师,他很容易高估表现突出的学生的学业前景。于是,只要他发现他的学生聪慧且具备鉴赏能力,便放任他们去自我发展,这导致他们的知识储备不足,在相应的测验中败下阵来。此外,威斯坦虽然很聪明,但他的创作没有任何真正的学术性成分。他主要把文学当成一门艺术来欣赏,而不是一个用来分析和解剖的对象。在这种情况下,他以三等学位毕业,在我看来是自然而然的事。

无论考试成绩不佳的原因是什么,奥登似乎难以接受1928年仲夏公布的结果。他写信告诉戴维·艾尔斯特:"亲爱的戴维,你能来信真是太好了,谢谢。'好吧,现在一切都结束了,很高兴这已经结束了。'除了我可能自食恶果之外,没什么可说的了,尽管我觉得不应该是这样的结果。"

从牛津大学毕业后,奥登和斯蒂芬·斯彭德一家人在伦敦北部的弗罗格纳尔住了几天。斯彭德买了一台小型手动印刷机和打字设备,正在印刷一本他自己的诗歌小册子。奥登提议,斯彭德为他制作一本类似的诗歌册子。斯彭德同意后,奥登便着手整理了他近几个月来创作的一系列诗歌,以及当时正准备塞进《两败俱伤》中的抒情诗。他把这些诗大致按照写作时间排了个序,主要是1927年5月至1928年8月间写成的作品，还有一些诗写于前几年。

斯彭德在印刷环节遇到了问题。这台只花了他七英镑的印刷机，实在不足以胜任印刷的工作，印出来的纸张油墨不太均匀。此外，他在排版上也犯了错误。小册子一共有37页，在印了一半多一点后，他放弃了。当时他正要返回牛津大学参加秋季学期的课程，便拜托霍利韦尔出版社帮忙完成这本书的印刷，并用橙色包装纸把这本小册子（只有几英寸宽）装订起来。封面上印着"W. H. 奥登／诗集／S. H. S.［斯彭德的姓名缩写］：1928"，题词为"献给克里斯托弗·伊舍伍德"，题词页的背面印有这版"约45本"的声明。

斯彭德印刷这本小册子的时候，奥登正在比利时。回来后，他写信告诉戴维·艾尔斯特，他"在斯帕停留了三个星期，与一位心理学家待在一起"。这句话的具体含义并不明朗——戴维·艾尔斯特也不清楚。这位心理学家可能是奥登父亲的朋友，可以想象的是，奥登在此期间接受了心理分析，因为伊舍伍德清楚地记得奥登大约在这个时间段被人分析过。奥登还在上述写给艾尔斯特的信里说，斯帕"是一个相当有趣的地方，到处是重达110公斤的女同性恋"，而结论是"我发现自己现在可以左右开弓"，这似乎意味着奥登成了双性恋者（也许是心理分析的结果）。不管发生了什么，他对精神治疗的印象似乎并不深刻。他在人生后期宣称精神病学家"受金钱欲支配"，而精神分析学是让人"经由苦痛来忏悔"。

从斯帕回来后，他拜访了住在萨默塞特郡的麦克尔威一家人。在他做客期间，他们并没有按照他的预期表演《两败俱伤》。"他们拒绝排演，"他在写给伊舍伍德的信中说，"因为他们觉得村民们受不了这出戏。"

那本诗集印出来后,在送给朋友们[1]之前,奥登在每一本中都改动了几个词。这在一定程度上是为了纠正斯彭德的排版错误,也是为了改善一两首诗的面貌,因为他不接受诗歌一旦付梓便完成了的观点。不过,他并没有试图修正标点符号,而这恰恰是不少诗篇中都存在的问题。"合理的标点符号,"多年后他说,"我不太懂。我只是把它们看作换气的标记。"

在收到《诗集》的人中,有一位伯明翰大学的希腊文教授 E. R. 多兹,奥登的父亲通过当地的古典协会与他相识多年。多兹认真研读了这本小册子,被诗中呈现的独特风景所打动——山谷和丘陵、边境和堤坝、溪流和冰川、废弃的矿井和积水的采石场,组成了一片片意味深长的风景,尽管具体指涉不太清晰。多兹如此评价这些诗:"我发现不少诗篇都晦涩得令人抓狂(我现在依然这么认为);思绪之间的衔接常常令我困惑不解;但我从中辨认出了一种语调,一种全新的、完全个人的声音,以及一些高度压缩的信息,它们正试图跳出语言的樊篱。"

在斯彭德看来,奥登的这些诗给人一种智力游戏的印象——"一种可以称之为临床式冷静客观的游戏"。他注意到,奥登在离开牛津大学后,开始投身于"分析、阐释和掌控周围环境的智性努力"的生活。正如另一位朋友所说,奥登是"把知识秩序概念

---

[1] 他赠送的对象包括伊舍伍德、戴维·艾尔斯特、加布里埃尔·卡里特、基督教堂学院的管风琴助理西德尼·纽曼、E. R. 多兹、约翰·莱亚德,稍后把原本赠给斯彭德的那本送给了西里尔·康诺利(奥登答应过斯彭德,会再给他一本,但事实上一直没有)。A. L. 罗斯也收到了一本,但被要求付费。目前,这本小册子在牛津大学图书馆、剑桥大学国王学院图书馆、杜伦大学图书馆、哥伦比亚大学图书馆、纽约公共图书馆(博格收藏馆)、辛辛那提大学图书馆等机构都有馆藏。——原注

化的人",奥登本人也认同他对自己的思维方式的界定。他曾写信对斯彭德说:"你知道的,我显著的能力是智性和直觉,而我的弱项是情感和感官。这意味着我必须通过前者来接近生活;我必须拥有大量的知识才能感受世界。"[1]

★ ★ ★

大约在此期间,在离开牛津大学后不久,奥登没有知会朋友们便悄然订婚了。大家都不知道订婚对象是谁,在奥登几个月之后写的日记里出现了"希拉"这个名字,可能就是指他的未婚妻。奥登曾把她介绍给斯蒂芬·斯彭德。根据斯彭德的回忆,她是一个护士,可能是精神科的一个护士,大概住在伯明翰,此外便一无所知了;奥登在世的亲朋好友们也都不清楚。在一封写给塞西尔·戴-刘易斯的信中,奥登第一次提到了她。这封信写于1928年圣诞节之前,应该是在11月或12月,他在信中非常简短地谈到了"我的未婚妻"。之所以有这次订婚,大概是他从斯帕回来后觉得自己可以"左右开弓"(双性恋)的结果。不管真相如何,从他接下来几个月的行为来看,与未婚妻的关系似乎对他而言并不重要。[2]

他决定在找工作之前先去柏林住一段时间。父亲答应给他一笔钱,一直资助他到23岁生日,也就是说,他还有18个月多一点点的时间,而柏林看起来是一个适宜居住的地方。"我不会说德

---

[1] 奥登的这番自我分析,显然以荣格的四种心理(人格)功能为出发点。
[2] 本书初版后,有人告诉笔者,奥登的未婚妻叫希拉·玛丽·米尔恩·理查森,生于1908年,与父母住在哈伯恩,在伯明翰儿童医院接受护士培训,奥登医生正是该医院的高级顾问医师。她告诉一个朋友,她与奥登的婚约取消了,因为奥登的一些诗让她大为不快。本版传记刊有她的一张照片。——原注

语，也不懂德语文学，"他在解释这个选择时说，"但我无法与法国文化共情，一方面是因为我的性情，另一方面是为了反抗前一代知识分子，他们显然都是'亲法派'。"1928年8月底，他写信给戴维·艾尔斯特："我要去柏林一年。"他还加了一句："柏林果真棒极了吗？"

第五章　柏林

奥登最初租住在中产阶级城郊住宅区尼古拉西,位于柏林最大的湖泊万湖的东岸。作为一名付费房客,他与波茨坦大道的穆特修斯一家人共同生活。他发现这家人试图通过他练习英语,但这对于提升他自己的德语没有多大帮助。不过,他很快就融入了这座城市,并在新剧《三分钱歌剧》刚上演时就去看了一场,这部作品的编剧是时年30岁的贝托尔特·布莱希特,作曲则由库尔特·魏尔担纲完成。

奥登对新上演的《三分钱歌剧》的观看体验,显然受限于他尚处门外汉阶段的德语水平,因而在之后的岁月里,他坚决反对那些有关布莱希特对他的戏剧创作产生重大影响的说法。他在《皮下之狗》中运用了"布莱希特式"的歌曲,但他把这归因于自己对"精彩绝伦的德国卡巴莱[1]"的欣赏,而不是受到布莱希特的影响。他宣称,比起戏剧作品,布莱希特的抒情诗倒是更令他印象深刻;

---

[1] 20世纪初,卡巴莱逐渐演变为主要在小酒馆、夜总会等地表演的歌厅式音乐剧,广泛流行于德国。

第五章 柏林

学会德语后,他立马找来布莱希特出版于1927年的《马哈哥尼城的兴衰》,对其中的一些歌曲细加鉴赏。不过,他后来与人合作推出了几部布莱希特戏剧的英译本,这说明他对布莱希特戏剧的敬佩之情,远远超过他口头上表达的程度。1943年,一位朋友送了他一套《三分钱歌剧》的唱片作为生日礼物,他直言自己"沉醉于往昔时光"。

戴维·艾尔斯特得知奥登要去柏林后,便安排他去见一位仍在柏林旅居的朋友。此人正是约翰·莱亚德,艾尔斯特在1927年与他结识,对他印象颇深,觉得他虽然在精神上十分脆弱,但在人格上十分强大,也就是说,他需要得到救治,却也能够治愈他人。奥登抵达柏林后不久,就与莱亚德开启了一段不同寻常的友谊。

约翰·威洛比·莱亚德是一位律师兼作家的儿子,也是考古学家奥斯汀·亨利·莱亚德爵士的远房亲戚。他出生于1891年,在剑桥大学国王学院学习中世纪和现代语言,毕业后造访了南太平洋的新赫布里底群岛(1914—1915)。莱亚德此行的目的是对马勒库拉岛[1]的土著人开展实地调查,剑桥大学的心理学家和人类学家W. H. R. 里弗斯与他结伴同行。返回英国后,他原本打算发表有关此行的诸多发现,却患上了严重的神经衰弱症,终至身体瘫痪,甚至无法下地走路。那时,非科班出身的美国心理学家霍默·莱恩正在英国生活与工作,机缘巧合之下为他治病。在莱恩的帮助下,莱亚德的瘫痪被成功治愈了,但是他仍然无法着手写书,精神状况也一直不太稳定,好在他有私人性收入,不必为生计劳心劳力。1925年,莱恩因触犯《侨民法案》中的一条细则被捕,随后的各种调查取证似乎都暗示他存在人格缺陷——他涉嫌与一

---

[1] 马勒库拉岛(Malekula)是新赫布里底群岛(New Hebrides)的第二大岛屿。

位女患者发生了性关系，诊疗室里也被搜出了"不雅"照片和"避孕套"[1]。莱恩面临被驱逐出境的威胁。不管真相如何，他都不得不离开英国，前往法国。他在法国尼斯感染了伤寒，于1925年9月去世。莱亚德此前一直是莱恩收治的病人，自从莱恩出事后，他先是去维也纳寻求精神治疗，1926年又去了柏林。当1928年奥登从英国远道而来的时候，他仍然在柏林逗留。

在戴维·艾尔斯特的建议下，莱亚德给奥登打了电话，"被他那地道的牛津口音惊到了（一时间竟不知自己究竟身处牛津还是柏林）"。根据他们的约定，奥登哪天下午得空的话，就到莱亚德的住处坐坐。奥登如约而至。他发现莱亚德的鼻子弯如鹰钩，眼睛炯炯有神，一眼看上去个性非凡。那天下午，他饶有兴味地听莱亚德阐述霍默·莱恩与众不同的心理学观点。

莱恩曾在英国和美国为少年犯开办教养所，他相信"人性本善；无意识的过程绝不是不道德的"（这个观点被称为"原始美德说"）。莱恩在此基础上指出，行为完全自由——充分地表达自我——最终必然会让人向善，任何有违道德的事情在发生之初就会迅速地被消解。如果我们限制这种充分的自我表达，再加上抑制自身的欲望，尤其是在儿童时期的话，就会导致神经症。正如奥登结识莱亚德不久后在笔记本中所写的那样："'良善，你才能快乐'，这个说法本末倒置。'快乐，你才能良善'，这才是真理。"

莱恩和弗洛伊德的研究领域相近，他们的观点确实有一定的相似之处，但弗洛伊德对莱恩的影响并不大。就奥登而言，他已经对弗洛伊德的作品烂熟于心。真正让奥登耳目一新的是，莱恩

---

[1] 此处的原文为"French preventatives"，是早期有关"避孕套"的一种委婉表达方式。比如，《纽约时报》在1861年刊登了一则避孕套广告，广告词便是"Dr. Power's French Preventatives"。

认为所有本能行为不仅在生物学意义上是"好的",而且在道德上也是可取的。莱恩对这个观点的阐述晦涩难解,常常自相矛盾,约翰·莱亚德在与奥登交谈时并没有试图解决这一问题。

莱亚德本人在心理学的探索道路上比莱恩走得更远,他呈现给奥登的说法,不仅基于莱恩的学说,还借鉴了其他人的观点。他进一步宣称,"上帝"一词实际上意味着我们肉身的欲望,是我们本性中的内在法则,而真正的"魔鬼"是对这些欲望有意识地控制——这本应是我们不惜一切代价要避免的。(这与莱恩的观点截然不同。莱恩认为有意识地控制欲望是"根本之法",并相信人们可以理性地运用这一方法求得善果。)莱亚德指出,唯一的罪是不遵循上帝(我们的欲望)而屈从于魔鬼(有意识地控制欲望)。这种不遵循上帝的做法,源于我们自孩童时期就受到的"道德"熏陶,致使我们认为"上帝"是不合理的、魔鬼是正确的。事实上,如果他人教导我们的那些"正确"的情感——温顺、宽容、体谅他人、自我牺牲乃至悲悯——都是以人为的方式错误地灌输给我们的话,我们就应该拒不接受。只有让欲望成为自我的主宰,我们才能获得真正的精神成长,心灵才能得到净化。

奥登发现,这种观点在一定程度上借鉴了 D. H. 劳伦斯,特别是他在1922年出版的《无意识狂想曲》。劳伦斯在这本书中抨击了人类对"大脑活动"的偏好,而不是"生活在自发的中心"。[1] 正如劳伦斯所说:

> 冲动是我们赖以生存的东西,而不是理念或想法……理

---

[1] 劳伦斯认为,我们所有的活动都起源并存在于四大神经中枢,这是活力的、动态的,而大脑只能记录这些冲动的发散与结果。教育意味着引导每个人的个性走向真正的充实,从伟大的源头开始,动态地生活。

念总是罪恶的，无论它是什么样的理念……"做你自己"是最后的忠告。

奥登在第一次读劳伦斯作品时，就对他的观点印象深刻。那时，他应该还在念大学，也可能是毕业后不久。他这样评价劳伦斯："他传递的思想是最令我难以忘怀的，所以我最喜欢读的是诸如《无意识狂想曲》之类的'思想'书籍，而不是他的小说。至于他的诗歌，我第一次读的时候就不太喜欢；虽然我很钦佩他，但他的诗歌与我的诗歌观念格格不入。"

正如奥登所观察到的，安德烈·纪德也对莱亚德的学说产生了深远的影响。纪德认为，人类活动不应该受到既定道德的约束。与莱亚德一样，纪德把自然欲望视为"上帝"，宣称"要想笔直地生长，你只需要自身汁液的催动和太阳的召唤便足够了"。

莱亚德学说背后的第三个人物，或许也是更为重要的影响人物，是德国心理学家格奥尔格·格罗德克，莱亚德与他略有私交。在柏林期间，莱亚德对奥登说，拒绝"上帝"的召唤而听信"魔鬼"的蛊惑，必然会导致身体疾病。他这么说的时候，奥登可能已经意识到了格罗德克对莱亚德的影响。当然，莱亚德自己也曾因为精神问题而饱受身体残疾（瘫痪）的折磨，这无疑促使他采纳了心身疾病的观点。莱亚德宣称，当疾病——任何疾病——袭来时，其实是身体在告诉我们灵魂生病了；"纯洁的心"丢失了，"上帝"沦为阶下囚，"魔鬼"取而代之。疾病让患者回到了一种无助的状态，因而也是孩童般的状态，在这种状态之下，心灵有了被治愈的可能。霍默·莱恩持有类似的观点，他认为无意识的冲突是导致一切身体疾病的根源。不过，莱亚德显然更多地受到格罗德克的影响，这位杰出的心理学家（他被称为"唯一影响了弗洛伊德的精神分析师")认为，人格中最深层次的元素是"它"，这是一种可以支配身体和心灵的神秘力量。奥登曾在一首诗中诠释过格罗德克的这个观点——"我们活着，仰赖于我们自诩理解的那些力量"。

格罗德克认为，所有的疾病都是由这个"它"引起的，而不是纯粹的生理原因。例如，他声称便秘表明患者在本质上是一个吝啬鬼，喜欢囤积身外之物；扁桃体炎患者不愿意吞咽，这表明他在潜意识里不希望受到外界的影响；声音嘶哑是因为"'它'试图阻止某种意识到或尚未被意识到的东西被大声地说出来"。格罗德克继续说道：

> 如果"它"没有达到目的，如果像声音嘶哑和便秘之类的简单手段不能达成"它"艰巨的诉求，"它"不会就此止步，而是会通过阑尾炎、脓疮、肿瘤、癌症等疾病来实现。

换言之，在一定程度上，疾病是患者自欺欺人的体现，只有通过在人格中消除这种欺骗才能根治，仅凭医疗手段是不可能做到的。格罗德克直言：

> 生病的路径不是一种光彩的方式，如果一个人认为诚实是可能且可取的，那就应该积极地引导"它"采取其他的行为方式。

约翰·莱亚德全盘接受了格罗德克对疾病的阐释。例如，他认为癫痫是由"刻意抑制愤怒"引起的，而败血症是"既不注重身体卫生也不注意精神健康"的结果。为此，他瞧不上传统的医疗方式，甚至颇多鄙夷。

尽管莱亚德的教诲源于他人,而且奥登早已拜读过其中一些人的作品,但莱亚德的人格魅力赋予了他的观点一种特殊的力量。奥登想必是一个善于接受的倾听者,他从莱亚德的言谈中听到了自己内心的声音。他的部分观点,奥登其实已经付诸实践。早在牛津大学求学的时候,奥登的性观念就脱离了传统道德的樊篱。然而,并不是每个他所钟爱的人都能够接受他的性观念,他为此十分失落,在诗中抨击了"本能的欺骗"——也就是说,一种凌驾于自然欲望之上的自我欺骗,这种欺骗使得他们不愿意与他共度良宵。此外,现阶段他可能对自己的心理构成感到困惑。斯彭德在夏天帮他印刷的那些诗歌,主要描绘了一种受到边界和分水岭严格限制的心理景观;而在来柏林前不久完成的《两败俱伤》的结尾处,奥登着意刻画了被母亲主导的儿子所面临的精神贫瘠和心理失败,这无疑是奥登自身的写照。莱亚德提供了一个从中解脱出来的方法,一种释放心灵的积极学说,帮助奥登摆脱了他所谓的"家庭的巨大阴影"。这对他而言是一次振奋人心的经历。"对那些在压抑氛围中长大的人来说,"他写道,"仅仅是解放潜意识就足以让他们感受到生命的价值与意义。"

让人啼笑皆非的是,奥登似乎比莱亚德本人更相信他提出的"解放"说,而莱亚德在经历了长时间的精神不稳定之后,直到现在才接受了这样一个事实——尽管他会对女人怦然心动,但他实际上是个双性恋。到目前为止,他并没有对自己所感受到的同性恋情愫采取任何行动,只是因为奥登的陪伴,他才开始认真地对待这方面的情感。他发现奥登很有魅力,在多年后的回忆录中坦言自己"就像九柱戏[1]的木柱一样倒向他"。他还写道:"他如此俊

---

[1] 九柱戏是现代保龄球运动的前身,起源于公元3—4世纪的德国。起初,作为教会宗教仪式的活动之一而流行,人们在教堂的走廊里放置九根柱子(转下页)

第五章　柏林

美……他的脸庞光洁白皙，就像天使一般——这张脸简直'引人犯罪'。"

他与奥登的第一次会面持续了好几个小时。他阐述的霍默·莱恩学说让奥登心驰神往，谈话很晚才结束，这时奥登已经来不及返回郊区的住所了。正如莱亚德后来回忆的那样，"我俩彻夜交谈（主要是关于霍默·莱恩的——威斯坦对他的兴趣由此而始），直到我说：'不如今天就先讲到这里吧。'"随后，鉴于只有一张床，他提议他们只能同榻而卧。"虽然我这辈子还没和男人发生过关系，"他写道，"但我突然很想拥抱他。不过威斯坦拒绝道：'别这样，我有个伴侣，他叫佩皮斯。'"

这便是莱亚德多年后对他们最初相识场面的回忆。佩皮斯是一个年轻小伙，奥登到柏林后不久便与他坠入了爱河，他的名字出现在奥登自1929年春天开始写的一本日记里。日记内容清楚地表明，奥登尽管在初次见面时拒绝了莱亚德的撩拨，但过后不久又改变了主意，同意与他发生肌肤之亲。奥登在日记中写道："在与约翰的头几次会面中，我感觉到他的存在和他对莱恩学说的阐释都让我耳目一新……与他上床从一开始就是个错误，但就这么一直错了下去。我对此深感抱歉。过程非常沉闷和××〔此处字迹模糊〕，我基本上难以入眠。"

没过多久，他和莱亚德的友谊就变得异常复杂。他在一篇日记中写道："在我看来，我们的关系之所以难以为继，是因为它始于我对他的心理学观点的特定移情。然后，尽管我的年纪小到可以做他的儿子，他却想要让我充当兄长，有时甚至是母亲的角色。

（接上页）（象征叛徒与邪恶），然后用球滚地击中它们，这被称为打击"魔鬼"。宗教改革时期，马丁·路德对玩法做了统一规定，木柱变成了菱形的瓶子，自此之后九瓶式保龄球开始风行欧洲。

我拒绝了。"

事实上,性元素似乎很快就从他们的友谊中消失了。奥登可能觉得这种相处模式并不舒坦,毕竟莱亚德比他年长太多,而他更钟情于佩皮斯,以及其他整天混迹于柏林酒吧和咖啡馆的青春小伙子,这些年轻人愿意为了金钱和礼物而与英国游客们调情逗乐。奥登一直在自学德语,已经可以熟练地与他们交流,并且各取所需。他和佩皮斯的关系亦是如此。他告诉莱亚德:"我需要性爱,佩皮斯需要金钱;这是一桩好买卖。"莱亚德此前从未想过性爱是一种可以花钱买卖的东西,对于奥登的直言不讳感到震惊,但转瞬间又为自己的震惊而羞愧不已。

奥登尤其喜欢光顾一家名叫"安逸角"[1]的酒吧,它位于哈雷门街区工人阶级居住区的佐森纳大街7号。一天,他把莱亚德也带了过去,帮他选了一个中意的男伴。莱亚德与这个叫海涅的年轻小伙开心地度过了几个星期。比起住在尼古拉西的中产阶级房东,奥登更喜欢"安逸角"的年轻人们。"德国无产阶级还不错,"他在写给比尔·麦克尔威的未婚妻的信中说,"但我不太喜欢其他人,所以我大部分时间都是和那些失足青年混在一起。"他声称自己对德国的俚语和污言秽语已经了如指掌,并且补充道:"柏林是男同性恋者的白日梦。这里有170家由警方控制的男妓院。关于我的小男友,我可以没完没了地说下去,他简直是橄榄球健将和约瑟芬·贝克[2]的结合体。要是D. H. 劳伦斯看见我们这样,定会不高兴。我现在满身是青一块紫一块的伤痕。"

---

[1] 伊舍伍德在半自传体小说《克里斯托弗和他的同类》(*Christopher and His Kind*)中多有描写"安逸角"(Cosy Corner)。

[2] 约瑟芬·贝克(Josephine Baker)是美国黑人舞蹈家和歌唱家,以其性感的舞蹈和柔美的歌声著称,在西方国家享有美名。

第五章 柏林

约翰·莱亚德在回忆录里解释了奥登和佩皮斯的这种行为："威斯坦有点喜欢挨揍，这在我的房间里发生过一次。他们往往先来一场枕头大战，然后动起了拳头，直到精疲力竭了才睡觉。威斯坦对于这一点还是挺不好意思的。"

奥登在给许多朋友的信中都提到了佩皮斯。他告诉塞西尔·戴-刘易斯，佩皮斯"是我遇到过的最原始的存在"，"他的品质正是我目前所需要的，但愿我的未婚妻也能如此"。

奥登已经有了婚约，但依然在柏林沉湎于这种"男同性恋者的白日梦"，这有些匪夷所思。他似乎只是把同性恋视为自我发展的一个特定阶段，很快就会跨越过去。比尔·麦克尔威曾收到一封他从柏林寄来的信，信中内容暗示了这一点，尽管语焉不详：

> 我本该在16岁的时候就拥有这种友谊，但那时却没有。而今我拥有了它，却为这姗姗来迟的情谊付出了高昂的代价。体验了此类同性恋情后，我还会继续体验下去，这与癌症的病因一样，都源于想要孕育一个孩子的意愿。也许让人念念不忘的旅馆单人床一直会存在——母亲告诉过我们，花朵们便是如此。

最后这句话，也出现在修订后的《两败俱伤》里。根据奥登写于1929年的日记可以推测，它的意思似乎是，由于母亲有关"生活的真相"[1]的说教，奥登常常把对友谊的渴望和对性的需求混淆在一起。"旅馆单人床"可能指的是，在与卡里特、麦克尔威等朋友徒步旅行时，奥登有时候会在旅馆里与他们同榻而眠，但不会

---

[1] 原文为"the facts of life"，是"性常识""性知识"的一种委婉表达方式。

发生肌肤之亲。

至于癌症和同性恋都源于生孩子的意愿遭到挫败的说法（奥登后来在一首诗中称之为"被挫败的创造之火"），可能是他从约翰·莱亚德阐发的格罗德克学说中汲取的，因为这的确很容易让人联想到格罗德克的那些发人深省的学说。当然，奥登本人很快就在莱亚德的阐发基础上锦上添花，融合了他独具个性化色彩的夸张手法，进一步将之编织为自己的心理学观点。之后见到克里斯托弗·伊舍伍德时，他便开始向伊舍伍德灌输身体疾病的心身根源。在他看来，风湿病患者不能弯曲关节，表明他的思想极为顽固。畸形作为一种病症，表明本能和意志之间的冲突。像斯蒂芬·斯彭德那类身材过高之人，都带有触碰天堂的企图。他还列举了很多其他疾患。他告诉伊舍伍德，只要"内心纯净"，就能避免患上这些病。伊舍伍德一开始觉得"这些自命不凡的讨人厌的话语"（他如此形容奥登的观点）十分无聊，但没过多久他自己也运用自如了。"我们的新理想就是成为内心纯净的人，"他说，"这种人基本上是自由而洒脱的，慷慨地看待自己的财物，无忧无虑，也无拘无束……他无所畏惧……在性方面不会有罪恶感……最重要的是，他彻头彻尾、完完全全地快乐。"

除了伊舍伍德以外，奥登还在其他朋友身上实践了这套理论。比尔·麦克尔威一直饱受咽喉疾病的困扰，于是奥登写信对他的未婚妻说："我很清楚这病是由心理原因引起的，带他去看咽喉科医生只会浪费时间和金钱。也许去疗养院住上一段时间，能够让他的心身得到调理，不过我也不能确定。我相信的是，你比任何其他人都更有可能治好他的病。"

尽管奥登后来对人格的看法有所改变，但他从未完全摈弃格罗德克对疾病的解释。在长诗《新年书简》（1940）中，他把马克

第五章　柏林

思的疴病归因于失败的爱情。在 1943 年为斯沃斯莫尔学院的学生们绘制的一张图表中，他暗示癌症和瘫痪是某些不端行为的后果。到了人生暮年，他跟一位朋友提到弗洛伊德死于口腔癌，认为这件事匪夷所思——"谁会想到他是个骗子呢？"

事实上，他写了不少从心身角度看待人类病苦的诗作，虽然这些诗作本身并不成体系。这可以从他在柏林期间的日记本和笔记本里管窥一二：

> 他是个舍监，还是个单身汉
> 但他拒绝养狗
> 所以他得了癌症，奄奄一息。

这里写的是他在格雷欣公学时的舍监罗伯逊，此人在 1929 年身染重疾。

> 主啊，请怜悯我们
> 将这些脓疮带走
> 　因为碘酒
> 　不宽恕任何罪。

> 主啊，我身高六英尺
> 主啊，让其他人都比我矮
> 我难道不能长到七英尺
> 我难道无法触摸天堂。

> 天哪，啊，天哪

我腹泻不止［原文如此］
我到哪里才可以
弃掉我缺德的过往？

大约在1930年初，奥登告诉一位朋友，自己"正在用打油诗写一本心理学教科书"，当时他脑海中很有可能浮现了此类诗行。除了这些打油诗，他的笔记本里有一张图表，演示了犯罪、疾病和癫狂的根源在于大脑中的意识和无意识之间的平衡遭到破坏，这显然是受到了霍默·莱恩学说的影响。笔记本里的另一张图表尝试构建一个完整的体系，阐释了身体病患与心理疾病之间的关系，还附有一份"基督教和心理学术语词汇表"，试图表明基督教术语是心理学主要特征的另一种语言形式——根据这份表格的逻辑，"天堂"代表了无意识，"尘世"代表了意识，"地狱"是被压抑的无意识，"圣父"是"自我本能"，"圣子"是"死亡本能"，"圣灵"是力比多，"大天使"是"身体的四大神经中枢"（"神经中枢"是劳伦斯钟爱的术语）。这本笔记彰显了莱亚德对奥登的巨大影响力。

我们还可以从奥登在柏林头几个月里着手修订的《两败俱伤》中看出这种影响力。新版本保留了原来的戏谑（如果可以称之为"戏谑"的话）成分，有意渲染萨迦英雄和英国中学生之间的相似之处，但比起原剧局限于地方性世仇的做法，新版本显然想要探究更宽泛层面的意义。例如，诺尔家族现在被冠以德国人的名字（库尔特、齐佩尔、沃尔特），这可能是为了暗示他们与拥有犹太人名字的肖家族（亚伦、塞斯）积怨已久。更为重要的是，新版本中的"猜谜"勾勒并且深化了心理冲突的主题，而这在初稿中只是被浮光掠影地呈现出来。莱亚德的教诲及其对奥登人格的影响，在很大程度上影响了他的修订工作。奥登曾在《两败俱伤》

的文本上标注了这样一句话:"一个发生在 1907 年至 1929 年间的英国中产阶级(职业)家庭生活的寓言。"这里的时间点,一个是他出生的年份,另一个则是他最终修订完成《两败俱伤》的年份。

修订本以约翰·诺尔的父亲的意外身故开始,他在前往"与莱亚德交谈"的路上遭到了肖家族的伏击。他之所以要去找莱亚德,很有可能是为了寻求精神上的治疗,而他的猝然离世导致其妻早产。一边是丈夫的尸体,一边是呱呱坠地的约翰,这位母亲向族人呼吁世仇不共戴天。歌队随后唱道,根据社会习俗,家族中的男性应当担此重任,这种"男人肩负的重担"正在毁灭他们。后来,有人看到长大成人的约翰·诺尔正与一个家族成员交谈,此人计划逃往殖民地,希望借此摆脱悲剧性的困境。约翰虽然理解他的做法,但并不打算像他那样回避真正的问题。此时,有人给约翰通风报信,肖家族有个人将前往附近的农场私会一个女人,在途中设伏可以轻而易举地置他于死地。约翰同意了这个复仇计划。修订本对伏击的描述简明扼要,这种叙述方式不禁让人联想到《贝奥武甫》和《马尔登战役》的写法:

> 白昼渐逝 夜色晕染了天穹
> 暗夜笼罩大地 我们来到了那里
> 来到布兰登城墙 雷德·肖在此休憩
> 他带着恨意入眠 并未察觉不速之客……

肖家族的一位探子被抓了,约翰·诺尔下令立刻将其处决。行刑之后,约翰·诺尔旋即质疑这种行为的合理性。随后,他进入了梦乡,梦境尤为明显地了映射了奥登对于人格的新见解。

梦境以审判的形式出现,刚刚被枪决的探子是被告,约翰是检察官，约翰的母亲是看守，其他人则是陪审团。如果只是草草浏览这部剧，或许很难把握个中真意，但若仔细深究便会发现，奥登实际上是在向观众呈现一种分裂的人格，而约翰和探子代表了分成两半的人格。在梦的开头，约翰的慷慨陈词——"我们一直在做出巨大的牺牲，但我们绝不能屈服"——说明他代表了充满压制性的意识，而探子代表了被压抑的自然欲望。约翰意图杀死探子，最终却下不了手，喃喃地说道——"这家伙已病入膏肓。他一定会好起来的。"[1] 与此同时，母亲"看管"探子，她挥舞着一个巨大的奶瓶威胁道："老实点，不然就让你尝尝这东西的滋味。"

接下来登场的是一个让人颇为困惑的角色——滑稽人[2]。奥登可能是从传统英国哑剧[3]中借鉴了这一角色，并把这种剧的一些特点运用到了《两败俱伤》的修订本中。有个细节可以证明这一点，审判现场中的法官竟然是圣诞老人，如果不考虑上述说法的话，便很难解释这个设定。在传统哑剧中，滑稽人是一个身穿女性服装的男人，没有台词，也没有任何特殊的存在意义；但奥登使之成为一个具有象征性含义的人物，并把剧本中的重要演说也安排给了他——谓其"重要"，是因为演说内容彰显了人格的心理困境。[4]

滑稽人告诉约翰（意识），他已经失去了得到真爱的机会。一直以来接受的教育让约翰相信，爱情不过是一种丑闻（"记忆中的

---

[1] 根据约翰·富勒的《奥登阅读指南》（*Reader's Guide to W. H. Auden*）所示，这句话，乃至整个梦境，都源自 W. H. R. 里弗斯的《冲突与梦》（*Conflict and Dream*，1923）中所描述的一个真实的梦。——原注

[2] "滑稽人"对应的原文为"the Man-Woman"，传统哑剧里一般都会有一个由男人扮演的滑稽老妇人角色。

[3] 英国哑剧（the mummers' play）起源于中世纪，往往在圣诞节演出，又被称为圣诞哑剧。

[4] 修订完《两败俱伤》后不久，奥登告诉斯彭德："我就是那个滑稽人。"——原注

非法交易"),转而沉溺于手淫("你谎称／这是自娱自乐的方式")和毫无温度的性满足。约翰并未觅得真爱。在演说快要结束时,约翰大喊"我受不了了",向探子开了枪。

随后,哑剧中的喜剧角色医生登场了,他用传统方法救活了探子。他又不仅仅是个喜剧角色,因为他代表了莱亚德的心理疾病观。他把发生的一切归咎于约翰(意识),给出了诊断结果——"坚定的意志、冷静的头脑和欢笑的精神"。探子被医生救活,约翰和探子最终被描述为"同一所房子的共享者",这意味着他们是同一人格的两个组成部分。

梦境结束了。就像原先的版本一样,这部戏由此进入了悲剧性的高潮。尽管约翰获得了爱的能力,并且与未婚妻安妮两情相悦,尽管他认识到了爱具有强大的治愈能力,悲剧却依然无法避免,因为母亲的控制欲最终成了主导力量。奥登在此没有高估他刚刚掌握的心理学说的治愈力量,也不相信一个人仅凭对社会缺陷的认知就可以重整乾坤。

1928年12月底,《两败俱伤》修订完成。在这一年的最后一天,奥登写信对麦克尔威说,手稿"今天寄给了艾略特",因为他已经决定向艾略特主编的《标准》投稿。

艾略特无疑觉得这部剧晦涩难懂。的确,它甚至比初版更加令人费解,直至今日,那些最有耐心的评论家们也无法阐明很多意象的幽微之处。不过,艾略特注意到,剧中异彩纷呈的语言和出人意料的措辞可谓一大特色,完全抵消了晦涩的毛病。他认为这是"一部相当出色的作品",采纳了稿件,刊登在一年以后的《标准》上。他这样评价奥登:"这家伙应该是我近年来发现的最好的诗人了。"

尽管如此,奥登对自己的创作却一点也不满意。1929年4月,他在日记中写道：

> 这该死的怠惰。我羡慕那么多作家能够轻松自如地创作。我坐下来冥思苦想了大约一个小时，只想出了两行诗。这是因为创作果真如此困难重重，抑或仅是因为我缺乏构想？我的作品杂乱无章。我想写出规模更宏大的东西。或许我必须等到年过半百才有可能做到。我厌恶自己松懈的思想、羸弱的思考和模糊的感受力。我知道我写的东西晦涩难懂。很多时候，这只不过是因为我懒得花时间想清楚。当我有了一个想法时，我永远不知道是应该立刻把它写出来［？］还是应该等我有更多的想法后再下笔。怠惰就是缺乏耐性［？？］。

★ ★ ★

1928年圣诞节，就在《两败俱伤》的修订版即将完稿的时候，他暂回英国小住。他去见了伊舍伍德，给他讲了柏林的那些不入流的事情。想必他也抽空与未婚妻小聚了一下。返回德国两个月后，为了庆祝自己的22岁生日，他又短暂地回到了英国。这一次，他去了苏格兰，在塞西尔·戴-刘易斯家住了一段时间。这位朋友已经结婚了[1]，目前在海伦斯堡教书。返回柏林后，奥登给戴-刘易斯写了一封诗体信笺，包括以下诗行：

诗人应该结婚吗？你已经结婚了，而我

---

[1] 1928年底，奥登以《两败俱伤》的风格为戴-刘易斯写了新婚喜歌。这首喜歌以"附录一"的形式出现在肖恩·戴-刘易斯为其父撰写的传记（1980年版）里。——原注

> 已经订婚,不久之后也将如你这般生活。
> 我们能为妻子带来什么?她们只会得到
> 失望透顶,穷困潦倒,还有备受冷落。

1929年1月初,奥登从尼古拉西搬到了哈雷门街区,这里距离"安逸角"酒吧很近。"我搬进了贫民窟,"他告诉麦克尔威,"因为我已经厌倦了德国的家庭生活。"他的新住址在弗布林格大街8号。他表示:"这里距我常去的妓院只有50码[1]远。"

他现在写的诗,就像修订版的《两败俱伤》一样,充满了约翰·莱亚德的教诲,以及他受之影响而洋溢的自由意识。相较于斯彭德帮忙印制的那本小册子里的紧凑、精炼且节制的诗歌,这些新作更加开放,也更加自如,但大部分诗作仍然把真正的主题——爱和情感的压抑——隐藏在大相径庭的面纱之下。例如,1929年1月创作的以"自红隼盘旋的巉岩"为开篇的诗歌,表面的主题是英雄主义。那些"无缘也无由的勇士们"和沉迷于夜间前往拉斯角(影射了伊舍伍德醉酒出游的经历)[2]的人,他们的英勇气概如此虚伪、荒谬。与他们的所作所为形成对比的是,有些人的英勇以持久忍耐的承受力体现出来。然而,这首诗真正的话题是爱。在诗歌结尾处,"主人"虽然惨遭拒绝却依然默默地承受了一切,表现出勇敢的品质。同样的情况也出现于1928年12月写成的以"我们完成了所有准备工作"为开篇的诗歌中。这首诗的主题看起来是政治性的:危急关头,一个专制政权的代表为必

---

[1] 英美制长度单位,1码约等于0.914米。
[2] 拉斯角(Cape Wrath)是北苏格兰高地萨瑟兰郡的一个海角,位于大不列颠岛的最西北处,其名源自北欧语,意为"转折点"。伊舍伍德在半自传作品《狮子与影子》里记录了自己在一次酒后驾车去拉斯角的经历,奥登在诗里隐射了这一事件。

须采取的行动进行辩护。但真正的主题却是奥登自己的情感状态：在莱亚德学说的语境之下，意识被描绘为一个专制的独裁政府，先前被压抑的欲望通过心理革命的形式得以解放，它们推翻了意识的独裁统治。

1929年3月中旬，伊舍伍德来到柏林，与奥登相聚了一些时日。奥登立刻把他带到了"安逸角"，介绍他认识自己相熟的男伴们。伊舍伍德结识并迷上了一个绰号为"布比"的小伙子，在短暂逗留柏林的剩余时间里，与他共谱了一曲幸福的恋歌。奥登饶有兴味地看待伊舍伍德的这桩风流韵事，从3月22日开始，他断断续续地记述伊舍伍德在余下的德国之旅中经历的各种事件，也记录了自己的各种感想。他在日记本里写道："克里斯托弗的来访，与其他事情一样，都是这本日记所要记录的新鲜体验。"在一篇较早的日记里，他描绘了伊舍伍德和布比打乒乓球的情景：

> 为自己移情的对象拉皮条，会产生一种极为［字迹难以辨认］的感觉。我大体记得克里斯托弗和布比打乒乓球的情景。赤裸的身体、户外蔚蓝的天空、暧昧的氛围，这一切让我觉得自己正在参与一场繁殖仪式。

他还写了一首以"这挚爱的一个面前／那些人一个个地出现"为开篇的诗歌，略带嘲讽地调笑了伊舍伍德，因为他每爱上一个人便声称自己找到了真爱。不过，这首诗也关涉奥登自己的情感问题，很有可能源自一段露水情缘。[1] 诗歌的写法明显借鉴了美国诗人劳拉·莱汀的风格，以至于她的朋友罗伯特·格雷夫斯后来

---

[1] 在切斯特·卡尔曼保存的诗集版本中，奥登为这首诗标注了"Brian S."的字样。此人究竟是谁，尚无定论。——原注

第五章　柏林

宣称这算是一次抄袭。虽然格雷夫斯有些言过其实，但现阶段的奥登确实受到莱汀的影响——他在1928年12月期间一直阅读她的作品。在往后的岁月里，奥登仍然推崇莱汀，多年后称她为"唯一健在的哲学诗人"。

伊舍伍德曾在伦敦的医学院待过几个月，柏林之行让他做出了弃医从文的决定（部分原因在于奥登向他讲述了莱亚德的教诲），打算靠笔杆子谋生——他已经发表了一篇小说《所有共谋者》，取得了小小的成功。奥登把他介绍给了莱亚德，后者犹如"X光一般的眼睛"令他颇为触动，但彼时他更喜欢跟"布比"翻云覆雨，而不是与莱亚德在理论层面上探讨云雨之事。在动身离开柏林的时候，伊舍伍德已经确信这就是他以后该过的生活。

奥登自己也一直与酒吧里的各色小伙子纠缠不清。这一年晚些时候，他在日记里列了一份名单：

我的男伴。德国，1928—1929。

佩皮斯
卡利
格哈特
赫伯特
旅途中的陌生男子
酒吧［具体名称难以辨认］里的陌生男子
科隆的陌生男子
酒吧［具体名称难以辨认］里的陌生男子
奥托

> 我后悔与[酒吧的具体名称难以辨认]里的那个发生关系。他并不友善,而且脏兮兮的;对我而言,不过是欲望的宣泄。其他人都不错。

"卡利"可能是奥登对库尔特·格鲁特的爱称,他是诗歌《雄心勃勃的爱》的书写对象(奥登在这首诗旁标记了缩写"K. G.",这是库尔特·格鲁特的姓名首字母缩写)。在另一首以"这是复活节,我在公园漫步流连"为开篇的诗歌中,奥登也提到了他。

这一长串名单呈现了奥登的"猎艳"习惯——通过在酒吧或其他公共场所偶遇的方式,随意地寻觅性伴侣。但事实上,他更希望维持一种稳定的关系。"我也想过去妓院风花雪月,却无法做到这一点,"他在日记里写道,"我喜欢上一个人后,很快就会产生稳定交往的念头。这自然意味着我并不想要过一种完全无拘无束的生活。正如克里斯托弗所说,彻头彻尾地放纵将会终结所有的快乐。"

开始写这本日记后不久,奥登在一家男同性恋酒吧遇到了上述名单里的"格哈特"。这位小伙子是一位水手,在以"这是复活节,我在公园漫步流连"为开篇的诗歌里被称为"格哈特·梅耶"。根据日记里的内容,奥登与格哈特的关系始于一次纯粹的金钱交易:"给我10马克,今晚就和你睡……你可以等到星期二再付钱。"(格哈特会说一点英语。)奥登似乎从这段关系里获得了些许欢愉,尽管日记里的相关记述寡淡无味,比如这一句——"晚饭后,我们上床待了三小时"。

正是在这段时期,可能是因为对柏林酒吧里的"不良少年"日渐熟稔,奥登开始写一部新剧《少管所》(从内容上来看,这应该是《毕晓普的敌人》的前身),看起来是要探讨少年犯的问题。他在日记里做了一些初步构思:

第五章 柏林

> 我是希望戏剧成为诗呢，还是科克托所言才是对的？他说："戏剧中有诗意，但戏剧并不是诗。"我或许可以在《少管所》里把诗歌用作插曲……我的剧作不需要角色，也不需要观念，只要有舞台上的生活就足够了，这不是一种模仿而是一种新生事物……戏剧就是行动的诗。对话应该相应地简化……私立学校的氛围：那就是我想要的。

那时，奥登似乎只写出了一篇演说稿[1]，显然是要用在戏剧结尾处。大概是因为一系列充满戏剧性的事件纷至沓来，这才导致他没有时间和机缘继续写下去。

奥登和莱亚德的关系依然错综复杂，而且相处起来绝不轻松。他在日记里写道："我觉得 J 有点让人难以捉摸，他仿佛是'曾经见过光明'的那类人，但之后却坠入了万丈深渊。对我而言，启示是一个渐进的过程。"这段话以及日记里的其他内容都表明，莱亚德原本对奥登的压倒性影响力正在减弱，奥登对他的钦佩已经掺杂了一定程度的轻蔑。奥登在日记里写道：

> 约翰说："你知道吗，威斯坦，除了莱恩和里弗斯，你是我见过的最有才华的人。"但是他讨厌我的作品……当 J 不认同我的时候，他会说："你还是太年轻了。"然而，只要我暗示他老了，他就会伤心难过。

事实上，莱亚德和奥登可谓棋逢对手，他们的结局几乎是灾难性的。

---

[1] 这篇演说稿收录在《英国奥登》(*The English Auden*, p. 273)。——原注

莱亚德的精神状态很不稳定。由于霍默·莱恩意外离世,对他的精神治疗并未完成,他便滋生了一种自己被遗弃的不安情绪。1929年复活节,他写信向英国朋友玛格丽特·加德纳倾诉,说自己陷入了深度抑郁之中。玛格丽特·加德纳当时是剑桥郡的一位青年教师,她收到信后十分忐忑,立刻启程前往柏林。虽然奥登此前并不认识玛格丽特,但她到了柏林后,奥登立刻接待了她,并带她去了莱亚德肮脏不堪的住所。莱亚德告诉她,原本他打算自我了结性命,但担心她来了以后无法接受这个结果,便决定推迟自杀计划。

关于莱亚德的自杀意图,奥登直言不讳地向玛格丽特·加德纳表达了自己的态度。"如果他真的想要了结此生,"他对她说,"你就该遂了他的意。别多加干涉。"玛格丽特明白,奥登是在遵循莱亚德自己的信条行事,也就是说,服从自己的内在冲动——如果莱亚德有自杀的冲动,那么他就应该这么做。尽管如此,奥登依然愿意竭尽所能地帮助莱亚德走出困境。为了改善莱亚德的居住环境,让他的心情愉悦起来,奥登和玛格丽特来回奔波,以期找到一家舒适的旅馆,为他订一个套房。

他们很快就替莱亚德订到了房间,他也同意搬进去。不过,根据奥登的日记所述,莱亚德对奥登说了这样的话:"你设法带我来这儿,是为了满足你自己的宏大想象,我喜欢这种方式。"(奥登评说道:"确实如此。")莱亚德搬到新居后,精神面貌立刻大为改观,但他依然坚持随身携带左轮手枪,不让玛格丽特拿走它。他告诉玛格丽特,如果不能得到一个名叫埃塔·达·维蒂的年轻意大利女子的友谊与支持,他活着就没有任何意义了。埃塔·达·维蒂与他一样,都曾是莱恩的病人,目前住在巴黎。莱亚德爱上了她,可惜她不愿意与他有任何瓜葛,甚至压根不想跟他有所接触;莱亚德则暗忖她是莱恩的情妇。玛格丽特·加德纳意识到,要想挽救莱亚德,她必须去一趟巴黎,看看能否说服这个女子来柏林见莱亚德一面。莱亚德知道她的决定后,内心燃起了希望之火,与奥登一起把玛格丽特送上了前往巴黎的夜间列车。

玛格丽特此行并不顺利。埃塔·达·维蒂已经离开了自己的寓所,门房并不清楚她的归期。玛格丽特给莱亚德发了一封电报,告诉他到目前为止还没有消息,但只要她的工作单位准假,她就会继续留在巴黎等下去。但是没过几天,她不得不返回英国上班,因为新的学期开始了。

她没能找到埃塔·达·维蒂,这让莱亚德再一次陷入了绝境。奥登和他的新男伴格哈特的种种行径,也让情况雪上加霜。根据奥登的日记所示,格哈特似乎提出了与莱亚德上床的建议:"你的朋友不是想要个男伴吗?为什么他不考虑一下我?"奥登应该是把这个提议转述给了莱亚德,而且莱亚德和格哈特之间很有可能有一场会面——但日记里对这件事的记述模棱两可:

4月2日。打电话给约翰,晚点去找他并把事情告诉他。我想,我很清楚他会接受他的,我在性方面有恶趣味,我希望他能对他产生需求;而我的怜悯心理导致我希望这能带给他一点欢乐。到了这紧要关头,我反而觉得难受,一直在琢磨自己的所作所为。辗转难眠。

多年后,莱亚德在自己的回忆录里说到了这件事。他确实与格哈特上了床,但结果不尽如人意:"威斯坦是他明面上的男伴,但他也与我玩耍……然后我决定要对威斯坦使些下流手段:我要带他[格哈特]回家。我知道这完全是背叛,但我依然这么做了……

格哈特无比俊俏，而我却是个性无能。这是压垮我的最后一根稻草……我偷走了威斯坦的男伴，我僭越了所有的法则，因此我成了性无能。"

第二天，莱亚德饮弹自尽，朝着自己的嘴巴开枪。出人意料的是，他与死神擦肩而过。子弹从他的鼻腔穿过，损伤了一些神经，但没有对大脑造成致命伤，最后卡在了颅骨的顶部。几分钟后，莱亚德恢复了知觉，意识到自杀未遂，当即带着左轮手枪去找奥登，希望他可以帮助自己了此残生。他设法上了一辆出租车，到了奥登的住处，摇摇晃晃地上了几级台阶，见到两个小伙子正从奥登的房间里出来。莱亚德的回忆录讲述了随后发生的事情：

> 到了后，我对他说："威斯坦。我做了。"（我没和他说我做了什么，但我知道他一定清楚我的言下之意。）"可惜没死成。帮个忙，给我个痛快——这是手枪和子弹。"我本以为他肯定会帮忙的，毕竟我俩交情匪浅。岂料他这么说："很抱歉，我知道你想快点解脱，但我不能这么做，不然我会被绞死。我可不想这样。你在沙发上躺一下吧。"于是我躺下了，然后就晕了过去。

奥登出去叫了一辆出租车，把莱亚德送到医院，医生从他的脑袋里取出了子弹。

奥登的日记透露了莱亚德自杀事件的更多细节，与莱亚德在回忆录里的说法有所不同。根据奥登的说法，莱亚德曾与他讨论了自杀问题，而奥登重申了他的主张，认为莱亚德如果想要自杀的话，就应该去做这件事：

第五章 柏林

> 4月3日。约翰苦思冥想自杀的事。他亲了亲我。只喝了一碗凉汤。"这实在是刻骨铭心。"心烦意乱。我准备走了。"我得走了。""我觉得这么做没什么好处。""对谁没好处?""对你,抑或对我。"泪如雨下。"我很遗憾。你真好。"尝试着跟他分析自杀。回家了。海因斯[?]来了,接着弗兰兹[?]扶着约翰进来了。他希望我能帮他解脱。要是我可以就好了。他吐血时,我感到有些作呕。也许这种生理反应是出于同情。我必须亲吻他,尽管我并不喜欢这么做。去往医院的路上,暴风雪来得正是时候。悲伤难抑。

101

在日记的开头处,莱亚德和奥登的对话让人颇为费解,他们似乎是有所争执,显然是关于两人之间的性关系。

莱亚德脑袋里的子弹被取出来后,奥登给玛格丽特发了一封电报,告诉她刚刚发生的事情,并在接下来的几个星期里把莱亚德的进展情况汇报给她。很快,医生就宣布莱亚德脱离了生命危险,尽管他的视力暂时还没有恢复(最终他竟然完全康复了)。莱亚德的这段经历引起了克里斯托弗·伊舍伍德的浓厚兴趣,他以莱亚德的自述为蓝本稍加改编,将其写进了小说《纪念》里。

在莱亚德自杀未遂的几个星期里,奥登一改往日对他的冷淡态度,日记里的内容表明他再一次强烈地被莱亚德的观点所吸引。几个月后,莱亚德返回了英国。他和奥登一直保持友好关系,彼此见了不少面。正是在这个时期,莱亚德开始欣赏荣格。他最终作为一个荣格研究专家取得了一些成就,并且撰写了一本书,阐述了自己对于荣格释梦的看法。他还完成并出版了一本筹谋了很久的有关马勒库拉岛土著人的研究专著,从而获得了牛津大学的博士学位。他结了婚,有了一个儿子,一直活到耄耋之年。

就在莱亚德的自杀未遂事件行将落幕之时，奥登发现自己成了另一系列同样具有戏剧性色彩的事件的见证者。他与哈雷门街区酒吧里的"不良少年"（他如此称呼他们）的恋情和友情，让他隐隐约约地觉察到柏林政局的动荡。或许，他还结识了几位德国共产党（K. P. D.）成员。一直以来——1929年复活节之前——奥登对共产主义的奋斗目标只有一种模糊而感性的支持。伊舍伍德指出，奥登经常戴一顶德国工人帽，抽的也都是廉价的雪茄，看上去就像是"一位极为潦倒的百万富翁"（伊舍伍德如此形容他）。而现在，他突然认清了政治局势的严峻。

彼时，魏玛共和国由几个政治大党联合组成的国会领导，1923年希特勒发动的慕尼黑政变没有让它覆灭，同年发生的严重的通货膨胀性经济危机也没有打垮它。社会经济在表面上维持着稳定的态势，极端主义政党也得到了有效控制，纳粹党和德国共产党的党员人数尚不成气候，并且由于希特勒被禁止在公共场合发表演说，纳粹党的发展受到了影响。但事实上，这两个群体都在争夺权力的道路上蠢蠢欲动。虽然纳粹的大本营远在慕尼黑，他们的褐衫队¹成员却已经在柏林的大街小巷四处游荡。共产党的总部就在柏林，他们获得了当地工人阶级的大力支持，奥登很有可能对他们的一些活动有所洞察。跟纳粹党一样，他们也希望德国未来的命运能够掌握在自己手中，但他们面临着强大的阻力，不仅来自纳粹党，还来自政府当局。

奥登在柏林度过的那个冬天，德国正处于一个显著的政治动荡期。250多万人失业，再加上天寒地冻的极端天气，导致民众对魏玛政府怨声载道，当局为此大肆镇压共产党的活动。作为反击，

---

1 褐衫队，又称冲锋队，是德国纳粹党的武装恐怖组织。

共产党四处散布他们遭遇警察暴行的消息,这当然不是空穴来风,因为警方确实在去年5月的一次集会上射杀了几个共产党人。奥登听说了种种传闻,并把它们记录在自己的诗歌中:

> 我很晚才走回家,
> 听一个朋友兴奋地谈起了
> 无产阶级对抗警察的决战——
> 有个家伙射穿了一个十九岁姑娘的膝弯,
> 他们把那人扔下了水泥楼梯……

然后,1929年5月1日,共产党和警方在柏林爆发了一场剧烈的冲突。公开示威是被禁止的行为,共产党人对此十分不满,试图占据整片街区,尤其是奥登住所不远处的新克尔恩区[1]。他们用建筑材料和截获的电车在大街上设立了路障,还打碎了路灯。冲突持续了五天,23人遇难,150人受伤。奥登在当月创作的一首诗中写道:"此时的夜晚到处都不安分,/街上筑起了路障,传来了枪声。"多年后回首往事,奥登发现这是他第一次有了政治意识:"一个人突然意识到,生命的全部基石都在晃动。"

奥登并没有在柏林久留,因而没有看到动乱的后续情况——共产党人以最高荣誉安葬了死去的战友,严厉控诉了警方的暴行,政府下令镇压共产党的"红色战斗前线"。虽然这场动乱唤醒了奥登的政治意识,但无须夸大这种觉醒。玛格丽特·加德纳在1929年下半年经常见到奥登,她觉得奥登对政治只是一时兴起。她注意到,奥登和她一样,更为关注朋友们的道德问题和内在动机,

---

[1] 新克尔恩(Neukölln)位于柏林南部。

而不是所谓的政治。不过,她也说道:"[我们都]粗略地把我们和我们的朋友称为左派、社会主义者,但没有试图给这类术语下定义。"

在1929年5月的第三个星期,奥登短暂地离开了柏林,大概是去德国的其他地方走走看看。他和格哈特的恋情已经画上了句号。在4月去汉堡的短途旅行中,这位年轻小伙子狠狠地耍弄了奥登一番,带着奥登的钱财消失了整整一夜,好不容易回到了柏林,他又毫无征兆地离开了奥登,还带走了奥登替约翰·莱亚德保管的左轮手枪。现在,也就是5月,奥登和一个叫赫伯特的小伙子,还有一个叫丹的荷兰人,结伴出游了一个星期。他们先是去了马格德堡,然后去了韦尼格罗德、卡塞尔、马堡、科隆和埃森。旅途中,他们经过了哈茨山区。布罗肯山是哈茨山区的最高峰,奥登被山脚下皇家红屋村[1]的迷人景致深深地吸引了,当下就决定要抽空再回来看看,后来也的确故地重游了。在这一年的6月和7月的大部分时间,他都和一个名叫奥托·屈泽尔的男伴在这里的红屋小旅舍居住。多年后,他把这位男伴的姓名首字母标在了自己写于1929年7月的两首诗歌旁,分别是以"踏上这条分界线已身处险境"和"严防进出的岗哨"为开篇的诗歌。

7月上旬,克里斯托弗·伊舍伍德也来到红屋村度假,见到了奥登和奥托。约翰·莱亚德已经痊愈,也从柏林赶过来看望他们,

---

[1] 村子对应的德语名是"Rotehütte-Königshof",表层含义是"红色小屋-王宫",乡下小屋与宫廷连在一起,别有一番意蕴。这个村子保留了中古时期日耳曼人的许多古老习俗,比如搜集草药和女巫聚会,每年都会举行庆祝春天到来的"篝火节",还会举办"女巫节"。歌德在《浮士德》中对当地的女巫活动有所描述。查阅现在的地图,布罗肯山下只有一个名叫"Königshütte"的小村子,却没有"Rotehütte-Königshof",估计是村子更名了。作者在下文提到该村时,往往将之简称为"Rotehütte"(红屋村)。

第五章 柏林

在当地住了一些日子。

伊舍伍德发现奥登在红屋村的生活如鱼得水："他的房间和他以往住过的那些房间一样，堆满了书籍和手稿；他以惯常的旺盛精力阅读和写作，总是不太有耐心。"他欢迎伊舍伍德的样子，"就像欢迎客人来家中做客"，看上去仿佛是这个小村子的主人。他用火车站咖啡馆的钢琴弹奏出嘹亮的英国圣歌，与奥托赤身裸体地在田野里摔跤嬉闹，这些事都成了村民们茶余饭后的谈资。

然而，奥托并没有陪伴他多长时间。伊舍伍德与自己在柏林的男伴布比失去了联络，他现在千方百计地想要联系上他，结果警察来到红屋村问询后，发现奥托是少管所的逃犯，便把他带走了。随后，伊舍伍德赶回柏林寻找布比。在奥登的引荐下，他得到了来自英国天主教贵族家庭的年轻考古学家弗朗西斯·特维尔-彼得（他的兄弟是北欧文化方面的专家加布里埃尔·特维尔-彼得）的帮助。奥登应该是几个月前在柏林结识了弗朗西斯·特维尔-彼得，此人在异国他乡过着一种放荡不羁的生活。特维尔-彼得身上巧妙地融合了放浪形骸和内在平静，这引发了伊舍伍德无尽的想象力，他和奥登把这个古怪的英国人纳入了他们的私人神话里，戏称他为"弗朗尼"（The Fronny）。之所以如此称谓，是因为那些柏林小伙子往往直呼他的名字"Der Franni"（Francis 的变体），由此化为英语"The Fronny"。

伊舍伍德两手空空地回到红屋村，在那里收到了布比寄来的一封信，声称他在阿姆斯特丹，准备在一艘即将前往南美洲的船上做一名水手。伊舍伍德和奥登旋即决定去阿姆斯特丹为布比送行。就在 7 月，他们到了阿姆斯特丹。送走了布比后，他们乘船游览了这座城市的运河。他们在旅途中欢声笑语，交换着那些只有他们自己才明白言下之意的行话和玩笑话。下船时，他们在旅客留言簿上签了名，奥登还引用了马雅可夫斯基的诗句：

> 看到我们的故事，你必定惊叹不已！
> 错过我们的时代——你只能唏嘘不已！

★ ★ ★

"我喜欢在德国的日子，"奥登写信告诉比尔·麦克尔威，"但愿明年能去巴黎。"7月下旬，奥登回到英国，在一封写给约翰·莱亚德的信中说："离开德国以后，有了乡愁般的感受。"在德国生活了一年，他可以流利地讲德语，但对德语依然不精通。多年后，他对一位朋友说："我不太懂德语。"直到暮年，他说起德语来还是不太合乎语法规则。

奥登有婚约在身，但是在红屋村的时候，伊舍伍德曾劝他放弃结婚的念头。奥登自己似乎也有所动摇。他在日记中写道："很少有人能认识到，男人之间的床笫欢愉，有一部分来自过程的艰难和由此造成的痛苦。相较而言，异性之间的恋爱过于温和，也过于平淡了。我和希拉的相处便是如此。我们双方都能捕捉到一丝令人绝望的气息。人是多么愿意受苦啊。"回到英国后，奥登下定决心要听从伊舍伍德的建议。

7月29日，奥登从伯明翰给约翰·莱亚德寄了一封信，信中写道："今天我可能要解除婚约了，为我喝彩吧。"他还在日记中写道："我已经解除了婚约。绝不——绝不——绝不再结婚！她很不开心。她想要结婚［？］。我本该如此。但我不愿意了。"不久之后，他对比尔·麦克尔威说："如你所知，我原本有个婚约，但现在已经解除了。不会了，再也不会结婚了。这是我的问题，而

第五章　柏林

不是婚姻本身的问题。"

奥登此前之所以订婚，应该不完全是虚情假意，也不是逢场作戏。种种迹象表明，到目前为止，奥登依然会被异性吸引。他在中学和大学阶段创作的诗歌，有一些是关涉异性恋的陈词滥调。在1927年写给麦克尔威的一封信中，他语带轻佻地提到自己"爱上了"朋友婚礼上的一个伴娘。1926年底，他曾在奥地利与佩措尔德夫人有过性关系。不过，无论他主观上多么愿意对女性动情，他似乎都没有真正拥有过这种感觉。大约在1931年，他给一位女性朋友写信说："许多同性恋者，比如我，要说对女性存有偏见的话，那仅限于身体上的偏见。我并不是反感，只是对女性魅力由衷地感到困惑（就像第一次看板球比赛时那样）。"他放弃了结婚后仍然保持同性恋关系的想法，至少在这个阶段打消了此类念头。"我不相信夫妻分别持有门闩钥匙的婚姻，"奥登写道，"如果双方真心相爱，线路就应该闭合。只有类似于兄弟姐妹般的关系才会容忍婚外情的发生。这种相处模式对女人来说是致命的。"

在人生的这个阶段，奥登并不会因为自己的同性恋身份而沾沾自喜。大约在1933年，他写信告诉朋友："同性恋是一个坏习惯，就像吮拇指的毛病一样。"他真正在意的不是他和朋友们的特殊性取向，而是这种性取向让他们陷入了一种特定的关系。他在1932年写道："A喜欢女孩，B喜欢男孩，这些事本身并不重要。真正让人警觉的是，忐忑不安、闷闷不乐的人，往往无法建立亲密忠贞的恋爱关系，他们的感觉只能停留或者退化到婴幼儿的水平，并且不会再有发展……因此，对他们来说，爱情对象并不存在。不得不承认，几乎所有同性恋关系都属于这种类型，大部分异性恋关系也难逃窠臼，两者并无二致。"

同性恋在英国仍然属于非法行为，违反者会被判处监禁。这不可避免地导致奥登的同性恋朋友们对自己的真实天性讳莫如深。有些人甚至会在鱼水之欢时瑟瑟发抖，因为这种事严格说来是违法的。奥登并不会这样。他看起来完全不在意法律的威胁，更夸张的是，但凡他觉得那些异性恋朋友是心胸开阔之人，便不会在他们面前掩饰自己的性取向。这种事的违法性质似乎也没有给他带去额外的兴奋感受，因为他对此漠不关心——尽管同性恋的"秘密帮派"属性确实吸引了他。

从德国回来后，奥登仍然会与伊舍伍德碰面。伊舍伍德回到了伦敦，与母亲住在一起。奥登和他继续"操持"那些只有他们才懂的行话和玩笑话，只不过这次采用了书面形式。他们开始合作一部戏剧，这是奥登原本计划写的《少管所》的衍生品。他们给这部剧起了个名字——《毕晓普的敌人，或当我说出何时便会死去：四幕道德剧》，把剧题献给了伊舍伍德在柏林时的男伴布比，以及奥登在红屋村时的男伴奥托·屈泽尔。

奥登曾记录了有关《少管所》的初步构思——"私立学校的氛围：那就是我想要的"，这种氛围正是他和伊舍伍德在这部新剧作中想要营造的，剧中的情节和对话读起来就像是期末时的嬉戏玩闹。奥登之前打算在《少管所》里加入一些诗歌作为插曲，这个想法在《毕晓普的敌人》里实现了。因为要朗诵一些诗句，表演便时不时地停顿，这形成了一种大杂烩般的奇特效果——优美的诗歌和学生气的傻话被拼凑在了一起。大多数诗歌都仿佛独立于戏剧之外，虽然它们本身精彩绝伦，但与表演关系不大。尽管如此，它们的存在并没有影响到这部剧的"私立学校的氛围"。

情节围绕着一个名叫罗伯特·比克内尔的年轻人展开，他的姓氏随奥登母亲的娘家姓。罗伯特·比克内尔被设定为一座铅矿的矿长，该铅矿距离少管所不远，他的兄弟奥古斯塔斯（奥登父亲的第二个教名）是少管所的所长。有一个叫"幽灵"[1]的角色亦步亦趋地跟着罗伯特，他跟罗伯特长得很像，时不时地吟诵奥登写的那些诗歌。伊舍伍德表示，这个角色的原型是亨利克·加仑执导的恐怖电影《布拉格的学生》中的一个人物，他和奥登曾在柏林观看了这部电影，而奥登对德国当代电影赞不绝口。次要情节讲述了乔治和吉米这两个少年的故事。他们从少管所出逃后，来到尼尼微酒店，其中一人装扮成姑娘的模样。酒店里住着一对恶棍兄弟，分别是马克西米利安·卢德和塞斯劳斯·卢德，这两个角色来自一个虚构的世界。伊舍伍德在剑桥大学念书时有一个朋友爱德华·厄普华，他俩营造了一个私人性的幻想世界——"莫特米尔"，以便在学生时代和之后的岁月里找点乐子。疯狂的"莫特米尔"是一个杂糅了哥特式的恐怖、变态的性关系和诸多邪恶事件的混合体，其背景却是田园牧歌式的英国乡村景观，这种设定具有一定的欺骗性。虽然"莫特米尔"的大部分故事只以厄普华和伊舍伍德之间私下的玩笑话的形式存在，但有几个故事却被它们的创造者写了下来。奥登至少对其中一个故事耳熟能详，那就是厄普华的《铁路事故》。他曾写信告诉厄普华，他很喜欢这个故事。奥登和伊舍伍德在创作《毕晓普的敌人》时，一定是想到了"莫特米尔"。

卢德兄弟是典型的"莫特米尔"人。他们一个伪装成牧师，另一个伪装成银行经理。

塞斯劳斯：我在尤斯顿的书摊买了一本祈祷书。我得在这本书上花点功夫。

---

[1] 在本剧中，"幽灵"代表了罗伯特·比克内尔的内在冲动，最终被罗伯特·比克内尔扼杀。

马克斯[马克西米利安]：对了，我忘了告诉你了。我昨天碰到了一个潜在对象。斯塔格太太——温迪亚克矿场副矿长的妻子。我们可以更大胆些。素食者的胸脯里塞满了上帝。

塞斯劳斯：今晚就动手吗？

马克斯：我是这么认为的。不管怎么说，她的嘴小巧得很。

罗伯特·比克内尔爱上了斯塔格太太，"幽灵"鼓励他向斯塔格太太的蜡像求爱。与此同时，在酒店里，一位名叫埃塞尔·赖特的大块头女人（她其实是警方的探子）正暗中观察另两位住客——毕晓普·劳夫妇，最终以"非法贩卖妇女"的罪名逮捕了毕晓普。但真相很快就水落石出，贩卖白奴者其实是卢德兄弟，毕晓普"戴着警帽和勋章"现身，召唤他的特别机动队去追捕他们。随后，他对卢德兄弟施以鞭笞作为惩罚，还处罚奥古斯塔斯·比克内尔在布莱顿服刑一年，因为他迷恋上了那个男扮女装的少年，误以为他是个姑娘。迷恋上另一位少年的恋童癖者泰伊勒上校，"两个月内每天下午都要参加考特利竞技跑"（这与塞德伯公学的一个校园文化习俗有关）[1]，每星期六都必须把这个句子——"本周的座右铭是'妈妈已经死了很久'"——抄五千遍。在最后一幕中，罗伯特杀了"幽灵"，为此警察逮捕了他。在被带走的时候，他吟诵了一段收场白。

作为"莫特米尔"式的私人性娱乐作品，这部剧有一定的趣味性——奥登自己在创作期间说它"非常有趣，非常下流"——但很难相信它的两位作者曾认真对待过它。剧中的诗歌则是另一回事，尽管如此，它们完全脱离了故事本身。几年后，伊舍伍德

---

[1] 加布里埃尔·卡里特解释说，"考特利竞技跑"（Cautley Sport Run）实际上是"考特利喷口"（Cautley Spout），指的是10英里赛跑结束时的一处瀑布。——原注

第五章　柏林

承认，这部剧"只不过是一场猜谜游戏"，而且"非常松散地拼凑在一起，充满了私人玩笑话"。但事实上，他和奥登都有专门打印的剧本，在1931年至1932年间讨论过剧本的修改事宜，这表明他们的创作初衷不仅仅是自娱自乐。伊舍伍德说："毕晓普是剧中的英雄，他代表了理智，是霍默·莱恩的理想化形象。他的敌人是伪医生、顽疾患者和疯子。最后帷幕落下时，正是他取得了绝对的胜利。"言下之意似乎表明，这部剧带有一定程度的严肃成分。然而，伊舍伍德和奥登都没有试图让这部剧上演。

《毕晓普的敌人》的诞生在一定程度上源于两位作者刚从德国归来的高涨情绪。但奥登此刻不得不为自己的将来做打算，因为父亲给他的零用钱很快就要见底了。大约在1924年或1925年的时候，他们家在湖区斯雷尔凯尔德村落的一个名叫"维斯克"的小村庄购置了一栋小屋[1]，就在凯西克镇[2]东北部区域。1929年8月，奥登去了湖区。他在维斯克寄了一封信给麦克尔威："来这里之前，我做了很多准备工作，今年已经提前足量地完成了性生活方面的探索[3]。"然而，我们可以从他本月创作的一首诗歌中捕捉到蛛丝

---

[1] "维斯克"是一个以大农场为中心的小村庄（英语里称作"hamlet"），奥登家购置的小屋，其实是一栋低矮的农舍。

[2] 凯西克（Keswick）小镇位于坎布里亚郡，是湖区北部最大的城镇。

[3] 这里出现了奥登的两个自造词——"copotomy"和"sodulation"。早期奥登的诗歌往往因为古奥晦涩为人诟病，其中一个不容忽视的原因在于他喜欢使用生僻词和自造词。奥登在1929年的日记里写道："'Normals' and 'perverts.' They're the same. Are sodulation and copotomy"。由此可见，"copotomy"和"sodulation"与性行为方式有关。它们还出现于奥登在1929年至1930年间创作的未曾公开发表的短诗里："The pleasures of the English nation: / Copotomy and sodulation"。大约在1929年前后写给伊舍伍德的信中，他再一次使用了这两个词："I prescribe for Mastammation / A Copotomy or Sodulation / Drastic / But the pemeldy for this disease"。这里的"pemeldy"也是奥登的自造词（有人认为，是"remedy"和"penalty"的融合）。从奥登多次使用这两个词的语境来推断，"copotomy"和"sodulation"大致是"交配"和"鸡奸"的意思，译者在此采用较为委婉的译法。

马迹——他虽然乐于回到家中,但已经很难再适应循规蹈矩的日常生活:

> ……只因独自一人,惊恐的灵魂
> 返回了这到处是羊群和干草的生活
> 却没有归属感:每时每刻
> 他都渐行渐远,也必定如此,
> 如断了奶的孩子走出家门,
> 踉跄着刚走几步路,就焦急万分,
> 欢喜雀跃只为找到自己的家,一个
> 待在那里无须征税的所在。

初秋时分,他去剑桥郡与玛格丽特·加德纳待了一段时间。之后,他回到父母位于哈伯恩的住处。二哥约翰目前在国外从事地质学家的工作,大哥伯纳德在加拿大做农业生产,唯独威斯坦留在家中仰赖父母过活,直到他能找到工作自力更生为止。他在几年后写道:"没有工作的年轻大学毕业生们,尽管不至于挨饿,却不得不住在家里,向家人讨要零用钱,承受父母无声的怨念与焦虑。"当他写下此类文字的时候,很有可能交织着他自己的切实感受。他在1929年夏以戏谑的口吻写信告诉约翰·莱亚德:"我每周有六便士的零花钱,其中三分之二被要求用于听布道。"

父母已经意识到了他的同性恋取向,他们的忧心忡忡加剧了他在家中的艰难处境。他写信告诉麦克尔威,他"迫于父母的疑虑,不得不放弃在伯明翰的一段恋情"。很明显,母亲没有与他讨论过这个问题,但她私下里异常苦恼。父亲接受了他的性取向,这在当时无疑是相当开明的,但希望奥登不要让这件事在哈伯恩闹

第五章　柏林

得尽人皆知。与此同时，母亲一如既往地看不惯他的居家生活习惯——他有时候会在早餐时间穿着晨袍去商店买香烟。他也发现，与其邀请朋友们来哈伯恩家中做客，倒不如带他们去伯明翰大学附近的E. R. 多兹家。E. R. 多兹是希腊文教授，他们夫妇一直以来都热情地欢迎奥登的到来，给他一种宾至如归的感觉。

他现在迫切地想要谋得一份工作。他咨询玛格丽特·加德纳是否知道哪里有教学岗位的空缺，她刚巧得知一位朋友的姐姐住在伦敦，正在为自己的儿子寻找家庭教师。奥登接受了这份工作，也就是说，他要住到伦敦去。于是，1929年夏末，他搬到了伦敦。他的雇主是所罗门上校及其妻芙洛拉·贝内森，她保留了自己的娘家姓氏，并让儿子彼得也跟着她姓。彼得那时八岁，是奥登授课的对象。（彼得·贝内森后来促成了国际特赦组织[1]的建立。）所罗门上校在第一次世界大战中受了重伤，腰部以下瘫痪了，只能坐着轮椅四处活动。奥登有两行诗的灵感正是来源于此："你会让死神坐在残疾人轮椅上／然后推着他到处走动"（出自1929年9月创作的《你会充耳不闻吗》）。芙洛拉·贝内森经营着一家出版公司。奥登得知她想找人翻译波德莱尔的《私人日记》，便力荐伊舍伍德来做这件事，并宣称伊舍伍德精通法语。这纯粹是奥登的谎言。后来，伊舍伍德在一位法国朋友的帮助下完成了这项翻译工作，译文里只零星出现了几个错误。[2]

1　国际特赦组织（Amnesty International）是1961年5月28日在伦敦成立的世界性民间人权组织。
2　在伦敦的几个月里，奥登的居住地并不明朗。他告诉斯蒂芬·斯彭德，他会住在芙洛拉·贝内森的姐姐雅ontent·哈拉里位于伦敦W2区剑桥广场21号的家中，他的确在那里待了很久。然而，他的一些信件是从SW1区斯特联排屋43号寄出的，根据1929年的"伦敦街道指南"所示，房子的主人是波伊斯-威尔逊夫人。奥登很有可能在那里租住过。——原注

奥登继续寻找更稳定的工作机会。"你有可能知道适合我的工作吗？"他写信给一位伦敦的朋友，"从护理到住家都可以。有没有可能安排我去出版公司？干什么都行。"这封信的收件人是娜奥米·米奇森。理查德·克罗斯曼建议娜奥米·米奇森向奥登索要诗歌，收录在她正参与编辑的一份新杂志里，因而介绍她认识了奥登。她告诉奥登，目前并没有适合他的稳定工作，但希望奥登能够为她12岁的儿子默多克补习功课，他因为生了一场病而落下了拉丁语学习。于是，奥登每个星期都会去米奇森位于西伦敦的哈默史密斯大宅几次。事实证明，他是一个尽职尽责的补习老师，他的拉丁语足以应付这项相对来说较为简单的工作。

他继续找工作。1929年秋，他和加布里埃尔·卡里特结伴参观了塞德伯公学，并得到了三年内可以到这里任教的语焉不详的许诺。然而，即使他真的想去那里工作，等待的时间未免太长了。后来，大约在1930年初，他听说塞西尔·戴-刘易斯离开了拉知菲学校[1]，便申请了那里的教学岗位。拉知菲学校是一所男校，离克莱德湾的格拉斯哥不远。

1930年2月底，在开展新工作之前，奥登不得不去伯明翰的一家医院接受肛门疾病的手术。医生最初诊断为内痔发炎，奥登在写给约翰·莱亚德的信中称之为"索多玛的伤痕"[2]。不过，奥登很有可能是在开玩笑。根据医生的专业意见，性行为不太可能是病因。但不容忽视的是，奥登的确跟一位女性朋友说过，这是他与一个年轻人发生性关系的结果，此人相当粗鲁。第一次诊疗后

---

[1] 拉知菲学校（Larchfield Academy）位于英国苏格兰的海伦斯堡。在苏格兰，"Academy"一般指中学。

[2] 根据《圣经·旧约·创世记》第18章的描述，索多玛和蛾摩拉是摩押平原上的两座城市，前者耽溺男色，后者沉溺女色。也就是说，索多玛城的罪孽主要是男同性恋行为。

没几天,奥登又向莱亚德报告说"原来是直肠裂"。他不顾医嘱坚持骑自行车,这导致病情加重。

手术前,他让莱亚德来看望他。"助我康复,"他还写道,"约翰,请来一趟吧。实在是疼痛难忍。"手术后,伤口几个月都没能愈合。到了复活节,他应该是彻底康复了,可以与加布里埃尔·卡里特一起沿着哈德良长城徒步旅行,穿越他最喜欢的铅矿村落。在那个村子里,他在一家挤满了农场工人的公共酒吧里点了香槟酒,此举令卡里特尴尬不已。他还倡议他俩应该一大清早就钻进冰冷的小溪里泡一泡,这委实让卡里特心惊胆战。随后,1930年夏季学期开始了,他到苏格兰从事他的第一份全职教师的工作。"我发现自己非常喜欢教书,"他写道,"这一点我自己也感到很惊讶,接下来五年都在做这个行当。"

第六章 执教

拉知菲学校是一所小型的私立男校,有过一段辉煌的时期,从这里毕业的学生包括电视的发明者约翰·洛吉·贝尔德和《金枝》的作者詹姆斯·弗雷泽爵士。但到了1930年,这所学校已经不复昔日的荣光。尽管该校仍然在招收18岁以下的男孩,却再也无法与那些规模更大、名气更盛的公学相匹敌了,只能沦为一个主要面向6岁至13岁男孩的私立小学式的教学机构,年龄稍大一些的孩子屈指可数。大约40个男孩在昏暗的老式建筑里接受教育,照明设备还是老旧的煤气灯。校长珀金斯是一位心灰意懒的老人,蓄着两撇小胡子,基本上已经没了斗志。

除了教授古典学的校长本人以外,在职教员还包括数学老师辛金森先生、恩索尔小姐、格林哈尔希小姐和奥登四人。奥登的任务是教英语和法语,并轮值管理十几个寄宿生(其余学生是住在家里的走读生)和组织学生们的体育运动。

他很快就适应了教书匠的生活。"教师工作很适合我;我很享受这里的生活,"他写信告诉在印度做地质学家的二哥约翰,"要是

第六章 执教

哪天你厌倦了印度，就来试试。我发现打板球很有意思。也许橄榄球运动也很不错，但我搞不懂那些规则。"他在一封祝贺加布里埃尔·卡里特生日的诗体信笺中写道："我北上来到了这里……／受雇给苏格兰人的儿子们教英语——／可怜的小家伙们。"

他这个岗位的前任教师戴-刘易斯指出，学生们的格拉斯哥口音很重，一时半会儿很难适应，想必奥登也遇到了同样的问题。但即便如此，奥登依然觉得自己钟爱教学。他喜欢和男孩子们打成一片（他告诉朋友"12岁左右的男孩是最适合交谈的对象了"），理解那些捣蛋分子的内心感受，因为他自己在学生时代就很叛逆。最重要的是，他乐于形塑他的学生们，指引他们应该如何面对自己的生活。事实上，教师工作让他人格中的两个主导方面有了发挥的空间：教条的师长和潜在的治疗师。

然而，孩子们并不认为他是理想的老师。有一位名叫诺曼·赖特的学生回忆道："我们完全被 W. H. A. 震慑住了，也不太了解他。我出生在海伦斯堡，父母都是苏格兰人，这是我第一次遇到'英格兰人'，并没有留下深刻的印象。我只能勉强听懂他的口音，坦率地说，我无法理解他的思维方式。我想他是我遇到的第一个咬指甲和烟瘾很大的成年人。我不喜欢这些坏习惯。他似乎很淡漠，不太合群。他不是一个我们可以推心置腹的人。他确实会陪我们参加体育竞技活动，但他在橄榄球场上的表现实在是有些傻里傻气。他不是这种运动的料。"

奥登有时候会通过耍宝的方式维持课堂秩序，这或许是因为他没能与孩子们建立起真正融洽的关系。玛格丽特·加德纳曾去拉知菲学校拜访过他，写下了这段文字："他告诉我，老师应该是小丑；要是老师能够倒立或者用脚弹钢琴，孩子们会立刻兴致盎然，纪律也就不会成为问题了。他说，要不断地刺激孩子们，让他们感兴趣,要给他们机会揭你的短、揪你的小辫子,这会让他们在课堂上全神贯注。"他有一个花招,就是让孩子们把邮票附在硬币上,然后把它们一个个弹到天花板上。他还有一个招数来应对课堂纪律:他告诉加布里埃尔·卡里特,要是孩子们胡闹不停,他就威胁说"我要把鸡巴割掉"。他从屠夫那里买了一块大小适中的肉,等到教室里又是一片乱糟糟的时候,他就打开自己的裤裆,从里面掏出那块肉,装模作样地举起一把锋利的刀以示警诫,孩子们吓得大喊——"不,先生!千万别这样!"

学校坐落于海伦斯堡的中心区域。这是一个中等规模的集镇,大部分住户都是格拉斯哥的商界人士,每天早晨都可以看到他们匆匆忙忙赶火车的身影。小镇本身以中产阶级情调自居——戴-刘易斯称之为"北方的温布尔登[1]"——周围风光秀丽,景色怡人。洛蒙德湖和弗鲁因峡谷就在几英里外,而在克莱德河对岸,格林诺克的灯光在入夜后闪烁着诱人的光芒(奥登戏称那是"邪恶之城")。奥登的诗歌中开始出现了有关这些景致的描写,但总体而言,他对这片区域以及更广阔的苏格兰地区都没有特别的兴趣。他在写给娜奥米·米奇森的一封信中说:"我认为苏格兰民族主义者都没有什么作为。"他在信中还透露,他觉得苏格兰诗人休·麦克迪尔米德是一个"相当可怕的文化界势利鬼和自大狂",而民族主义的诉求只不过是吵闹着"康普顿·麦肯齐[2]有一天会成为国王"。他的注意力更多地放在正席卷英国社会的经济萧条上,这些迹象已经在方方面面显露出来。坐在去往格拉斯哥的火车上,他可以看到克莱德班克镇的船厂已经荒置,陷入一片死寂之中,而到了

---

1 温布尔登(Wimbledon)是位于伦敦西南部的一个小镇,当地居民非富即贵。
2 康普顿·麦肯齐(Compton Mackenzie)是英国著名的编剧和演员,在20世纪早期曾为英国军情五处工作,也是苏格兰民族主义运动的发起人之一。

第六章 执教

格拉斯哥，穷困潦倒的贫民窟随处可见。他在家乡伯明翰也见到了类似的景象。1930年复活节，就在前往海伦斯堡从事教学工作之前，他写下了一首诗，有些内容定是出自他在伯明翰的所见所闻：

> 如果可以的话去往那里，看看你曾经引以为傲的土地
> 尽管通向那里的道路近乎荒废，特快列车也不再通行：
>
> 废弃的烟囱，损坏的桥梁，衰败的码头和堵塞的运河，
> 电车轨道已经变了形，一辆辆废旧货车横卧在铁轨上；
>
> 上了锁的发电站完全荒废了，往日正是它们引燃了锅炉；
> 高压塔或坍塌或歪倒在地，拉扯着失去了电力的高压线；
>
> 头盔散落在杂草丛生的坑道，矿层已经被遗弃了许多年；
> 扔下一块石头，且听幽深的积水矿坑发出的水花飞溅声……

当然，这段描述有夸大其词的地方；或者说，要是把它看成一首描绘英国大萧条景观的诗歌的话，就要注意其中的夸张成分。事实上，这首诗在很大程度上源自奥登有关废弃铅矿的私人景观，而且接下来的内容很快就向我们宣告，诗人并非关心国家的现实状况，而是忧心中产阶级知识分子千疮百孔的情感状况，而废弃的工业景观只是一种象征。这是奥登再一次重构了从约翰·莱亚德那里学到的教诲。不过，心理主题以国家困境来呈现的做法，表明奥登第一次意识到政治内容的诗学价值。正是在这一年，也就是1930年，他说自己开始阅读报纸了。

大约在他到拉知菲学校工作后不久,费伯-费伯出版社同意出版他的一本诗集。[1] 这本选集收录了 1928 年版诗集(斯蒂芬·斯彭德帮忙印刷的版本)中的几首诗,以及奥登此后创作的一些新诗;而费伯在 1927 年拒绝了的那本选集里的诗歌,一首也没有收进来。诗集中的大量作品,或许可以说绝大多数作品,主要根据莱亚德学说探索了个人的情感困境,并且为它们附上了一层象征的面纱。不过,要是读者并不了解奥登的个人旨趣的话,这种情感表达几乎很难被察觉到。这本诗集真正引人注目的地方在于意象和风格的多样性——以稚嫩的押韵和卡巴莱歌词的方式创作的诗歌,与模仿劳拉·莱汀和盎格鲁-撒克逊诗风的诗歌并置在一起,字里行间呈现出一种近乎临床诊治的、哈代式的冷峻超然的态度,而且奥登仿佛是从一个极远的高度俯瞰自己的描写对象——"在我们的时代请关注这一幕,/ 如鹰鹫或戴头盔的飞行员般将其审视……"

奥登的这本诗集,只是简单地起了个书名——《诗集》,由费伯的文学代理人 T. S. 艾略特收稿。那次在伦敦与艾略特会面后,奥登觉得艾略特的人格就像他的诗歌一样让人印象深刻。1965 年艾略特去世后,他说:"只要一个人在艾略特面前,就会觉得不可能说出或做出任何卑鄙的事情。"[2] 奥登把《两败俱伤》(艾略特已经将这部剧刊登在了《标准》上)也收进《诗集》的建议提得太

1　奥登大约在 1929 年向另一位伦敦出版商维克托·戈兰茨提交了一本诗集,很可能就是第二年被费伯接受的同一本诗集。希拉·霍奇斯在《戈兰茨:一家出版社的故事》(1978)一书中写道:"乔恩·埃文斯(该出版社的专职审稿人)竭尽全力想要说服维克托接受奥登的诗集,可惜没有成功。"——原注

2　20 世纪 30 年代初,艾略特与他的第一任妻子薇薇安曾邀请奥登共进晚餐。奥登一到艾略特家,就感受到了薇薇安的诡异:"我告诉艾略特太太,我很高兴受邀来访,她却说'好吧,汤姆并不高兴'。"(*Tribute*, p. 155)——原注

第六章 执教

晚了,那时《诗集》已经在印校样了,但艾略特依然同意了奥登的请求。此外,艾略特还邀请奥登为《标准》供稿,奥登的第一篇正式发表的书评文章由此诞生。

这是为 G. H. 迪布利的专著《本能与直觉:心理二元性研究》撰写的书评,这表明奥登已经渐渐地偏离了约翰·莱亚德的观点,不再认为人格是一系列无意识的本能欲望,被意识的理性思维控制与压制。现在,奥登在评说迪布利的专著时写道:"理性是一种手段,它本身不能控制或压制任何东西;它所能做的,只是让一个欲望调节另一个欲望。"

奥登开始为《标准》和其他期刊撰写书评,比如 F. R. 利维斯的《细察》(此时利维斯还没有批判奥登)、《听众》、《新政治家》以及杰弗里·格里格森的《新诗》。作为一名评论家,他的写作目的看起来很简单:赞美那些值得称颂的作品,并在篇幅允许的情况下尽可能多地引用所评论书籍的内容。他解释说,为了吸引读者,评论家"必须引用,同时少做评论"。他曾暗示,这是从艾略特那里学到的方法。尽管艾略特的批评性写作本身并没有对他产生特别的影响(他坦承"从未真正理解'客观对应物'[1]是怎么回事"),但他发现艾略特用那些出人意料的引用来阐释自己的文章主旨的做法发人深省。

奥登通常不会为自己并不欣赏的书籍写评论。他说过,评论家应该"对他认为糟糕的作品保持缄默,同时大力宣传他认为优秀的作品"。他写道:"需要遵守这样一条准则,千万不要去评说你基本上不会喜欢的书,无论它有什么样的缺点。"(然而,在他

---

[1] 艾略特提出的诗学概念"客观对应物"(objective correlative),是 20 世纪最重要的文学批评术语之一。简言之,所谓"客观对应物",即与作者想要表达的情意相关、相应的景象。

晚年的时候，他把一本自己正在评阅的书贬斥为"完全不像一本正儿八经的书，简直就是一位专注于细枝末节的疯子写的书"。）他还宣称，评论家不应该告诉读者对某本书的看法："评论家最不需要做的一件事情是，告诉我理应赞成或谴责什么。"然而，奥登常常会背道而驰。比如，他提出父母应该让孩子们阅读格林童话，而且在20世纪50年代中期，他指出人们对托尔金的《魔戒》（他自己非常欣赏这本书）的阅读反应可以作为检验其文学品味的试金石。他也经常借助评论来展演自己的思想变化，并以此作为与自己论辩的舞台。比如，在1930年为迪布利专著写的那篇书评文章里，他讨论了D. H. 劳伦斯的观点。这种写法让他的评论具有深刻性和精彩度，但读者可能会无法接受，尤其是在20世纪30年代，奥登尚未找到一种恰到好处的散文风格，有时在文字处理上显得异常拙笨。

★ ★ ★

在拉知菲学校第一个学期结束的时候，奥登利用暑假的部分时间去柏林找克里斯托弗·伊舍伍德，在那里住了一段时间。伊舍伍德主要仰赖一位叔叔的资助才能在柏林过活，这位叔叔也是一位同性恋者，因而能够理解伊舍伍德的生活方式。奥登随身带了一本《诗集》校样到柏林，他不但公开地把这本书题献给伊舍伍德，还在私下里用蹩脚的德语为伊舍伍德写了一段满是朋友间玩笑话的赠语。返回英国之际，他写信告诉二哥约翰："我7月份在柏林度过了美妙的两周。现在，我觉得颇为伤怀，就像破碎的蜜糖馅饼一样。"他还告诉娜奥米·米奇森："太痛苦了，我不得不离开柏林，此刻却要写一封像模像样的信……我这封带有柏林忏悔录性质的信，很有可能会耗尽你的耐心，让你震惊不已。"在暑假剩余的时间里，奥登参加了他对哥哥所说的"派克神父的童子军营"，去他家位于湖区的小屋住了一阵子，参观了奥尔斯顿附近铅矿区的加里吉尔景点，并开始创作一部新剧。

奥登和伊舍伍德大概是在完成《毕晓普的敌人》之后酝酿了这部新剧。奥登手里有一份笔记，显然是写给伊舍伍德的，标题是"关于新剧的一些建议"，上面提到该剧只会出现两位演员，可能分别被赋予"环性精神病"人格和"精神分裂症"人格，并且提议要有"铁路元素""蛇怪元素""一个学校场景""至少一次奇迹""一家铁路书店"。除此之外，我们看不到任何有关该剧的材料。最终，合作没有发生，倒是奥登独自开展了接下来的戏剧创作。

1930年8月，奥登写信给二哥约翰："我正在写一部新剧，虽然我还没有理清头绪，但可以肯定的是，它会很有趣。"到了10月下旬，这部剧几近完工。奥登告诉娜奥米·米奇森："我几乎要完成一部新剧了，我相信这将是我目前能写出的最好作品。"剧本写完后，他寄给了T. S. 艾略特，看看费伯会不会考虑出版。艾略特看了这部剧后，显然是把它放在了一边，没有呈给出版社的其他负责人看。一年后，他们确实看了这部剧，似乎一度考虑要将它与奥登的下一部作品《雄辩家》结集出版，但在出版之前，又把它抽了出来。随着时间的推移，手稿消失不见了。

因此，我们自然是不可能对这部剧有太多的了解，但可以从相关文献中找到一些幸存下来的资料，根据零碎芜杂的片段重构出大致的面貌。这部剧叫《弗朗尼》，剧名是奥登和伊舍伍德给他们的柏林朋友弗朗西斯·特维尔-彼得起的绰号。剧本讲述了弗朗尼在英国失踪，而一个名叫艾伦·诺曼的年轻人四处寻找他的故事。奥登在剧中用上了诗歌，似乎与《毕晓普的敌人》的操作方式一致。也就是说，诗歌以独立的间奏或合唱的形式出现，而不是情节发展的组成部分，包括以"在彼此的关切之间""命运如此晦暗，比世上的海沟更幽深""你在想些什么，我的鸽子，我的狡兔"为开篇的一些诗歌。该剧让艾伦·诺曼漫游于一系列现代文明场景中，比如他在尼尼微酒店（《毕晓普的敌人》中也有这个场景）迷恋上了一位电影明星。到了剧终部分，弗朗尼立下了遗嘱后死去，遗言里随处可见奥登说给朋友们听的私密玩笑话。总体而言，这部剧看起来跟《毕晓普的敌人》差不多，都不太适合公开演出。

返回拉知菲学校开始秋季学期后没几天，费伯-费伯出版社就发行了奥登的《诗集》，一本用蓝色卡纸装订的薄薄的小册子。《诗集》在奥登的学校和海伦斯堡当地都引起了一些关注，好几个人购买了这本书，但他们不太理解这些诗的现代性，仓促地判定这是一本古怪的诗集。伦敦评论界的一些反馈也不太热情。《泰晤士报文学副刊》宣称，奥登的诗歌"往往带有他自己的独特印记，措辞也极为古怪，没有向我们传达有价值的经验，仅仅是把我们推向了亟待解决的问题"。《听众》干脆直截了当地说："至于奥登先生，我们甚至不敢妄加揣测他的诗集想要表达的内容。"

这些评语让奥登上了心。"我果真如此晦涩吗？"他询问娜奥米·米奇森，"晦涩是一个严重的缺点。"当伯明翰的朋友多兹教授夫妇抱怨看不懂一些段落的时候，为了避免受到责难，他推说是印刷错误。当然，这并非没有可能。他字迹潦草，写得也小，无疑会给印刷工带来额外的负担，更糟糕的是，他没有办法精确地校稿。他说："我发现很难给自己的作品做校对工作，因为我会下意识地把想写的内容代入文本中。"纵观他的创作生涯，他的诗

第六章 执教

歌印刷文本里经常会出现严重的错误,尽管他曾对玛格丽特·加德纳说过,这些错误有时候会给诗歌本身增光添彩。不过,1930年版《诗集》的"晦涩",大部分不是印刷错误造成的,而且也没有妨碍一些评论家独具慧眼地瞧出它的优点所在。

迈克尔·罗伯茨刊登在《阿德尔菲》上的评论文章勾勒出了奥登诗歌的主要特征:"奥登先生的诗歌直抵思想的精髓之处。通过解说与阐释,读者能够意识到这些词汇本身竟然已经释放了精确的思想和准确的情感。"路易斯·麦克尼斯在《牛津展望》中也表达了这一观点:"奥登先生的尝试是让灵魂穿透电报式的语言。然而,在日常电报里,词语就像莫尔斯电码[1]一样,不过是一些符码,但是在诗歌电报里,词语是独立存在的,而不是隐匿在背后的特定含义。"麦克尼斯总结道:"我们这些人,但凡还没有老态龙钟,或者还不至于老气横秋,都应该去读读他的作品。"

麦克尼斯当然是奥登的朋友——正是在这个阶段,他开始真正地了解奥登;他此时在伯明翰大学担任古典学讲师,经常在多兹夫妇家见到奥登。另一位朋友娜奥米·米奇森在《周末评论》上刊登了一篇盛赞奥登的短评。这篇短评在某种程度上是"瞒着奥登写的",因为她打算尽力提携奥登。不管怎么说,此举表明她对奥登的诗歌事业充满了期许:

> 显而易见,战后一代正初登诗歌的舞台。我们这些年长一代的人应该找到解读他们的方式……阅读奥登的诗歌,我既困惑又兴奋。年青一代的人,似乎都在欣赏他、模仿他。我能辨识出一个脱颖而出者吗?他有时会恣意地晦涩。"一个

---

[1] 莫尔斯电码(Morse)是一种时通时断的信号代码,通过不同的排列顺序来表达不同的英文字母、数字和标点符号。

猜谜游戏"[即《两败俱伤》]让人眼前一亮……但中间有一些段落，似乎只有精神分析师才能读懂……

我必须……建议人们读这本诗集，不要因为它的晦涩难懂而打退堂鼓，应当反复品读，接纳它的美好，把它视为时代的标志；我希望奥登能够继续写下去，保持清醒的状态——我几乎可以肯定的是，他有清晰的想法，尽管他目前会选用一些指涉不明的象征符号来表达自己的思想，可能显得过于简化了。如果这真的只是一个开始的话，我们或许可以期待一位大师的到来。

她的观点得到了其他人的认同，尤其是奥登这一代的年轻诗人。曾在格雷欣公学与奥登做过校友的约翰·普德尼说，奥登的《诗集》"对我的影响，比之前或之后的任何作品都大"。他还解释说，《诗集》的价值不仅在于诗歌本身，还在于"某种神秘的象征，明亮、敏捷、强韧，照亮了我21岁时的秋日天空"。罗伊·富勒以诗歌的形式呼应了这种影响力——"那本淡蓝色的小册子装点了／我在外省度过的庸常青春岁月"。查尔斯·玛奇也有同样的感受："夏日的早晨，他已经在那里等我／我如饥似渴地读着奥登，战栗中知晓了……"狄兰·托马斯那时候才16岁，他买了一本《诗集》珍藏，由于经常翻阅而致使这本小册子散页了，只好用胶带重新粘贴起来。约翰·康福德那时是斯托公学的学生诗人，他这样评价《诗集》："无论它的最终价值是什么，它已经具有了最重要的历史和文学的意义。"安妮·里德勒的话代表了众多年轻诗人的心声："艾略特第一次让我对成为诗人感到绝望；而奥登……第一次让我看到了成为诗人的希望。"

一些欣赏《诗集》的人开始向奥登寻求创作上的建议。斯托公学的英语老师给奥登看了约翰·康福德的一首诗，奥登在写给约翰·康福德的信中说："你可以用更严谨的诗体来实现更多的内容……因为形式的本质在于迫使大脑去思考，而不是去回忆。"不过，他补充说："真正的诗歌源自发自肺腑的情感，在脑海里只会绽放花朵。不过，总有人想要逆转这个过程，指望从脑海里掏出自己的情感。就在魔鬼要开口说话的时候，道学家伸手捂住了他的嘴，改编了他的说辞。[1] 我不禁觉得，你实在是太害怕出丑了。务必不要拿腔拿调。"当约翰·普德尼也给他寄来诗歌寻求建议时，他几乎用了同样的语调写道："永远不要用你的头脑写诗，要用你的下半身写。不要在精神上束缚自己。除非最初的冲动发自肺腑，并且给你一种沿着中枢神经向上攀升的温暖，否则它便是理性的、虚假的……现在的很多诗歌都属于这种类型，在情感上的表达简直要命。"

虽然《诗集》给奥登带来了一些名望，但只是在一个小范围的读者圈子里获得了成功。费伯-费伯出版社印刷了一千册，库存一直售卖了两年。1933年再版时，有几处增删，但一开始也只是印刷了一千册。

奥登给爱德华·厄普华寄了一册《诗集》。厄普华是伊舍伍德的"莫特米尔"系列故事的合作者，当时在约郡的一所学校教书。奥登在附信中说："这些诗，很难说到底有多少内容是通过克里斯托弗从你那里窃取的。"

奥登是在1927年结识了厄普华。那年在伦敦苏豪区的一家餐馆吃饭时，伊舍伍德正式把奥登介绍给了厄普华。当天晚上，他们讨论了宗教问题，厄普华对这个话题不太上心，奥登却对宗教

---

[1] 奥登在此运用了D. H. 劳伦斯的术语。——原注

发起了猛烈的抨击。奥登早已从伊舍伍德那里得知,厄普华如厕时断然不会坐在马桶圈上,便滔滔不绝地讲述那些惧怕掌声的人是如何惴惴不安地坐在公共厕所的马桶间里。厄普华觉得他有些浮夸,但欣赏他的生气勃勃和思维敏捷。之后,奥登给厄普华写过几次信,还附上了自己的诗作,厄普华对这些作品青睐有加。没过多久,奥登收到了厄普华基于"莫特米尔"的短篇小说《铁路事故》的手稿,该小说的删改版本最终于1949年出版。奥登看的是没有删改过的原始版本,第一部分惨烈的火车事故,与第二部分同样可怕的强暴事件(三个唱诗班男孩强奸了一个男人)构成了一个平行结构。奥登喜欢把这个未删改版大声地朗读给朋友们听,尽管他声称有关强暴场景的描写很糟糕,毕竟身为异性恋者的厄普华对此类事情一无所知。至于厄普华对《诗集》的影响,很有可能是因为奥登通过伊舍伍德接触到了厄普华的想象世界——"莫特米尔",把其中的某些元素运用到了诗歌的意象呈现和观念表达上。

1931年春季学期,正值厄普华休期中假,他受奥登邀请前往拉知菲学校。"我去那里的第一天,"厄普华回忆说,"他请我吃午餐,费用算在学校账上,校长对我的欢迎似乎一点也不热情。第二天,奥登仍然让我去那里吃午餐,这次校长毫不掩饰他的愤怒,要不是考虑到奥登的感受,我肯定会立刻冲出餐厅。"(玛格丽特·加德纳去拉知菲学校拜访奥登时,奥登曾偷偷地把她带进员工宿舍,让她瞒着众人在里面洗澡。)奥登也去回访了厄普华两次,第一次是他在斯卡伯勒的学校,第二次是他后来在奥特肖学院[1]任

---

[1] 在英国学制里,"college"(学院)的用法并没有特殊的限定,有一些中学的名称里也带有"college",比如著名的伊顿公学,其名称就是"Eton College"。此外,也有一些英国的"college"是介于中学和大学之间的进阶教育机构。

教的时候。"一天下午,我正沿着车道行走,去他在村子里的住处找他,"厄普华在回忆奥特肖的那次会面时写道,"忽然,我听到一个低沉的声音从头顶上方传来——'厄普华先生,厄普华先生',那腔调犹如语带责备的耶和华,我抬头看见了奥登,他爬到了一棵树上,在我从下面经过时,他可能已经在上面等了好一阵子了。"厄普华想起了上次奥登坐火车到斯卡伯勒的情形:"就在下车前,他戴上了红色假胡子,但由于搞错了火车到站时间,我没有按时在月台护栏处等他,他只好钻进车站厕所卸掉了胡子,乘坐出租车去了我的住处。"

1930年,奥登写了一首短诗,精准地捕捉到"莫特米尔"的情调:

> 相对轻松地放弃了职位
> 打发走了大部分朋友;
> 乘着潜水艇逃离
> 贴了假胡子,暗中期待港口有人把守。
> 我们该如何迎接你的到来;
> 这里没在下雪
> 没人会把你当成间谍……

奥登在一部由散文和诗歌组成的长篇作品里充分运用了这种情调,并取得了显著的成效。这部作品正是他在《诗集》出版后不久就开始创作的《雄辩家》。

★ ★ ★

1931年春夏，奥登写了四篇散文。每一篇都是演说，所以整部作品的最终标题很有可能来自这四篇演说，而不是后来创作的部分。在第一篇《颁奖日致辞》中，演说者是一所公学的校友，他的演讲以模仿奥登的老校长开始："纪念活动。纪念活动。这有什么意义？这有什么意义？这对彼时彼地的他们来说没有任何意义。这对此时此地的我们来说有什么意义？这只是逢场作戏，难道不是吗，孩子们？"在这段荒诞的开场白之后，演说者抛出了一个问题——"你觉得英国怎么样？在我们这个国家，没有人是健康的"。他的答案是，我们所有人都有罪，就像但丁在《炼狱篇》里描写的那些罪人一样，犯了违背爱的罪。这些特殊的罪——过度的爱、残缺的爱、畸变的爱——演说者主要根据格罗德克的心身疾病学说进行分类，并对它们带来的后果发出严厉的警示。过度的自恋者被描述为"越来越容易罹患白内障或耳聋"，变态的爱人则有"轻微的流感倾向"。至于残缺的爱，这是但丁和劳伦斯都持有的观点，也可以从工业社会的衰败景象中看出来——"克莱德班克镇的那些船吊，它们今年无所事事"，残缺的爱和衰败的工业社会在此形成了比照关系。

第二篇《论辩》的开篇蕴含了D. H. 劳伦斯最具特色的一个思想。劳伦斯认为，要实现本能欲望和知觉思维之间的真正统一，就必须严禁一切形式的教育，只让少部分被选中的人接受教育，然后任命一个领袖来管理民众，让他们完全自然地生活在这片土地上。《论辩》构思了这样一位富于行动力的领袖，他筹谋了颠覆性的活动，策划了革命。虽然《论辩》中的演说者是领袖团队的新成员（这四篇散文的副标题是《新成员》，四位演说者都熟知劳伦斯学说),但他其实是一个相当荒谬的角色,对领袖充满了英雄崇拜,视"他"为神样的人物。他想要"替他挡下一刀,传递他的信念,倒在他的跟前"。《论辩》的第二节是对英国国教连祷文的戏仿,恳请大家从神经质疾病和残缺之爱中解脱出来;祈祷的对象不是上帝,而是闻名遐迩的侦探("哦,塞克斯顿·布莱克,请救救我们……哦,波洛,请救救我们"[1])和旅店的招牌("哦,带着罗盘的山羊,请应允我们……哦,手持破烂棍子的熊,请应允我们")。《论辩》的第三节回到了第一节的基调和主题,通过列举"他"的一系列特征和行为来烘托领袖近乎神的属性。整部作品的想象力实际上基于劳伦斯所描绘的基督般的领袖人物,而文学风格主要以圣-琼·佩斯的《阿纳巴斯》(即《远征》)为效仿对象,此书在1930年由费伯-费伯出版社推出了T. S. 艾略特翻译的版本。艾略特看了《雄辩家》后,直言不讳地告诉奥登,这本书的第一部分"在我看来,随处可见消化不良的圣-琼·佩斯食物块"。

《论辩》之后是《声明》。我们已经在有关公学和英国国教的描述中看到了劳伦斯的影子,到了这篇散文,基调已经转向了中古英语诗歌,劳伦斯学说也以盎格鲁-撒克逊时期的《埃克塞特书》的风格被呈现出来。《声明》的第一节提出了"未受教育者"可以修习的技艺。劳伦斯曾写道:"解除了一般事务的恼人压力后,民众重获了自由、欢乐和自主……再次发展出伟大的自发生活姿态。"奥登用非凡的笔触刻画了这种"自发姿态":

有人从黑砂中冶炼金属;有人用破布擦拭一台庞大发电

---

[1] 塞克斯顿·布莱克(Sexton Blake)是由哈里·布莱恩创造的侦探角色,广泛出现于大量漫画、小说、影视剧中。波洛(Hercule Poirot)是阿加莎·克里斯蒂所著系列侦探小说中的大侦探。

机的偏心轮。有人利用一切机会赢利。有人为所谓的受虐狂制作皮革器具;有人用橡树瘿和锈铁钉给儿子制作墨水[1]。

这段文字可以与《埃克塞特书》的相关内容对读:"有人擅长下棋。有人好酒贪杯,是啤酒大王。有人建造住宅,是建筑能手。"《声明》的第二节仿照了《埃克塞特书》中有关人类各种命运的那段描写,第三节则回到了劳伦斯的观点,清晰地阐述了他的集权主义社会学说:"男人应当热爱劳作;女人应当视男人为神圣的代表……男孩和女孩不能一起玩耍;他们应当等待力量的到来。"(请参照劳伦斯的这句话:"让女孩远离男孩,避免任何熟悉或亲近……[否则的话]以后,就不可能拥有深度、奇妙的性生活。")

第四篇也就是最后一篇散文《致伤口的信》,是奥登根据自己的肛裂经历写成的。1930年的那次手术,他的伤口经过数月才愈合。他以这段亲身体验为例,试图阐明心身疾病的阻挠,以及由心理引起并被患者欣然接受的疾病,是如何影响了劳伦斯式的身体与心灵、欲望和理性的统一。"伤口"是某种心理障碍的象征(其确切本质未曾明示),它被患者深深地眷恋着,吸引了患者的全部注意力,因而它本身就是这封情书的接收对象——"很长一段时间以来,我意识到你每天都在占用我的时间,总是惊讶地发现你居然已经霸占了如此之多的时间。哎呀,就在昨天,我从壁炉架上取下了所有的照片"。被取下的照片里,有一张是"加布里埃尔"(即加布里埃尔·卡里特)。由此可见,就连老情人都不再受到关注。作者向"伤口"告白:"没有任何东西能将我们分开。"

---

[1] 西方自罗马时代至20世纪初期普遍使用一种叫作"iron gall ink"(有人译为铁胆墨水)的墨水书写,这种墨水的主要成分是鞣酸质和硫化亚铁,其中鞣酸质取自橡树瘿(一种芽虫寄生后形成的球状物)。

第六章 执教

写完这四篇散文后,奥登把它们寄给了娜奥米·米奇森,征求她的意见,并解释说这些散文将构成他正在酝酿的作品《雄辩家》的第一部分。他说:"从某种意义上来说,这部作品是我对劳伦斯的纪念(他在18个月前离世)……也就是说,主题是浪漫主义人格观的失败,它的必然后果是第四篇章(他的意思是《致伤口的信》)。"他在这封寄给娜奥米·米奇森的信中继续写道:

> 从形式上而言,我是在写一部抽象的戏剧——所有情节都是隐含的。
>
> 这四个篇章,换言之,对应于四个季节和人生的四个阶段(少年时期、青年时期、中年时期和老年时期),是英雄发展的各个阶段(尽管他没有出现在舞台上)。
>
> 因此——
>
> 第一篇:介绍影响力。
>
> 第二篇:与英雄个人的关系。危机。
>
> 第三篇:英雄教诲的智性重建。理性的生活。
>
> 第四篇:英雄的失败对情感生活的影响。
>
> 连祷文是这出戏剧的合唱。

奥登向娜奥米·米奇森承认,这些他所谓的"旁注",对解读《雄辩家》的内涵并没有显而易见的助益。当他最终把这部作品提交给费伯-费伯出版社的艾略特时,他对第一部分的四篇散文做了不同的解释:"中心主题关涉一个革命英雄。第一部分描述了他以及他的失败对周围人的影响。"这两种解释都没有考虑到作品中大量的戏仿元素,不仅是对文学范例(艾略特、格特鲁德·斯泰因、法国诗人圣-琼·佩斯,以及连祷文、盎格鲁-撒克逊诗歌和校园里的布道）的戏仿，还有对劳伦斯本人的模仿。一次又一次地，劳伦斯的学说与完全不同类型的意象荒诞地并置在一起：

> 领袖应该是一个忧心忡忡之人；他应力保自己不致惊慌失措；民众会崇拜橡树下的石雕。肌肉发达的壮汉流连于酒吧；弱不禁风的人用古希腊语写日记……审查员会梦见女人的底裤，活脱脱一头惹人厌的野兽。

1931年夏，奥登完成了《雄辩家》的第一部分。他在德国度过了一段假期，与克里斯托弗·伊舍伍德一起待在波罗的海的吕根岛，伊舍伍德曾与现阶段的柏林男友（奥登为伊舍伍德写了一首生日献诗，里面提到伊舍伍德为赢取这位男子的芳心所做的努力）在那里旅行过。斯蒂芬·斯彭德也是他们在吕根岛的合住者，他现在每年有一半的时间都住在柏林。斯彭德发现，奥登仍然热衷于针对朋友们的性习惯和情人的选择而给出冷酷无情的分析。在这座岛上，裸体晒日光浴是大家习以为常的事情，奥登却不愿意参与其中。他宁肯把自己关在屋子里，在人工光源的照射下写作。此举倒不是装腔作势，委实是因为他的皮肤在阳光的曝晒下很容易起水疱。他一如既往地鼓励伊舍伍德从事作家的工作。最近读过伊舍伍德的新小说《纪念》后，他向朋友们宣告："要是这部作品不能立刻被公认为杰作的话，我对这个国家的品味就完全丧失了信心。到目前为止，除了劳伦斯的作品以外，这是战后最好的小说了。"

吕根岛之旅结束后，奥登返回英国，然后乘船前往设得兰群岛。奥登的这段旅程，有一个他深深地为之着迷的年轻人同行，此人住在拉知菲学校附近。结伴而行意味着一桩能够带给奥登快乐的

第六章 执教

恋情正在生根发芽。他俩住在希尔斯威克的一家旅馆里，奥登应该是被当地的一些地名吸引了，因为他把它们写进了正在创作的《雄辩家》第二部分，比如，乌拉菲斯的瓦迪尔、斯塔巴、斯米尔纳戴尔、哈马尔和苏伦。8月12日，他写信告诉娜奥米·米奇森："我正在写后半部分，虽然困难重重，但依然缓慢地向前推进。"

★ ★ ★

《雄辩家》的第二部分比第一部分更异乎寻常，是奥登最接近超现实主义的一次创作实践。事实上，他在写这部分内容的时候，可能还没有听说过超现实主义运动，而当他在几年后切实感受到这股思潮时，他对未经控制地从潜意识中释放意象和观念的艺术有效性持鲜明的保留态度。话说回来，《雄辩家》的第二部分，即《飞行员日记》，无疑在语言文字上完全是一种无政府主义的混乱状态；它将日记、带有图表的准科学观察、荒谬的军事行动计划、各种清单和目录并置在一起，产生的效果与其说是真正的超现实主义，不如说是刘易斯·卡罗尔式的"胡话"[1]的升级版。

奥登试图在《飞行员日记》中表达什么呢？他对娜奥米·米奇森说，这部分描绘了"从英雄角度看到的情况"。他还补充说："飞行的象征意义在我看来相当明显。主要线索是他的舅舅（母系遗传血统和新会众）相信 种普遍的密约（隐秘的社会思想）和偷窃癖（根子里的病害）。"

---

[1] 刘易斯·卡罗尔式的"nonsense"（胡话、无稽之谈），在其小说《爱丽丝漫游奇境》中最为显见。英国文学中有一类"nonsense poetry"，一般译为"胡话诗"，也有译为"无意义诗"，通常押韵简单、轻松愉快，可以在童谣、打油诗，甚至古老的盎格鲁-撒克逊时期的谜语诗中找到。

《日记》的关注点似乎是这样的：就连领袖自己都不能免于心理疾病，日记内容记录了他意欲发动政变催生新文明的计划，同时也反映了他自己与特殊疾病的痛苦斗争。这种特殊疾病就是偷窃癖——尽管飞行员对这个毛病的描述看起来更像是手淫。问题的关键可能是，这个毛病的确切性质无关紧要；对患者而言，它无论如何都是可耻的。

虽然奥登认为《日记》的飞行象征"相当明显"，但他并没有深入说明。按照常理推断，有关飞行的梦暗示了性需求，但《雄辩家》中的飞行象征有一个更具体的来源。奥登在1932年8月写给一位读者的信中解释道："这部作品的缘起是我的一位人类学家朋友写的一篇论文，关于特罗布里恩群岛原住民的仪式性癫痫，我把它与女巫的飞行能力、性变态等因素结合了起来。"奥登所说的朋友是约翰·莱亚德，这篇论文基于他在1914年至1915年在新赫布里底群岛（并非奥登所说的特罗布里恩群岛）的马勒库拉岛的调研写成，直到1930年才刊登在《皇家人类学协会杂志》上。莱亚德在该文中描述了岛上的"飞行巫师"（奥登在《飞行员日记》的一首诗里使用了这个术语），认为他们的行为模仿了癫痫发作。这些自称拥有飞行能力的"巫师"相信他们是从舅舅那里继承了魔力；他们有时候会用这种巫术杀敌，但更多的时候不过是一种小把戏。奥登笔下的飞行员融合了此类巫师的很多特点。

《飞行员日记》首先分析了领袖的"敌方"（即非劳伦斯式的压抑社会）的各种特征。我们在此用奥登在《雄辩家》里经常使用的分类法来展现：

> 敌方行走的三种类型：浮夸的惊险举动、阴郁的蹒跚行走、多疑的蹑手蹑脚

第六章 执教

敌方姿态的三种类型：秃鹰式弓背、蟾蜍式趴俯、知更鸟式站姿

敌方面孔的三种类型：该死的母鸡、受宠的猫咪、雨中的石头

在《雄辩家》即将出版之前，艾略特建议奥登删去"该死的母鸡"，换成"六月的新娘"。奥登欣然接受了他的提议。根据奥登的说法，艾略特提供的修改意见是"像一个六月的新娘，苦涩但满足"。

分析了"敌方"的基本信息后，《日记》描写了飞行员及其同伙为推翻"非劳伦斯式社会"而进行的充满了荒诞色彩的革命准备工作：

我们明天出发……喝完茶后，小渔夫鲍勃和斯坦将在休息室的地板上表演柔道。团体合唱战时歌曲，将会暂时缓解失去所有联系的忧虑。晚餐时，虚构一位离开旅馆去送死的客人发来了一封致歉电报，这必定让人觉得好笑。当然，源自高地的里尔舞曲[1]将响起，大家七手八脚地从卧室拿来小手电点亮大厅。

接下来，《日记》继续用心良苦地沿着错乱的节奏前行，主要借鉴了波德莱尔的《私人日记》（伊舍伍德近期翻译了这本书）的风格，有时还穿插了诗歌。奥登运用了古老的北欧"如尼符文"

---

[1] 里尔舞（reel）流行于苏格兰高地、爱尔兰等地，是一种集体舞蹈，节奏清新明快。

诗歌[1]和爱尔兰"三一"谚语[2]的形式,其中有五个诗节抨击了具有典型性的"敌人"——舰队街的报业大亨,诗中称之为"比瑟米尔"(由传媒大亨比弗布鲁克和罗瑟米尔的名字合成)。奥登还融入了个人生活的一些细节——"今天在卡德罗斯高尔夫俱乐部喝茶。温床。辛克莱街的修道士实在是太多了"。辛克莱街位于海伦斯堡,卡德罗斯就在几英里外。一段看似纯属无稽之谈的自由诗,实际上隐含了奥登在1931年暑假的部分经历:

> 有一个叫"多"的家庭:
> 成员有多阿、多伊、多斯
> 迪克叔叔和威兹叔叔来与他们同住
> (那天晚上没人睡得着)。
> 现在,多阿喜欢早餐前与迪克叔叔
> 一起沐浴,但是威兹叔叔……

---

1 北欧如尼符文诗歌(Icelandic runic poetry),即用如尼符文(rune,也译为"如尼字母""卢恩符文"等)写成的诗作。"如尼符文"相传由北欧神话体系里的众神之父奥丁(Odin)所创,古代北欧民族最初用符文形成一套魔法系统,崇尚大自然的力量与状态,后因基督教的介入而销声匿迹。总体而言,符文代表了自然界的启示,喻示了一种原生态的生命能量。奥登及其伙伴们对"如尼符文"都有一定的兴趣,塞西尔·戴-刘易斯的早期诗作里也有这方面的描写。

2 "ancient Irish triad"尚无可查的中文译名,暂译为"三一"谚语。这是一种古老的爱尔兰谚语,每句谚语都由三个具有共同特点和相似结构的词语(或短语)来说明问题,例如,"Three maidens that bring love to good fortune: silence, diligence, sincerity"(三个给爱带来好运的少女:沉默、勤奋、真诚)、"Three that are not entitled to renunciation of authority: a son and his father, a wife and her husband, a serf and his lord"(三种无法解除权力关系的情况:父与子、夫与妻、主人与农奴)。中世纪时,已经有人将这些古谚语编纂成册,即 *Trecheng Breth Féne*,库诺·迈耶(Kuno Meyer)的英译本 *The Triads of Ireland* 在1906年出版,奥登定是读了这本谚语书。

第六章 执教

哟?

事实上,农场位于彭布罗克郡。
工党内阁卸任的那个星期
恋爱中的迪克从德国回来了。
我讨厌冷水,十分喜欢土豆。

拉姆齐·麦克唐纳于1931年8月解散了工党政府,组建了一个联合内阁来应对持续的经济危机。那个月,奥登和加布里埃尔·卡里特一家住在彭布罗克郡的一个农舍里,迪克·克罗斯曼也过来与他们同住。就在不久前,克罗斯曼效仿奥登和伊舍伍德的做法,在柏林旅居了一段时间。卡里特的父亲往往被人称为"多阿",而他最小的弟弟被称为"多伊"。这位父亲喜欢在早餐前到海里沐浴,克罗斯曼也喜欢这么做,甚至想要拉上威斯坦·奥登(拉知菲学校的学生给奥登起了绰号"威兹叔叔")跟他们一块儿去。不过,奥登拒绝去海里沐浴游水。到了晚上,他会翻找卡里特家里的食品柜,将冷土豆席卷一空。

接下来,舅舅亨利的出现让飞行员的随笔愈发怪诞。这个人物形象来自伊舍伍德的同性恋叔叔,他的教名是亨利,正是他资助侄子在柏林的旅居生活。这也有可能基于奥登对自己的哈里叔叔的记忆,他有着类似的性取向。不过,在《日记》里,与其说舅舅的同性恋倾向影响深远,不如说他的自杀行为意味深长,飞行员对此回忆道:

我舅舅去世十四周年纪念。照例要清洗气枪。但我能为复仇做些什么,去证明那个男孩在审讯中做了伪证吗?

奥登根据作家艾伦·厄普华（爱德华·厄普华的堂兄）的经历写了这段话。爱德华一直喜欢称他为"艾伦叔叔"，而他用气枪朝自己的心脏开枪自杀了。在《日记》中，舅舅自我毁灭的意义在于，他承认真正的"敌人"就在自己的内心。因此，正如奥登所说，《雄辩家》真正关心的是劳伦斯人格理论的失败，因为劳伦斯没有意识到我们真正的敌人其实是我们自身的弱点。

飞行员在《日记》接近尾声处才意识到了这一点。他叙述人们期待已久的革命"发动"了，其荒诞性部分地来自"莫特米尔"故事，部分地来自埃里希·鲁登道夫将军于1931年出版的一本书——《即将到来的战争》。鲁登道夫曾在1914年至1918年的战争期间担任德军参谋长，后来一直支持希特勒（也会与他发生争执），宣称犹太人、共济会和罗马天主教的"超自然力量"正在密谋发动另一场战争。他在书中对未来将会发生的事情给出了详细的预言：

> 战争爆发了！
>
> 没有宣战：步枪自行开火。
>
> 除挪威、荷兰、西班牙、葡萄牙、土耳其和远东的日本外，欧洲的每个国家都指定同一天为发动日。
>
> 那天晚上，海空战争爆发。

奥登在《雄辩家》中根据自己的创作目的做出了改写：

> 发动的第一天。
>
> 在事先约定好的零时，身患关节炎的寡妇蜷缩在圣菲利普教堂的台阶上，不屈不挠地发出进攻的信号。骇人听闻的

第六章 执教

电话语音至多持续两小时，初步击垮了对方的士气。在此之前，无线控制的乌鸦嘶鸣和卡片信息已经释放了战败的预言，导致他们人心惶惶。突击队装备了钢丝钳、扳手和臭气弹，小心潜入敌方居住区，关掉了所有闹钟，拧紧了浴室水龙头，搬走了厕所里的读物和纸张。

但是，随着这场荒谬的军事行动的开展，飞行员意识到，尽管他是领袖和英雄，他自己却并非坚不可摧；真正的敌人就在他的心里。"别妄想，"他对自己说，"其实你和其他征服者一样，都无法摆脱粗劣的印记。"《日记》以暗示他自杀身亡而结束。[1]

1931年8月，奥登在创作《飞行员日记》时，显然是打算由它构成《雄辩家》的最后部分。然而，在写完《日记》后，他决定要增加由六首诗组成的第三部分，其中有几首诗已经写好。（《日记》中的一些内容也是直接摘自他的笔记。）他之所以添加这些诗歌，绝非一时兴起，并不是说碰巧在抽屉里发现了这组作品，然后不管不顾地强行附在了后面。事实上，它们与之前的两个部分息息相关，为前面的内容提供了一个终曲。

《六首颂歌》（第三部分被冠以这个标题）中的第一首是一份悲哀的记录，在当今社会中没有出现"一个有权力的人"、一个真正的领袖，只有一批二流治疗师。根据奥登列出的名单，这批治疗师包括"疯子莱亚德" 大概意味着奥登不再把约翰·莱亚德的观点当回事了。（莱亚德读了这首诗后，对于自己被称为"疯子"很是介怀。）这首诗还提及劳伦斯的死亡，说此事发生在1930年3月2日，正值奥登在医院做完肛裂手术后休养和护理"伤口"

1　奥登在1932年12月6日写信告诉亨利·班福德·帕克斯："飞行员的结局是自杀，或是兰波式的衰颓。"——原注

的那段时间（尽管只是暗示）。颂歌充满了私人指涉，以这样一个声音开场——"威斯坦、斯蒂芬、克里斯托弗，你们所有人，/读读你们的损失"。当然，这并不是说该诗仅仅是为奥登自己的朋友圈所写，他的朋友们在读这首诗以及《雄辩家》的其余内容时，与广大读者并无多大区别。那些带有私人属性的玩笑话，即使被阐明了，也没有揭示出任何新的意义层面。例如，第五诗节里向"自树篱攀升的月亮"致敬的"醉酒的苏格兰人"，很有可能是一个名叫斯诺德格拉斯的人，他喜欢定期与拉知菲学校的教职工泡酒吧（塞西尔·戴-刘易斯在他的自传里写过这件事），这一事实对于我们理解颂歌本身没有实质性的帮助；倒数第二诗节中的"乱蓬蓬"是他的妻子（即斯诺德格拉斯太太）的绰号，她和丈夫在孩子们口里分别是"乱蓬蓬"和"砰砰响"[1]，即使知道这些，也不会加深我们对于颂歌的理解。诸如此类的参考信息实在是太私密了，就连伊舍伍德和斯彭德看了也只能一脸茫然。再一次，晦涩就是这首诗的意义所在。[2]

---

1 "乱蓬蓬"和"砰砰响"对应的原文是"Mop and Pop"，结合诗歌内容来看，应该是形容斯诺德格拉斯太太拥有英国北方人的乱蓬蓬头发，而斯诺德格拉斯先生经常拿着酒瓶砰砰作响。

2 奥登创作于这一时期的诗歌有很多晦涩难懂的名称和指涉，它们就像"乱蓬蓬"一样，都有可以追溯的现实来源。《两败俱伤》里有两行诗看起来与塞德伯公学有关。"我听说查普曼在八岁时探索了这个湖"中的"查普曼"，可能是指弗雷德里克·查普曼，他曾在塞德伯公学就读，与加布里埃尔·卡里特是同学，后来成了一个享有盛名的冒险家。"巴斯利在哪里赢得了大满贯"中的"大满贯"，应该是指塞德伯公学著名的越野比赛，不过卡里特在塞德伯公学念书期间并没有一个叫巴斯利的人。以"如果可以的话去往那里"为开篇的诗歌中的"阿洛姆夫人"，暗指奥登的大学同学 V. M. 阿洛姆的母亲，奥登曾在 20 世纪 20 年代末在他们家小住了几日。阿洛姆夫人的名字出现在该诗列举"这些温和地背叛了我们的人"（即社会的敌人）的名单里。V. M. 阿洛姆在一篇未曾发表的有关奥登的纪念文里写到了此事："威斯坦和我母亲之间的真正问题在于，我母亲直到最近才皈依了罗马教会，把她与宗教勾连起来的做法不太得体。"这首诗中的（转下页）

第六章 执教

第二首颂歌献给了加布里埃尔·卡里特，纪念他在塞德伯公学橄榄球队担任第15任队长的经历。诗歌不但记载了他的丰功伟绩，还记录了他向奥登提及的队员们的名字和昵称。套用劳伦斯的话来说，这首诗试图证明身体和心灵在特定情况下可以统一，在此表现为一次运动的胜利："队员们此前从未体验过／如此这般完整的欢愉：／无法用欧姆计量的喜乐电流／从脊柱蹿升至移动的手臂。"这里呈现出来的思想完全是劳伦斯式的，而在韵律节奏上是对杰拉德·曼利·霍普金斯诗歌的模仿，或者说戏仿。

第三首颂歌是写给爱德华·厄普华的，回到了第一首颂歌的绝望基调。这首诗描绘了在"敌人"统治下的生活：一个融合了军营、疗养院和公学的权威组织操控了一切，身在其中的人可以应有尽有，唯独缺失了真实的生活（劳伦斯式的生活）；身陷囹圄者不再需要任何其他东西，对他们而言，结果只能是精神的死亡。此外，这首诗含蓄地影射了厄普华和奥登都必须在寄宿学校当教师谋生的事实。厄普华看完诗后，推测奥登大概是受到了自己的短篇小说《同志》的影响，因为奥登读过这篇小说，而且小说中的叙述者几乎以相同的口吻论及中小学教师的命运——"我将在这里或类似的地方度过余生"。

紧接其后的颂歌写有一行"致雷克斯和弗朗西斯·沃纳之子约翰·沃纳"。离开牛津大学后，雷克斯·沃纳（后来以小说家和诗人的身份为人熟知）像奥登一样，也成了一个中小学教师。1930年7月，奥登与他们夫妇一起，住在雷克斯父母位于格洛斯

（接上页）另一个人"弗罗默博士"，出现在奥登1929年旅居柏林时的日记里——"弗罗默博士说：'在战争刚开始的时候，这里一切都很好。有很多年轻的士兵，其中一些人受了点轻伤。'他选择让自己无动于衷。"日记中没有进一步提到这个人，他的身份一直是个谜。——原注

特郡安伯利村的家里。他们刚生了一个儿子,教名为乔纳森,是个健壮的孩子,奥登曾推着躺在婴儿车里的约翰·沃纳四处遛弯。大约18个月后,奥登把这首诗的手稿寄给了沃纳夫妇。

诗中宣布,此地终于有了一个领袖,将成为这个病态社会的救世主,而他居然是沃纳夫妇的小婴儿:"就在这里,看哪!沃纳之子约翰,/沃纳之子约翰,将会拯救你们。"在他的领导之下,劳伦斯的所有理想都能实现:

> 只有少数意欲明白的人才会受教,
> 剩下的绝大多数人将生活于此地;
> 住在一个地方,一脸心满意足的表情
> 所有的女人和大部分的男人
> 将躬身劳作,他们不再思考。

诗歌以欢快的语调嘲弄了敌方的各种代表人物。在奥登的笔记里,这些代表人物其实是当时真实存在的英国历史人物:温德姆·刘易斯、罗伯特·格雷夫斯(奥登说格雷夫斯"深爱"劳拉,即劳拉·莱汀),甚至还有T. S. 艾略特。然而,在最终提交给出版社的版本里,"莫特米尔"故事里的人物名字取而代之。这首献给沃纳的颂歌相当活泼生动,可以用奥登在1931年4月写给约翰·普德尼的一句话来点评:"总的来说,我认为在我们这个时代,只可能写滑稽诗;不是像鸡尾酒那样的调制品,而是真正的闹剧。"

第五首颂歌被标记为"致我的学生"。这是一首关于奥登的学生们与敌人作战的诗歌,但从敌人的视角来写,描述了学生们在一所私立寄宿学校被压迫者训练的生活。与此同时,有人在不远处集结起来,似乎必然会失败——失败,即敌人的失败:

第六章 执教

> 今晚所有休假都取消；我们必须说再见。
> 我们立刻搭乘火车向北方进发；我们将在明早
> 抵达我们注定要进攻的岬角；雪已经积至潮汐线：
> 尽管旗帜发出了信号
> "在为时已晚之前进屋；为你们的火堆准备泥煤",
> 我们将横尸战场。

第六首，即最后一首颂歌，是有关敌人溃败的赞美诗，戏仿了拉知菲学校在礼拜仪式上使用的"苏格兰韵文诗篇"[1]的曲折句式，结尾处祈祷的是光明而不是毁灭。

奥登创作了两首短诗作为《雄辩家》的开场白和尾声。以"风景一度让他想起了母亲的模样"为开篇的开场白，展示了母亲是如何导致了人格的致命分裂，以及情感上的怯懦和欺骗。以"'哦，你要去哪里？'读者对骑手说"为开篇的尾声表明，从某种意义上而言，劳伦斯的观点最终在《雄辩家》赢得了胜利，因为领袖并没有气馁，而是重整旗鼓踏上征程。

奥登本人在多大程度上接受了《雄辩家》里演绎的劳伦斯观点？他告诉娜奥米·米奇森，这部作品的主旨是劳伦斯人格观的"失败"。然而，六首颂歌和《日记》似乎不带批判色彩地亮出了劳伦斯的观点，尽管字里行间略带戏谑的成分。《雄辩家》出版后，奥登说了这么 段话："这本书是对法西斯主义观点［即劳伦斯的观点，它在一定程度上接近法西斯主义］的批判，但是从我的同辈人对这本书的接受情况以及我自己的重读体验来看，我认为书

---

1 在宗教改革初期，苏格兰教会崇拜仪式，一律只唱《圣经》的《诗篇》或章句，并无乐谱，全凭指挥领唱，起初近似中世纪初期的单声部圣咏，后来有了四声部合唱形式，形成了独具一格的"苏格兰韵文诗篇"（Scottish metrical psalter）。

中的大部分内容可以被解读为支持法西斯主义观点。《日记》从头到尾都应该重写。"35年后，当他再次审视《雄辩家》时，他觉得严格来说这部作品支持了劳伦斯的极端观点。他无法相信自己是这本书的作者："我在扉页上的名字似乎是别人的笔名，一个才华横溢但在理性的边缘游走的人，很可能在一两年内就会成为纳粹分子。"此话显然有些夸张了，而且忽略了这部作品的一大要素——戏谑。事实上，《雄辩家》的很多内容是对各类文学模式的戏仿，全书充满了玩笑的意味。此外，奥登在写《雄辩家》的时候，肯定还处于欣赏劳伦斯的阶段，尽管不是毫无批判的。可能他在1967年写下的这段话才最接近真相：

> 我现今揣测，我写作［《雄辩家》］的无意识动机是诊疗性的，让我自身的某些倾向在幻想中肆意喧哗，以便将它们从我内心清除出去……正是运用了中小学男生的学校氛围和语用习惯，才对诗中所表达的相当丑陋的情感和思想起到了道德批判的作用。我将这些情感和思想幼稚化，从而不可能再认真地对待它们。在一首颂歌里，我反映了追随者们欢呼希特勒出现时的所有情感，但如此翘首以待的元首不过是一个新生婴儿、一个朋友的儿子，我希望这种设定可以减弱上述情感的危害性。

奥登在1931年深秋完成了《雄辩家》。他写信告诉加布里埃尔·卡里特："我一直在奋笔疾书，你在不久的将来会看到它。"他对斯蒂芬·斯彭德说，他用"汗水和鲜血"写了这本书。手稿寄给费伯-费伯出版社后，T. S. 艾略特回信说："在我看来，第二部分相当精彩，尽管我不太理解它与第一部分的联系。"他们决定

第六章 执教

出版这本书。

★ ★ ★

拉知菲学校每况愈下。1931年10月底,也就是奥登在此任教的第五个学期,他写信告诉加布里埃尔·卡里特:"学校霉迹斑斑。在校生越来越少,校长选择睁一只眼闭一只眼,他老婆整日躲在花园的帆布棚子里,渐渐崩溃了。我的大部分时间都花在应付厕所的水管上。"他在写给娜奥米·米奇森的信中说:"五个庭院的房子都被烧毁了。校长夫人总是爬到树上去。"

当然,这些有关学校厄运的表述有一定程度的幻想成分。在这个阶段,奥登倾向于从《雄辩家》的角度看待问题。有一次,坐火车从海伦斯堡一路南下后,他对朋友说:"英国的乡村正处于极度糟糕的状态,到处是伪装成神职人员的小白脸,以及伪装成小白脸的神职人员。"不管怎么说,拉知菲学校确实境况不佳。几个月后,校长珀金斯完全放弃了,他退休了,任命了一个接任者——事实证明他的管理让学校雪上加霜。新校长喜欢饮酒,奥登给他起了个绰号——"拉知菲酒鬼"。

在此期间,奥登正与他曾带去设得兰群岛的那个年轻人热恋。毫无疑问,拉知菲学校的一些学生也让他产生了莫名的情愫。在刚到该校任教的那个月里,他写了一首短诗——《这月色之美》,表达了对美好少年们的欣赏之情。他确实有机会利用自己的职务之便占学生便宜。他在谈到自己的教师工作时说:"这很愉快,因为很容易获得/未成年人的英雄崇拜。"多年后,他这样写道:"那些喜欢'小鸡仔'的人〔同性恋者〕相对来说不存在问题:在十三四岁的男孩中,对成年男性抱有幻想的少年远比公众想象的要多。"但事实上，他在拉知菲学校期间似乎并没有与学生发生任何情感纠葛，而只是与那位住在学校附近的十八九岁的年轻人打得火热。奥登在写给朋友的信中称他为"我的密友"。他对加布里埃尔·卡里特说："我的海伦斯堡密友已经习惯了坐在我的腿上。"这段恋情催生了两首抒情短诗，字里行间洋溢着甜蜜的气息：一首以"那晚当快乐开始"为开篇；另一首以"一切如此轻易"为开篇的诗歌，包含了以下诗节：

> 谁和谁在一起
> 床铺自然知道
> 如同我和你
> 吻别了才走掉
> 这些事实表明
> 彼此的感受对等。

与此同时，奥登热衷于广交朋友。由于娜奥米·米奇森的家人在苏格兰有房产，他便写信对她说："请把我介绍给苏格兰的一些有识之士，我在这里压根谁也不认识。"但事实上，他认识学校对面的斯诺德格拉斯一家（《雄辩家》里提过他们）。砰砰响·斯诺德格拉斯是一个酒鬼，不用工作，但有其他收入，并不喜欢奥登。乱蓬蓬·斯诺德格拉斯却很欣赏奥登——她把奥登的样子比作刚孵出的小鸡——经常做晚饭给他吃。奥登的胃口总是很好，有一天晚上，他一口气吃了六个鸡蛋，外加冷盘火腿和沙拉。他与他们的女儿艾丽斯相处融洽，后者与拉知菲学校的数学老师艾伦·辛金森订婚了。1932年夏，奥登为他们的婚礼写了一首喜歌。他还与他们的儿子阿诺德（常被称为"诺布"）关系匪浅。那时，

第六章 执教

诺布在牛津大学念本科,拿到英语学位证书毕业后,赫然发现自己很难找到工作,只能困守在海伦斯堡的家里。经济陷入了大萧条,即便是大学生也难以就业。奥登煞费苦心地开解他、逗他开心。他允许诺布自由出入他在拉知菲学校的宿舍,故意把一些书摊放在桌上吸引他的注意力,比如威尔弗雷德·欧文和豪斯曼的作品,还有诺布不知道的其他作家的作品。他劝诺布读读格罗德克。诺布回忆道:"他有一种能力,知道怎样才能让我来劲,我想不出还有谁能比他更好的了。"[1]

诺布·斯诺德格拉斯非常钦佩 D. H. 劳伦斯。奥登送了他一本《无意识狂想曲》,但打趣他竟然迷上了所谓的"劳伦斯的神秘主义"——这表明奥登已经不再一本正经地看待劳伦斯学说了。当费伯-费伯出版社把他写给劳伦斯的"纪念"(即《雄辩家》)的校样寄回来时,他让诺布一起来帮忙校稿。而且,为了让诺布振作起来,他提议他们两人应该合写一篇关于公学的文章。这篇文章显然与奥登后来激烈抨击格雷欣公学的文章(收录在1934年出版的《传统学校》里)一脉相承。他俩按时写了出来,交给了《生活与文学》杂志社;对方肯定是接受了这篇稿子,却一直没有安排刊出。

到了现在,诺布·斯诺德格拉斯已经很熟悉奥登了,但对这位朋友的性取向一无所知。有一天,奥登漫不经心地说出自己是一个同性恋,见诺布惊讶得目瞪口呆,便又补充了一句:"别担心,你不是我的菜。"

---

[1] 诺布·斯诺德格拉斯还是本科生的时候,经常在假期的晚上与一群年轻人到拉知菲学校的羽毛球场打球。奥登喜欢在他们打完球后请他们喝茶,并在一首诗里简单地提及了这一点——"炉子上正在煮茶;/我喜爱的声音正从楼梯处传来"。——原注

除了在斯诺德格拉斯家吃晚饭外,奥登有时还会受邀去海伦斯堡的另一户人家吃饭,这家女主人海伦·坎贝尔是格拉斯哥以及周边群岛的圣公会主教的遗孀。1931年秋的一天,他在她家享用晚餐的时候,海伦·坎贝尔把自己的表妹安妮·弗里曼特尔介绍给了他。安妮·弗里曼特尔是一位21岁的姑娘,刚从牛津大学毕业。那天晚上,她与奥登讨论了宗教问题,而奥登显然没有言明自己已经放弃了宗教信仰。他们争论了被正统教会贬斥为异端邪说的"圣父受难论"(这种观点认为圣父也承受了圣子的身体苦痛)[1]:安妮·弗里曼特尔相信这一点,奥登却表示质疑,认为英国圣公会《三十九条信纲》中的第一条就对此予以了驳斥,因为它宣称上帝"无形、无体、无欲"。当他们的谈话逐渐演变为席间碎语的时候,奥登引用了当时正流传的吉尔伯特短诗抨击了1928年版的《公祷书》,称之为"一本显而易见的天主教式/最偏离《圣经》的诡辩之书"。由此可见,奥登仍然熟知基督教教义,也乐于参与相关的论辩,而且他没有向安妮·弗里曼特尔表明自己早已放弃对人格神的信仰。然而,翌年(即1932年),在为娜奥米·米奇森主编的《男孩、女孩及其父母论纲》(受维克托·戈兰茨委托,邀请知名左翼人士就重大议题展开研讨)供稿时,奥登写了一篇关于"写作"的文章——奥登在这本书出版后告诉米奇森夫人:"我同意主教们的观点,基督不应该被忽略。何不采取抨击的策略?"当时,主教、校长等人批评《论纲》没有提到基督,奥登的言下之意似乎表明,他认为这样一本书应该走反宗教的路线。1931年10月,他写信告诉克里斯托弗·伊舍伍德:"一个重要的画面出现

---

[1] "圣父受难论"(Patripassionism)认为耶稣基督被钉在十字架上受苦时,圣父同样也在承受痛苦,因此便有了"上帝被钉在十字架上"的说法。正统神学指责该学说模糊了圣父和圣子的不同位格。

第六章　执教

在我眼前，各个群体将摧毁教会。"他没有进一步解释，但看起来他相信新的社群将会取代教会。无论如何，目前他的宗教态度尚无定论。[1]

可以说，他对任何事情都没有固定的看法。随着时间的推移，在渐渐拒绝（或者说偏离）莱亚德和劳伦斯的观点后，他基本上没有形成一个明确的信条。1932年2月，写完《雄辩家》几个月后，他酝酿了一首篇幅相当长的诗歌，很好地反映了这种状况。

诗歌开篇部分描写了奥登在一天上午步行离开拉知菲学校的情形，而他的学生们正忙于应对考试。他攀登海伦斯堡附近的高沼地，在那里四下环顾，看见（抑或幻想自己看见）"形形色色的英国人来了／仿佛在那里组建了一支军队"。他在诗篇中评说和描绘的，其实是一幅英国当代生活的画卷或连环画。来自政界、娱乐界、艺术界、商界、大学等社会各界的知名人士一个个出现，似乎是被有序地牵引过来。乍一看，这首诗似乎带有讽刺意味，但很快就可以看出，奥登在此扮演了小丑而非讽刺家的角色。他并没有采取明确的政治立场，政客们全都荒唐可笑：

> 拉姆齐·麦克唐纳在位置上坐立不安：
> 最后他被邀请参加莱斯特郡的一个会议……
> 　　鲍德温用烟斗蹭着自己的鼻子……
> 　　一瘸一拐但绷紧上唇的丘吉尔
> 　　态度强硬地谈到了一艘战舰：
> 过了好一会儿我才恍然大悟

---

[1] 奥登刊登在《男孩、女孩及其父母论纲》里的那篇文章，以及他现阶段对"社群"重要性的认知，在爱德华·门德尔松所著的《早期奥登》（*Early Auden*）中有详细的论述。——原注

他不是在描述一个女人的胸脯。

134　《雄辩家》中献给约翰·沃纳的颂歌也有一段内容，对政治采取了类似的中立和嘲弄的态度，不仅抨击了以奥斯瓦尔德·莫斯利为代表的极右翼分子，也批判了"I. L. P."（独立工党），一个脱离大多数劳工运动的组织。奥登不加区分，一切政治在他看来都同等荒谬。

在这首创作于1932年的梦幻体诗歌（标题为《喜乐新年》）里，奥登不仅嘲弄了政治，还揶揄了其他人。他在诗中提及T. S. 艾略特，称之为"不幸的艾略特挑拣着他的言辞"；把D. H. 劳伦斯作为宣扬"我们熟悉的结肠是灵魂的所在地"的代表人物，这里指的是劳伦斯相信人格部分地存在于身体的"下半中心"；甚至还有"我的老校长穿着粉色小背心"。诗歌以奥登沉思"这些模糊的影像／我们这一代艰难的黑暗生活"收尾。字里行间透露的讯息似乎在于，尽管当今社会充斥着各色"诊疗师"的教条，但实际上找不到任何能有效推行的智慧。不过，整首诗委实荒诞，就连这个主旨都很难立得住，而且诗中穿插了大量带有时效性的热门话题，很容易走向不合时宜。因此，初版（1933年刊登于《新国家》）以后，奥登再也没有公开出版过这首诗。我们可以换个角度看待这首诗，把它当成一个有趣的例子，从中可以看出奥登愿意在必要的时候写些孩子气的滑稽诗和打油诗。他曾这样说过："作家并不惧怕写得差劲，这是极其重要的……当你惧怕写得差劲时……你就永远也写不出好东西来。"

严格地说，奥登只是不再刊出《喜乐新年》的第一部分。这首诗还包括第二部分，篇幅短得多，在日后的各类诗选里都保留了。第二部分以"此刻我从窗台眺望这夜晚"开始，语调与之前的部分完全不同。奥登在此祈祷拉知菲学校的学生们和海伦斯堡的朋友们能够安然度过任何蓄势待发的社会政治动荡——也许是一场革命。他并不是向上帝祈祷，而是向两个神一样的形象祈求，他们首次出现在奥登的诗中，还会在之后的诗歌作品里一再出现。奥登在这首诗中将他们描述为"界限的尊者……/神通广大的静默的孪生子/万物的属性自你们起始"；还把他们比作"难以捉摸的考官"，称他们为"一座荒宅里粗壮的守卫者"。我们无法确知他们的本质属性，但显然是某种命运的表征。正如塞缪尔·海因斯所说，奥登的灵感很可能来自《启示录》第11章中的"两个见证者"，他们被赋予了行走世间的权柄。他肯定也想到了D. H. 劳伦斯在散文《天启》中对《启示录》这段内容的阐述——劳伦斯把"见证者"解读为"给人类施以限制"的力量，"在每一次世俗的、身体的活动中对他说：到此为止，别再越界了……他们使生命成为可能；但他们也使生命受到限制"。

奥登在1932年3月初写完了《喜乐新年》的两个部分，当时他写信告诉娜奥米·米奇森："我完成了一首很长的诗。"一年后刊出时，他把这首诗题献给了一个刚结识的人，此人的思想在1932年对他产生了深远的影响，一度类似于"疯子莱亚德"在他生命中曾占据的位置。这个人就是杰拉尔德·赫德。

赫德40岁出头，20世纪30年代在BBC（英国广播公司）的系列节目《这个令人惊叹的世界》中以普及科学知识而闻名。不过，广播节目只是他的社会活动之一。他出版了两本重要的著作，《人类的崛起》（1929）和《宗教的社会属性》（1931）。他编辑了一本倡导"科学人文主义"的杂志，尽管只是昙花一现。他还时不时地写写侦探小说。最贴合他的描述，莫过于P. N. 弗班克在有关E. M. 福斯特的传记里的相关表述："赫德……据说每年能读两千册书,对于卫生、性、超自然现象和人类可能的命运如数家珍。他有服饰癖,喜欢紫色绒面皮鞋和豹皮领的皮夹克,眼睑上涂着类似于睫毛膏的东西(实际上是一种专门治疗结膜炎的特效药)。陌生人忐忑不安地把他想象成一个威尔斯[1]式的超人或'未来人'……利奥·查尔顿曾表示:'你有没有注意到,福斯特的朋友们说到他时总是下意识地压低声调,就仿佛他是耶稣基督一般?'"

赫德是一个同性恋,他与一个名叫克里斯·伍德的富有年轻人住在伦敦西区的一套豪华现代公寓里。奥登曾多次登门拜访,根据克里斯托弗·伊舍伍德的回忆,他们两人见面时会进行"深奥的科学对话"。赫德之所以能够吸引奥登,部分原因在于他俩有一些共同点:都从非科学家的视角对科学问题产生兴趣;都试图从人类历史、知识和信仰的混乱中创建某种智性秩序。也许,最重要的是,较之劳伦斯,赫德对人性的解读又向前迈进了一步,而奥登现如今几乎完全放弃了张扬原始形态的劳伦斯学说。

赫德和劳伦斯一样,都相信人的本性是分裂的,神经症源于对人的另一半本性的压抑。然而,对赫德来说,这种分裂并不是身体与灵魂、本能与理性的分裂;相反,它存在于一种主观的、无自我意识的、内在的人格(处于自然状态的人)和一种客观的、关注自我的、外在的人格之间,赫德称后者为"经济人",因为它伴随着现代经济社会的发展应运而生。他认为,对内在人格的压抑和"经济人"日益占据主导地位,将导致个体的神经症和整个社会的革命。

赫德在《宗教的社会属性》一书中表达了这个思想。尽管这是一本非常难啃的书,奥登却全盘接受了,并把上述思想写进了

---

[1] H. G. 威尔斯(H. G. Wells)是英国著名的科幻小说家,他的作品关注现实、思考未来,在科幻小说领域影响深远。

他下一首重要的诗歌中。与此同时,他把《喜乐新年》题献给了赫德。或许是因为在他看来,这是一个江湖骗子招摇过市的世界,《喜乐新年》第一部分恰恰描绘了这样的世界,而赫德是少数几个能够保持头脑清醒的人之一。他还在另一首诗中写到了赫德,形容他为"高尚的业余爱好者","他们的面庞转向了真正更美好的世界"。

写完《喜乐新年》后,奥登开始忧心即将出版的《雄辩家》。他写信给费伯-费伯出版社的艾略特,想要插入一篇致歉序言——他说"此书本不该如此晦涩"。这篇草拟的序言还对《雄辩家》的内容有所阐释,与他之前写给娜奥米·米奇森的说辞有所不同:

> 核心主旨是革命英雄。第一部分描述了他以及他的失败对周围人的影响;第二部分是他自己的记述;最后部分是对当今领导层问题的一些个人思考。

艾略特奉劝奥登切莫插入这篇序言,奥登听从了他的建议,但依然对这本书的状况不满意,并在几个月后给一位读者回信时写道:"我没有做出足够的努力,导致它实在是太晦涩、太模棱两可了。"尽管如此,当他在1934年有机会修改《雄辩家》第二版时,他所做的不过是删掉了《日记》里的一些诗句,再把飞行员的恋人从女性改为了男性,此外没有进一步修改。

《雄辩家》在1932年5月初版后,许多评论家批评了它的晦涩。事实上,这些评论家没有深入解读这本书,甚至不愿意费心给出浮光掠影的推测。只有少数评论家是例外。约翰·海沃德在《标准》上刊文指出:"奥登先生对这个国家目前的文明状况大为不满。"格雷厄姆·格林在《牛津杂志》上刊文写道:"这本书的主题是政治性的，但很难说作者同情的是共产主义还是法西斯主义。"此外，不出所料的是，一些评论家抨击书中的隐秘玩笑话，认为这些内容不过是为了取悦小圈子。尽管有这样和那样的批评声音，但对《雄辩家》的最终结论却出奇地一致。大家不约而同地赞誉这是一个巨大的成功。艾略特的挚友海沃德称之为"自《荒原》以后对英国诗坛最有价值的贡献"，格林形容这是"奥登先生在第一本书之后的惊人进步"，《泰晤士报文学副刊》也谈到了奥登——"他是一个傲睨自若但又让人眼前一亮的新星"。

奥登的许多同辈给出了相似的结论。如同老一辈评论家一样，他们不太理解《雄辩家》的意蕴，但他们从私人指涉、戏仿和反独裁的大杂烩中辨识出了他们自己对这个世界的体验。他们虽然不是在理性层面上读懂了这本书，却非常清楚奥登想要说明的问题。诗人兼评论家迈克尔·罗伯茨就是如此，他在《阿德尔菲》上刊文指出："他积淀了一代人的感悟。"

罗伯茨对奥登唯一的保留是"有待观察他能否在技艺上驾驭所能处理的材料"，这一看法得到了其他几位评论家的响应，他们希望奥登自此朝着一种更积极、更连贯的表达方式发展。不过，T. S. 艾略特却在出访美国时表达了一个略微不同的看法。当时，他在哈佛大学讲学，与正在那里念本科的哈里·莱文讨论了奥登的《诗集》和《雄辩家》。"艾略特十分热情地赞美和推荐了这两本书，"莱文回忆道，"他对奥登未来事业的期待也就顺理成章了。不过，他也暗示了一个小小的注意点，认为这会危害到天资的正常发挥。"实际上，艾略特已经强烈地意识到奥登缺乏稳定的思想观念。1930年底，他曾写信告诉赫伯特·里德："我主要担心奥登的伦理准则和思想观念，而不是他的技艺才能；或者更确切地说，要是一个人在道德、宗教和思想观念上脆弱不堪，不能进一步发

第六章 执教

展的话,那么他在技艺上的进展也会因此受限。"

到了 1932 年夏季学期,奥登决定离开拉知菲学校。学校的情况十分糟糕,直到新任校长取代了珀金斯校长的继任者才稍有改观。奥登和他的"海伦斯堡密友"的恋情也在春天结束了,因为这个年轻人离开了海伦斯堡。奥登在 4 月写的一首诗提到了他们的分别——"哦,我的磁场,我的盛景,我的美好/……今天与我分离了。"

他开始尝试另觅一份工作。早春之际,他和杰拉尔德·赫德一起去了德文郡达廷顿镇的一所稳步发展的寄宿学校,该校的几位创始人是赫德的朋友。5 月,奥登写信给达廷顿校方询问工作机会。对方的回复恰如他对娜奥米·米奇森所说的,"友好但不太明朗"。他在写给娜奥米·米奇森的信中继续说道:"我真的很想去奥特肖学院,被布莱恩斯顿公学解雇的人,居然创办了这样一所学校。根据在那里任教的爱德华·厄普华所言,这是浑蛋们梦寐以求的地方:穿制服的姑娘和古堡完美地融合在一起。"然而,一切都未能如愿。7 月初,当夏季学期结束时,奥登离开了拉知菲学校,但尚未找到下家。

他在伦敦住了几天,与伊迪丝·西特韦尔喝了茶。她很清楚他的名声越来越大,对此既嫉妒又挑剔。她坚持认为他写的是"乏味的诗歌",他的作品"无聊空洞"。但他们见面时,她似乎对奥登很友善。他对诺布·斯诺德格拉斯说:"她就像我的一个阿姨。"在之后的岁月里,她对奥登诗歌的看法大为改观。她经常与他会面,他们的关系越来越融洽。他送了几本后来出版的诗集给她,而她在《另一时刻》上做了标记，这表明她欣赏其中的一些诗。她还喜欢与奥登交流那些古怪烦人的"粉丝"做出的荒唐事，两人都饱受粉丝们过度关注的困扰。

1932年夏在伦敦时，奥登暂住老校友罗伯特·梅德利家里。他现在是一个画家，与鲁珀特·杜恩共同生活，此人是一个舞蹈家、编舞者和戏剧总监。梅德利和杜恩此前建议奥登来拜访他们，以便把他们正处理的一个新戏剧项目介绍给他。

杜恩出生于1903年，本名欧内斯特·雷金纳德·伍德菲尔德，是伍斯特郡一家针线厂工头的儿子。16岁那年，他离开家乡，跑到伦敦当演员，在芭蕾舞学校受训之后，成为专业的舞者，先后在伦敦和巴黎演出。到了19岁，他终于受到科克托及其圈子的认可。1924年回到伦敦后，他在科克托执导的一部歌舞剧中与舞蹈家马辛合作，并担任了他的替补。1925年，奈杰尔·普莱费尔制作的《女伴护人》在伦敦哈默史密斯区的抒情大剧院上演，他为其中的一段插曲编排了舞蹈，由此获得了一定的知名度。在此期间，他结识了罗伯特·梅德利，后者在1926年到巴黎与他相会。正是1928年在巴黎的时候，杜恩的舞蹈事业迎来了高峰。舞蹈家伊达·鲁宾斯坦聘请他为自己在大剧院的会演效力，他的天赋被艺术总监佳吉列夫注意到了。于是，1929年6月，俄罗斯芭蕾舞团到伦敦考文特花园皇家歌剧院演出时，佳吉列夫邀请杜恩独舞演出。这对杜恩来说的确是一个千载难逢的好机会，他原本希望通过加入佳吉列夫的团队而扬名立万，只可惜这位艺术总监在当年8月不幸去世，他的希望在转瞬之间化为泡影。之后，杜恩放弃了专业舞者的工作，转而关注剧场演出的其他方面。1930年，他开始在剑桥节日剧院工作，学习了表演艺术和戏剧制作，基本上是与蒂龙·格思里合作的。这时，杜恩筹谋创办一个由演员和

第六章 执教

作家组成的团队，将会是一个融汇了舞蹈、哑剧和演说的综合体，一种在英国舞台上全新展现的"总体戏剧"[1]。

杜恩表示，他希望这个团队能够"自给自足，独立于纯粹的商业考量"，兼具"直接性和幻想性"。不久之后，随着这个项目的推进，他以及其他相关人士逐渐相信，这个团队应该成为戏剧领域的"社会力量"，带有一定程度的左翼思想。1932年2月，他们正式成立了"群体剧团"，并于当年的春夏两季在伦敦和泰晤士河畔的亨利小镇上演了几场小型剧。现在，梅德利是"群体剧团"的设计师，他与杜恩密切合作，都热切希望奥登能为剧团写点东西。

奥登对杜恩略有所知，因为梅德利曾在1926年介绍他俩认识。与其他人的看法一样，奥登也觉得杜恩不好相处。杜恩缺少学院派教育，导致他在知识分子们中间没有安全感。这种不安，加上他想要在艺术领域独辟蹊径的渴望，常常令他表现得咄咄逼人，甚至是霸道专横。他的思维方式是直觉性而非理性的，有时候需要费老半天劲才能解释清楚自己的想法。关于这一点，正如梅德利所说："即使是阐释自己的思路，鲁珀特也经常说了很多不着边际的废话。"他的外在形象和言谈举止也是典型的芭蕾舞表演者的派头，这显然无助于他与奥登的关系。奥登在他们交往的初期阶段就明确表达了自己对芭蕾舞的厌恶，甚至直言不讳地告诉杜恩，芭蕾舞是"一种只适合青少年的艺术"。（梅德利回忆说："听闻此言，鲁珀特顿时脸色煞白，但没有与他计较。"）在奥登和杜恩的

---

[1] "总体戏剧"（total theatre），也译作"完全戏剧""整体戏剧"等。19世纪德国著名艺术家瓦格纳曾提出"总体戏剧"的概念，认为未来的戏剧是一种融汇了音乐、舞蹈、表演、语言以及剧场、服装、布景等一切艺术因素的综合体。到了20世纪初期，许多先锋艺术家推行这种全新的戏剧理念。

第一次见面中，奥登很有可能对杜恩与梅德利的关系心生嫉妒，因为他一直对梅德利怀有深情。不过，即便当时存在那样的嫉妒之心，到了 1932 年也早已烟消云散了。那年夏天，杜恩的提议激发了奥登浓厚的兴趣。

杜恩回忆道："奥登、罗伯特·梅德利和我，一起讨论我们想要实现的那种戏剧理想。我问奥登是否愿意写一部有关俄耳甫斯深入冥府的芭蕾舞剧，交给我来编舞和演出。同时，我还建议他以中世纪晚期的'死亡之舞'[1]为题材写一部剧，因为刚巧他带了这种诗给我读。"（我们并不清楚杜恩说的是哪首诗。）不过，根据罗伯特·梅德利的回忆，杜恩提议奥登要么写一出关于俄耳甫斯的芭蕾舞剧，要么写一出关于"死亡之舞"的剧。不管怎么说，奥登决定首先尝试第一个。他打算在芭蕾舞剧中加入歌词，因为他在写给朋友的一封信中将其描述为"一种不寻常的合唱芭蕾舞剧"。如果一切顺利的话，杜恩计划在伦敦上演这部剧。

在杜恩和梅德利那里住了一段时间后，奥登北上湖区，在他们家位于斯雷尔凯尔德村落的维斯克小村庄的农舍待了几个星期。与此同时，他立即着手新项目的工作。7 月 20 日，他写信对杜恩说："我正在处理有关俄耳甫斯的那部剧。天知道会写成什么样子。我觉得这简直是一份假期作业，但以往的经验告诉我，写作的乐趣和作品的价值没有多大关系，还是乐观看待这件事吧。"

在此期间，他仍然需要寻觅一份新教职。7 月 23 日，他写信给诺布·斯诺德格拉斯："你找到工作了吗？我还没有……我刚刚向温切斯特唱诗班毛遂自荐，希望他们聘请我去教法语。"过了几

---

[1] 中世纪晚期社会动荡、瘟疫横行，医疗水平不高，死亡的威胁无处不在，大量以死亡为题材的艺术作品应运而生，比如诗歌、戏剧、绘画等。在诗歌领域，"死亡之舞"（le danse macabre）这一题材被诗人们反复吟唱。

第六章 执教

天,他写道:"我刚刚回复了《教会时报》上的一则广告,在一个乡村教区长家里做助教。晚餐后,草坪上会架起风琴,裸泳也定是稀松平常的事情。"然而,这两份教职申请都落空了,奥登转而开始考虑教学以外的工作。7月28日,他写信给在伦敦担任特许测量师的约翰·普德尼:"至于工作,经商也很适合我,要是我真的去做的话。如果你有任何消息,麻烦告诉我。我还能说德语,这可能也管用。"

母亲与他一起住在湖区的乡间小舍里。几天后,他邀请诺布·斯诺德格拉斯前来拜访:"如果可以的话,请务必过来,因为和妈妈单独相处有点难熬。"斯诺德格拉斯如约而至,发现奥登太太有些令人生畏。上午,威斯坦通常在自己的房间里工作。中午出来用餐时,他有时会得意扬扬地宣布自己一早上写了"百余行",有时则闷闷不乐地说自己"堵住了",几乎一个字也写不出来。到了下午,他会带斯诺德格拉斯去周边旅行,不是去湖区的风景点参观,而是到堆满了生锈机器的废旧矿区采风。在这些短途旅行中,奥登往往穿一条白色短裤,露出苍白的长腿。曾经有一次,在海伦斯堡与斯诺德格拉斯一起外出漫步时,他居然穿了一件红衬衫,戴了一顶自大学时代沿用至今的旧宽边帽(现在帽子被他搞了一个弹孔)。出门在外的同伴居然是这样一身装扮,斯诺德格拉斯难免会觉得尴尬。

斯诺德格拉斯找到了一份工作,在英格兰南部的一所私立小学教书。大约就在这个时候,也就是8月初,奥登终于找到了工作。他被赫里福德郡科尔沃尔地区的唐斯学校聘用了,下个月开始上班。8月的余下时间,他和卡里特一家在彭布罗克郡度过,然后又去了伦敦几天,在那里遇到了克里斯托弗·伊舍伍德,他刚从柏林回来,在英国稍作停留。他还去见了约翰·普德尼。

普德尼比奥登小两岁，如今23岁，锲而不舍地把自己的诗作寄给他看，征求他的意见。奥登的点评十分犀利："你的题材太宽泛、太厚重了，不适合用抒情诗的形式写……你还是有点词不达意。这很糟糕……太久没见你了，我没办法判断是什么原因造成你这么写。是性生活的原因，还是缺乏得体的群体生活？……你现在长成什么样了？给我寄张照片。"奥登自格雷欣公学毕业后就没见过普德尼了。普德尼按照奥登的要求，及时寄了一张照片。他意识到奥登"想看看我是不是变俊俏了"，"而且，在一位德国摄影师手里，我的确显得很俊俏"。

奥登收到照片后，给普德尼回信说："我知道那些德国人。他们把每个人都拍得像是日光浴爱好者。"他在信的结尾处写道："在霍尔特［即格雷欣公学］，我有点胆怯。要是那时我再直白一点，我们肯定会玩得很开心。"9月初，他在伦敦见了普德尼，还与他发生了肌肤之亲。普德尼事后写道："没有爱。他要的只是肉体。"[1]

普德尼拿了更多的诗歌给奥登看。奥登回到哈伯恩家中后，在9月18日写了一封信给普德尼：

亲爱的约翰：

我把你的诗读了好几遍。它们没什么价值。它们肯定比两三千个有文学兴趣的英国年轻人写出来的东西要好得多；任何一个仍然健在、未到不惑之年的优秀作家都写过此类东西，但这些文字本身没有价值。千万不要以为我瞧不上你；你的自我必须剔除掉这方面的奢望，就像你的肠子必须排解

---

[1] 某些时候，奥登似乎乐于在床笫之欢时扮演教师的角色。他向一位朋友描述了自己如何循循诱导一个年轻人："我告诉他——你做得很好，对初学者来说已经很不错了，那么明晚我们就试试诸如此类的吧。"——原注

第六章 执教

粪便一样;两者具有同等的卫生意义,没有别的意思;它们都是要被排泄掉的东西,不会有任何创造性的产出。不要问我你需要怎么做,因为我一点也不知道。我想说的是,放弃一切文学上的事。去做一些有用的事,比如挖路或者组织罢工。忘掉你自己,学会说"我很平凡",也许有一天它会重归于你。失去生活的人会重新找到生活。文学对社会而言是无用的,犹如领扣对裸女一无是处。

如果我能以任何方式帮到你,请告诉我。

爱你的威斯坦·奥登

之后,奥登开始了新的教学工作。

与拉知菲学校相比,位于科尔沃尔的唐斯学校完全是另一番面貌。这是一所欣欣向荣、蓬勃发展、高效运转的私立小学,在莫尔文山脊正下方一个村庄的边缘地带。若是步行离开校舍,沿着学校后面陡峭的道路行走,不出半小时就可以登顶莫尔文山,远眺英格兰中部的平原和西边的威尔士。"我就站在狭窄山脊修整过的草地上,"奥登如此写道,

> 英格兰位于我的下方:
> 向东望去是一片中部平原
> 一辆特快列车正开往水手之乡;
> 向西就是威尔士
> 在晴朗的夜晚,退休的富人

> 从他们藏身的落地窗里可以看到
> 挺立的面包山，宛若身姿挺拔的哨兵
> 守望着阿伯加文尼。[1]

唐斯学校创办于1900年，创建者兼校长是一位贵格会信徒，因为这层关系，学校至今仍与公谊会联系密切。[2] 腰缠万贯的巧克力生产商吉百利家族和朗特瑞家族都信奉贵格会，他们纷纷把孩子送到这里念书，而杰弗里·霍伊兰校长的妻子正是吉百利家族的一员。"我们的钱来自巧克力，"奥登在写给娜奥米·米奇森的信中说，"校长夫人来自吉百利家族。"学校目前有80个男孩，都是寄宿生，学生人数还在稳步增长中。校方重视培养学生的兴趣爱好，鼓励学生们发展音乐和美术方面的特长；校园里有一个室外游泳池，还配备了一套逼真的蒸汽火车系统，大到足够让学生们爬上去。这里的年级长往往被称为"领袖"。

奥登对学校的最初反应是喜忧参半。"这个地方与拉知菲学校形成了鲜明的对比，"他在写给诺布·斯诺德格拉斯的姐姐艾丽斯的信中说，"漂亮的建筑，可口的食物，与大自然融为一体的宿舍，不一而足。84个男孩。未婚的助教（有9位，6男3女）单独住在一幢房子里，在那里享用晚餐。我相信校长是一个伟大的人，但他的信仰我不敢苟同。（我们这里是贵格会学校。）然而，即便

1　这段诗描写了莫尔文山周边的景象，"面包山"对应的原文是"Sugarloaf"，通常写为"Sugarloaf Mountain"，是一座位于威尔士阿伯加文尼市（Aber-gavenny）的形态似面包的山。

2　贵格会（Quaker，又名教友派）兴起于17世纪中期的英国及其美洲殖民地，其特点是没有成文的信经、教义，最初也没有专职的牧师，具有一定的神秘主义倾向。这个教派声称致力于建立更美好的社会，其组织机构往往称为公谊会（Society of Friends）。

我们每个人都在尽心尽力地工作,我依然会时常想起拉知菲学校。在这里,你纯粹就是个男教师,没别的了,而且整体氛围有些拘谨。我猜想,共产主义社会大概就是这个样子的;人们激情四射地对待每件事情,不然就显得格格不入。这里按照童子军的模式运行,有团队,也有领导者。我觉得这有助于孩子们的性格发展,但我肯定不会说我愿意看到如此诡异的情形:一群13岁的男孩围坐在校长书房的壁炉前,七嘴八舌讨论11岁男孩的品质。"

奥登确实兢兢业业,除了教英语、法语以及协助管理学生们的体育活动(就像在拉知菲学校那样),他还上了算术和生物课。他在一封信中写道:"教分数实在是有趣。"(几年后,他告诉一位朋友,他"曾想过要出一系列算术教科书"。)至于生物课,他在写给杜恩的信中表示,他"忙得不可开交,得跟孩子们解释青蛙的蛋蛋"。他还在这封信中说到了体育课:"要是你看到我上体操课,肯定会笑话我的。"

他已经开始形成富有个人特色的英语教学理念了。在1933年春的一篇评论文章中,他说让孩子们阅读文学名著是"美妙的",因为这些杰作"蕴藏了杰出成年人的丰富经验";他认为很有必要将英语教学与周围环境结合起来——"例如,如果他们要阅读或写作关于锯木的东西,他们应该首先去看看实物";他还建议要开设运动课,课堂上尽量多运动,"少说话,几乎不说话"。至于诗歌,他写道:"一定要用心铭记好诗,并着眼于未来,把它当作学习的一种考验,而不是别的什么东西。不要夸大它的美好,但要确保充分理解了遣词造句。投入更多的时间在技艺修习上;定期根据具体的主题写诗,列出禁止使用的平淡无奇的词汇。通过写诗,他们可以更深入地理解诗歌的意义,这胜过你苦口婆心的阐释。"

143 　　为了鼓励学生们写诗，奥登说服学校创办了一份杂志，用来刊登孩子们的作品，以及学校要闻和其他相关内容。这份杂志被命名为《獾》（唐斯学校的校徽图案是獾），奥登在该校的第二个学期推出了杂志的第一期。[1] 不久后，他开始组织学校的戏剧演出。奥登干劲十足，孩子们对他也充满了好奇心。

　　一个名叫迈克尔·耶茨的13岁男孩对奥登印象深刻，当时是他在该校就读的最后一年，他写道："对我们来说，他的到来就像是一场盛大的烟花秀。我们简直不敢相信他是来教书的！他完全不落俗套，戴着一顶黑色的荷兰大礼帽，挥舞着一把长柄伞，他那古怪的做派、无穷的活力和喷薄而出的幽默感，让我们着迷得很。我们都叫他威兹叔叔。"

　　有些男孩，还有一两个教员，他们不太喜欢奥登的另类，也无法接受他吸烟成瘾和啃咬指甲的行为。他随身携带的盒子里装有一百支香烟，经常把烟头散落在教员室的室外窗台上。至于他的手指甲，没有人亲眼看到过他咬指甲——也许他是在写作的时

---

[1] 在学生刊于第一期《獾》的作品里，有一首出自R. H. 科森的诗，以下是中间部分：

　　　　现在雪下得很是着急，
　　　　保姆的花儿无法存活；
　　　　但当太阳重返大地时，
　　　　她的花朵全都会绽放。

三年后，奥登写了一首诗，以下是第一节：

　　　　现在开始树叶凋零得很快，
　　　　保姆的花儿不会常开不败；
　　　　她们走向坟茔踪影已不见，
　　　　而童车滚动着继续向前。

　　——原注

第六章 执教

候咬的——但手指呈现的状态显而易见。一位朋友写道:"奥登的拳头是乳白色的、胖墩墩的,没有长汗毛,但手指上留有被尼古丁熏黄的痕迹,指甲盖被啃得只剩半截了。"

他的教学弥补了这些不同寻常之处。"他的课堂教学有时是传统的,有时强调原创,有时干脆是趣味盎然,"迈克尔·耶茨写道,"必备的统一考试被替换为有关天文和恒星的演讲。过量的课程论文让位给精心制作的即兴戏剧。他向六年级学生阐释了性的意义。他让我们大声朗读,没完没了地朗读,改变了小学生们千篇一律的单调念法。这不仅仅是娱乐;我们的视野更开阔了。要是哪个孩子混淆了娱乐时间和常规作业时间,那么就要倒霉了。没有人会比他更严苛。不过,即便惹到了他,他的严苛也会因为他给出的反常惩罚而被削弱。有一次,我朝我的孪生兄弟扔纸团,被他逮到了。他说:'做一百个这样的纸团,拿到教员室。'当我把做好的纸团交给他时,他看都没看就直接扔进了废纸篓。他招呼目瞪口呆的我坐下来,跟我谈起了绘画、戏剧以及我的未来。"[1]

虽然已经在这所学校工作了一段时间,奥登仍然时不时地发现一些不可思议之处。他在写给加布里埃尔·卡里特的信中说:"这地方简直太神奇了。羽蛇派和教会少年军的交融[2]。各种各样的奖章,经常唱圣歌。我们有一个团队和四支童军队。在厕所里磨磨蹭蹭的人不会被人瞧得上。'先生,'团队的领袖告诉我,'我对繁殖问题很感兴趣。'"第一个学期过了几个星期后,奥登想要解解

---

[1] 耶茨喜欢绘画和戏剧,在奥登的鼓励下,他最终成长为一个舞台设计师和电视节目制作人。——原注

[2] "羽蛇派"(The Plumed Serpent)大概出自 D. H. 劳伦斯的长篇小说《羽蛇》,指墨西哥当地的羽蛇神古教。"教会少年军"(The Church Lads Brigade)成立于1891年,创办之初是为了锻炼少年人的精神和体魄,随后英国各地纷纷兴起"少年军"。奥登此处可能是想说唐斯学校自然环境优越、宗教氛围浓厚。

压。一个星期五,他写信告诉诺布·斯诺德格拉斯:"明天去牛津,温柔地做爱。"他在同一封信结尾处附言道:"星期一。达成所愿,已经归来。"

他决定放弃为"群体剧团"写那部有关俄耳甫斯的合唱芭蕾舞剧。10月19日,他写信告诉鲁珀特·杜恩:"我已经写了一些了,但坦率地说,毫无头绪。恐怕你会觉得我让你失望了,我知道这样确实不好。也许有一天我能写出来,但不是现在。我现在有一份工作,占据了我太多的精力。我不知道什么时候能够再去写,或许要等我安顿好了才行。"他之所以放弃这个写作项目,可能还有一个原因,此刻他的所思所想都被一首宏大的长诗占据了。他从夏天开始就在写这首长诗,与他以往尝试过的诗歌类型大不相同。

早在7月,他就写信给约翰·海沃德,感谢他对《雄辩家》的评价,并且告诉他:"我现在要写一首头韵体叙事诗。天知道会写成什么样。"这首诗第一部分的手稿落款为"1932年9月至12月",照此推测,他在唐斯学校的第一个学期,似乎一直在写这部分内容。这首诗没有标题,以下是开头:

> 我青年时代的那一年,悠悠球[1]来了
> 火车厢光照充足,克莱德河阳光明媚
> 炎炎盛夏我从海伦斯堡匆忙出发
> 穿着一身颇为正式的西装往家赶。

---

[1] 悠悠球是古老的玩具,但其英文名"yoyo"首次出现于1920年,美国人唐诺·邓肯看到了商机,在1929年成立了悠悠球公司,不仅售卖悠悠球,还到处表演并指导人们玩悠悠球。由于利润很高,很多公司纷纷推出悠悠球,此风尚大约在1932年传到了英国。

第六章 执教

> 欧洲的十六片天空阴云密布，
> 司炉们在国家之船上头晕目眩
> 尽管麦克唐纳[1]掌舵，甲板仍在下沉。
> 赖因穆特的天体[2]让人议论纷纷
> 诺里奇教会控诉了斯蒂夫基教区牧师[3]
> 因为他侵害了当地教徒的隐私。
> 车厢和窗外风景之间的阀门是关闭的。
> 我坐在寂静的角落里，乡村在飞逝
> 听着火车撞击铁轨的低沉声响
> 一列火车的剪影飞速穿过原野
> 经过一个又一个英格兰郡县。
> 白昼渐渐逝去。我在瞌睡中梦见……

诗歌中出现的一系列热门话题，把这首诗的时间锁定在了1932年。不太严谨的头韵体，是为了让读者借此联想到中古英语诗歌，尤其是《农夫皮尔斯》。开场白在一定程度上效仿了兰格伦[4]的写法：

> 初夏风和日丽，阳光正和煦，

---

[1] 这里指英国政治家拉姆齐·麦克唐纳，他在1929年6月至1935年6月间担任英国首相。
[2] 这里指德国天文学家卡尔·赖因穆特，他是许多小行星的发现者，曾在20世纪20年代末发现了两颗彗星，并以自己的名字命名它们，之后陆陆续续又不断发现了其他小行星。
[3] 诺里奇（Norwich）是诺福克郡的首府，斯蒂夫基（Stiffkey）是英国东岸诺福克郡的沿海村庄，该教区在诺里奇教会的管辖范围内。1932年，由于斯蒂夫基教区牧师的不当行为，诺里奇教会剥夺了他的牧师资格。
[4] 兰格伦（Langland）是生活在14世纪的英国诗人，据传是《农夫皮尔斯》的作者。

> 我套上绵羊般蓬松的毛毡衣，
> 装束成一位云游四海的修士，
> 出门去浪迹天涯，探访奇闻。[1]

兰格伦笔下的诗人正是在莫尔文山陷入了沉睡，看到了一个个梦境铺展在眼前。奥登显然知道《农夫皮尔斯》与唐斯学校周边地区的这种地方性联系。根据娜奥米·米奇森的回忆，她曾到唐斯学校拜访奥登，与奥登一起登顶莫尔文山，奥登情不自禁地一行接着一行地吟诵兰格伦的诗。

随着诗篇的推进，奥登的《我青年时代的那一年》（用首行作为诗题）与其说是在应和兰格伦，不如说是模仿另一部伟大的梦幻体长诗——《神曲》。从诗中的许多细节来看，奥登的幻梦人正是奥登本人，他梦到自己乘坐的火车在一座"赫然耸现的钢拱门"前到站，这不免让人想起了地狱的入口。火车把他留在站台上，他见到一群"穿着衬衫的小学生……/牧师的女儿们正往家赶……/文员、杀人犯和商业推销员"，这个场景影射了但丁进入地狱之门后听到亡灵们发出悲鸣声的情形。随后，奥登深入探究火车停靠的这座城市，而整个旅程，正如露西·麦克迪尔米德的分析，主要是从城市的上层走向下层，就像但丁和维吉尔向下穿过地狱的同心圈层一样。

在奥登的诗歌中，一个名叫"桑普森"的人充当了类似于维吉尔的引路人角色。这是一个晒得黝黑、精力充沛的人，他在站台上遇到了幻梦人。他们就像老朋友一样互相打招呼，然后乘坐出租车穿过城市，在一家漂亮的旅店享用了晚餐。幻梦人得知桑

---

[1] 这是中古英语诗歌《农夫皮尔斯》的开篇，译者在此选取了沈弘先生的译文。

普森第二天要带他去参加某种体育活动(看起来是一种狩猎活动)，便想知道细节。桑普森没有直接回答，转而开始谈论人格的衰颓，宣称这是世界历史发展至今一系列灾难的根源，必将在不久的未来导致革命的发生，一场比晚近战争更为惨烈的世界大战。他用杰拉尔德·赫德的著述来阐述这一观点，认为人格的衰颓是"经济人"日益占据主导地位的后果。其实，"桑普森"似乎就是赫德本人的写照。

根据桑普森的说法，由于大萧条的影响，这座城市的许多工人阶级家庭都面临着失业和困顿的折磨，三三两两地向山上走去。他继续说道："到了早上，我们的同伴会把他们赶回去的。"但他没有进一步解说，而是带着幻梦人在夜间的城市里漫游。

他们首先经过一家浮华的电影院，然后是一座发电站，奥登在此深情地描写了发电站的涡轮机。接着，他们步入城市的贫民区，街上到处是垃圾，随处可见游荡的穷人和失业者——"有些人无精打采地杵在原地，／在煤气灯昏暗的光线下脸色发灰，／麻痹的眼珠子就像死兔子的眼睛"。桑普森解释道，失业主要是由于政府决定采购外国铅而关闭了当地的铅矿。他和幻梦人一起走向大教堂，奥登表示这座大教堂比他出生地的约克大教堂还要宏伟。他们遇到了一个笨手笨脚的女人，她每天晚上都会来此地祭拜两个儿子，他们在那场发生于1914年至1918年间的战争中被德国狙击手射杀了。之后，他们沿着大教堂的斜坡走到街上，乘电车到了家畜市场，那里停着一辆大篷车，车上的两位老人邀请他们一起喝茶、吃点心。

两位老人分别是"提特"和"图尔"，幻梦人认出了他们的身份——正是他们写了那些枯燥乏味的教科书，让他在学生时代痛苦不堪。桑普森解释说，他们每年都会来这座城市"视察唱诗班学校"。然而，他们不仅仅是典型的教育工作者。他们知道幻梦人的一切，包括他失了业、到处找工作的事情（这里应该指的是奥登在1932年夏天试图找一份教职的经历），宣称他们已经"几乎完成了／我们对你的安排"。他们宛若命运之神的形象，其实类似于奥登早前在诗歌《喜乐新年》中描绘的"界限的尊者"。当桑普森拜托他们关照他妹妹的一位失业的朋友时，他们主宰人类生活的力量得到了进一步的展现。提特和图尔让秘书找出相关档案，在看到这位失业人员的前雇主的名字时，他们十分唐突地合上了档案，改变了话题，然后对桑普森说："你知道的，我们只是一个系统的仆人。"不管怎么说，正如他们吟唱的歌曲所示，他们在这个世界拥有非凡的权力和影响力。

他们吟唱了有关阿尔法王子的歌。阿尔法王子是一个广受敬仰的英雄，却在提特和图尔面前屈膝下跪，不得不承认自己不是"真正的强者"。接着，提特和图尔唱出了他们对人类生活的影响力（"你们是城镇，我们是时钟／我们是守护者，把守石头门洞"），并在歌曲结尾处暗示了忽视他们的后果（"天空如一摊污渍渐渐昏暗／有些东西正落下如雨点纷纷／那断不会是鲜花"）。后来，奥登把提特和图尔吟唱的歌曲从《我青年时代的那一年》中抽了出来，以诗歌《见证者》的形式发表，这一诗题源自提特和图尔的原型，即《天启》中的"两个见证者"。

桑普森和幻梦人回到了旅店。幻梦人温声细语地向桑普森表达自己的忠诚，桑普森默默地与他交换了手表，回答说："它的指针跳动／你我的时间正触摸着我们的肌肤／永远召唤我们躁动的心。"他们走进同一间客房，《我青年时代的那一年》的第一部分就在他们安然入睡中结束——"安于彼此的温暖，确信我们是朋友"。

第六章 执教

第一部分总共有900多行。1932年10月18日,奥登正写到差不多一半的时候,在一封信中对娜奥米·米奇森说:"我已经很努力写了,但要完成这样的史诗还需加把劲。"他写信告诉诺布·斯诺德格拉斯:"我见缝插针,几乎完全沉浸于我的史诗。只要它没有变成劳伦斯所说的'潜在的',那就可以了。我随信附上一首小曲,可以用《弗兰基与约翰尼》[1]的调子哼唱。"

这"小曲"是一首短诗,以"我有一张英俊的侧脸"开头。值得注意的是,这是奥登写的第一批带有纯粹社会政治内容的诗歌之一,可以视为众所周知的他的"共产主义阶段"的开始。

奥登可能在大学时代读过马克思的著述。显然,在旅居柏林时,他与共产党人有过接触。但直到1932年,他的诗歌仍然只有模糊的左倾指涉,即使谈到了革命,他脑海中的剧变也不过是心理上的激变。例如,在以"在我们的时代请关注这一幕"为开篇的诗歌中,他以一个革命者的角度向中产阶级各类成员(金融家、大学教员等人士)发出警示,严肃地告诫他们"那一天的到来比你们预想的稍迟一些"。然而,这首诗不是基于马克思主义的立场来抨击资产阶级社会,而是揭露这样的社会压抑了人的自然本能;收尾部分预言的危机,与其说是社会革命不如说是心理疾病,运用了麦独孤所著的《变态心理学纲要》中的术语——"不规则呼

---

[1] 《弗兰基与约翰尼》("Frankie and Johnny")是美国流行歌曲,根据1899年发生在美国密苏里州的一个真实的谋杀案件写成,自20世纪初以来被不同歌手演绎了上百个版本。据记载,这首曲子的第一张唱片是1912年由美国歌手吉恩·格林(Gene Greene)在伦敦录制的,在当时的英语世界颇为流行。

吸……交替支配的受害者……癫狂爆发……典型性疲劳"。即便是《我青年时代的那一年》中对城市困顿和失业状态的描写,也是根据杰拉尔德·赫德的理论展开的,将之主要归结为人格衰颓导致的后果。

当然,其他方面的影响力正在发挥作用。加布里埃尔·卡里特加入了共产党,当时他正在研究华尔街金融危机时期的美国社会问题,这是他在此期间迈出的重要一步。爱德华·厄普华也逐渐地、稳步地走向了共产主义。厄普华在思想转折期写下了三篇文字,描述了他对马克思主义意识形态日益增长的兴趣,并把这些文字分享给了奥登。第一篇描写了他与共产党的最初接触,抨击了资产阶级的各种做派。在这篇文章中,厄普华还表达了一个观点——作家"需要"工人阶级,而且如果他们愿意,也可以帮助到工人阶级。他给奥登看的第二篇,是一份记录他自己走向共产主义的日记。奥登在1932年5月或6月读了这份日记,大约也正是在这个时候,他看了厄普华的短篇小说《礼拜天》。小说叙述了一个年轻的上班族在考虑到自己的神经症和不安全感后,决定通过参加一个共产主义会议来"重新开始"。

在奥登的朋友圈中,被共产主义吸引的人绝不仅仅是厄普华和卡里特。拉姆齐·麦克唐纳领导的工党政府的失败,以及他在1931年组建的联合政府,让人们觉得他最终背叛了工党事业,这导致许多原本游移不定的左翼人士纷纷转向了共产主义。他们认为唯有共产主义才是能够带给大家希望的意识形态,有望纠正大萧条时期铺天盖地的经济不公现象,有望抵抗在欧洲和亚洲粉墨登场的法西斯主义势力。斯蒂芬·斯彭德观察了柏林共产主义者的一系列作为(就像奥登所做的那样),对"共产主义者义正词严地控诉资产阶级社会"印象深刻。塞西尔·戴-刘易斯正在创作组诗《磁山》，旨在表明诗歌与革命可以兼容——顺便说一句，这些诗的很多细节借鉴了奥登的风格和意象。在奥登的好友中，只有克里斯托弗·伊舍伍德拒绝选择政治立场，坚持他所谓的"作为局外人、非参与者的模糊立场"，尽管爱德华·厄普华的观点已经在他心里留下了深刻烙印。

1932年8月，就在进入唐斯学校工作前不久，奥登写了一首《一位共产主义者致他人》，过了一个月刊登在《二十世纪》杂志上。以下是前三节：

> 同志们，当警报器响起来
> 在暮色之中从办公室、商店
> 和工厂纷纷涌出来；
> 被警察引入人声响动的屋宅
> 在污浊的空气里搜寻毒品
> 或顺着河道寻找一个怀抱
> 至死方休：
>
> 我们知道，请记住，缘何
> 你们日日夜夜不停地庆祝
> 这悲伤的仪式；
> 我们知道那可怕的危险边界
> 在梦里你们每晚都会退缩。
> "我会被解雇的，"你思忖，
> "没有推荐信。"
>
> 我们没有办法对你们装腔作势

> 迫害你们的恐惧也伤害了我们
> 　我们只能说
> 就像所有噩梦那样一切皆虚妄
> 如果你们愿意帮助我们,
> 我们便可以睁开双眼洞察
> 　如同黑夜的白昼。

接下来,这首诗谈到了那些正在不知不觉地压迫工人的人:优雅的中产阶级年轻人;从现实遁入宗教的人;聪明机智的大学知识分子。对于这些人,一个诅咒宣泄而出:

> 热病让他们汗流浃背,直到浑身战栗
> 痉挛折磨他们的四肢,直到他们如
> 戈雅[1]的讽刺画所绘:
> 他们的女儿在刻板乏味中消殒
> 癌症或会腐蚀她们塞满鲱鱼的肚子,
> 要么饱受周期性癫狂的折磨,
> 　要么陷入妄想症。

在初版中,这首诗随后向一位藏匿于私人情绪中的"忧郁的诗人"发话——"你比你想象的更需要我们/如果你愿意,你可以帮到我们。"最后,抒情主人公再次向工人阶级发表演说,让他

---

[1] 戈雅（Francisco Goya）不仅是18世纪西班牙最优秀的画家,在整个欧洲大概也是最具独创性的画家之一。他画风奇异多变,敏锐地捕捉到形形色色的社会现实和人间百态,并以幽默诙谐和犀利讽刺的笔调,不遗余力地将其展露于画布之上。奥登在此以"诗"为"画",描绘了戈雅般的社会讽刺画。

们放宽心——"爱在我们自己可选择的范围之外／无形之中将我们联结在一起：／哦，永远相信它"。

如果不是因为标题《一位共产主义者致他人》和开场白中的"同志们"，很难想象这首诗竟然与共产主义有关。抛开这些共产主义元素，诗中的抒情主人公更像是一个秉持劳伦斯主义而非共产主义的革命者。四年后，当奥登在《看，陌生人！》中收录了该诗时，这种疑问被进一步放大，因为他把"同志们"改成了"兄弟们"，并且删除了共产主义情调尤为明显的几个诗节。当然，他还去掉了诗题，但这个做法可能没有特别的用意，《看，陌生人！》里的绝大多数诗歌都没有标题。此外，这首诗在韵律和语调上都容易让人联想到罗伯特·彭斯的讽刺诗，使它看起来更像是《雄辩家》那样的作品，而不是一首严肃的政治诗。然而，它又的确具有一定的政治色彩，在很大程度上直接借鉴了爱德华·厄普华的文字。工厂工人的"会被解雇""没有推荐信"的噩梦，出自厄普华的短篇小说《礼拜天》。在厄普华的小说里，叙述者表达了完全相同的恐惧。（厄普华指出，与小说里的上班族不同的是，一个工厂工人可能无论如何都不会有一份推荐信。）还有几行诗——抒情主人公宣告诗人"需要"共产主义并能帮助共产主义事业——摘自厄普华描述他自己最初接触马克思主义的那份日记，后来在《看，陌生人！》中的版本里被悉数删除了。由此看来，如果说这首诗体现了奥登的共产主义倾向的话，那也仅仅是二手的。

下个月，也就是1932年9月，他创作了一首主题相同的诗歌，但没有从厄普华那里直接借用任何素材。这首新写的诗，正是他寄给诺布·斯诺德格拉斯的"一首小曲，可以用《弗兰基与约翰尼》的调子哼唱"。同样，这首诗的语调似乎也没那么严肃：

> 我有一张英俊的侧脸
>
> 我去过一所很棒的公学
>
> 我有一点可投资的闲钱
>
> 为何我仍觉得自己是个笨蛋
>
> 仿佛拥有一个辉煌过的世界?
>
> 你当然有充分的理由
>
> 怀揣如此这般的想法
>
> 难怪你会感到心焦
>
> 因为你的想法完全正确
>
> 你拥有一个辉煌过的世界。

在余下的诗节里,这位公学出身的年轻人设想了各种方法来逃避他那即将崩溃的世界——移民、写书、信教、堕落,甚至是加入工人阶级,但答案总是殊途同归。到了诗歌结尾处,他得到了这样一句话——"带着你那辉煌过的世界沉沦吧"。

要不是因为奥登后来用散文表达了相同主题的话,这两首诗本身不太能证明他有过一个"共产主义阶段",因为除此之外他再没有写过这种类型的诗歌了。1932年10月15日,《新政治家》发表了他对伯特兰·罗素所著的《教育与社会秩序》的评论文章。他在很大程度上肯定了这本书,但抨击罗素只对理性探索感兴趣,而不是真正的社会变革。他质疑道:"难道罗素先生从来没有想过智识上的好奇心是一种神经质,是对那些疏离于社会群体、性饥渴或体格孱弱之人的补偿?"他总结道:"现代教育的失败在于……没有人真正相信我们的社会,孩子们却为了这样的社会接受规训。"

七个月后,也就是1933年5月,他在另一篇评论中写道:"我们正处于这样一个时代,以前的一切标准业已瓦解,同时集中传播思想的技术已经成熟;某种形式的革命是不可避免的,而且少数人势必自上而下地推动这种革命。"他接着说,为了让大多数人在这个少数人占主导地位的社会中有一定的发言权,培养更多的"高雅人士"是必要的,他们试图组织、影响和阐释周围发生的事情——顺便说一句,这似乎与他对罗素的批评自相矛盾。他最后总结道:"大规模生产、广告、脑力劳动和体力劳动的分野、期刊故事、休闲泛滥,所有这些都是一个无效社会的症状,只有参与这项事业才能最终治愈社会的疾病。"

然而,仅从这些文章来看,很难断定他所期待(或者说希望)的革命是共产主义性质还是法西斯主义性质的。随便找一篇文章读读,例如,他同期发表在《标准》上的一篇文章,人们可能会觉得他仍在把玩《雄辩家》里的那一套,一种自娱自乐的劳伦斯式法西斯主义。正是在上述文章中,他谈到了一个"国家独裁者",似乎并不太在意出现这样的独裁(十分戏剧化地宣称"自由主义永远消失了"),反而扬言要确保独裁者"不会受到个人或阶级之斧的威胁"。他在文章结尾处写道:"我们必须抓紧时间,否则就太晚了。"

事实上,这篇刊登在《标准》的文章,并不是他关于一种宽和的法西斯独裁统治的宣言,而是他对社会现状的一种观察;在这样的社会里,"谁掌握了知识的工具,新闻、无线电、教育部,谁就是这个国家的独裁者"。他在另一篇写给大众读者的文章《如何成为机器的主人》(1933年4月刊登于《每日先驱报》)中明确指出,他希望革命成功后建立一个共产主义社会,而不是法西斯主义社会:"如果要让这个理论成为现实,你们必须首先建立一个人人都拥有安全感的社会主义国家,其次要有足够的自知之明和常识来确保机器按照你们的需求来使用，而不是按照你们的需求被机器左右。"

过了一阵子，他为1935年出版的文论集《现代艺术》提供了一篇文章，立场鲜明地支持了马克思主义。他在文章中指出，马克思和弗洛伊德对社会疾病的诊断具有同等的价值："两者都正确。只要文明依旧维持目前的状况，心理学家能够医治的病人就非常有限，等到社会主义赢得政权之后，就应该学会正确引导内在能量，而这个时候，就需要心理学家大显身手了。"在人生的这个阶段，他认定教会对共产主义的敌视是错误的。他认为基督徒应该同意共产主义的观点，要相信暴力是实现理想社会的必要条件："除非基督徒否认任何政府的存在价值，否则必须承认……暴力的必要性，并根据暴力的目的来判断其方式。如果他足够诚实的话，他便不能否认阶级冲突的现实土壤，而且除非他能够提供一种更好的解决方案……比共产党人的方法更好，否则他只能认同共产党人。"他还说："事实上，共产主义是唯一真正秉持基督教立场的政治理论，他们相信个体价值的绝对平等，揭示所有世俗权力管制的罪恶之处。"

那时候，奥登的确被马克思主义吸引。他后来谈到，这种巨大的吸引力在于"它的浪漫承诺"，即"随着共产主义的胜利，国家将消亡"。他还意识到，希特勒的崛起表明，他自小接受的自由人文主义价值观是多么容易被颠覆。他写道："纳粹之所以让人感到新奇和震惊，是因为他们没有假装相信人人都享有正义和自由。"与此同时，他也洞察到苏联以共产主义的名义犯下的错误，但如同厄普华以及其他被共产党吸引的朋友那样，他认为这些错误并不能说明马克思主义体系存在缺陷。30年后，他在回首这段岁月时说："英国共产主义是偏狭的。我们知道俄国正在发生什么事。我们也知道诸如大清洗之类的事情。但我们觉得英国不会如此。我们会这样说：'哦，你们知道俄国人怎么回事，他们一向很暴力。我们这里肯定不一样。'"最重要的是，他在寻找特定思想观念的探索之路上已经行进了一段时间，各个阶段的"路标"相继体现为他对约翰·莱亚德、D. H. 劳伦斯和杰拉尔德·赫德的推崇。现在，共产主义提供了另一种具有可行性的解决方案。

当他在1932年写下"[共产主义]对资产阶级的吸引与日俱增，这是因为共产主义要求那些迷失在情感汪洋的孤立无援的人交付出自己"时，他可能在一定程度上想到了自己。1932年下半年，他似乎认真考虑过要成为一名共产党员，甚至认为自己已经是一名共产党员了。这一年12月，他就《雄辩家》的问题写信给亨利·班福德·帕克斯："这本书是我向共产主义转变的一个阶段，尽管我在写书的时候并没有意识到这一点。"

然而，即使在这个时候，他似乎也没有认真地对待共产主义观点。正如斯蒂芬·斯彭德所说，1932年的两首诗——《一位共产主义者致他人》和以"我有一张英俊的侧脸"为开篇的诗歌，不过是把玩了共产主义观点，或者说试图表达一种并非奥登本人持有的观点。在此之后，他在诗歌和戏剧中零星地运用马克思主义的相关理论，应该也是类似的情况。需要注意的是，奥登与戴-刘易斯和斯彭德不同，他从未加入英国共产党，伊舍伍德甚至认为他对共产主义的兴趣并没有那么大。"他现在表面上支持马克思主义，"伊舍伍德在谈到20世纪30年代的奥登时写道，"或者说，至少是在大家宣传马克思主义的时候没有提出反对意见，但实际上他并非真心实意，不过是迁就克里斯托弗和一些朋友而已。"

几年后回顾这段人生，奥登一针见血地指出了自己对共产主义产生兴趣的实质。他说，这是一个长期伏案的知识分子渴望进入现实世界的努力,"一个渴望实现重要价值的白日梦",并说这其中也掺杂了一种"老式的社会地位攀升"的欲求,一种希望得到同时代人认可的愿望。他在人生暮年的一次采访中深入阐释了这一点:"身为作家,[在20世纪30年代]很难对自己保持诚实;人们真正感兴趣的东西,与关于现实状况的社会良知之间总是存在冲突,而且我认为这其中还掺杂了纯然的自负情绪和想要成为重要人物的欲求。"虽然这一时期的诗歌宣扬了自己并不完全赞同的思想,但他没有感到特别遗憾。他宣称,尽管诗人的情感必须融入其作品,但在诗歌中,"一切事实和一切信仰都不再是真的或假的,而成为饶有趣味的各种可能性"。

即便是在他创作《一位共产主义者致他人》和谈论"皈依"共产主义的阶段,他似乎也深知自己会站在共产党大门之外。1932年秋,他在寄给鲁珀特·杜恩的一封信结尾处写道:"不。我属于资产阶级。我不会加入共产党。"

继两首"共产主义"诗歌之后,奥登在下个月,即1932年10月,写了一首模仿18世纪谣曲的诗歌。这首诗以"哦,那如此震耳的声音是什么"为开篇,展现了一个反政府人士告别恋人、为事业而战的情形,一开始刊登在《新诗》上。《新诗》诞生于1933年初,创办者是与奥登同时代的牛津学子,目前在伦敦从事文学记者工作。为了刊登和评析当代诗人的作品,格里格森推动了《新诗》的产生。从现在开始,奥登的很多诗歌在写完后不久就出现于这本杂志,可谓实现了格里格森办刊的初衷。几年后,他这样说道:"《新诗》是因为奥登才得以创办的。"在创刊之前,格里格森曾特意致信奥登，确保能够得到他的支持。奥登回信说："你怎会想到创办一份诗歌杂志？这类杂志真的有那么重要吗？你喜欢诗歌，这一点我很高兴，但我们对此还是看淡一些吧。"不过，他补充道："要是你真的办成了这份杂志，而且想要刊登我的作品的话，那当然可以。"

1932年圣诞节，奥登先是去了湖区，随后到柏林与伊舍伍德一起待了十天。他们讨论了奥登一直以来的想法，要为"群体剧团"写点东西。伊舍伍德提出了一些建议，但他俩没有考虑再次合作。几个月前，也就是1932年春天，他俩计划写一部以私立学校为背景的戏剧，而奥登也的确在1932年5月创作了以"哦，爱，真正感兴趣的是无知的天堂"为开篇的诗歌，似乎是作为一部戏剧的序曲来构思的，很有可能正是为了这部后来没有任何结果的戏剧。返回唐斯学校后，在1933年的春季学期，奥登大概又投入《我青年时代的那一年》的写作中，这首长诗的第一部分完成于一个月前，大约就在他动身前往柏林之前。从现在开始一直延续到夏天，他又写了330行。然而，在此之后，他没有继续写下去。个中缘由不难推测。

《我青年时代的那一年》的第二部分以幻梦人在旅店房间被桑普森唤醒开始。这天上午，很明显，统治阶层要搜捕那些放弃城市生活、躲进山里逃命的无产阶级。幻梦人做了一番洗漱，清理了自己的衣衫，这段文字有意与但丁在《炼狱篇》开端处所述的洗礼环节相互照应，随后的一系列事件也遵循了《炼狱篇》的发展逻辑。除此之外，这段文字还会让人联想到《夺发记》[1]中贝

---

[1] 蒲柏的长篇讽刺诗《夺发记》讲述了英国上流社会的一个男孩偷剪一个女孩的金发，由此引发了两家争执的故事。蒲柏有意把此等小事描绘得像《伊利亚特》中的战争场面那般壮观，严肃和轻佻兼而有之，批判了上流社会的庸俗无聊。

琳达梳妆打扮的场景。蒲柏的风格被巧妙地用来描写现代洗漱设备——"消毒过的牙刷……白天鹅色泽的膏体……香喷喷的肥皂，细菌们只觉悲伤难抑"——这些文字不过是烘托了华而不实的氛围。幻梦人走下楼，上了桑普森的车。他们驱车出城，当汽车缓缓向山上开去时（对应了但丁诗中攀登炼狱山的描写），桑普森再次表达了他关于近几个世纪人格分裂的观点，此处奥登直接援引了杰拉尔德·赫德的相关著述。随后，他俩来到一栋乡间大宅子，看到其他人也陆陆续续抵达此地，都是为了参加接下来的"狩猎"（正如桑普森在第一部分所说的那样）。奥登逐一列出了相继出现的"城里人"，宛如一份登记在册的名单：

> 帕芬·康耶斯的车里载着一众孔雀[1]，
> 留着白胡子的戈斯将军走过来了，
> 他身边跟着温顺的妻子贝蒂，
> 大摇大摆的儿子克里斯托弗，
> 还有他们的意大利司机安东内利，
> 一个富有的家庭，万贯家财。
> 随后一辆蓝色戴姆勒车疾驰而来
> 海军上将霍瑟姆牵拉着堤坝般的长下巴
> 他刚刚离开鸽子悠然漫步的休闲会所，
> 喜欢跟人拥抱的妻子芙拉跟在他身旁，
> 还有一只眼的伯特，他忠实的水手。

接下来的诗行延续了这种写法，随后就结束了。

---

[1] "孔雀"在此喻指骄傲自负之人。

第六章 执教

奥登似乎意识到自己写不下去了。杰拉尔德·赫德的学说被随心所欲地安插在作品里，似乎是想要赋予诗歌一种能够自圆其说的思想底色，但事实上，无论是这些学说还是隐约可见的马克思主义论调，都无法为这部雄心勃勃的作品提供坚实的基础，而且幻梦人这一形象（奥登本人）过多地关注于自我，对所见所闻缺少必要的反馈，无法承担起但丁那样的角色。如果奥登继续描写这次搜捕活动，也许会写得很有意思，但充其量只会是《毕晓普的敌人》那种类型的趣味。原本意欲成为效仿《神曲》之作，最终却沦为孩子气的插科打诨。

在1933年的头三个月里，奥登没有写其他诗歌作品。他似乎意识到，对赫德的崇拜和对共产主义的兴趣并不能融合为一套切实可行的思想观念，一套支撑他的诗歌创作的真正信条。他缺少观念体系。这或许就是他在2月21日写给诺布·斯诺德格拉斯的那句话的言下之意——"我过得很惨，就像一只求食的母鸡"。

具有讽刺意味的是，就在一个月后，他开始被誉为文学界新思想运动的领袖。3月21日，共产党作家兼教师迈克尔·罗伯茨主编的《新国家》（散文和诗歌合集）出版。除了奥登以外，这本书的作者还有斯彭德、戴-刘易斯、伊舍伍德、厄普华和雷克斯·沃纳等人。他们以及《新国家》中的其他作者，很快就成为人们争相谈论的对象，甚至被称为"奥登团体"。

大家有这样的反应并不奇怪。书中有两位诗人推举奥登为领袖，这与奥登自己在《雄辩家》里向年幼的约翰·沃纳致敬的方式如出一辙。查尔斯·玛奇讲述了奥登的诗句如何改变了他对生活的看法；戴-刘易斯在一首出自《磁山》的诗里，把奥登刻画为他自己构建的神话世界里的重要人物——"向西看，威斯坦，孤独的飞行员和飞鸟，我的好男孩……/飞到高处，奥登，让底下的人谨慎小心！"奥登提供的作品包括《一位共产主义者和他人》，这首诗可以视为全书的总论，因为该书的基调正是革命性的，尤其是共产主义的倾向。斯彭德的文章讨论了诗人在目前的革命形势中所扮演的角色。厄普华的短篇小说《礼拜天》以主人公决定参加共产党会议告终。最重要的是，迈克尔·罗伯茨的序言实际上是革命武装的号召。罗伯茨在几年前加入了共产党（很快就作为托洛茨基派[1]成员而被开除），曾在1932年编辑过一本风格相似但相对低调的《新签名》，一些供稿者正是《新国家》的作者。他在《新国家》的序言中写道："现在是时候了，那些想要让英国仍然保留些许价值的人应该看到，只有一场革命才能挽救他们的准则。"

在许多人看来，他们有着共同的观点，组成了一个特征鲜明的文学团体。博纳米·多布里在《听众》刊文形容他们为"热爱英国的共产主义者"，F. R. 利维斯谈到了"这个团体的共产主义思想"。以菲利普·汤因比为代表的年轻人，纷纷将奥登及其伙伴们视为现今的艺术领袖。许多年后，汤因比如此写道："他们不仅意识到法西斯主义在国际范围内的蔓延，还极为清醒地辨识出当代英国让人不悦的诸多方面……他们写出了我自己也隐隐萌生的焦虑和希望：他们知道年轻人是怎么回事，在英国那个特殊的历史时期，我们是一群高度自觉的中产阶级年轻人。"

然而，《新国家》面世后，杰弗里·格里格森很快就发文驳斥了奥登及其伙伴们是一个"团体"的观点。他反问道："除了纸张，还有什么能把这些作家关联在一起？作为艺术家，奥登与戴-刘易斯、戴-刘易斯与斯彭德、斯彭德与厄普华……他们之间

---

[1] 托洛茨基派（Trotskyite），简称"托派"，一般认为他们是机会主义者。

有什么联系？把斯彭德的文章、奥登的诗歌和戴-刘易斯的《磁山》想象成三位一体般的存在，这是愚蠢的。"奥登也在30年后谈到这一点："即使那段时间我们看起来仿佛有一些共同点——比如说政治上的共同点——我们书写政治的方式，以及我们的情感和技巧总是不同的。"当然，这并不是否认奥登对《新国家》的几位作者的影响。还在牛津大学的时候，奥登曾将朋友们想象成一个团体或团队，但当这些朋友开始在文学界崭露头角的时候，他已经失去了这种团体的观念，几乎只在意他自己身为诗人的一系列问题。[1]

1933年4月，《新国家》出版后不久，奥登仍然不确定自己的思想发展方向，因为他在这个月打破了创作上的沉寂，又写了一首与梦有关的诗歌。这次是一首短诗，描写了一艘名为"威斯坦·奥登先生"的船。这艘船在汪洋大海上前行，希望能找到一处人间天堂，一个"流淌着奶和蜜的岛屿"，"在那里既没有死亡，也没有年迈／穷人们拥有一切财富"。船长是一位女性，与奥登的母亲有相似之处。她的丈夫是船上的大副，对她言听计从，与奥登的父亲十分相像。不过，船长和大副也有可能是奥登自身心理不同侧面的投射。至于整个旅程所依据的航海图，"页边有很多注释／但没有一处标明陆地"。在奥登的幻梦里，他自己成了一只海鸥，在船的上空盘旋，观察着船只在海面蛇行般的探索轨迹。到了诗歌结尾处，船长向他开了枪，一边射击一边低声呵斥"捣乱分子，间谍"。

他没有发表这首诗。到了下个月，也就是5月，他在一首六

---

[1] 不过，他的确相信伊舍伍德与他有共同的作家理想。他在一些诗歌里提到了这一点，此类诗有些发表了，有些未曾发表。——原注

字循序诗[1]中沿用了这个主题。新创作的诗歌以"听闻庄稼在座座山谷里正腐烂"为开篇,后来被命名为《寓意之景》,是一次成功的技巧演练:六字循序诗的核心是六个单词的特定模式,它们每一个都出现在诗行的尾端,又依据不同的顺序在每一个诗节里呈现。与此同时,这也是一首严肃的诗歌,彰显了奥登与自己的论辩,因为抒情主人公在结尾表达了"我们将重建城市,而非梦想海岛"的决心——这其实是对"流淌着奶和蜜的岛屿"的放弃。然而,这首诗并没有说明如何实现"放弃"。奥登此刻尚无答案。但不久以后,他就找到了解答。

他遇到了两件极其重要的事情。第一件事是他爱上了一个比他年轻得多的人。他的诗歌旋即引入了一种全新的元素。1933年夏,他开始以一种新风格创作一系列爱情十四行诗。他以前的大多数爱情诗,语词高度浓缩,语义晦涩难懂,比如他在牛津大学期间写的那些关于无望之爱的作品,有些则像劳拉·莱汀的作品般简洁,但句法很是突兀。现在,这一切忽然变了:

> 孩子,在那果实里父母孕育了你,
> 他们的死亡,是夏日的极盛;在果核里
> 你已然成长……

---

[1] 六字循序诗(sestina,也译为"六节六行诗""六节诗")由六节六行诗和一节三行诗组成。12世纪法国南部的普罗旺斯抒情诗人阿赫诺·达尼艾尔(Arnaut Daniel)始创这种诗体,按照他的规定,该诗体的特点不仅体现在篇幅上,更重要的特点在于韵脚部位重复出现的六个单词必须按照特定的顺序排列。这种诗体在文艺复兴以后鲜少有人尝试,奥登的相关创作推动了该诗体在20世纪的复兴。

> 不要转向我,以免我转向了你:
> 不要把手伸向你的软肋和我……
>
> 我看着你在外省的草坪上玩耍,
> 在我和你的兄弟们眼中如此出色
> 无穷的魅力仿佛仍然得到了
> 世界之母那令人窒息的爱抚

这倒不是说奥登的作品不再晦涩了,新写的爱情诗与他早前的作品一样"难懂"。但这些诗蕴藏着某种引人瞩目的特质,而早前的诗歌并不具备。

那么,这种特质究竟是什么呢?部分在于诗中的梦幻元素:

> 在这个宽敞无比的房间尽头
> 一支管弦乐队正为富人演奏,
> 鼓槌宛若神经抽搐击打个不停,
> 小提琴像飞翔的梦境般激越:
> 与我同桌的那些人都是赢家,
> 他们倾身与可爱的奖品交头接耳,
> 而我想象此刻你就出现在我面前
> 因我点的酒和我的智慧而羞红了脸。

这种写法并非全然是新的,因为梦幻元素早已是奥登惯常运用的手法之一了。与以往不同的是,奥登此刻一心沉浸于爱之体验,这种全新的意愿与梦幻元素有机地结合了起来。

当然，新写的十四行诗并不是真正"关于所爱之人"的诗歌，而是关涉奥登自己的情感体验。许多年后，他如此谈到这个问题："当男朋友开始为心爱的女孩写诗的时候，这个女孩要小心了。也许他真的爱她，但有一点是肯定的：他在写诗的时候，脑海里并不是在想着她，而是他自己对她的感情，而这就需要警惕了。她务必记住圣奥古斯丁在心爱之人死去后的内心剖白——'我宁愿失去我的朋友，也不愿失去我的悲伤'。"奥古斯丁的洞见可以用来解释奥登在大学时代写的爱情诗，那些诗中出现的年轻人可能是他凭借想象虚构的产物。不过，当他在1933年写十四行诗的时候，他的内心已经发生了些许变化。

事实上，他已经不再像大学时代那样"刻意"，不再以一种特有的极度内敛的保守方式写诗。还是大学生的时候，他已经充分察觉到了自己在恋爱和写作中的这份刻意而为。他在1927年写给比尔·麦克尔威的信中对此有所论述：

> 我有一份生日礼物送给你，是凯瑟琳·曼斯菲尔德的日记，但愿你会喜欢。我一直在读，而且会继续读，直到返回牛津给你。她关于艺术和生活的关系的看法，基本上是正确的。一个人必须保持清醒。我很清楚自己在这方面的失败，知道一个人刻意地满足于自己的作品是什么感觉。写作必须像拉屎一样，一个人唯一的感受就是一种自然功能得到了恰当发挥，而我为此感到兴奋。这是一个老生常谈的话题。也许鸡奸永远是最糟糕的麻烦事。

在某种程度上，这种"刻意"从未离开过他。这是因为他靠智性而不是情感生活，恰如他自己在1929年的一首诗中所说——

"在我看来生活总离不开思想"。但在1933年夏天,他开始第一次将自己投入诗歌中,投入恋爱的体验中,而这正是他在《我青年时代的那一年》中无法做到的——那时候他与作品中的自身经历是疏离的。许多新写的十四行诗都体现了这种"投入":

> 祝福这月亮
> 如珍宝般触摸这侧影,那么多人安卧,
> 我曾经也同他们一样是成功的恋人;
> 但你在北方的房子里独自陷入梦乡……
> 而我只觉百无聊赖,无事可做,
> 只能浑身颤抖着,朝北方和你望去。

毫无疑问,他改变的部分原因在于成熟。他现在26岁了,不再把他的恋情当作校园里飞短流长的事情。玛格丽特·加德纳注意到,奥登早前热衷于隐私和隐秘之事,但"随着年齿渐长,完全改变了","他在人际关系里投入了真情实感,他变得越来越深沉,鲜少谈论自己,通常情况下只会含蓄地提及自身"。在一定程度上,他的爱情诗里的这种全新的抒情性,源自他对"松弛"的诗歌风格的追求。关于这一风格变化,他在1937年有所反思:"我过去常常竭尽全力去写一首诗,尽量让每一个词语都是必要的。这导致写诗的过程变得无聊、滞涩。"他主要是从叶芝那里学到了这种全新的"松弛"风格。叶芝是他此刻的大师,其重要性就像哈代和艾略特之于早些年的他。他的改变也源于1933年夏天的另一件重要的事情。套用他自己的术语来说,他这个时期的坠入爱河是一种"情色异象",而这个夏天的另一次重要经历是"博爱异象"。[1]

现在，他在唐斯学校简直如鱼得水。他在学校里的形象，有时候是分析师、领导者和治疗师的融合，有时候是小丑，有时候是教员。他喜欢成为一个团队的成员，与其他教学人员一起合作，而他也很容易在他们中间交到朋友，尤其是与艺术学科的教师莫里斯·费尔德及其妻亚历山德拉相交甚好。"他喜欢居家生活的氛围，经常来我们家，"费尔德在回忆他与奥登的友谊时写道，"他曾写过，他只爱那些能够让他开心的人。我觉得这是一种夸张的说法，但他和我妻子的确常常开怀大笑，而我不介意成为他们的笑柄。有一次，他钻进了我儿子的紫色大童车里搞恶作剧，我下意识地反对这种行为，因为我觉得他可能会压坏弹簧。"

学校里有很多音乐活动。奥登除了以他惯常的方式在钢琴上弹奏圣歌，或在演唱圣歌时穿插一些搞笑的词汇来逗孩子们开心以外，还认真参与学校巴赫合唱团的演出，甚至偶尔会担纲独唱。校长杰弗里·霍伊兰支持他邀请朋友们来学校，斯彭德、内维尔·科格希尔、戴-刘易斯、罗伯特·梅德利和鲁珀特·杜恩等人都来拜访过他。他还买了一辆浅黄色的四座莫里斯老爷车。夏天的晚上，他载着费尔德一家人以及其他人从学校出发，开车绕着莫尔文山兜风，或穿过赫里福德郡的广阔田野。他开起车来精力充沛，有时候任性得很。"他一点也不在意车子是开在路上还是在路边的草地上，"莫里斯·费尔德回忆说，"而且很喜欢让后座的人在颠簸中撞到一块儿。"在夏季学期的大部分时间里，他都露天而眠。

其实，这是学生们的传统习惯，只要天气允许，他们就会到

---

[1] 奥登在散文《新教神秘主义者》（1964）里将神秘体验分为四类，分别是自然异象（Vision of Dame Kind 或 Nature）、情色异象（Vision of Eros）、博爱异象（Vision of Agape）和上帝异象（Vision of God）。

户外睡觉。老师们倒未必如此。然而，1933年6月是个特例，这一年的夏天尤为炎热干燥。"有两周的时间，"据该校杂志记载，"30多个高年级学生在星空下的果园里露营，我们很喜欢这样的时光。偶尔会有阵雨，我们用防水布盖住脑袋继续睡觉。我们中的一些人，第一次把天上的星群瞧了个清楚。"奥登也决定这么干。他在莫里斯·费尔德等人的帮助下，把自己的铁床和堆积如山的毯子从单身汉教员的宿舍楼里搬下来，全都拖到了花园。他就这么在花园里睡了好几个星期，下雨天就撑起伞。有时候，一群鹅会摇摇摆摆地来伞下避雨。

他从未如此开怀过。也许正是这一点，加上他正陷入爱河的缘故[1]，促使他在6月的一个晚上有了一次相当奇妙的体验。他在30年后的一篇文章里描述了这次体验，但并没有明示这是他自己的经历，只表示这是"我可以担保其真实性"的事件：

> 1933年6月的一个清朗夏夜，晚饭后我和三个同事（两女一男）坐在草坪上。我们彼此十分欣赏，但肯定谈不上知己，我们当中也没有人对其他人有性兴趣。顺便说一下，那天我们滴酒未沾。就在我们闲聊日常琐事的时候，突然出乎意料地发生了一件怪事。我感到一股难以抗拒（尽管我屈从了它）又绝非来自我本人的力量向我袭来。我平生第一次体会到爱邻如己的确切含义；多亏了这股力量，让我在当时体会到这一点。虽然谈话照常进行着，但我确信三位同事正在

---

[1] 这可能起到了很大的作用。奥登在描述"情色异象"的时候说，恋爱经历会让人对他人产生强烈的趋善之心："即使在［情人］与他人的关系中，在他爱上对方之前看来自然得体的举止，若用新标准——他认为要配得上她应该达到的标准——来评判，则显得低贱卑劣。"（*Forewords and Afterwords*, p. 64）——原注

经历同样的感受。(我后来跟其中的一位证实了这点。)我对他们的个人感情没有发生任何变化——他们仍然是同事,不是知己——但我感到他们作为自我的存在无可比拟,并为此喜不自胜。

我不无羞愧地回想起我曾经在诸多场合表现出恶意、势利和自私,但是当下的喜悦盖过了羞耻,因为我知道只要我被这个灵魂附体,我就绝对不可能故意伤害他人。我也知道,这股力量迟早会消退,那时我的贪婪和利己又会卷土重来。在我们互道晚安、上床睡觉后,这一体验以其最大强度持续了约莫两小时。当我第二天早晨醒来时,它的影响仍然存在,只是有所减弱,直到大约两天之后才完全消失。对该体验的记忆并未阻止我经常不择手段地利用他人,但它让我在如此行事时很难再对自己的险恶意图自欺欺人。

我们无法确知"三个同事"的身份,根据莫里斯·费尔德的说法,他们可能是教音乐的希尔达·伍德姆斯、照看低年级学生的玛格丽特·桑特和新进年轻教员罗斯·科茨。

即便有了这份神秘体验,奥登此刻也没有回归宗教。他仍然坚持从前的看法,用他自己的话来说,那就是"我与基督教的关系永远结束了"。不仅如此,他还在第二年发表了一篇文章质疑教会的未来。正如他所说,"任何一个声称不做政治考量的大型组织","在不久的将来博得大众兴趣"的可能性会大打折扣。不过,他的确立即付诸行动,把自己对"博爱"的全新理解(即无私地爱邻人)融入作品里。他向艾略特征询机会,想为维奥莱特·克利夫顿的《塔尔伯特之书》撰写书评,并希望刊登在《标准》上。这是一本关于罗马天主教探险家的传记,而维奥莱特·克利夫顿

第六章 执教

是他的遗孀。奥登的书评在这一年秋天的《标准》上正式刊出，他的关注点不是克利夫顿夫人呈现的主题（即她丈夫的探险家生活），甚至没有假意表现出兴趣。他说，真正让他印象深刻的是作者对写作对象的爱。他写道："正是爱让克利夫顿夫人把她的全部生活都聚焦在塔尔伯特身上，并使其意义重大。人们无法想象她还需要再写些什么，因为已经体会到她倾其所有了。"他在文章结尾处说，这本书"比我长期以来阅读的任何东西都更清楚地表明，无论是科学发现还是艺术洞察，衡量人类活动是否成功的第一标准，或者说必要的初步标准，是聚焦一件事的强度，更直截了当而言，是爱。"

他在6月写的一首抒情诗中表达了这种新理解。诗歌颂扬了博爱，赞美了学生们的身体之美，歌咏了他自己正在经历的恋情，还抒发了星空之下安卧在"床"的非凡而纯粹的感觉。他把这首诗题献给了唐斯学校的校长杰弗里·霍伊兰。

> 我躺在床上就在那室外草坪，
> 头顶的织女星闪耀分明
> 　在六月那些无风的晚上，
> 当簇簇树叶将形影收敛
> 不复白日活力；我的脚趾尖
> 　正对着新升的月亮。
>
> 很幸运，这个时候这个空间
> 被选作了我的工作地点，
> 　这里有夏天迷人的气息，
> 有海水浴和光裸的臂膀，

还可驾车悠然穿越田地与农庄
　　对初来乍到者很有益。

与同事们相处亲密无间
我在每个平静的夜晚
　　如花朵般欣喜异常。
那道初始之光离开了藏身处
树叶里传出鸽子般的催诉
　　伴随着它的逻辑和力量：

那以后，虽然就此暌违分别，
我们或许仍会回想起如许良夜
　　若恐惧对时间已不再关注；
郁卒往事如狮子从暗头里跑来，
它们的口鼻磨蹭着我们的膝盖，
　　而死神放下了他的书。

除此之外，从那双眼睛里
从我乐于凝神注视的双眸里
　　我知道它们每天都在回望；
当鸟儿们和升起的太阳
将我唤醒，我要与他呢喃
　　那个未曾离开的人。

以"我躺在床上就在那室外草坪"为开篇的头几个诗节，或许会让我们产生这样的印象：奥登已经放弃了他最近试图引入诗歌的社会政治议题,欣然沉浸于一种自得其乐的愉悦之中。但事实恰恰相反。在随后的诗节里,他对社会政治的关注跃然纸上,还抛出了这样一个问题——"哪个可疑的法案／赋予了这间英国屋宅里的自由权,／许可我们在太阳底下野餐"。他试着给出答案,宣称在不久的将来会发生一场以战争或革命的形式出现的大动荡,而在动荡结束之后,这首诗所颂扬的热烈的爱——融合了爱欲和博爱——将在重建文明(用奥登自己的话来说,"重建城市")的过程中发挥作用。诗歌结尾处写道,爱会"去平息／国际间的烦扰"。

然而,事实证明,这种解答过于轻巧,奥登自己也不太满意,所以在1933年的整个夏天都备受困扰。他正在写的一系列爱情十四行诗引发了这样一个问题:爱似乎是一种逃避,一种对现实问题的逃避,或者更确切地说,这些诗中描写的"爱欲",并不具备"博爱"的拯救力量。在爱欲面前,恋爱者变成了一个纯粹的梦想者,而不是他所希望的那种人类的"救赎者"[1]。爱提供了一个"荒谬的保证",仿佛"世上再无穷苦"——试图将恋人与现实境况隔绝开来。这是奥登迄今为止无法解决的难题。

8月,奥登挑出了五首爱情十四行诗寄给杰弗里·格里格森,让他刊登在《新诗》上。格里格森回忆了奥登的供稿:"这些诗写在半边信纸上,那种长长的带有横线的大页纸,字迹潦草得就像到处乱爬的长腿虫子,腿脚伸展得十分离谱。有时是用铅笔写的,有时污迹斑斑,加大了辨认的难度。送交印刷之前,我们得先打出这些诗,而在打字的过程中,每首诗都立了起来。这有点像传统暗房里的冲印过程,但更笃定,更激动人心——终于出现在白

---

[1] 爱德华·门德尔松在《早期奥登》中指出,有一段时期,奥登也许真的幻想成为一个救赎者,一个在社会层面和个体层面都具有救赎力量的人。他早期的不少诗歌确实暗示了这一点。——原注

纸上了，然后清楚地出现在校样里，及至刊登在我们的文学杂志上才第一次看到一首新诗的整体面貌。"

1933年暑假，奥登有一段时间是在海伦斯堡与斯诺德格拉斯一家共同度过的。在此期间，他展现了一贯以来的做客风格，只消看看他在离开后写给斯诺德格拉斯夫人的信便可见一斑——他写道："我不知道用烟头烧掉了多少件家具。"他还在这个暑假开车去了肯特。8月2日至5日，他在锡辛赫斯特城堡住了三晚，受到哈罗德·尼科尔森和薇塔·萨克维尔-韦斯特的热情款待。尼科尔森在夏季学期末到唐斯学校讲学时见到了奥登，那次奥登读了一些新写的诗歌给尼科尔森听。尼科尔森显然看过奥登已经出版的作品，才会做出这样的评价："它们表现出一种意愿，想要更简单。"现在，在锡辛赫斯特城堡的最后一晚，奥登为主人朗读了《我青年时代的那一年》的部分内容。

鉴于他在几个月前已经放弃了这首诗的创作，这样的做法难免有些奇怪。也许他正考虑继续写下去，或者重新写。不管怎么说，此诗给尼科尔森留下了一定的印象。他在日记中写道："基本构思是杰拉尔德·赫德扮演了维吉尔般的角色，引导他游历了现代生活场景。与其说这是对共产主义的辩护，不如说是对所有安于现状和自得其乐的思想观念的抨击，这些思想观念会使共产主义在这个国家难以推行。"尼科尔森觉得自己也受到了抨击："像奥登这样的人，激烈地否定折中之道，并且持守一种温和的正直，会让人对自己曾扬扬得意的成功萌生极度的不满情绪。就寝时，我感觉很糟糕，觉得自己就像是爱德华时代的老派人，但谢天谢地，我很高兴有像威斯坦·奥登这样的人的存在。"

兴许尼科尔森给了奥登一些鼓励,但即便如此,奥登并没有将《我青年时代的那一年》继续写下去,也没有进行重写。他转而重拾了一年前半途而废的一项工作——为"群体剧团"的演出写一个剧本的任务。事实上,在去锡辛赫斯特城堡的时候,他很可能已经在写这个剧本了,因为他在这个夏天就把完整的剧本交给了鲁珀特·杜恩和罗伯特·梅德利,并在8月底寄给了费伯-费伯出版社。剧本被命名为《死亡之舞》。

杜恩和梅德利曾给他提了两个建议。第一个建议是写一出有关俄耳甫斯的合唱芭蕾舞剧,但他一直没写出来,于是转向了第二个建议,写"死亡之舞"剧。[1]他决定以此为基础,写一部蕴含政治主题的作品。他之所以再次转向政治议题,显然是因为1933年早些时候德国发生的一系列事件:柏林的国会大厦被纵火焚烧;纳粹党在当时已经获得了相当大的权力,他们指控共产党应该对纵火案负责,并以此为借口大肆搜捕共产党人士,宣布举国进入戒备状态。然而,奥登和他的大多数朋友(包括不久后离开柏林的伊舍伍德)都深信,整件事都是纳粹党策划的,而希特勒的野心最终必然会导向战争。根据奥登后来的回忆,自从读了希特勒的《我的奋斗》之后,他就相信战争会在不久的将来爆发。"希特勒决意要成为欧洲乃至俄国的主人,"他这样写道,"这暗含了一种深刻的自我毁灭意识。"

---

[1] 研究"群体剧团"的历史学家迈克尔·西德内尔认为,可能并不存在两个建议(有关俄耳甫斯的合唱芭蕾舞剧和"死亡之舞"剧),而只是一个建议——融合了上述两个主题的混合类型的作品。他认为一开始奥登在1932年夏秋之际写出来又被推翻的稿子,其实是《死亡之舞》的初稿,而不单单是有关俄耳甫斯主题的创作。由于奥登写于1932年的那份草稿没有保存下来,我们便不可能确知真相了。——原注

奥登对德国事件的反应,似乎有助于强化《死亡之舞》的政治内涵。罗伯特·梅德利尤其持有这种观点。但这并不意味着《死亡之舞》是一部严肃的政治剧。奥登的首要关注点是在舞台上尝试一些新的东西:不仅仅是杜恩设想的"总体戏剧",一种融舞蹈、哑剧和语言(包括说与唱)为一体的戏剧,还要清除悬挂在戏剧界的陈旧蛛网。七年前,也就是1926年,奥登曾向伊舍伍德断言"自契诃夫以来的现代写实剧都该退场了",而在《两败俱伤》这部剧中,他已经证明了乡间猜谜游戏可以像传统戏剧一样成为剧本创作的有力工具。[1] 现在,他在《死亡之舞》中运用了一切可以善加利用的"低俗"戏剧形式——"音乐厅"的歌舞杂耍节目、哑剧、时事讽刺剧、卡巴莱表演——以此表明这些娱乐项目同样可以为现代作家所用。相较于艺术实验而言,政治主题只能退居其后。的确,奥登在剧中把政治处理为一个玩笑。

《死亡之舞》几乎没有布景,舞台上只有一支小型爵士管弦乐队和一名报幕员。报幕员一开始就向大家宣告,这场演出将呈现"一个阶级衰落的画面"。话音刚落,"群体剧团"的歌队便插话道——"中产阶级"。为鲁珀特·杜恩量身定制的"亡灵舞者",象征了中产阶级的死亡冲动[2]。剧情始于中产阶级的活动,他们呈现出一种寻欢作乐的本质。歌队成员们身穿泳装跳着欢快的舞步。随着舞者的出现,以及代表资产阶级的剧院经理的介入,歌队很快就换上了军装,唱起了军国主义歌曲。之后,报幕员宣布战争是非法的;

---

[1] 在1926年写给戴维·艾尔斯特的一封信中,奥登对现代写实剧界的一位领军人物发表了如下看法:"前几天我去看了诺埃尔·科沃德的一出戏,只能这么说吧——'在死亡的另一个国度,是这么回事吗?'"——原注

[2] 死亡冲动(death-wish),也有译作"死本能",是弗洛伊德在《超越唯乐原则》中提出的概念,与"生本能"相对。按照弗洛伊德的说法,每个人都有一定的毁灭和侵略的冲动,驱使人走向死亡。

但无产阶级——以坐在观众席位的演员为代表——纷纷要求革命。面对这种局面，舞者和报幕员顺势煽动种族国家主义情绪，鼓动歌队去殴打剧院经理，因为他是"一个肮脏的犹太人"。接着，歌队排成了一艘船的形状。"英国之舰横渡大洋，"他们唱道，"我们的龙骨驶向应许之地。"观众（即无产阶级）扮演了海浪的角色，他们摇晃着"大船"。舞者随即崩溃，这也许是因为眼下资产阶级正试图寻找摆脱困境的切实可行的方法，所以他作为死亡冲动本身被削弱了。他们寻找的解决方案充满了寓意：首先，歌队宣布了他们将会遵循的信条，融合了回归自然（"生活在农场／远离了伤害"）和D. H. 劳伦斯学说（"血液的意志是唯一的善／我们必须学会了解它"）；随后，报幕员宣讲了劳伦斯的教条——"男人必须是领袖，女人必须服从于他们"。这个方案被否决后，取而代之的是一个"独自飞行／飞往孤独"的计划，舞者此刻成了一名飞行员，他将飞入形而上学——"抵达现实的真正核心之处"。然而，他的飞行失败了，舞者摔倒在地。换言之，资产阶级不能陷入神秘主义。这时，资产阶级（剧院经理）又出现在了舞台上，向大家发出了最后的呼吁，希望通过开设一家名为"母校"的夜总会来增强大家的凝聚力。"母校"在此象征了怀旧的情绪。这个计划也宣告失败，舞者随之死亡。接着，"卡尔·马克思"走上了舞台，受到了歌队的热烈欢呼——"哦，马克思先生，您已经知晓／所有的重要事实／您知道我们的行动背后／深植的经济缘由"（这些词以婚礼进行曲的调子唱出来）。马克思谈到舞者时说："他拥有的生产工具太多了。他被清算了。"整出戏在如下舞台说明中结束："退场，向死行进。"

《死亡之舞》可能写得很快，里面没有正儿八经的诗句，而且大部分对话看起来形同打油诗：

> 他真了不起
> 他难以捉摸
> 当我看到他
> 我两腿发软。
> 把梳子借给我
> 我要梳理头发
> 他出现在这儿时
> 我定得好好打扮。

奥登在歌曲中穿插了一些技巧，运用了流传度甚广的通俗风格，但并不仅仅是效仿此类典范（比如歌舞喜剧、校园歌曲、爱国歌谣，等等），而是完美地发挥了"陈词滥调"的属性，完全可以与它们相提并论：

> 来自挪威的绅士
> 来自瑞典的女士
> 别站在门口
> 来吧，这就是你一直想要的……
> 出来晒晒太阳。

鲁珀特·杜恩和罗伯特·梅德利在收到手稿时大吃一惊，因为《死亡之舞》完全不是他们当初想象的模样。在最初的震惊过后，他们都表示喜欢这部作品，立即安排"群体剧团"排演。费伯-费伯出版社也很欣赏这部剧，在1933年圣诞节前几个星期就安排出版了。然而，评论界反响不佳。《泰晤士报文学副刊》说它"单薄"，加文·尤尔特在《新诗》上刊文指出，它缺少《诗集》和《雄辩家》

那样的鲜活生动。F. R. 利维斯在《细察》刊文抨击了奥登为无产阶级写的台词，比如，"还不赖，比尔，是吧？"。不过，奥登并没有因为这些评论而气馁。他对娜奥米·米奇森说："《死亡之舞》是用来表演的，而不是用来阅读的。这在很大程度上取决于音乐和舞蹈，它们能为之增添血肉。"

"群体剧团"迅速做出了安排，计划在1934年2月底首场演出。与此同时，奥登在唐斯学院忙着跟学生们排演科克托的《俄耳甫斯》。他告诉娜奥米·米奇森，这是一个"巨大的成功"，校刊上的评论者也高度赞扬了他们的作品，尽管他说观众们有点看不懂。之后，奥登在他们家位于湖区维斯克的乡间小屋度过了圣诞节，接着前往伦敦与伊舍伍德会合。伊舍伍德正设法安排他的德国情人海因茨移民英国，奥登陪同伊舍伍德前往哈里奇，海因茨所在的船只将会在此处靠岸。由于一位移民局官员怀疑伊舍伍德的动机，他们的努力最后以失败告终。据伊舍伍德回忆，奥登认为这位官员洞察了整件事的来龙去脉——"因为他是我们中的一员"。

1934年2月25日和3月4日，《死亡之舞》将连续两个星期日在伦敦威斯敏斯特剧院上演，观众是"群体剧团"的会员们。由于这是一部短剧，当晚剩余的时间将安排上演《洪水》，一部出自中世纪"切斯特神秘连环剧"[1]的诺厄大洪水剧。[2] 鲁珀特·杜恩原本打算亲自执导《死亡之舞》，但发现无法兼任制作人和舞者的

---

[1] 现今保存的英国中世纪神秘剧中，最为完整的是切斯特（Chester cycle）、通尼利（Towneley cycle）、约克（York cycle）和N镇（N-Town cycle）四部连环剧。

[2] 据《奥登书目：1924—1969》（*W. H. Auden, A Bibliography: 1924 — 1969*, p. 252）记载，"群体剧团"演出的《洪水》是奥登改编的。不过，根据罗伯特·梅德利的说法，奥登唯一的贡献就是改编了原版中的中世纪英语（内维尔·科格希尔也有所参与），方便现代观众理解剧中内容。——原注

双重角色,便找来蒂龙·格思里担任联合制作人,他以前在剑桥工作的时候曾与此人有过合作。至于音乐,奥登希望这部剧由时年28岁的作曲家迈克尔·蒂皮特来完成,他是戴维·艾尔斯特的一个朋友。[1] 但杜恩表示他不希望剧中的音乐过于高雅,转而选择了一个名叫赫伯特·默里尔的年轻人。这位年轻人不负众望,最终制作出与剧本十分匹配的音乐大杂烩。在排练期间,负责舞台设计的罗伯特·梅德利注意到,奥登很有合作精神,欣然接受任何修改意见,只要有人提出要求,他就会当场写出新词。

"群体剧团"很清楚,已经出版的《死亡之舞》剧本反响不佳,许多人对接下来的演出不抱希望。正如梅德利所说,人们认为演出将会是"威斯坦的葬礼"。因此,演出的成功反而格外引人注目。两个星期日晚上的演出,观众们都看得津津有味,为之热情地鼓掌,几位到场的剧评家也是赞不绝口。《新政治家》的评论员称之为"回归现实和神秘",说它"与当代堕落的戏剧完全不同",虽然"绝不是一部杰作",但"相较于诺埃尔·科沃德、萨默塞特·毛姆先生以及伪现实主义派的'杰作'而言,这部剧对未来戏剧的发展更为重要"。类似地,《新英语周刊》的评论家在指出剧中存在"令人惊讶的稚气"的同时,高度评价了这部剧:"从整体而言,这是一部兼具了原创性和丰富性的戏剧作品,让我们燃起了希望,能够为我们陈旧的戏剧再次注入活力。奥登先生强烈反对放任现今戏剧界的混乱局面,观众们纷纷起身致敬,这说明伦敦的戏剧舞台终于迎来了一些改变。"

---

[1] 迈克尔·蒂皮特爵士表示,没有任何人与他说过这件事,尽管他对奥登略知一二。他曾在麦克尔威位于萨默塞特的家中见过奥登,此事由戴维·艾尔斯特促成。——原注

第六章 执教

★ ★ ★

1934年春季学期，当《死亡之舞》在伦敦举行星期日演出时，奥登在唐斯学校排演了《洪水》，这是一部中世纪的大洪水题材剧作，"群体剧团"曾安排演出过。几乎全校人员都参与其中：床单被抽了出来，盖在低年级学生的身上，他们冲上冲下，模拟海浪运动的轨迹；奥登则藏身于椽子上，负责讲述上帝的台词。在排演的过程中，他是一位精力充沛、热情奔放、不知疲倦的制作人，烟不离手，忙前忙后地安排诸多事宜。

大约在这个时候，他开始着手一个"与教育有关的"项目。这项目有点不走寻常路：他要编辑一本供教学使用的诗歌选集，诗歌按照字母顺序出现，并不标注作者（索引中才会写明）；收录的作品不仅有教学类诗选中的常规诗篇，还包括 D. H. 劳伦斯、韦切尔·林赛、T. S. 艾略特、刘易斯·卡罗尔的作品，以及选自《圣经》的赞美诗和带有"胡话诗"特点的童谣。这就是《诗人之舌》，试图向学生们展示"诗歌"的一切可能性——正如奥登在该选集的序言中所说，诗歌纯粹是一种"难忘的言语"。他进一步解释道："如果只把诗歌局限于生活中的重大经历的话，我们会对诗歌造成难以估量的伤害……诗歌不比人性更优越，也不比人性更糟糕。诗歌既深刻又浅薄，既老练又天真，既沉闷又诙谐，既污秽又坚贞。"他与一位名叫约翰·加勒特的牛津大学校友合编了这部选集，此人曾在埃克塞特学院念本科，因此很有可能是内维尔·科格希尔引荐给奥登的。《诗人之舌》最终在1935年6月出版，之后多次再版。评论家们称赞这部选集不落传统教学文选的窠臼。德尼斯·汤普森在《细察》上刊文指出："它一定会让大量新鲜的空气涌入，因为这方面正需要推陈出新。"

169　夏季学期结束后，奥登和唐斯学校的两个校友一起驾车穿越欧洲。这两位校友分别是迈克尔·耶茨和彼得·罗杰，后者目前在学校从事园丁的工作，奥登似乎一直与他维持着暧昧的关系。他们乘渡轮到奥斯坦德，然后开车穿过比利时进入德国，在科隆、爱森纳赫和德累斯顿有过短暂的停留。奥登为唐斯学校的校刊提供了一篇旅行日志，提到纳粹统治下的德国"由黑帮分子和那些擅长军事化管理的年级长联手管理"。他还写到了在爱森纳赫的经历："坐在集市广场的咖啡馆里，听到广播传出希特勒从汉堡发出的演说。听起来就像是拉丁语课。"随后，他们穿过捷克斯洛伐克，原本打算去喀尔巴阡山脉和"德古拉"县[1]看看。奥登告诉娜奥米·米奇森，他觉得这次旅行"就是被孩提时代有关德古拉的记忆所激发的"。然而，彼得·罗杰有一条腿行动不便，他们只好缩短了行程，转而向南开往布达佩斯，接着前往维也纳。最终，他们游览了蒂罗尔和瑞士后，就返回了英国。"很讨厌瑞士，"奥登这样评说道，"饮食糟糕，建筑丑陋。"这次出行并没有让他享受到旅游的乐趣。他断定自己不喜欢自然风光。"就我个人而言，"他在有关这次旅行的记述中写道，"我需要的是一家好旅馆，一个加油站，或是雾气弥漫的城市街道。"[2]

　　在这次欧洲之旅的前后一段时间里，奥登一直忙于一部戏剧

---

[1] "德古拉"（Dracula）县，其实指的是罗马尼亚境内的县城布拉索夫，位于南喀尔巴阡山的北坡，当地有一个著名的旅游点——德古拉古堡。德古拉原是古罗马尼亚的名将，性情极为残暴，爱尔兰作家布拉姆·斯托克以他为原型创作了小说《德古拉》，将之塑造为吸血鬼，德古拉古堡因此而闻名。

[2] 这趟假期的旅行提供了一个有趣的例子，让我们看到奥登是如何在诗歌中引入特定的语汇的。奥登在描写他们逗留捷克斯洛伐克的日记里写道："午饭后我们第一次也是最后一次出去散步，发现他们正在修建新铁路。非常秀气。"翌年秋天创作《三十年代的新人》时，诗中出现了这么一行——"幸运地爱上了秀气的新铁路"。——原注

第六章 执教

的创作，这是他为"群体剧团"构思的新剧。更确切地说，他重拾了过去被放弃、被搁置的三部作品——《毕晓普的敌人》《弗朗尼》《我青年时代的那一年》，把它们全都融进一部戏剧中，最终形成了《追逐》。在1934年夏季学期的时候，他曾对娜奥米·米奇森说："这部史诗已经变成了一部戏剧，正慢慢地成形。"剧本似乎有过修改，因为他在8月5日写信告诉杜恩和梅德利："我正扑在这部剧上，打算推倒重来，以便更适合'群体剧团'的演出。我唯一迫切的需求是一个擅长诗朗诵的歌队，我相信你们到时候能解决。"到了10月，这部剧完工了。

《追逐》以一首合唱开始，首先笼统地介绍了场景——"夏天来了：在波光粼粼的湖面上/欧洲及众岛屿横卧"，随后描述了故事发生地的特定景观。这是一个开采铅矿的国家，类似于《毕晓普的敌人》中的设置。但与之不同的是，"莫特米尔"式的喜剧要素已经被替换成了社会批评。位于普雷森教区的温迪亚克矿场，因矿主想要安装自动化机械装置而导致了劳资纠纷，其中一条支线情节讲述了罢工的产生、暴乱的发生以及戒严的推进。不过，大部分故事都隐匿在舞台之外，舞台上的主要情节线索是对《弗朗尼》的改写。一个被抽签选出的年轻人艾伦·诺曼，踏上了寻找失踪的贵族弗朗西斯·克鲁的旅程。弗朗西斯·克鲁的名字，出自《弗朗尼》中的角色弗朗西斯·特维尔-彼得，而他的姓氏可能与哈德良长城附近布兰奇兰村的克鲁勋爵堡旅馆有关，奥登曾在1930年与加布里埃尔·卡里特徒步旅行时住在那里。艾伦沿着弗朗西斯·克鲁的足迹一路追踪，来到了尼尼微酒店，遇到了电影明星露·维庞德；接着到了一家医院，发现弗朗西斯已经死在了手术台上。还有一条直接取自《毕晓普的敌人》的支线：少管所所长奥古斯塔斯·比克内尔爱上了一位逃离的少年，此少年异装成了姑娘；而另一位逃离的少年乔治把自己套在狗皮之下，陪着艾伦东奔西走。

在原先的两部剧中，奥登的诗几乎是硬生生插进去的，在朗诵诗歌的时候，情节随之中断。而在《追逐》中，他努力让诗歌与戏剧情节结合起来。除了给歌队分配了一些富有诗意的演讲以外，奥登还引入了"见证者"，这两个形象显然是《我青年时代的那一年》中的"提特"和"图尔"，他们以各种不同的装扮出现在舞台上，宛若命运之神点评正在发生的事件。

《追逐》里掺杂了大大小小的事件，在庸俗的喜剧和严肃的心理评说之间唐突地切换——那些描述少管所男孩命运遭际的段落带有喜剧色彩，而牧师发表的演讲就异常严肃。牧师的讲稿几乎原封不动地摘自《我青年时代的那一年》，这本身就是对杰拉尔德·赫德著述的改写，把当前的社会问题归咎于"经济人"日趋恶化的身心分裂。为了打破戏剧惯例的束缚，奥登尝试了一些新的戏剧手段，包括让观众参与剧情、演员从观众席登上舞台等做法。剧中也有一些相当精彩的段落，比如，以"永恒世界里最糟糕的一天是什么天气"为开头的演说，是奥登在1933年写成并以《武器制造商的布道》为题发表在《生活与文学》杂志上的文稿。在这篇演说中，共产主义学说是从资产阶级的角度被呈现出来的，被描述为地狱力量对上帝发动的一次新攻势。整部剧结尾部分的氛围十分沉重：艾伦·诺曼，这个人物从各种线索来看是反法西斯主义者，却被法西斯力量击毙了，死在弗朗西斯的姐姐艾丽斯（她的名字很可能取自诺布·斯诺德格拉斯的姐姐）的怀抱里。歌队最终传递了这样的讯息："如果我们以抗拒或愚弄来终结今天的生活：便会有另一种结局。／选择权就在你们自己手中。"不管怎么说，这部剧深深地烙印了之前两部剧（即《毕晓普的敌人》和《弗朗尼》)的影子，这往好了说算是一种有趣的娱乐，往坏了说就是一部孩子气的大杂烩。

1934年秋，费伯-费伯出版社收到了一份《追逐》的打印稿，鲁珀特·杜恩也收到了一份由奥登寄出的稿子。尽管杜恩认为这部剧没有达到他对奥登的预期，但他还是着手开始了准备工作，以便"群体剧团"在来年春天上演该剧。费伯-费伯出版社收下了这部剧，宣告将于来年3月推出。然而，奥登自己却有了新的想法。11月，他让费伯-费伯出版社退回了打印稿，理由是他要进行一些修改。他已经给克里斯托弗·伊舍伍德寄了一份打印稿。彼时，伊舍伍德正与他的男友海因茨暂住在哥本哈根，他在写给奥登的几封信中提出了改进剧本的建议。为了更好地讨论剧本，奥登决定去哥本哈根找伊舍伍德。他说服费伯-费伯出版社预付给他足够的钱，让他得以乘飞机过去。此举给伊舍伍德留下了深刻的印象，因为他那时候还无法接受乘飞机，觉得这是一件危险的事情。奥登原本寻思，伊舍伍德会提供一些帮助，但这部剧依然算是他自己的作品。1935年1月初，在去哥本哈根前不久，他写信给诺布·斯诺德格拉斯的姐姐艾丽斯："我刚完成了一部戏剧，将于4月左右在伦敦上演。"他在哥本哈根只停留了四天，当他于1月13日回到伦敦时，这部剧已经彻底改头换面了，而且作者变成了两位。

★ ★ ★

伊舍伍德的核心建议是，这个故事应该完全聚焦于艾伦寻找弗朗西斯的过程，删掉少管所那条支线以及与铅矿罢工有关的内容。他和奥登还达成了一个共识：狗皮里面的人应该是弗朗西斯，这才是他下落不明的症结所在；艾伦则像原先的构思那样，带着这只"狗"四处寻找弗朗西斯,直到剧情走向了尾声,才发现一路同行的"伙伴"的真实身份。如此一来,简化了剧情大纲,可以更为灵活地将个别情节演绎为歌舞剧或卡巴莱即兴表演。事实上,这部剧越来越像是一部童话剧,在一个简单松散的剧情框架之下,一系列几乎独立的小段落穿插了进去。奥登本人在多年后回顾这部剧时指出,童话剧是新版"最重要也是唯一的影响来源"。

新版的主题已经不同于《追逐》。解析时局动荡的企图已经荡然无存。相反,正如奥登自己所说,现在的重点是呈现"一场带有政治色彩的当代社会之旅"。艾伦与"狗"的探索旅程,将会跨越海峡,踏上一个残暴的君主制国家(奥斯特尼亚),随后进入一个落入了法西斯之手的国家(威斯特兰)。在这部剧中,欧洲的面貌如同英国乡村地带,呈现出一种腐朽萧条的景象。

奥登动身前往哥本哈根之前,伊舍伍德已经为新版的各个场景提出了实质性建议。在11月23日的一封信中,他提供了"对剧情梗概的一些建议"。这些建议包括如下几点:把《追逐》中的新闻记者"改成国际记者,他们悄悄地四处搜罗和探查";写一个场景,革命领导人未经审判就被处决,而他们的妻子得到了香槟和蛋糕作为慰藉(这个想法源自奥地利总理陶尔斐斯的妻子的一个行为,据说她把蛋糕送给被处决的社会党人的遗孀);插入一个场景,将法西斯领导人的追随者描绘成疯人院的疯子们;在艾伦与露·维庞德小姐做爱的场景中,用裁缝铺的模型人代替露·维庞德小姐(这个想法源自《毕晓普的敌人》);为有关尼尼微酒店的场景设置一段卡巴莱即兴表演,而在表演过程中,"一幅伦勃朗画作在掌声雷动之际被劈砍";戏剧收尾时,弗朗西斯从狗皮里跳出来,发表了一场谴责村民的演说,随后与艾伦一起离开。伊舍伍德还给奥登寄去了一些信,提出了更多的建议。等奥登到了哥本哈根之后,他俩详细地计划了该剧的重写工作。等奥登回到英国三个星期后,伊舍伍德写信告诉斯彭德:"这部作品渐渐地改头换面,但保留了原先版本中的一些精华。"

如此看来,伊舍伍德和奥登是以合作的形式进行重写的,部分工作是他们在哥本哈根相聚时完成的,其余部分全靠之后的通信来推进。伊舍伍德为他自己提出的大多数新场景撰写了散文体的对话[1],奥登则写了几段新唱词和一些新场景。奥登撰写的新场景如下所示:艾伦在奥斯特尼亚参观了形同地狱的红灯区;在火车上偶遇了一位金融家;在天堂公园与一位诗人、一对恋人以及两个残疾人对话。随后,伊舍伍德修改了这些新场景,有一些细节完全出自他的手笔。此外,奥登认同了伊舍伍德的建议,删去了"两个见证者",把他们的大部分台词都交给歌队来完成,并为歌队写了一些描绘英国风景和欧洲城市状况的诗句。[2]

伊舍伍德在1935年2月初完成了定稿,他和奥登打算将其命名为《弗朗西斯在哪里?》。但鲁珀特·杜恩建议另起一个剧名,

---

[1] 伊舍伍德撰写的部分如下所示:第一幕第二场(在船上与记者和酒吧招待的对话),第一幕第四场的大部分内容(奥斯特尼亚宫廷里的处决场面),第二幕第一场的大量内容(威斯特兰的疯人院),德斯特拉蒂夫·德斯蒙ების卡巴莱即兴表演(出现于第三幕第二场),以及第二幕第五场中两只脚的对话(《追逐》中也有类似的对话,但伊舍伍德赋予两只脚全新的内涵,让它们分别代表了本能和理性)。——原注

[2] 爱德华·门德尔松在《早期奥登》中指出,这些描绘风景的诗行常常被誉为奥登最优美的作品之一,提炼自安东尼·科利特所著的《英格兰面孔的变迁》(*The Changing Face of England*,1926)中的一些细节。例如,奥登写下的诗句——"此时此刻,这片平静的荷兰海域如此低浅/沉没的圣保罗号露出了它的金色十字架",基于科利特的这段文字——"北海水域低浅,只要圣保罗号沉没在荷兰和英国之间的海域,不管是哪个位置,其金色十字架都会在水面上闪闪发光……"——原注

可能是想到了艾略特的《不朽的低语》中的两行诗——"韦伯斯特老是想着死／还看见皮肤之下的骷髅"。奥登和伊舍伍德最终接受了杜恩的提议,将剧名改为《皮下之狗》。

此前,费伯-费伯出版社同意推迟出版《追逐》,直到奥登完成修改为止。而现在,他给他们寄去了《皮下之狗》,封面上赫然写着合著者伊舍伍德的名字。艾略特对此不太满意,在再次刊登广告宣传该剧时,尽管改成了新剧名,却只写了奥登一人为作者。奥登大发雷霆,写信给艾略特详述了伊舍伍德的贡献,艾略特这时才认可了他们两人的合著工作。这部剧交付印刷后,伊舍伍德此时才提出了一个新的结局。在这个新结局中,米尔德丽德·露丝,那个声称两个儿子都在第一次世界大战中被德国狙击手射杀的半疯半傻的女人(她最初出现在《我青年时代的那一年》中),在弗朗西斯准备与艾伦一起逃跑时枪杀了弗朗西斯。杜恩决定让"群体剧团"采纳最新修改版的剧本,安排在1936年1月上演,作为剧团接下来的伦敦演出季的组成部分。只可惜伊舍伍德的提议有些晚了,1935年5月的印刷版本来不及改用新结局,评论界对该剧也是褒贬不一。约翰·加勒特对《诗人之舌》的合编者(即奥登)忠心耿耿,称这部剧是极好的讽刺作品。《泰晤士报文学副刊》赞扬了该剧语言的丰富性,却又称之为"相当于大学生手笔的低劣品"。I. M. 帕森斯在《旁观者》刊登了一篇评论文章,将该剧与刚刚出版的《大教堂凶杀案》进行了比较。他认为相形之下,《皮下之狗》是一部粗制滥造的作品,一部半生不熟、毫无意义的小讽刺剧","如果这是布朗先生和史密斯先生写的,而不是奥登先生和伊舍伍德先生这两位才智出众的年轻人写的,没有人会费心出版它,也没有人会费时间读它"。奥登在写给诺布·斯诺德格拉斯(他此前写信称赞了该剧)的信中提到了这篇充满敌意的评论:"很高兴你喜欢'老狗皮'。这会让《旁观者》十分不爽。"大约正是在这段时间,奥登已经开始为"群体剧团"酝酿下一部剧了。他在4月写信告诉迈克尔·罗伯茨(他是一位业余登山爱好者):"我想马上见见你,跟你谈谈登山,这将是我下一部剧的主题。"

1934年圣诞节,奥登在唐斯学校组织了一场舞台剧,风格与《皮下之狗》类似。演出结束后,他写信告诉诺布·斯诺德格拉斯:"我上学期忙得不可开交,制作了一部由全校师生参与的歌舞剧,演员阵容约113人。音乐和歌词都是我写的。有一些非常劲爆的歌舞。真希望你能看到。"他把这些曲子用C大调唱给莫里斯·费尔德的妻子亚历克丝听,亚历克丝做了变调处理,并且配上了和声。事后,费尔德夫妇设法保存了奥登创作的一些歌曲,以下是比较典型的一首:

> 新来的男孩
> 哦,做一个新生不容易
> 不比做一个犹太男孩强
> 奇奇怪怪的可怕面孔们
> 来来去去打听我的名字
> 直到躲进了一个小角落
> 将羞怯的自我小心隐藏
> 不过是一个茫然的孩子
> 在公学里完全不知所措

不是所有的歌曲都如此天真欢快。有一段歌舞表演，奥登自己戴着假发、穿着亮片长袍出现在舞台上，唱了一首他在《皮下之狗》中用过的歌曲——"在朗达河岸／我成日消磨时光／看着我的矿场小伙们。"毫无疑问，奥登此举是为了取悦那些前来科尔沃尔看演出的朋友们，包括鲁珀特·杜恩和斯蒂芬·斯彭德。观众们显然也很喜欢这场演出，而且他们的欣赏蕴含了更深层次的原因。校刊的评论文字指出，演出的成功"在很大程度上是因为我们得以借此机会做自己……我们受到了鼓舞……去释放我们的天性"。

这已经是奥登在唐斯学校任教的第三年了。在写给斯诺德格拉斯的信中，他将自己形容为"王权背后的力量"。然而，他觉得自己是时候考虑离开了。早在1934年，他就想过去俄国教英语，但这个想法最终无疾而终。那年秋天，他设法与布莱恩斯顿公学取得了联系，想看看那里是否有合适的工作机会。布莱恩斯顿公学与唐斯学校有紧密联系；奥登以前的几个学生都在该校上学，而他们的高级英语老师威尔弗雷德·考利曾与塞西尔·戴-刘易斯和雷克斯·沃纳在牛津合租过房子。1934年10月，奥登告诉一位朋友："我明年可能会去布莱恩斯顿公学。"到了1935年春，他已经正式被布莱恩斯顿公学聘为教员。不过，奥登本人对于在公学任教的前景并不乐观。1935年4月初，他对迈克尔·罗伯茨说："我9月份要去布莱恩斯顿公学，很是忐忑。"两个星期以后，整个计划都泡汤了。唐斯学校的校长杰弗里·霍伊兰计划在布莱恩斯顿公学布道，根据奥登自己对该事件的描述，他"写信给一个以前的学生，很不恰当地怂恿这位学生把洋葱放在圣杯里"[1]，"男孩得

---

[1] 收到这封信的"前"学生是迈克尔·佩吉特-琼斯。据当时在布莱恩斯顿公学念书的迈克尔·耶茨说，奥登在信中写道："我听说杰弗里·霍伊兰下个星期日要来布道。给我放一个洋葱在圣杯里。"奥登后来宣称，布莱恩斯顿（转下页）

第六章 执教

意扬扬地把信拿给年级长看，年级长在震惊之余把信交给了校长，结果就这样了"。

奥登在写给迈克尔·罗伯茨的信中说："我对接下来要做什么很疑惑。是否应该继续教学工作？如果是的话，我希望是一所走读制中学[1]。你能给我一些建议吗……我觉得自己真正想要的是在英国广播公司从事教育方面的工作。"

上述信件写于4月22日。大约六个星期以后，奥登收到了伊舍伍德的一个请求，拜托他做一件事。伊舍伍德觉得自己不方便做这件事，但又深知需要去做：娶托马斯·曼的女儿埃丽卡，给她一本英国护照。

伊舍伍德与托马斯·曼的长子克劳斯·曼相识多年，在1935年5月被介绍给克劳斯的姐姐埃丽卡。彼时，她正在阿姆斯特丹，而伊舍伍德和海因茨刚巧也住在那里。埃丽卡·曼已经30岁了，她曾师从马克斯·赖恩哈特学习表演。除了在剧院工作以外，她还是一个记者，甚至有一次成了拉力赛车手，在十天内驾车环游欧洲六千英里，同时在报纸上刊文讲述自己的环游进展情况，为此得了奖。自1933年以来，她经营了一家名为"胡椒磨"的卡巴莱剧团[2]，他们表演的歌舞和小品基本上都是反纳粹的，而且大部

（接上页）公学的校长T. F. 科德"偷"了信，这一点可以参看《最后的遗言》中的诗行——"T. F. C. 很可能收藏了他偷走的那封信"（出自《冰岛书简》，*Letters from Iceland*, 2nd ed., p. 246）。——原注

[1] 走读制中学是一种属于国家系统的中学，而不是那些私立的公学。——原注

[2] 除了埃丽卡·曼以外，"胡椒磨"剧团的创始人还包括克劳斯·曼、特蕾泽·吉泽等人。"胡椒磨"（Pfeffermühle）这个名字是托马斯·曼提议的，据说他指着餐桌上的胡椒研磨器问"这个如何"，于是埃丽卡·曼就用此命名剧团。1933年1月，"胡椒磨"剧团在慕尼黑上演了他们的第一个节目，风靡一时，但由于纳粹势力的干预，他们不得不在同年9月搬到了苏黎世，那里一度成为德国流亡者的聚集地。移居美国后，埃丽卡·曼曾试图让"胡椒磨"剧团在纽约站稳脚跟，但最终失败了。

分都是埃丽卡的手笔。克劳斯·曼将"胡椒磨"的剧目描述为"既尖刻又优雅,并且不乏诗意和怀旧的基调"。剧团里有一位天赋异禀的女演员特蕾泽·吉泽,伊舍伍德曾在一场演出中看到她"把一个地球仪放在大腿上,就像抱着一个病孩,对着它发出奇奇怪怪的低吟声",这个场景令他久久不忘。

埃丽卡·曼本人面容俊俏,身材苗条,拥有一头黑发。她结过婚又离了婚(尽管事实上她是一个女同性恋),丈夫是一位名叫古斯塔夫·格林德根斯的演员,虽然与纳粹有一定的联系,但一度同情左翼人士,后来被任命为柏林国家剧院的总监。随着希特勒掌握了权力,埃丽卡·曼和她的剧团离开了德国,在欧洲各地巡回演出。她还想方设法把父亲未完成的小说手稿《约瑟夫和他的兄弟》偷偷带出了德国,最终辗转交到了父亲手中。1935年初春,在领着剧团漫游了两年之后,她听说柏林当局计划剥夺她的德国公民身份。为此,她有意向近在咫尺的英国单身汉求助,而此人恰好是克里斯托弗·伊舍伍德。她不无尴尬地问他是否愿意娶她,这样她就可以获得英国公民的护照了。

伊舍伍德虽然感到"荣幸、兴奋、有趣",却拒绝了她的请求,因为他觉得自己若是与这样一位著名的反纳粹分子结合的话,势必会对海因茨造成伤害,而且他也意识到自己对婚姻怀有深深的恐惧。于是,在征得埃丽卡·曼的同意之后,他写信给奥登,认为他或许能够提供帮助。奥登马上回电说:"荣幸之至。"埃丽卡·曼旋即动身前往英国。

此时,奥登已经放弃了他在唐斯学校的单身教工宿舍的房间,住在邻近的一栋村舍里。他戏称这栋村舍为"劳伦斯别墅",显然是为了纪念他和彼得·罗杰(他是打理学校花园的年轻人)的一段恋情。(对曾来过唐斯学校的诗人加文·尤尔特而言,奥登似乎是"住在花园的棚屋里,与一位园丁做伴";此言当然有夸张的成分。)奥登与学校的另一位教员奥斯汀·赖特合租了"劳伦斯别墅",此人在1935年6月期间与奥登朝夕相伴,了解整个婚姻事件的来龙去脉。这是赖特对此事的描述:

> 伊舍伍德来信说,埃丽卡·曼面临生命之虞。她在阿姆斯特丹参与政治歌舞剧表演。剧院里发生过枪击。她每晚都得换旅馆居住。奥登愿意娶她并帮她拿到英国护照吗?威斯坦认为,回复这个问题刻不容缓。他答应了。但很快,他就愁容满面,担心母亲的想法,毕竟她是一位坚定的英国国教高教会派信徒。而杰弗里·霍伊兰呢?"我们将看到校长在草坪上来回踱步。"

埃丽卡·曼答应给未来的丈夫寄几张自己的照片。"耽搁了很久,"奥斯汀·赖特回忆说,"唐斯学校的邮箱安置在大门内,前面有一块小玻璃,这样你就可以看到里面的信件了。因此,每天下午四点左右,邮件送达后,总会有人拿小棍子往里戳来戳去翻找一通。终于有一天,我们看到了一个大信封。当时我和奥登在一起。我们直接回到劳伦斯别墅,信被大刺刺地撕开了,照片散落在地板上。'那是我的妻子!'显而易见,都是剧照——各种角度都有。伊顿式发型[1],一缕卷曲的头发垂在一只眼睛上。黝黑深邃的眼睛(跟她母亲简直是一个模子刻出来的)。穿着演出服。"

通常的故事版本是这样的:埃丽卡·曼在婚礼前不久才赶到莫尔文,据说她一开始下错了站(在莫尔文林克下了火车,而不

---

[1] 一种流行于20世纪20年代的女子短发发型。

是莫尔文镇[1]），朝站台上唯一的男人打招呼——"你能娶我真是太好了！"但这事还有一个版本：奥登在火车进站时才匆匆赶到了站台，冲向他见到的第一个女人，一把搂住她的脖子喊道——"亲爱的，见到你真高兴！"那女人吓得连连后退。不过，奥斯汀·赖特的叙述表明，这两个版本都不是真的，奥登在婚礼前几天就见到了埃丽卡·曼。不过，真实的故事几乎与虚构的版本一样充满了戏剧性。

"她在夏季学期受邀赶过来，"赖特回忆说，"这一次我又被带上了（如同皮拉德斯之于俄瑞斯忒斯[2]），去远处的一家乡村酒吧见她。（威斯坦开车经过了一小片乡村绿地，车底拖着一块白色的大石头。）我们到达酒吧的时候，她已经在那里了。她十足像个男人——我并没有开玩笑。这再好不过了——对同性恋者威斯坦来说，非常般配。她坚持驾车载我们回莫尔文——是的，她有驾照，而且是一位国际拉力赛车手。"

他们达成了共识，在学校附近的莱德伯里小镇结婚。"莱德伯里登记处是一个明智的选择，"奥斯汀·赖特写道，"那段日子，温度适宜，睡意丛生。一天下午，我们［奥登和赖特］去见了登记员。办公室是一个正方形的小房间，一叠叠发霉的巨大登记册靠墙堆放着，或是塞在壁柜里，一位戴着眼镜的可爱小老头坐在里面。对于他的提问，威斯坦自然是一概不知道怎么回答——她的名字？'嗯，她结过婚，然后离婚了——其实我不知道。''没关系，待会儿再告诉我。她的年龄？——没关系。'威斯坦提供了

---

1 "莫尔文林克"（Malvern Link）位于"莫尔文镇"（Great Malvern）东北方，其中"link"一词指的是莫尔文山斜坡上的一片山脊地带，来自中古英语"hlink"，意思是一片土地、一座山，或者一片上升的地面。
2 俄瑞斯忒斯是古希腊神话中的人物，他长大后为父亲阿伽门农报仇，杀掉了母亲及其情人。皮拉德斯是俄瑞斯忒斯忠诚的朋友。

第六章 执教

一些他自己的信息，接着我们就走进浓烈的日光下。威斯坦戏言：'他本可以让我跟空气结婚的。'"

6月14日，也就是婚礼的前一天，奥登带埃丽卡·曼去切尔滕纳姆看了塞西尔·戴-刘易斯夫妇。他和埃丽卡还签署了一份婚前协议，互不牵涉财务问题。奥登明确地告诉朋友们，不需要为他们准备结婚礼物。6月15日，婚礼如期举行，莫里斯·费尔德和彼得·罗杰担任见证人。之后，所有人都来到了费尔德家里，莫里斯和亚历克丝为他们拍摄了照片，但并没有举办庆祝活动。不过，根据奥斯汀·赖特的回忆，奥登的汽车散热器旋钮上绑了一个由鲜花和卷心菜叶子组成的花球。奥登随后开车送埃丽卡·曼去莫尔文，到她下榻的阿比酒店，再返回学校继续一天的教学工作。唐斯学校的大多数人都知道这桩婚姻的真相，因此很少有人谈论它。奥登在写给斯彭德的信中说："我直到婚礼期间才见到她，也许以后再也不会看到她了。但她的确很好。"

几天后，一封电报发到了唐斯学校："我的爱，你的爱，人人平等。"电报没有署名。据奥斯汀·赖特回忆，奥登"不明白这是什么意思"。

大约在这个时候，也就是1935年6月中旬，奥登找到了一份新工作。他写信给巴兹尔·赖特，此人是戴-刘易斯的老同学和朋友，目前在邮政总局新近成立的电影部做导演，为纪录片制片人约翰·格里尔逊工作。奥登曾于1927年在牛津见过巴兹尔·赖特，而今去信询问是否有机会在电影部谋得一职，因为他对他们的工作内容很感兴趣——格里尔逊以制作纪录片而闻名，他的作品将普通工人的生活处境准确生动地搬到了大银幕上。巴兹尔·赖特把奥登的信交给了格里尔逊，很快就有了结果。奥登不仅得到了一份从9月开始的全职工作（尽管薪水只有他之前工作的一半），而且还被要求立即为两部纪录片写解说词。夏季学期快结束的时候，他写信告诉诺布·斯诺德格拉斯："无论如何，我都要暂时地离开教学岗位了，去邮政总局电影部为格里尔逊工作……此刻，我正在给一部电影写配诗，是关于开往苏格兰的夜邮列车的。我得把所有能找到的苏格兰地名都填进去。"

他的第二篇解说词是为一部关于英格兰北部矿工生活的实验性纪录片《采煤场》而写的，半是解说半是吟唱。两部纪录片都有专门的配乐，由于电影部的预算十分紧张，他们只能选择一位名不见经传的年轻作曲家来完成这份工作。最终，他们聘请了刚从皇家音乐学院毕业的本杰明·布里顿，他那时才22岁。7月4日，巴兹尔·赖特带着布里顿到莫尔文看望奥登。

根据赖特的记忆，那次会面的气氛"轻松、友好"，尽管他和奥登都认为布里顿"实在是太年轻了"。之后，布里顿立即投入了工作，很快就为奥登写给《夜邮》（关于苏格兰邮车的电影）的配诗谱了曲，还为《采煤场》中的谣曲——"哦，宠爱混种猎狗的煤矿工人"——配了乐。奥登深表叹服。他后来写道："迅速让我留下深刻印象的是，作曲家布里顿对英语语言有非凡的音乐敏感性。人们总是说英语是一种不适宜拿来配乐或吟唱的语言。不过，由于我已经听过像道兰德这样的伊丽莎白时代作曲家的曲子，我知道上述说法是不成立的。但那位名叫亨德尔的伟大作曲家，对英国作曲环境实在是起到了不良影响。诚然，沙利文为吉尔伯特的轻体诗创作的配乐是成功的，但此类音乐未免有些无聊。现在，终于出现了一位作曲家，他的谱曲恰如其分地表达了语言。"至于布里顿，在他们第一次见面的那天，他就在日记里形容奥登为"最了不起的人""一个机敏智慧、魅力四射的人"。

与布里顿见面后过了几个星期，奥登告别了唐斯学校的朋友们，至少是"暂时地"离开了教学岗位。

第七章　旅行

奥登在唐斯学校的日子,是他截至目前最快乐的一段时光了。他在那里的生活和工作都进行得有条不紊,他的诗歌创作也进入了一个盎然勃发的阶段。然而,他尚未理清自己的思想观念。他早先钟情于莱亚德、莱恩、劳伦斯和格罗德克的学说,这种热情已然消退(尽管没有完全消失),但其他学说或主张还无法取而代之,他的诗歌还没有坚实的思想基础。杰拉尔德·赫德对社会弊病的阐释,以及爱德华·厄普华等朋友传递的共产主义思想,都不足以对他形成持久的吸引力。他在诗歌中把玩这些思想观点,但很快就意识到自己不应该摆出宣传者的姿态。他在唐斯学校最后一个学期出版了《诗人之舌》,引言中有这么一段话:"诗歌并不是告诉人们应该做什么,而是扩展我们对善和恶的认知;它也许让行动的必要性变得更为迫切,让行动的本质更为显见,但这只是为了引导我们走向一种境界,以便做出合乎理性和道德的选择。"

离开唐斯学校后的那个暑假,他在8月为伊舍伍德写了一首以"八月之于人民和他们最喜爱的岛屿"为开篇的生日献诗,在诗中回顾了自己的思想和心境。这首诗描述了他和伊舍伍德在1926年到怀特岛度假的情景,那时他们的想象力都浸染了一层"莫特米尔"的色泽——"我们的希望仍托付于间谍的事业,/从眼镜和旧毡帽里寻找蛛丝马迹,/而我们发现的所有线索和隐秘/都出人意料和虚伪不堪……"随后,诗歌写到了他们在五年后(即1931年)到吕根岛度假的经历。在那段时期,"这个词就是爱",也就是说,他们相信世界上的一切弊病都可以被爱治愈——主要是爱欲;而奥登的作品(尤其是《雄辩家》)蕴含了一种"在带镶板的房间里私下开玩笑"的意味。接下来的诗行驳斥了这些想法,以及过去岁月里"每一个虚弱无力的幻想",并且宣称奥登及其伙伴们再也不能沉迷于此类愚蠢的念头——"如今,无线设备发出的警告和谎言/越来越嘹亮,而那些得体人士/不可能轻松惬意地转往别处"。他们再也无法忽视周遭世界正在发生的一桩桩可怕的事件。诗歌的结尾是对伊舍伍德的呼吁,请求他用"严谨而成熟的笔触"去揭露社会的肮脏和虚假,并且指明通往变革的道路——"让行动变得迫切,让其本质显现",这里的措辞与《诗人之舌》引言中的那段话如出一辙。

这就是奥登在1935年8月的心态:拒绝了过去的想法,想要找到一种能够消除社会罪恶的行动路线。9月1日,他开始从事电影方面的工作。

★ ★ ★

邮政总局电影部是时年37岁的苏格兰人约翰·格里尔逊创建的,他认为电影不仅仅是一门艺术,还是影响公众舆论的一种手段。"我对那样的电影没什么兴趣,"他写道,"我把电影视为讲坛,并把它当作宣传工具。"在美国研习了电影以及其他大众媒体之后，格里尔逊于1927年回到英国，希望找到一个组织，让他可以制作兼具教育功能和说服力的影片。他被帝国市场委员会电影部任命为部长，为他们拍摄了他的第一部电影《漂网渔船》，讲述了北海的鲱鱼渔业。当时的英国电影主要出产于工作室，因墨守成规而显得过于老派，《漂网渔船》的出现立即引起了人们的关注。格里尔逊受到爱森斯坦和普多夫金的影响，在外景拍摄和技巧创意方面都做到了推陈出新。这部电影也证明了他的一个理念，即他可以"从平凡之中创造出戏剧"，而不必诉诸好莱坞式的虚假之风。影片关注普通工人的生活，基调中隐隐约约透露出一丝左翼的意味。格里尔逊承认，他以及其他共事之人都"有点担心这个世界的走向"，并希望"在混乱的世界里，将思想情感具象化，实现一种公民参与的愿景"。

在三年多的时间里，格里尔逊及其在帝国市场委员会创建的团队一共拍摄了100多部电影，题材包括边境牧羊人的一天、伦敦食品市场的工作、苏格兰的三文鱼渔业，等等。这些电影放映给电影俱乐部的观众们看，也在一些学校和学院播放，后来作为"支持计划"的一部分出现在格调更为高雅的伦敦电影院里。1933年，帝国市场委员会解散后，格里尔逊通过斡旋让英国邮政总局接管了电影部。邮政总局没有要求制片人将题材局限于邮局本身的工作，而是允许他们制作通信领域内题材更为宽泛的电影。格里尔逊写道："我们逐渐认识到了现代通信的魔力。我们看到了中央电报局背后的大风警报，发现了有线电视服务背后的民族主义和国际主义的悖论，听到了夜间邮车发出的美妙动听的旋律。"他们还能够处理那些与现代通信毫无关联的题材，例如煤矿工人的生活状况。恰好在这个时间点，正当电影部的视野越来越开阔的时候，

第七章　旅行

奥登加入了他们。

电影部设在伦敦苏豪广场21号，那里有办公区、放映厅和剪辑室。他们还在几英里外的布莱克希思设置了一个小工作室。员工的薪资待遇普遍不高：熟练的技术人员每周能得到六英镑，而制作人员每周要少拿一英镑。奥登的周薪是三英镑。"我的薪水不多，"他写信告诉一位朋友，"我觉得很难维持生计。"为了省钱，起初他住到了巴兹尔·赖特那里，正是由于赖特的帮忙他才得到了这份工作。

奥登绝不是电影部里第一个没有电影制作经验的成员。格里尔逊是一位好伯乐，慧眼识得其他领域能力出众之人，愿意招募他们为自己工作，比如早已对奥登略知一二的青年画家威廉·科德斯特里姆，目前就在电影部担任编辑和助理导演的工作。大约在18个月前，科德斯特里姆加入了电影部，一方面是因为他有社会良知，觉得绘画不足以改变现实；另一方面是因为他的绘画作品卖不出去，需要一份稳定的收入。不过，与帝国市场委员会时期不同的是，格里尔逊现在没有兴趣密切接触新员工。"我很少见到格里尔逊，"奥登回忆道，"我经常与卡瓦尔坎蒂一起工作。"

阿尔贝托·卡瓦尔坎蒂出生于巴西，那时30多岁了，在法国已经闯出了电影制片人的名声。然而，随着时间的推移，他对法国的商业电影业感到了厌倦，随后来到伦敦支持格里尔逊的工作，为电影部带来了该部门其他成员鲜少接触的一样东西——"有声电影"。1935年，他结合本杰明·布里顿的音乐和主要由奥登执笔的文字，为电影部制作了采矿纪录片《采煤场》的声带。由于资金短缺，他们只编写了一小部分配乐，但这些配乐极具创造力，包括采用了某些乐器的反向录制技术。他们加入了男女混合歌队的声音，奥登的那首以"哦，宠爱混种猎狗的煤矿工人"为开篇的谣曲由女声演唱。至于解说词部分，一位解说员如实地叙述了采矿过程及其产品，并且描述了工作的境况。电影声带中还出现了一系列由矿工们朗诵的作品，很有可能是奥登负责撰写的：有工种清单——"伐木工、检查员、监工、驾驶员"，等等；有统计数字——"每年在英国，每五名矿工中就有一人受伤"；此外，还有一份影射矿难的悲凉陈词——"无法清算两百盏灯"，也就是说，两百名矿工未能返回地面。

在奥登加入电影部不久后，《采煤场》制作完毕，于1935年底放映。这部电影旨在实验，而这个实验基本上算是以失败告终了。不少地方出现了解说员的旁白，而奥登和布里顿合作的抒情曲，以及矿工们朗诵的大多数内容，都被解说员的声音盖过了，以至于奥登向伊舍伍德抱怨"就连制片人自己也承认几乎听不到他们的声音"。此外，尽管摄影师和研究室做出了种种努力，但正如一位工作人员所说，影片的大部分画面都"暗得要命"。在一些镜头里，画面几乎只有黑压压的一片。《视觉与声音》的评论文章抨击该片"构思不连贯，制作不到位"。

奥登在电影部工作之初的另一个主要项目是《夜邮》。这部关于每晚从伦敦开往格拉斯哥的"邮政特快"列车的电影，由格里尔逊和巴兹尔·赖特构思，主要由赖特和哈里·瓦特执导，声带则由卡瓦尔坎蒂负责监制。根据最初的方案，影片聚焦于邮件分拣员在夜间疾驰的火车上工作的情景，将会是一部简单明晰的纪录片。然而，这个方案显得单薄。赖特回忆道："格里尔逊、卡瓦尔坎蒂和我大致看了下片子，然后，有个人，可能是格里尔逊，他发了话：'缺了点东西……我们的片子里缺少的，恰恰是那些将要收到信件的人的镜头。我们只是呈现了把信件从一个地方送到另一个地方的操作流程。那么，那些写信的人和收信的人呢？'"

于是，我们达成了一个共识：应该添加一个结尾，用富有想象力的语言描述火车的行驶过程，最后转向信件本身和收信人。这部分内容将以诗歌朗读的形式出现，写诗的任务被分派给了奥登。

1935年7月，奥登尚在唐斯学校任教时写下了这首诗的初稿。尽管他告诉诺布·斯诺德格拉斯，他被要求写上"所有能找到的苏格兰地名"，但这首诗的关注点其实不是苏格兰的景致，而是火车本身的节奏：

> 这是夜间邮车正穿越边境，
> 护送着支票和邮政汇票远行，
> 给富人递送函件，给穷人捎去书信，
> 寄到街角的商店，送到隔壁的姑娘。

"我们正在试验，"奥登谈起《夜邮》时说，"看看诗歌是否可以运用到电影中，我想我们已经证明了这一点。"

初稿里的一些诗行，在哈里·瓦特看来，无法与屏幕上所需要的画面相匹配，比如"高地像屠宰的马匹一样堆积""在这个国家，潦草的海岸线将不安分的大西洋囿于石头迷宫里"，等等。瓦特说："我们放在屏幕上的画面，完全没有那样的强度。"诸如此类的诗行全都被删除了。随后，本杰明·布里顿为这首诗配了乐，再次由一个小型乐队演奏，只不过还用上了砂纸和吹风机。诗歌本身的诵读，一部分由格里尔逊来念，另一部分由电影部的工作人员斯图亚特·莱格完成。他们之所以选中了斯图亚特·莱格，是因为只有他可以承担那些需要快节奏朗读的内容。但即便如此，他也来不及在词组之间喘口气。瓦特回忆道："所以，我们必须想一个办法，让莱格深吸一口气再继续——'这是夜间邮车正穿越边境护送着支票和邮政汇票远行给富人递送函件……'[1]，直到他完全上气不接下气了，'嗬'地深吸一口气。我们得在他'嗬'的地方做个标记，随后他从稍前的内容开始继续读。"

当奥登开始在电影部全职工作时，《夜邮》的一些镜头仍在摄制之中，他随赖特和瓦特前往外景地，一边观看拍摄过程，一边学习执导技巧。瓦特对于奥登的诗人声誉"一点也不在乎"，压根没想过要优待他。瓦特说："在我看来，他只是一位助理导演，这意味着他要扛着摄制装备走上数英里，但他经常迟到。当然，他是一个长相特别的年轻人。他看起来就像是一个笨手笨脚的瑞典水手：他的夹克袖子太短了，露出指节粗大、肤色红润的双手，以及粗壮的手腕；他穿着一件旧运动夹克和一条脏兮兮的旧法兰绒裤子，顶着一头淡黄色的头发，操着一口拿腔拿调、抑扬顿挫的口音，很难想象他居然有这么好听的口音。他被指使干这干那，就像任何年轻助理那样被呼来喝去，我想他肯定不喜欢这样。"

巴兹尔·赖特对奥登比较友善，他很快就认定奥登"在技术上不是傻瓜"。有个场景的镜头要在伦敦的宽街站取景，用来代替影片里的克鲁枢纽站，铁路当局答应给电影部一个周末的时间用来拍摄。电影摄制组感到了一定程度的时间压力，赖特把其中一个镜头的拍摄任务交给了奥登。这个镜头在站台取景，一排手推车正把邮政包裹从刚刚抵达的火车上运到"邮政特快专列"上。奥登带着第二摄制组，在无人监督的情况下指导了这个镜头的拍摄，直到样片出来后赖特才看到了完整的内容。《夜邮》完成后，赖特指出，奥登拍摄的镜头是"这部影片里架构得最为完美的镜

---

[1] 这是《夜邮》的开头，分行如下所示："这是夜间邮车正穿越边境／护送着支票和邮政汇票远行／给富人递送函件……"

第七章 旅行

头之一"。[1]

除了哈里·瓦特以外，电影部的其他成员虽然一开始不解于奥登的言谈举止，但对他的总体评价是肯定的。就连瓦特本人最终也被奥登的专业水准所折服，因为他出色地修改了《夜邮》的解说词，让它们匹配上电影的特定需求。位于苏豪广场21号的办公区里，唯一能让他工作的办公场地是一条通道，但即便是在这里，他也必须与电影部的勤杂员们共用。每当他们没有差事不需要跑腿时，就待在通道里，闹哄哄地发出各种声响。"在那里，就在那张邮局的旧桌子上，"瓦特回忆道，"他写下了最优美的诗句。他不断地拿稿子过来，然后——从某种程度上而言颇为粗暴无礼——我们一次次地拒绝了。他总会说：'好吧，没关系。揉成一团扔掉就是了。'"

《夜邮》在1936年初放映，很快就被证明是电影部迄今为止取得最高票房的影片。奥登的诗句和布里顿的音乐尤为动人。但此时，奥登已经对自己在电影部的工作甚为不满。

事实上，起初就存在各种问题，尽管有一些问题纯属社交问题。在工作之余，巴兹尔·赖特发现奥登是一个不太容易相处的房客。赖特的公寓位于伦敦北部海格特的一个时髦的"当代"街区里，房间内摆放着一架博兰斯勒牌小型三角钢琴，奥登会在早餐前弹奏圣歌。他边弹边抽烟，习惯性地把香烟搁在键盘的一端。不出所料，有一天他的香烟在钢琴上烧出了一个凹槽——而他竟然对此毫无愧意。"我不觉得有什么好大惊小怪的，"他如此回答

---

[1] 有些镜头是在克鲁直接取景的。据奥登说："我们在克鲁拍到了一个警卫，他大约在30秒后倒地身亡。"这是个充满戏剧性张力的话题，但真相完全是另一回事。赖特说，那名男子其实不是警卫，而是高级铁路官员，他在几个星期后才去世。——原注

赖特的规劝，"反正没有影响到音质。"于是，他和赖特爆发了第一次争吵。第二次争执发生在几个星期后。那时，赖特正帮忙制作一部名为《年度事件概览》的电影，参与其中的奥登在经费使用上超支了。赖特发了牢骚，奥登的反应十分激烈，严厉地抨击了整个电影部以及他们的工作方式。事后，他搬出了赖特的公寓，住到威廉·科德斯特里姆位于汉普斯特德上园路的家里。与赖特相比，威廉·科德斯特里姆及其妻子南希不太计较家具的使用，而且觉得奥登其实是一个挺容易相处的房客。

奥登的暴怒反映了他对工作的失望。毫无疑问，一部分原因在于，他不喜欢在一个团队里充当"小伙子"的角色，他对学徒般的身份毫无兴趣。另一部分原因在于，他没有足够的时间工作，或者说，至少没有足够的固定时间。任务总是七零八落地出现在他面前：几天不分昼夜地疯狂工作，然后可能是一段时间的无所事事。"我发现这很折磨人，"他说，"我在办公区里四处闲逛，啥事都没有。当然，有时我需要没日没夜地工作。但我喜欢井然有序的生活方式。我想要常规的工作时间。"他心生不满的原因肯定还有这一点：继《采煤场》和《夜邮》之后，格里尔逊没有再制作此类可以让他发挥所长的电影，更不用说展现他的出众才华了。

奥登在《年度事件概览》里再度担任导演助理，同时也承担了制片主管的工作。这部电影呈现了邮局在四季更迭中的一系列常规工作，一些邮政官员协助了电影的拍摄，但他们的无聊做派让奥登颇为吃惊。他回忆道："我们需要给长途电话交换台的工作人员拍些画面，预设的情景是元旦前夜。我看到他们神情疲惫地埋头工作，身上仅仅穿着衬衫。我没有招呼他们穿上外套，直接让摄像员拍下了他们的这副样子。这时，一个主管走过来说：'我们不能让政府官员仅着衬衫入镜。'"奥登本人也在这部电影中出

第七章　旅行

现了几秒钟。他以圣诞老人的形象现身伦敦的一家百货公司，询问孩子们希望得到的礼物；看起来他是被团团围上来的孩子们吓到了，而他的口音——用哈里·瓦特的话来说确实有点"拿腔拿调"——对这个角色来说似乎过于文雅了。

考虑到奥登的艺术才华，格里尔逊发起了几个可以让奥登施展才能的项目，其中有一个项目旨在讲述非洲人被贩卖到西印度群岛，随后发生了废除奴隶制运动以及岛上后续的发展状况。布里顿负责配乐，奥登撰写解说词。根据奥登的说法，计划中的电影声带"是一件极为复杂的工作，从引用亚里士多德关于奴隶制的观点开始，还要配上布莱克的一首诗"。这是从拍摄（或剪辑）脚本中摘录的一部分内容：

淡入现代西印度群岛及其海岸线的地图，显示轮船航线	低音朗诵
	仍然忠实于它们惯常的时间 城市和海洋朝着西边的方向摇摇晃晃 进入永恒的弧形阴影 自第一次沧海桑田，这片岛屿的锁链 再未改变，如此安静
切入西印度群岛和轮船的长镜头	就像一只蝎子停歇在加勒比海上 船长们来了，急切地从欧洲赶来， 让西边变成白色。
切入黑人渔民 化入原野中的黑人孩童 化入驳船上的黑人妇女	女声（解说） 今天，西印度群岛几乎所有的体力劳动都是由黑人完成的。试图建立隶属于欧洲的劳工定居点，但没有成功。生活必需品短缺，衣物不够，燃料只够烹饪，食物需要采摘。

切入火车头	低音朗诵
化入机械装置	
化入拖拉机	而它们仍然来了，在此地是新鲜物事
	对生产它们的那些国家来说，钻研这些
	可以衡量的东西源自一种消耗性的爱。

186　　这部电影被命名为《黑人》。不过，奥登在电影部供职期间，该片并没有被制作出来。至于原因，奥登的解释是"没有任何视觉性材料"，但巴兹尔·赖特认为该片可以根据他大约三年前在西印度群岛拍摄的一些镜头来取材。布里顿确实为影片写了一部分乐谱，奥登记得其中包含了"一些美妙的音乐"。电影部在几年后重新启动了这个项目，设法制作出了影片，命名为《上帝的儿女》，却从未上映。

　　奥登可能还受英国旅游协会委托，为斯特兰德电影公司制作的《海边》撰写了一些解说词。他的名字并没有出现在制作人名单里，但在1936年初面向北伦敦电影协会的一次讲座中，他似乎提到了这部电影。他说自己"刚刚为一部名叫《海边》的宣传片做了点事，片子里运用到了诗歌……作为带有抒情色彩的常规解说词"。[1] 以"看，陌生人，此刻在这座岛屿上"为开篇的诗歌，显然是为这部电影写的，尽管最终并没有出现在影片解说词里。他还曾拜托伊舍伍德为一部有关英国中产阶级生活的电影写一些对白，但这部电影也仅仅止步于最初的构思。

　　《夜邮》的成功促使格里尔逊雄心勃勃地计划制作一部续集，名为《寄往澳大利亚的航空邮件》。奥登被选去执导，或是共同执导。根据当时的想法，一个摄制组将登上邮机，拍摄邮机的旅程

---

[1] 这部影片的英文标题是"Beside the Seaside"，奥登在讲座中说到的电影名是"By the Sea-side"，两者稍有不同，估计是奥登口误。

第七章　旅行

和沿途的停靠点。他们似乎已经敲定了1935年10月或11月的某个日子来操作这件事，因为伊舍伍德在10月10日写给朋友的一封信中提到"威斯坦……很快就要去拍摄澳大利亚的航线了"。事实上，奥登的确在临近那个日子的时间点离开了伦敦，只不过他去的是瑞士，似乎打算利用电影拍摄项目去拜访他所谓的"我的姻亲"。

在与埃丽卡·曼结婚的时候，奥登不过是将之视为一种"过场"。但现在看来，他已经决定更认真地对待这段关系。无论如何，当奥登在10月12日抵达曼一家子位于苏黎世湖畔屈斯纳赫特小城的宅子的时候，至少埃丽卡的弟弟戈洛·曼察觉到了这种意味。

托马斯·曼无疑非常感谢奥登对他女儿的帮助，现在他见到了奥登本人，觉得他"让人印象深刻，很有意思"（戈洛·曼是这么认为的），尽管他几乎没有接触过奥登的文学作品，对它们也不感兴趣。那时，奥登对曼的作品也持有类似的态度：他对曼没有多少敬佩之意，但见面时表现得很友好。后来，他有时候确实会称赞曼的作品。1938年，他称曼的《即将到来的胜利》[1]是"我读过的有关民主内涵的最好简述"。两年后，他称赞曼"对克尔凯郭尔所说的辩证法有深刻的理解"。之后，他对曼的态度变得模棱两可，有时甚至带有批判色彩，朋友们记得他曾说过这么一句话——"谁是最无聊的德国作家？当然是我岳父！"

根据戈洛·曼的观察，奥登起初只是觉得埃丽卡"有点意思，此外就没什么了"。不过，奥登很快就转变了态度，对她青睐有加。第二年，也就是1936年，他把自己的新诗集献给了她。那年秋天，他写信给一位多年不见的朋友："自从上次分开以后，我与埃

---

[1] 卡彭特先生只写了书名的前半段——*The Coming Victory*，完整的书名应该是《即将到来的民主胜利》(*The Coming Victory of Democracy*)。

丽卡·曼结婚了（因为护照的原因），她是托马斯·曼的女儿，一个相当了不起的人。"

在曼家里住了两天后，奥登动身前往苏黎世机场。戈洛·曼认为他打算转机飞往澳大利亚，去参与电影的制作。但事实上，似乎有什么事情让他临时改变了主意（也许先返回了伦敦），他转而去了布鲁塞尔，克里斯托弗·伊舍伍德和海因茨目前正住在那里。奥登在伊舍伍德家稍作停留，给他看了一些自己为电影部写的东西，然后回到伦敦。有证据表明,由于意大利入侵埃塞俄比亚，电影部不得不推迟有关这条航线的拍摄工作。资金问题可能也是影响因素。根据巴兹尔·赖特的说法，电影部投资拍摄这样一个项目可谓困难重重。不管是什么原因,《寄往澳大利亚的航空邮件》最终被放弃了。

毫无疑问，一个个设想无果而终带来的挫败感，让奥登对自己在电影部的工作日渐不满。在那年冬天余下的时光里，他和威廉·科德斯特里姆一有机会就溜出办公区，在里昂角楼找个地方喝咖啡，数落他们的同事，发发工作的牢骚，或者说，抱怨没有工作可做。此外，奥登并不喜欢住在伦敦。回忆起那年冬天的生活时，他称之为"可怕的伦敦"。在电影部工作的时日，他几乎只收获了一个真正意义上的回报，那就是他与本杰明·布里顿的友谊。

"本吉"（奥登这么称呼本杰明·布里顿）比奥登小六岁，对音乐以外的领域明显缺乏信心。他在日记中坦承，奥登拥有"生机勃勃的大脑"，让他产生了"极为强烈的自卑感"。奥登意欲把布里顿纳入自己的羽翼之下，仿佛是充当了他的人生导师，以便帮助他增广见闻。他鼓励布里顿更多地关注其他艺术领域，特别是英语诗歌，可能也敦促他留意当前的政治局势。当然，他还探查了布里顿在性方面的问题,并且就像他在1926年帮助伊舍伍德厘清此类问题时那样,也在其中扮演了他最喜欢的精神分析治疗师的角色。他率直的表达和粗鲁的言语让布里顿瞠目结舌。

布里顿有同性恋倾向,奥登视"助他释放天性"为己任——鼓励他抛开一切形式的压抑。奥登很有可能在伊舍伍德的帮助下完成了这个"任务",因为巴兹尔·赖特记得伊舍伍德调笑过布里顿的性教育。伊舍伍德虽然没有记录这方面的确切细节,但写了如下文字:"显而易见,如果他看起来有所需求的话,我们两人都会竭尽所能助他释放天性。我们在这方面简直是乱管闲事——就像一对信心十足的精神科医师一样专横——仿佛他[奥登]不是医生的儿子,而我也不是一事无成的前医学生[1]。"

奥登以诗歌的形式向布里顿灌输了性方面的建议,布里顿后来为这首诗谱了曲:

> 在凄凄切切的柳树下方
> 　爱人,莫再闷闷不乐;
> 源于思想的行动定能快速跟上:
> 　你还在犹豫什么呢?
> 你独特的沉郁身影
> 　证明了你的漠然;
> 　站起来,收起
> 你的孤独地图……

几个月后,他在另一首诗里以略微粗俗的语言表达了同样的

---

[1] 伊舍伍德离开剑桥大学后,曾在1928年10月进入伦敦国王学院学医,但六个月后就离开了。

观点:

> 为了我的朋友,作曲家本杰明·布里顿,我祈求
> 那份幸运惠临他,让他很快就拥有一份激情之爱。

1936年3月,奥登又给布里顿写了一首诗,布里顿为之谱了曲。这首以"夜幕遮蔽了这片僵硬的土地"为开篇的诗歌透露出一个讯息:奥登爱上了布里顿,但布里顿拒绝了他,也许是因为他已经有了心上人。诗歌谈到了抒情对象的"幽暗而温存的脑袋",并宣称"你爱你的生活,而我爱你,/所以我只能独自一人躺下"。后来成为布里顿终身伴侣的彼得·皮尔斯认为,布里顿可能确实拒绝过奥登,他相信奥登和布里顿之间没有恋情。关于分别以"在凄凄切切的柳树下方"和"夜幕遮蔽了这片僵硬的土地"为开篇的两首诗,皮尔斯如此写道:"在我看来,这两首诗不是写给一个接受了爱的人,而是写给一个拒绝了爱的人。威斯坦也许是'爱上了'本,但他俩从来没有发生互相倾慕的爱情。"克里斯托弗·伊舍伍德也写到了这一点:"要说奥登和布里顿之间有什么肌肤之亲,那么肯定是我孤陋寡闻了。我觉得他们之间没有。布里顿和我之间也没有。"

在与奥登并肩为电影部效劳的那年冬天,布里顿接到了一个委托,为三年一度的"诺里奇-诺福克音乐节"写一部作品。布里顿拜托奥登写歌词,奥登遂将主题定为"人与动物的关系",选择了三首诗来烘托这个主题:一首描写渴望摆脱鼠疫的中世纪祈祷诗,一首为猴子之死而作的匿名挽歌,以及托马斯·雷文斯克罗夫特的《猎捕山鹑》。奥登加了一首以"他们是我们的过去和未来"为开篇的序诗,另外还有一个尾声,其中第一行成为整部作品的

名字——"我们的猎人父亲"。布里顿为这部作品配了高音和交响乐，充分发挥歌词的特色，并确保它们能够被观众听得清清楚楚。然而，这部作品的首次登台并没有大获成功，而且从那以后就不常演出了。1936年，有位评论家这么说道："如此才华横溢……却浪费在如此枯燥乏味的主题上。"

当奥登和布里顿忙于推出《我们的猎人父亲》的时候，他的一篇书评在《听众》刊出，透露了他在电影部工作的负面情绪。这篇书评探讨的是保罗·罗瑟关于纪录片的一本书，奥登以此为切入点，从整体上抨击了纪录片的概念。他提出了四点：第一，电影"不是提供真实信息的最佳媒介"，更适合用来激发情感态度；第二，由于成本原因，电影制作周期太短，以至于制作影片的人没有充足的时间正确理解他们的拍摄对象；第三，尽管纪录片被认为是"真实生活"的写照，但大多数电影导演出身于中上层阶级，无法对工人阶级感同身受；第四，政府部门或大型产业的赞助必然会限制电影制作人的创作自由（此处应该是想到了之前拍摄时的"衬衫事件"），奥登认为这类组织不太可能"为其庞大建筑内人类生活的真实画面买单"。

约翰·格里尔逊读了奥登写的文章，很有可能是他亲自回答了奥登提出的问题，这些解答出现在《世界电影新闻》上。这份解答否认了纪录片导演都来自中上层阶级的说法，声称他们在拍摄电影时会"在具体的工作环境中与工人们一起生活与学习"。他并没有澄清奥登的所有质疑，结尾部分转向了私人层面："等到奥登学有所成，也许就不会那么沮丧了。"然而，奥登并不打算听从这个建议。1936年2月，奥登向电影部告假，以便专心写作。几个星期以后，他没有返回苏豪广场上班，而是递交了辞呈。在该单位的工资名册上,他只存在了不到六个月的时间。[1]

★ ★ ★

奥登没有再找全职工作,而是打算靠写作谋生。他之所以做出这样的决定,或多或少是因为在电影部度过的秋冬两季期间,他的两部剧由"群体剧团"上演,并且获得了成功。

1935年10月初,"群体剧团"在威斯敏斯特大剧院开始了为期数月的演出季,推出了由鲁珀特·杜恩和蒂龙·格思里联手打造的新版《死亡之舞》,与艾略特的《力士斯威尼》连场登台。在奥登的这部剧中,杜恩再一次扮演了"亡灵舞者",约翰·艾伦承担了报幕员的角色,卡巴莱歌曲由海德丽·安德森演唱,后来这位出色的表演者嫁给了路易斯·麦克尼斯。《死亡之舞》被赞誉为"一部政治音乐喜剧"。

在宣传页上,与艾略特作品相比,奥登的戏剧显得微不足道,甚至有些肤浅,但这部作品再一次证明了它显著的戏剧效果,而且符合时代的发展趋势。评论家们更喜欢《死亡之舞》,而不是《力士斯威尼》。他们热情地夸赞《死亡之舞》,有些人甚至抱怨《力士斯威尼》充满了自命不凡的废话。阿什利·杜克斯在《戏剧艺术月刊》上这样评说奥登的作品:"它尖锐,充满了戏剧效果,有时兼具了幽默和诙谐。看剧的时候,我不觉得自己有哪怕一瞬间

---

[1] 到了晚年,奥登又为两部电影写了解说词。一部是由加拿大国家电影委员会制作的纪录短片《奔跑者》,主人公是长跑运动员布鲁斯·基德。奥登在谈到这部影片的解说词时说:"可惜的是,原本需要两位念解说词的人,但最终只出现了一位,而且念得也不太好。我本应该去现场指导的。"1968年,他为电影 US(既可以译为《我们》,也可以译为《美国》)撰写诗体解说词,影片在得克萨斯州圣安东尼奥市半球展览公园举办的1968年度世博会上循环放映。——原注

的无聊感……重要的是，表演、动作和语言之间的联动，完全不同于现今的戏剧经验……这是一位要成长为诗剧家的作者……如果硬要说这次呈现的作品是些许灵感和许多莽撞的结合物的话，那么即便如此，沿着这条路继续前行，肯定是正确的方向。"

这对奥登和伊舍伍德合作的新剧《皮下之狗》来说是个好兆头。四个月后，也就是1936年1月底，该剧同样会在威斯敏斯特大剧院上演。排练期间，奥登本人也在现场，伊舍伍德并没有到场。奥登很有合作精神，愿意配合大家随时修改和完善剧本，这一点再次给团队成员们留下了深刻的印象。事实证明，一些改动是很有必要的。

此次杜恩并没有参演，而是独立制作该剧。他早已决定，该剧采用奥登和伊舍伍德修改后的结局，而不是已经付梓的印刷版结局。在这个修改后的版本里，弗朗西斯没有离开普雷森教区加入"敌方的军队"（似乎象征了共产主义），而是发表了一席讲话，抨击村民们的法西斯主义行为和伪善行径。他以米尔德丽德·露丝为例指出，尽管她成日哀悼在战争中死于德国人之手的儿子们，但事实上她从未有过儿子，甚至没有结婚，顶多曾与一个德国军官订过婚。米尔德丽德·露丝在恼羞成怒之下向他开了枪，记者们沆瀣一气，全都表示绝不透露他的死亡。这一点很像印刷版里的处理方式：记者们达成了共识，选择性地无视他叛离普雷森的事实。

相较于原版，这种收尾方式并没有更出色，其实是杜恩在将剧本搬上舞台时所做的较不彻底的改变之一。真正不幸的是，很多内容被删减了，有一些最好的段落也被删除了，比如开场合唱的结束语（从"爬上起重机，学习水手们的行话"开始）、票贩子描述红灯区形形色色的卖淫活动的段落（大概是考虑到文雅问题而删除的)、威斯特兰领袖的很多演讲词（显然是为了避免让人联想到他与希特勒过多的相似之处而删除的），以及牧师在最后一个场景中的全部布道内容(以"永恒世界里最糟糕的一天是什么天气"为开篇的讲话）。此次舞台版本还删除了德斯特拉蒂夫·德斯蒙德（即劈砍伦勃朗画作的那个角色）的卡巴莱即兴表演。有人说这是为了过审——根据罗伯特·梅德利的说法，张伯伦勋爵领导的财政部禁止任何大型损毁行为。其实，这件事另有隐情。他们在排练时发现，出演这个角色的德斯蒙德·沃尔特-埃利斯无法演绎出该剧所需的那种怪诞喜剧风格。舞台版本的另一个变化发生在艾伦的爱情戏场景中，模型人的台词不再是艾伦说的，而是由一位女演员说出来。

在首演之夜的前几天，他们又做了更多的删减。"我很沮丧，"奥登写信告诉诺布·斯诺德格拉斯，"由于国王驾崩[1]，剧院的老板临时变卦，反对发生在奥斯特尼亚的那场戏，所以不会出现这一场了。"确实，删去了奥斯特尼亚宫廷处决那场戏，整部剧的讽刺效果就会大打折扣。

《皮下之狗》在1936年1月30日晚开演。歌队成员包括盖尔斯·艾沙姆和韦罗妮卡·图利，他俩充当了"见证者"的角色，被广为宣传；约翰·艾伦扮演艾伦·诺曼，杰弗里·温科特扮演狗（弗朗西斯），罗伯特·埃迪森扮演诗人，马克斯·阿德里安扮演助理牧师。海德丽·安德森演唱了几首歌曲，音乐仍然由赫伯特·默里尔负责，舞台设计师自然是罗伯特·梅德利。虽然"群体剧团"的目标是在风格上锐意创新，但杜恩制作的这部剧相当老派：多数场景只是通过灯光效果的变化来加以区别，而"布景"

---

[1] 英国国王乔治五世在1936年1月20日去世。

只是一个光秃秃的全景；少数几个场景切换时，他们放下了幕布，播放了配乐。整部剧的表演水平一般，朱利安·西蒙斯刊登在《二十世纪诗歌》上的那篇文章，将演出与教堂大厅里的戏剧社作品相提并论。[1]不过，首场演出的观众不太在乎这些，他们倾向于不加批判，甚至表现出理解的态度。大多数专业评论者也很友善：《泰晤士报》的措辞比较谨慎，称该剧为"一部具有娱乐性的讽刺作品"；《工人日报》认为这是"本季最优秀的剧作之一"，称赞该剧"猛烈地抨击了社会制度"；《细察》指出该剧"充满了乐趣，处处洋溢着智慧和美感"；《星期日泰晤士报》宣称"这部剧应该连演五年"。当然，还有一些不同的声音：西里尔·康诺利在《新政治家》刊文说，"空空荡荡的舞台映衬着疲弱不堪的台词"；肯尼思·阿洛特在《新诗》刊文指出，"奥登先生不是一位剧作家，而是一位对戏剧感兴趣的诗人"。总体而言，评论家和观众们的反馈是积极肯定的，足以让该剧持续上演六个星期，即便不是《星期日泰晤士报》所说的连演五年，对这样一部标新立异的作品来说，能够在一个有点过时的剧院里实现这样的演出成绩已经很不错了。该剧一直演到3月14日（星期六），一星期后，由"群体剧团"制作的《福根斯与鲁克丽丝》取而代之，这是英国现存最早的一部世俗戏剧。

1947年，奥登在纽约参与制作了《狗皮》（他和伊舍伍德给《皮下之狗》起的别称）的重演。这一次，他手头没有那份修改版的结尾，便写了一个新结尾——弗朗西斯被米尔德丽德·露丝刺死。

---

[1] 罗伯特·梅德利指出，杜恩原本希望幕布在每一幕结束时才落下，但考虑到舞台太小了，在这种客观条件下无法变换场景，不得不做出在转换两个场景的间隙拉低幕布的决定。至于表演水平，梅德利解释说，由于"群体剧团"的先锋属性以及《皮下之狗》的不少工作是不计报酬的，因而不可能全都安排高水准的专业演员。——原注

这个版本不见得比其他版本更令人满意。1953年，当他在马萨诸塞州史密斯学院任教时，他曾举办了一场比赛，让学生们为这部剧设计一个全新的结尾场景。他自己给出的建议是，应该让一只大白猫上台，重新开始这场"追逐"。

约莫40年后，奥登做出了更为成熟的判断，认为该剧歌队部分的内容过于散漫和放任，破坏了整体的戏剧性。（另一方面，当该剧被阅读而不是被表演时，歌队部分在很多方面都优于其余内容。）尽管有此反思，奥登仍然认为这就充满了活力、洋溢着朝气的整部剧而言，只是一个"内行人才懂的缺点"。

杜恩和梅德利认为《狗皮》足以称得上成功，他们拜托两位作者继续为"群体剧团"写作品。奥登和伊舍伍德高高兴兴地开始了又一轮合作，正如伊舍伍德所说，"这已经成为他们的友谊的一个运作方式"。奥登也很喜欢合作带来的刺激。"这让人激动，"奥登说，"在合作的过程中，两个参与者变成了第三个人，与两个各自独立存在的人完全不一样。"

此前，伊舍伍德和海因茨不得不离开比利时，因为当局不同意延长海因茨的居住许可证。他们去了葡萄牙，住在里斯本附近辛特拉小城的一栋屋子里。为了与伊舍伍德开始新剧本的创作，奥登在3月16日抵达葡萄牙，与他们一起住了一个月。他和伊舍伍德连续相处了多日，这在几年来还是头一次。伊舍伍德在日记中写道："威斯坦一点都没变。衣服肘部还是破损的，啃咬过的短粗手指头还是留有尼古丁的印迹，脏兮兮的。他每天还是要喝十几杯茶，每晚都要洗热水澡，把毯子、大衣、地毯和垫子一股脑儿地堆到床上。他还是狼吞虎咽地吃饭——虽然吃得不像以前那么多了——如果食物不合他的口味,他几乎要急哭了。他还是烟不离手,就像工厂里冒烟的烟囱,屋子里的火柴都被他塞进了自己的口袋里。然而,尽管每次就餐时他一边往嘴里填食物一边津津有味地阅读,而我只能在旁边有点提心吊胆地干瞪眼,尽管他几次三番把东西搞得乱七八糟,而我只能憋着一肚子火——但我从来没有真正生气过。我在内心深处从来没有看他不顺眼——虽然我有时会反感几乎所有认识的人。毕竟,我们是同一类人。"

他们很快就进入新剧的创作了。这么快就能开工,想必奥登在来访之前已经做了些许准备。他们都觉得应该写比《狗皮》更严肃的东西,而奥登在一年前就打算以登山为题材写一部剧。情况似乎是这样的,奥登希望将主题与英雄主义联系起来,这一点倒是不足为奇。他熟悉的几个人都喜欢登山运动:他的二哥约翰是一位攀登高手,迈克尔·斯彭德(斯蒂芬·斯彭德的哥哥)、迈克尔·罗伯茨及其妻子珍妮特·亚当·史密斯也都是个中好手。他在学生时代参加过一场关于珠穆朗玛峰的讲座,主讲人乔治·马洛里展示了大量图片,可惜他后来在尝试攀登这座高峰时丧生了。唐斯学校的校长杰弗里·霍伊兰的兄弟在1934年因攀登勃朗峰而死。如此一来,奥登自然会对登山者的心理产生兴趣。"我想知道,"他在几年后写道,"那么多知识分子、读书人和性格内向的人都热衷于登山运动,心理学家对此作何解释呢?"

新剧的剧名暂定为《高峰》。他们两人从事戏剧创作时,伊舍伍德一直是更为自律的那个人,而且他对登山问题的深入思考一点也不亚于奥登,因此情节便由他来勾绘。伊舍伍德认为这是一个好机会,可以构建一个寓言,借此阐发他多年来一直挥之不散的想法:那些敢于冒险、争强好胜的英雄,并不是真正的英雄,他们的所作所为不过是被性格中的神经质缺陷所驱使。伊舍伍德宣称,这样的英雄是"真正的弱者",与之不同的是,"真正的强者"从容不迫地"做自己",绝不勉强自己成为别人。正是"真正的弱者"给自己设定了伊舍伍德所谓的"考验",这是他为了证明自己的力量而必须面对的挑战。根据这个构思,在这部新剧中,著名登山家迈克尔·兰塞姆之所以同意攀登让人望而却步的 F6 高峰,并不是因为他的国家需要他去攀登(国家由于政治原因要求他攀登),而是因为母亲让他做出了这个选择——根据母亲的表述,她一直以来都渴望他能够成为"真正的强者"。[1]

奥登和伊舍伍德分工撰写剧本。"威斯坦在室内写作,"伊舍伍德回忆道,"窗帘全都拉上了;克里斯托弗在花园写作,脱掉了衬衫,沐浴在一片阳光中。"伊舍伍德注意到,他自己的初稿往往写得很潦草,而奥登的初稿大多已经接近终稿的水准。

伊舍伍德在日记中写道:"我们在这部剧中的分工相当明确,很少干涉彼此的工作。我们真正合写的只有一处,那就是最后一个场景。我们自始至终都明白,威斯坦专攻'绕',而我处理有点'直'的部分。"伊舍伍德所谓的"绕",指的是他和奥登认为需要风格化处理的段落。奥登通常用诗歌来展现,有时候也会写一些"诗意的"散文——比如,兰塞姆的开场白、他与山上修道院院长的对话、他对着一个已故登山者的头骨的喃喃独白。奥登还写了歌词,以及歌

---

[1] 这部作品也是对 T. E. 劳伦斯的生动写照,此人刚刚在几个月前去世。伊舍伍德认为劳伦斯是一个人格分裂的人,一个从未长大的青少年。奥登的看法完全不同,他觉得劳伦斯一开始盲目行事,但后来意识到这种行为并不能逃避理性思考(参见 *The English Auden*, pp. 320—321)。在这部剧中,伊舍伍德的想法占了上风,但他提醒读者千万不要简单地将该剧看成是有关劳伦斯的寓言(参见 *Christopher and His Kind*, p. 181)。另外,剑桥木乃伊戏剧社推出舞台剧版《雄辩家》时,斯蒂芬·斯彭德在演出说明中指出,T. E. 劳伦斯的身影也隐藏在这部作品的飞行员角色里。——原注

队的诗体台词。这部剧的歌队由"A夫妇"充当,他们是一对普普通通的市郊夫妻,通过无线电收听兰塞姆探险的最新消息。[1]

一天下午,闲下来的时候,奥登坚持让伊舍伍德陪他攀登辛特拉山,以便更好地进入登山者的心境。他们的攀登,正如伊舍伍德所说,充满着"笑声、失足、滑行和尖叫"。另一日,奥登被伊舍伍德和海因茨带去了埃什托里尔的赌场,见识到他们口中的"疯狂的下午场老赌棍",于是写下了一首《赌场》("只有手还活着,被那轮盘吸引")。他们还见到了左翼剧作家恩斯特·托勒尔,他曾因为参与共产党在巴伐利亚的革命斗争而被监禁在德国,目前他和妻子暂住于辛特拉。奥登十分钦佩托勒尔,在这一年晚些时候协助翻译了托勒尔的音乐剧《再无宁静!》中的歌词。这是一部针砭现代政治事件的剧作,英文版附有赫伯特·默里尔的配曲。

4月17日,在伊舍伍德这里住了一个月后,奥登带着完成的新剧本乘火车离开了里斯本。他们最终将这部剧命名为《攀登F6》,高山的名字"F6"出自世界第二高峰"K2"[2],二哥约翰曾与奥登提过这座山峰。剧本付梓时,他们把它题献给了约翰。

在创作这部剧期间,除了主题以外,奥登尤为关心一个更为私密的议题——他作为一个诗人在社会中应该扮演什么样的角色。

---

[1] "A夫妇"这两个角色的构思,可能源自T. S. 艾略特对《皮下之狗》中的歌队的质疑。一次观剧后,艾略特写信给鲁珀特·杜恩,说他很喜欢这场演出,但对其中的一些删减感到惋惜。他继续说道:"让我受不了的是歌队——并不是说韦罗妮卡·图利表现不佳,而是随着剧情的发展,歌队越来越多地打断情节,这让人很恼火,而且人们并不喜欢听解释,也不喜欢听说教。我真诚地认为奥登应该在下一部剧中尝试新方法来解决这个问题。"(此信写于1936年3月5日,现存于纽约公共图书馆的博格收藏馆;此处引用已经得到艾略特夫人瓦莱丽的首肯。)——原注

[2] K2高峰,即乔戈里峰,海拔仅次于珠穆朗玛峰,是国际登山界公认的八千米以上攀登难度最大的山峰。其中,"K"指喀喇昆仑山,"2"意味着乔戈里峰是喀喇昆仑山脉中第二座被考察的山峰。

在山上的修道院里，兰塞姆望向一块水晶，看到（或者更确切地说，听到）人群向他呼救、寻求帮助、渴望被引导和治愈的景象。院长察觉到兰塞姆被诱惑去扮演这个救世主角色。"你知道自己的能力和智慧，"院长对他说，"你可以让世界跟随你的脚步，他们会盲目地服从你。"但他警示兰塞姆，担当这个角色必然招致自我毁灭："统治者们绝无可能幸免，正是因为履行职责，无论完成得多么出色，他们自己总是遭到毁灭。"他为兰塞姆提供了另一个选择：留在修道院，过一种沉思的生活。兰塞姆几乎就要接受了。但最终，攀登顶峰从而承担公共责任的意愿占了上风。等待他的结局便是毁灭。

奥登作为一个诗人的成功，在当时是一种特殊的现象。他被他们那一代人奉为领袖。在某种程度上，他并不反对这份殊荣，因为就像兰塞姆一样，他私下里把自己想象成一个兼具精神分析师、领袖和治疗师的角色，一个"淡漠的救赎者"。一有机会，他就会在朋友的生活里扮演这样的角色。然而，超出这个范畴的领导属性，则完全是另一回事。30年后，他在回首往事时说："我知道，某种成功与我真正关心的事情毫无关系，必定会在事后为此付出代价。"事实上，他似乎有意让《攀登F6》成为他自身困境的一个寓言。"《F6》就是结局，"他在1963年接受采访时说，"我写这部剧的时候已经意识到，我必须离开［英国］……我确信这一点，因为我当时就知道了，如果留下来，我将不可避免地成为英国权威阶层的一分子。"

★ ★ ★

从葡萄牙回来后不久，奥登去布莱恩斯顿公学拜访朋友威尔弗雷德·考利，他目前是该校的高级英语老师。在拜访期间，他

第七章 旅行

带着曾在唐斯学校就读的学生迈克尔·耶茨出去共进午餐。"吃午饭时，"耶茨回忆道，"他问我们家是否像往常一样去马恩岛度假。我说是的，只不过我自己将与三个男孩和一位老师去冰岛。他听后很感兴趣……"

这份兴趣促使奥登立即向费伯-费伯出版社提出了请求，要跟他们签一份有关冰岛之旅的著作合同，并要求他们预付足够的旅费。出版社同意了。奥登随后写信给迈克尔·耶茨，说自己将于6月前往冰岛，比布莱恩斯顿公学一行人提前几个星期出发；他希望等到他们也抵达冰岛的时候，负责学校探险之旅的领队老师能够允许他加入进来，因为他想要在自己的书中记录他们的旅行经历。耶茨把奥登的请求转达给了那位老师，他其实是杰弗里·霍伊兰的同父异母的弟弟W. F. 霍伊兰（比尔），在布莱恩斯顿公学教生物。比尔·霍伊兰欣然同意了。

奥登的旅行蕴含了多重动机。其中一个原因是他对冰岛充满了好奇，正如他自己所说，因为父亲热衷于冰岛的一切物事，所以冰岛是他自小就幻想的"圣地"。与此同时，他似乎也希望在地理和文化上与自己的生活、欧洲社会及其危机保持一定的距离，从而更好地看清他自己以及所处的环境。当然，冰岛之行肯定也会有找乐子的成分，这将是一段假期时光、一次短暂的逃离。

5月中旬，在去冰岛前不久，他参加了一场不太寻常的婚礼。奥登认为，同性恋者在他人需要帮助的情况下，应该像他那样果断地提供婚姻的便利。不然的话，如他所调侃的，"同性恋还能有何助益呢？"埃丽卡·曼的朋友特蕾泽·吉泽，同时也是"胡椒磨"剧团卡巴莱表演的女演员，现在同样需要一本英国护照。奥登设法为她找到了一位丈夫。此人是E. M. 福斯特的朋友，本名是约翰·辛普森，但他写小说用的笔名是约翰·汉普森。辛普森（汉普森）

196

是一个和蔼可亲的人,给伯明翰郊区一户人家的一个有精神缺陷的儿子当看护。他身材矮小,整个人看起来怪怪的,一身棕色的着装加重了他的怪异。5月20日,他和特蕾泽·吉泽在伯明翰的一个登记处结婚。

奥登筹备了一切事宜,路易斯·麦克尼斯和一个名叫R. D. 史密斯[1]的伯明翰大学本科生(同时也是麦克尼斯和奥登的朋友)提供了帮助,他俩是见证人。根据奥登的安排,他们聚在火车站的站台上,准备给即将到来的特蕾泽·吉泽一个大大的惊喜。她到站后,反倒是他们看得目瞪口呆,只见她身形魁梧,宽度都快赶上了高度。她穿了一件非常有男子气概的粗花呢大衣,搭配了一条裙子,手里捧着一大束鲜花。在她的映衬下,新郎越发"娇小",仿佛一阵风就可以把他吹走了似的。那天在登记处,奥登穿了一条带康乃馨图案的条纹裤,帮英语不好的新娘回答了登记员的提问。登记员显然从未遇至此等场面,完全惊呆了。之后,奥登带大家去了一家酒吧,给每人都买了大杯的白兰地,宣称"这是托马斯·曼请客"。他本打算弹奏酒吧里的钢琴来助兴,可惜钢琴上了锁。R. D. 史密斯找人拿钥匙,却听说酒吧的老板刚刚去世了,尸体就放在隔壁房间的台球桌上。

几个月后,奥登给特蕾泽·吉泽献上了一份新婚贺礼,这是他在1936年夏为她写的一部名为《阿尔弗雷德》的卡巴莱短剧。特蕾泽·吉泽在剧中扮演一位老妇人的角色,根据舞台说明,这位老妇人"拥有一些特质,让我们联想到某些欧洲名人"。老妇人

---

[1] 那时,史密斯(后来成为BBC英国广播公司的一位杰出的广播制作人)以本科生杂志的名义向麦克尼斯和奥登约稿。奥登虽然提供了一首以"扫烟囱的人/清洗了脸却忘了洗脖颈"为开篇的谣曲(之后用于《攀登F6》),却建议史密斯最好不要刊登这首诗,因为他们的杂志应该只选用本科生的稿子。他们最终未刊用奥登的诗。——原注

第七章 旅行

有一只被唤为阿尔弗雷德的宠物鹅,她饱含深情地对着它喃喃细语,手中却挥舞着一把刀,显然是要宰了它。

6月初,奥登从赫尔港出发前往冰岛。一开始他打算先去芬兰看看,后来决定直接去雷克雅未克。这次航行大约需要五天的时间,他感到有点无聊,有时还会晕船,便翻阅拜伦的《唐璜》打发时间。这应该是他第一次读《唐璜》,他觉得这是本"好"书。

大船逐渐接近冰岛海岸线的时候,奥登十分激动。他后来在一首诗中描绘了当时的心情:

> 这些平原永远都是猎杀冷血生物的地方,
> 到处都是如此;白色的翅翼扑扇炫耀着;
> 　岛屿的爱好者,站在一面猎猎作响的
> 　　旗帜下,兴许看到了

> 他渺茫希望的轮廓;他越来越接近
> 闪着光亮的冰川,贫瘠而原始的群山……

最终在雷克雅未克下船时,这座冰岛的首都在他眼里黯然失色。"城里的大部分房屋是用瓦楞铁皮盖的,"他写道,"主要建筑有三座,分别是罗马天主教堂、剧院(未完工)和青年旅舍,其中青年旅舍看起来就像是机场的候机室。"他在这家青年旅社订了一个房间。

他度过了"惨不忍睹的第一周",因为他被引荐的每个人都恰好不在。博格酒店是唯一拥有酒水牌照的场所,他闷闷不乐地坐在那里,喝着"费用昂贵"的酒,听着舞厅里传来的乐队演奏声。他不懂冰岛语,却发现英语和德语在这里被广泛使用。渐渐地，他开始与人交往，接触到一些闲言碎语——比如，有人告诉他，冰岛鲜有同性恋。他有了观光游览的兴致，安排了一次短途旅行，去参观所谓的"常规的风景名胜地"——辛格韦德利国家公园。他在那里住了一两个晚上，并且第一次尝试骑马。他知道自己很有必要学会骑马，因为布莱恩斯顿公学一行人将主要以骑马的方式旅行。头一次练习时，他"刚跨上马背就从马脖子上摔了下来，一群野餐的人目睹了全过程"。之后，他去了辛格韦德利国家公园附近的罗加瓦特小镇，在那里又骑了一次马。他骑马时"大呼小叫，吓到了旁边的一个英国姑娘"。

除了这些短途旅行，以及沿着海岸线向东行的穆卡洛特之旅，第一个月的大部分时间里，他都待在雷克雅未克。没过多久，他就开始厌恶冰岛的食物，声称这些食物让他想到"一个小男孩不小心打翻了妈妈的药箱，全都混在了一起"。他尤其反感那些甜得发腻的热汤，戏言它们肯定是用男士润发油做的。至于主食干鱼，他这样写道："硬度各有不同。较硬的，嚼起来像脚指甲；稍微软一点的，有点像脚底的那层皮。"不过，他喜欢这里的咖啡，喝咖啡的频率跟他以前喝茶一样高。他在旅行结束时写道："我这三个月肯定喝了 1500 杯咖啡。"

他心里明白自己不是一个旅行家，不是那种写旅行书的人——"英俊潇洒、晒得黝黑、分寸感强、讲一口流利的冰岛语"。他不知道应该如何下笔写这本书。他说，他觉得自己就像个小男孩，知道明天就要考试了，却什么功课都没有做。他认为，大多数旅行书都很无聊，内容无非是一系列事务的重复——旅行、饮食、住宿、注意事项，等等；有些旅行书为了避开这些俗套的内容，便转向了生活沉思，他说自己"既不聪明，也不善感"，"很难处理"此类写法。不过，他逐渐接触到冰岛的现代诗歌，一个事实让他

第七章　旅行

颇为动容,即"任何一个受过教育的冰岛人都能写出还不赖的诗歌"。他购买了民间音乐唱片,并被引荐给冰岛历史教授阿尼·佩尔森。他还与雷克雅未克的一些学生交上了朋友,从他们那里学了些冰岛的歌曲和谚语。他断定现代冰岛人已经远远不同于他们的先祖,觉得他们"不像爱尔兰人和萨默塞特的乡巴佬那样让人感到陌生","你完全无法想象他们中的任何一个人会表现得像传奇故事里那样,大喝一声'你说错了',旋即张弓射死对方。要是有人想寻访奇闻异事,肯定会失望透顶,没必要来了"。

7月13日,他开始了为时两个多星期的冰岛西部和北部之旅,然后将会再次回到南部,与8月初从英国赶来的布莱恩斯顿公学一行人会合。在起初的一段行程里,一个年轻的冰岛人拉格纳·乔纳森是他的向导兼旅伴,他们一起乘坐公共汽车离开了雷克雅未克。奥登随身携带了一套费伯-费伯出版社刚刚寄来的新诗选校样。他原本打算将这本选集命名为《诗集:1936》,但T. S. 艾略特来信说,销售经理认为这个书名容易误导读者,让他们以为这是一本完整的回顾性结集。艾略特补充道:"弗兰克·莫利[另一位经理]提议命名为《奥登醇酿》[1],他自认这个想法很棒。不过,销售经理一样给否决了。"(1937年,费伯-费伯出版社在奥登作品的广告中,用到了莫利的这个玩笑话。)奥登回信告诉艾略特:"莫利的建议当然很好,但圣约翰·欧文[2]会作何感想?"他提议,可

1　弗兰克·莫利的提议是"Vin Audinaire",作为一种玩笑话,可能指向了法语词"vin ordinaire"(普通或廉价的葡萄酒),其中"Audinaire"与"ordinaire"发音接近,也隐射了奥登的姓氏"Auden",故译为"奥登醇酿"。
2　此处应是指爱尔兰剧作家和小说家圣约翰·欧文(St John Ervine),他在20世纪二三十年代的英国文坛非常活跃,还为报刊定期撰写评论文章。需要注意的是,"St John Ervine"是他的笔名,他的原名为"John Irvine",奥登在信中错误地将他的名字写为"St John Irvine",可能是因为"Irvine"和"Ervine"音形相近的原因。

以用诗选最后一首诗的最后一句话作为书名——《这是一种方式》；或者是《岛屿》。他还戏言道："根据你的《燃烧的诺顿》来类推，我也可以称之为《困顿中的漫游》。"

奥登从雷克雅未克出发的汽车旅行并不舒畅。很多乘客都生病了，司机说这在冰岛司空见惯。等到北行之后，奥登和朋友在赫勒德瓦顿附近的一个农场下了车，在当地住了几晚。奥登弹奏了脚踏小风琴，这在冰岛的农场和农舍是一种常见的乐器；还跟农家一起玩了拉米牌[1]。他发现纸牌游戏是冰岛人的一大爱好，很快也就入乡随俗了，把玩牌当成打发旅途漫漫长夜的一种方式，尤其是因为他可以边玩边说说话、开开玩笑。他和拉格纳安排了划船、骑马的行程。奥登现在自诩为真正的骑手："令人高兴的是，我得到了一匹活泼的骏马，它弓起脊背、四蹄飞扬，简直棒极了。"

从赫勒德瓦顿出发，他们继续向北旅行，有时乘坐公共汽车，有时乘坐牛奶拖车，住的是农场和旅舍。奥登参观了一家奶酪厂和一家医院，与一位医生共进晚餐，之后就感冒了。7月20日，他和同伴抵达北海岸的阿克雷里镇，再次与外界取得了联系。"我刚刚才听说了这个消息，"奥登在日记里写道，"西班牙内战爆发了。"

此时，他正在创作《冰岛之旅》，这首诗对西班牙法西斯势力的叛乱做出了回应。他承认，尽管旅行充满了乐趣，但他无法偏安一隅。他写道："欧洲已缺席。这只是个岛屿，因而／是不真实的。"尽管如此，"世界依然存在，现在是，谎言也是"。欧洲以及西班牙，全都无可逃遁。

他和拉格纳从阿克雷里出发，沿着海岸线向东走，然后向南

---

[1] 拉米牌（rummy）是欧美盛行的一种纸牌游戏。

第七章 旅行

穿过沙漠到格里姆斯塔济，接着再一次向东行进。正是在这一段乘坐汽车的旅程中，奥登的感冒"像间歇喷泉一样沸腾了起来"，其间他萌生了一个关于旅行书的想法——这多亏了他在从英国来冰岛的行程中阅读的拜伦的作品。他写道："我突发奇想，或许可以用轻体诗的形式给他［拜伦］写一封行文轻快的信，内容涉及我能想到的任何东西，包括欧洲、文学和我自己。我觉得他是个合适的通信对象，因为他是我的同胞，在欧洲生活过，不喜欢华兹华斯以及诸如此类对待自然的方式。我越想越合意。这封信本身与冰岛关系不大，而是描述在遥远之地旅行产生的效果，让人得以从外部反思自己的过去和自身的文化根基。"这个念头催生了整本书的构思：写给拜伦的诗体信笺是"一根中心线"，"写给其他各色人等的信件悬挂在这根线上，更为直接地描写了冰岛。我还没想好其他收信人是谁，但我必须设定收信人，如此一来，每封信都能以一种截然不同且意味深长的方式处理特定的主题"。他立即着手创作《致拜伦勋爵的信》的第一诗章。

长诗采用了《唐璜》的诗体形式，随着写作的推进，一行行诗歌跃然纸上，生气勃勃，诙谐有趣。奥登越写越兴奋，声称"这是我从未尝试过的写法"。到了月底，他已经完成了第一诗章的草稿，并且进入了第二诗章的写作。不过，他没有办法不管不顾外界的消息，或者说，他没有办法不去注意它们。他写道："我真想知道西班牙的最新情况。"

7月的最后几天，他在冰岛东部埃伊尔斯塔济镇的一个大农场度过。拉格纳继续自己的旅程，就此与奥登别过。在这里，奥登骑了农场主的骏马——"我们一上路就策马疾驰……农场主说：'我猜你在英国经常骑马。'"8月2日，农场主开车送他到沿海港口重要城镇塞济斯菲厄泽，而他在那里唯一能找到的睡觉的地方是"老太太之家"[1]。三天后，他登上了"诺瓦"号轮船，沿着北海岸返回。他觉得这一路"实在是太无聊了，几乎什么都不记得了"。8月9日，恰逢星期日，他回到了雷克雅未克。路易斯·麦克尼斯在那里等候他。

在某个时候——奥登后来记不清具体的时间点了——他邀请麦克尼斯来冰岛与他会合，携手创作旅行书。正如奥登所说，这表明他们两人已经形成了"对彼此专业水准的尊重和融洽的私人关系"，"这使得合作成为可能"。长期以来，麦克尼斯一直都欣赏奥登的诗歌才华，经常热情洋溢地点评他的作品。奥登则非常欣赏麦克尼斯在诗作中对"虚假的情感"的抵制。在接下来几个星期的共同旅行中，奥登发现麦克尼斯是一个理想的旅伴，觉得他"风趣幽默、善于观察、宽容大度、脾气温顺"。他甚至宣称："在我的生活中，我很少像我俩朝夕相伴的那几个星期般快活。"

麦克尼斯刚刚结束了第一段婚姻，即将去伦敦的贝德福德学院任教。与奥登一样，他也希望通过冰岛之行稍稍远离日常生活，从而"聚焦"生活本身（如他自己所言）。他和奥登在雷克雅未克待了一个星期，奥登在此期间为接下来的旅程做了一些安排，布莱恩斯顿公学一行人也将加入这段旅程。8月17日，由四个少年和领队老师比尔·霍伊兰组成的学校一行人终于抵达雷克雅未克。他们并没有多做停留，而是立即前往朗格冰原一带骑马旅行，奥登和麦克尼斯骑马与他们同行。

奥登已经准备好了向导和马匹——顺带说一句，由于他的行程安排，另一队旅行者的出行计划不得不搁浅。奥登发现麦克尼斯从伦敦过来时没有带帐篷或相关装备，尽管十分恼火，但也只

---

[1] 即养老院。

能与他共用。"为我们祈祷吧,好吗?"他朝着冥冥中的拜伦勋爵喊道,"今晚我们要睡在帐篷里了……"事实证明,他的担忧自有道理。帐篷的杆子缺了一部分,整体空间对他们两人来说太狭小了,以至于他们的脚都露在了帐篷外。奥登躺在一张充气垫上——麦克尼斯说,奥登给垫子充气时的样子,活脱脱是一个从勃鲁盖尔的画作里出来的人物。奥登的睡姿犹如婴孩般任性,没给麦克尼斯留下什么余地。天开始下雨了,他们用两层帆布搭的帐篷渐渐塌陷,一点点地逼近他们的身子,这情景"就像埃德加·爱伦·坡描写的场面"。布莱恩斯顿公学的少年们装备得当,一晚上都没有被淋到。第二天早上醒来后,他们发现地上除了一个被雨水压扁的帐篷外,没有两位诗人的身影。"也许他们悄悄溜到附近的铁皮屋去喝咖啡了,"迈克尔·耶茨暗忖,"随后,帐篷动了起来,两张湿漉漉的面瘫脸从里面探了出来。"

环游冰原的旅行正式开始了。他们有两个向导,还有大大小小17匹马,有些马匹用来驮备用品和行李。奥登自认是经验丰富的骑手,只可惜他特立独行的装扮远比骑术更让人印象深刻。他贴身穿了一件睡衣,外面罩了两件衬衫和两件夹克,法兰绒长裤外面套了一条马裤,然后披了一件大衣,最外面裹了一层黄色防水服。"他走路的样子十分滑稽,"麦克尼斯说,"仿佛他更应该在水里而不是地面上活动。"

他们花了八天时间环游朗格冰原。一路上,他们穿过布满熔岩的沙漠,最终抵达冰原地带,近距离观察了冰川。奥登对这片风景不感兴趣,把它比作"一片宾客散尽之后的残局"。他更感兴趣的对象是比尔·霍伊兰——"非常高大,十分红润,戴着眼镜",也喜欢观察孩子们在艰苦生活中的反应。他嘲笑他们对生活条件的抱怨,告诉他们既然来这里是为了展示自己的坚毅品格,那现在就应该坚持下去。他揶揄道:"天知道你们当初为什么要来这里!"他们则惊讶地发现他的精力异常充沛。他每天六点钟与大伙儿一起起床,在霍伊兰和向导之间充当翻译的角色,因为向导会说一点德语。不赶路的时候,他在崎岖不平的熔岩上跳来跳去,到处找角度拍照。他现在认为摄影是"一种民主的艺术",理由是摄影不需要特殊技能,任何人都可以拍出好照片。当然,这是因为他自个儿很少注意技术性的细节。迈克尔·耶茨这样描述他的拍摄行为:"他在熔岩上跌跌撞撞,就像一个两栖怪物在那里拍摄了不得的艺术照:马背以及向导阿里坐在马背上的身姿,一只靴子,远景,或者我们藏在两腿之间的若隐若现的脸孔。"这本旅行书最终出版时,里面的确有一些风格怪异的照片。

在第一晚的帐篷惨剧之后,奥登和麦克尼斯完美地解决了问题,尽管麦克尼斯抱怨说"他待过的地方一股子烟味"。一天清晨,孩子们发现他俩的脑袋枕在了帐篷口外边。所幸的是,大多数夜晚,他们可以在一些棚屋或农场里休息,只需要用野营装备冲茶、泡咖啡和煮点东西。然而,即便如此,他们还是遇到了麻烦。奥登的唯一热能源来自一台老旧的普赖默斯炉[1],结果这炉子一不小心被摔得稀巴烂,他们之后只吃得上生冷食物。(在此期间,奥登用温泉水泡过茶。)8月25日,他们终于回到了雷克雅未克,这对他们来说是一件值得高兴的事。

两天后,比尔·霍伊兰和布莱恩斯顿的三个少年乘船返回英国,迈克尔·耶茨和路易斯·麦克尼斯留了下来,加入奥登的第三段也是最后一段旅程。当晚,他们在雷克雅未克精神病院休息,留宿他们的主治医生用拉丁语与他们交流。第二天,他们乘船前往博尔加

---

[1] 这是一种便携式的汽化煤油炉。

内斯，从那里出发穿过一片陆地，来到赫勒德瓦顿附近的一个农场——奥登曾在7月份来过这里。住了几天后，他们从陆路返回雷克雅未克，然后乘坐"代蒂瀑布"号轮船再次出行，前往冰岛西北部的伊萨菲厄泽小城，就在北极圈南边不远的地方。奥登认为这是冰岛最美丽的地方，只可惜在此地几乎无事可做。麦克尼斯、耶茨和他住在一家名为"救世军"的旅馆，悄悄地把他们从英国副领事那里搞到的一瓶西班牙白兰地带进了房间。在为期三天的梅尔格拉塞里之旅结束后，他们回到了雷克雅未克。大概在9月10日，他们再一次登上了"代蒂瀑布"号轮船，只不过这一次的目的地是英国的赫尔港。奥登在船上继续创作《致拜伦勋爵的信》，到家后终于完成了这部在很大程度上带有自传性色彩的长诗。之所以写得这么快，主要是因为伊舍伍德的有关个人生活的半虚构性小说《狮子与影子》即将出版了。"我必须动作快点，"奥登写道，"如果我要处理此类题材／就得赶在他交了底之前。"

作为一个假期，同时作为一种寻乐，这次旅行非常成功。至于奥登更为宏大的目标是否实现了，则是另一个问题。他搜集了冰岛的大量信息，但是他太独立、太自我了，无法对他的所见所闻做出自然而然的反应。他并没有通过这次旅行得到任何实质性的改变。他也没有像他和麦克尼斯原本希望的那样，远离现实生活，站在稍远的位置观察自己的生活。来自西班牙的消息立刻把他拉回了"真实"的世界。正如他对自己说的那样："我们都与欧洲有着千丝万缕的联系，我们无法甚至根本不想从中逃离。"

★ ★ ★

现在，除了写作，他没有从事其他工作，大部分时间都住在伯明翰的父母家里。从某种意义上来说，他从未离开过家，因为在从事教师工作的五年里，多数假期他都会返回伯明翰家中。他和父母之间的交流困境可能还在继续，但自己租房子或公寓住，对他而言仍然不是一件可以轻松应对的事情。事实上，不管对他的诗歌和性生活有什么看法，母亲都会在工作上给予他一定的帮助。每当他不在家的时候，她都会尽可能地替他回复工作信函。从他的角度来看，家也是一个工作的好地方，可以按照严格的作息时间表来写作。在此期间，一个名叫布赖恩·霍华德的人与奥登渐渐熟络了起来。在奥登的大学时代，布赖恩·霍华德曾是基督教堂学院"唯美派"的成员。现在，与奥登进一步接触以后，布赖恩·霍华德深深地感佩于奥登的充沛精力。"他让我自惭形秽，"放荡不羁而又疏懒成性的霍华德写道，"他说他每天早上 8 点 15 分起床（他住在伯明翰），吃早餐，回信件，到了 10 点就开始工作，一直到午餐时间。吃完饭后，从 2 点工作到 4 点，之后便不会再工作了，而是看看书、聊聊天。他说自己无法忍受晚上 10 点甚至 11 点（天哪！）了还看书。他认为这么晚了压根看不进书，除非生物钟已经适应。我回复道：'你说话的口吻就像我妈！'"

9 月 24 日，费伯-费伯出版社推出了奥登与伊舍伍德合作的新剧《攀登 F6》。评论界褒贬不一，总体上偏负面。塞西尔·戴-刘易斯认为这部剧相对于《皮下之狗》来说有所进步，但觉得剧作的道德观念正在滑向法西斯主义。珍妮特·亚当·史密斯（迈克尔·罗伯茨的妻子）认为这是一部成功的讽刺作品，但觉得剧中的心理主题处理得杂乱无章。斯蒂芬·斯彭德指出，两位作家在这部剧中都没有发挥所长，并形容兰塞姆是"一个极为自命不凡的人"。E. M. 福斯特认为剧中的心理元素和其他元素相互抵触。

《攀登 F6》在六个月后才会由"群体剧团"安排上演，奥登和伊舍伍德决定根据这些批评意见（特别是斯彭德和福斯特的建议）修改剧中的两个部分。他们重写了修道院场景的结尾，以便更清楚地表明——正如伊舍伍德在写给福斯特的信中所解释的那样——是兰塞姆的追随者迫使他最终放弃了沉思的生活，走上攀登的不归之路。他们还重构了山顶的场景，希望能借此厘清母亲在兰塞姆走向毁灭的过程中所扮演的角色。伊舍伍德告诉福斯特，他们想要让她看起来"更像是独裁者面对的公众"，"他们屈服于他，同时也在猎取他"。完成了这些修改后，他们发现尚有机会调整该剧的美国版，因为奥登的文学代理人柯蒂斯·布朗忘了将剧本交给纽约的出版商兰登书屋，这家公司将负责美国版的发行。（兰登书屋已经出版了《皮下之狗》，以及一卷奥登作品选集，简单地将其命名为《诗集》，收录了奥登创作于1930年至1933年间的英国版《诗选》、《雄辩家》和《死亡之舞》。）10月6日，奥登写信给兰登书屋的贝内特·瑟夫："伊舍伍德和我现在正对它〔《攀登F6》〕进行大幅度的修改。费伯-费伯出版社违背我们的意愿提前出版了这部剧，要是美国版能够推出最终的修订版的话，我将乐见其成。"之后，他告诉诺布·斯诺德格拉斯："《攀登F6》的修订版很快就要发行了，我希望这个版本会大为改观。"

这部剧在英国出版一个月后，费伯-费伯出版社推出了奥登的新诗集。他从冰岛写给他们的那封提议新书名的信没有及时抵达伦敦，艾略特自作主张将之命名为《看，陌生人！》，选自书中一首诗的开篇——"看，陌生人，此刻在这座岛屿上"。奥登大为恼火，但他又一次在美国版诗集中解决了这个问题。他寄给美国兰登书屋的诗稿，就像《攀登F6》那样，被遗忘在柯蒂斯·布朗的办公室里了。于是，他写信告诉贝内特·瑟夫："费伯-费伯出版社在我外出的时候，未经我同意就设定了这样一个该死的书名。听起来就像是一位奉行素食主义的女小说家写的东西。拜托你将美国版改为《在这座岛屿上》。"兰登书屋照办了。

英国版首印发行了 2350 册，在六个星期内售罄，评论界人士几乎一致好评。埃德温·缪尔盛赞奥登诗歌的多元性和独创性，认为他在这本诗集中取得了新的明晰性。斯蒂芬·斯彭德称赞这是奥登自第一本诗集以来的"一个显著的进步"。塞西尔·戴-刘易斯认为这是"个性和技巧的完美融合"。路易斯·麦克尼斯在《听众》上刊文指出："是奥登先生把人道带回了英语诗歌。"F. R. 利维斯的观点几乎是唯一刺耳的音符。他的文章刊登在由他执掌的《细察》上，这本杂志成为他反对奥登的重要阵地，由此开展的一系列批评在往后的岁月里余音不止。"他没有条理性，"利维斯在点评《看，陌生人！》时写道，"[他]仍然把诗篇大量地构建于私人化的神经症和记忆之上。"

奥登从诗集出版中获得的酬劳，对维持生计的作用微乎其微，尽管他也通过其他渠道赚点小钱，比如在《新诗》、约翰·莱曼的《新写作》等杂志上发表新作。此外，《听众》[1] 的文学编辑 J. R. 阿克利（E. M. 福斯特的朋友）有时候也会委托他撰写书评文章。事实上，他主要依靠出版商的预付款过活，要是他对哪家出版商的支付方式不满的话，他会毫不犹豫地指责他们。"关于冰岛的那本书，我有笔账得跟你算算，"他在 1936 年 10 月给兰登书屋的贝内特·瑟夫去信，"那次在伦敦见你，你说签约时会支付我 50 英镑。我离开后，合同寄到了，上面说出版时才会支付我 50 英镑，这导致我不得不借钱度日。但愿这只是个误会，不管怎么说，

---

[1] 奥登的诗歌自 1933 年开始多次刊登在《听众》上，直到该刊的助理编辑珍妮特·亚当·史密斯鼓动他把《见证者》刊登在诗歌增刊上为止——这首诗招致英国广播公司总裁约翰·里斯的强烈不满，他觉得该诗没有任何价值。——原注

第七章　旅行

我十分恼火。"他并不尊重出版商。他曾这样说："他们都是衣冠禽兽。"

1936年底，奥登受斯特兰德电影公司的保罗·罗瑟所托，再次为一部纪录片撰写解说词。这部名为《通往大海之路》的影片，展示并庆贺伦敦至朴次茅斯的铁路线实现了电气化。有一段内容明显模仿了《夜邮》，也试图将拍摄题材与普通民众联系起来。不过，这次的素材实在是稀松平常，与奥登着意描写电流接通瞬间的句子不在同一个层面上——"铁轨在等待——火车在等待——火车司机在等待——都在等待电力！"奥登对伦敦一日游者闲坐海滩的描写，看起来更适合用来解说他在魏玛德国遇到的日光浴爱好者——"为了运动和美，最充分地展现矫健，去赢得青睐"。奥登用极为冷峻超然的"鹰的视域"撰写了这篇解说词，隐隐带着一种倨傲的态度看待笔下的民众——"夜晚，这奇观隐匿了。渺小的生命与他们的人类之爱分离了"。他的解说词由本杰明·布里顿配乐，两人在1936年12月合力完成了声带。然而，即便有他们的参与，也无法挽救这部影片的矫揉造作之风。[1]

11月和12月，奥登与麦克尼斯全身心地投入到整合冰岛旅行书的工作中，为此奥登在麦克尼斯位于汉普斯特德的公寓住了几天。11月5日，他写信告诉娜奥米·米奇森："我正集中精力处理一本关于冰岛的旅行书。我前所未有地沉浸于享受写书的感觉之中，千万不要变成什么坏兆头。"奥登决定将书中的"收信人"设定为伊舍伍德、迪克·克罗斯曼、威廉·科德斯特里姆和"E. M.

---

[1] 目前已经确定，《通往大海之路》旨在模仿纪录片风格，嘲弄委托该电影项目的当局政府。相关内容，可以查阅唐纳德·米切尔（Donald Mitchell）所著的《20世纪30年代的布里顿和奥登》（*Britten & Auden in the Thirties*, Faber, 1981, pp. 88—93）。——原注

A."[1]。麦克尼斯写了一篇荒诞诙谐的散文,讲述了他们与布莱恩斯顿一行人的冒险旅程,只不过他在文中将布莱恩斯顿一行人写成了一群女学生,而她们在女教师"格林哈尔希小姐"的带领下游历了冰原。其中,"格林哈尔希小姐"这个名字,源自奥登曾任教过的拉知菲学校的一位教员。麦克尼斯还写了一封献给两位朋友的诗体信笺,以及一首《来自冰岛的牧歌》。12月8日,奥登写信给他和麦克尼斯共同的朋友E. R. 多兹:"路易斯为冰岛旅行书写了一首可爱的牧歌,除了我们将要一起写的遗嘱部分以外,整本书差不多完成了。我觉得写给拜伦的那封信(大约1300行)相当精彩。打字员完工后,我立马寄给你。"所谓的"遗嘱部分",指的是诗体形式的《最后的遗言》,奥登和麦克尼斯在诗中给他们的朋友(还有敌人)留下了一系列滑稽的遗赠,有点像《弗朗尼》中的诗体遗言[2]。

在创作《冰岛书简》期间,奥登萌生了重返全职工作岗位的念头。他在写给娜奥米·米奇森的信中说:"我很期待明年在约克郡W. E. A.[工人教育协会]的工作。"然而,一个月后,他改变了主意。"我已经做了决定,"他在12月8日写信告诉E. R. 多兹,"明年,书一写完,我就加入西班牙的国际纵队。"

这一年秋天,欧洲共产党开始从党员和党外人士中招募志愿

---

1 这是埃丽卡·曼·奥登(Erika Mann Auden)的英文姓名首字母缩写。
2 在写《弗朗尼》中的诗体遗言时,奥登借鉴了法国中世纪杰出的抒情诗人维庸的《小遗言集》和《大遗言集》的写法,这种风格在《冰岛书简》中的《最后的遗言》里有所延续。

第七章 旅行

者前往西班牙,支持共和事业,反对以佛朗哥为中心的右翼国民军。很多人响应了这一号召,有许多人是来自德国、意大利和其他右翼独裁政权的流亡者,他们同仇敌忾,把西班牙的抗争看成是他们共同的战争,一场期待已久的反法西斯主义战争。英国人也是如此,许多人把发生在西班牙的斗争视为一直以来翘首以待的终极之战。塞西尔·戴-刘易斯宣称这是一种"光明与黑暗"的冲突,斯蒂芬·斯彭德说这"让1848年的历史际遇在20世纪重演",雷克斯·沃纳认为"西班牙撕开了欧洲的面纱"。英国政府采取了不干涉的官方政策,但到了1936年底,一批批志愿者源源不断地奔赴西班牙前线,有的是体力劳动者,有的则是知识分子。约翰·康福德属于第一批志愿者,奥登曾在几年前指点过这位年轻的诗人。另一位早期的志愿者是女画家费利西娅·布朗,她是曾迷恋过奥登的迈克尔·戴维森的朋友。既然上了前线,必然会有伤亡,康福德和布朗相继在战争的头六个月里牺牲了。尽管如此,国际纵队的征兵一直在继续。截至1936年12月,可能有1000多位来自欧洲各地的志愿者前往西班牙为左翼事业而战。对他们中的不少人来说,他们可以借此体验上一代人在第一次世界大战中的经历,甚至可能是为了填补他们在1914年至1918年间未能上战场的遗憾。用伊舍伍德在《狮子与影子》中的一个词来说,这是他们给自己设定的一场"测试"。正如其中一位志愿者所说:"我们去西班牙的需求,远超西班牙共和国政府对我们的需求。"

这正是奥登目前的心态,也是他眼下关注西班牙的原因。他寻寻觅觅了很久,想要找到一种"让行动变得迫切,让其本质显现"的东西,而现在正当其时。他写信告诉多兹,他要去西班牙前线,并解释道:"我并不喜欢日常的政治活动,肯定不会参与这些事，但此时此刻，我可以作为一个公民以及一个作家去做点事情。我现在了无牵挂，我想我应该去那里。"他在信中还补充道："请不要跟任何人说起这件事。圣诞节过后，我会跟父母说的。"[1] 大约在同一时间，也就是12月初，他相继写信给伊舍伍德、埃丽卡·曼及其家人，告知这个决定。[2]

多兹收到奥登的信后，回信询问理由。奥登的回答如下：

> 我并不是那种认为诗歌需要甚至应该直接与政治挂钩的人，但处在特殊的历史时期，比如我们这样的时代，我相信诗人对重大的政治事件应该有直接的认知。
>
> 在某些时期，诗人或许可以吸收并感知日常生活中的所有经验，那些卓越的大师总是能够做到这一点。但是，对于更深层次的经验，尤其是在现今，诗人只能写下他自己体验过的东西。纸上谈兵远远不够。
>
> 我觉得我可以运用权威的口吻谈论"人类状况"，而事实上所触及的对象只有一小部分英国知识分子和专业人士。而现在，是时候赌大一些了。
>
> 我可能会成为一个糟糕透顶的士兵，但要是没有成为他们中的一员，我又如何与他们对话、为他们说话呢？

---

[1] 虽然可能性不大，但奥登决定去西班牙的时间点或许还与这样一个事实存在关联：11月中旬，他在剑桥与路易斯·麦克尼斯中学时代的同学安东尼·布朗特有过短暂交流，布朗特当时是三一学院的研究员，同时也是一位活跃的马克思主义者。他不太了解奥登，但很有可能在谈话中说到了支持西班牙的共和事业。——原注

[2] 根据埃丽卡·曼和克劳斯·曼合著的《逃生》(1939)记载，奥登曾在信中说："我要去西班牙。我们用语言来支持我们的西班牙同志是不够的。我要与他们并肩作战。"不过，这既不像奥登的写信风格，也与他告诉多兹的理由有所出入。——原注

第七章 旅行

奥登的回信其实没有涉及西班牙内战本身。

他在伯明翰家中度过了圣诞节，然后与家人去了湖区。在那里，他告诉多兹，他打算多多走路，以便"让自己进入训练的状态"。他计划在1月初离开，显然对自己在西班牙前线的角色又有了一番思考。他告诉伊舍伍德："要么开救护车，要么打仗，但愿是前者。"1月4日，他写了一封信给美国诗人弗雷德里克·普罗科施，此人在20世纪30年代出版了一些限量版的奥登诗歌。奥登在信中对弗雷德里克·普罗科施说："我要在本周末去西班牙开救护车。何不过来呢？"大约在同一时间，他告诉诺布·斯诺德格拉斯："我在一周内就会去马德里开救护车。但愿天气不会太冷。"

他在临行前写了两首带有告别意味的诗歌，两相比较，其中一首的意图更为明显。以"再见，客厅里节制有礼的呼吁"为开篇的第一首，蕴含了自我嘲弄的成分，把自己装扮成了战争英雄：

> 我会乘一辆白金打造的汽车检阅巡行，
> 我将容光焕发，我的名姓耀眼如星，
> 我会猛按喇叭，日日夜夜持续不断，
> 我会沿长街前行，稳操手中的方向盘。

然而，抒情主人公站在了法西斯主义而不是共产主义的一边，就像《皮下之狗》和《追逐》中的牧师布道一样，是从敌方阵营的角度来看待这场意识形态之争。1月8日，奥登在本杰明·布里顿的《小交响曲》（作品1）乐谱的空白页上写下了这首诗。那天上午，他和布里顿坐在托特纳姆宫路的里昂角楼里，喝着咖啡，聊着天。两天后，布里顿在日记中写道："威斯坦还没走——预计明天出发——因为他要去的那家医疗单位被政府关停了。"[1]

奥登在动身前往西班牙之前写的第二首诗歌，在之后的岁月里成为他最著名的抒情诗之一："放低你安眠的头颅，我的爱／人类正枕着我不忠的臂弯……"这首诗实际上是一个系列的尾声，是他在20世纪30年代写的最后一首爱情诗。这些爱情诗始自在唐斯学校创作的十四行诗，包括在1936年创作的以"亲爱的，夜晚虽已逝去"和"鱼儿在风平浪静的湖里"为开篇的两首诗，都歌咏了一种转瞬即逝的爱恋。奥登的写法升华了引发这些诗歌素材的私人性事件，多数情况下甚至看不出蕴藏其中的同性恋情愫。它们的主题是爱情的倏忽无常，无论是何种类型的爱情，都恰如这个系列最后一首诗中的总结性陈词：

> 确切无疑，忠诚
> 会在午夜准时结束
> 恰如钟摆的震颤，
> 时髦的疯子们会升高
> 他们迂腐恼人的叫声：
> 每一份微小的代价，
> 如可怕的命牌所预言，
> 必得全部偿付，但此夜过后
> 每一声低语、每一份心思、
> 每个吻、每一瞥再不会失去。

---

[1] 相关内容可以进一步查阅唐纳德·米切尔所著的《20世纪30年代的布里顿和奥登》，书中引用了很多布里顿记述他和奥登之间的友谊的日记。——原注

第七章 旅行

★ ★ ★

1937年1月12日,英国《工人日报》重点报道了"知名诗人前往西班牙开救护车"的消息。当天,奥登在维多利亚火车站乘坐轮渡火车前往巴黎,威廉·科德斯特里姆到火车站为他送行。奥登先去巴黎看伊舍伍德,因为他专程从布鲁塞尔赶过来,准备在奥登去西班牙之前和他见上一面。在巴黎,他俩约了住在当地的布赖恩·霍华德,一起喝得酩酊大醉。第二天,伊舍伍德送奥登赶上了开往法国和西班牙边境的火车。据伊舍伍德所说,尽管他们玩笑话说个不停,但仍然不失为"一次郑重的送别"。

很难确定奥登离开巴黎后的行踪。他似乎没有从西班牙写信给英国的亲朋好友。回到英国后,他很少谈论发生在自己身上的事情,也没有留下任何有关自己经历的文字记述。只有零零碎碎的一些片段,帮助我们勾绘了他的所见所闻和行程路线的大致轮廓。

他很可能是从边境小镇波乌港进入西班牙的,许多国际纵队新兵都从法国乘火车来到这里。接着,他很有可能从波乌港坐火车去了此行的下一站——巴塞罗那。可以肯定的是,在西班牙逗留期间的某个时间段,他到过这座城市,留下了刻骨铭心的记忆。

事实上,巴塞罗那是最适合奥登从共和国政府的角度深入了解内战本质的地方,因为1937年1月的巴塞罗那正是西班牙共和国的 个缩影。乍 看,这座城市似乎是许多人期盼已久的社会主义社会的鲜活案例,至少乔治·奥威尔、斯蒂芬·斯彭德等在此期间来到西班牙的英国人,一开始确实这么认为。在这里,私有制和特权几乎荡然无存。大型建筑基本上都掌握在工人们手中,大部分的公共服务也由他们接手。商店和咖啡馆张贴了告示,宣称它们属于集体所有。一切卑躬屈膝的言辞都消失了,常规的称呼是"同志"。扬声器夜以继日地播放革命歌曲。然而,这里出现了食品危机。1937年1月,每天都有三四百人排队等面包,警卫们有时候会突然出现,粗暴地用枪托驱散排队的人群。之所以会发生这场危机,部分原因在于身为共产党员的食品部长决定废除由无政府主义者管理的"面包委员会"。张贴在墙上的海报以食物短缺为借口打出了斗争标语——"更多面包!更少委员会!"党派纷争持续不断,共和派人士非但没有团结起来一致对外,反而分裂成了大大小小的派系。他们之间的争斗,几乎与反对以佛朗哥为中心的国民军的斗争一样激烈。

奥登观察到了这一切。他在回顾西班牙之行时说:"政局尤其令人不快。"然而,在巴塞罗那期间,教会的处境更令他触目惊心。"我发现,"他说,"走遍全城,所有的教堂都关闭了,一个神父都没有。令我惊骇的是,这一发现居然让我陷入了深深的震撼与不安之中。"

说教堂"关闭"是一种刻意淡化的表述方式。事实上,巴塞罗那原本矗立着58座教堂,在强烈的反天主教情绪的推动下,几乎所有的教堂都被焚烧了。一些"劫后余生"的教堂顽强地耸立着,但其建筑结构和雕像装饰都已经遭到了严重损毁。其余教堂的状况更惨烈,里里外外都被大火摧毁了,工人们正将它们夷为平地。

这些景象让奥登瞠目结舌,而震惊的感受又令他困惑不解。"这种感觉太强烈了,"他说,"不可能仅仅是自由主义者对不可容忍之事的厌恶带来的,不可能仅仅出自这样一种观念——阻止人们去做他们喜欢的事情是错误的,即使是像去教堂这样的蠢事。我不得不承认,尽管我有意识地忽视甚至拒绝教堂长达16年之久,但对我来说,教堂的存在以及过往在教堂的经历一直都很重要。若果真如此,应该怎么办呢?"

第七章　旅行

奥登可能在巴塞罗那待了几天。在1月25日之前的某个时间点，他一路向南，到了巴伦西亚。毋庸置疑的是，他希望随救护队被派往前线之前，只在这里短暂停留一阵子。

彼时，巴伦西亚在西班牙内战中是一个战略要地。自去年11月以来，由于首都马德里日益受到佛朗哥军队的威胁，共和国政府只好将总部迁至巴伦西亚，长期驻扎于此。"自从政府搬到了这里，"奥登在抵达巴伦西亚几天后写道，"旅店里挤满了官员、士兵和记者。火车站有搬运工和几辆马车，但没有出租车，这是为了节省汽油。食物很丰富，旅店里提供的午餐分量确实超乎想象。他们准备了一场斗牛表演，所得款项都捐给医院。在一出杂艺秀里，一个看起来挺瘦弱的踢踏舞者跳了一支糟糕透顶的机关枪舞。"

他设法在维多利亚酒店找到了一个可以住宿的房间。当时，这家酒店可谓记者们的云集之地。"外国记者来此就餐，"他写道，"像女明星一样惹人注目。"他打算加入一支救护队，然后离开此地，可能是前往马德里——佛朗哥军队自去年11月以来已经第三次试图从共和派手中夺走这座城市，那里的伤亡情况十分惨重。然而，计划赶不上变化。正如奥登后来描述的那样，他"百无聊赖地等待着，没什么事可做"。

他应该是随西班牙医疗援助委员会组织的一支医疗队来到这个国家的。西班牙医疗援助委员会是一个提供医生、护工和救护车援助的英国组织，这对西班牙共和政府来说非常重要，因为几乎所有的西班牙军医都在为佛朗哥的军队服务。医疗援助委员会没有安排奥登去开救护车或抬担架的原因，并无资料可查。奥登本人做过一番解释。他在20世纪60年代对一位采访者说，战争到了这个阶段，共产党"掌管了一切"，而他由于"一直没有加入"，处境变得比较艰难。他在另一个场合说："他们没有给我安排任何事情——也许是因为我不是党员。"医疗援助委员会的成员里自然有共产党员,但很多志愿者不是党员,而且只是像奥登这样的左翼支持者。[1] 考虑到这一点,他们没有给他安排工作的原因便成了未解之谜。管理混乱,甚至人员超额都是有可能的。此外,可以想象的是,医疗援助委员会并不愿意让驾车技术不稳定的奥登开救护车。迈克尔·耶茨曾说过,不让奥登开救护车是"对伤员的仁慈"。

其实,非党员身份并没有让奥登在西班牙举步维艰,我们至少可以在克劳德·科伯恩的记述中看到这一点。他在多年后讲述了当时的情形:支持西班牙内战的英国共产党打算让奥登"走上前线,写一些东西,为共和政府摇旗呐喊……可惜的是,他把整件事看得太严肃了……我们为他准备了一辆车。我们想载他去马德里,整个过程只需要一星期,接着就写作品。但情况恰恰相反。这该死的家伙自己跑了出去,找了一头驴,骑着这牲畜在西班牙遛晃,想从巴伦西亚一直走到前线。他从巴伦西亚走了六英里,然后驴踢了他,或是撞到了什么东西,他只好回来了,坐上车做他该做的事。"

这个故事听起来有点荒诞,至少奥登否认了其中的部分内容。他指出,共和国政府当时出于战局考虑竖起了"官僚主义壁垒",不可能给他安排一辆车。(不过,既然他有了冰岛的骑马之旅的经历,骑驴之旅会不会很有吸引力?)无论如何,若果真安排他为共产主义宣传,那么这个安排几乎是泡汤了,尽管他确实参与了巴伦西亚广播电台的工作,至少在那里待了几天。

---

[1] 关于医疗援助委员会在西班牙的工作,可以查阅第二任丘吉尔子爵(即彼得·斯宾塞)的自传《为我所有的罪愆忏悔》(*All My Sins Remembered*, 1964, pp. 160—166)。彼得·斯宾塞将其创始人描述为"三位著名的医生、一位著名的科学家、几位工会会员和一位共产党员"。——原注

第七章　旅行

无线电广播在内战中发挥了重要作用。在国民军方面，健谈的凯波·埃尔亚诺将军每晚都在塞维利亚向听众们发表长篇大论。共和政府运营的无线电台里，有一家地处巴塞罗那的英语电台，每天都向英语国家发送新闻简报。这些简报聚焦平民的生活状况，向海外听众力证西班牙社会主义事业的成功。

奥登在回到英国后告诉伊舍伍德，他曾在西班牙短暂地做过广播宣传员。很难确切地解读他的言下之意。他有可能是在巴塞罗那英语电台做了一段时间的广播员。更有可能的情况是，他为社会党从巴伦西亚发出的广播提供了一些帮助。位于巴伦西亚的广播电台显然是需要英语广播员的，斯蒂芬·斯彭德继奥登出发后不久就动身前往西班牙，原本被安排在巴伦西亚广播电台工作。不过，当他在 2 月底或 3 月初抵达巴伦西亚的时候，发现电台已经关闭了。目前看来，最有可能的情况是，奥登在 1 月底或 2 月短暂地参与了巴伦西亚广播电台的工作。他后来跟伊舍伍德提起过，他在西班牙很无奈地发现发报机的覆盖范围很小，这说明他接触过广播电台，很有可能就是巴伦西亚的广播电台。

截至 1 月底，他似乎只写了六段文字寄回伦敦，这些文字以"巴伦西亚印象"为题刊登在 1 月 30 日发行的《新政治家》上。该文首先描绘了巴伦西亚的城市面貌，随文附上的地图展示了战争形势，海报则讽刺了佛朗哥及其支持者。接着，文章谈到了人群。"到处都是人，"奥登写道，"他们有的穿灯芯绒马裤，屁股口袋上插着手枪，有的穿制服，有的穿便服、戴贝雷帽。他们就在这里，在旅馆里睡觉，在餐馆里吃饭，在咖啡馆里喝酒，鞋子都刷得干干净净。他们就在这里，经营商务快车，管理火车和电车，保持街道整洁，将一切都打理得井然有序。上流人士刮目相看，他们原以为这番局面只有在他们的严密监管之下才有可能发生。这是资产阶级讽刺画里的残酷野蛮的无政府主义,是希特勒誓要让欧洲摆脱掉的那种文明形式的终结。因为一场革命正在真真切切地上演,而不是一两次有违常规的内阁洗牌。在过去的六个月里,这些人一直在学习如何接管自己的国家,一旦他们尝到了自由的滋味,便不会轻言放弃。"

这篇文章除了陈词滥调以外,只字未提巴塞罗那被焚烧的教堂,也没有提及奥登自己未能在战争中找到属于自己的角色。文章没有说到共和派政局中的那些让人不悦的复杂纠葛,而奥登当时身处政府所在地,理应近距离地观察到了这一点。他应该是注意到了,以曼努埃尔·阿扎尼亚·迪亚斯为首的共和政府在很大程度上是疲弱无能的,这位冷静的知识分子虽然时任总统一职,却对共和国正在发生的一桩桩事件深感失望,鲜少出现在公共场合。至于共和派阵营里的共产党,许多观察人士越来越清醒地意识到,他们在很大程度上扮演了反对革命的角色,几乎站到了右翼的立场。这些共产党为了苏俄的利益而竭力推迟真正的革命,因为苏俄出于自身的考虑,并不希望看到欧洲各势力之间的平衡状态被打破。苏联确实向共和政府提供了一些军事援助,但态度颇为勉强,而且还索取了回报。正如奥登所说,这场战争的政治"令人不快"。

他本可以从维多利亚酒店的外国记者那里了解到更多关于政治局势的信息。这群外国记者中,有一位名叫阿瑟·库斯勒的记者,他为《新闻纪事报》撰稿,同时为共产国际(第三共产国际)工作。库斯勒在去年以国民军支持者的身份来到西班牙,但他的伪装很快就被国民军识破,随后作为间谍被关押了起来,最终通过交换囚犯的方式得以释放。一天傍晚,库斯勒和奥登在维多利亚酒店一起喝酒,在场的人员还有库斯勒所谓的"一小群奇特的国际人

第七章　旅行

士",包括巴兹尔·默里(古典学者吉尔伯特·默里的放浪形骸的儿子)、有一条腿不太利索的罗马尼亚飞行员、一位挪威女记者以及一位名叫迈克尔·科尔佐夫的西班牙记者(他为《真理报》服务,与斯大林有密切的私下联系)。库斯勒写道:"我在12年后才再次见到奥登,他依然记得那次聚会,以及当时非常诡异的压抑氛围。我想,飞行员是始作俑者,当我们都喝得有点醉意的时候,他不停地重复说,他知道自己就要死了,情绪激动地拖着一条瘸腿蹦来蹦去,最终我们不得不把他弄到床上去。"

这件事发生在1937年1月25日。奥登似乎在巴伦西亚又停留了一个月左右,因为他说自己的30岁生日(2月21日)就是在这座城市度过的。也许他在广播电台做了一些事,花费了一些时间。几乎可以肯定的是,他希望以特定的身份奔赴前线。或许,政府的官僚作风是一个阻碍因素。无论如何,在大约一个月的时间里,他似乎什么事也没做成。

也许就是在这个时候,他在巴伦西亚遇到了西里尔·康诺利和他的妻子琼。康诺利正在报道这场战争,他身边还有社会党同僚安特里姆勋爵。其实,康诺利此前从未见过奥登,但一直非常欣赏奥登的诗才,而伊舍伍德跟他提起过,他到巴伦西亚时兴许可以遇到奥登。[1]"奥登当时为政府的电台工作,见到我们似乎欣喜若狂,"康诺利写道,"他点了一瓶西班牙香槟,伊舍伍德听到这个细节时乐了,说此举令他确信这就是真正的奥登,而不是冒名顶替者。"康诺利夫妇后来在巴塞罗那再次见到了奥登,也许奥登当时正在返回英国的行程中,他们一起吃了午饭,饭后散了步。"奥登躲到灌

---

[1] 康诺利在回忆奥登的文章(收录于《奥登:悼念集》)中指出,这场会面发生在1937年5月,但这个日期肯定是错的,因为那时奥登已经离开了西班牙。——原注

木丛后面小便，"康诺利回忆道，"当场被两个民兵逮住了，他们也可能是军警。他们义愤填膺地指责奥登破坏公物的行为。"

还有一位英国人记录了他眼中的"奥登在西班牙"。这就是诗人罗伊·坎贝尔，他站在佛朗哥支持者的立场反对左翼事业。坎贝尔在1950年的一篇文章中谈到了奥登："他一直待在安全圈里，他所见过的最暴力的行为，除了拿着刀叉砰砰敲打以外，就是在托萨海滨代表西班牙共和国政府打乒乓球。"托萨是位于巴塞罗那以北不远处的布拉瓦海岸上的一个度假胜地。如果说坎贝尔的言论有那么一丁点符合历史事实的内容，而不仅仅出于他素来对奥登及其左翼诗人伙伴们在20世纪30年代的所作所为的敌意的话，那么这至少表明奥登在西班牙期间，很有可能一度住在托萨的"约翰斯通之家"旅馆。这家旅馆的主人阿奇·约翰斯通曾是《新闻纪事报》的记者，阿瑟·库斯勒大概早就认识他了。支持共和国政府的英国人常常在这里聚集，他们的娱乐活动里有打乒乓球这一项。

2月6日，马德里周边地区的战事升级。那时，奥登应该仍在巴伦西亚。数百名国际纵队的英国志愿者上了前线，伤亡惨重。奥登可能已经变得更加不耐烦了，急切地想要到前线去。与此同时，他在西班牙停留的时间越长，似乎就越清醒地意识到自己无法全心全意地支持共和派事业。

无论是国民军还是共和派，他们都异常残忍地对待那些恰好站在敌方阵营的人员。政治犯被处决，任何稍有叛徒嫌疑的人都有可能遭到一伙自告奋勇的刽子手的围捕与枪杀。暴行此起彼伏，共和派针对牧师的恶行尤其令人发指。教区神职人员惨遭酷刑，然后被开枪射死，几位主教被谋杀（其中一位主教在两千多人面前被杀害），大量修道士和修女受到虐待。据统计，总共有几千名神职人员和宗教团体人员沦为共和派迫害的牺牲品，而这只是共

第七章　旅行

和派处决人数的一小部分。就连共和政府内部的成员也感到震惊，国际观察者们不禁心惊胆战。奥登说："仅仅是目睹内战局势就让人惊恐。这里不会产生什么好的结果……一个人难免扪心自问，这样了，难道还想赢吗？"

稍后，奥登终于设法做出了安排，以便去往前线。他给即将抵达巴伦西亚的斯蒂芬·斯彭德留了一张便条，说他即将前往萨里涅纳——"因为我想在阿拉贡前线待一个月"。这张便条没有注明日期，但一定写于奥登在巴伦西亚过完2月21日的生日后不久。

萨里涅纳位于萨拉戈萨和巴瓦斯特罗之间，距离巴伦西亚西北部约两百英里。1937年2月，萨里涅纳地处阿拉贡阵线。奥登似乎到了萨里涅纳，因为多年后他告诉一位采访者，他"去了萨拉戈萨和巴瓦斯特罗附近的前线"。

奥登没有写下他在那里的经历，但我们可以通过乔治·奥威尔在《向加泰罗尼亚致敬》中对阿拉贡阵线的描写来推测奥登可能经历过的事情。奥威尔当时在阿拉贡共和军服役，与西班牙人并肩作战，而不是与国际纵队在一起。在他笔下，此时的阿拉贡前线陷入了壕沟战的僵持之中，几乎没有任何事发生，战争双方都出奇地安静，火力主要集中在马德里周边地区。"从［1937年］1月到3月下旬，"奥威尔写道，"几乎没有发生什么事情……在萨拉戈萨周围的丘陵地带，只有静止不动的战争，隐隐地夹杂着无聊与不安。像市政厅工作人员的生活一样平淡无奇，而且几乎一样程式化。"

奥威尔所属的民兵组织是马克思主义统一工人党，一个反对斯大林的马克思主义党派。与无政府主义者一样，马克思主义统一工人党也按照平等主义原则组织他们的军队，官兵之间的地位绝对平等。"当你发出命令的时候，"奥威尔说，"你是作为同志把命令传达给了同志,而不是上下级之间的关系。"这种组织形式并没有维持太久,但在1937年2月,奥登应该尚有机会看到这种景象。与此同时,士气并不高。人们对战争的热情很快就被百无聊赖消耗掉了,而奥威尔所说的"这种战争的徒劳性……不确定性"也让这里的情况越发糟糕。

奥登原计划在西班牙停留大约四五个月。母亲在他外出期间负责处理他的商务信函,她在1月中旬写信告诉一位问询者:"如果一切顺利,预计他会在五月份回来。"然而,大约在3月2日,也就是他从巴伦西亚出发去前线的几天后,他已经出现在回国的路上了。3月4日,他回到了伦敦。或许他在阿拉贡前线什么也没有看到,他的耐心——可能还包括他的钱——大概都已经耗尽了。摆在他面前的最佳方案,似乎只能是放弃,然后返回英国。

奥登一回来,伊舍伍德就见了他。伊舍伍德的印象是这样的:"他不愿意谈论自己的经历,显然在那里过得并不愉快;他觉得自己并没有得到机会真正帮上忙。"斯蒂芬·斯彭德的印象大致相同:"他短暂去了一趟就回来了,此后再也没有说起过。"

关于这份缄默,奥登在许多年后说:"我从西班牙回来后不愿意提起在那里的经历,看到的、听到的很多事情都让我心绪不宁。乔治·奥威尔的《向加泰罗尼亚致敬》已经写了一些,要是换我去写,肯定没办法写得更好。还有一些让我不安的事情,我了解到神父的遭遇。"他没有公开反对西班牙共和派的性质和行径,因为他仍然希望他们能够击败佛朗哥。"我十分震惊,也幻灭了,"他说,"但我的任何幻灭都只会助长佛朗哥的势力。无论如何,我都不希望佛朗哥赢。何时述说其实一直是一个道德问题。在错误的时间述说会造成严重的后果。佛朗哥已经赢了。我的述说还有什么意义?要是共和派赢了,那就有理由直言不讳地指出他们的问题所在。"

这与奥威尔在《向加泰罗尼亚致敬》中的表述可谓异曲同工。奥威尔也希望佛朗哥被打败。"自1930年以来,法西斯主义赢得了所有的胜利;是时候让他们尝尝挨打的滋味了,究竟是谁打败他们并不重要。"但他对战争性质不抱任何幻想。"我想,"他写道,"但凡在西班牙待了几个星期的人,都会有某种程度的幻灭……至于报纸上所谓的这是一场'争取民主的战争',简直是一派胡言。"

★ ★ ★

回到伦敦的当晚,奥登观看了《攀登F6》的演出。这部剧由"群体剧团"制作,在伦敦诺丁山区的一家名为"水星"的小剧院里上演。鲁珀特·杜恩再一次担纲导演,剧团在2月份排练期间,伊舍伍德随时根据他的要求修改剧本。2月26日,该剧正式开演。业界对表演版的评论与对印刷版的评论一样,好坏参半。《新闻纪事报》称之为"我们戏剧界最引人注目的一部剧"。不过,休·戈登·波特斯刊登在《新英语周刊》的文章多有诟病,该文批评本杰明·布里顿的配乐分散了人们的注意力(尽管音乐本身很好);批评威廉·德夫林扮演的兰塞姆,尤其指出奥登给他安排的一些莎士比亚式台词近乎可笑("啊,毫无意义的飓风,/把自己消耗在不为所动的岩石上……")。波蒂厄斯写道:"他说着糟糕的莎士比亚式台词,就像一只垂死的昆虫产下了最后的卵。他两次跳下舞台,带着哭腔喃喃说出传统悲剧中的台词(真是太可怕了)。"朱利安·西蒙斯在《二十世纪诗歌》刊文指出,除了兰塞姆这个角色,这部剧在方方面面都不如《皮下之狗》。他和波蒂厄斯所见略同,都无法接受德夫林演绎的兰塞姆。

在排练期间，伊舍伍德不得不对剧本的细微之处进行了一些改动和删减，等到奥登在3月4日观看演出时，他尽量压低自己的不满，朝伊舍伍德耳语道："亲爱的，你都对它做了什么？"最大的变化出现在结尾处。修改之后，兰塞姆在山顶看到了母亲的身影，猝然瘫倒在地，幕布旋即落下，而原本的最后一个场景——兰塞姆探险队的发起者们讨论他的死亡——被悉数删除了。（费伯-费伯出版社在1937年再版《攀登F6》时，也删去了这个场景。）很多观众无法接受这个精简版的结尾，其中就包括W. B. 叶芝。尽管叶芝批评奥登的作品晦涩难懂，但欣赏奥登的才华。他告诉杜恩，《攀登F6》的一些内容是"精彩绝伦的"，并建议这部剧最好在母亲以不列颠尼亚女神[1]的形象出现时就结束。杜恩和梅德利很喜欢这个想法，但最终没有采纳。

尽管评论褒贬不一，但《攀登F6》还是轻而易举地让水星剧院座无虚席。这部剧在水星剧院上演了两个月，随后在剑桥艺术剧院上演了三天，接着又以"珠穆朗玛峰戏剧"为宣传卖点，在伦敦西区剧院的小剧场继续上演了五个星期。翌年，伯明翰戏剧院分别在春季和秋季上演该剧，两位作者都出席了其中一场秋季演出。1938年9月，BBC电视台播出了该剧的精简版。第二年夏天，"群体剧团"再次在老维克剧院上演该剧。此次仍然由杜恩执导，但兰塞姆的角色改由亚历克·吉尼斯来扮演，他的演绎方式与德夫林截然不同——有人在《新政治家》刊文指出，他"以超凡的沉静传达了一个现代圣人和行动家的苦行品质"。结尾又变了，兰塞姆夫人成了一个静默的幽灵。事实证明，这个结尾仍然力有不

---

[1] 不列颠尼亚女神（Britannia）是英国的人格化象征，以头戴钢盔、手持盾牌和三叉戟的女子形象呈现。在罗马统治时代，女神不列颠尼亚就已成为英国的象征和保护神，其形象被铸在硬币上。

第七章 旅行

逮。奥登曾说过："我们从来没有把结尾弄对过。"事实上，正如《皮下之狗》，《攀登F6》也没有令人完全满意的结尾。

奥登在3月4日看完演出之后离开了伦敦，与伊舍伍德一起去了湖区。据一篇新闻报道，他们两人打算在湖区为"群体剧团"写一部讽刺剧。若果真如此，那只能说明两人啥都没写出来。奥登花了点时间读一本书，他正准备为《新诗》撰写这本书的评论文章。他还写了一首关于西班牙内战的诗。事实证明，这两项工作密切相关。

奥登阅读的《幻想与现实：诗歌之源研究》，作者是刚刚死于西班牙战场的年轻评论家克里斯托弗·考德威尔，他在2月初的保卫马德里之战中不幸牺牲。考德威尔本名克里斯托弗·圣·约翰·斯普里格，是一位马克思主义者，或者更确切地说，是一位非正统的马克思主义者。他在书中以马克思有关经济与社会关系的理论，来阐释16世纪以降的英国诗歌发展脉络。在最后一章"诗歌的未来"中，考德威尔谈到经济力量迫使当代世界发生了根本性的变化。"这些变化，"他写道，"并不是'自发地'发生，因为历史是由人们的行动创造的，尽管他们的行动并不总会达成他们预期的设想。历史的结果并不由任何人决定。"考德威尔的书给奥登留下了深刻的印象。他在《新诗》刊文指出，这是"自瑞恰兹博士以来最重要的诗歌研究专著"。他在构思那首有关西班牙的诗歌时，整体上运用了类似于考德威尔的历史观，并考量了这种历史观与个体行动之间的关系。[1]

奥登创作的这首诗，以他的"鹰的视域"开始，像哈代那样从极高的位置俯瞰下来。这一次，诗人俯瞰的对象是历史："昨天

---

[1] 考德威尔的著作与奥登诗歌的联系，最早由塞缪尔·海因斯在其专著《奥登一代》中提出。——原注

的一切已消逝。度量衡术语／沿着贸易航线传播到了中国；／算盘和环形石柱[1]散布四方。"渐渐地，随着诗节的推进，这种对过去时代的望远镜式描述转向了当前的时代："昨天安装了发电机和涡轮机；／铺设了铁路……／……但今天只有斗争。"随后出现了一系列人物：首先是诗人，接着是科学研究者，最后是整个人类，他们全都要求展现"历史，这位操控者／组织者"的真实本质。历史的声音由此响起："哦，不，我不是倡议者／……我是你的结果……／我是你的选择，你的决定：是的，我是西班牙。"

直到这里，在14个诗节以后，在超过了一半篇幅之后，奥登才将笔锋转向了西班牙内战。他描写了志愿者们抵达西班牙的情景——他们"前来奉献自己的生命"，并且讲述了他们来到西班牙的原因。不过，奥登并没有从政治角度来写，而是把这场社会主义和法西斯主义之间的战争，理解为人类与自身的弱点和缺点、自身的恐惧和贪欲的殊死搏斗：

> ……因为那些促使我们对药品广告
> 和冬季游轮宣传册做出反应的恐惧
> 　　已然变成了入侵的军队；
> 而我们的脸庞、建筑的外观、连锁商店和废墟
> 正投射着他们的贪欲如同行刑队和炸弹。

在两年后的一篇散文中，奥登对这一点做了更充分的解释："战争不是由少数政客凭空发动的：它是由不计其数的恐惧、暴力和仇恨的个体行为诱发的结果。"而此刻，奥登在这首诗里宣称，

---

[1] 环形石柱，亦有译为环状列石，对应的原文为"cromlech"，原是由两块巨石搭就的墓穴，后来渐渐演变为呈环状排列的石柱群，类似于"巨石阵"（stonehenge）。

正是人性的良善品质引导大家抵抗、保卫并救助伤者："我们的片刻温情／如救护车和沙袋般蓬勃发展；／我们数小时的友谊成就了一支人民军队。"

诗歌随后转向了未来，言辞之间似乎让我们看到，一旦"斗争"结束，一个勇敢的社会主义新世界便会迈入康庄大道：

> 明天会就猎狗的饲养问题交换心得，
>   突然举起的一只只手臂
> 会热切地选出领导人……

但战斗仍在继续。在今天，在战争时期，"死亡的概率不可避免地倍增"是必然现象，甚至"在必要的谋杀中清醒地接受了罪恶"——更不消说无聊的政治活动，"力量都消耗在了／无趣短命的小册子和令人生厌的会议里"。如果战斗失败了，我们无法希冀历史会像解围之神那样释放旋转乾坤的力量，因为历史只是人类行动的集合体：

> 星辰已死去。动物不会再观看：
> 只留下我们孤独地打发着时日，而时光短促，
>   历史或会对失败者呜呼哀叹，
> 却既不能救助，也无法宽恕。

奥登在 3 月底完成了《西班牙》。费伯-费伯出版社同意以小册子的形式出版，奥登会将所得版税捐给西班牙的医疗援助工作。（至于奥登是否在动手写这首诗之前就决定这么干，目前已经不得而知了。）印刷厂 4 月 1 日开始排版，在 5 月 20 日发行，初版将

近三千册，7月又再版了两千册。那些本身没有特殊政治立场的评论家，普遍对这首诗不吝溢美之词。比如，杰弗里·格里格森在《新诗》刊文指出，这首诗"有一种富于条理的、严肃的、理智的、动人的陈述"，"比近些年来的其他政治诗更富于理性，较少受偏狭的桎梏束缚"。共产党人则指责该诗并不关心西班牙，流露了奥登本人对西班牙战争的负面情绪。埃杰尔·里克沃德指出，这首诗是"诗人持续性疏离的体现"，"歪曲了社会发展的观点，延宕了诗人重新融入社会的进程"。

《西班牙》发行三年后，乔治·奥威尔在称赞该诗是"关于西班牙内战为数不多的优秀作品之一"的同时，严厉批评了其中的一句——"在必要的谋杀中清醒地接受了罪恶"。在奥威尔看来，只有"对他来说谋杀至多不过是一个词"的人，才会写出这样的诗行。奥登本人在谈到这句诗时说："我绝不是在为极权主义罪行开脱，只是试图说出每一位不会采取绝对的和平主义立场的正派人士的心声……既然有所谓的正义战争，那么为了实现正义，谋杀可以是必要的。"不过，或许是由于奥威尔的批评，奥登后来把这句诗改为"在谋杀的事实中清醒地接受了罪恶"，收录在诗集《另一时刻》（1940）里。在这个新版本中，原来把战争描述为人类与自身弱点抗争的三个诗节，被有意地缩减为一个诗节，而包含"就猎狗的饲养问题交换心得，／……热切地选出领导人"的诗段全被删除了。通过这些改动，奥登试图减少《西班牙》与共和事业的关联——涉及"一支人民军队"的表述也消失了。

除了由费伯-费伯出版社发行以外，《西班牙》还在1937年春天由航运巨头的孙女南希·丘纳德推出，她当时正在筹备出版一系列诗歌来帮助西班牙共和政府。奥登在费伯-费伯出版社发行之前就给了她一份手稿，尽管他的笔迹很潦草，她还是设法整出

第七章 旅行

了一个相当准确的版本。此外,她决定对知名作家展开问卷调查,询问他们有关西班牙内战的看法。奥登答应成为12位署名作家之一,回答她发给选定作家的初始问题——"您支持还是反对西班牙共和国的合法政府和人民?您支持还是反对佛朗哥和法西斯主义?"

奥登按时寄去了他的回答,并附上说明:"我对此类论断的价值表示怀疑,但为了可能存在的价值,我在这里给出我的答案。"以下是他的回答:

> 我支持西班牙的巴伦西亚政府,一旦它被国际法西斯主义势力击败,欧洲必将面临灭顶之灾。这将使欧洲范围内的大战更有可能爆发。到目前为止,法西斯思想在各地的散播还未成规模,但若是巴伦西亚政府失败了,法西斯主义势必会在其他地方取得全面胜利,随之而来的后果不堪设想,从事创造性活动的艺术家以及所有关心正义、自由和文化的人,将会发现无法工作,甚至无法生存下去。

奥登的答卷没有言明西班牙共和政府的本质,而且与不少答卷相比,奥登的语调更为温和,甚至有些淡漠。比如,埃杰尔·里克沃德这样回答:"对西班牙人民及其合法的共和政府的支持,意味着生命战胜了死亡……一个自由幸福的世界诞生了。"当然,还有一些人,包括斯彭德和麦克尼斯在内,他们的回答也像奥登一样慎重。

4月13日,奥登去了巴黎,显然是为了帮忙打听伊舍伍德的男友海因茨的情况,因为有人说他出现在那里,而伊舍伍德由于口腔感染无法亲自前往巴黎。在巴黎,奥登结识了自此之后成为他终身朋友的两个人,詹姆斯·斯特恩和塔尼娅·斯特恩。

詹姆斯·斯特恩出身于一个著名的银行家家庭,父亲是一位英国骑兵军官,母亲是爱尔兰人。他曾在英国和德国的家族银行工作过一段时间,但对此深恶痛绝,目前在巴黎靠写短篇小说和翻译为生,勉强度日。他的妻子塔尼娅是一位德国精神病学家的女儿,通过教体操赚点小钱来贴补家用。他们住在钟表码头一带的顶楼,从那里可以欣赏塞纳河对岸的秀丽风光,詹姆斯常常流连于眼前的美景,以至于无心工作。他们夫妇原本就认识伊舍伍德(可能是西里尔·康诺利介绍的),现在与奥登相识了。

一次,奥登与他俩以及其他朋友在咖啡馆闲坐。奥登在看书,其他人在聊天。奥登喝的是咖啡,其他人喝的是葡萄酒和开胃酒。正如斯特恩回忆的那样,他还"拒绝承认法语有任何优点"。

当然,在很大程度上,奥登对法国带有敌意。他能流利地使用法语,虽然口音不怎么好,并且能顺畅地阅读法语。事实上,他最喜欢的诗人名单中就包括法国人保罗·瓦雷里。他曾这样写道:"每当我觉得自己有可能成为一个不懂诗意的人时,我总是求助于瓦雷里,一个懂得诗意的人,我相信他比任何其他诗人都深谙此道。"然而,瓦雷里只是个例,在奥登的认知里,通常的情况是这样的——"法国佬不懂诗"。他确实欣赏兰波、普鲁斯特和波德莱尔,但他对这种欣赏加了限定,认为他们要是用英语写作的话,将会表现得更出色。这种话当然有故意为之的无礼成分,但他对法国的厌恶确实根深蒂固。"法国的小资产阶级,"他曾经说过,"是你所能想到的最令人生厌的一类人。"

至于詹姆斯·斯特恩的短篇小说,伊舍伍德早在三年前就推荐给了奥登,奥登非常欣赏这些作品。在1938年的一篇评论中,奥登这样评说斯特恩:"一个最触动人心、最具原创性的短篇小说家，已经出现了很长一段时间。"在一封写给美国出版商的信中，他形容斯特恩是"在40岁以下的英国小说家中，为数不多的具有永久重要性的作家之一"。在接下来的几年里，他经常与斯特恩碰面。

巴黎之行结束后，奥登回到英国，去了唐斯学校，在那里从事夏季学期的教学工作。"好吧，我来了，"他从该校寄信给诺布·斯诺德格拉斯，"不过，只是在专职教员不在岗的这段时间。"自从两年前他离开教学岗位以来，他对学生的看法已经发生了改变。在回到唐斯学校不久后写成的《学童》一诗中，他承认，既然他看到了一场真正的战争，就需要重新评估当年在《雄辩家》中所表达的学生参与战争、反抗"敌人"的观点：

……在喷水池壁上
乱涂一句下流话，难道这就是反抗？
躲墙角里一阵号哭，难道这就是
　　新生活的萌芽？

事实上，从西班牙回来后，他在当年春夏时期所写的诗歌，全都贯穿着一丝苦涩和悲观的意味。《俄耳甫斯》似乎发出了这样一个疑问：艺术作为一种娱乐或哲学能否获得成功。以"藏身在顺从的空气里"为开篇的诗歌，展示了一种以"领受更为深重的痛苦"为标志的人生。《学童》和《俄耳甫斯》都晦涩难懂，但奥登在此期间完成的其他作品，在风格上要简单得多。大多数采用了民谣的形式，《吉小姐》《詹姆斯·赫尼曼》《维克多》的内容都涉及令人毛骨悚然的事件。《吉小姐》运用格罗德克的疾病理论来解读一个老处女的病例，她之所以死于肝癌，是因为她"受挫的创造性热情"。《詹姆斯·赫尼曼》是一首关于化学战的民谣。《维克多》讲述了一个杀妻凶手的故事——奥登解释道："维克多确有其人,曾在我待过的学校里。他常常写匿名信。"纵观这些诗,我们可以轻而易举地捕捉到他对世界的苦涩认知。直到这一年的11月,在另一首以"某晚当我外出散步／在布里斯托尔街头遛弯"为开篇的著名谣曲里,奥登的内心才达成了一种新的平衡,宣称"生活保留了一点幸运／虽然你无法祈求"。

在唐斯学校的夏季学期,奥登与本杰明·布里顿再度合作。此次是为了一档名为《穿过花园小径》的广播节目,他们依据个人品味,有意选了一些糟糕的诗歌和配乐,于6月的一个晚上在BBC的地方节目中播出。三天后,布里顿来到唐斯学校,与海德丽·安德森一起为孩子们举办了一场音乐会。这位海德丽·安德森,在"群体剧团"排演的"奥登-伊舍伍德戏剧"中演唱了许多歌曲。校刊记录了这场音乐会:"威兹的朋友海德丽·安德森小姐,伴随着布里顿先生的音乐,在图书馆为我们唱歌。"他们的音乐表演,大概包括布里顿的四首卡巴莱歌曲(奥登写的歌词,布里顿在这一年刚刚作了曲,尚未发行),或许还有他的声乐套曲《在这座岛屿上》,歌词选自诗集《看,陌生人!》中的五首诗歌。布里顿来访期间,恰逢奥登的另一个朋友威廉·科德斯特里姆也到访。他已经离开了邮政总局电影部(发生在奥登辞职之前),在很大程度上是因为听从了奥登的建议才再次专注于绘画。他在唐斯学校给奥登绘制了肖像画。另一位访客是布赖恩·霍华德,他来住了几天。与伊舍伍德一样,目前霍华德也一直因为他的逃离纳粹爪牙的德国男友而提心吊胆。在奥登看来,霍华德尽管放浪形骸,却是一个很有才干的作家。大概是为了让霍华德振作起来,奥登提议他与自己合写一本书:一本关于智力和直觉之间的差异的专著,将

第七章　旅行

从通俗作品中摘引例子具体说明这种差异连同文学界的权威主义所引发的危害。听到奥登的提议后，霍华德表现得跃跃欲试，但由于天性散漫而无法处理这样一个需要长期投入精力的项目，最终这本书只得不了了之。

由于西班牙之行触发的私人感受，奥登很有可能不愿意再踏足这个国家。但在1937年仲夏，他却打算重返西班牙。他与一群英国作家（斯蒂芬·斯彭德也在内）计划参加7月初在巴伦西亚和马德里举行的国际作家大会，该会旨在讨论知识分子对西班牙内战的态度。不过，伦敦新闻界在7月4日报道指出，外交部拒绝向包括奥登在内的英国代表团发放签证，理由是"获准前往西班牙的人只能是商务人士，或是为阿索尔公爵夫人救济委员会工作的人"。因此，奥登的重返西班牙的计划泡汤了，斯彭德则设法用一本假护照去了西班牙。

在此期间，奥登又制订了其他出国计划。1937年5月，他和斯彭德商量在美国进行一次联合巡回演讲，并且与奥登的文学代理人柯蒂斯·布朗商定，顺道写一本关于美国的书，也许是参照《冰岛书简》的模式。巡回演讲被安排在1937年下半年进行，但先是被推迟，接着就被取消了。随后，在夏季稍晚的时候，奥登的美国出版商（即兰登书屋的贝内特·瑟夫）说服费伯-费伯出版社，共同资助奥登和伊舍伍德合写一本关于远东的旅行书，具体的行程交由两位作者自行决定。于是，他们开始讨论旅行事宜。

夏季学期结束后，奥登离开唐斯学校，之后再没有回去过。几天后，他去了牛津，也许是去拜访内维尔·科格希尔，也有可能是去拜访当时的桂冠诗人约翰·曼斯菲尔德。奥登与这位桂冠诗人略有交情。曼斯菲尔德曾在1933年受奥登之邀前往唐斯学校观看孩子们表演的神秘剧《洪水》，事后对I. A. 瑞恰兹说，奥登是"一个天才……一个充满活力的人"。在牛津逗留期间,奥登被引荐给牛津大学出版社的一名编辑,他同时是一位诗人和作家,有时会去拜访曼斯菲尔德。此人正是查尔斯·威廉斯。

查尔斯·威廉斯50岁出头,因其风格奇特的小说(最贴切的描述是神学惊悚小说)、关于基督教的著述、戏剧和诗歌而受到一小群忠实读者的热烈追捧。他的作品体现了他对基督教极为独特、浪漫的看法,而这些看法蕴含了但丁、玫瑰十字会学说[1]等多种思想渊源的影响。牛津大学出版社伦敦办事处聘请了他,让他从事一般性而非学术性的图书出版工作。因此,他愿意接受奥登此刻向他提出的建议。

威廉斯在7月30日的一份内部备忘录中写道:"星期三,我在牛津第一次见到奥登,他是一个非常讨人喜欢的人。我们发现彼此都不太欣赏那些比较保守的诗人,如比尼恩、理查德·彻奇,可能还包括威尔弗雷德·吉布森,我们在这一点上真是出奇一致。我们谈到了《牛津现代诗选》[2],他提及一个广为人知的否定性看法,认为这本选集不像其他牛津诗选那样权威。然后,他接着说,他非常想编辑一本'牛津轻体诗选'之类的书……我说我会提交这个选题……根据出资人的判断,我倾向于认为出版奥登的书是不会错的。他仍然被大众认定为我们目前最重要的青年诗人,而且有望成长为更重要的诗人。关于这一点,我当然不好下定论。他有可能不会再成长,就像许多人就此止步一样。然而,即便如此,如果他提议的这本书是可取的、过得去的,我们就不会遭受什么

---

[1] 玫瑰十字会是17世纪初在德国创立的一个秘密会社,托称为15世纪的罗森克洛兹所创,会名可能得自该会的标记——十字架和玫瑰。

[2] 《牛津现代诗选》(*Oxford Book of Modern Verse*)出版于1936年,由W. B. 叶芝编选。奥登后来形容该诗选是"那家备受尊敬的出版公司有史以来推出的最糟糕的一本书"。——原注

第七章 旅行

损失；而如果他真的成长为一个重要诗人，我们会获益良多。"

这次会面的结果是，出版社在八周后委托奥登按照他自己的提议编辑这本选集。与威廉斯的会面（他于9月20日在伦敦再次见到了威廉斯），对奥登来说很重要，倒不是因为会面促成了这本诗选，而是由于一个完全不同的原因。"这是我有生以来第一次，"他这样说道，"觉得自己遇到了一个圣洁的人。"

不少初次见到威廉斯的人都有类似的感觉，比如，T. S. 艾略特谈到他时也是这么认为的。威廉斯周身弥漫着一种与众不同的人格光辉，会给人留下深刻的印象。他散发的光辉，委实是爱的气息。奥登后来谈到了他与威廉斯的接触，尽管没有指名道姓："我以前遇到过许多好人，他们让我因自身的缺点而自惭形秽，但是在这个人面前——我们除了文学事务以外从未讨论其他事——我不会感到羞愧。我觉得自己改变了，无法再去做那些卑鄙的、毫无爱心的事情，连想都不会去想。（我后来发现他对许多其他人也有类似的影响力。）"与威廉斯的会面并没有立竿见影地改变奥登对宗教的看法，但至少让他意识到，某种在他看来神圣的东西确实存在。

8月初，奥登住在斯蒂芬·斯彭德家。斯彭德新婚不久，和妻子伊内兹在肯特郡海边租了一栋房子。斯彭德刚从巴伦西亚开完国际作家大会回来，他告诉奥登，与会代表们的大部分精力都花在了抨击安德烈·纪德最近出版的一本攻击苏联的书上了。有人甚至在会上直言不讳地提出，为了共产主义的伟大事业着想，应该把苏联的真相压下来。斯彭德强烈谴责了这种观点。奥登告诉他:"你说得很对。形势危急绝不能构成隐瞒真相的理由。"斯彭德后来写道:"这次谈话一直留在我的脑海里,是我们在20世纪30年代的政治态度的一个转折点。"

8月9日,奥登和斯彭德夫妇一起去锡辛赫斯特城堡喝茶。哈罗德·尼科尔森在日记中写道:"威斯坦比以往任何时候都邋遢,斯彭德仍然像雪莱一样。"这些年来,奥登完全不在意自己的外表。整洁对他来说似乎一点都不重要,甚至被有意忽略。他讨厌买衣服,只有在被人强烈建议的情况下才会去商店,草草地选择店里提供给他的第一件衣服。在他看来,重要的是内在的秩序,而不是外表。

在暮春初夏的某个时间点,奥登和伊舍伍德结伴去约翰·派珀的乡间别墅参加了一个周末聚会,讨论"群体剧团"的未来。开会期间,他们表现得很糟糕,不遵守活动安排,大多时间都是在瞎胡闹,奥登几乎没完没了地弹钢琴。看起来,他们现在对"群体剧团"的发展方向不再感兴趣了,而且也越来越看不惯鲁珀特·杜恩。罗伯特·梅德利也发现了他们的变化:在《攀登F6》取得了一定意义上的商业成功后,他们尝到了甜头;他们大概正在谋划下一部剧,一部迎合伦敦西区口味的剧,而不是专门满足"群体剧团"需求的剧。伊舍伍德的两位朋友——电影导演贝特霍尔德·菲特尔和女演员比阿特丽克丝·莱曼,在这方面对他们多有鼓励。

这一年8月,伊舍伍德写信给比阿特丽克丝的哥哥、《新写作》的编辑约翰·莱曼,在信中提及他和奥登的未来计划"混乱而毫无头绪"。他说,他们可能会去维也纳(莱曼目前就住在那里),但奥登"为了省钱"想留在英国。现在,由于海因茨已经被迫返回德国,伊舍伍德便闲了下来。他和奥登必须为费伯-费伯出版社连同兰登书屋委托他们的旅行书设定一个行程。远东正在发生的事情给他们指明了方向。

第七章 旅行

中国抗日战争爆发了。第一次冲突发生在7月初，到了8月中旬，日本人占领了北平，进攻了上海。这是日本一系列侵略行为中的最新一次攻击，日本政府就其本质而言是半法西斯主义的。与此同时，中国维持着一种不稳定的内部联盟，蒋介石领导的国民党政府和毛泽东、周恩来领导的中国共产党之间的联盟完全是为了打败日本人而暂时结成。尽管远东战场错综复杂，但在许多西方观察人士看来，中国抗日战争似乎只是法西斯主义和社会主义之间的全球对决的东方战线而已。奥登和伊舍伍德的出版商曾明确表示，这本旅行书的内容应该关涉一个或多个亚洲国家。既然如此，他们决定以观察员的身份前往中国，暗自祈祷那里不会像西班牙般"挤满了文学界明星观察员"（伊舍伍德语）。对他们两人来说，这在某种意义上是第二次机会：伊舍伍德自己承认，他后悔没有去西班牙（因为海因茨，他没有去成）；奥登虽然去了西班牙，却一无所获。中国之行似乎充满了希望。正如奥登所说："我们会有一场完全属于我们自己的战争。"

他们开始为这次旅行做准备。费伯-费伯出版社同意预付一笔钱，但奥登表示这笔钱作为旅费是远远不够的。一个令人振奋的事实是，奥登的第一本旅行书《冰岛书简》获得了成功，该书入选英国读书协会的推荐书目，到1937年8月6日初版发行时，总共已经订购了八千册。评论界普遍给予好评。一些评论家认为该书相当自我，有些玩笑过了头，但大多数人觉得该书很有可读性。奥登的收入状况无疑得到了一些改善，不管怎么说，几个月后他写信告诉一个朋友："我挣的钱足够糊口了。"

至于近期的安排，奥登和伊舍伍德决定在8月底9月初的时候去多佛港，在那里写他们的新剧，顺道去拜会住在那里的E. M. 福斯特。福斯特第一次来多佛港是在去年夏天，那时他刚做完手术，来此地疗养，很快就爱上了这座小城。他的几个同性恋朋友也对此地产生了兴趣，尤其是因为他们可以从当地兵营找到伴侣。伊舍伍德已经与福斯特相熟多年：大约六年前，斯彭德的朋友威廉·普洛默将他引荐给了福斯特。无论是作为小说家的福斯特还是作为男人的福斯特，都让伊舍伍德深深地为之折服。在伊舍伍德眼里，福斯特是一个"反英雄的英雄"："他那蓬乱如稻草的小胡子、婴儿般的浅蓝色眼睛、老态龙钟的驼背……他那顶粗花呢帽子（对他来说太小了），还有形状古怪的棕色纸箱（他用它们装东西，从乡下搬到城里，之后又从城里搬回乡下）。"奥登认为福斯特很了不起，也很重要。他在1934年的一篇评论里谈到福斯特的"对生命神秘性的感知能力"，把他列为"富有警示意义的永恒典范之一"，正是以福斯特为代表的这些人，依然相信拯救人类的斗争可以通过精神活动取得胜利。他对福斯特了解得愈深入，便愈发地钦佩他。

奥登与伊舍伍德住在多佛港东崖9号的寓所里。像往常一样，奥登大部分时间都待在室内写作，拉下了百叶窗。福斯特的朋友梅·白金汉这样描述奥登的样子："他从房间里冒出来，面色苍白，像猫头鹰一样眨巴着眼睛。"他的主要精力都放在与伊舍伍德合作的新剧上，不过他还写了一首诗歌《多佛港》。这首诗不仅描绘了多佛港作为海滨小城的面貌，还把它描写成一条离开英国的通道、一个出发之地；而对那些留下来的人来说，多佛港，也许还有英国本身，只能提供一种权宜的、不牢靠的欢乐：

拂晓时鸥鸟哀嚎如在艰辛劳作；
士兵守护着付给他酬劳的旅行者；
每个人都在黄昏中为自己祈祷，谁都不能

> 掌控岁月。有些人临时充当了英雄：
> 他们中的一些人获得了欢乐。

这是一首关于边境的诗歌，奥登和伊舍伍德正在合写的戏剧就叫《边境》。

这部剧所指的"边境"，是威斯特兰和奥斯特尼亚之间的边境地带。这两个虚构的国家曾在《皮下之狗》和《攀登F6》出现过，奥登和伊舍伍德再度借此展示法西斯主义与反法西斯主义者之间的殊死搏斗。但这一次，他们讲述故事的方式，既不是《皮下之狗》的插科打诨，也不是《攀登F6》的探险叙事，而是采用了比阿特丽克丝·莱曼和贝特霍尔德·菲特尔所鼓励的风格，写一部迎合伦敦西区观众的"制作精良的戏剧"。这部剧甚至以商业性作品的惯常做派开始——秘书向管家发出了一个指令："曼纳斯，今天上午你的主人要在露台上用午膳。"在随后的情节里，一个举足轻重的实业家、一个法西斯独裁者、一对在奥斯特尼亚和威斯特兰之间的作战前线被逮捕的恋人，按照一定的逻辑线索陆续登场，并且被严格限定在两个具有现实色彩的舞台布景之中，完全摆脱了《皮下之狗》以及早前剧作的那种随意和散漫。歌队只出现在几个"前布景"场景中，扮演了工人、士兵等角色，很有可能只是为了配合场景变化而设置。而且，除了给歌队安排了一些寻常的诗句外，剧中几乎没有出现其他诗歌。

显然，奥登早就打算这么做了。在迪莉斯·鲍威尔写了一篇有关《攀登F6》的评论后，奥登曾与她讨论过自己的戏剧创作。他表示"我觉得很有必要稍稍减少诗歌的运用"，以便借此弱化戏剧外部的影响，转而聚焦于"一个男子的冒险故事"。当然，《边境》不算是"一个男子的冒险故事"，早前的剧作反而更接近于这种类型，而且剧中之所以弱化了诗歌的存在感，倒不是出于深层的艺术动机，而是因为两位作者意欲写出一部能够获得商业成功的剧作。诚然，奥登确实用诗歌的形式描写了一些非现实性的场景，刻画了两个恋人在想象中穿越边境、再次相守的情境，但正如路易斯·麦克尼斯所说，这些"神秘"的场景让人忍不住"想拿个袋子把脑袋蒙起来"。

安娜和埃里克这对恋人，从角色功能上来说是微不足道的。除了实业家瓦雷里安以外，几乎每个剧中人都是如此。事实上，即便是瓦雷里安，尽管他口若悬河、机智幽默，但谈话内容浮于表面。根据罗伯特·梅德利的说法，最初的剧本把瓦雷里安的秘书莱赛普塑造为一个生动鲜活的形象，他既是瓦雷里安的同性恋情人，也是一个彻头彻尾的"坏蛋"。不过，奥登和伊舍伍德认为，伦敦西区的观众应该不会接受这副样子的莱赛普，便把他改成了一个毫无特色的人，也就是出版后呈现的形象。

考虑到奥登和伊舍伍德的创作动机，这部剧缺乏想象力也就不足为奇了。更令人费解的是它的思想内涵，用"混乱不堪"这个词形容一点不为过。核心主题意在点明盲目崇拜国家领导人的愚不可及和战争的不可理喻，但由于奥斯特尼亚和威斯特兰仍然是早期作品中的那种虚拟国家，因而无法切入真正的政治问题，无法引起观众们的感同身受。该剧一再表明，控制权既不在领导人手中，也不在人民手中，而是掌握在像瓦雷里安这样的险恶之人手中；面对他的滔天权势，一切政治信仰似乎都没有用武之地。然而，这个观点并没有被贯彻到底，因为瓦雷里安在剧终时仅仅因为一个人的仇怨便死了。至于奥登在西班牙的经历，在剧中表现为含沙射影地抨击共产主义和人民军队，或者更确切地说，由这些催生了种种愚蠢的希望："想想你支持谁，投给你支持的。这能有什么意义？""也许我们都错了。战争真的发生了，太可怕了！""你这可怜的家伙……你想象一下，在人民军队里，你得违背自己的原则去服从命令——然后，你想不明白，为什么你们人数众多，但总是被打败。"作为和平主义者的埃里克，临了却在筑起街垒的地方被枪杀。在所有的角色中，他最有理由拒绝那些导致两国陷入战争的理想主义，但他在演说中宣称："我们必须杀戮和承受，并知道为什么……这场战斗是我的战斗。即使我将 / 不能站在一旁。"如果说《边境》有什么政治结论的话，那就是非常蹩脚的一句话——"我们为何而战？我困惑不已……也许'国家'和'边境'都是老套的词，现在已经没有任何意义了。"

目前并不清楚奥登和伊舍伍德在创作此剧时的确切分工。奥登自然会负责一部分散文内容，也会承担诗句的写作，瓦雷里安在开场时的长篇大论无疑出自他的手笔。不过，他和伊舍伍德不再区分"绕"和"直"：剧本的整体风格愈加统一。他们进展得很快，事实上是神速，这或许是造成该剧乏善可陈的原因之一。8月31日，伊舍伍德从多佛港寄了一张明信片给爱德华·厄普华，上面写道："我们的剧快写完了。"两个星期后，奥登已经离开多佛港回到父母位于哈伯恩的家中。他从那里写信告诉兰登书屋的贝内特·瑟夫："我和伊舍伍德刚刚完成了一部新剧《边境》。"

其实，这部剧并没有真正完成。斯彭德以及其他朋友读了剧本，提出了一些批评意见，奥登便去了伊舍伍德位于伦敦的家中，两人一起改写了那对恋人的梦境场景和戏剧的结尾。事实证明，《边境》就像早前的剧本一样，结尾的地方很难处理。10月9日，已经回到哈伯恩的奥登，告诉一位看过剧本并且有可能成为该剧"资助者"的人："最后一个场景已经修改完毕，我希望，现在看起来更合理了……我确实同意弱化这部剧的诗歌成分，但结果似乎并非如此。我们原本有一个场景（第二幕第一场）是关于恋人梦境的，完全用诗句写成，中间伴有歌队的吟唱，所以最终呈现的效果与预期不符。我希望所有的插曲［即歌队演唱的场景］都能妥帖，而且要有一个制作精良的伴奏，增加它们的时长和重要性。"

这封信的收件人是经济学家 J. M. 凯恩斯。他是剑桥大学国王学院的研究员，1936 年在剑桥创办了艺术剧院，而他的妻子正是舞蹈家兼演员莉迪亚·洛波科娃。凯恩斯经营剧院全凭个人兴趣，经常自掏腰包填补亏空。去年 4 月，《攀登 F6》在他的剧院上演，给他留下了深刻的印象，尽管他对此剧并非完全认同。在阅读了《边境》的剧本后，他告诉两位作者，他愿意资助"群体剧团"在剑桥演出该剧。

1937 年 11 月初，奥登、伊舍伍德和鲁珀特·杜恩聚在凯恩斯位于苏塞克斯郡菲勒小镇的家中，商量《边境》的演出事宜。由于"群体剧团"缺少资金，凯恩斯同意全面接管这部剧的统筹安排。他们希望这部剧在剑桥上演一个星期后，接着去各地巡回演出，或者在伦敦演出。若有任何亏损，凯恩斯都会出资填上；若有任何盈利，"群体剧团"都可以从中获利。他们打算在春季制作该剧，而且凯恩斯认为，要想完成一台令人满意的戏剧表演，作者的参与至关重要。现在，唯一的麻烦是奥登和伊舍伍德随时有可能开始他们的中国之行。为此，凯恩斯写信给他俩，要求他们推迟出行计划，也许要等到四五月份才能去中国。奥登在 1937 年 11 月 18 日回信说："中国之行确实是一桩麻烦事，但我觉得克里斯托弗和我没办法拖延那么久。布里顿［负责配乐］和斯彭德会帮我们盯牢整件事，我相信你也会的。"然而，凯恩斯仍然坚持奥登和伊舍伍德必须参与排练过程，最终只好等他俩从中国回来后再制作这部剧。

第七章 旅行

这件事谈妥后没多久,他们的中国之行却被推迟了。奥登接受了一个邀请,加入一个由作家和艺术家组成的代表团,将前往西班牙声援共和国政府。奥登在给牛津大学出版社的一封未标注日期的信中写道:"我下周要去西班牙,为期两周。"伊舍伍德虽然不大有兴致,但也答应一同前往。不过,由于办理旅游签证出现了延误,以及一系列问题的复杂化,他们的出发日期一再被推迟。末了,奥登和伊舍伍德都觉得不能无限期地等下去,于是撤出了代表团,预订了1938年1月中旬前往中国的船票。

此时,奥登被授予1937年度的"国王诗歌金质奖章"。该奖项旨在奖掖年龄在35岁以下且在过去一年里出版了一流诗集的诗人,奥登因为《看,陌生人!》而获此殊荣。他之所以有机会成为获奖者,无疑还有一个伯乐——约翰·曼斯菲尔德。作为桂冠诗人,曼斯菲尔德是评奖委员会的主席。1937年11月23日,奥登穿着从西里尔·康诺利那里借来的燕尾服,在曼斯菲尔德的陪伴下去白金汉宫觐见了乔治六世,领取了奖章。奥登接受奖章这一事实,惹恼了他的许多支持者,他们认为这是对左派的背叛。斯蒂芬·斯彭德承认,戴-刘易斯和他自己作为诗人"日益受到推崇"让他感到十分震惊,同样地,他认为奥登领奖"成了某种进程的一个环节,作家在20岁时因为良知而成了社会主义者,趋近40岁时发展为一个头脑清醒的保守主义者"。他总结道:"我那时真希望奥登能拒绝那枚奖章。"杰弗里·格里格森在《新诗》的编者按中说道:"也许奖章本身比奥登获得奖章更可笑,认识奥登的人都知道这一点,但仍然没有理由去接受这枚皇家奖章。"

然而,奥登非但没有因此失去文学运动领袖的地位,在这一年秋天似乎比以往任何时候都备受推崇。《新诗》出版了"奥登特别版双刊",上面刊登的文章全都是评说奥登的,其中有一批供稿者是他的同辈作家。埃德温·缪尔写道:"也许是因为他对自己的时代有一种特殊的认知,但这种对语言的直接操控力和大胆新奇的想象力,只属于天才诗人。"格雷厄姆·格林称奥登"正成长为最优秀的在世诗人"。休·沃波尔爵士写道:"我喜欢奥登的诗歌。"查尔斯·玛奇写道:"富于原创性,有些笨拙,风格尚未成熟……尽管如此,仍有惊人的能量,即便撇开他的诗歌,他的个性魅力也必定会有越来越强大的影响。"狄兰·托马斯写道:"我认为他是一个博大精深的诗人……和任何一位用英语写作的诗人一样,他有可能创造出伟大的作品……附:预祝奥登70岁寿辰[1]。"几个月后,杰弗里·格里格森总结了当时的主流观点,在《新诗》中把"三十年代"及其诗人概括为"奥登一代和奥登圈"。[2]

奥登冷静地看待这些赞誉。他在很大程度上摆脱了虚荣心的侵扰,这倒不是说他故作谦卑,也并不意味着他对自己的价值毫无认知。事实上,他对自己的能力充满了信心,正是这种自信让他免受奉承的困扰。他不喜欢听崇拜者滔滔不绝地讲述他的作品——"通常情况下,"他说,"他们只是基于错误的理由赞美你。"

---

[1] 此处原文为 "P. S. – Congratulations on Auden's seventieth birthday",字面意思为"祝贺奥登70岁生日",但彼时奥登才30岁,明显不妥。译者查阅了收录狄兰·托马斯此文的其他文献资料,发现原文的确如此。结合狄兰·托马斯的全文,译者推测狄兰·托马斯在此表达了对奥登未来诗歌事业的一种期许。

[2] 另一个可以佐证奥登盛名的例子,是詹姆斯·乔伊斯在《芬尼根的守灵夜》(1939)第279页的一条注释中提到了奥登:"……仪式开始了,该死的咯咯笑……奥登。难道不是在预言一只狗的一天吗……"奥登后来在一封寄给 A. E. 多兹夫人的未标注日期的信中写道:"至于乔伊斯,我没办法违心地说自己多么在乎他,即便我的名字被写进了《芬尼根的守灵夜》,获得了某种意义的不朽。"在《常识》(1941年3月,第89—90页)的一篇文章中,他适度地赞赏了乔伊斯的作品。在《伊希斯》(1967年11月8日,第14页)的一篇采访文里,他说:"乔伊斯无疑是个天才,也是一个疯子……他要求你像对待自己的生活一样对待他的作品。他好像在说——你必须用你的一生来阅读我,永远不要放弃我、规避我。"——原注

如果他把一首诗给朋友看，他宁愿听到一句简单的"我喜欢"。（伊舍伍德和后来的切斯特·卡尔曼是例外，他愿意听取他们详细的评价与批评。）在生命的最后阶段，他这样写道：

> 赞誉？并不重要，
> 但乐于去回忆
> 当深沉的睡意来袭。

至于那些有关他的作品的评论文章，奥登往往淡然处之，而且随着年岁的增长，基本上不再理会了。不过，他曾亲口承认："我们有些人对评论秉持了一种冷峻达观的态度……其实我们都很在意。"另一方面，成功并没有让他免于嫉妒之心。他直言不讳地说，每当听闻某位具有知名度的诗人出版了新作，他都会感到一丝焦虑。

1937年秋，在完成了《边境》后，奥登手头尚有两个项目。一个是《牛津轻体诗选》，奥登要求预付一百英镑，出版社答应了。正如他向查尔斯·威廉斯解释的，这本选集将不同于大多数轻体诗集，不会收录他所说的"应酬诗"，也就是说，不会收录A. P. 赫伯特和A. A. 米尔恩等人的作品。他表示，他真正感兴趣的是通俗诗——他告诉出版社，他其实更希望这本书被称为《牛津轻体诗和通俗诗选集》。在他看来，相较"严肃"诗而言，通俗诗更清晰地展示了不同文明时期的情感差异，它们往往反映了受众的品味，而不是某个人的品味。"轻体诗可以是严肃的，"奥登在这年秋天起草的该书导言中写道，"如今，它只意味着那些应酬之作、八行两韵诗、吸烟室里的打油诗。这是因为，浪漫主义复兴得以产生的社会条件，如今或多或少地一直存在，诗人们只有在一些琐碎的题材上才能与听众保持足够的亲密关系，才能忘记他们自己和他们歌咏时的华服。"在10月至12月间，他为这本书挑选了三类诗歌：为表演而作的诗歌（比如歌谣和民歌），涉及所属时代的日常社会生活的诗歌（比如乔叟、蒲柏和拜伦的作品），以及奥登认为具有广泛感染力的童谣和胡话诗。

第二个项目受约翰·普德尼委托，为一档广播节目撰写脚本。这位老朋友目前在英国广播公司担任制作人，拜托奥登的节目主题是"哈德良长城：从恺撒到全国名胜保护协会"。奥登对此兴趣浓厚，不仅因为哈德良长城贯穿了他最喜欢的铅矿原野，而且正如他在《广播时报》刊文所写的，该城墙"是某种帝国主义生活观念的象征，是军事纪律和国际秩序的象征；不同于凯尔特人和日耳曼部落对忠诚的绝对性需求……历史的走向已经完全不同，但同样的问题，秩序与自由的问题……仍然存在"。奥登为该节目撰写的脚本中有大量诗句，有的描写了长城沿线的风景，有的描写了驻守长城的罗马士兵的形象——其中有一首《罗马墙蓝调》。以下文字是脚本的结尾部分：

> 人类生性野蛮，罗马墙的存在就是最好的证明。它表征了城墙内外的民族集暴徒和杀戮于一体的属性。我们老一辈的历史学家总是把苏格兰人称为野蛮人。我同意这个说法。他们袭击并杀害无辜者，然后扬长而去，只留下满目疮痍。恺撒大帝、阿古利可拉、安东尼、塞维鲁斯等人，比苏格兰人更为野蛮。他们袭击、杀戮、抢劫、占有。我们可敬的祖先们，撒克逊人、丹麦人和诺曼人也是如此，他们一批批地来到这里，屠杀、劫掠和强占。事实上，他们没有权利随随便便地掳走别人的东西，就像我也不能随随便便地掳走任何人的东西。不管他是谁，只要他侵犯了一个无辜之人的权利，

第七章 旅行

他就是野蛮人。

11月25日,《哈德良长城》在纽卡斯尔播出,由本杰明·布里顿配乐。奥登说,他和布里顿都为这档节目"感到自豪"。自从1932年与奥登约见后,约翰·普德尼就再也没有与奥登发生过性关系,而且他主要是异性恋倾向。据约翰·普德尼观察,奥登和布里顿现在都"归属于那个对陌生人关闭了特定大门的同性恋世界"。

奥登和伊舍伍德定于1938年1月19日启程前往中国。奥登的《牛津轻体诗选》远未完成,尽管出版社原本希望他能够在离开之前交付书稿。他把未完成的手稿交给了A. E. 多兹,解决了这个问题。A. E. 多兹是他的伯明翰朋友E. R. 多兹的妻子,而E. R. 多兹目前是牛津大学的希腊语教授。为了完成奥登的托付,多兹夫人做出了不懈努力。"奥登先生的打字稿全都需要核查,"她写信告诉出版社,"他凭记忆留下了参考资料,但很多地方都不准确。此外,一些诗的摘引版本有所出入……即使我根据奥登先生提供的线索找到了一首诗,也会发现还有完全不同的版本。"(她还注意到,奥登收录的很多诗歌,都曾在他的选集《诗人之舌》里出现过,其余诗歌则选自沃尔特·德·拉·梅尔编选的《到这儿来》。)在接下来的几个星期里,她和出版社的相关编辑约翰·马尔根通力合作,设法整合出了这本书。严格说来,这本诗选是他俩的功劳。多兹先生后来说,他的妻子一直是这个项目的"积极合作者"。奥登最终把选集题献给了多兹先生,但后者认为,真正应该接受这份殊荣的是他的妻子。与此同时,奥登十分清楚自己在这个项目上的疏漏之处。去往远东后,他曾写信告诉多兹夫人:"我总是在夜里醒来,会想到轻体诗选本里的诸多错误。"

233　　1月18日晚，"群体剧团"在伦敦奇西克的一个工作室里为奥登和伊舍伍德举办了一场送别晚会。宾客包括 E. M. 福斯特、罗斯·麦考利、杰弗里·格里格森、约翰·海沃德、琼·康诺利、布赖恩·霍华德、本杰明·布里顿和海德丽·安德森（她后来演唱了奥登和布里顿合写的《四首卡巴莱曲》）。第二天上午，奥登和伊舍伍德出发前往中国。

★ ★ ★

他们先要乘坐轮渡火车前往巴黎。虽然中国的战争并不像西班牙内战那样引人注目，维多利亚火车站还是聚集了一些前来送行的记者和摄影师。在镜头前摆姿势的时候，伊舍伍德伸手搂住了奥登的肩膀，咧嘴笑了笑，而奥登看上去颇为不耐烦，隐隐还有些尴尬。

他们从巴黎南下马赛，在那儿登上"阿拉米斯"号邮轮横渡地中海，第一站将在埃及塞得港停靠。奥登在旅途中写了一首诗，采用了流行歌曲的形式，"哦，告诉我那爱的真谛"作为叠句在诗中反复出现。这是该诗最后一个诗节：

> 当它到来，会事先没提个醒，
> 　　而我正好在挖鼻子？
> 它会在早上按响门铃，
> 　　或会在公共汽车上踩我的脚趾？
> 它会像天气变化那样发生？
> 　　它会客气招呼还是粗野无礼？
> 它会彻底改变我的人生？

第七章 旅行

> 哦，告诉我那爱的真谛。

事实上，奥登十分认真地追索了这个问题。

他在20世纪30年代一定有过坠入爱河的经历，以"放低你安眠的头颅"为开篇的诗歌，是一系列爱情诗的收尾之作，显然都是真情实感的产物。然而，对现在的奥登来说，促成这些诗的爱情似乎已经没有了未来，他陷入了一种不快乐甚至是绝望的状态。伊舍伍德在记录他们的中国之行的日记里写了这么一句话："威斯坦在流泪，告诉我没有人会爱他，他永远不会像我这样情场顺遂。"听闻奥登的话，伊舍伍德有点得意，但难免对奥登的真实处境持怀疑态度。他觉得很多年轻人都愿意与奥登云雨，而这并非没有事实根据。奥登似乎在某种程度上有自虐的倾向，至少伊舍伍德在1979年回忆起这段往事时是如此认为的。他想起了奥登的一首以"孩子，在那果实里父母孕育了你"为开篇的十四行诗，其中有一句描写了爱人致使"作家面向自己的艺术恸哭"，他对此点评道："你需要为之恸哭的东西。"尽管如此，在1938年的邮轮上，伊舍伍德确实意识到奥登的《哦，告诉我那爱的真谛》有一定的严肃意味。后来，奥登本人也这样说："对我个人而言，这是一首非常重要的诗歌。克里斯托弗发现了它的重要性。这些事情的预示性真是太惊人了，因为就在此后，我遇到了一个人，他真的彻底改变了我。"大约一年多后，奥登遇到了那个人。

"阿拉米斯"号邮轮历经四天抵达塞得港。奥登和伊舍伍德下了船，"弗朗尼"的原型弗朗西斯·特维尔-彼得来接他们，他目前住在埃及。奥登和伊舍伍德原本听说塞得港是世界"性"之都，但弗朗西斯·特维尔-彼得告诉他们，这里的生活其实很沉闷。他带他们参观了金字塔，他们觉得金字塔没什么意思，但斯芬克斯狮身人面像给他们留下了深刻的印象，奥登说它有"一张巨大的哀伤面孔"。奥登给多兹夫妇寄了一张明信片："金字塔让人失望，但狮身人面像还不错，这里既不相信进化论，也不推崇古典。柯勒律治错了。在热带地区，星星不会赫然绽放于天际。"第二天，他和伊舍伍德回到停靠在苏伊士运河的"阿拉米斯"号邮轮，出发去香港。伊舍伍德注意到，由于距离深爱的寒冷北方越来越远，奥登的忧郁情绪与日俱增。2月4日，奥登给西里尔·康诺利写了一封信："印度洋沉闷得要命。"

在穿越印度洋的航程中，奥登写了一首诗《航海记》，质疑了他过去和现在的所有旅行的深层动机。诗歌发出了疑问——"旅行者"能否在旅途中找到他孜孜寻觅的"美好乐土"：

不，他什么也没发现：他并不希望抵达。
旅行如此虚妄；虚妄的旅行确乎是一种病
在虚妄的岛屿上，内心无法掩饰也不会受苦：
他宽宥了迷狂；他比他想象的更脆弱；脆弱如此真实。

奥登和伊舍伍德于2月16日抵达香港，对此地印象不佳。奥登尤其鄙夷生活在这里的英国人，有个家伙谈起中国抗日战争的口吻，仿佛那不过是两帮土人之间的争吵。然而，奥登的诗歌《香港》（实际上是几个月后在布鲁塞尔写的）在谴责这座城市时更加含蓄，把它描绘成一个表面上温文尔雅的社会，而战争不过是一件令人相当不愉快的事情，只在暗地里悄悄地进行。一位大学副校长陪同了他们十天，之后他们离开香港，沿着内河航线前往广州。直到现在，他俩都有一种不太真实的感觉，奥登的诗歌《航海记》和伊舍伍德的旅行日记都弥漫着这种虚幻感。伊舍伍德在

第七章 旅行

日记中写道:"整个漫长的旅程都有一种梦幻般的特质。"抵达广州后,他们先是受到英国领事馆的一位代表的接见,随后到作为东道主的英国传教士家中做客。茶饮端上时,一场空袭开始了。"就在那一刻,"伊舍伍德写道,"突然间,我意识到已经来到中国了。"

在接下来的日子里,他们采访了广州市市长,与广东省行政长官共进午餐,并与一位中国上校及其妻子共进晚餐。"中国人很有意思,也很朴实,"他在写给多兹夫人的信中说:"他们有两副面孔,一副犹如美丽但淡然的花朵,另一副犹如同情心泛滥的法国佬。"而在中国人看来,这两位来访者的装扮让人困惑,甚至有点可笑。伊舍伍德穿上了他认为符合战地记者身份的着装——贝雷帽、高领毛衣和马靴。奥登披着一件宽松的粗花呢大衣,戴着一顶羊毛帽,经常趿着一双软拖鞋(因为他脚上长了鸡眼)。他们外出的时候,经常引来路人的侧目与窃笑。他们去买了些东西,包括行军床和蚊帐,还制作了名片,上面印着音译的中文名——"衣肖伍"和"奥顿"[1]。

3月4日,他们乘火车离开广州,前往汉口(武汉),路上大概需要三天。为了打发时间,也是为了预防便秘(他们发现便秘很麻烦),他们在座位上随着车厢的震动而摇摆,用刺耳的假声高歌,大声朗读特罗洛普和司各特的作品。他们的古怪行为引得好奇的中国卫兵纷纷隔着包间的窗玻璃往里瞧。

他们一到汉口就发现,这里是战时中国真正的中心。"今天,"伊舍伍德在3月8日的日记中写道,"我和奥登一致认为,我们此时此刻宁愿待在汉口,也不愿意到任何其他地方去。"他们得到允许,可以在英国领事馆安营扎寨。在那里,他们很快就与一位名

---

[1] 传记作者将两个名字拼写为"Y Hsiao Wu"和"Au Dung"。

叫巴兹尔·布思比的工作人员熟络了起来。他们取笑他那"权威人士"的做派，而他反过来揶揄奥登看上去就像"一只疯狂的大白兔"。他们托人找了一个仆人，此人姓蒋。他们还出席了一个每天例行举办的新闻发布会，主要是一些"真正的"记者参加的会议，而他俩显然不符合要求。他们赶忙向在场的记者们解释说，他们"只是旅行者，为了写一本书来到中国"。其实，他们根本不确定自己的角色，也不知道究竟应该做点什么。他们对远东事务一无所知，只能囫囵吞枣地接受别人告诉他们的一切。一位美国主教告诉他们，中国的未来在于共产党；蒋介石的一个顾问则对中国是否存在真正的共产主义持怀疑态度；一位协助国民党的德国军官向他们保证，只要中国军队能够"勇往直前，照他们说的做"，就必定会赢得这场战争。随后，他们在 3 月 12 日从德国顾问团那里得知，希特勒派兵入侵了奥地利。"世界似乎翻了个底朝天，"伊舍伍德写道，"就在今晚，一场欧洲战争很可能已经爆发了……我们要不要回去？与之相比，中国与我们又有什么关系呢？"

当然，他们没有回去。接下来，他们拜见了艾格尼丝·史沫特莱，她是一位英国老姑娘[1]，曾被誉为共产党的忠实朋友。奥登形容她是"一个伟大、忧郁、专横的老古董"。她带着挑剔的态度接待了他们——"你们总是把外套扔在地上吗？"他们从她那里得到了一封去共产党八路军汉口办事处的介绍信。他们打了电话过去，受到了友好的接待，但最终他们决定不去参观这支声名显赫的战斗部队，因为已经有很多记者去过了。他们拜访了英语流利的蒋介石夫人。她随口问奥登，诗人是否会喜欢蛋糕。在得到

---

[1] 此处可能是作者笔误。事实上，艾格尼丝·史沫特莱一直都是美国人，只不过在 1936 年 12 月西安事变发生时，她正好以英国《曼彻斯特卫报》记者的身份在西安采访，并立即把事变经过和中国共产党抗日民族统一战线的主张向世界报道。

了肯定的答复后，她说："我还以为他们只喜欢精神食粮呢。"他们向她询问，战争结束后国民党是否会与共产党合作。她回答说："问题是共产党会与我们合作吗？"他们正准备离开的时候，蒋介石本人出现了，并同意与妻子合影留念，由奥登拍了照片。奥登后来告诉多兹夫人，蒋介石"看起来就像个乡村医生"。奥登和伊舍伍德渐渐得出这样的结论：战争结束后，国民党和共产党之间不可能结成有效的同盟；但他们并不认为共产党会赢得政权。他们在中国之行结束后不久的一篇文章中写道："最有可能的情况似乎是某种形式的军事独裁。"他们很快就意识到，中国抗日战争不仅仅是社会主义和法西斯主义之间的斗争，更是比西班牙内战复杂得多的战争。

他们发现中国菜妙趣横生。"一张中式餐桌，"奥登写道，"看起来不像是用来吃饭的，倒像是让你参加一堂水彩画课程，桌上摆着一个个小碟子，里面盛着五颜六色的酱汁，筷子就像是画笔，甚至还有印花的小布，用来擦筷子的。许多菜品很美味，比如燕窝汤和皮蛋，但看到桌上出现了一盘黑色甲虫的时候，我完全无法接受。"他和伊舍伍德渐渐形成了一种心照不宣的默契：向东道主夸赞他们最不喜欢的菜肴。"太好吃了！"奥登咕哝道，嘴里正咀嚼着一小块仿佛在胶水里浸泡过的海绵。伊舍伍德则带着极其愉悦的微笑表情吞下一个橘子，那橘子似乎带有苦涩的芦荟味，里面仿佛包裹着一只硕大的象鼻虫。换言之，他们已经放弃了深入了解一种异质文化的机会，转而退回到他们习以为常的私人玩笑话中。他们俨然成了两个学生，在一群滑稽的外国人中度过假期。

一天晚上，他们在一栋高楼的屋顶上目睹了空袭。面对此情此景，伊舍伍德承认自己有些害怕，但他知道奥登肯定会这么说："什么也不会发生。我知道不会的，我从来没有遇到过这样的事情。"离开汉口几天后,他们在一家被轰炸过的旅馆里找到了一个房间。那时,更多的突袭可能会接踵而来。伊舍伍德紧张得夜不能寐,委实羡慕奥登"酣然入眠,像真正的强者那样发出悠长平静的鼾声"。

他们计划到前线去。他们乘坐的火车向北行驶了几百英里,一路上遇到了无休止的延误。有一次,他们的火车在一个不知名的地方停了六个多小时。还有一次,他们的仆人无聊地跟其他乘客说,他的两位主人是医生。得知这个玩笑话后,伊舍伍德说"我们震惊不已",因为恐怕到时候会有一群从前线退回来的伤兵等着他们做手术。不过,奥登打趣道,他们总比什么都不做要好,要是有人来问他们,不妨去试试。

他们在旅途中相互做伴,经过了漫长的朝夕相处,只好争论一些形而上学的问题来打发时间。伊舍伍德怀疑奥登此刻有明显的基督教倾向——或者更确切地说,奥登从来没有真正放弃过孩童时期的宗教信仰,不管他口头上是如何唱着反调。伊舍伍德还认为,奥登与他合写剧本时已经流露出了一些宗教情感。"当我们合作时,"伊舍伍德在他们完成《边境》后不久写道,"我必须盯牢他——稍不留神,角色们就被写得面目全非;还有一个隐患是,歌队部分总会插入天使的声音。"(伊舍伍德此言可能是指《边境》中恋人梦境的场景,他们后来删除了这些内容。)奥登并不承认自己是个基督徒,尽管在见到查尔斯·威廉斯后,他觉得自己看到了圣洁之人的存在。他目前的心态有点接近于 E. M. 福斯特的人道主义不可知论,也可能是受到了他的影响,但奥登的想法比他更悲观。不过,奥登确实很喜欢揶揄伊舍伍德对宗教的敌意:"小心,小心点,亲爱的——要是再这样下去,迟早有一天你会皈依的。"

火车行程颇多不顺,他们只好租黄包车走了 30 多英里,终于来到徐州附近的前线。奥登的拍照习惯频频引起当地人的围观,而他的大外套和厚帽子也相当吸睛,那一身穿着仿佛是要去北极旅行。"总的来说,"伊舍伍德写道,"我们活脱脱是儒勒·凡尔纳笔下的人物,有关疯狂的英国探险家的故事里的人物。"他们到了前线后,骑着小马参观了中国的防御工事。伊舍伍德注意到,奥登已经成为一个大胆的骑手,虽然姿势有点不正规。那里很安静,他们被安排在一栋征用的房子里过夜。第二天早上,他们看到一只狗正在啃一具半埋的尸体,随后得知这是前不久被枪杀的奸细的尸体——与《两败俱伤》中的一个细节形成了惊人的巧合。这一天,他们去了真正的前线阵地。在行程中,他们曾稍作停留,简单地休整了一会儿,"我们居然在讨论罗伯特·布里奇斯的诗歌"。一到战壕,奥登就开始到处拍照,还把头探出了护墙,嚷嚷着"我根本就不信这里会有什么日本兵"。伊舍伍德说,奥登话音未落,就被"接连三次巨大的爆炸声给打断了"。过了一会儿,每当日军飞机从头顶飞过时,他们都不得不平躺在地上。伊舍伍德担心他们会成为暴露的轰炸目标,奥登却趁机给他抓拍了几张照片,没心没肺地说:"你看上去棒极了,大鼻子直插云霄。"正如伊舍伍德在寄给斯彭德的信中所说:"[奥登]认为自己不会死,因为姆妈[1]不会允许的,在这里不会发生这种事。所以,每当我们遇到危险时……他都会大惊小怪地抱怨——'为什么他们不能开枪?'或者,'这声响算不得撼天震地'。"

  他们从徐州前线出发,经过缓慢而无聊的旅程才到了西安。随后,他们希望从西安出发去成都,看看另一条"前线"。希望破

---

1 "姆妈"对应的原文为"Nanny",通常的含义是保姆、奶奶或姥姥的昵称,但这里应该是一种对自然神秘力量的拟人格修辞,因为奥登诗歌中经常会出现"母神""永恒母性""自然夫人"等称谓。

灭后,他们只得返回汉口,于4月14日抵达。奥登写了一首十四行诗,描写了一个死去的中国士兵,在一场为中国知识分子举办的茶话会上大声地朗读了这首诗。《大公报》很快就刊登了这首诗的中译文,"被他的将军和虱子所抛弃"这一句显然被认为是不合适的,译者将之改为"富人和穷人联合起来战斗"。奥登还在英国领事馆的一次聚会上朗诵了这首诗,这次他们两人又住在了领事馆。伊舍伍德发现,奥登成了真正的焦点人物,不再扮演自己的"心怀敬畏的小弟弟"的角色。诗人兼评论家威廉·燕卜荪曾在香港遇到过他俩,也持有类似的观点。他发现,奥登吸引了所有人的目光,而伊舍伍德几乎没有机会给人留下印象。

他俩开始安排去东南战线的行程,甚至希望能够突破日军的防线,进入上海沦陷区。过程自然会困难重重。奥登在4月20日写信告诉多兹夫人:"在中国寻找战争前线,就像阅读卡夫卡的小说。"他们经历了又一次空袭。空袭过后,他们走访了贫民窟,那里是轰炸的重灾区,军火库反而躲过了一劫。他们在那里看到了大量伤者和垂死之人。奥登后来写道:"敌军正在轰炸一个废弃的军火库,结果错过了它,炸死了一些老妇人……战争毫无逻辑、效率低下、晦暗不明,而且在很大程度上纯粹是偶然。"

最终,他们的东南之旅成行。途中,他们在一家名为"旅程终点"的客栈[1]下榻。这是一家美轮美奂的客栈,伊舍伍德不禁感慨:"这一切太美了,实在是太美了,仿佛不是真实存在的。"客栈的主人是个英国人,他按照私立学校的方式实行管理,只不过管理的对象不是学生,而是男仆。可惜奥登正饱受痢疾后遗症的折磨,稍后才在南昌的美国教会医院门诊部接受了治疗。"经过

---

[1] "旅程终点"坐落在江西九江的牯岭。

两个月的洗礼,"奥登告诉多兹夫人,"我们成了中国和传教士的支持者。"不过,也有例外的情况。有个美国人自以为是地问他是否"受到耶稣的庇护",此举彻底激怒了他。几天后,他仍然没有痊愈,食不下咽。有人劝告他和伊舍伍德千万不要碰某个品牌的香烟,因为日本人有可能下了毒,结果他立马跑去买了一包,赶紧抽了起来。

这一次,他们在一位令人生厌的中国记者和一位在中国为《泰晤士报》报道的旅行作家彼得·弗莱明的陪同下,不得不步行几英里路去往前线阵地梅溪[1]。他俩和弗莱明起初对彼此都有些防备,但这种戒备心理很快就荡然无存。在路上,奥登不但与弗莱明激烈地讨论起苏俄问题来,还与伊舍伍德虚构了一本名为《与弗莱明共赴前线》的旅行书,甚至演绎了若干段落自娱自乐。到了前线后,他们发现指挥官对他们的到来很是诧异。梅溪已经笼罩在日军的威胁之下,撤退迫在眉睫,所以他们被要求立即撤离。经过一整晚心神不宁的瞌睡后,他们别无他法,只得离开,于5月18日抵达金华。奥登写道:"我们和弗莱明一起在中国旅行,现在我们是真正的旅行者了,永远都是。我们再也不需要跑出布莱顿[2]以外的地方了。"他们从金华出发去了温州,在那里登上一艘沿着海岸线开往上海的轮船。

虽然这座城市已被日本人占领,但国际外交官们仍然歌舞升平。奥登和伊舍伍德舒舒服服地暂住在英国大使阿奇博尔德·克拉克-克尔爵士的别墅里,他们曾在汉口与他有过交流。在上海逗

---

[1] 根据《战地行纪》记载,奥登和伊舍伍德从汉口出发,相继在九江、南昌、金华等地停留,随后一路继续向东南战线进发,在天目山附近有所逗留。这里的梅溪,位于浙江湖州境内,就在太湖一带的防线。

[2] 布莱顿是英国南部的沿海度假城市。奥登言下之意是,这趟旅程跌宕起伏,抵得上任何其他形式的旅行经历。

留期间，他们与四个日本商人共进午餐，席间对日军轰炸平民的行为表示质疑，而日本商人只是淡淡地回答："这确实是一个非常有趣的看法。"他们参观了贫民窟和工厂，这些地方的恶劣条件让他们触目惊心。他们还去体验了一处同性恋澡堂，那里不仅提供按摩服务，还有茶水供应，两人把泡澡形容为"他们的社会良知的午休时光"。他们最终决定取道美国返回英国，但在办理签证时遇到了些问题，当提到他们是英国大使的客人时，立马就拿到了一年时间的免签许可。6月12日，他们从上海启航。

奥登对这趟中国之行颇为满意。他告诉多兹先生："我想，这是我去过的最美好的国家。"不过，他还补充说，试图在中国生活也许是一件危险的事，因为"一个美德和恶习都源于违背自然意愿的欧洲人，如若不能适可而止，便没有办法彻底转换思维"。奥登指出，他和伊舍伍德离开中国时，对这个国家的印象不会超过"一个旅行者的认知"。奥登后来还说："中国完全不同。你熟悉西班牙的文化。你能理解那里正在发生什么，事情的进展意味着什么。但你无法理解中国。撇开战争的因素，这个国家根本不尊重人类生命。"在某种意义上，他和伊舍伍德几乎是一无所获地离开了中国。所幸前方还有美国。

他们乘坐"亚洲皇后"号离开了上海，中途在日本稍作停留。他们乘坐火车去了东京，在那里留宿了一晚，第二天回到了船上。6月底，他们在加拿大温哥华上岸，乘坐横贯北美大陆的火车一路到了纽约。在那里，他们遇到了乔治·戴维斯。他是《时尚芭莎》的小说编辑，一年前曾在伦敦结识了他们两人。戴维斯充当了他们在美国的非正式代理人的工作，已经帮助他们在《时尚芭莎》刊登了一篇关于中国的文章，此刻交给他们一大笔稿费。在戴维斯的安排下，他们游览了纽约，接受了采访与拍照，被引荐给当

第七章 旅行

地名流,还尝试了提神药和安眠药(奥登欣然接受了这些药丸)。此外,同样身为同性恋的戴维斯,给他们介绍了伴侣:伊舍伍德与一个漂亮的金发小伙子打得火热,奥登的情况也差不多。美国让他俩振奋不已。两个星期后,他们返回了英国。

回国后不久,奥登又一次离开英国,这次去的是布鲁塞尔。他在联邦街 83 号租了间房,潜心创作将要收录在《战地行纪》中的诗歌。这是一本关于中国的书,伊舍伍德正以他们两人的旅行日记为素材写这本书的散文部分。"我在这里过得很好,"奥登在布鲁塞尔写信给牛津大学出版社的编辑约翰·马尔根,"游泳,串咖啡馆。"他通常在上午写作,下午的大部分时间都泡在比利时的游泳池,这里是小伙子们的聚集地。他告诉多兹夫人,布鲁塞尔的工人"非常欢快、迷人"。他很快就交到了一个临时男友,亲昵地称他为"小雅克"。

多兹夫人仍在协助他完成《牛津轻体诗选》的收尾工作。她写信询问了一些紧要的问题,例如,他没有提供全名的诗人。"我不知道奥斯汀的全名,"他在回答某个此类问题时说,"但我肯定不会是阿尔弗雷德。就叫他塞缪尔吧。"正是在这一封信(写于 8 月 31 日)中,他告诉多兹夫人,他参观了布鲁塞尔美术馆,"试着欣赏鲁本斯。其大胆和生动让人叹为观止,但他的画作究竟表达了什么?"9 月 5 日,他随信附上了一叠手稿,并写道:"附在这里的诗是垃圾,抑或不是?我现在离它们太近了,很难清醒地判断……它们是十四行组诗的开头部分,将会收在那本关于中国的书里。看完后,给点意见,再一并寄回给我,因为它们是唯一的手稿。"

十四行组诗被命名为《战争时期》，而且就像《西班牙》一样，也聚焦于人类历史。在《西班牙》中，这种审视是客观冷峻的，没有给出任何道德判断，但在十四行组诗里，道德成了显而易见的存在。奥登宣称，我们是"一个充满希望的族群，却从未证实其价值"。在组诗中，历史从未实现"美好乐土"。到了组诗第二部分，发生在中国的战争，被展现为人类普遍失败的产物。关于这一点，在十四行组诗的附录《诗体解说词》中，奥登给出了更为说教性的阐释——这不过是"一场斗争的地方性变体，置身其中的所有人/……都深深地受到牵连"。

乍看之下，十四行组诗和解说词只是笼统地提到了战争，但诗中的许多细节和段落都运用了奥登和伊舍伍德在中国的所见所闻——空袭、带着地图的将军、一家医院、一个死去的士兵、参加花园聚会的外交官。在组诗的最后部分，诗人又回到了对人类的普遍困境的沉思：我们徒劳地感喟"那些温暖坦荡、天性沉着的年代"，并且"对互爱和情感满怀戒备"（这段内容基本上来自《我青年时代的那一年》），然而，若是愿意留神倾听，总能领会耳边响起的智慧之音。这些声音告诉我们"那些与生命为敌者会承受更加猛烈的攻击"，这些讯息晕染了一层显而易见的福斯特色彩："人类不像野兽般单纯，永远不会/……只有自由的人才会有诚实的天性/……只有正义的人才拥有意志力去赢得自由"。这本有关中国战争的书，确实与福斯特有关：奥登和伊舍伍德一起将该书题献给了福斯特；奥登还写了一首十四行诗颂扬他的小说。然而，除此之外，奥登似乎受到了别的影响，因为《战争时期》开头部分审视人类历史时，主要是从基督教故事中提取了种种意象和元素，而《诗体解说词》结尾处的声音，听起来很像是在祈祷——"哦，

第七章　旅行

教会我摆脱我的疯狂……"

"我已经完成了十四行组诗，"奥登在9月底从布鲁塞尔寄给多兹夫人的信中写道，"但我的状态很糟糕，那首关于中国之行的长诗还没有酝酿好。目前的国际形势让我忧心，英国政府卑鄙无耻，法国政府的表现更糟糕，这些事情萦绕心头，似乎没什么事可做。"奥登在信中提及的"关于中国之行的长诗"，正是《诗体解说词》。至于国际形势，当时希特勒威逼捷克斯洛伐克归还苏台德地区，法国的反应十分消极被动，完全放弃了捷克盟友，英国国内虽然出现了一些抵制的行为，军队也稍有调动，但政府似乎已经默许了德国的举动。奥登本人在两年后回忆起这段生活时说，欧洲危机的不断加剧让他"异常兴奋，暗自期待一场战争的到来"，这不仅是因为他期待希特勒被打败，而且"也期望在1938年仍然悬而未决的个人问题，能够通过世界性的事件得以解决"。从这段话的上下文来看，他所说的"个人问题"，显然是指没有所爱之人的绝望感。

9月28日，奥登返回伦敦。他现在觉得欧洲危机不过是虚惊一场，倒不是因为他自己的政治敏感性，而是因为布鲁塞尔的一个算命师这么跟他说了。在维多利亚火车站，他一见到前来接他的伊舍伍德便说："好吧，亲爱的，你要知道，不会有战争的！"几分钟后，他们看到火车站布告栏张贴了发生在慕尼黑的"充满戏剧性的和平运动"。

奥登北上父母在伯明翰的家，静下心来为那本中国书撰写《诗体解说词》。写完后，他立即把手稿寄给了多兹夫人："请提提意见。我不太确定这种写法会不会变成单调浮夸的老掉牙玩意儿。"此外，他告诉多兹夫人，他需要去做一个手术——可能是因为他的肛裂复发了——并决定12月回布鲁塞尔做这个手术。他没有告诉她，他和伊舍伍德已经决定移居美国了，看起来也没有跟其他朋友提起这件事。

★ ★ ★

要是他们之间曾有过一个明确的最终决定的话,那么何时做出这个决定已经很难考证了。根据伊舍伍德的说法,他们离开中国后,在取道美国返回英国的旅途中,也就是7月份,奥登在纽约向他提出了长久定居美国的想法——或者更确切地说,是在纽约定居。奥登后来声称,此事是他们两人共同商议的结果;但伊舍伍德回忆说,他自己并没有强烈的移居需求。他四处漂泊,换个国家生活对他来说不是什么大问题,不像对奥登而言那样重要,所以他把决定权交给了奥登。他的想法是,如果奥登选择移居,他就跟着一起去。

1938年8月初,奥登的二哥约翰暂离印度的地质考察工作,到布鲁塞尔与奥登同住了一段时间。约翰后来回想起这一个星期的朝夕相伴,十分确信他俩讨论过移居的事情,奥登明确表示不只是去美国短期逗留,而是要留在那里成为美国公民。到了10月初,奥登和伊舍伍德似乎就此达成一致,他们会在不久的将来重返美国,可能是永久地住在那里。"但他们并不着急,"伊舍伍德多年后写道,"在上海的时候,美国人给了他们特殊的签证,他们无须操心太多事。有了这种签证,他们省去了很多手续上的麻烦。只要他们决定走了,就可以随时动身。"

有关他们做出决定的时间点问题,我们就此打住。还有一个问题涉及他们离开英国的原因,但这没有明确的答案,他们似乎是在缺乏确切理由的情况下做出了决定。在之后的岁月里,奥登和伊舍伍德各自给出了五花八门的解释,不少解释看起来确有道理,但

第七章　旅行

不过是一种事后诸葛亮的说法，我们应该谨慎地辨别其真实性。最好的处理方式，莫过于结合奥登彼时彼刻的特殊处境来加以检视。

近三年以来，他在英国一直没有安定的生活。他曾在唐斯学校度过了一段近乎田园诗般的美好时光，之后便进入了"居无定所"的阶段，出国旅行占据了越来越多的时间。在前往邻近的欧洲国家进行短途旅行之后，他长途跋涉去了冰岛、西班牙和中国。他已经充分意识到，自己其实是想通过这些旅行找寻某种思想观念。早年的"莱恩-莱亚德-劳伦斯的信仰"崩塌以后，他一直苦心追寻一种值得信靠的思想。杰拉尔德·赫德的人格观点对他而言无济于事，马克思主义也不能支撑起他的精神世界（他其实并没有认真地对待马克思主义）。他的每一次跨国之行，都是以不同的方式"让行动变得迫切，让其本质显现"。他曾试图通过冰岛之行与欧洲拉开距离，更为客观地审视欧洲文化，但这个尝试以失败告终，因为他无法轻易地摆脱欧洲的影响。西班牙之行也是一次尝试，正如他自己所言，他要"赌大一些"，借此扩充自己的经验、丰富自己的思想，但这次也没有如愿以偿，因为西班牙内战无法提供他想要找寻的确切症结。至于中国之行，不过是加深了他对人类普遍失败的看法。他现在是否应该放弃这种方式，回到英国重新开始文学生活，以便理清自己到底在寻找什么？这种前景看起来希望不大。

英国文坛从来没有吸引过他。他曾在1932年写信告诉约翰·普德尼："把这些文学事业都扔掉。"在移居美国若干年后，他一直说英国的文学生活由于其"家庭式"气氛而特别单调沉闷。他写道："在营造宜人的家居生活方面，英国人比其他任何国家的人都有天赋。这对艺术家和知识分子的生活构成了一个巨大的威胁。如果气氛不是那么宜人，影响创作的诱惑就会减少一些。"在另一个场合，他解释了英国的"家庭式"气氛何以导致他做出离开英国的决定:"那时的处境,对我来说,英国已经不适合待下去了。我在那里不可能再成长。英国的生活就像是一种家庭生活,我爱我的家人,但我并不愿意与他们共处一室。"[1]

事实上,他对英国社会的不满还不止于此。就在他决定离开英国前不久,他写了两篇散文,字里行间透露出不安的情绪。一篇是《牛津轻体诗选》的导言,他在文中宣称,优秀诗歌得以存在的"传统的前工业社会和文化"已经消失了。他认为,在传统的文化生活里,诗歌和他的听众对同样的东西感兴趣,因此写诗是一个有清晰界定的工作。但是,工业革命开创了一个全新的社会,诗人与大众业已脱节,只能对少数与他有相同知识背景的人讲话。针对这一问题,奥登提出的补救措施不是回到传统的社群状态,而是建立一个"民主社群,每个公民都能有意识并有能力做出理性的选择,而在过去,只有少数富有的人才有可能做到这一点"——在这样的社群里,诗人再次与听众接触。当奥登在1937年底写下这篇导言的时候,他也许仍然认为英国可以创建这种社群,或者至少是在欧洲的某个地方。一年后,他推翻了这种可能性。

1938年秋刊登在《新诗》的散文《运动员:一个寓言》充分说明了这一情况。该文将现代社会发展描绘成一片树木日益繁茂的乡村地带,那里的运动员(即艺术家)不得不放弃最初追求的射鸭活动(即原始社会喜欢的简单艺术形式),转向更为复杂的运动(即近几个世纪盛行的艺术形式),直到树木的密度(即社会的复杂性)使得从事这些运动变得异常艰难。有消息传来,"在一个遥远的国度,那里的居民清除了林木,鸭子再次大量繁殖,射鸭活动重新风

---

[1] 他的真实生活是这样的:在英国期间,他大部分时间都住在伯明翰家中,与家人待在一起。除了父母的家和他任教的学校提供的宿舍以外,他在英国从来没有完全属于自己的家。这是否在一定程度上促使他做出了离开英国的决定?——原注

靡了起来"（即乌托邦式的社会主义国家）。运动员们决定效仿这个国家的做法，清除掉周围的树木，但他们的一切努力都遭到各个既得利益集团的阻挠。他们唯一能做的，就是用黏土和旧报纸制作了假鸭子，指望村民们会相信这些都是他们射到的真鸭子（影射了20世纪30年代在欧洲创造无产阶级艺术的尝试）。

《远动员》展现了一幅令人绝望的欧洲画卷，至少从艺术家的角度来看确乎如此。大约在此期间，奥登直言不讳地跟朋友 A. H. 坎贝尔说了类似的话。当时，在伯明翰，他望着窗外喃喃说道，他确信欧洲社会已经终结了。他要去美国，不是因为他将美国想象成一个完美的社会，而是因为他认为那里还没有形成固化的文明模式，仍有可能进行选择。正如他在1939年7月所言："英国能给予我的，我觉得它已经给了我，我永远不会失去。美国却是如此广袤……"

因此，之所以做出移民的决定，在一定程度上是因为奥登近些年来一直心存缺憾，并且相信他可以通过改变生活方式来填补这种缺憾。在1937年秋写给亨利·特里斯的一封信中，他清晰地表达了该想法：

> 你只能书写自己知道的东西，而这些仰赖于你的生活方式……艺术家……只能说出他知道并且感兴趣的真相，而这仰赖于他在何地生活，以及如何生活……假如他对自己的知识并不满意，便只能通过改变他的生活来获取他希望得到的知识。

除了在总体上对英国社会不满之外，他似乎觉得自己在这个社会的位置越来越难以承受。他的社会角色，类似于爱德华·门德尔松所说的"左派的御用诗人"。这个角色自然有其吸引人的地方,他一开始也很配合地扮演起这个众望所归的角色。但在《攀登F6》里,他已经述说了社会成就带来的危险,并对此有所忧虑。到了1938年,他感到这个角色已经难以为继了,理由很简单,他没有与之相匹配的政治信仰来支撑它。

他现在只采取了极为温和的政治态度。1936年,他在《致拜伦勋爵的信》中自我期许到死都会是"一位自私的老左派自由主义者"[1],这大致就是他目前的状态。在这个阶段,他对社会的态度是自由主义的、非革命的。"没有什么社会是绝对完美的,"他在1938年的一篇文章中概述了自己的观点,"每个人都渴望幸福和良善,但他们对幸福和良善的看法却有可能相互抵触。"在他看来,信奉人性本善的"自由民主"是软弱的,无法抵御法西斯主义,只有引入信奉"人不是生来自由或良善"的"社会民主"才有可能带来变化,并逐步遏制极端主义。然而,即便是这种修正后的自由主义,也没有反映出他的真实心态。事实上,他渐渐对政治丧失了兴趣。

当他在1938年秋不得不就中国的"反法西斯斗争"到处演讲的时候,他开始意识到了自己的变化。他告诉多兹夫人:"整天跑来跑去讲中国的事情,我觉得很无聊。剑桥社会主义俱乐部希望就中国问题举办一场提供面包和点心的午餐会。德比教区培训学院提议开个茶话会……可这有什么意义呢?我是不是该专注于自己的工作呢?果真这么做的话,我是否不太道德?还是说我只是比较自私?实在是厌倦了赶火车东奔西走。"几个月后,他在一封写给多兹夫人的信中回溯了这段时光,坦言正是这些有关中国的会谈让他

---

[1] "一位自私的老左派自由主义者"对应的原文是"a selfish pink old Liberal",其中"pink"是一个双关,既可以指"偏左派的"(粉红色的),也可以指"与同性恋有关的"。奥登的诗歌里往往夹杂一些隐晦的私人指涉,此为其一。

第一次意识到，也许他对政治的参与一直是自欺欺人的行为。

综上所述就是他决定离开英国的总体心态——其中牵涉到的政治因素，也是伊舍伍德感同身受的内容，因为他在这一年秋天察觉到，他们两人都不可能再轻易地相信"人民阵线、政党路线、反法西斯斗争"。至于爱国主义，奥登并不准备毫无疑问地全盘接受这个概念。他写道："独立国家仅仅是社会管理的一种便利技术手段，若是附加除此以外的任何想法，其实类同于偶像崇拜。但很少有人能看破这一点。"多年后，他留下了这样一首短诗：

> 爱国者？一帮人追逐大玩意、
> 大人物、大金钱、大成功，
> 不过是些小娃娃而已。

他想要移居美国，还有一个很简单的原因。7月份在纽约逗留期间，他和伊舍伍德都发现，他们以作家的身份居住在美国的话，可以有很多机会挣到钱。乔治·戴维斯交给他们的一大笔稿费，连同美国生活的其他乐趣，都给他们留下了深刻的印象。1946年，奥登在回顾自己当初移居美国的决定时，如此告诉他的朋友："我之所以来美国，是因为在这里更容易赚到钱，可以靠自己的才智过活。"

★ ★ ★

最终，奥登和伊舍伍德将出发日期定在1939年1月中旬，恰好是他们出发去中国整整一年之后。他们想在离开之前，完成那本关于中国的书，并完成《边境》的排演。J. M. 凯恩斯从剑桥写信给他们，询问是否要根据慕尼黑的最新情况修改剧本。他们决定不进行改动。其实，在结束中国之行的归途中，他们已经对剧本进行了大范围的修改，但渐渐对它失去了信心。奥登在写给斯彭德的信中坦言："就一部半写实的剧作而言，这个题材太现代了。"

《边境》由杜恩执导，在剑桥排练。温德姆·戈尔迪扮演瓦雷里安，欧内斯特·米尔顿扮演威斯特兰的独裁者，凯恩斯的妻子莉迪亚·洛波科娃扮演安娜。本杰明·布里顿写了乐谱，演奏乐器包括钢琴、打击乐器和两个小号；他亲自弹奏钢琴，收费十英镑。彼得·皮尔斯（他与布里顿在1937年3月相识）扮演电台播音员，同时也穿插演了剧中的舞蹈演员、士兵和战地记者。罗伯特·梅德利再次担纲舞台设计的工作。该剧于11月14日（星期一）开演六场。第二天上午，《曼彻斯特卫报》形容该剧"毋庸置疑是成功的"，《新政治家》也给予了好评。不过，路易斯·麦克尼斯的点评相对谨慎，在他看来，"就这么有价值的主题而言，该剧不算完全成功"。许多在剑桥观看演出的人都认同肯尼思·阿洛特刊登在《新诗》的观点，认为奥登和伊舍伍德在该剧"没有发挥出他们才能的十分之一"，并抱怨"大部分内容写得极为枯燥乏味"。与此同时，尽管凯恩斯及其工作团队一再斡旋，还是未能为该剧争取到去各地巡演的机会，最终达成了协议，该剧只能在伦敦上演一晚，于1939年2月12日（星期日）在环球剧院演出。他们原本指望这场演出能够引起伦敦西区某位经营者的兴趣，但事与愿违。正如伊舍伍德所说，《边境》在此之后"悄无声息地消失了"。多年后，奥登回顾了他俩的戏剧合作，坦言"没有一部剧是优秀的"。客观而言，两位作者在合写剧本时确实都没有尽心尽力。无论如何，这些作品以荒诞不经、水准不一的方式，摇摇晃晃地开启了英国戏剧界的一场真正的革命。

奥登的《牛津轻体诗选》在1938年10月出版，与《边境》一样，评论界也是褒贬不一。《泰晤士报文学副刊》上的文章很有代表性，道出了评论家们对于选集没有收录"大多数人认可的轻体诗"的不满。当然，选集本身的活泼生动和独创性还是赢得了人们的赞赏，而且销量喜人。此书在今后的岁月里一再被重印，直到今天仍有重印面世。虽然销量很好，牛津大学出版社却并非完全赞同奥登的编目，尤其反对收录中世纪苏格兰诗人威廉·邓巴的一首诗，因为他们觉得该诗把中古苏格兰语的粗俗面貌暴露无遗（诗中有这样的诗句："Yit be his feirris he wald have fukkit"[1]）。再版的时候，他们删除了这首诗，用另一首看起来更为得体的邓巴诗歌取而代之，理由是"旅行销售员说这本书会在女校发行"。30年后，奥登在编辑《某个世界：备忘书》时，再一次收录了邓巴的这首言辞粗俗的轻体诗。

大约是在1938年秋天，奥登和T. C. 沃斯利应邀为霍加斯出版社[2]写了一本小册子，名为《教育：今天和明天》。"很遗憾，我自然是无意于写这些有关教育的文章，也不打算让路易斯来写书评，"奥登告诉多兹夫人，"可总得赚钱养活自己。"沃斯利写了大部分关涉"事实"和"建议"的章节，奥登则负责小册子的中心部分——"理论"。他们在书中表达了对英国公学的爱恨交织，其中有两所公学是沃斯利曾任教过的。大约一年后，奥登告诉沃斯利，他认为第二次世界大战"意味着它们的终结"，但希望仍然会存在某种形式的寄宿学校，"或者，可以是英国浪漫主义那样的？"

奥登和伊舍伍德在12月完成了《战地行纪》，把书稿交给了

---

[1] 这句诗里的"fukkit"，就是现代英语的粗话"fuck"，整句话用现代英语可以写为"yet be his conduct he would have fucked"，大致就是"要是他早就上了"的意思。
[2] 霍加斯出版社是伦纳德·伍尔夫和弗吉尼亚·伍尔夫在1917年共同创办的出版机构，是现代主义文学的摇篮。

费伯-费伯出版社。该书在1939年3月出版后，伊夫林·沃趁机在《旁观者》上刊文称奥登是"一个烦人的公共人物"，但多数评论都褒奖有加，杰弗里·格里格森在《新诗》直言书中的十四行组诗极为成功。此时，正在经营霍加斯出版社的约翰·莱曼知道了他们要重返美国的计划，但并不清楚他们会去那里定居。他在慕尼黑委托他们按照《战地行纪》的模式写一本关于美国的旅行书，书名就暂定为《地址不详》。其实，约翰·莱曼的本意是为他们的美国之行提供资金帮助。此外，大概在这个时候，或者是在1939年初，他们寻思到美国后捣鼓一部名为《一个美国人的生活》的电影脚本。这个念头源自奥登不久前再次涉足电影工作的经历，他为约翰·格里尔逊的纪录片《伦敦客》写了一些解说词。按照奥登和伊舍伍德的构思，他们的美国电影的核心角色应该由摄像机本身来担任，这难免令人想起伊舍伍德在小说《别了，柏林》中写的一句话——"我是一台摄像机"。可惜的是，电影脚本的事情最终没了下文。

1938年12月初，奥登离开英国，在国外旅居了几个星期。他先是去了巴黎，在索邦大学做了一场"诗剧前景展望"的英语讲座，讲了很多轶事，对诗剧本身并没有给出定论。他在巴黎遇到了英国诗人戴维·盖斯科因。"他即使到了40岁，"加斯科因在日记中提到奥登，"还会顶着一颗本科生的脑袋。现在他31岁，仍是一副装模作样的神态，这不过是混杂了青年人因难以融入社交环境而滋生的任性和尴尬。"12月12日，他已经在布鲁塞尔了，这次是与伊舍伍德一起住在玛丽亚-路易广场70号的一套公寓，从房间就可以俯瞰一片野鸭畅游的优美湖景。"这里是一个非常好的易卜生戏剧场景，"奥登告诉多兹夫人，"尤其是此刻我肠胃不适，闷闷不乐地坐在窗边，想象着正有人往我这边看过来。但愿缪斯女神们能善待我,她们是时候惠临了。"在接下来的四个星期里,奥登的确文思泉涌,写了十几首诗歌,包括与布鲁塞尔美术馆有关的《美术馆》、《爱德华·李尔》、《火车南站》、《A. E. 豪斯曼》等,其中有不少诗歌当属他的名篇佳作。他结交了一个比利时新男友,在写给约翰·莱曼的信中说:"皮埃尔简直是一个梦。"他在跨年夜举办了一个派对,为此写了一组庆贺诗,也许是向在场的朋友们告别,又仿佛是向身处欧洲各地的朋友们道别,以下这个诗节尤为明显:

> 接下来要满怀欣喜地祝愿
>   为我们的海外朋友干杯,
>   为在巴黎喝酒的布赖恩,
>   为在希腊喝酒的弗朗尼,
> 祝比尔学会画笔如飞,
>   祝本睡觉时也能谱曲,
> 祝看起来像个大师的贝特霍尔德,
>   祝看起来像只绵羊的鲁珀特,
> 祝三四个托尼,甚至还要
>   祝琼——谢天谢地——不在这里,
> 祝摩根、爱德华和斯蒂芬,
>   祝大家新年欢乐无比。[1]

---

[1] 按顺序提到的人物:布赖恩·霍华德、弗朗西斯·特维尔-彼得、威廉·科德斯特里姆、本杰明·布里顿、贝特霍尔德·菲特尔、鲁珀特·杜恩、名为"托尼"的朋友或朋友的男友(包括康诺利夫妇的美国朋友托尼·鲍尔)、比利时小伙子琼(奥登和伊舍伍德上一次来布鲁塞尔时见过他,演过各种类型的戏)、摩根·福斯特(即 E. M. 福斯特)、爱德华·厄普华、斯蒂芬·斯彭德。这首诗以打印稿的形式在奥登的朋友圈里流传。——原注

249　　1939年1月初,奥登和伊舍伍德回到伦敦。对他们两人而言,拟议中的美国旅行书似乎不太可能完成,但奥登十分缺钱,只好说服约翰·莱曼为他的下一本诗集预支一笔钱,并错误地向他保证该诗集没有与费伯-费伯出版社签约,霍加斯出版社到时肯定可以出版。他还对牛津大学出版社的相关人士说:"我下个星期要去美国,手头很紧。你认为出版社能否看在《轻体诗选》的分上再付我一点钱? 十万火急!"他们预支了75英镑给他。

　　1月18日,奥登和伊舍伍德乘火车前往南安普敦。他们打算在"尚普兰"号邮轮上度过他们在英国的最后一晚,以便避开告别的场面。伊舍伍德的一个年轻朋友,以及 E. M. 福斯特,特意在伦敦火车站为他们送行。火车开动了。"好吧,"伊舍伍德说,"我们又出发了。""太棒了!"奥登答道。

第二部分

美国和欧洲

第一章 "切斯特,我的密友"

1939年1月26日上午,纽约大雪纷飞。入冬以来,这是最冷的一天,哈得孙河面上结了一层浮冰。大约中午时分,有消息传来,巴塞罗那落入了佛朗哥之手,西班牙共和派实际上已经输掉了这场战争。正是在这一天,奥登和伊舍伍德抵达了纽约。

"他们站在风雪之中,"伊舍伍德回忆道,想起了他和奥登是如何抬头仰望"法国人制造的手持自由火炬的女巨人[1]","她此刻全然没有欢迎新来者的姿态,反而看上去令人惊恐;印第安佬小岛上的高塔也让人害怕……你可以感觉到这地方伴随新世界绷紧的神经而颤动,肆意炫耀着它粗犷的钢筋裸体。我们在这里是美国人——并且我们一天24小时都在成为美国人……别自以为是地用你们的欧洲传统打量我们——我们知道它们把你们搞得一团糟。要么按照我们的方式来,要么坐下班船滚回去……是离开还是留下?无论如何,我们都不会少块肉。我们不做任何承诺。在这儿,

---

[1] 即自由女神像,位于纽约海港内一座被称为自由岛的小岛上。

你们得靠自己。"

事实上,他们并非完全孤立无援。那时,埃丽卡·曼和克劳斯·曼大部分时间都待在美国,在他们抵达时,姐弟俩到检疫船上与他们碰了面。伊舍伍德很快就与去年夏天在纽约结识的男友有了交往。随后,奥登和伊舍伍德找到了一个临时落脚点,在第23号大街与列克星敦大道交会处的乔治·华盛顿酒店,那里为长住的客人提供了相对便宜的房间。他们开始接触在去年7月那次旅行中认识的人,不久便通过这些熟人结交了一些新朋友,其中就有纽约市芭蕾舞团创始人林肯·柯尔斯坦,他也是斯蒂芬·斯彭德的朋友。奥登形容柯尔斯坦"有时候会让人觉得生人勿近,但其实是非常好的人"。通过曼一家人,奥登渐渐认识了一些来自纳粹德国的流亡者,比如在美国教书的沃尔夫冈·苛勒。苛勒是格式塔心理学的先驱人物,奥登称之为"我见过的最伟大的人之一"。然而,正因为奥登的朋友中有许多流亡者,这似乎使他更加清楚地看到纽约对新来者并不友善的一面。"据说这城市有一千万个灵魂,"他在来此地几个星期后的一首诗中写道——

> 有人住豪宅公寓,有人住陋室窝棚:
> 我们却没地方安身,亲爱的,我们却没地方安身。
>
> 我们有过祖国,我们曾以为它奉行公义,
> 查看地图你就会找到它的位置:
> 我们现在回不去,亲爱的,我们现在回不去。

这首诗被《纽约客》相中,刊登在1939年4月那一期上。奥登在美国文坛早已广为人知。兰登书屋出版了他所有作品

第一章 "切斯特,我的密友"

的美国版,尽管这些书的销量明显低于英国版,但那时候他的诗歌在美国,尤其是在大学生群体中,已经有了一小部分的拥趸。例如,20世纪30年代末在普林斯顿大学念书的年轻诗人威廉·梅雷迪思将奥登描述为"我们的诗人,我们这一代的诗人"。同样,这一时期在哈佛大学念书的安东尼·赫克特称他为"一个'偶像'人物","相较于其他人,我们更珍视他的作品,是俄耳甫斯式的,晦涩而朦胧"。纽约作家德尔莫尔·施瓦茨在1939年的一篇评价奥登的文章中宣称:"事实仍然如此,奥登浑然天成的才华是无与伦比的。"与此同时,诗人理查德·埃伯哈特写道:"奥登来到美国的意义,与艾略特离开美国的事件一样重要。"然而,文学界的赞誉并不足以为奥登提供生计,他不得不寻找写作以外的谋生方式。

到美国后不久,他接受了《纽约时报》的采访,表示很期待能得到教师岗位的工作。他解释说,他计划写一本关于美国的书(他和伊舍伍德在去年秋天就已经有这方面的打算了),而深入了解美国的最佳办法莫过于花一两年时间在各个学校任教。"我并没有指望在公立学校或州立学校谋得教职,"他对采访者说,"但我希望能够在私立学校找到一些短期的岗位,哪个地方都没关系。"在此期间,他和伊舍伍德主要靠给自由派杂志供稿勉强度日。奥登找到了《国家》杂志社,主动提出要为他们撰写书评,双方很快达成了共识。他与《新共和》和《常识》也形成了类似的合作关系。除了书评文章,这些杂志,以及其他一些杂志,开始刊登他的诗歌作品。他把这些新诗的打印稿寄给在英国的多兹夫人,拜托她转交给伦敦的编辑们。"你千万别压着这些稿子。要是这样就糟了,"他对多兹太太说,"无论手头还有多少,都递送给合适的期刊吧。"

这些新诗的风格,可以用其中一首诗里的短语加以概括——

"极为平和"。自从去年秋天奥登做出离开英国的决定以来,这种暴风雨过后的平静之感就一直弥漫在他的诗歌语言里。有几首新诗,与去年秋冬之际他在布鲁塞尔写的多数诗一样,都关注作家们的生活与品性,以及他们在为自己找到恰当角色的过程中所经历的成败。两首新诗——《马修·阿诺德》和《伏尔泰在费尔内》,灵感来自奥登正在撰写评论的书籍。其中,最优秀的新诗,无疑是那首以 W. B. 叶芝溘然辞世(逝于 1939 年 1 月)为题材的诗作。

在 20 世纪 30 年代,尽管叶芝对奥登的诗风产生了重要影响,奥登却并没有对他表现出足够的敬意。他在写这首诗的同时,还写了一篇以法庭审判的形式呈现的讣文——《公众与已故的叶芝先生》。在这篇文章中,公诉方提出了不少充满敌意的批评观点,辩护方并没有完全反驳这些观点。叶芝受到的指控,既有他对所处时代的现实问题和思想观念缺少必要的关注,也包括他忽视"科学方法",反而让自己沉浸于魔法之中。相比之下,悼诗几乎没有批判之意。事实上,悼诗并非全然聚焦叶芝,而是关涉诗歌的性质与功能,因此也与奥登自己的诗歌产生了联系。

开篇几个诗节以戏剧化的方式呈现了叶芝的死亡,让我们看到一个诗人离世以后,他的作品如何在读者心中存续,以及如何发生了变化——"一个死者的言辞/将在活人的肺腑间被改写"。在 1939 年 3 月 8 日刊登于《新共和》的第一个版本里,第一部分后面紧跟着以"大地,请接纳一位尊贵的客人"为首的诗段,全诗就此结束。稍后,到了 4 月,这首悼诗又刊登在《伦敦信使》上。此次,奥登增加了一个篇幅简短的中间部分。之所以增加这个部分,是因为他在 3 月做了一个重要的决定。

在抵达美国后不久,他接受了几次邀请,做了几场有关政治问题的演讲与讲座(如同他在英国时那样)。可是私底下,他早已

第一章 "切斯特，我的密友"

疑心这并非自己的恰当角色。他前往北卡罗来纳大学，就欧洲危机问题给那里的人际关系研究所的师生们发表了演讲，指出美国明智的选择是暂时采取孤立主义的外交政策。但他补充道："我们在英国的人总是认为，如果我们有需要的话，或许可以向你们寻求帮助。"（无论如何，《纽约时报》就是这么报道的，尽管在当时的情况下，用"我们在英国的人"这样的表述方式似乎有些奇怪。）他还于3月16日在纽约的一个晚宴上发表了讲话，宴会旨在为西班牙战争中的流亡者筹款。他在这个场合的讲话，几乎没有表露任何政治主张，而是试图传达这样一个信息：只有"我们每个人在私人生活和公共生活中都表现得像民主主义者一样"，民主才能成为反法西斯主义的有效武器；换言之，私人生活领域的精神健康状态，具有等同于廉洁政府的重要性。不过，这场讲话的尾声部分肯定是一番刻意为之的辞藻堆砌：

> 如果我们把兄弟情谊理解为我们绝不能伤害任何人的感情，如果我们利用言论自由不是为了找出最好的做事方式，而是为了炫耀我们的学识和卖弄我们的个性……那么不久以后，我们就会遭遇比西班牙更悲惨的命运，之所以更悲惨，是因为它不仅仅是悲剧。到时候，不会是德国，也不会是意大利，而是我们自己的人民会说"让言论见鬼去吧，让真理见鬼去吧，让自由见鬼去吧"，他们会站起来把我们扫地出门。上帝啊，女士们，先生们，我们将自食其果。

这番言论实在是令他心有愧怍。他与多兹夫人保持稳定的通信联系，因此在几个月后写信跟她谈了自己在政治问题上的态度变化，用他的话来说，是"我的心灵转变"。他写道："在纽约为西班牙流亡者筹款的晚宴上发表讲话之后，我做出了真正的决定。那一次，我忽然发现自己确实可以做到这一点，我可以做蛊惑人心的斗争演讲，让听众们激情澎湃。演讲过后，我只觉得自己满身污垢。"他还告诉她："我再不会在政治性场合发言了，再也不会了。"

这一决定在他的那首悼念叶芝的诗作的修改版中有所体现。新增的诗行指出，"疯狂的爱尔兰"促使叶芝成了诗人，但他书写的文字并没有让爱尔兰发生任何改变："而今爱尔兰的癫狂和天气依然如故，／因为诗歌不会使任何事发生。"诗人的所作所为无法改变社会的面貌。

这些诗行表明，奥登断然否定了自己在过去十年试图将政治和社会议题融入诗歌的全部努力。在那篇写给叶芝的讣文中，他用"辩护方"的话重申了这一否定态度。讣文很有可能就写于构思新增诗行的时期。"艺术，"他写道，"是历史的产物，而不是历史的根源……因此，关于艺术应不应该作为宣传工具的讨论是不切实际的……假如没有一首诗被写出来，没有一幅画被画出来，没有一段音乐被谱出来，人类历史在本质上依然是这副样子。"往后余生，奥登用类似的言语一次又一次地重述这个观点。

这宣告他参与政治的阶段已经结束了。1939年夏天，他在一份自行设计的问卷里讨论了自己的信仰。他明确表示，尽管他情感的天平仍然偏向左派，但如今不再相信传统的政治活动会有任何结果（至少对他而言是如此）。"我相信社会主义是正确的，"他写道，"但是，我不相信它能够战胜法西斯主义并建立社会主义国家，从这个角度而言，它的革命理论和实践是错误的……尽管如此，是中国还是日本获胜，这很重要；当然，被压迫者可以通过有效抗争来改变自己的处境；然而，即使中国失败了，即便被压

第一章 "切斯特，我的密友"

迫者的抗争遭到镇压了，历史也不会就此止步，只不过发展速度较之于中国或者被压迫者获胜来说会慢一些……如果可以避免战争，总归会好一些……就个体而言，他应该努力提高自己关于如何有效行动的认识，并尽量不做任何有违自己认知的事情。只有这样，才有可能提升民众的平均水准，从而改善政治行动。"

1939年4月初，奥登和伊舍伍德离开了酒店，搬到曼哈顿约克维尔区东81号街的一套廉价公寓。伊舍伍德的男友搬来与他们同住。"我们很忙，"奥登在写给多兹夫人的信中说，"但仍然没什么钱。"4月6日，他们两人与彼时正出访美国的路易斯·麦克尼斯一起，以"英语诗歌和散文的现代趋势"为题给美国作家联盟做了一场演讲和诗歌品读会。整场活动实际上就是一个大杂烩，奥登和麦克尼斯只是读了读自己的诗歌，伊舍伍德主要谈了谈中国战争问题。奥登不修边幅的装束和满口"牛津腔"逗乐了不少观众，包括一个22岁的诗人哈罗德·诺斯，他当时是布鲁克林学院的学生。"会场闷热得很，"诺斯回忆说，"有人提议开窗通通风，奥登立马高声附和'啊，好主意！'。然后，我们就散会了。"诺斯的邻座是一个18岁的金发小伙，名叫切斯特·卡尔曼，也来自布鲁克林学院。他俩坐在前排，朝着奥登和伊舍伍德眨眼睛，不时地面露笑容，其实他俩都知道台上的奥登和伊舍伍德是同性恋。散会后，诺斯和卡尔曼走上台，询问能否为他们学校的杂志来采访奥登，因为他们都非常喜欢奥登的诗歌。奥登有些漫不经心，倒是伊舍伍德表现得颇为友善，给了他们约克维尔公寓的住址。两天后，一个访客上门了，不是诺斯，而是卡尔曼。起初，奥登有些失望，他本以为来访者会是品读会上另一位吸引他目光的年轻人——很可能就是诺斯。他跟伊舍伍德嘀嘀咕咕地说："来错人了，不应该是这个金发小伙。"然而，在与切斯特·卡尔曼交谈的过程中，奥登迅速改变了想法。

不久后，卡尔曼对哈罗德·诺斯说："威斯坦爱上我了。"

切斯特·卡尔曼比奥登小 14 岁。1921 年 1 月 7 日，他出生在纽约，父亲爱德华·卡尔曼在曼哈顿从事牙医工作，祖父母都是移居美国的拉脱维亚犹太人。卡尔曼医生受过良好的教育，除了在哥伦比亚大学学习牙科专业以外，还修过文学课程，对古典音乐也有一定的鉴赏能力。当切斯特还是小婴孩的时候，卡尔曼医生就鼓励他用上弦留声机播放唱片，小切斯特费力地转动唱柄，结果手都起泡了。两岁时，尽管还不识字，切斯特却已经能够从唱片标签上的记号来分辨它们。

切斯特的母亲伯莎出身于纽约的一个与犹太剧院有密切联系的家庭。她小时候就有舞台表演经验，一度梦想成为女演员，但在结婚前一直从事护士的工作。切斯特四岁的时候，她又怀孕了，却不幸出现了血凝块。她躺在床上静养，最终死于冠状动脉血栓。[1] 许多年后，切斯特在一首诗中写到了母亲的死亡：

> 母亲在一张双人床上
> 躺了十天，然后死了。
> 只有一次，他记得，
> 她唯一的儿子来探望。

---

[1] 孕期女性身体中的血液处于高凝状态，增加了血栓性疾病的发生概率。

第一章 "切斯特,我的密友"

> 鲜血,滋养又耗尽了魂灵
> 使得婚戒松垮了下来,
> 用一个死物侍奉她的心
> 它已全然不受控制。

有关母亲的回忆,切斯特终生奉若珍宝。"你我的怪癖[1],"奥登曾在写给他的信中说,"都与母亲有很大关联。"

切斯特的父亲很快就再婚了。继母生下了一个儿子后,渐渐看切斯特不太顺眼,便开始刻薄地对待他。这第二次婚姻最终惨淡收场,接着又是第三次婚姻,新继母不咸不淡地看待切斯特。这个小伙子大部分时间都与祖父母在一起,他们在科尼岛[2]经营一家餐馆。他的祖母,人称"鲍比"·卡尔曼[3],厨艺相当了得,切斯特后来从她那里学到了不少料理手艺。切斯特很依恋自己的姨妈萨迪,对他来说,她就像是母亲般的存在。不过,她对切斯特太过宠溺,以至于她结婚搬了出去后,年仅八岁的切斯特感到异常痛苦。他曾跟祖母抱怨说:"她本来答应要嫁给我的。"

长大后,切斯特被送进布鲁克林的亚伯拉罕·林肯高中念书,后来进入布鲁克林学院主修英语文学。他参与运营学校的文学杂志,当得知奥登和伊舍伍德来到纽约后,便决定与朋友哈罗德·诺斯一起去采访他们。

切斯特生来是一头红发,但随着年龄的增长,慢慢变成了金发。他18岁第一次见到奥登时,用一位朋友的话来说,他"即便

---

1 此处的原文是"queerness",是一个双关,既可以指"怪癖",也特指"同性恋"。
2 科尼岛(Coney Island)是位于美国纽约市布鲁克林区的半岛,20世纪前叶是美国知名的休闲娱乐区域。
3 切斯特的祖母大概是一位十分豪迈的女性,她的外号"鲍比"(Bobby)通常是男子的昵称。

259 不是美男子,也至少是一位迷人的帅哥"。他的眼睛是紫罗兰色的,眼底深藏着一抹不同寻常的暗影,年轻人很少会有这样一双眼睛。他的嘴巴丰满而性感,他的面庞活泼而生动,善于做出各种夸张的表情。奥登的一位朋友注意到,他的相貌兼具了天使和恶魔的双重特质。

切斯特博览群书,勇于表达自己的观点。他曾肆无忌惮地抨击惠特曼,让崇拜惠特曼的哈罗德·诺斯大为光火。他自己的偶像是亨利·詹姆斯、普鲁斯特和福楼拜。那天,去奥登和伊舍伍德位于约克维尔的公寓拜访时,他在交谈过程中辨识出了一些比较冷僻的文学典故,而且还能说出其他更相称的典故,这让奥登惊叹不已。多半是由于这个原因,奥登才邀请他再次来访。

他当然跟姑娘们有过风流韵事,也会跟小伙们打情骂俏,尽管这一阶段他还不算是一个同性恋者。他的情趣以高度浪漫化为特征,喜欢为自己的情人编织种种绮思幻梦,尤其是当他们不在身边的时候。有位朋友说:"你离得远远的,他才最爱你。"他的言谈举止有些"浪荡",喜欢朝合眼缘的人送秋波。奥登欣然接受了他的"传情达意",很可能心满意足地回应了这些挑逗。此外,切斯特充满了性魅力,"那家伙很大"[1],这一直以来都是吸引奥登的重要方面。很快,正如切斯特跟哈罗德·诺斯说的,奥登的确爱上了这个小伙子。他送了切斯特一本布莱克诗集,上面写有两行他自己的诗,出自1938年途经地中海时创作的诗歌《哦,告诉我那爱的真谛》:

当它到来,会事先没提个醒,

---

[1] 原文为"well hung",在非正式用语里指男性生殖器官。

第一章 "切斯特，我的密友"

而我正好在挖鼻子？

这首诗里还发出了一个疑问——"它［即爱］会彻底改变我的人生？"在随后送给切斯特的诗集《在这座岛屿上》中，奥登写道："致切斯特／你让我明白了真谛／（我那时是正确的；它的确如此）。"

在邂逅切斯特几个星期后，奥登写信给英国的多兹夫人："当然，我知道爱情就像发烧，它不会持久的，但近些年来我逐渐确信，我真正需要的是婚姻，我想我的阅历和判断力足以让我相信，这段关系会是婚姻，包含了婚姻关系里可能存在的一切乏味与回报。"

他为什么会爱上切斯特·卡尔曼？正如多兹夫人谈及这个问题时所暗示的，部分原因是他到目前为止经历的大多数情爱关系都不尽如人意。奥登确实有过丰富多彩的爱欲冒险经历，但用奥登后来的长诗《海与镜》中的一句诗来说，除了"偶尔在某个声名狼藉的小旅店里快速进入冷冰冰的相拥"以外，几乎没有别的了。当然，在过去的几年里，他也曾坠入爱河，可是他现在觉得，他错误地爱慕上了那些人。在牛津大学的时候，他迷恋上比尔·麦克尔威和加布里埃尔·卡里特那一类人，他们身强体壮、喜欢运动、性格外向，几乎在所有可以想象得到的方面都与他本人截然不同。事实上，他试图把自己关联到完全不同的世界，而不是他自己的世界。他在中学时代爱上的那些男孩和青年，绝大多数也都属于那样的世界。他在1938年的一篇关于霍斯曼的文章中写到了这一点，显然，他认为霍斯曼的困境与他自己类似："有两个世界，一个人不可能同时属于它们两个。要是你属于第二个世界［敏感的知识分子的世界］，你将会不幸，因为你会永远对第一个世界［健壮的非知识分子的世界］既迷恋又鄙夷。与此同时，第一个世界不会回应你的爱，因为它在本质上就是只爱自己。苏格拉底会爱上亚西比德，而亚西比德只会有些受宠若惊、有些困惑不已。[1]"

遇到切斯特·卡尔曼以后，奥登觉得上述模式可以被打破，他以前做出的错误选择可以被纠正。"多年来，"他对多兹夫人说，"我以为我只能爱上与我分属不同世界的人，我真是蠢极了，因为w.并没有回应A. E.[2]。现在我明白了，我需要一个跟我一样的人。"

切斯特与奥登"相像"，也是才思敏捷之人。奥登有时候会说："他是一个远比我聪明的人。"这有点夸大其词了，但切斯特的确很能干，也很自信，在意见相左的时候，他会毫不迟疑地向奥登表达自己的看法。"我认为你高估了《冬天的故事》，"他写信对奥登说，"它显然不如《暴风雨》。我觉得《泰尔亲王配力克里斯》的大部分内容让人抓狂，诗写得有些拙劣——尤其是前两幕的——之后的内容倒是发人深省。也许我是接受不了《冬天》里的田园牧歌元素，那些'出色的流浪汉'，也就是牧羊人，我看得有些索然无味。"[3]

除了熟稔文学作品以外，切斯特的言谈里还夹杂着一种机敏的风趣，在很大程度上源于他的布鲁克林犹太人的背景，这种背景深深地吸引了奥登。"因为你，在你这个犹太人身上，"奥登在写给切斯特的信中说，"我这个非犹太人，一个继承了一种文雅

---

1 亚西比德（Alcibiades，公元前450—前404）是雅典将军和政治家，苏格拉底非常欣赏他。
2 "A. E."指的是A. E.豪斯曼，据说，他相对瘦弱和不够果敢，所以更喜欢强壮矫健的男性，"w."正是他爱慕的一位男子。
3 《冬天的故事》《暴风雨》《泰尔亲王配力克里斯》都是莎士比亚的戏剧作品。《冬天的故事》的情节大量涉及牧羊人。《泰尔亲王配力克里斯》是莎士比亚晚年与人合写的戏剧，每一幕都有序诗，采用了比较古老的诗体，演员的台词则用当时流行的诗体写成；有人认为，前两幕是合作者写的，其余部分才是莎士比亚写的。

第一章 "切斯特，我的密友"

的反犹太主义的人，找到了我的幸福所在。"虽然奥登出身于一个宽容自由的家庭，但他肯定继承了英国中产阶级一贯以来对犹太人秘而不宣的质疑心理，他与切斯特的交往便隐含了一定程度的打破固有偏见的成分。一位切斯特的朋友注意到，奥登有意"深入切斯特的一切：他的纽约中产阶级犹太人的背景——这个背景的玩笑话、迷人的特质、独特的偏狭、诙谐的谈吐，甚至还包括饮食和语言。当然，他永远也不可能真正融入其中，但对威斯坦来说，这种背景一直是令他心醉神迷的源泉，带给他无尽的神秘和向往。"

在上述这些吸引力中，奥登最欣赏的也许是玩笑话。"在我喜欢或欣赏的人身上，"他曾写道，"我找不到任何共同特征；然而在那些我爱的人身上，我可以找到他们的共同特征：他们都能让我开怀欢笑。"切斯特是"坎普"流行曲的行家，奥登渐渐从他那里了解到此类歌曲的一些唱段。他还学着用布鲁克林口音尖着嗓子唱歌，比如这段：

> 拿走你的裘衣，
> 拿走你的假发，
> 为何你会这么想
> 我只是其中一个？

奥登对切斯特的吸引力，肯定也不仅仅是性爱层面的。即使在一开始，性元素在他们的关系里也只起到很小一部分的作用。他们在床第之欢上的偏好很不一样。切斯特不像奥登，对口交不感兴趣，用奥登形容 A. E. 豪斯曼的话来说，切斯特是"肛交中被动的一方"。奥登对奥斯卡·王尔德和阿尔弗雷德·道格拉斯勋爵之间关系的评说¹，或许在一定程度上准确地映射出他自己与切斯特的关系："显然，王尔德对波西的迷恋主要不是性爱层面的；可以想见，他们之间即使有过性关系，也不会很频繁，而且很可能不太令人满意。"真正强烈吸引奥登的，是在智识上接纳并且塑造切斯特的可能性，一种颇为皮格马利翁式的做法²。同样，他在谈论莎士比亚与其十四行诗中的那位年轻人的关系时³，很有可能想到了自己的情况："他选择了一个尚未定型的人。他想要塑造一个形象，如此一来，这个人就不会是一个梦幻泡影，而是一个他全然知晓的人，正如他知晓他自己的喜怒哀乐一样。他希望对方拥有自由的意志，但他的自由意志需要〔与他自己的〕保持一致。"

然而，事情的走向并非如此。在他们相处的最初几个月里，不是奥登塑造了切斯特，而是切斯特塑造了奥登，至少在一个重要方面影响了奥登——他把奥登领进了歌剧领域。尽管奥登热爱音乐，自小的生活环境却让他对歌剧几乎一窍不通。正如他自己所说："不太可能想到歌剧。"他父母辈的英国人一般都会秉持这种态度，奥登说他们相信"莫扎特歌剧之所以伟大，只是因为莫扎特成就了莫扎特歌剧"，而瓦格纳和威尔第的歌剧是俗不可耐的，罗西尼、贝里尼和多尼采蒂的歌剧"简直让人无法接受"。⁴来纽

---

1 奥斯卡·王尔德是英国著名作家，与阿尔弗雷德·道格拉斯（昵称"波西"）有过交往，被后者的父亲以"与其他男性发生有伤风化的行为"的罪名控告，最终被投入监狱服刑两年。
2 皮格马利翁（Pygmalion）是古希腊神话里善于雕刻的塞浦路斯国王，他不喜欢凡间女子，却爱上了自己雕塑的一位少女。这个故事可以衍生出很多寓意，包括人们可能会喜爱自己塑造的对象。
3 莎士比亚的《十四行诗集》总共有154首十四行诗，前126首诗歌是写给一个青年男子的。
4 关于这一点，约翰·奥登指出："也许是这样。不过,母亲和她的姐妹们在（转下页）

第一章 "切斯特，我的密友"

约之前，奥登不太接触歌剧。而现在，切斯特时常播放著名演出的唱片给他听，两人还定期去大都会歌剧院。认识切斯特不到一年时间，奥登便写信告诉英国的一位朋友："我主要的奢华享受是听歌剧。"

他告诉另一位朋友："我已经成为瓦格纳的粉丝了。"没过多久，他写了一篇文章，将瓦格纳形容为"最伟大、最有代表性的现代艺术家"。他给予威尔第和莫扎特同等的赞美，称他们为"顶级作曲家"。他也钦佩多尼采蒂和贝里尼，而且视后者为衡量品味的标准之一，宣称"但凡是绅士，都不可能不欣赏贝里尼"。他的这些认知有一部分可能出于他自己的真挚热爱，但其中很大一部分肯定是为了迎合切斯特的品味，比如，他完全接受了切斯特对勃拉姆斯的偏见。因为切斯特，他还接触到了一套首席女歌手们的唱段选集。这里面的"坎普"元素，他以前不太了解，但现在不仅能够加以欣赏，还逐渐形成了一些"坎普"做法。他有时给朋友的落款是"威兹阿姨"[1]，有时会唱一段澳大利亚女子校歌的副歌部分——"我们是谁？我们是谁？我们是女孩！"

到了1939年暮春的时候，"切斯特，我的密友"（奥登曾如此

（接上页）结婚以前，经常去拜罗伊特听瓦格纳歌剧。"另外，我们也无法忽略这个事实，正是奥登夫人教会了威斯坦演唱《特里斯坦和伊索尔德》中的爱情二重唱。——原注

[1] "威兹阿姨"（Auntie Whizz），"Whizz"用作名词，在英语里可以指"嗖嗖声"，也可以指"高手、能手"，俚语里还指代"安非他命"，一种精神类药物，具有一定的提神和防疲劳的功效，在1954年以前不需要医生处方就可以购得。本书后文会解释，奥登在20世纪30年代末养成了食用"苯丙胺"的习惯，而"苯丙胺"就是"安非他命"的化学名。因此，笔者推测"Auntie Whizz"中的"Whizz"指安非他命，"威兹阿姨"或许可以理解为"嗑药阿姨"。另外，20世纪30年代，奥登曾在拉知菲私立学校和唐斯学校任教，学生们都喜欢称他为"威兹叔叔"（Uncle Wiz），"Wiz"与"Whizz"的发音一致，因此也有可能是这个绰号的延续。

称呼他）[1]已经成为他生活的中心。切斯特也深深地依恋奥登，尤其是因为他由衷地欣赏奥登的诗歌——他称奥登为"自弥尔顿以来最伟大的英语诗人"。然而，奥登有时候并不确定切斯特对自己的感情，至少有时候会萌生这种犹疑的情绪。在他们认识几个星期后，奥登写了一首诗：

> ……什么样的理由让你爱上我？
> 我没有青春的美丽与鲜嫩，
> 　　没有孩童的吸引力，
> 没有过往的成功所滋养的风趣
> 　　也没有无懈可击的魅力……
> 你真的甘愿承受治疗的无趣吗？
> 没有你就永远不会好起来。

尽管如此，他百分百确定，这段感情会持续下去。早在5月，也就是他和切斯特才结识一个月的时候，他就把这件事告诉朋友们了。他把他们之间的关系称为"婚姻"，给自己戴上了婚戒，还说要和切斯特一起过暑假，当成是"我们的蜜月"。不仅如此，他开始创作一系列爱情诗。

奥登把个人经历写进诗歌的时候，一般都会把这些经历进行各种转化，我们若是把他的爱情诗与某个特定恋人或某些特定场景联系得太过紧密的话，只会误入歧途。不过，他在1947年写给一位朋友的信中列出了一些诗，亲口证实这些都是从"C事件"[2]

1　此处的原文为"Chester, my chum"。可以参看《雄辩家》中的"德里克，我的密友"（Derek my chum），"德里克"是他在海伦斯堡的一位男友。——原注
2　"C事件"（L'affaire C）："C"显然是切斯特英文名的首字母；法语的（转下页）

第一章 "切斯特，我的密友"

衍生出来的作品，也就是说，他对切斯特的爱催生了这些诗歌。其中，最早写成的"C事件"诗歌是《预言者》（以"或许我一直知道它们在说些什么"为开篇）和《不似拿破仑的梦》，都创作于他初遇切斯特的一个月内。两首诗表明，他已经视切斯特为安全感的来源，而且对此表现出巨大的信心：

> 此刻在那面容里我已找到了答案，
> 它再不会退回书本里恢复旧形
> 只求得到我完整的生命，此间
> 我所触到的一切都会坦诚相见，
> 再不会带有什么自负的表情。

这与奥登创作于20世纪30年代中期的爱情诗截然不同，那时反复出现的基调是爱的不忠与不安——"放低你安眠的头颅，我的爱，／人类正枕着我不忠的臂弯……确切无疑，忠诚／会在午夜准时结束"。事实上，正是这种不安使得他早期的爱情诗里充满了各种辛酸与苦涩。相比之下，1939年写给切斯特的爱情诗，就不会有早期的那种让人刻骨铭心的情感共鸣。这段新恋情并没有催生出超越"放低你安眠的头颅"那样的诗篇。尽管如此，作为奥登对切斯特的信任与信心的一种呈现，1939年的爱情诗还是发人深省的。第三首爱情诗写于那年秋天，诗歌结尾强调了忠贞不渝："我们／这一生的日子都不再分离。"1939年9月，奥登为埃丽卡·曼的妹妹伊丽莎白写了一首新婚喜歌，这首诗在私人层面上其实也是关于他和切斯特的：

（接上页）"affaire"，与其英语里的形近词"affair"不同，不是颇具浪漫情调的风流韵事，而是更为严肃、深刻的"事件"。

> 愿这张缔结婚姻的床
> 此刻成为新生的征象
> 寻求古老的人类德行：
> 让创造性的肢体去探索
> 一切创造的快乐欢欣。[1]

他们在一起两年后，他在一封写给切斯特的诗体信笺里写道："你对我来说，是情感上的母亲，身体上的父亲，智识上的儿子……我相信你的创造性天赋……我完全依赖你的批判性判断力……以我的身体，敬你的身体[2]。"

在布鲁克林学院念书期间，切斯特没有搬进奥登的公寓，而是继续住在自己的家里。奥登很快就与切斯特的父亲建立了友好关系，在一封写给他的信中，直接称呼他为"最好也是最棒的牙医"。这位父亲对儿子发展的新关系几乎没有任何异议。奥登继续与伊舍伍德合租公寓，大体而言，伊舍伍德对奥登的新恋情很上心，

---

[1] 奥登在1940年写了另一首以婚姻为主题的诗歌《疾病与健康》。几年后，这首诗发表时，奥登把它题献给了朋友——斯沃斯莫尔学院的曼德尔鲍姆夫妇（莫里斯和格温），但奥登是应曼德尔鲍姆夫人的请求才增加了题献，还将标注的创作日期推后了。虽然这首诗不属于奥登所列的"C事件"诗歌，但毋庸置疑，写的是他和切斯特的"婚姻"。——原注

[2] 英国国教的结婚誓词里包含"我全身心地敬你"（With my body I thee worship），奥登改为"With my body, I worship yours"，也就是说，结婚誓词里是敬"你"（thee，即you），在信中变成了敬"你的[身体]"（yours）。个中深意，读者可以自行体会。

第一章 "切斯特，我的密友"

并在能力范围内促成恋情的发展。[1]可惜的是，奥登在邂逅切斯特后不久，就与伊舍伍德分开了。

更确切地说，是伊舍伍德决定携男友离开纽约。他们乘车穿越美国，去了加利福尼亚州。伊舍伍德之所以做出这样的选择，部分是为了在电影界找活干，但主要是因为杰拉尔德·赫德住在那里。赫德，以及与他一起移居美国的朋友阿道司·赫胥黎，他们都开始宣扬和平主义的观点，伊舍伍德想要追随杰拉尔德·赫德。他曾写信给斯彭德："我突然意识到，我是一个和平主义者。"除了这些原因以外，他还隐隐觉察到自己在纽约难以发挥所长，"威斯坦是主导人物，他将会在那里获得成功"。他和奥登为 VOGUE 杂志写了一篇文章《新崛起的英国年轻作家》，这成了他们在写作方面的最后一次合作。然后，到了 5 月初，他就离开了纽约，开始了他的西部之旅。在之后的岁月里，他和奥登之间一直保持着联系，也经常会碰面，但属于他们两人的亲密期已经结束了。伊舍伍德以前在奥登生命中的特殊位置，现在已经由切斯特·卡尔曼取而代之。奥登对此心知肚明，将 1945 年版的《诗选》同时题献给了伊舍伍德和卡尔曼。

就在伊舍伍德动身前往加利福尼亚州时，奥登自己也离开了纽约，去马萨诸塞州绍斯伯勒镇的圣马克学校担任四个星期的客座教师。诗人理查德·埃伯哈特是这所学校的教员，他读过刊登

---

[1] 乔纳森·弗莱尔（Jonathan Fryer）在美国版的《相机之眼：克里斯托弗·伊舍伍德的一生》(*Eye of the Camera: A Life of Christopher Isherwood*)中指出，伊舍伍德一开始就不喜欢切斯特·卡尔曼，奥登认为这是反犹主义在作祟。事实上，每当有朋友不待见切斯特时，奥登都把问题归结为他们的反犹主义。在与本书作者的一次谈话中，伊舍伍德否认了乔纳森·弗莱尔的观点。他表示，他是喜欢卡尔曼的，而且不会对奥登的恋人指手画脚。不过，他也承认，在后来的岁月里，他有时候会觉得卡尔曼令人讨厌。——原注

在《纽约时报》上的那篇采访,得知奥登有兴趣到私立学校教书,于是向校长提议邀请奥登来圣马克学校。学校的董事们行事很谨慎,委派其中一人去纽约找奥登面谈,之后才决定邀请他到圣马克学校工作一个月左右的时间。

结果,埃伯哈特和他的学校迎来了生动有趣的四个星期。奥登先是参观了所有的班级,然后定期给其中几个班级上英语课。"他采用十分现代的教学方法,而且明显是行之有效的,"埃伯哈特留意到,"例如,他不会要求孩子们阐释'格雷挽歌'[1]里的四行诗,而是删去一些关键词,替换上奇奇怪怪的词,或者没有特殊含义的词,再让孩子们从个人感受出发(他们太小了,还没学过这首诗),摸索着填进'正确'的词,尽可能地接近原诗的含义。该校的一位学生回忆说:'他给我们班布置的第一个作业,是写一篇每句话都含有谎言的故事或文章。'"

奥登精力充沛,这让埃伯哈特赞叹不已。"他可能在烹茶,或冲进来扑到打字机前匆匆打出一首诗来(分行隔断的方式完全不按常理出牌,但他会听取意见,在这里或那里改变诗行的停顿节奏)……或在某个教员妻子准备的晚宴上狼吞虎咽,总是没等女仆来餐桌上菜就已经空盘了——亲爱的老威兹[2]。"奥登还养成了一个让埃伯哈特十分警觉的习惯,这或许部分地解释了他充沛精力的来源。"在餐厅里,"埃伯哈特回忆道,"一个星期日上午,他把一颗小小的、圆圆的白色药片放在我的盘子里。我拒绝了,说我不需要药物。他说,吃了这种药,每天上午都能让他情绪高涨几个小时。那是苯丙胺。"

---

[1] 此处指英国18世纪抒情诗人托马斯·格雷(Thomas Gray)的代表作《墓园挽歌》。
[2] 上文提到过,奥登喜欢落款为"威兹阿姨",埃伯哈特针对这一习惯称呼他为"老威兹"。

第一章 "切斯特，我的密友"

奥登和伊舍伍德在1938年7月第一次来纽约时就已经养成了习惯，每天早上起床的第一件事便是服用苯丙胺，为开启新的一天添点"兴奋剂"，每天晚上则服用速可眠或其他安眠类药物，作为一天结束时的"安定剂"。再一次来到美国后，奥登延续了这种习惯，而且确实在今后的二十来年里习以为常。他管这叫"化学生活"。

他在写给斯蒂芬·斯彭德的信中辩解道，服药对他来说很有必要，因为他本质上是一个软弱的人，因此必须建构一套精细的生活常规，一种"病弱者的养生法"。或许，更确切地说，他之所以依赖药物，是因为它们能够让他更有效率——醒来时，它们可以迅速催生人的活力，就寝后，又可以迅速助眠——而且，如同食物、性爱和酒（他在人生后期喜欢饮酒），它们都是令人快乐的东西；若是便利，不妨尽情享用。对他而言，"兴奋剂"和"安定剂"具有同等的重要性。后来，他在国外消夏期间，曾给纽约的朋友们写过几封信，拜托他们再寄一些药物："救命啊救命，我一定是把半数苯丙胺落在了巴黎。无论如何，我不够用了。你有没有可能搞到一百（100颗），空邮给我。"

奥登不太喜欢圣马克学校。他告诉多兹夫人："这里仿佛是美国版的伊顿公学，而且不收犹太人。有些孩子家里很有钱，学期结束时，得由一位老师陪同回家，以防被人绑架了。事关高校入学申请的学校评分证书必须在学业结束时才能发放，学生之间不会有明显的差异，也不能有差异，而且不会设立任何奖学金，因为他们认为这么做不民主。'我不希望我的孩子成为年级里的佼佼者，'美国的父母会这么说（他们真的会如此），'我希望他保持平均水准。'结果，他们虽然拥有极好的图书馆、留声机唱片等硬件设施，但全都成了摆设。孩子们很棒，也很无助。前几天晚上，有两个孩子来找我,询问他们该如何了解诗歌。当我建议他们最好试着读读诗歌的时候,他们看起来非常诧异。"离开圣马克学校几个月后,他写了一封信给 T. C. 沃斯利,他俩曾合写了一个小册子《教育:现状和未来》。在信中,奥登谈到美国的教育水平"低得令人难以置信",并且"没有人真正在做事,也没有人能真正学到点东西"。

奥登在圣马克学校教书期间写了几首诗。让理查德·埃伯哈特惊讶不已的是,奥登很乐意根据批评意见修改诗作。"他精于此道,"埃伯哈特注意到,"由着性子更改、修订、删减和重写。"其中有一首诗,是奥登为德国左翼剧作家恩斯特·托勒尔写的挽歌。1936 年,奥登在葡萄牙结识了恩斯特·托勒尔,岂料他于 1939 年 5 月在纽约的一家酒店里悬梁自尽了。还有一首诗,没有被收入任何选集,带有更为强烈的隐秘指涉,反映了他把切斯特留在纽约的忧虑心理:

> ……现在,工作已完成,我坐在窗边,
> 感官全都放空,像牛瞪大了双眼却什么也看不清,
> 或者冲进了卫生间;在肋骨盘亘的网状结构里
> 心脏如鲑鱼一般猛烈地颤动。
>
> 哦,来这儿真是愚蠢的决定,即便是为了钱;
> 任凭邮递员和一场场白日梦将自己摆布
> 而你却挣扎在无可救药的噩梦里哭泣或难受,
> 或者沉溺在另一个人的怀抱中;
>
> 现在不得不与你暂别,我已知晓这五月的温暖气候

第一章 "切斯特，我的密友"

> 对城市施加了何种影响力：它诱使丰盈的姑娘们
> 和轩昂的水手们步入一座座公园，轻易就点燃了
> 小伙们内心深处的欲念之火……
>
> 哦，永远不要离开我。
> 永远不要这样。只有你唇齿间最亲密的关切
> 才能够让我的爱得到片刻安抚。

忧虑完全没有必要。等到6月回到纽约，奥登发现一切都安然无恙，切斯特一直在等候他的归来。奥登在乔治·华盛顿酒店住了几天（他已退掉了之前与伊舍伍德合租的公寓），去普林斯顿短暂地拜访了托马斯·曼及其家人，然后在6月20日携同切斯特离开纽约，踏上了一场向西横穿美国的"蜜月之旅"。欧洲的战争似乎已经迫在眉睫，但奥登在给多兹夫人的信中写道："在战争爆发之前，我与战争毫无关系。等到战争真的发生了，我会加入美国的红十字会。如果美国也卷入了战争，我就保持中立，如有必要，也会去照看受伤的德国人。与此同时，我会继续自己的艺术和私人生活。"至于"蜜月之旅"的前景，以及与切斯特的共同生活，看起来都充满了希望。他在写给约翰·莱曼的信中说："我的心是如此充实，我为幸福而疯狂，简直乐不可支。"他还给一个很久没联系的人——约翰·莱亚德——发了一封信。"亲爱的约翰，"他写道，"寥寥数笔，只是为了让你知道，这么多年了，终于有了自己的意中人——没错，仍然是一位男子，但这不重要——关键是他出现了。我那亲爱的跛足的旧影子，搂上了我的脖子说：'谢谢。你知道的，你已经是讨人厌的老家伙了，不过，让我们忘掉这一点吧。现在我可以飞回属于我的天堂了。再见了。代我向约翰·莱亚德问好。我一直很喜欢那个人。'爱你，威斯坦。附：我戒掉啃

指甲的毛病了。"

★ ★ ★

他和切斯特乘坐灰狗巴士离开纽约,先向南旅行,途经华盛顿、查尔斯顿和佐治亚,然后到达新奥尔良,奥登在那里给二哥约翰寄了一张明信片,上书"来自蜜月的祝福"。随后,他们向西去了新墨西哥。奥登写信告诉切斯特的父亲:"从新奥尔良到圣菲,我们在巴士上颠簸了50个小时。"他们从圣菲北上至陶斯[1],先是在一家旅馆里住了几天。他们本来预订了一栋房子,打算租住几个星期,但那房子实在是不尽如人意——"它就那么直愣愣地矗立着,此外别无他物,"奥登在7月5日写信告诉卡尔曼医生,"最好的房间被母鸡占了。不过,我们在山上海拔大约9000英尺的地方找到了一间小木屋,在此度过了7月剩余的日子,真是太美妙了。之后,我们要住进弗里达·劳伦斯[D. H. 劳伦斯的遗孀]的房子,离镇子大约两英里开外。今天下午,我们带着火腿、红酒和厕纸等物品搬了进来。昨天,我们去看了弗里达,你真该见见她。她是货真价实的'大地之母'。切斯特因为海拔太高流鼻血了,不得不仰面躺着跟她致意。"他写信告诉多兹夫人:"路的尽头住着弗里达·劳伦斯,她身上确实汇集了我们所能期盼的一切,还有一个放着劳伦斯骨灰的小教堂,想想都有点瘆人。每天都会有成群结队的女朝圣者上山,虔诚地立在那儿,满脑子幻想着跟他相拥而眠的感觉。"

奥登和切斯特很快就住进了他们的小木屋。"我们在一间小木

---

[1] 圣菲(Santa Fé)位于美国新墨西哥州,是民间艺术之都。陶斯(Taos)也在新墨西哥州。

第一章 "切斯特,我的密友"

屋里安顿了下来,"7月11日他写信告诉多兹夫人,"我们的视野绵延方圆三百英里,可以远眺对面的科罗拉多群山,你可以想象一下,触目所及是多么壮美的景观。这儿完全是拓荒者的生活状态,好笑吧,我每天早上六点就得起床劈柴、打水,这时候我才意识到自己的肌体是多么不协调。说说看,你在炉子上做饭时有没有烧伤过自己?"

在小木屋的几个星期里,奥登继续写作他从春天就开始酝酿的一部作品。这部作品在形式上效仿帕斯卡尔的《思想录》,同时也在很大程度上受惠于布莱克。他向多兹夫人解释说:"我在写的,正是天堂和地狱的一场新联姻[1]。"书名《丰产者与饕餮者》,基于布莱克书中的一段引语。这部作品实际上是奥登对自身信仰的一种教理问答。他在生前没有将其中的任何一个部分拿出来发表,只是以打字稿的形式保存了下来,为我们提供了他这一阶段思想活动的非凡画卷,让我们看到他的观念正在经历一个巨大的转变——事实上,在他求索思想体系的漫长历程中,这是诸多此类变化中的最后一次。

《丰产者与饕餮者》的第一部分否定了艺术家应当参与政治的观点。在布莱克笔下,艺术家和政治家分别被刻画为"丰产者"和"饕餮者",前者创造,后者消费。奥登随后转向了自己亲身经历的这段历史:

> 那些在1931年左右,开始把政治当作一个令人兴奋的新写作主题的艺术家中,几乎没有人意识到自己陷入的困境。他们被卷进了一波猛浪之中,那浪潮的速度快得让他们无暇

---

[1] 威廉·布莱克写有一部诗集《天堂和地狱的婚姻》(*The Marriage of Heaven and Hell*, 1793)。

思考自己正在做什么、要去往哪里。然而，如果他们不想毁掉自己、不想损害他们为之奋斗的政治事业的话，他们就必须停下来，重新思考他们的位置。他们在过去八年的愚蠢行径会为他们提供充足的思考材料……就一系列政治事件的进程来看，他们可能什么都没做。而从他们自身工作的角度来看，有少数人从中获益了，但获得的是那么少。

他在这一部分总结道：

> 在如今这样的危机时刻，艺术家和政治家本可以相处得更好，只要后者能够意识到，这个世界的政治历史面貌并不会因为一首诗被写出来、一幅画被画出来或一段音乐被谱出来而发生任何变化。

在讨论了政治问题之后，奥登转向了一个日益占据他所思所想的话题：宗教信仰问题。

"然而，"他在该书第二部分开篇处写道，"无论你是谁，艺术家、科学家，还是政治家，你的生活方式仍然是个问题……让我们像帕斯卡尔那样，从一个观察和一个假设开始：总的来说，人往往是不幸的，而不是幸福的。这种不幸是非自然的：人不仅渴望幸福，而且应该幸福。"从这个假设出发，奥登推断出他必须接受"人类生活是有法则的"，以及"在大多数情况下，我们过着有违法则的生活"。他认为，这种法则的存在，纯粹是基于人道主义而非宗教的理由。不过，他此刻又说："为了方便起见，我们称之为神圣的律法。"

事实上，行文至此，他的论述已经呈现出一种显而易见的宗

第一章 "切斯特,我的密友"

教式语调和措辞:

> 人生哲学有且只有两种:真哲学和假哲学。所有表面上无限的变化都是虚假的变化。或者更确切地说,只有正道和假哲学。正道不可能被整理为一种哲学,那样做就是假设对整个现实的完美认知是可能的。事实上,正道已经为人所知。正道只是一种途径,如果我们要获得任何有效的知识,就必须经由这种途径。

奥登写道,"假哲学"的谬误在于它们的二元论:它们总是建立在将整体一分为二的基础上。这可以是神学上的二元论(上帝和撒旦),也可以是形而上学的二元论(身体和灵魂,能量和物质),抑或政治上的二元论(国家和个人,资产阶级和无产阶级)。针对这种二元论,奥登宣称:"并没有'善'或'恶'存在……万物皆神圣……恶并不是一种存在,而是存在之间的不和谐状态。"

接着,他开始检视基督教。首先,他用人道主义的术语阐释了基督教教义中的一些基本观点。他认为,"罪得赦免"意味着向犯错之人展示他的行为后果。"恶"并不存在,但我们谈论它是合理的,因为它反映了我们自己在特定时刻的精神状态。"地狱"是一种存在的状态;那些身处其中的人随时可以离开它,但竟然都不敢离开。诸如此类的阐释,不一而足。然而,基督教本身呢?

奥登现在宣称,所有宗教都试图界定和描述神圣的律法。这些尝试变得愈加困难,因为神圣律法本身会随着社会的发展变化而改变:"人类的律法曾经合理地近似反映了神圣的律法,但现在已经不复如此了。"一切"晚近的"宗教,与原始宗教相比,都在试图预测社会的发展方向，并推测未来的神圣法则——换言之，它们走在社会变革的前面，并为未来的理想社会（"上帝的王国"）设定了一种伦理。奥登说，我们可以根据各类宗教预测的准确性来评判它们自身。他接着说："耶稣使我信服，因为随着社会的发展，他教导的东西越来越成为人类必要且合理的态度，也就是说，他正确地预测了我们的历史演变轨迹……伊壁鸠鲁主义只适用于富人，斯多葛主义只适用于受过高等教育的人。佛教使社会生活变得不现实；儒家思想只适合乡村生活，伊斯兰教［原文存在拼写错误］在城市中堕落……［但是］如果我们拒绝福音书，那么我们就必须拒绝现代生活。只有当我们接受耶稣的人生观时，工业化才行得通，反过来说，他的人生观只有在工业化的文明形式下才更为可行。"（关于最后一点，奥登没有给出任何解释。）

当然，这一切都是奥登从完全世俗的、人道主义的、非超自然的角度接近基督教的一种尝试。事实上，奥登宣称"任何宗教教义，归根结底，都是对人类如何在进化的奋斗历程中取得成功的审慎建议"。至于超自然主义，奥登辩解说，耶稣的教导其实与之无关："耶稣是如此小心地避免发表任何支持或反对死后生活和超自然世界存在的言论，以至于人们只能得出结论，他认为这方面的信仰并不重要。"有关耶稣行奇迹的说法，奥登解释说，其实是病人和疯子自愈了，以及旁观者由于知识漏洞以讹传讹造成的。[1]奥登的大致结论是，超自然主义即便不一定是错的，也至少是无关紧要的。他写道："超自然世界可能存在，也可能不存在。"但他也指出，要是"像帕斯卡尔那样认为超它的存在与否会对我们此在的生活产生影响"，那就大错特错了。

---

[1] 根据四福音书记载，耶稣在传道的过程中行过许多神迹奇事，医治了各种身染疾患之人。

第一章 "切斯特,我的密友"

《丰产者与饕餮者》的第三部分,奥登将视线转向了教会,认为它错误地把对耶稣的顶礼膜拜演变为个人宗教,称之为"一种错误的偶像崇拜"。随后,在第四部分也就是最后一个部分,他审视了自己当时的信仰情况,给自己设定了一系列问题。

"你相信上帝吗?"他问自己,并回答说,"如果你所谓的上帝是一个超然独立于创造物之外的创造者,一个无所不能、拥有自由意志的非物质推动者,那么,我不信。"尽管如此,他依然决定将宗教术语当作一种便利的标签,贴在各种有关存在的智性概念上。"如果有人选择把我们关于存在的知识称为对上帝的认知,把本质称为圣父、把形式称为圣子、把运动称为圣灵,我对此并不介意:命名法纯粹是为了方便起见……但是,任何宗教教条……只能是诗歌……至于超自然,再说一遍,如果你指的是一个由法则掌控的世界,而这些法则与我们所知的法则毫无关联的话,那么我完全不信。我只相信,我们的知识是有限的,但可以不断扩展。"

奥登驳斥了天主教会和新教教会,宣称有组织架构的基督教全都无法避开一个弱点——忽视了个人冥想的技能。"在东方,个人冥想长久以来得到了更好的传承……一个越来越有目共睹的事实是,常规医学、心理学、体操训练和营养学、西方的神秘学和东方的瑜伽,其实是殊途同归的。因此,我们的任务是将这些不同的碎片整合为一种共同的、不断提升的技术。"

随后,很突然地,他问自己是否已经变成了一个和平主义者。答案实际上是肯定的:

> 当然,我的立场不允许我以战士的身份出现在任何战争中。但是,如果你说的和平主义仅仅指的是拒绝携带武器,那我就没什么好说的了。没有比这更省事的了,因为没有人

愿意拿武器。任何社会性的孤立和监禁，都不会像面对刺刀冲击那样令人难以忍受：就我个人而言，我宁愿面对行刑队……那些认为拒绝当兵就够了，然后作为一个普通公民随心所欲的人，其实非常愿意发动一场战争，他们只是不想承担后果罢了。

他接着问自己："当世界正在毁灭的时候，你真的打算静心耕种自己的园地和修炼自己的精神吗？"答案是否定的，他宣称："有许多行动既是非暴力的，也是必要的。"他认为这些行动是"将思想和意图统一起来，以爱和平等的态度对待他人"。这样的行动，"与其说是在创造历史并打败希特勒，不如说是在创造一个让希特勒之流无法存在的世界……这些[行动]是什么，你必须自己决定。在未来的许多年里，暴力和战争都不可避免，他们肯定会有所作为，但你应该将行动留给那些真心相信它们的人"。

8月初，奥登和切斯特·卡尔曼离开了新墨西哥州。奥登告诉多兹夫人："切斯特的心脏有风湿热后遗症，不太喜欢高海拔的地方。"他们乘坐巴士向西旅行，奥登觉得亚利桑那州和内华达州"让人叹为观止"："那些山峦看起来就像童话故事里的一样。"他在写给多兹夫人的信中提到了正在创作的《丰产者与饕餮者》："我一头扎进我的'思想录'，所以没时间写诗。我意识到，如果一个人真的采取了和平主义的立场，他就必须进行精神修炼，如此才能名副其实并且行之有效。等回到纽约后，我想我应该找一个瑜伽老师，或至少是相关的人。基督教的问题在于，他们把沉思的

第一章 "切斯特,我的密友"

生活和忙碌的生活分开了,这导致忙碌过活的人永远无法修习沉思的技巧。不过,千万不要跟别人说这些,他们要是知道了,肯定会笑话我,觉得我疯了。"

8月7日,他和切斯特已经抵达加利福尼亚州,在拉古纳海滩住下。"这儿很美妙,"奥登写信告诉切斯特的父亲,"到处是鲜花和棕榈树,就像里维埃拉[1]一样,还有美味佳肴,可惜龙虾已经下市了……来美国后,我第一次读侦探故事。切斯特晒得黝黑,我随手写点东西。"

到了月底,他和切斯特开始了返回纽约的旅程。奥登还在写《丰产者与饕餮者》。"写了很多'思想录',"他告诉多兹夫人,"还写了一首关于帕斯卡尔的诗,如果没什么特别的事发生的话,我很快就能寄给你。"关于帕斯卡尔的那首诗,回顾了帕斯卡尔的一生,最后以"火之夜"[2]的相关描述收尾。所谓"火之夜",是帕斯卡尔写《思想录》之前的宗教体验,深刻地改变了他的人生。

欧洲危机逐步恶化。里宾特洛甫与斯大林签署了一项条约[3],导致大战一触即发。"这辆长途汽车有一台收音机,"奥登在8月29日返回东部的旅途中写信告诉多兹夫人,"于是,每过一个小时左右都有新消息传来,把我们震惊得五脏六腑都难受了起来。

---

[1] 里维埃拉(Riviera)位于地中海沿岸,包括意大利的西北海岸和法国的蓝岸地区,是海滨度假胜地。

[2] 据记载,1654年11月23日,帕斯卡尔乘坐马车遇险,两匹马均坠死于巴黎塞纳河,而他却奇迹般地幸免于难。当天晚上,他在卧房里反复诵读和思考《约翰福音》第17章,即耶稣被捕前的"大祭司的祷告"。他逐渐陷入了一种完全的心醉神迷状态,并飞快抓笔记录了涌现在他脑海里的句子。这就是历史上著名的"火之夜",而帕斯卡尔记录的内容,死后八年才被人发现。

[3] 里宾特洛甫是纳粹德国时期的政治人物,曾任驻英大使和外交部长等职务。1939年8月22日,里宾特洛甫携带希特勒签发的全权证书飞往苏联谈判,第二天与斯大林签订《苏德互不侵犯条约》。

我想，等你收到这封信的时候，我们无论如何都会有一种方案了……前几天，收听新闻简报时，我情不自禁地哭了起来。"几个月后，他回忆起这段危机四伏的日子："每当我听收音机时，就忍不住落泪。我的态度变了（自去年秋天的慕尼黑危机以来），我的个人问题自1938年以来一直悬而未决，我在绝望中期待某种世界性事件能够帮助我解决它，今年的确得到了解决。"

8月31日，奥登和切斯特回到了纽约。奥登一边等待着爆发战争的预测应验，一边思考他的一系列新想法的深层指向。

第二章　皈依

9月1日,德国入侵了波兰。奥登写了一首题为《一九三九年九月一日》的诗歌。

> 我在一间下等酒吧坐着
> 就在第五十二号街,
> 心神不定且忧惧,
> 当狡黠的希望终结了
> 一个卑劣欺瞒的十年:
> 愤怒与恐惧的电波
> 在地球光明和晦暗的
> 陆地间往来传送,
> 纠缠着我们的私生活;
> 死亡那不堪提及的气味
> 侵扰了这九月之夜。

这首诗是《丰产者与饕餮者》的诗化再现。语词穿过纽约酒吧的灯光和音乐，穿过曼哈顿的"盲目的摩大高楼"，看到人类不过是"害怕夜晚的孩子们／不曾快乐也未曾驯良"。在最后的收尾部分，奥登决意要成为这样一个角色——"呈现／一支肯定的火焰"，其内涵如同《丰产者和饕餮者》所言，人类只能通过"将思想和意愿统一起来，以爱和平等的态度对待他人"的行为方式来自我救赎：

> 我所有的仅是一个声音
> 要去破解褶皱的谎言，
> 凡夫俗子的颅脑里
> 那罗曼蒂克的谎言
> 以及摩天大楼里
> 那些当权者的谎言：
> 所谓的国家实体并不存在
> 没有谁可以独自苟活；
> 饥饿让人无从选择，
> 无论他是平民还是警察；
> 我们必须相爱要么就死亡。

这首诗影射了尼金斯基日记里的话："一些政客是像佳吉列夫那样的伪君子，他们不想要普遍的爱，只想要单独地被爱。我想要的是普遍的爱。"奥登对多兹夫人说："战争爆发的那天，我随手翻看了尼金斯基的日记（他发疯时写的日记），读到他那句'我想哭泣，但上帝命令我继续写作。他不希望我无所事事'。于是，我写作，但愿这不会是无所事事的一种欺骗性表现。"

第二章 皈依

在大约两个星期后，奥登为一家纽约杂志撰写了书评，与《一九三九年九月一日》的结束语形成了呼应。像往常一样，他利用写评论的机会，公开地与自己进行内在的辩论。"通往真正知识的道路有且只有一条，"他写道，"如果从人际关系的角度来定义的话，我们应该称这种实践途径为爱。"不过，此刻他还没有意识到，这观点势必会导向一种可以被称为宗教信仰的东西。他在9月初发表的另一篇评论文章里指出，把上帝视为人类之外的一个有意识的推动者，其实质是一种"二元论"，因此是错误的。他再次严格地用一种非超自然的话语解读基督教：

> 人知道自己的行为不能表达自己的本性。上帝是一个术语，用来描述他所想象的那种本性。因此，人总是按照自己的形象创造上帝。至于耶稣，他是第一个形象与事实相符的人，他向世人彰显了上帝……"我的父"[耶稣的表达]是人的真实本性；"我"是他对那种本性的自觉意识。

与此同时，他进一步发展了《丰产者与饕餮者》中的一些想法，写出了许多短诗。至于这本书，他把打字稿给几个朋友看了，并给多兹夫人寄了一份。不过，他还是觉得不太可能出版这本书，正如他对切斯特·卡尔曼说的那样，可能是因为他对书中装腔作势的口吻和高高在上的语调不太满意，也可能是因为他已经意识到该书并非他正在经历的观念转变的总结性陈词，而仅仅是他即将甩在身后的一个阶段性旅程。

★ ★ ★

他又一次入住乔治·华盛顿酒店。"你好吗？你在哪里？"他在9月初写信给多兹夫人，"一定要写信告诉我你是否安然无事。我知道现在英国的审查制度很可怕；关于这场战争，我们这里了解得相当全面，但自从战争爆发以来，我认识的人中还没有人收到过从英国寄来的私人信件……我自己的安排尚不明朗……每天都在读修昔底德[1]的书，多么希望你们都在身边。"

就在第一条战争消息传来的时候，他遇到了一位刚到纽约的老朋友——本杰明·布里顿。1939年夏初，布里顿和彼得·皮尔斯一起横渡大西洋，到加拿大旅行，之后他们来到了纽约。他们（至少是皮尔斯）本打算在8月底返回英国，战争爆发后，他们决定暂时留下来。布里顿对美国生活萌生了兴趣。他的音乐在英国褒贬不一，而且他在那里的工作机会十分有限，所以希望留在美国谋求更好的发展。至于战争，他有强烈的和平主义倾向。奥登移居美国也对他产生了影响，似乎可以成为他效仿的对象。

他和皮尔斯目前住在长岛[2]的朋友家里。皮尔斯曾于1936年到美国旅行，在前往美国的船上遇到了一位名叫伊丽莎白·梅耶的德国流亡者，她正带着孩子们离开慕尼黑，准备与丈夫威廉·梅耶团聚。威廉·梅耶是一位犹太精神病医生，已经成功逃离了纳粹德国，在美国找到了工作。皮尔斯这次来到美国后，联系上了

---

[1] 修昔底德是古希腊历史学家、文学家和雅典十将军之一，以其《伯罗奔尼撒战争史》而在西方史学史上占有重要地位。奥登当时在读的，正是修昔底德的《伯罗奔尼撒战争史》。

[2] 长岛（Long Island）是美国纽约州东南的一个岛屿，全岛分为四个行政区，西部的皇后区和布鲁克林区属美国纽约州纽约市区，中、东部的纳苏县和萨福克县则属于纽约都会区。

第二章　皈依

梅耶夫妇，他们立即表示欢迎，邀请他和布里顿到他们位于长岛阿米蒂维尔村[1]的家里长住。梅耶医生在当地的一家诊所上班，他与家人就住在诊所旁边的一栋小屋里。他们只有两间卧室，孩子们被安排睡在了楼下，皮尔斯和布里顿得到了一间独立的卧室，还可以自由使用贝希斯坦大钢琴。伊丽莎白·梅耶很喜欢与艺术家们交往。她在慕尼黑时就经常接待音乐家和画家，现在也依然心甘情愿地把才华横溢的客人们的利益放在家人们之上。9月4日，当布里顿的朋友威斯坦·奥登前来拜访时，她欣喜不已。

这是奥登和伊丽莎白·梅耶后续众多来往中的第一次，他们很快就结成了那种最为温暖真挚的朋友关系。她已经56岁了，无论在外表还是举止上，都与奥登的亲生母亲惊人地相似——奥登的二哥约翰注意到了这一点，他后来见过她。她的人生可谓跌宕起伏：她的父亲曾是梅克伦堡[2]大公的牧师，她自小就试图摆脱家族中颇为严正的贵族氛围，到斯图加特学习音乐，希望成为一位职业钢琴演奏家。她与一位门当户对的年轻人解除了婚约，转而嫁给了犹太人梅耶医生，此举令她的家人大为失望。婚姻生活和养育职责终结了她对音乐事业的憧憬，但她把自己的满腔抱负转移到孩子们身上，希望他们能够成为职业音乐家。到了1939年，她发现这一希望显然会落空，开始把自己的愿望与热情都聚焦到布里顿和皮尔斯两人身上。她的女儿贝娅塔后来解释道："在某种程度上，本和彼得是她一直想要的那种孩子。"奥登也是她乐于培养的人。当两个音乐家在一个房间工作时，奥登被安排在另外一个可以安静写作的房间——他很快就把房间弄得满是烟草味——

1　阿米蒂维尔（Amityville）是纽约萨福克县巴比伦镇的一个村庄。
2　梅克伦堡（Mecklenburg）在历史上是德国东北部的一个地区，一度是公国，1871年加入德意志帝国。

伊丽莎白·梅耶则毫无怨言地不断给他续茶水。奥登在一封信中称她为"最棒最亲爱的女救星"[1]，并且在一首诗中称颂了她"睿智的平静"。然而，并不是所有见过她的人都留有此等印象。亚诺夫斯基在20世纪40年代后期与奥登相识，被介绍给了伊丽莎白·梅耶。他说："尽管有某种不可否认的魅力，但〔她〕无聊透顶……她表现得像是一位公认的名人、一位贵妇人，说起话来滔滔不绝，总是避开提到别人的名字……我曾问威斯坦：'她身上哪一点让你如此喜欢？'他犹豫了一下回答：'永恒的女性！'"

原本多兹夫人是奥登的女性知己，这几个月来，他一直通过书信向多兹夫人畅所欲言。现在，伊丽莎白·梅耶成了像多兹夫人那样的知己，给了他一种女性的友谊，这似乎是他作为同性恋者的一种表现形式，母性也在其中发挥了一定的作用。不过，他可以跟多兹夫人直言自己的性倾向，却无法对伊丽莎白·梅耶坦言相告，因为他觉得如果明确说到了这一点，她很可能无法接受。从她的角度来看，毫无疑问，她对住在家里的音乐家朋友的性取向是一知半解的，而她似乎已经将这个问题抛诸脑后了。与此同时，切斯特·卡尔曼开始陪同奥登来梅耶家拜访——他俩结伴出席了1939年11月22日为布里顿举办的生日会——但梅耶夫妇私下里都不太喜欢切斯特·卡尔曼，他们觉得他的布鲁克林式作风让人不舒服，希望奥登以后不要再带他来家中做客。

奥登和布里顿开始筹划新的合作项目。布里顿的作品此前由博浩出版社[2]推出，这家出版社的纽约办事处建议布里顿为美国高

1　"女救星"对应的原文为"Fairy Godmother"，直接的含义是"仙女教母"，引申的含义是"助人为乐的女性"。
2　博浩出版社（Boosey & Hawkes），也译为布西和霍克斯出版社，是一家成立于1930年的音乐出版机构。

第二章 皈依

中的演出节目写点东西，于是他和奥登商定根据美国民间传说人物保罗·班扬[1]的故事写一部轻歌剧。

这个虚构的边地英雄，是伐木工版的戴维·克罗克特[2]，在19世纪以口耳相传的形式广为流传。如今，这些故事已经被编撰成书，有好几个版本。奥登去纽约公共图书馆读了这些书[3]。到了1939年10月底，奥登开始着手创作脚本。他对多兹夫人说："我正全力以赴写我的轻歌剧，这部剧很有意思。"

保罗·班扬在传统的故事里是一个伐木巨人，他高大无比，拥有非凡的力量。要把这样的人物搬到舞台上，似乎不太容易实现。奥登和布里顿决定让班扬成为舞台之外的声音，让他说话而不是唱歌，作为一个主导歌剧情节推进的隐形人物而存在。如此一来，奥登把班扬写成了美国拓荒时期的一种精神、一种核心才能。经过重塑的班扬传说，正如奥登所言，是一个关于"大陆的发展史，从原始森林……到定居和耕种"的寓言。此外，脚本还融合了奥登自己有关美国生活前景的感受。

这个故事由一位民谣歌手以简单的对句形式唱出来，讲述了班扬的出生和童年时光。轻歌剧第一幕的场景是一片原始森林的空地，以班扬的声音开始，他宣称这里是"未来的美国"。他号召所有"扰乱公共秩序的人……精力充沛的疯子"都加入他的行列，拓荒者们纷纷应声而至。在这些拓荒者中，有一个名叫斯利姆的年轻人，爱上了保罗·班扬的女儿蒂尼，一个体型与常人无异的

---

1 伐木巨人保罗·班扬（Paul Bunyan）的故事，是典型的美国边地故事，人们传颂他举手投足即可改变美洲地形（诸如大峡谷、落基山脉等）的伟大事迹。
2 戴维·克罗克特（Davy Crockett）是美国政治家和战斗英雄。
3 丹尼尔·霍夫曼在他的《保罗·班扬》一书中指出，奥登的主要参考资料来自埃丝特·谢泼德和詹姆斯·史蒂文斯的同名著作，分别出版于1924年和1925年。——原注

姑娘。到了第二幕，人与人之间出现了纷乱，拓荒者们是时候退出了，他们得让位给一个更为成熟的社会——"办事员……脸洗得干干净净……建筑师胸有成竹"。《保罗·班扬》以圣诞晚会收尾，在晚会上宣布即将与蒂尼成婚的斯利姆被任命为"曼哈顿中部一家豪华酒店"的经理；赫尔·赫尔森将前往华盛顿进入政府工作，"作为一个领袖人物／在国家公共工程／联邦计划部门供职"；而保罗·班扬的办事员约翰尼·英克斯林格接到了一份来自好莱坞的电报，将前往那里担任"全明星木业影片的……技术顾问"。最后，保罗本人宣告了工业化美国面临的新挑战，他的说辞反映出奥登自己选择在美国生活的原因：

> 形势已经显而易见
> 当一个个边境关闭
> 你不得不接受机械体系，
> 自然规律已经退场
> 生活的选择已经开始……
> 美国的毁灭与重建，美国就是你的所作所为，
> 美国就是你和我，美国就是你的选择的结果。

《保罗·班扬》的脚本与奥登早期创作的那些剧本一样，内蕴丰富，形式松散。它也把打油诗和雅致的抒情诗放在一起，风格杂糅，既有"没事的，赫尔，你没有死，／你躺在自己的床上"这样的台词，又有如下抒情诗——为庆祝蒂尼和斯利姆订婚而献唱的曲段：

> 带她经过那片水域，

第二章 皈依

> 把她放在那棵树下,
> 鸽子们永远洁白无瑕,
> 微风从四面八方拂来,
> 愉悦地、愉悦地、愉悦地歌唱爱情。

几年后,奥登自己说起了创作《保罗·班扬》的经历,声称那时候"对一个歌词作者的职责……一无所知"。显然,他与切斯特·卡尔曼一起去歌剧院的新热情,还没有教给他从事此类艺术所需要的专业素养。尽管如此,布里顿对这个脚本很满意。有一段时间,他为了整理乐谱而暂时离开了伊丽莎白·梅耶家,在此期间写了一封信给她:"威斯坦写的那些东西,宛若一阵清风拂面。"他为之谱写的曲子,反映了脚本的杂糅风格:既有由交响乐团伴奏的大歌剧合唱曲,也有由一位民谣歌手在一小群吉他手伴奏下演绎的"乡村和西部风"。

1940年2月,这出歌剧的大部分内容已经完成,但那时布里顿反复感染链球菌。奥登像往常一样,认为这很有可能是一种心身疾病:因为布里顿对在美国定居这件事仍然犹豫不决,所以才患了病。"亲爱的本,我真的希望,"他写信给布里顿,"你正在康复,你的病是再生的阵痛,而不仅仅是思乡的愤慨在哀号。"此时,哥伦比亚音乐系已经同意安排这部歌剧的首场演出,但一直抱怨排练难度太大。布里顿依然抱恙在身,几个月来他的谱曲工作没有丝毫进展,因而不可能安排时间排练。

在与切斯特"蜜月"旅行归来的大约三个星期后,奥登离开了酒店,再度搬进了一套公寓。这次是在布鲁克林高地蒙塔古排屋1号的楼上房间租住,视野可以从东河一直延伸到曼哈顿。他在10月27日写给多兹夫人的信中说:"这座房子拥有全纽约最美丽的风景，从水上远眺，可以看到曼哈顿的高塔。除了世界建筑奇观之一的无线电城[1]之外，这些摩天大楼统统不适合近看，但是从远处看过去倒是别有一番景致。"他当时很缺钱——他写信给牛津大学出版社，请求他们支付《牛津轻体诗选》的另一笔款项。此外，他继续靠写书评赚点小钱。所幸兰登书屋接受了他的新诗集，将于1940年春出版。1939年11月26日，他写信告诉多兹夫人："我刚刚完成了校样，多么希望你能在这里帮我校稿，我还没有把手稿寄给费伯。你觉得我应该在这种时候把英国版税捐给红十字会吗？目前看来，伤员并不多，但谁也不知道何时情况会恶化。"他借了一笔钱给威廉·燕卜荪。那时，燕卜荪正从远东取道美国返回英国，结果遭遇了抢劫，一时之间捉襟见肘，无力承担余下的旅费。燕卜荪后来说到奥登的善举："你想想吧，所有来自英国的钱都被冻结了，他肯定知道我不可能还他钱，而他依然借钱给我，此举实为高尚。"（事实上，燕卜荪设法在离开前还清了这笔钱。）奥登也开始借钱给切斯特·卡尔曼——实际上是给他钱，因为切斯特比较铺张浪费，而且会心安理得地挥霍一切可利用的东西。有时候，奥登会对他耳提面命，指责他在金钱问题上的粗心大意，可惜收效甚微。

切斯特目前已经回到了布鲁克林学院，但他每天下午课程结束后都会去奥登的公寓，周末的大部分时间也都与奥登待在一起。"这是一个美妙但寒冷的星期日下午，"奥登在1939年11月下旬写给多兹夫人的信中说，"切斯特在读《一报还一报》，收音机里在播放《圣马太受难曲》，一艘艘拖船在海湾穿梭往返。"

在工作日，奥登遵守严格的作息时间表。他告诉T. C. 沃斯利：

---

[1] 这里指的是纽约的无线电音乐城，位于曼哈顿第六大道洛克菲勒中心，是世界著名的艺术殿堂之一。

第二章 皈依

"我6点半起床，差不多工作到4点。"他通常在一家自助餐厅吃午饭，要是那里的自动点唱机没有放出音乐的话，他也喜欢早一点过去，坐在餐厅里写上一两个小时。其余的时间，他都在公寓里工作，一般要拉上窗帘。他其实已经开始偏执地专注于自己的时间表了。特定的时间用来写作，特定的时间用来阅读，特定的时间用来吃饭，特定的时间用来接待朋友或者出去见朋友。这样的日程安排如果被打破，他会毫不掩饰自己的懊恼情绪，朋友们很快就明白过来，千万不要在不适宜的时间去打扰他。时钟而不是自然而然的食欲控制着他。有一次，有个人开了个玩笑，把时钟的指针向后拨了两个小时，他一直工作到午餐的时间点之后，丝毫没有感觉到饥饿。说到他对工作的看法，他不会像有些作家那样一直工作到凌晨时分。他略带不屑地驳斥了这种工作方式："世上只有像希特勒那样的人才会在晚上工作；诚实的艺术家绝不会这么干。"

他把自己描述成一个典型的"守时之人"，一种通过严格关注时钟来抵御现代世界的冲击的人——他说，这种人实际上是现代的斯多葛主义者，因为他们意识到"约束激情最可靠的方法就是控制时间：当决定了白天想做或者应该做的事情之后，每天都在同一时刻做这些事情，如此一来，激情就不会带来任何麻烦。"他还在其他场合写道："今天，一个艺术家若想取得成功，就必须有意识地严格对待时间，这在以往的年代里可能显得有些神经质和自私，但现代艺术家必须牢记自己生活在一种被包围的状态中。"他自己的时间安排井然有序，一个朋友说："实在是太有秩序了，似乎生怕迷失了方向。"多年来，他的作品产量一直很高，显然得益于他对作息时间的坚守。

到了1939年底，他已经定期在一些美国期刊上发表新诗了。

朋友乔治·戴维斯——曾在 1938 年欢迎他和伊舍伍德的纽约之行——接受了那首为《时尚芭莎》写的圣诞颂歌（以"在任何神圣事件中的三位参与者"为开篇的诗歌）。《凯尼恩评论》刊登了他为刚刚去世的西格蒙德·弗洛伊德写的悼亡诗，该诗以音节为格律，也就是说，每一诗行的长度都由特定的音节数而非音步决定。奥登从玛丽安·摩尔那里学到了这种写法，其实他好几年前就知道了她，但直到现在才开始欣赏她的诗作。摩尔小姐也住在纽约，奥登很快就结识了她，形容她为"我见过的最好的人之一，看起来是个完美的未婚老阿姨"。

除了写作，奥登还承担了更多的教学工作，有人邀请他在秋季学期为美国作家联盟开设有关诗歌的晚间课程。这个左派组织将课程安排在每个星期一的晚上，上课地点设在第四大道 381 号。课程很成功，共有 26 人报名，是该联盟有史以来参加人数最多的一个课程。奥登告诉多兹夫人，他很享受这里的一切，但学生太多了，上课过程比较操心——"与教孩子们相比，需要更多的循循善诱才能从他们那里得到些许反馈。我以前从没意识到，成年人是如此羞怯和紧张"。这个课程在当时帮助他解答了一个问题——除了写作之外，他自己还需承担什么样的工作。"我并不认为一个人不应该做'社会性'的工作，"他在写给多兹夫人的信中说，"但他必须做一些符合自己天性的工作，对我来说，这种工作就是'教书'。"

他从事有偿工作违反了当初入境美国的签证条款。严格说来，去年春天他在圣马克学校教书就已经违反了相关条款。结束"蜜月"返回纽约后，他发现移民局寄来了一封信，这才得知由于这一违规行为，他被勒令离开美国。不过，在他看到信的时候，给定的离境截止日期早就过去了。他的纽约出版商兰登书屋得知此事后，安排他与一位名叫沃尔特·洛凯姆的联邦官员取得了联系，此人的妻子凯蒂是一位诗人。9月，奥登飞往华盛顿，住在洛凯姆家里。他们对奥登指点了一番，然后安排他与移民专员詹姆斯·霍特林（罗斯福的表弟）进行一次非正式的私人面谈。奥登按时见到了詹姆斯·霍特林，但面谈的记录已经找不到了。奥登似乎是按照洛凯姆夫妇的建议才跟霍特林说，他在圣马克学校教书没有接受任何报酬，只是收下了食宿费。奥登后来为洛凯姆夫妇写了一首诗，其中有这么一句——"真话并不适合和盘托出"。霍特林应该是设法推迟了有关违规而被勒令离开美国的任何官方行动，但条件是奥登需要前往加拿大，然后作为英国移民正常配额中的一员再入境回来。奥登乖乖照做了，在1939年11月24日以"第4201号非优先级配额的英国移民"的身份从蒙特利尔返回美国。

"刚从加拿大回来，"他在11月26日写信告诉多兹夫人，"为了成为美国人，我必须去那里……体检的时候，我不得不脱下裤子，证明我没有任何传染性疾病。医生见我没有穿内衣很是惊讶，于是有了这段对话——医生：你从事什么工作？我：我是一个作家。医生：哦，我明白了，裸体主义者，对吧？"虽然奥登已经得到允许，可以在美国从事有偿工作，但他仍然不是美国公民。如果被问到这段时期的国籍，他会这样回答："我是纽约人。"

我们可以从他写给多兹夫人的信中看出，他现在不知道自己该对战争采取什么样的立场。"我们这儿都是孤立主义者，"他在1939年底写信给她，讲述了美国人对战争形势的看法，"有些人认为战死之人少得可怜，竟然说这根本不算一场战争。然而，对我来说，只要每天早上醒来看到希特勒没有发动什么事情[1]，我就会感到莫大的欣慰。"他还透露自己正跟那些来自德国的流亡朋友

---

[1] 这里涉及到时差问题（比如，德国首都柏林比美国首都华盛顿快六小时），奥登每天早上醒来的时候，德国已经是下午时间。

们联系,打算整理出一些"我们可以用来分发的材料"——想必是反希特勒的宣传资料,目的是号召美国人也加入这场战争,或者说,至少能够站在支持英国的一方——"这是一件困难的事,"他补充说,"目前为止,我眼睁睁地看着这些努力付之东流,要么是过于数据化,没人愿意去阅读,要么是过于悲怆,只会产生事与愿违的效果。"

与此同时,有些自相矛盾的是,他正在将去年夏天的一个决定付诸实践,以特定的"精神修炼"的方式帮助自己"采取和平主义的立场"。简单点说,他选择参加朋友塔尼娅·斯特恩在东68街的一间公寓里开设的体操课程。1937年,奥登在巴黎第一次见到了塔尼娅·斯特恩的丈夫。战争爆发前不久,斯特恩一家离开法国来到纽约谋生,丈夫写短篇小说,妻子则开设了体操课程。她指导放松和呼吸练习,让学生们更深入地认识自己的身体。"我还没有开始练瑜伽,"奥登告诉多兹夫人,"但我跟着一个德国姑娘上一门身体锻炼类的预备课程,虽然很艰难,但很有启发性。"

塔尼娅·斯特恩很快就发现,奥登虽然是一个聪敏的学生,但实在是肢体笨拙,也缺乏耐性,在她的课程里不会有所长进。她觉得他不太看重自己的身体。她还注意到,他的触觉似乎也很迟钝:他的手指又短又粗,没什么触感(尽管他跟约翰·莱亚德说自己不再啃指甲了,但其实他仍然没有改掉这毛病);他的双脚又扁又平,不太灵活(这主要是因为长了鸡眼,他现在饱受鸡眼的折磨,一有机会就大剌剌地穿着拖鞋)。不过,奥登坚持带着切斯特·卡尔曼去上课,而且总是专心致志、一本正经地对待课程进度。他越来越喜欢塔尼娅·斯特恩,也许有一段时间几近爱上了她。

他如今在纽约安顿了下来。倒不是说他对自己选择居住的

第二章 皈依

国家抱有幻想，他曾谈到美国的极端气候，说它不是太冷就是太热——"大自然从未打算让人类在此地生活"。他在来到美国几年后的一篇文章[1]里写道，在美国景象的诸多特征中，包括"难以描摹的自动点唱机……疯狂的沙拉……充斥着驳杂'垃圾品'的毫无特点的乡村和迷醉于各种电子指示牌的千篇一律的城市"。有时候，他会坦承自己思念英国的风景。至于美国的文学，他告诉一位朋友，他认为美国文学"不太行"，觉得"美国小说中的人物，给欧洲人留下的第一印象……往往是他们的极端孤独"。即便如此，他还是乐于在美国生活。

他写信对玛格丽特·加德纳说："我从未想过要去英国看看。我只是想着，等一切都结束了，你们大家都过来。"他还告诉她："我第一次过着这样的生活，与原本认为应该过的生活相去甚远。"

1939年11月，也就是战争爆发两个月后，他去了曼哈顿区约克维尔的一家电影院。春天时，他和伊舍伍德曾在那里住了几个星期。电影院所在街区的居住者基本上是讲德语的，他看的那部电影是《征服波兰》，从纳粹德国的角度讲述了他们侵吞波兰的故事。当波兰人出现在银幕上的时候，他惊讶地发现观众中有许多人尖声喊叫了起来——"杀了他们！"他后来谈到了这件事："我那时很是纳闷，在我完全无法忍受这种有违一切人道主义价值的行为时，我为何会做出如此反应。这个问题的答案引领我返回了教堂。"

---

[1] 奥登撰写的这篇文章是《美国景象》（"The American Scene"），收录于散文集《染匠之手》。

★ ★ ★

自成年以来,奥登经历了多次心灵上的转变,但他所采纳或把玩的各类信条——后弗洛伊德主义心理学、马克思主义以及自由社会主义民主观(他离开英国前的最后一个政治立场)——都有一个共同点:它们都基于对人类善良本性的认知。它们都声称,只要消除了一种特定的罪恶,无论是性压抑、资产阶级对无产阶级的统治,还是法西斯主义,那么人们就能获得幸福,动乱的状态就会停止。即便是奥登在1939年夏"蜜月期"提出的观点(《丰产者与饕餮者》中的相关表达),也可以称之为带有宗教与和平主义色彩的自由人道主义,仍然是基于对人类善良本性的认知。这个观点透露的基本信息,可以用一句诗加以概括:"我们必须相爱要么就死亡。"也就是说,只有人与人之间的爱,才可以让人类免于自我毁灭。言下之意是,如果人类遵守了这一准则,无异于遵循了"神圣的律法",它可以让人类得到救赎,这从根本上来说是相信人类的良善天性。然而,1939年11月在约克维尔电影院的经历,彻底动摇了奥登的信念。他现在开始相信人类的天性不是而且永远不可能是良善的。那些高喊着"杀了他们"的观众,其行为正如他所说,的确是"有违一切人道主义价值"。

此后几个星期里,奥登一直在思考这个事件的深层意蕴。这不仅仅是乐观精神破灭的问题,而是他整个的人生基石发生了变化。如果人性不是天然良善的,那么他凭什么理直气壮地反对电影院观众中德国人的残忍叫喊,甚至是反对希特勒的种种行为呢?除了忠于他们自己的本性,纳粹是否拥有我们所有人的本性?对于纳粹及其所代表的一切罪恶,他有什么理由可以秉持强烈的、本能的、坚定的仇恨?他必须找到全新的客观依据来支撑自己反

第二章　皈依

对希特勒。正如他所说:"一定有理由可以解释,[希特勒]彻底错了。"

奥登对朋友们说,他们迫切需要反对希特勒的客观准则。"现如今,英国知识分子们向上天控诉希特勒所代表的罪恶,但他们并没有可以哭诉的上天,"他对埃丽卡·曼的弟弟戈洛说,"他们无法提供依据,他们的设想在空洞的时空里回荡。"他现在似乎彻底明白了,自由主义有一个致命的缺陷。

他在1940年写道:"自由主义思想的整体态势是削弱绝对的信仰……它试图让理性成为判断的依据……但由于生活是一个不断变化的过程……若想为信守承诺找到一个人道主义的准则,合乎逻辑的结论是'只要我觉得有必要,便可以破除它'。"他已经确信,他必须重拾那"绝对的信仰",这在他看来是道德判断的唯一可行依据。正如他在去约克维尔电影院后不久写的一首诗中所说:

> 要么我们遵从绝对的前提[1]
> 要么留白给希特勒式的野兽
> 让他们以残酷的信条遍撒邪恶。

正是基于此,他开始寻找一种东西,用上述这首诗的话来说,"那种客观化的异象"。他起念阅读一些神学著作。

---

[1] 原文为"the Unconditional",基督教语境里有"the Unconditional love"(无条件的爱)、"the Unconditional election"(无条件的拣选),但很少单独使用"the Unconditional",译者根据奥登多次使用该术语的语境,翻译成"绝对的前提"。

★ ★ ★

看起来，他研读的第一本神学作品是查尔斯·威廉斯的最新著作《白鸽降临》[1]。自1937年夏天与威廉斯就《牛津轻体诗选》相关事宜协商的两次短暂碰面后，奥登就再没有与威廉斯联系过，而且以前也没有读过他的任何作品。现在，这本新书给奥登留下了深刻的印象。

无论是作为一个人，还是作为一个作家，威廉斯都与奥登截然不同：他生性浪漫，不太欣赏现代诗歌，热衷于仪规，文风华丽，对魔法和新魔法实践的兴味与叶芝相似。不过，在某些特定的重要方面，他与奥登如出一辙。恰如奥登，他的智性生活的主旋律是寻求综合与秩序，试图找到表达并阐释人类存在的程式。而且，也像奥登一样，他在寻求这种综合的过程中并不排斥任何可能性，人类生活的方方面面对他来说都具有同等的价值和重要性。因此，奥登在阅读《白鸽降临》的时候发现，威廉斯的思想虽然常常以程式化的丰富多彩加以渲染，但在某些方面偶合了他自己的想法。

这本书的副标题是"教会圣灵的简史"，实际上叙述了基督教世界从开创到现今的历史。它的基本论点，恰恰与奥登自去年夏天形成的一个观点不谋而合。用奥登自己在《丰产者与饕餮者》中的话来说，"没有'善'的存在和'恶'的存在……［而是］一切存在皆神圣"，"任何存在都与其他存在产生关联与影响"。此番见解，也正是威廉斯的观点。威廉斯为之设定了一个专有名称——

---

[1] 《白鸽降临》（*The Descent of the Dove*）的书名，源自《圣经》中关于圣灵如鸟在世界运行的描写。

"内在联结性"[1]。

> 威廉斯:所有人都由一张存在之网联结为一体……这种内在联结性可以回溯到人类之初始,也可以延伸至人类之末世……无论我们距离亚当的世界多么久远,我们都存在于他,也都是他。

威廉斯把整个历史看成是一张因果关系网。他还在书中指出,所有事情,无论在当时看来是"善"的还是"恶"的,实际上都是上帝意志的体现:

> 基督教世界的历史就是一部行动的历史。这是圣灵的行动……一系列目标被隐藏了起来,对我们来说,人类生活变成了一堆相互竞争、无甚关联的结果。那些让生活变得困难的目标尚未被识别、被理解(经常如此),而我们仍要不遗余力把花样繁多的结果关联起来。教会是……所有目标的展示与修正。

换言之,教会揭示了历史背后的"神圣目的"。威廉斯说,基督的道成肉身"调和了自然世界和天国的世界"——也就是说,调和了人类与"神圣目的"。

1940年初,奥登给威廉斯写了一封信。威廉斯如此转述给妻

---

[1] "内在联结性"(co-inherence),也被译为"互相内在"或"互相内住",在神学上往往指圣父、圣子、圣灵三位一体,处于同时、彼此、互相的存在状态。查尔斯·威廉斯对这个术语的使用,显然扩展了这个神学概念的基本内涵,故在此译为"内在联结性"。

子：" 他说他只是想告诉我，《白鸽》让他感触很深（尽管他不是基督徒），他把他的新书［他的新诗集《另一时刻》］寄给我，作为'一个微不足道的回馈'。他还说，他再一次想起'一个奇怪的事实'，'尽管我只见过你两次，但在遇到困难和心怀疑虑的时候，想起你的点点滴滴就会感到莫大的慰藉'。" 几个月后，奥登再次写信给威廉斯，这一次他声称 "《白鸽》终有一天会因其伟大而受人尊崇"。

在《白鸽降临》中，足足有六页篇幅涉及了一位基督教思想家，奥登显然还没有读过他的作品，但很快就开始深入研读了，这很有可能是因为威廉斯书中的相关描写。此人正是索伦·克尔凯郭尔。1940 年 3 月 11 日，奥登写信告诉 E. R. 多兹："我近期在读克尔凯郭尔日记，实在是引人入胜。" 没过多久，他就研读了克尔凯郭尔的大部分作品，正如他后来对一位朋友说的，它们 "彻底征服了" 他。他说，他 "被它们的独创性……以及它们敏锐的洞察力所折服"。

再一次，正如阅读威廉斯著作时那样，他一定在某种意义上从克尔凯郭尔的书中观察到了他自己，因为克尔凯郭尔的早期智性发展历程与他有明显的相似之处。与奥登一样，克尔凯郭尔也经常被父母中的一位带去教堂，只不过在他这里是父亲；与奥登一样，他对这位至亲的态度也是一言难尽。他觉得自己的童年生活是造成神经症的罪魁祸首，并把自己比喻成一艘下水时遭到破坏的船。他还认为，不可能存在 "继承的" 基督教信仰，每个人都必须依靠自己的力量去重新发现自己的信仰。他指出，这种过程可能要经历三个阶段，或者说三个境界。这三个阶段，与奥登在过往 15 年的经历完全吻合。

克尔凯郭尔所说的第一个阶段是 "审美生活"。在这个阶段，个体生活仅仅是为了满足当下的快乐——就像奥登在大学期间的那种生活，所作所为在总体上并不遵循道德规范。克尔凯郭尔指出，这种生活很快就会让人产生匮乏感，为个体进入下一个更高的阶段提供了选择机会，这个更高的阶段就是"伦理生活"。如果个体选择了"伦理生活"，他将做出道德判断，并在生活中遵循这些道德——就像奥登投身于政治和社会危机问题的那些年岁里的生活。然而，克尔凯郭尔宣称，这种"伦理生活"的状态很快也会让人意识到其缺陷之处，因为它没有任何关于永恒的超越概念，而且它的基础在于相信个体（或人类）的基本正义，但这种信念将被证明是错误的——这正是奥登刚刚察觉到的内容。因此，克尔凯郭尔进一步指出，个体必须做出一个新的决定。个体要么让自己陷入绝望，要么把自己完全交付给上帝的神恩。

如果个体接受了后一种选择，他将进入最后的"宗教生活"阶段。在这个阶段，他"独自在上帝面前承担自己的罪恶"，这也是他"最终选择了他自己和他与自我起源的关系"的过程。要进入这个最后的阶段，不能凭借逻辑推理，只能依靠信仰。事实上，这根本不是一个"跨步"，而是一个"跳跃"——"跃入虚空，完全臣服于上帝，在这一过程中，他放弃了任何立足点，在终极选择之中实现了他的自由"。一旦做出了这个选择，个体必会坚定不移："通过跳跃，信仰将会带领个体进入一个超越了所有理性思维的新世界。"

1939年底至1940年初，在阅读威廉斯和克尔凯郭尔的作品期间，奥登自青春期以来第一次开始经常性地去教堂，尽管如他自己所说，只是"以一种试探性和实验性的方式"。他开始写一首长诗，以展现盘桓在脑海里的所思所想。

1939年圣诞节,他在长岛与梅耶一家人共度了一些时光。1940年元旦那天,他给伊丽莎白·梅耶写了一封短笺:

亲爱的伊丽莎白:

早餐的交响乐已经响了起来,今天是海顿的曲子,曼哈顿正在迎接新的一年,我祝愿你拥有一个异彩纷呈的1940年。1939年对我来说是一个关键性的年份。这一年发生了不少事情,其中最为重要的一件事就是遇到了你。你无法想象每一次你带给我多大的安宁与快乐,关于这一点我不赘述了,因为你对此必定了然于心。若是歌德见了你,想必会欣喜不已;要是波德莱尔遇到了你,肯定会惊讶不已,因为他一向认为女人"生来就极其惹人厌"……

我必须在此搁笔了,去写一篇枯燥乏味的书评,虽然我本打算开始写那首要赠予你的诗。

非常爱你,亲爱的。

威斯坦
1940年1月1日
纽约布鲁克林高地蒙塔古排屋1号

这首诗的创作很快就提上了日程。诗歌标题是《新年书简》,题赠给伊丽莎白·梅耶,主要是再现了《丰产者与饕餮者》中的思想观点。当然,他近期的阅读极大地丰富和扩展了这些观点——他坦言"《白鸽降临》是诗中许多观点的来源",而诗歌的结论也明显不同于散文中的结论。

第二章 皈依

《新年书简》的第一部分,正如《丰产者与饕餮者》的第一部分,主要关注艺术家在社会中的角色。奥登直言不讳地宣称:"人类的文字无法让战争消停。"艺术不能试图成为"社会的接生婆"。然而,尽管艺术家应该避免直接参与社会问题,但仍被要求"安顿有序",处理我们对世界的认知;艺术家的职业因而成为"最伟大的天命",它使从业者不断地接受评判,不仅来自同时代人的评判,而且还来自他们之前的整个艺术家传统的评判。奥登在此描绘了一个特殊的法庭,经由他精挑细选的大师们依次出庭,包括布莱克、伏尔泰、哈代、里尔克等人,也包括德莱顿(这首诗大体上模仿了他的诗风)。到了第二部分,奥登转向了当前的危机,一场结束了"纷扰的十年"的世界大战。正如他在《丰产者与饕餮者》的第二部分和后续部分所思考的那样,他在此关注的问题是人类如何去发现支配存在的永恒真理或"神圣的律法"。

他对这一问题的思考,主要借助于深思"大话精"[1]的谎言,他在诗中以人格化的形象出现。魔鬼引诱我们离开正确的道路,但在此过程中,他实际上向我们展示了何为正确的道路。奥登很可能是从查尔斯·威廉斯那里得到了这个想法,因为威廉斯一直强调"魔鬼"只是以一种迂回的方式呈现了上帝的意志。奥登在此考察了他那一代人所卷入的各种各样的谎言,其中包括 D. H. 劳伦斯的教条(号召人们"抛弃智慧")和马克思主义的学说("我们希望着;等着那个日子 / 到那时国家自会彻底消失, / 我们期盼着,满以为那个理论 / 允诺的千年盛世会如期发生")。在他看来,他们这一代人所听取的诸如此类的半真半假的教条,只证明了一切人类律法都是不完美的,人们总是与永恒的真理失之交

---

[1] "大话精"(the Prince of lies),或称"谎言之王",是魔鬼撒旦的诨名之一。

臂。然而，这些半真半假的教条并非全然是谎言，如果我们能够调用"双重聚焦的天赋"，便可以从中汲取一些有价值的东西。

"双重聚焦的天赋"成为《新年书简》第二部分的收尾，奥登并没有在诗歌中对此详加解释。不过，在同期撰写的一篇有关亚伯拉罕·林肯传记的书评文章里，他明确地阐释了这个观点的内涵。"伟人都有一个无可辩驳的征象，"他写道，"这便是双重聚焦的能力。[伟人]知道所有的绝对[1]都是异端邪说，一个人只能在特定的处境中采取一种假定的绝对……他们对人性秉持怀疑态度，但并不感到绝望；他们知道人性软弱，但并非无可救药；完美是不可能的，但一个人有可能做得更好，也有可能做得更糟。"

诗歌在此表达了一种谨慎的乐观，随后被拉回到新年的主题。第三部分从他在布鲁克林高地的公寓窗口看到的新年节庆活动开始：

288
> 目光投向东河的对岸
> 夜晚的曼哈顿灯火璀璨。
> 幽灵不敢妄加置评
> 对这些个民间节庆，
> 烈性酒处处招引
> 普遍的释然，而维护
> 这个善意的状态函数[2]
> 外交上就有些恶俗：

---

1 当然，奥登的意思是一切"人类的绝对"，而不是他在这一时期探索的"神圣的绝对"。——原注
2 用于规定系统的热力学状态的宏观性质（如体积、温度、压强、物质的量等）的函数都叫作状态函数，又称热力学函数。奥登惯用各类科学术语。

第二章　皈依

喧闹一片中旧岁已不再。

接着，他回忆起圣诞节期间在长岛梅耶家中度过的时光，称之为"我们蒙受恩典的社群"，那时的体验让他感受到了完美、和谐与爱。这种机缘每天都有可能碰巧发生在某个人身上，但它不会持久，因为在奥登看来，我们的自然状态是永恒的炼狱般的生存斗争，而我们在其中必须努力"服务于人类的最高权力"。那么，如何去效力？奥登问道："当下该如何去做个爱国人士？"

写到这段内容的时候，大约已经是1940年2月底了。"给你的诗，在稳步进行之中，"他写信告诉伊丽莎白·梅耶，"不过，要把形而上学的论点用诗歌语言表达出来，并不是一件易事。"他对多兹夫人说："正在用八音节对偶句写一首长篇哲理诗，目前已经完成了大约1100行。写完后，会立即寄给你。现在看来，这是一首好诗，但我不确定人们是否有耐心去读它。"与此同时，他还与E. R. 多兹有书信往来，谈到了这首诗结尾部分主要关涉的问题，即他自己决定留在美国的原因。

当奥登和伊舍伍德在1939年1月从英国启航时，那些关注他们出行的报纸都说他们要去美国讲课，并顺道看看是否有可能在那里上演诗剧《边境》。这些报道的言下之意是，他们的出行只是暂时的。然而，一年后，当战争爆发了四个月后，奥登的朋友们都明白了，他没有回国的计划。E. R. 多兹与奥登的父母讨论了这件事，显然对威斯坦的决定感到遗憾，因为奥登医生曾做出这样的回答："我们对威斯坦、对美国都完全没意见。你可能还记得，起初他觉得美国意味着他所有信念的对立面。"在与奥登本人的通信中，多兹也亮出了这个问题，于是奥登在1940年1月16日给多兹写了一封应答长信。

"在过去十年里，"他向多兹解释，"我们都在谈论艺术家与社群的疏离状态、固守象牙塔带来的危害、传统的重要性。我现在很肯定，我们所说的百分之九十的内容都是扯淡。"他告诉多兹，他现在意识到每个人都是孤立的：机器时代摧毁了所有的社群意识，村庄已经被工厂取代了。在传统观念里，人们有"根"，归属于某一个地方，但这些不再有任何意义：

> 你可以说英格兰是我的根，但我的英格兰到底是什么？我的童年和我的英国朋友们。哈伯恩考特橡树路13号［他父母现在居住的房子］的英格兰，与考特橡树路12号的英格兰完全不同，反之亦然。喜好冰激凌苏打汽水的蠢人与高雅的艺术家一样，都处于孤立的状态。

他认为，欧洲尚未意识到这一事实。欧洲各国的社会其实是无根的、无社群的，但人们并没有正视这个现象，而是自欺欺人地以为传统的生活方式仍然存在。与欧洲不同的是，美国丝毫没有这层伪装。"在这里，"他告诉多兹，"自我欺骗是不可能的。"这正是他想要留在美国的原因：

> 这是一个可怕的地方，我承认我并不比其他人更坚强，但我觉得尝试更困难的事情似乎是唯一值得去做的事情。至少我知道我想要做什么，有意识地去过一种无根的生活，而大多数美国作家并未察觉这一点。这么说吧，美国可能会彻底击垮一个人，但其中最成功的那个人必定能力超群，他在这里比在其他任何地方都更容易脱颖而出。

第二章 皈依

这番说辞在《新年书简》尾声部分的诗段里有所回响。他在诗中指出,美国的优点在于诚实地承认"孤独正是人类的现实形势":

> 比欧洲的情况更甚,在这里
> 选择模式已由强迫性的机器
> 提供了解释,什么可以
> 接受,什么不可以,
> 眼下为建设公正的城市
> 我们又须服从什么条件前提。

过了一段时间后,他在写给娜奥米·米奇森的一封信中直截了当地说了同样的话:"我喜欢这里,因为这里是一个巨大的'真空',你必须在没有把手的情况下保持平衡。"

多兹先生在1940年2月收到了奥登的信。他对奥登的回答持怀疑态度,暗示奥登可能在欺骗自己。他告诉奥登,尽管社会已经工业化了,但他认为乡村生活仍然存在。奥登在3月初给多兹寄了一份他自己设计的问卷,内容关涉他留在美国的原因。这份问卷没有推翻他早先的说辞,但表达得更为坦率。他在此坦承了他想要留在美国的主要原因是切斯特·卡尔曼:

> 无论有没有爆发战争,你都想要留在美国吗?
> 是的。
>
> 为什么?
> 首先也是最重要的是,我第一次拥有了幸福的个人生活。

其次，或许也是因为前一个原因，我可以在这里写作。

但你无法确保这种状态会持久。
是的。

如果不是因为你的私人生活，你会返回英国吗？
我不知道。从我过去的所作所为来推断，我很有可能会回去。当一个人无所束缚时，困难往往具有吸引力。

你待在这里是否觉得无比幸福？
不是的。

为什么？
因为多兹认为我应该回去，而且最要好的朋友们处于不幸之中，我却过得幸福，这委实尴尬。

你在乎英国发生的事情吗？
要是说英国，我并不在乎。对我来说，英国有点意味着奔宁山脉的旷野和我的英国朋友们。如果朋友们都安全地离开了这个国家，那么我对英国人的感受，与对西班牙人、中国人或德国人的感受是一样的。他们的遭遇，如同所有人类成员的遭遇，具有同等的重要性，但我关心的是作为人类成员的他们，而不是作为国人的他们……

你在什么情况下会返回英国？
如果有人能够让我相信，有什么事情是像我这种类型的作家必须要在英国完成的,而且这事情是如此重要,以至于完全有理由以牺牲私人生活为代价(这也要承担一定的责任)。我既不是政客,也不是小说家,报道的事情与我无关。如果我返回英国,我所能预见的生活状况与我目前在美国的生活没有丝毫差别,无非是阅读、写作和教学。我来这里的目的,是想要安顿下来。我很怀疑作家对一个交战国来说有什么价值,当然我也可能是在自我欺骗。我想,如大多数人一样,我们都担心接下来会发生的事情。

收到这封信后,多兹先生没有继续讨论这个话题。

就在奥登向多兹先生解释自己的想法的时候,西里尔·康诺利在他主编的新杂志《地平线》中宣称,奥登和伊舍伍德移居美国的行为是"自西班牙战争爆发以来最重要的文学事件",因为这是对20世纪30年代文学参与政治的一种拒斥。对于两位朋友的选择,康诺利并没有明确表态——他形容他们为"雄心勃勃的年轻人,有强烈的自我保护的本能,并留心着大好机会"。奥登在评价康诺利的文章时说:"我认为这篇文章是友好的。"确实,当时有关这个问题的大多数观点都毫无遮拦地表达了敌意。

尽管哈罗德·尼科尔森早些年与奥登有过一段友谊,但他依然在《观察者》中写道,要是奥登继续留在美国(还包括伊舍伍德、杰拉尔德·赫德和阿道司·赫胥黎),可能会阻碍美国人相信反希特勒事业的正当性,因为"我们当中最自由的四位智者拒绝认同他们自己的身份……拒绝与那些战斗者站在一起"。《观察者》还刊登了一首讽刺诗,据说是圣保罗大教堂的教长写的:

"这个欧洲真臭,"你喊道——迅速逃离

>任凭你受苦受难的国家陷入痛苦的深渊。
>或许你对此毫不在意,但我仍会坚守阵地
>既然你已离开,这里的臭味就有所消散。

《每日邮报》的一位作者回应了尼科尔森的话,发出了这样的疑问:"当年轻的英国人留在了美国而不是支援我们的战争,美国人为什么要冒着流血的危险来参与这场战争?"他还称奥登是"诗歌的耻辱"。《每日镜报》的专栏作家"卡桑德拉"改写了奥登在《雄辩家》中的献诗("公共领域的私人面孔/显得更明智也更亲切/相比私人领域的公共面孔"):

>在遥远他乡的诗歌面孔
>显得更安全也更康健
>相比家乡故地的诗歌面孔。

伊夫林·沃在新推出的小说《多插几面旗》中塑造了两位左翼文学合作者的形象,他们的名字分别是帕斯尼普和皮姆佩内尔;他们在战争爆发后便仓促地逃往美国,只留下错愕的追随者们。

就连议会也关注到了这个问题。1940年6月13日,议员乔斯林·卢卡斯爵士在下议院询问劳工部的政务次官:"英国符合兵役年龄的公民,比如W. H. 奥登先生和克里斯托弗·伊舍伍德先生,他们已经去了美国,并且表示在战争结束前不会回国[1],鉴于他们目前在国外避难,那么会被传唤回来登记在册和征召入伍吗?"部长回答了这个问题,不过他把W. H. 奥登和H. W. 奥斯

---

[1] 当然,奥登和伊舍伍德没有表达过这种念头。——原注

汀（诨名"兔子"）搞混了。H. W. 奥斯汀是一位草地网球运动员，1939年12月作为牛津队的代表去了美国。部长说："奥斯汀先生承诺……如果要求他回国，他一定会回来。"乔斯林·卢卡斯爵士指出他混淆了两个人，接着询问奥登和伊舍伍德是否应该失去英国公民身份，除非将他们登记为由于道义原因而拒服兵役者。这个问题没有得到正式的答复，就议会而言，他们只讨论到这个程度。

第二年，也就是1941年，一直致力于推动美国人支持战争事业的英国信息服务机构纽约办事处负责人C. K. 韦伯斯特（后来成为查尔斯·韦伯斯特爵士），隐隐提及将有可能采取一些官方行动。他在与以赛亚·伯林（当时正效力于他）的谈话中表示，像奥登这样的英国年轻人在美国四处走动却一点也不关心战局，这种现象对英国战事起不了正面作用。不过，看起来韦伯斯特最终并没有采取任何行动。诗人凯瑟琳·比德尔是美国司法部长的妻子，她表达了完全不同的看法。她对以赛亚·伯林说，英国诗人在第一次世界大战中纷纷阵亡，不应该再发生此等令人扼腕叹息的事情了，她希望奥登能够避开这种命数。

英国左翼知识分子曾在20世纪30年代大力支持奥登，对其作品不吝溢美之词，他们中的一部分人完全无法接受他留在美国的决定。尽管如此，一些朋友仍然愿意公开地维护他。E. M. 福斯特在1940年7月5日致信《观察者》，认为人们之所以抨击奥登以及其他移居者，实际上是嫉妒他们在美国的生活。过了一段时间，路易斯·麦克尼斯在1941年2月的《地平线》上刊文指出，问题的关键在于奥登以及其他人作为作家能否从他们的美国生活中获益，而他觉得他们肯定能做到这一点。面对这种局面，奥登本人保持了缄默。

戈洛·曼把一份刊有充满敌意的文章的英文报纸拿给奥登

看，建议他应该就此做出回应。奥登只是断然回绝道："没有任何意义。"与此同时，在1940年春夏之际，也就是法国陷落前不久，奥登决定联系英国当局。"我去了英国大使馆，"他在6月中旬告诉多兹夫人，"看看他们有没有什么建议，得知只有技能合乎需求的人才会被召回。"

此后，他很少谈论战争期间继续留在美国的原因。唯有一次例外，出现在1941年3月写给斯蒂芬·斯彭德的信中。斯蒂芬·斯彭德前不久在《新政治家》（1940年11月16日）上刊登了一篇文章，含蓄地指责奥登没有返回英国。为此，奥登写信告诉斯彭德：

> 如果我确信自己足以担当士兵或者防空队员的工作，那么我明天就回去，但是我并不觉得自己在军事上会有什么贡献。这是因为我足够理智，抑或仅仅是一种胆怯？我无法给出答案。我唯一确信的是，一旦英国政府需要我效力，我将在所不辞（我已经告知这里的大使馆了）。然而，对作家和教育者来说，情况并不完全是这样的。属于知识分子的战场并没有时间和地域的限制，任何人都无法断言这个地方或者那段时间是所有知识分子都必须出现的。就我个人而言，我相信美国最适合我，当然这也只有今后的所作所为能够给予证明。

奥登不回英国的理由到底是什么？首先并且最重要的一点是，他当时肯定是乱套了，这一点至少可以从他在不同场合给出的不同理由看出来——这些理由显然缺乏内在统一性。他告诉多兹先生，他选择留在美国的主要原因是切斯特·卡尔曼，这很有可能是完全真诚的表达；同时，他也切实地感觉到，美国能够为身为

第二章　皈依

作家的自己提供更多的裨益，这一点毋庸置疑。然而，他似乎并没有直面这样一个问题——他是否有道义上的责任去支持反抗希特勒的行动（无论他本人的力量多么微不足道）。也许，由于去年夏天的思考，他觉得这样的责任对他而言是不存在的，不属于那种"行动……在行动中将思想和意愿统一起来，以爱来对待他人"。若果真如此的话，那他为什么要去英国大使馆，为什么愿意随时应征入伍为抗战效力呢？他告诉斯彭德，他之所以没有返回英国，是因为他觉得自己当士兵或防空队员起不了什么作用，这是他的真实想法吗？

最有可能的情形是，他并不清楚自己的想法。他很随意地做出了移居美国的决定，直到现在，也就是一年多以后，他才开始正视这个决定的后续影响力。同时，许多英国人认为他仅仅是因为懦弱而不回来，认为他不愿意面对战争带来的苦日子和潜在的危险。持有此类看法的人，肯定不了解奥登的为人。他的人生轨迹里没有任何怯懦的迹象，正如他对多兹先生说的，他通常是主动选择困难，而不是逃避困难。他在一片质疑声中选择定居美国，尽管似乎是一系列复杂心绪的结果，而不是一个经过深思熟虑的选择，但这本身就需要不小的勇气。

他在1940年4月完成了《新年书简》。诗歌尾声部分的一个宣言——"我们要去爱所有人，既然／每个人都有独一无二的特点"，难免让人想起《一九三九年九月一日》中类似的表达。不过，奥登此时还没有做好心理准备去超越这种具有泛爱色彩的主张，《新年书简》的结尾只是借用了《白鸽降临》中的许多意象和措辞来表达一种祈愿：

　　　　哦，想要寻访雪松间的独角兽，

却没有为我们领路的魔法符咒

…………

哦,科学和光明的白鸽[1],
在夜晚的枝蔓间栖息,
哦,深海巢穴中嬉戏的灵鱼[2],
你们永远将激动人心的
秘密隐藏得无迹无痕,
哦,突然刮起的不请自来的风
吹乱了宁静的芦苇丛,哦听,
从选择的迷宫里传出了声音,
唯有俯首帖耳者才能听闻其声,
哦,岁月的时钟和看守人,
哦,权益和盈余的源头出处

…………

扰乱了我们的疏懒和薄情寡义,
宣判了我们因傲慢犯下的全部罪行

…………

向我们的时代传送足够的力量,
为我们的知识指明它的方向,
哦,赐我恩典,遵您所命,主啊。[3]

---

1 此句出自乔叟《声誉之宫》第三卷的开篇:"哦,科学和光明的神灵,/阿波罗,用您恢宏的神力/促成这册最新的小诗集!"
2 "灵鱼"对应的原文为希腊文"Ichthus",这个单词由耶稣(Iesus)、基督(Christos)、上帝(Theou)、儿子(Uios)、救世主(Soter)这几个词语的首字母组成,又被称为"耶稣之鱼"。
3 此处对应的原文为拉丁语"da quod jubes, Domine",英文一般译为"Give me grace to do what you command, Lord",出自古罗马神学家奥古斯丁的《忏悔录》第十卷。

第二章　皈依

这首诗已经达到了一种近乎基督教信仰的情境。

★ ★ ★

"我已经写完了长诗（1700行），"奥登在1940年4月21日告诉多兹夫人，"等我打印好一份草样，就立即寄给你。你和教授［多兹先生］会细读的吧，帮我看看有没有智识上的纰漏。"与此同时，他的新诗集《另一时刻》于1940年在美国出版，五个月后，费伯-费伯出版社推出了英国版。这本诗集收录了奥登在英国最后两年创作的诗歌，以及他近期完成的新作。因此，这本诗集既有1939年以来反映他思想变化的作品，也有稍早的一系列作品，包括《西班牙》和以"放低你安眠的头颅"为开篇的诗歌。总的来说，新诗集颇受好评，在大西洋两岸的销售量都很喜人。同时，费伯-费伯出版社从奥登迄今为止的所有诗歌作品中精选了一部分，在1940年出版了《诗选》，这本选集在接下来五年里的销量达到了近12000册。有关奥登移居美国的各种争议，并没有削弱他在英国本土的诗人声誉。

这几个月，他继续从事他所选择的"社会性工作"——教学。他与美国作家联盟中断了联系。他曾在1939年秋为他们讲授过诗歌课，但这个联盟是一个共产主义组织，反对他在《党派评论》[1]上发表的一篇题为《公众与已故的叶芝先生》的文章，而且他们视该杂志为"托派"期刊。于是，奥登离开了该联盟，转而与社会研究新学院[2]取得了联系。这是一所为成年人提供大学教育的纽约机构，奥登每周去那里授课一次。社会研究新学院的教员包括

---

1 《党派评论》是美国著名的文化和政治杂志，具有强烈的现代气息和反斯大林色彩。
2 社会研究新学院是一所位于纽约市的美国高等教育机构。

不少杰出的欧洲流亡者，奥登形容它是"一个相当好的地方"，"但是啊，一派德国1925年的作风，似乎他们自那以后毫无长进"。他在该校的授课内容是"诗歌与文化"。

他还为广播节目写东西赚点钱。哥伦比亚广播公司委托他写一部剧，他以1936年为特蕾泽·吉泽写的独角戏《阿尔弗雷德》为基础进行扩充，将这部"老妇人和她的鹅"的故事延展为时长半小时的剧作。广播公司在1940年6月播出了这部剧，由梅·惠蒂演出剧中角色。据说，奥登原本将之命名为《杀死下金蛋鹅的女士的心路历程和情感反应》，哥伦比亚广播公司另取了一个名字——《黑暗谷》。这部作品并不起眼，只不过是当初剧本的扩展版，但本杰明·布里顿为它谱了一些曲子，奥登觉得这些配曲"极好"。之后，哥伦比亚广播公司的委托项目接踵而来。奥登与詹姆斯·斯特恩合作，将D. H. 劳伦斯的短篇小说《木马赢家》改编为广播剧。这一次还是布里顿配乐，而斯特恩之所以能够参与合写是因为他懂赛马。奥登还承担了"写手"工作，将《傲慢与偏见》改编为半小时的广播剧，可惜他的剧本在播出前必须经由制片人操刀进行大量重写。事实上，他在广播行业没有特别的天赋，也没有强烈的兴趣。

他此时已经决定把《新年书简》收录在《双面人》中，构成该书的核心部分。书名"双面人"来自查尔斯·威廉斯在《白鸽降临》中引用的一段话（出自蒙田）："我们的内在是双重的，我不知道为何如此，所以我们会相信我们不相信的，无法摆脱我们所谴责的。"这个警句不仅可以用来解释《新年书简》第二部分结尾处有关"双重聚焦"的说法，在奥登看来似乎也非常妥帖地诠释了他自己在过去十年的精神状态，正是在那段时期，他将信将疑地把玩了那么多各不相同的思想体系和哲学观念。除了《新年

第二章 皈依

书简》,《双面人》还将收录有关这首核心诗的"注释",以及一组以不同角度呼应核心诗主题的十四行诗。奥登在1940年暑假集中处理这方面的写作。

暑假里,他与曼一家人共度了几天,他们已经从普林斯顿搬到加利福尼亚州,住进了宝马山花园[1]的一栋房子。"与妻子和亲戚们待在一起,"他在8月6日写信给一位朋友,"房子不错,但上帝啊,我讨厌加利福尼亚。老实说,我不喜欢住在漫漫黄沙里。我更喜欢华兹华斯住的地方和新英格兰地区。"他现在很喜欢埃丽卡·曼,她的弟弟戈洛说"他们肉眼可见地彼此欣赏",而且据戈洛观察,这段关系已经发展为"严肃的友谊,甚至带有些微的肢体接触(信不信由你)"。

在加利福尼亚期间,奥登还见了伊舍伍德。伊舍伍德住在好莱坞附近,为米高梅电影公司撰写剧本。他目前在杰拉尔德·赫德和一位名叫斯瓦米·帕拉伯瓦南达的印度僧侣的引导下,深入钻研印度哲学吠檀多[2]。尽管伊舍伍德有关斯瓦米性格的描述给奥登留下了深刻的印象,但奥登并没有太当真。

除了加州之旅,1940年夏的大部分时间里,他都在马萨诸塞州的威廉斯堡度过。他主要住在一个农场里,很有可能跟切斯特·卡尔曼在一起。6月,德国很有可能要从占领地法国横渡英吉利海峡,入侵英国,而他安然待在农场里。"我一直牵挂着你们所有人,"他对多兹夫人说,"多么希望你们都在这里,很担心我认识的人会死于战事,也很害怕会有什么不好的事情发生。"他在信中说,如果需要帮助英国孩子在美国安顿下来,请一定让他知道;如果她

---

[1] 宝马山花园(Pacific Palisades)位于洛杉矶太平洋沿岸,又译为太平洋帕利塞兹。
[2] 吠檀多本意为《吠陀》之终结,原指《吠陀》末尾所说的《奥义书》,后渐渐被拓展为研究《奥义书》教理的典籍,甚至成为印度教吠檀多教派的名称。

得知任何人的生活陷入了困顿,就跟他的母亲联系,因为他已经告诉母亲"用我英国账户里的钱接济他人"。他还说,他正在"继续写我的书[《双面人》],给长诗配上注释(部分是诗,部分是散文),然后是一组十四行诗"。

最终,《新年书简》的"注释"占据了大约 80 页篇幅,超过了这首诗本身。"注释"由短诗或警句组成,构成了《书简》的延伸内容,大量节选段落出自奥登欣赏的书籍。这些书籍的涉猎范围彰显了他的兴趣领域和他在思想探索历程中兼收并蓄的倾向,包括胚胎诱导的生物学过程研究、修昔底德的《伯罗奔尼撒战争史》、玛格丽特·米德关于南太平洋海岛文化的调研[1],以及克尔凯郭尔、查尔斯·威廉斯、格罗德克(奥登现在仍对他敬佩有加)等人的著述。不过,这些引文和诗体注释并没有很好地阐释长诗,而是提出了一些附加性的问题,后来重印《新年书简》时,奥登把它们全都删除了,将其中的一些诗体注释改为独立成篇的诗歌重新出版。十四行组诗的标题是《探索》,以探索主题为框架描写了一段带有基督教色彩的精神之旅,奥登此前已经在戏剧领域尝试过这种写法。1940 年 7 月 14 日,大约在他创作十四行组诗的时候,奥登写信告诉查尔斯·威廉斯:"我正试着学习'与神同在'[2],但亲爱的,灵魂和肉体都如此勉为其难,因为两者都如此脆弱。"

---

1 玛格丽特·米德是美国人类学家,她在 1925 年只身前往南太平洋小岛萨摩亚,开始了人类学最基础也最艰苦的田野调查,形成《萨摩亚人的成年》一书。之后,她多次前往南太平洋的其他原始部落开展调研,对美国现代人类学的发展起到了重要的推进作用。

2 此处对应的原文为 "Practice of the Presence",应该是指 17 世纪法国奥秘派基督徒劳伦斯修士(Brother Lawrence)提出的 "Practice of the Presence of God",也就是"与神同在"。他强调与神同在的关键在于用心去爱,而不仅仅是悟性。

第二章 皈依

从加州返回东海岸后，奥登住在米娜·柯蒂斯位于威廉斯堡的家里，她是他的纽约朋友林肯·柯尔斯坦的姐姐。借住期间，她帮他打字。这年夏天早些时候，她还安排奥登在附近的史密斯学院做了一场演讲，她自己是史密斯学院英语系的教师。奥登充分利用这次演讲机会——6月17日史密斯学院毕业典礼上的"毕业致辞"——讨论了美国对战争的态度，并向在场观众表示，如果不"做出一些绝对的预设，或信仰的操行"，就不可能做出参与其中或置身事外的决定，甚至不可能做出任何决断。

到了夏末，本杰明·布里顿和彼得·皮尔斯也来到米娜·柯蒂斯家中住了几天。奥登和布里顿再一次合作《保罗·班扬》的相关事宜，还商讨了奥登写的诗歌《圣塞西利亚日赞歌》，布里顿将为之谱曲。奥登在9月初回到纽约，打算找一套户型更开阔的新公寓，以便让切斯特搬来与他同住。起初，他一无所获，主要是因为他想要继续留在蒙塔古排屋。到了9月下旬，有人表示几条街以外的一栋房子空出了房间，他便欣然接受了。

提供房间的人是乔治·戴维斯，奥登和伊舍伍德第一次来纽约时，他曾经盛情款待了他们。现在，他在布鲁克林高地米德格街租了一栋大房子，慷慨地分享给朋友们。1940年10月初，奥登搬进了这栋位于米德格街7号的大房子，与他一起居住的人中有戈洛·曼。曼注意到，奥登的生活模式正在发生些微变化。"每逢星期日，"他回忆起奥登时说，"他都会消失几个小时，回来时脸上洋溢着幸福的光彩。几个星期以后，他终于向我吐露这些秘密出行的目的地：圣公会教堂。"

★ ★ ★

大约在 1940 年 10 月，奥登重拾孩提时代的宗教信仰和仪式活动。从此刻开始，他每个星期日早上都去参加圣餐会，但避开了之后的礼拜项目，这样他就不用聆听布道了。他还会定期进行私人祷告。正如他在不久后写的一首诗中所表达的：

哦，此时此地，我们无尽的旅程终于停歇。
我们从未离开过我们出生的那个地方。

他皈依的最后阶段是一个平静而渐进的决定，接受了基督教信仰为真正的前提。这段经历一点都不戏剧化，甚至相当平淡。用克尔凯郭尔的话来说，确实存在一种"信仰的跳跃"，但奥登得出的结论是，这种跳跃可以发生在生活的各个领域，如他所说，"当大地在脚下崩塌时，[人们]要想避开毁灭性的灾祸，就必须跳跃，哪怕是跃入完全不确定的境况"。

像以往一样，他仍然充分意识到，并没有合理的证据能够检验基督教教义的真实性。他曾说过，所有试图争辩或反驳上帝存在的企图都"原封不动地退回给了寄件人"。他在一首诗中评述道："真实才是真正让人觉得荒谬的东西。"他对宗教信仰的态度，完全可以用他在《新年书简》里引用的圣安瑟伦的一句名言来诠释——"credo ut intelligam"，即"我信故而我知"。信仰本身可能是非理性的，但这是一扇思想体系大门，走过去便可以理解人类的整体存在，而他在成年后一直兜兜转转的探索历程，正是为了找寻这样一个体系。

奥登的皈依显然是一个纯粹的智性过程，而不是一种精神

第二章 皈依

体验，这在之后的岁月里也始终是他的宗教信仰的一个重要特点。[1]"我不是一个神秘主义者，"他对一个朋友说，"一个人必须注意，千万不要把狂喜感受说成是神秘体验。"不过，他后来的确相信，有那么一两次他"听到了"上帝的声音，而且在他看来，祈祷不仅是一个讲话的过程，还是一个聆听的过程。他写道："祈祷中的严肃成分，始于我们的祈求结束之时，去聆听那个声音，我称之为'圣灵的声音'。"但是，他又表示，他主要的宗教体验是"与上帝保持距离"，他倾向于他所说的"对上帝超验性的巴特[2]式夸张"。他竟然开始相信魔鬼是真实存在的，这种矛盾心理在他身上可谓典型，因为他在生活的各个方面都表现出矛盾性。1972年，有位采访者问他："你相信有魔鬼吗？"他简单地回答："相信。"尽管他说自己把神智学和唯灵论看作"笑话"，但他还是倾向于相信黑魔法、笔迹学和猫的感应能力。正是这种心理导致他在1938年相信布鲁塞尔那位算命师的预言，一度以为战争不会爆发。

他紧跟现代神学的最新进展，研读鲁道夫·布尔特曼和其他

---

1 奥登的宗教信仰带有一定程度的沉闷色彩，基本上偏向不可知论。他于1966年10月16日在威斯敏斯特大教堂布道中的一段话，很好地体现了这一点："在我们当中，那些胆敢自称为基督徒的人最好保持缄默。事实上，真正的基督徒是那种知道自己无论是在信仰上还是在操守上都还不是基督徒的人。就信仰而言，我们只能这么说（类似于西蒙娜·薇依的话）——'我信仰的上帝，他在方方面面都像是一个真正的神，尽管他不存在；而这只是因为我的境界还没有抵达上帝所在的地方。'至于爱并宽恕我们的敌人，我们还是少说为妙。我们必须承认的事实是我们缺乏信仰和爱，对此缺陷的病态哀号（尤其是自怜）于事无补。让我们不妨带着谨慎和幽默扪心自问——假设我们的时间、地点和才能都允许，同时我们的信仰和爱都是完美的，那么我们看到这些显见的现象还会心生欢喜吗？"（本书作者从珍妮特·卡尔顿处借阅了这篇布道文。）——原注
2 卡尔·巴特（Karl Barth），瑞士神学家、哲学家，被认为是基督教新教新正统神学的鼻祖。

《新约》批评家的著作。谈及"耶稣复活"时,他说:"若真有其事,那确实会有所不同,不是吗?"或许,正如一个朋友所怀疑的那样,他自己并不完全相信这一教义。另一方面,他早已接受了基督教关于人类堕落的说法。在他看来,这是人类心理的一个事实表征。他表示,他把"堕落"看成是人类自我意识发展的一个重要历史标志,人类开始知晓自己拥有自由和自主的可能性。关于苦难和罪恶并存于世这一重大神学问题,奥登没有过多关注。他在后来的一首诗中提到,这是源于上帝的愤怒,抑或上帝出于怜悯之心让人类随心所欲地过活(即使后果往往是罪恶的),诸如此类的讨论"似乎是徒劳无功的"。尽管他经常强调罪恶和愧疚的意义,并像克尔凯郭尔那样,认为人带着自己的罪恶独自面对上帝,但他自己的罪恶感,正如斯蒂芬·斯彭德注意到的,有时候似乎只是"奇怪的理论",而不是深刻的体会。

这反映在他皈依后对自己性取向的态度上,或者更确切地说,他缺少必要的态度。克里斯托弗·伊舍伍德观察到奥登对同性恋行为有这种看法:"他的宗教信仰谴责同性恋行为,他同意这是有罪的,但他执意继续犯罪。"这是一种简化的表述,但切中肯綮。在皈依基督教多年后所写的一首诗里,奥登引用了奥古斯丁的一句名言——"主啊,让我保持纯洁,但不是现在",显然是略带戏谑地认同此言。他之所以不觉得这种态度与他的宗教信仰有什么冲突,大致有三个层面的原因。

首先,在人类的所有机能里,他相信"性"是最不受人格控制的机能。他在1940年写了一首短诗,是《新年书简》中的一个注释,描述了婴儿在成长过程中开始尝试控制自己的躯体,却不得不与身体中的其他力量展开博弈,阴茎便是其中之一:

第二章 皈依

> 他的鸡巴[1]永远不属于
> 他的由是与非组成的世界,
> 其价值观永远无法理解
> 谁是敌人,谁又是朋友。

这似乎表明性与道德无关。然而,这首短诗的源起,即《丰产者与饕餮者》中的相关段落,却呈现了另一番景观:

> 起初,婴儿认为自己的四肢属于外部世界。当他学会控制它们时,他接受了它们是自己的一部分。我们所说的"我",实际上是我们的意志即时产生作用的领域。因此,当我们感到牙痛的时候,我们似乎被分解为两个人,受苦的"我"和由牙齿组成的充满阻碍的外部世界。他的阴茎永远不会完全属于他自己。

奥登之所以在皈依后纵容自己的同性恋行为,第二个原因应该是他期望自己能够维持一种高强度的罪恶感。他对一位朋友说,他的神学立场是"奥古斯丁主义的,而不是托马斯主义的"[2]。与奥古斯丁一样,他非常看重作为拯救力量的上帝恩典,而不是人类天性中的任何良善或善行。G. S. 弗雷泽曾这样评说奥登:"为了

---

[1] 此处对应的原文为"prick",是"阴茎"的俚语用法,奥登在最初的版本里用的是"sex"(性)。——原注
[2] 奥古斯丁主义指的是西方哲学中以奥古斯丁的思想和理论为根据的一种融合哲学和神学的学说,是一种主张以上帝为核心、信仰为前提、基督教教义为原理、新柏拉图主义为理论基础的神学哲学体系。托马斯主义指的是中世纪神学家和经院哲学家托马斯·阿奎那创立的神学和哲学学说的总称,将亚里士多德的哲学思想与基督教神学相结合。

规避绝望,他不得不把大部分赌注都压在恩典上,因为他清楚自己的努力肯定会失败。此类基督教信仰的问题在于,旁观者并不会觉得它有什么实际性的差别。"费雷泽显然夸大其词了,因为奥登的努力并没有"肯定会失败",他在私下里做了很多善事、行了很多善举。尽管如此,涉及性问题的时候,他确实认为自己基本上是无可救药的。

第三个原因看起来更为积极。奥登认为人爱("性-浪漫"之爱)能够通往神爱,即上帝无私的爱——查尔斯·威廉斯的作品经常会阐述这一观点。奥登如此说道:"神爱是对人爱的履行与修正,而不是人爱的对立面。"他认为贬低爱欲其实是一种异端邪说,否定了上帝所造之肉体的良善。他在一封写给切斯特·卡尔曼的诗体信笺(未公开发表)中指出,他对切斯特的爱在很大程度上是一种"博爱异象"。他写道:"上帝正是选择你来向我展示至福。"[1]

当然,身边的人都很清楚奥登的信仰皈依。伊丽莎白·梅耶虽然成长于路德宗家庭,却渐渐远离了宗教,她现在似乎乐于见到她和奥登的友谊的一个结果,就是鼓舞他重返了基督教,但她自己并没有打算这么做。至于切斯特·卡尔曼,他跟着父亲长大,自小就没有宗教信仰。尽管如此,并且尽管他有强烈的犹太意识,他还是能够认同基督教的。奥登似乎一度希望切斯特也能加入教会,皈依基督教后不久创作的两首诗——以"时间闭口不言而我将如此告诉你"为开篇的诗歌和《纵身一跳》——被他私下里列

---

[1] 与切斯特之间的关系,很有可能促使奥登皈依基督教(尽管没有证据表明这一点)。直到他有了稳定的同性"婚姻"之后,他才考虑重返基督教。大学同窗 V. M. 阿洛姆如此描述奥登的牛津岁月:"我认为,他如今自称为基督徒的真正障碍……源于一种强烈的意识,即任何同性恋行为都是犯罪,除非他准备过一种阉人的生活。"——原注

入那些写给切斯特（或与切斯特有关）的诗中，反映了他希望与切斯特交流信仰皈依的深层动机。第二首诗的结尾如下所示：

> 虽然我爱你，你还得纵身一跳；
> 我们的安全幻梦不得不消失。

然而，切斯特并没有追随奥登的脚步加入教会。

奥登的几个朋友都想知道，为什么他皈依后加入的是圣公会，或者更确切地说，是重新加入圣公会，而不是罗马天主教。奥登之所以皈依，是因为想要寻找并接纳一种绝对的、无条件的信条，人们一般认为，此类求索最终会把人引入天主教而不是新教。奥登本人总体上也的确欣赏罗马天主教。他赞同天主教的观点，认为神父的职责是主持圣礼，无论神父个人的道德品质如何，圣礼都可以有条不紊地进行。新教则强调布道的重要性，而他对布道没有什么耐心。另一方面，正如他自己所说，他的神学观点大体是"新加尔文主义（即巴特式的）"，他倾向于接受加尔文主义的预定论，相信上帝必定知道人类个体的命运，而且他认为"天主教执守真理，新教追寻真理"。

简单来说，他几乎在每一个细节上都回归了儿时的宗教。他自小就是英国国教的一员，该教派在美国的对应组织正好是美国圣公会，两者都属于普世圣公会，也就是说实际上是同一个教派。在英国国教里，他儿时耳濡目染的是高教会派的仪式，而在1940年的此时此刻，这再次成为他的偏好。他形容自己是"高教会派教徒，尽管没那么狭隘"，换言之，他并不执着于高教会派的宗教活动。

奥登并没有因为皈依基督教而停止思想意识的探索。在接下来的 30 年里，他的宗教信仰继续发生着微妙但确切的变化。随着时间的推移，他在 20 世纪 40 年代秉持的巴特式新加尔文主义倾向慢慢地稀释，到了 50 年代中期，他表达了基督教是一种"普世之舞"的观念——这种想法很有可能来自查尔斯·威廉斯。在诗歌《晚祷》中，奥登谈到了"围着永生之树的……律动之舞"。再后来，他喜欢强调他所谓的"狂欢精神"在宗教中的重要性，这与他在 20 世纪 40 年代初推崇的严肃信仰大相径庭。

他的幽默感一直以来都与英国国教息息相关，在之后的岁月里依然如此。他喜欢用钢琴弹奏《英国圣歌集》[1]中的乐曲，从庄严的圣歌里拣选出自以为滑稽的片段，津津有味地吼唱出来。他还发明了一种所谓的"炼狱搭档"的室内游戏[2]：玩游戏的时候，玩家必须选择两个性格迥异的角色，这两个角色自然是相互敌视，但在炼狱中不得不齐心合力，直到彼此能够相亲相爱。这类搭档角色包括 T. S. 艾略特和沃尔特·惠特曼、托尔斯泰和奥斯卡·王尔德。更令人啼笑皆非的是，奥登经常幻想自己是英国国教的一个疯狂牧师。"做个小小的咏礼司铎[3]不是很好玩吗？"他对一位朋友说。在他的角色扮演里，有一种场景是他以主教的身份在公学里布道。"我常常想，"他曾带着异常严肃的口吻说，"如果我不是诗人，我可能会成为英国国教的主教——但愿在政治上我是个自由派；不过，在神学和礼拜仪式上，我肯定是个保守派。"

---

1 《英国圣歌集》(*English Hymnal*) 是 1906 年由牛津大学出版社为英国国教出版的一本圣歌汇编，是英国圣公会音乐史上的一本重要出版物。

2 根据下文表述，这个游戏显然与但丁的《神曲·炼狱篇》有关。根据但丁的设想，炼狱中有七层平台是灵魂经受磨炼来净罪的场所，净罪的方式是一面受"报复刑"惩罚，一面对照与自己的罪过相反的美德的榜样和与自己的罪过相同者受惩罚的实例，时时警告自己，进行反省。这应该就是奥登设定"玩家必须选择两个性格迥异的角色"的原因所在。

3 咏礼司铎（canon）是神职之一，一般是大教堂里的牧师。

第三章　危机

1940年10月，恰逢奥登开始定期去教堂的时候，由《新年书简》及其注释、十四行组诗《探索》组成的《双面人》完成了。奥登向霍加斯出版社的约翰·莱曼承诺，英国版将由他们出版，而不是交给费伯-费伯出版社。这是因为奥登曾在1938年接受莱曼的委托，要写一本关于美国的旅行书，又在1939年初接受了莱曼的一笔钱作为预付版税，但这本旅行书一直没有写出来，到头来只能用《双面人》顶上。莱曼在霍加斯的公告中为《双面人》做宣传，艾略特看到后告诉他，奥登实际上已经与费伯-费伯出版社签约，无权将这本书交给其他出版社。这让莱曼很苦恼，也很愤怒，他写信给奥登，要求他做出解释。奥登既没有表达歉意，也没有找任何借口，只是从纽约发了一封电报给他："我无法处理此事。"

艾略特出面解决了这件事。他补偿了莱曼之前给奥登的预付款，替费伯-费伯出版社接手了《双面人》。不过，他并不想为一本出现在另一家公司公告中的书籍做宣传，因此在没有征询奥登意见的情况下就把书名改为《新年书简》了。他还注意到"双面人"出现在书中的诗体序言里,便又一次悄悄地做了修改,把这个短语改成"看不见的孪生体"。当然,他定是希望奥登不会发现他的改动。与此同时,奥登把这本书的手稿交给了美国出版商兰登书屋,长诗《新年书简》的注释与英国版不太一样。如此一来,第二年春天出版时,这本书便有了两个书名和两种文本。

奥登现在的生活圈,与他选择的内在智识和精神生活形成了奇怪的对照。他于1940年10月初搬进了位于布鲁克林高地米德格街7号的房子,这栋房子没过多久就因为住客们的波希米亚式做派而闻名。乔治·戴维斯搞定了这栋房子后,打算与他在纽约担任文学编辑期间结交的一些艺术家朋友分享。这是一栋棕色石头建筑,坐落在布鲁克林桥附近的一条安静的小街上,乔治·戴维斯的朋友们很快就搬了进来。奥登是第一批入住的房客,每月付给戴维斯25美元,得到了顶层的客厅和卧室。另一位早期住客是卡森·麦卡勒斯,她最近凭借小说《心是孤独的猎手》而声名鹊起,但她的婚姻生活已经陷入僵局,她爱上了女人,包括埃丽卡·曼。就在奥登和麦卡勒斯住进米德格街的那栋房子后不久,本杰明·布里顿和彼得·皮尔斯也搬了进来。他们日益觉察到伊丽莎白·梅耶的热情好客给人一种窒息之感,便离开了她位于长岛的家,从乔治·戴维斯这里租了一个房间。布里顿还在公共会客室安放了一架施坦威大钢琴。随后,戈洛·曼、音乐家兼作家保罗·鲍尔斯及其妻简(亦是作家)、剧院设计师奥利弗·史密斯相继加入了这个大家庭。路易斯·麦克尼斯来此短暂住了一阵子。另一位住客,或者更确切地说,一位常客,是乔治·戴维斯的朋友吉普赛·罗斯·李。李是一位脱衣舞艺术家,据说她的小说《脱衣舞娘连环凶杀案》正是由乔治·戴维斯代笔的[1]。

奥登称这栋房子为"我们的野生动物园"。巧合的是，有几个星期，这里的住客的确包括一只训练有素的黑猩猩及其饲养员；还有一位住客精于一种室内戏法，可以把香烟插进自己的屁眼并从中喷出烟来。乔治·戴维斯在接受《纽约客》采访时说"这是寄宿公寓楼（boarding house）"，采访者想当然地认为他的言下之意是"不入流的房子"（bawdy house）。以布里顿和皮尔斯的品味而言，这里的设施过于俗气，皮尔斯后来说它"肮脏不堪"。尽管如此，奥登在这里如鱼得水，很快就成了这栋房子的父亲；更确切地讲，是母亲。

他坚持严格遵照饭点用餐。一位黑人厨师为他们做饭，一位黑人女仆提供餐桌服务。每当用餐时，奥登都坐在餐桌的上首位置。保罗·鲍尔斯回忆说："奥登会在开饭前宣布：'我们有一份烤肉和两份蔬菜，还有沙拉和开胃菜，但是没有任何政治话题要讨论。'"他制定并执行了一套涉及每个人、每顿饭的价格体系，正如戈洛·曼所回忆的："在提前发布了正式通告之后，大家若是错过了几顿饭，将是一个严肃的问题。"他每个星期都会去各个房间收餐费。如果在会客厅办派对，他会要求客人必须在凌晨一点之前离开。时间一到，他就会毫不客气地下逐客令，这往往引起派对主人的不满。这种母性和师长作风结合在一起，倒是让这栋房子里的生活变得井然有序了。

到米德格街拜访奥登的朋友们注意到，他的言谈举止与房子里的其余住客形成了鲜明的对比。詹姆斯·斯特恩回忆道："乔治

---

[1] 吉普赛·罗斯·李是美国著名的脱衣舞娘。1941 年，李出版了一部充满神秘色彩的悬疑故事《脱衣舞娘连环凶杀案》（*The G-String Murders*），其中"G-String"的本意是丁字裤，旧时一般指脱衣舞娘的着装。

嘴里叼着一根烟,裸身坐在钢琴前,卡森抱着半加仑[1]雪利酒,醉卧在地上,然后威斯坦就像校长一样冲了进来,高喊'晚餐时间到了!'。"

在某些事情上,奥登越来越一丝不苟。他不喜欢人们把食物剩在盘子里,也不喜欢人们如厕时用一张以上厕纸。而且,尽管他在几乎所有其他方面都表现得慷慨大度,但只要有人随意抽了他的烟,他就大为光火,即便是老朋友也不行。他会义正词严地说:"你得自己买。"[2] 关于女人在公共场合可以做什么、不可以做什么,他也有非常严格的规定:"我不喜欢两件事——女人喝烈酒,以及女人在没有男伴的情况下出现在酒吧里。"

然而,他的外表倒没有表现出这种一丝不苟的精神。他说自己属于那种"看起来就像是一张未整理的床"的人,对此似乎颇有些沾沾自喜的意味。他后来在一首诗歌版人物速写里如此描述自己:"他穿衣服的样子/就像个气鼓鼓的娃娃,/大吼大叫着才穿好。"在20世纪20年代和30年代初,他出入高档场所时会主动把自己拾掇得整洁大方;但现在,即使与切斯特·卡尔曼去大

---

[1] 英美制容量单位,英制1加仑为4.546升,美制1加仑为3.785升。
[2] 这方面最极端的例子,发生在20世纪50年代斯蒂芬·斯彭德到伊斯基亚岛与他同住的时候。斯彭德回忆道:"在我跟他一起度过的那个下午,我好巧不巧地抽了他的一根烟。他说:'难道你自己没有烟吗?'我说:'其实,我本想买的,但我没有意大利的钱,身上只有英镑。'他说:'那好吧,我很乐意换一些给你。给我1英镑。'他在《先驱论坛报》上查了一下汇率,然后说:'哎呀,恐怕英镑最近的汇率很低。我只能给你100里拉,但至少你可以下楼去买点烟了。'"("The Art of Poetry, xxv" [interview with Peter Stiff], *Paris Review*, 77 [Winter-Spring 1980], pp. 127—128。) 斯彭德认为,奥登有所谓的"古怪的吝啬癖",这则轶事是绝佳证明。不过,奥登表现得如此极端,倒有点像是故意为之,仿佛在摹仿"吝啬主人"的变态做法。正是在上述采访里,斯彭德继续说道:"几个月后,奥登和我们一起住在英国。那时,我女儿总是嚷嚷着要一匹马。见我们买不起,奥登便说:'好吧,斯蒂芬,在这世上,莉齐最想要的是一匹马。这里有50英镑,够给她买一匹了。'这是同一个人做出来的事。"——原注

第三章 危机

都会歌剧院,他也依然身穿在牛津大学最后一年定制的燕尾服,衣服上布满了油渍,更糟糕的是,他搭配的鞋子不是运动鞋就是拖鞋。为此,切斯特说他是"一群循规蹈矩者中最邋遢的孩子"。

一方面,他有条不紊地维持着米德格街那栋房子里的生活秩序;另一方面,他在着装打扮上十分杂乱无章。为什么会出现这种显而易见的反差呢?或许可以这样解释,他认为这两件事的价值完全不同。衣服和外表是无关紧要的,因为着装不会妨碍他的工作。然而,一个有序的时间表对他的生活来说至关重要。只有严格遵守既定的作息,他才能做好他的工作;相应地,他相信很有必要让其他人也依照时间表行事。他在米德格街寓所里扮演的家庭母亲的角色,还暗含了一个因素——重现他在孩童时期接受的有条不紊的爱德华时代养育模式。他十分怀念孩童时期的礼节和规矩,背井离乡来到美国后,他开始越来越多地按照严格的养育模式来塑造自己的家庭生活(至少体现于日常事务领域)。

他做好了心理准备,要接纳甚至是享受米德格街寓所里的散漫生活,只要这种生活不会妨碍他从事诗人工作所需要的自律。他也很享受在住客们中间扮演"师长"角色。无论从哪个方面来看,他都与传统观念里的"诗意"不搭边。他如此解释道:"对不起,亲爱的,人不能太放浪形骸!"

大约在他搬到米德格街的时候,他的饮酒量加大了。他一般喝葡萄酒,往往是廉价的意大利红酒或加州红酒,这一时期几乎没有碰过烈酒。他对待酒的态度,与对待食物的态度如出一辙,都要在一天中适当的时间段里干脆利落地解决掉特定的分量。酒呢,就属于晚间饮品。他在工作时从不喝酒。

即使喝了很多酒,他也不会变得逞强好斗或者顾影自怜。但正如他自己所说,酒确实会令他"变得侃侃而谈"。许多个夜晚,他手里拿着一瓶或几瓶酒,谈话时不再顾及旁人的感受,变成了滔滔不绝的独白;他讲的是盘亘在脑海里的东西,就像戈洛·曼说的,往往是一系列声明,"总是带有权威性……不容商榷"。

到1940年深秋的时候,他已经完全适应了米德格街的生活。房子里多出了两只猫,其中一只猫睡到了他的床上。作为一个爱猫人士,他显然很受用。像往常一样,他早上6点就起床工作了,并要求保罗·鲍尔斯的妻子简也在这个时间点起床帮他打字。她居然接受了,这一点令她的丈夫大感意外。他们两个在早饭前要工作三个小时左右。与此同时,奥登继续每周去一次社会研究新学院讲授诗歌课,闲暇时阅读了大量哲学、历史和神学方面的作品,包括保罗·蒂利希的著作(认为他的作品"让人激动")。他告诉多兹夫人:"我现在的生活非常平静。"

大约在此期间,他结识了神学家莱因霍尔德·尼布尔[1]。他为尼布尔的《基督教与强权政治》写了一篇书评,发表在《国家》[2]上。尼布尔和他的英裔妻子厄休拉(本身也是一位神学家)对这篇文章很感兴趣,写信给奥登约见面,这开启了一段漫长的友谊。

尼布尔当时年近四十,在纽约的协和神学院任教,他和妻子开始定期邀请奥登去他们的公寓会面,或者他们到米德格街的那栋气氛奇怪的房子里拜访奥登。这段友谊拥有轻松的一面:奥登和厄休拉·尼布尔相互分享了有关英国国教的笑话,还播放过录有英国火车声和教堂钟声的留声机唱片;此外,尼布尔夫妇注意到,

---

[1] 莱茵霍尔德·尼布尔是20世纪美国最著名的神学家、思想家之一,是新正统神学的代表人物。
[2] 《国家》是美国历史悠久的期刊,在1865年创刊。

奥登似乎需要一些家庭生活，至少有时候是这样，比如他喜欢在圣诞节和他们一起享用晚餐。在更严肃的层面上，他与尼布尔夫妇讨论了不少神学问题。

他们有很多共同点。莱因霍尔德·尼布尔于1936年在美国出版的《基督教伦理学解读》一书，正好契合奥登的观点。他们都认为现代自由主义已经崩溃，其后果是自由主义者无法抵抗希特勒，也不可能对纳粹做出判决。尼布尔将整个现代世俗自由主义文化界定为"一种失去活力的世俗化的宗教"，"在客观科学的发现与推动下，基督教传统预设的前提被加以阐释，并被解读为一系列历史和自然的进程"。他呼吁回归基督教本身，因为它提供了"一个凌驾于所有重大问题之上的超然视角"。奥登自然是赞同这一观点。他十分钦佩莱因霍尔德·尼布尔的思想和为人，称他为"仁慈的苍鹰"。1941年初，尼布尔出版了《人的本性及其命运》第一卷，奥登在一篇书评中称赞这是"我们在很长一段时间里所能看到的有关新正统神学的最明晰、最稳当的评述"。不过，对于许多人所认为的尼布尔思想最独特的方面——要求基督徒应该参与政治事务，尤其是美国应当参与这场战争——奥登并没有公开评说。

尼布尔在20世纪30年代因左翼观点而闻名。他曾创立"社会党基督徒协会"，并作为社会党的候选人参加竞选，但由于社会党的不干预主义的外交政策，他最终与社会党决裂，成了一位民主党人士。他一度也是和平主义者（面对第一次世界大战的态度），但他现在相信，要是认为对一切政治问题都可以采取非暴力的方式，那就大错特错了。他正在尽最大努力说服受到和平主义影响的基督徒，劝说他们应该支持抵抗希特勒的战争。他在《基督教与强权政治》一书中严厉驳斥了和平主义的观点。奥登在《国家》

上发表的书评，只是讨论了该书所涵盖的神学思想，并没有涉及书中的反和平主义立场和要求美国参战的呼吁。

厄休拉·尼布尔认为，奥登之所以有此种表现，是因为他作为一个初来乍到者，还不是美国公民，可能并不想干涉外交方面的政策。她有一个印象，觉得奥登十分支持她丈夫的反和平主义的观点。确实，奥登在1940年秋重返教堂后，似乎没有继续考虑采取"和平主义立场"。虽然他在1939年夏秋之际走向了和平主义，但这明显是一条死路，所以他撤了回来。他也没有像之前设想的那样练瑜伽。然而，埃丽卡·曼觉得奥登看起来格外疏离于战争问题，也不愿意投身于反希特勒的事业。在1940年和1941年，奥登经常去埃丽卡·曼的父母家拜访，与埃丽卡·曼见过很多面。奥登对战争的态度令她很恼火。在1942年夏的英国之行中，她跟一位渴望得到奥登消息的新闻记者谈到了这件事。"埃丽卡·曼无意于为他辩解，也不打算包容他的态度，"《伦敦晚报》报道说，"她完全无法理解他的'伪超然'。即便是入侵苏俄这种事，他也表现得无动于衷。不过，虽然奥登试图装作对战事不感兴趣，但她告诉我，当'俾斯麦'号沉没[1]时，他可是高兴得很。"

毫无疑问，对于埃丽卡以及她的一些家庭成员压倒性的反纳粹呼声，奥登多半是抵触的，因为他们在希特勒和战争问题上表现出强烈的敌意。在与他们讨论此类问题时，他们近乎歇斯底里的语调无疑会导致他采取更为中立的态度。当然，不能忽略的是，他对战争的大体态度仍然是超然疏离的。

在1940年春完成的《新年书简》初稿里，他曾写有一段话，

---

[1] 此处应是指"俾斯麦"号战列舰，1940年8月24日建成服役，是当时德国吨位最大、技术最先进的战列舰。1941年5月26日，"俾斯麦"号遭到从英国皇家"方舟"号航空母舰起飞的剑鱼攻击机的空袭，最终被英军以优势兵力击沉。

第三章 危机

很好地阐明了这一点。这段话出现在第三部分,他扪心自问,在当今的诸多事业中,他应该投身于哪一个:

> 比其他吼声更为响亮
> 发动战争的各个政府
> [字迹难以辨认]声称
> 他们是文明的拥护者
> 没有人会对此发出质疑
> 甜蜜和得体却催生了死亡。
> 我听到了他们;不,不是他们
> 除了叛徒,其他人都会言听计从。
> "英国""法国""帝国",
> 他们的言语就像绝迹鸟类的名字
> 或是村姑们的古朴落伍的魅力
> 把爱人紧紧地拥入自个儿怀里,
> 将是他们所做的唯一好事,
> 他们把成千上万人推进了坟墓。
> 愚蠢的奇普斯先生陷入了感伤
> 他拥有好几艘重型的战舰,
> 荒唐可笑的小伙子罗恩格林
> 把观众们都安排在拘留营。
> 亲爱的普吕多姆先生崇尚荣耀
> 还热衷于尊严和权力
> 而无产阶级浅白的谎言
> 由俄罗斯国家的高贵警察
> 和华丽而冷峻的派头

牢不可破地安置就位。[1]

在公开发表的版本里，奥登大量修改了这些诗行，使之不再影射特定的国家，但文本背后的情感态度却基本上保留了下来。

这种疏离于战争的情感态度，在奥登于1940年7月发表的关于里尔克《战时信札》的评论中也有所显露。里尔克对第一次世界大战采取了一种消极的立场，奥登在文中对此表示理解。里尔克曾写道："不需要去理解，是的，这就是我在近些年里的全部想法。"关于这一点，奥登的看法如下所示：

> 把这说成是象牙塔式的态度，其实是一个低劣而邪恶的谎言。作为没有分担前线人员的身体痛苦的非战斗人士，拒绝因此背负愧疚感，不愿意深陷于国恨家仇的情感旋涡里，因为这种态度实际上毫无用处，只会产生更为可怕的后果。保持清醒，但拒绝去理解，这是一种积极的做法，需要高强度的勇气将其与自私或怯懦的漠不关心区分开来，[尽管]在当时对局外人来说可能是匪夷所思的。

---

[1] 奥登在此以戏谑的笔触描写了主要的参战国：奇普斯先生（Mr Chips）应该是出自英国著名畅销书作家詹姆斯·希尔顿（James Hilton）的小说《再见，奇普斯先生》（*Goodbye, Mr. Chips*，1934）；罗恩格林（Lohengrin）在德国传说中是圣杯骑士帕西法尔之子，被誉为"天鹅骑士"；普吕多姆先生（Monsieur Prudhomme）很可能指的是亨利·莫尼埃（Henry Monnier）创造的19世纪法国漫画人物，这位挺着啤酒肚的资产阶级人士喜欢随身携带一把巨剑，被大文豪巴尔扎克称为"巴黎中产阶级的典型"；有关苏俄的"谎言"，可能是批判苏联政府对同性恋的态度转变——苏联在1917年宣称个人拥有性向选择的自由，但斯大林政府在1934年宣布同性恋为犯罪，这使很多左派知识分子大感失望（比如纪德和伊舍伍德）。

第三章 危机

由此可以推测，奥登完全赞同里尔克的态度。但事实上，这种疏离于战争的情感倾向只是在特定的情绪或情况下才会出现，而在其他场合，他已经做好了承担责任的准备。1941年1月，他为克劳斯·曼创办的杂志《抉择》撰文写道："战胜希特勒是迫在眉睫之事，对此无须赘述。"他对斯蒂芬·斯彭德说，"无论如何"，他都支持同盟国。在给斯彭德的另外一封信里，他看起来相当好战：

> 为了捍卫文明需要做些什么呢？按照紧迫性来排序：1.杀死德国人，摧毁德国人的财产。2.尽量避免英国人的生命受到危害、财产受到破坏。3.从房子到诗歌，创造出值得保存的东西。4.为了帮助人们理解文明的真正含义和内容……我完全无法接受和平主义作为一种政治运动而存在，此类观点无异于宣称一个人可以在私人生活领域做出导致战争的事情，然后自认为拒绝抗战是一种牺牲，而不是一种奢侈。

当然，与战争期间留在美国的各种理由一样，他对战争本身的态度也是错综复杂的，有时候甚至是自相矛盾的。我们仍然可以这样说，他并不清楚自己的想法，或至少可以认为，他有一整套相互抵触的态度和理由，这些态度和理由往往会根据听众的不同而有所变化。他对这些问题游移不定，正如他在20世纪30年代半真半假地投身于政治一样。毋庸置疑的是，他现在已经完全放弃了在诗歌中宣传政治信条的做法。不过，这并不妨碍他关注1940年的美国总统选举，尽管没有投票权，但他支持罗斯福，因为罗斯福的政策是反孤立主义，支持美国参与这场战争。奥登在大选前写信对一位朋友说："我希望我们这一方获胜；我为此忧心。"

兰登书屋在1941年3月出版了《双面人》。奥登送了一本给切斯特·卡尔曼，题写了一句话："致切斯特，他清楚这两面。"两个月后，费伯-费伯出版社推出了另一个版本，即《新年书简》。大西洋两岸的评论家都注意到这本书的诗歌风格，倒不太关注其中的观点。有些评论家，包括在《地平线》刊文的埃德温·缪尔，认为这是一次"通往永远无法抵达之处"的论辩之旅。与他们不同的是，乔治·埃夫里在《神学》上刊文指出，奥登探索的方向其实是基督教信仰；带给这本书诸多灵感的查尔斯·威廉斯，在《都柏林评论》上刊文指出，"这是一种'道'的模式，带有独特的印记"。至于书中提到的奥登留在美国的原因，说服了一些人，至少能给一些人留下印象，其中就包括奥登的父亲。他在1941年写道，"为他［威斯坦］留在美国的决定感到欣慰，因为美国在思想和哲理领域有更多的发展可能性"，这与他早前对该问题的看法已经大为不同。

1941年5月，奥登和布里顿的轻歌剧《保罗·班扬》已经完成，由纽约哥伦比亚大学安排首秀。该校戏剧协会在布兰德·马修斯礼堂[1]连排了一个星期的演出，表演者是音乐系的学生，歌队合唱部分由纽约唱诗班[2]鼎力相助，音乐指挥是休·罗斯，舞台导演是米尔顿·史密斯。

正如奥登直言不讳的评价，这出轻歌剧是"失败的"。纽约的评论家严厉批评了这部剧。《时代》杂志称之为"两个英国侨民提供的有气无力的轻歌剧"，并说"对这位伐木巨人的处理方式令人困惑，也令人恼火，随便找两个英国人都有可能写出这种水准的

---

[1] 布兰德·马修斯礼堂（Brander Matthews Hall）建于1940年，以知名戏剧学者布兰德·马修斯的名字命名。这里有著名的哥伦比亚歌剧院工作室，还有一个拥有接近300个座位的剧院。

[2] 纽约唱诗班（New York Schola Cantorum）是成立于1909年的合唱团。

剧"。《纽约客》认为该剧"没有落到实处"。相对于脚本而言,音乐的接受情况要稍好一些,《纽约时报》赞扬了布里顿的配乐能力。然而,就像布里顿自己说的,评论家们大体上"毫不留情地谴责了这部剧"。但他补充道:"公众似乎从演出中发现了一些乐趣。"

布里顿远不如奥登自信,这些评论给他留下了深刻的心理阴影。首秀之后,他不再尝试让《保罗·班扬》重登舞台,而且在很长一段时间里,他都不接受任何关于重演的建议。直到1976年,他才勉强同意在奥尔德堡音乐节[1]上演修订版。这次演出大获成功,当然,有一部分原因是观众们对这部几乎无人看过的"奥登-布里顿"合作剧充满了好奇,热切地想要一睹全貌。这部剧也在电台上播出了。电台是适宜的媒介,在展示该剧的魅力与活力的同时,也规避了情节上的一些荒谬之处。

越来越多机构邀请奥登演讲与授课。1941年1月,他在密歇根大学安阿伯分校做了一次演讲。2月,他在宾夕法尼亚州立学院授课一个星期。接下来一个月,他在耶鲁大学的一场晚宴上发表了讲话。然而,他的财务状况仍然不稳定。1940年,他欣然接受了一位富有的艺术赞助人卡罗琳·牛顿的资助。她是塞缪尔·约翰逊研究专家、图书收藏家A. E. 牛顿的女儿,当时已经步入中年了,但一直未婚。她带奥登去剧院看戏,送了一块他很喜欢的手表,并且渐渐迷上了他。最终,她提供了经济上的帮助。他写

---

[1] 奥尔德堡音乐节(Aldeburgh Festival)是在英国伦敦东北方向的滨海小镇奥尔德堡举行的音乐节,是世界著名音乐节,1948年由本杰明·布里顿、彼得·皮尔斯等人发起。

信告诉她:"你所给予的,我思量再三,而我只能说,好,我会收下这笔钱。"他解释说,他之所以这么做,是因为他现在承担了切斯特·卡尔曼的大学学费的大头,切斯特的父亲也许是不愿意支付这些费用,也许是无力支付。他在信的结尾处写道:"只有创作上的成功才能最好地表达我的感激之情。"

1941年夏,连任三届的罗斯福总统开始征兵,奥登虽然不是美国公民,却面临着应征入伍的可能性。他告诉卡罗琳·牛顿,他本不在意这些,但要是自己入伍了,他很担心切斯特的未来生活。不过,他暂时没有听到任何来自当局的消息。夏日的某天,可能是7月头两个半星期的某天,一场危机覆盖了这份担忧。奥登发现切斯特有了情人。

奥登彻底崩溃了。"我被迫体会到,"他后来写下了自己在发现切斯特不忠后度日如年的感受,"自己成为古希腊和基督教意义上的那种恶魔力量的猎物,被剥夺了自我控制力和自我尊严,表现得宛如斯特林堡[1]剧作中的一位蹩脚演员。"

切斯特的新情人是一个在商船队工作的英国年轻人,1940年夏来到纽约后,由一个共同认识的朋友引荐给奥登。他受到奥登的热情接待,很快就认识了切斯特,虽然他很想知道奥登和切斯特之间的具体关系,但尚未察觉他俩是恋人。他自己不完全是同性恋者,却发现渐渐陷入了切斯特所谓的"磁力牵引",没过多久就爱上了切斯特,与他开始了一段风流韵事。大约一个月后,他离开了纽约,但在1940年圣诞节时又回来了,去米德格街拜访了奥登和切斯特。这次相处的尾声阶段,就在他的船即将启程的当口,切斯特才告诉他:"威斯坦是我的恋人。"水手得知自己在无意中

---

[1] 瑞典剧作家斯特林堡(August Strindberg, 1849—1912)的创作道路是一条由批判现实主义转向悲观主义和变态心理的道路,不少作品描写了变态的社会关系。

第三章 危机

给奥登戴了绿帽子,心里惴惴不安。他对切斯特说:"要么我们跟他坦白,要么我跟你断绝往来。"切斯特则明确表示,与奥登的关系对他来说无比重要。

正是在水手离开纽约的那段时间——他直到1941年深秋才回来——切斯特向奥登坦白了这桩外遇。我们并不清楚他为何要等到7月才说出来。水手后来听说了此事,疑心切斯特纯粹出于施虐的心理,选择了一个特别不恰当的时机说出了这件事,因为他知道这对奥登的打击力度最大。

切斯特据实相告后,处于近乎癫狂状态的奥登认真考虑过谋杀——想要杀死切斯特,或者杀死那个水手(他可能觉得水手还在美国)。"因为你,"他后来对切斯特说,"在意图上,以及几乎表现在行动上,我一直是个杀人犯。"几年后,他对一位朋友说:"在美国,杀人是多么容易的一件事,实在是太可怕了。只要喝多了——我能感觉到自己有杀人的冲动。在英国,一个人感到所有的社会约束力都在阻碍他。但在这里,任何事情都有可能发生。"在危机发生后不久,他写了一首诗献给切斯特,其中有这么几行:

> 哦,我的爱,我的爱,
> 在火焰和飞雪交加的夜晚
> 请帮助我摆脱邪恶。

与此同时,切斯特告诉奥登,虽然他们可以继续做朋友,但他再也不会与他同床共枕了。

切斯特的行为是意料之中的。他对奥登的爱,从来没有像奥登爱他那样强烈。他只有20岁,在他眼里,年长14岁的奥登与其说是恋人,不如说是赞助人和保护人。即便以这种模式相处,两人的关系也不太顺畅,因为切斯特有时候会对奥登的资助心生不满。雪上加霜的是,奥登对待他的方式,就仿佛教师对待一个聪明的学生。在便利和松弛的情况下,奥登会跟朋友们炫耀他,但是在进行严肃的谈话时,便会把他撇在一边,或者干脆把他当成了背景板。塔尼娅·斯特恩以及其他朋友开始挑明,这么做是没有必要的,并劝说奥登,如果他对切斯特的感情是认真的,就不应该排斥他。然而,伤害已经造成了,切斯特的不忠无疑包含了一丝报复的成分。当然,这也是他的性情使然。他不像奥登,并不满足于与一个人建立稳定的关系。在遇到切斯特之前的年岁里,奥登虽然极尽所能地寻欢作乐,但一直在寻找恒久的爱情,自认为"在本质上是单偶制的[1]"。相比之下,切斯特是一个追逐性刺激和浪漫关系的人。毫无疑问,他在与奥登的相处中,很快就失去了性生活方面的兴致。

1941年7月19日,显然是在得知切斯特的新恋情后不久,奥登不得不离开纽约,到密歇根州的奥利弗学院待一个星期,为一个暑期班授课。他在奥利弗学院给厄休拉·尼布尔写了一封信:"在个人、艺术和气候等诸多因素的夹击下,我在这里感到异常孤独和失落。"他之前计划7月底回纽约后,与切斯特一起去卡罗琳·牛顿位于罗得岛詹姆斯敦的避暑别墅度假。虽然现如今发生了这样的危机,两人还是决定按照原计划行事。在接下来的几个星期里,奥登一直在努力接受已经发生的一切,以及他未来生活的可能状况。在他看来,切斯特的行为不仅是对爱情的背叛,更是违背了他所认为的婚姻誓言。早在这段关系开始之初,他就用"婚姻"这个词来形容他和切斯特之间的关系,他们两人很有可能

---

[1] 此处对应的原文为"monandrous",原本是一个生物学术语,指"单雄蕊的",此处译为"单偶制的"。

有过真正的宣誓。这一点可以从奥登的诗歌《疾病与健康》看出来，该诗源于他对切斯特的爱，诗行"我们发誓，'O'这个忠实的圆形"暗示了宣誓。

奥登在詹姆斯敦的一个月里没有写诗，但在几个月后的一些诗行里描述了他当时的心境。诗中的叙述者是圣约瑟，他不得不面对马利亚因怀有圣子而貌似出轨的行为，但奥登私下里承认，这首诗融入了他自己遭遇切斯特背叛的感受。"约瑟，"他对一个朋友说，"就是我。"

> 您在哪里？天父啊，在哪里？
> 陷入嫉妒的陷阱之中
> 我独自坐在一座空房子里
> 在一片黑暗中听到了
> 一切，一切，
> 浴室水龙头的滴水声，
> 沙发弹簧的咯吱声，
> 通风管道的呼呼风声，
> 它们都在说同样的话
> 愚蠢，愚蠢，
> 说了一遍又一遍。
> 天父啊，我都做了什么？
> ⋯⋯⋯⋯⋯
> 我如何才能得知，
> 天父，那不过是您？
> ⋯⋯⋯⋯⋯
> 我所有的问题只需要

> 一个重要而雅正的证据
> 我的爱人的所作所为
> 确实源于您的意志
> 而您的意志就是爱。

他回归基督教信仰还不到一年,正面临最严峻的考验。

然后,在他来到詹姆斯敦大约三个星期后,英国那边传来了消息,他72岁的母亲在睡梦之中离世了。这消息是电报发过来的,而电报是通过电话读给卡罗琳·牛顿的。那天晚上,她、切斯特·卡尔曼和奥登原本要在罗得岛的纽波特与一位名叫金的海军上将共进晚餐。卡罗琳·牛顿把噩耗告诉了切斯特,让他转告奥登。切斯特走进房间后说:"我们不去金家里了。"奥登说:"好极了,好极了。"切斯特接着说:"因为你母亲去世了。"奥登呆若木鸡,静坐了良久。随后,他说:"她真讨人喜欢啊,离世的最后一个行为竟然是把我从一个恼人的社交应酬中解救了出来。"说完,他就失声痛哭了起来。

后来,他写信告诉一位朋友:"我对自己强烈的情绪反应感到惊讶,尽管我知道必定会有类似的反应。母亲死后,一个人才第一次真真正正地孑然一身,这种感受很糟糕。"

由于战争原因,来自英国的邮件经常被延后,母亲的一封来信在她去世后才送达。他对二哥约翰说,他无法打开这封信。母亲离世对他而言是一个巨大的分水岭。后来,他对一些人说,这是他重返宗教的一个主要原因,尽管事实上他的皈依行为在她去世前差不多一年就已经发生了。

1941年9月初,他离开詹姆斯敦,回到了纽约。他写信给卡罗琳·牛顿:"我只想告诉你,在詹姆斯敦的一个月,除了带给我

第三章 危机

愉悦的感受以外，还有你想象不到的巨大帮助。由于种种原因，这个夏天对我来说异常艰难，如果没有你给予我的闲适与友谊，我不知道自己该如何度过这段时间。"

他已经找到了一个人，可以部分地接替母亲在他生活中的角色。这个人正是伊丽莎白·梅耶。自相识之初，她便一直是他心目中的母亲形象。现在，他把自己小时候的照片送给了她，在这张照片里，婴孩模样的奥登被母亲抱在怀里。奥登在照片上题了一句话："伊丽莎白，我想母亲看到有人接替了她的位置，应该会（肯定会）很高兴。"

没有人可以代替切斯特的位置，奥登也无意于寻找这样一个人。他决定接受切斯特的要求，也就是说，他们以朋友的方式相处，不再是恋人了，切斯特可以自个儿出去寻欢作乐。[1] 与此同时，奥登近期的工作问题也得到了解决。他曾于1月份在密歇根大学安阿伯分校做过简短的演讲，现在该校邀请他担任英语方面的副教授一职，整个聘期为一年。奥登接受了这个邀请，但有一个附带条件，即他随时有可能应征入伍。1941年9月底，他搬到了安阿伯。

切斯特仍然留在纽约。他已经从布鲁克林学院毕业，开始学习速记和打字课程。他与奥登通过信件保持联系，或者更确切地说，奥登经常写信给他，却只是偶尔收到切斯特的回信，而且这些回信并不总是回馈以同等的热情。奥登给切斯特的信件，一般以"最亲爱的切斯特"开始，以"我所有的爱"结尾，但切斯特的回信

---

[1] 克里斯托弗·伊舍伍德在与本书作者的一次谈话中，回忆了1941年夏天去詹姆斯敦拜访奥登和切斯特的情形，他此行的目的是想要帮助他们解决危机。他与切斯特一起散步，听到切斯特明确表示不再与奥登同床共枕。伊舍伍德说，他小心翼翼地避免在这个问题上偏袒任何一方。从8月24日那天开始，他从东部的加州来到詹姆斯敦短暂停留，为这一年接下来时间里在贵格会旅舍的工作做筹备。——原注

有时候只以"亲爱的威斯坦"开始,落款时简单地签上"我的爱"。奥登哭笑不得地接受了这一点。多年后,他在一首诗中写道:"倘若爱不可能有对等,／愿我是爱得更多的那人。"

他很快就向现实状况妥协了。切斯特的新情人,也就是商船队的那个英国人,在1941年底回到纽约时,发现奥登已经完全接受了这种情况,见面时对他也很友好。"切斯特留在纽约,还有一个英国水手跟他待在一起,"奥登在1942年1月从安阿伯写信给卡罗琳·牛顿,"他们两个都很快乐,我便也觉得快乐了。"当他有机会与水手私下聊天的时候,他认真地询问了他们之间的关系,试图让自己确信这是一段真诚的恋情,切斯特不是随随便便跟人发生关系的。水手尽了最大努力让奥登放心,但他自己(其实还有很多其他人)知道,切斯特远不如奥登所期望的那般纯洁。事实上,切斯特显然有了一些外遇,还有一些寻花问柳之事。

奥登自己也渐渐发现了这一点,为此十分苦恼。"滥交非常不可取,"他对卡罗琳·牛顿说,"这种行为影响人的心理健康,让人陷入妒忌和焦虑之中,而真爱却可以带给人羡慕和尊重。"

切斯特有时候会写信给奥登,述说他的性生活状况。例如,他曾写道:"仍然没有威利的半点消息。要是能知道他在哪里、过得怎么样就好了。"奥登则会鼓励切斯特向他吐露心声:"你以后一定要跟我多说说威利的事情。看来你比你想象的陷得更深,我不忍看到这些,因为我觉得威利与你一样,都是那种会给人带来极大心理创伤的人。"一位朋友注意到,奥登在恋爱中的矫情行为,与他偏爱的那些歌剧女主角十分类似,甚至可能是有意模仿她们。奥登自己也曾承认,他想象自己是《玫瑰骑士》[1]中的那位迟暮的

---

[1] 《玫瑰骑士》是德国著名作曲家理查德·施特劳斯创作的一部歌剧。

第三章 危机

元帅夫人,满怀悲伤地退出了情场的争夺,把情人交给了年轻的对手。后来,他甚至接受了切斯特的滥交行为,尽管这个过程充满了艰辛。"三重处境,"他在1947年写道,"像妻子一样性嫉妒,像母亲一样焦虑,像兄弟一样竞争,对我这种脾性的人来说并不容易。不过,这就是我的归宿,我必须适应它。"

"像兄弟一样竞争"的说法,意味着奥登现在也开始通过其他途径寻求性满足。事实上,他又回到了以前的模式,在方便的场合接受享乐的机会,但并没有太过刻意地去寻找这种机会。他形容自己"胆小得不敢到处乱晃",也就是说,他不会像切斯特那样,去公共厕所之类的地方寻欢作乐。通常情况下,他会在社交场合结识他的性伴侣,或者通过教师和演讲者的身份认识一些性伴侣。这些人往往是大学生,或者是一些聪明但能力不强的年轻人。有时候,他会跟切斯特分享他们的详细情况。"跟我一起看《爱的甘醇》[1]的同伴,可以看看我的上一封信,"有一次他写道,"这里说说更多细节。21岁,身高6英尺,长度7.5—8英寸。没割包皮,但很合意。职业:华尔街职员(保险业)。爱好:演奏大提琴。性格甜柔。才智 $\beta-$[2]。"与此类年轻人交往,奥登一般会维持几个星期,甚至几个月,但很少会有更长的时间。如果一时半会儿没遇到这种伴侣,他也会找男妓。尽管如此,他仍然只钟爱切斯特一人。"不过——完全符合我的口味,"他向切斯特描述一个年轻人时写道,"虽然这姑娘[3]胜过任何其他人,却不及 个人,你这个老布伦希尔德。"

---

1 《爱的甘醇》是意大利著名歌剧作曲家多尼采蒂的一部歌剧。
2 "β"在希腊字母里排行第二,这里可能是奥登和切斯特之间的排序暗语。
3 "这姑娘"其实是指一位男性。奥登与切斯特常常以歌剧中的女性角色自居,下文出现的"布伦希尔德"是德国音乐家瓦格纳的大型音乐剧《尼伯龙根的指环》中的女主角。

他一如既往地维护切斯特，保护他免受任何批评与责难。"但愿我像了解你我的缺点那样，也了解切斯特的缺点，"他在写给一位批评切斯特的朋友的信中说，"但我知道，他是对我的思想生活产生深远而直接的影响的三四人之一。"他与米娜·柯蒂斯断交了，尽管她曾在1940年夏接待了他，但由于她对切斯特的态度比较粗鲁，奥登便不再与她来往。其他对切斯特不太热情的人，也受到了类似的冷遇。在西里尔·康诺利眼里，切斯特是奥登的寄生虫。他曾质问切斯特："像爱丽丝·托克拉斯之于格特鲁德·斯泰因那样[1]，有什么感觉？"奥登知道后大发雷霆。"在西里尔·康诺利死了或进疯人院之前，我是不会嗝屁的，"他对一位朋友说，"这全是为了切斯特。"他甚至表示，由于康诺利的粗野无礼，他采取了一些措施，最终导致康诺利的杂志《地平线》停刊了。尽管如此，到了20世纪50年代中期，他和康诺利又恢复了良好的关系。

他对切斯特矢志不渝的爱，导致很少有朋友意识到他们两人之间的关系发生了变化。确实，但凡切斯特在场的时候，奥登总是表现得更快乐，也更亲切。只有在非常偶然的情况下，他的深层情绪才会显露出来。有一次，斯蒂芬·斯彭德与他们两人坐在一家露天咖啡桌旁，切斯特忽然站起身穿过街道，与一个年轻人攀谈了起来。斯彭德注意到，奥登虽然继续在讲话，眼泪却顺着脸颊缓缓流淌了下来。

当1941年7月遭受切斯特背叛的打击时，奥登试图去理解这件事如何贴合仁爱的上帝的意志。在接下来的几个月里，他渐渐把发生在自己身上的事情看成是上帝施与的考验。他在1942年9月创作的诗歌《雅歌》里谈到，"我们的上帝之爱"设定了"觉悟

---

[1] 爱丽丝·托克拉斯是格特鲁德·斯泰因亦步亦趋的同性女友。

第三章　危机

的试练"。在给朋友的一封信中，奥登用略为调侃的方式表达了同样的观点："上帝小姐似乎决定让我成为一名作家，但不会拥有其他乐趣，也不会拥有让别人如我所愿那样快乐的天赋。"

当然，由于所发生的这一切，他感到异常孤独。在危机发生后的几个月里，切斯特对他的行为往往是草率和残忍的。切斯特会管他要钱，然后把钱花在他的那些男友身上，有时候会一下子消失几个星期，一点消息都不给奥登。在奥登看来，切斯特实际上是在考验他的爱，想要确信这份爱不会无疾而终——他认为，这是切斯特童年时缺爱的后果。他以自己惯常的方式解释了切斯特的滥交行为，觉得他出于补偿脊柱弯曲的意愿才会如此行事；他的脊柱一开始弯曲得不太明显，后来却越来越严重了。与此同时，奥登所希冀的"婚姻"已经完全破灭了。1943年2月，他写信告诉伊丽莎白·梅耶："有一段时间，我觉得永远不会有一个我可以称之为家的地方，永远不会有一个人可以与我身心一体，这种感受几乎超出了我的承受能力，如果不是因为你，以及其他一些像你这样的人（尽管很少），我想我无法撑下来。"不过，他在某种程度上也甘愿承受这种孤独，在危机发生后的年岁里，孤独已经成为他艺术生活的中心。

1946年，他在一次关于莎士比亚十四行诗的讲座中指出，艺术家不太可能满足于一种爱能够得到同等回报的关系，相反，他渴望体验单恋的感觉，以此检验并强化自己的品性。他宣称，艺术家由此变得强大，能够从这种情况中受益。正如他在另一个场合所说："诗人是坚韧的，可以从最可怕的经历中获益。"他之所以这么说，是因为他自己确实在危机发生后的五年里，写出了三首他迄今为止最雄心勃勃也最通畅稳健的长诗，在某种程度上，这一切都源于他和切斯特之间发生的事情。事实上，他需要这场危机，为他的情感和想象力提供一种至关重要的刺激。正如他自己谈到切斯特时所说："他使我受苦，让我犯蠢，但要不是这样，我很快就会像后期的丁尼生那样了。"真相便是如此，他最美好和最伟大的爱都献给了他的艺术，而不是切斯特。其余的一切都可以融入艺术，也的确被他融入了艺术。

在对切斯特背叛行为的狂躁反应逐渐消退之后，奥登不允许这场危机让自己的精神陷入动荡之中，也杜绝了潜在的自杀倾向。他对疯狂和自杀带有一种资产阶级式的厌恶。他在1972年为一本关于自杀的书撰写了评论，其中有这么一段话："在生命中的任何时刻，我都没有感受到自杀的诱惑，同样也无法想象自己昏了头的样子……当然，与其他人一样，我也有过'好'和'坏'的日子，但我一直觉得，在这个星球上生活本身就是一个奇迹，我必须尽我所能配得上这份奇迹。"

不过，话得说回来，在1941年，这场危机在好几个月里都没有得到妥善解决。1942年1月，奥登写信给不久前经历了第一段婚姻破裂的斯彭德："我近来一直在承受巨大的个人危机，就像之前你所经历的那样，我有理由认为你对此有所了解。我想一切都会好起来的，但对我这样的人来说，不可能顺其自然，而是需要更多的信心和耐心。"1941年12月下旬，奥登从安阿伯写信给切斯特："我日日夜夜思念着你。"

第四章　再执教鞭

1941年秋,奥登待在密歇根大学安阿伯分校,这是美国中西部地区的一所男女同校的州立大学。第一个学期,他住在庞蒂亚克街的一栋房子里,原本的住客也是学校的教员,不过暂时没有到岗。在校园里,他得到了一间简陋的小办公室。在刚开始的一段时间,他很想念纽约,觉得"自打上寄宿学校以来,从没有觉得如此孤单失落过"。不过,当卡罗琳·牛顿坚持要给他钱买辆车的时候,他的心情终于好了起来。他选了一辆1939年产的庞蒂亚克车。他在安阿伯认出了一位早前结识的学生,这也令他分外高兴。此人名叫查尔斯·米勒,今年早些时候,奥登在安阿伯与他有过短暂的会面。那时,奥登受邀成为密歇根大学诗歌比赛的评委,他把查尔斯·米勒的参赛作品评定为最高等级。现在,奥登询问米勒是否愿意与他同住庞蒂亚克街的那栋房子,并负责打理一些必要的做饭事宜。米勒不是同性恋,奥登向他保证不会打他的主意。米勒接受了奥登的提议,事实证明他们相处得很愉快。

在安阿伯的第一个学期,奥登讲授了"欧洲文学中的命运与个体",拒绝了那些关于他应该教授"创意写作"或现代诗歌类课程的建议。在他看来,以教书为生的诗人需要尽可能地远离自己的工作领域,而且本科生也不需要在老师的引导下去接触当代文学。学生们很快就发现,他们会有一段非同寻常的上课经历。奥登公布的教学大纲包括32套指定用书,范围从埃斯库罗斯的悲剧一直到歌剧脚本,还推荐了18本批评专著。上第一节课那天,他穿着蓝色牛仔裤、格子衬衫和一双家居拖鞋走进了教室。授课时,他习惯于来回走动,常常停下来从窗口望出去。起初,学生们不太听得懂他的上课内容。他操一口英式英语,语速飞快,吐字不清,这些都造成了理解的障碍。一个名叫罗伯特·查普曼的学生回忆说:"尽管如此,他上课时的言语力量和奇异风格吸引了我们,而我们为了跟上他的进度不得不竖起耳朵聚精会神地听讲,居然没过多久就发现他的讲话自然易懂了。最初的震惊过后,我们大多数人都在迷茫困惑之余感到欢欣鼓舞。"

奥登并不注重大学教育的常规做法。他禁止班里的学生做笔记,在他看来,"一个人无法与另一个人交流任何特定的东西,因此没有必要做笔记"。他为每个学生选定一种他没有学习过的语言,让他们翻译德语、法语或拉丁语的诗歌,并要求这只能借助于词典和他们自己的智慧来完成。此举令学生们惊讶不已,但结果证明,大多数学生都完成得很好,尽管他们以前从不敢进行这种尝试。他坚持让学生们背诵很长一段诗,比如《利西达斯》[1]全篇。有些学生抗拒背诵长诗,对于这些人,奥登只是轻描淡写地说,他们应该先试试再抱怨。结果再一次证明,他们中的大多数人都发现自己喜欢这种方式。

---

[1] 《利西达斯》是英国17世纪著名诗人约翰·弥尔顿的长诗。

第四章 再执教鞭

奥登给学生们施加了相当大的智识压力，对有些学生来说实在是强人所难，但其余学生都觉得这是一段令人振奋的经历。"在大四的时候，"一个学生回忆说，"我才得知自己在艺术和思想方面所受的教育完全是肤浅的，实在是晴天霹雳。那门课让我掉转了方向，指引我进入了一个新的探索领域（继续接受正规教育）。"另一个学生写道："他让我感觉到，人类所有努力和理解的相互关联与内在联系……后来我成为文学研究领域的一位中世纪学者，我可以将自己的兴趣起点直接归于奥登。"

相较于给本科生上课，奥登本人更喜欢给中小学生授课，因为这可以有更多的机会帮助他们形成自己的思想。他说："到了本科生阶段，人们往往觉得应该进行自我教育了。"尽管如此，第一个学期结束的时候，他惊喜地发现一些学生有了很大的提升，也乐意与他们交际往来。他在自己家里为他们举办"如家"活动，播放歌剧唱片，鼓励他们畅所欲言，并提供了大量廉价的葡萄酒。他没想过不少学生此前压根没有碰过酒，结果发生了一两起轻微的醉酒事件。奥登本人无法接受美国大学生活的某些特殊方面。"本周早些时候，我参加了一个兄弟会[1]的聚餐，"他对卡罗琳·牛顿说，"简直是匪夷所思。我宁愿死翘翘也不要加入任何一个。"

他与一些教员成了朋友，其中相处得尤为融洽的人，包括英语系的詹姆斯·雷特格、阿尔伯特·史蒂文斯及其妻子安杰琳。安杰琳是一个研究生，正在旁听奥登的课。奥登经常去史蒂文斯家，像往常一样对家庭生活表现出浓厚的兴趣。在史蒂文斯夫妇看来，奥登大抵是一个魅力非凡的人。在与安杰琳·史蒂文斯交谈的过程中，奥登帮助她克服了一直以来折磨着她的过敏症（她非常确

---

[1] 此处的兄弟会，指的是美国男大学生的学生会组织。

信这一点)。病愈后,她觉得自己可以再要一个孩子。小孩出生后,奥登为之写了一首诗——《人世与孩童》,这孩子的教名正是威斯坦·奥登。经此一事,奥登成了热门人物——"已婚妇女都很需要我,她们频繁打电话给我,让我帮忙治疗她们身患癌症或痔疮[原文如此][1]的朋友。但真正匪夷所思的是,我内心深处居然会相信,只要我真的付诸行动,就可以做到这些。"20世纪40年代后期,他再一次卷入了已婚夫妇的私人问题之中,但结果并不总是那么美好。在生命的这段时光里,他对婚姻关系极感兴趣,一直好奇婚姻是如何运作的,这或许是因为他想从中挖掘一些有助于他和切斯特维持"婚姻"的东西。然而,他不知道的是,他人的意志并不如他自己这般强大,并且如果他正在探查的婚姻本就不牢固的话,他密集的追问可能会引发潜在的问题,甚至会加剧这些问题。有一些后果惨不忍睹。他满怀不解地询问詹姆斯·斯特恩:"为什么我遇到的这些女人都疯了?"

到安阿伯后没过多久,他就按照一直以来严格执行的作息时间表来安排自己的生活。在工作日,他通常是6点起床,一直工作到9点,并告诉学生们"早上9点以前不准打电话过来"。到了10月,也就是开始这份新工作后不久,他动笔写一部长诗,暂命名为《圣诞清唱剧[2]》。

这部长诗最终被命名为《在此时刻》,包含三层创作目的。首先,这应该是对母亲的纪念,作品题献给了她。他选择一个宗教主题来实现这个目的,也是意料之中的事情,因为他总是把母亲与自己的宗教信仰紧密联系在一起。事实上,这是他唯一一次把基督教作为直接的诗歌主题来写,在写作过程中对此秉持了相当

---

[1] 原文为"haemmorhoids",存在拼写错误。"痔疮"对应的单词为"haemorrhoid"。
[2] 以基督教题材为主要内容的清唱剧产生于17世纪初,是一种大型声乐套曲。

谨慎的态度。他说，他相信所有艺术都是世俗的，因而不太适合成为基督教信仰的载体。他宣称："文化是恺撒的所有物之一。"他创作清唱剧的第二个目的是完全世俗的，为了给本杰明·布里顿写一部可以用来谱曲的重要作品。1941年11月27日，布里顿、彼得·皮尔斯和伊丽莎白·梅耶一起来到安阿伯，布里顿和奥登讨论了这个选题。《在此时刻》的第三个写作目的更为私密，是为了通过基督教信仰的启示，与他和切斯特之间的危机达成和解。正是考虑到这一点，他才写了题名为《圣约瑟的诱惑》的部分。

恰逢他在安阿伯的第一个学期即将结束之际，日本袭击了珍珠港，美国也投入了战争。奥登一边等着军队征召他入伍，一边帮助安杰琳·史蒂文斯为街区做配给工作，主动表示愿意专门负责食糖的统筹，因为他自己非常讨厌这种工作，所以现在要迎难而上。圣诞节期间，切斯特和他一起去了加州，与克里斯托弗·伊舍伍德共享圣诞晚餐。奥登仍然对伊舍伍德钻研的吠檀多不以为然，形容它为"异国情调"，并把杰拉尔德·赫德对它的推崇贬斥为"异端"。他对伊舍伍德直言不讳地说："亲爱的，这根本不是一个有教养的人该信奉的东西。"他还谴责伊舍伍德参与电影事业的行为，理由是"我认为迄今为止最恶劣的两项技术发明就是内燃机和摄像机"。不过，这完全是"疯狂牧师"上身后的一番说辞，一种滥用教条式语言的危言耸听，与他在1936年夸赞摄影是"唯一民主的艺术"的说法背道而驰。

在加州，奥登和切斯特还拜访了曼一家，但现在他们与奥登的关系并不融洽。他们不喜欢切斯特（奥登自然会抱怨这是出于反犹主义），还严厉指责奥登接受了卡罗琳·牛顿的钱财（奥登认为他们似乎是嫉妒他身为一个作家的成功）。更糟糕的是，奥登对克劳斯·曼的批评激怒了他们。奥登认为，克劳斯·曼在纽约虚度光阴，装模作样却收效甚微。由于这一系列龃龉不合，奥登之前对埃丽卡·曼滋生的热情也就渐渐消退了，只剩下一星半点的社交性关系。事实上，他对一位朋友坦承，除了仍然喜欢并敬仰托马斯·曼以外，他不想再见到这个家庭的其他人了。确实，没有任何资料显示他之后与埃丽卡碰过面。尽管如此，她在1969年去世时，给他留了一小笔钱，以此感谢他为她所做的一切。奥登去世后，人们在他带到牛津大学基督教堂学院的为数不多的私人文件里，发现了一份被小心保存起来的结婚证影印件。

1941年圣诞节后，切斯特回到了纽约。1942年1月，切斯特在纽约庆祝了自己的21岁生日。这个生日催生了一首诗《生日贺词》[1]，但从表面来看，这是他为安阿伯的朋友雷特格夫妇的七岁儿子创作的生日颂歌。切斯特现如今决定继续学业，奥登花钱安排他到安阿伯读研，以便他们两人能够住在一起。切斯特在2月份抵达安阿伯。奥登对卡罗琳·牛顿抱怨道："这可不太容易。"

但事实上，这个安排一点都不糟。在接下来的几个月里，他们两人确实发生了一些难堪之事——奥登后来提到在这段时间里任由"失态的切斯特……朝自己发泄"。不过，他们在家庭生活方面倒是很顺利。当初在布鲁克林大街1504号的公寓居住时，奥登就已经发现切斯特是一个"真正的烹饪天才"，而今他继续大显身手。在安阿伯居住期间，他们全天候播放歌剧唱片，他们家很快就成为安阿伯校园同性恋群体的中心。奥登离开安阿伯后，为这群人创作了一部轻佻的假面剧，他们在1943年1月将这部剧搬上

---

[1] 《生日贺词》的英文标题为"Many Happy Returns"，一般是在道贺生日时说的话，通常译为"年年有今日""祝君长寿"等，由于这首诗后来题献给了一个七岁儿童，因此这里译为《生日贺词》。

了舞台。虽然已经找不到该剧的手稿了[1]，但可以确定的是，扉页上写着如下文字："女王的假面舞会，同性恋者波乔著，卡尔曼的克莱夫·孔帕尼翁演奏。"角色包括"梅布尔、莉齐、第一附和者、第二附和者、沉闷的女王"。奥登对一位朋友说："这部剧很下流。你千万不能让其他人看到它。"

校方现在知晓他是同性恋，据说有点担心给学校引入了一个"异类"。确实，在他们眼里，他可谓劣迹斑斑，比如，他在"如家"活动里让学生们随意喝酒之类的事情，都令他们不太满意。但他们没有采取任何行动，也没有表现出任何要采取行动的迹象。不仅如此，校方还设法联系上了军方征兵处，让他们不要征召奥登入伍，至少在他完成一年教学工作之前不要这么做。征兵处答应了。"与此同时，"奥登告诉斯彭德，"我在继续写作，一部大型的清唱剧。"

《在此时刻》即便在篇幅上不算惊人，在内容所涉范围上肯定是雄心勃勃的。第一部分"降临"讲述了人类的道德困境，这正是奥登自己在1939年面临的问题——罪恶当前，人类的道德认知全面崩塌。接下来的部分"天使报喜""圣约瑟的诱惑""感召""马槽处""希缅的沉思"，暗含了奥登在探求"绝对"的过程中所经历的诸多智性和情感体验。而在"屠杀无辜者"中，希律王被刻画为一个理性的自由人道主义者——持有奥登此前认为行不通的观点——他无法在没有任何证据的情况下迫使自己去相信，因此不得不郁郁寡欢地下达了屠杀令："哦，天哪，为什么这个可怜的婴儿不能在其他地方出生呢？为什么人们不能理智一些呢？"清唱剧以"逃往埃及"收尾，沙漠在此成为堕落的现代生活的一种

---

[1] 1946年的一天，在纽约的公寓里，奥登想把这部剧给一位朋友看看，却怎么也找不到了。他当时说："但愿联邦调查局没有窥探这里。"——原注

象征,叙述者的演说提醒我们,我们仍然生活在现代世界,有关圣诞节的记忆正在我们身后逐渐消散;我们处于"在此时刻","从某种意义上说,这是至暗时刻"。

大约在1942年2月初,奥登给布里顿寄去了一些文稿,想要听听他的意见。布里顿显然是认可的[1],并敦促奥登就这么写下去。在1942年春天和初夏,奥登全身心地扑在了这件事上,打算在应征入伍前写完。他以这个项目申请并获得了古根海姆奖[2],奖金达两千美元。他大约在1942年8月完成了《在此时刻》,那时布里顿和皮尔斯已经离开美国,乘船返回了英国。他们决定不留在美国,理由恰恰是奥登认为可以留在美国的因素——他们在美国没有"根"。[3] 回到英国后,布里顿接连忙碌了几个月,一直到1943年1月都没有着手清唱剧的工作,尽管奥登非常希望他能够尽快处理此事。然而,结果是他一直都没有做。

更确切地说,他只为两段内容谱了曲,让它们得以在1944年的BBC广播节目中播出。这两段内容分别是众赞歌《我们的天父,他的创造意志》和圣诞颂歌《牧羊人的颂歌》,后者原本是收录在文稿里的,但奥登在正式出版前删除了。这首圣诞颂歌的副歌部分唱道:"哦,举起你的小手指,触摸冬日的天空。/ 爱遍布高山峻岭,美好之物走向消亡。"正如奥登经常解释的那样,诗中的"小手指"(pinkie)是"手指"(finger)的俚语表达,而不是有人误

---

1 奥登几乎从不保留他收到的信件,通常读完就扔掉了。布里顿写给他的信,一封都没有留下来。——原注
2 古根海姆奖(Guggenheim fellowship)由古根海姆基金会颁发,每年为世界各地的杰出学者、艺术工作者等人士提供奖金,以支持他们继续发展与探索。
3 参看奥登在布里顿即将返回英国前写给他的一封信,信中探讨了布里顿作为一个艺术家的发展前景问题。相关内容可以查阅唐纳德·米切尔所著的《20世纪30年代的布里顿和奥登》(*Britten and Auden in the Thirties*, Faber, 1981, pp. 161—162)。——原注

第四章 再执教鞭

以为的"阴茎"(penis)。安杰琳·史蒂文斯看过手稿中的这首颂歌,奥登跟她提起过,他脑海里想的是装饰巴洛克教堂的胖天使的手指。

根据彼得·皮尔斯爵士的说法,布里顿之所以没有为清唱剧谱曲,单纯是因为它的篇幅过于冗长。皮尔斯写道:

> 本[本杰明·布里顿]希望这是音乐文本,但最终却成了一部大型的文学作品,要是不进行大量删减的话,就没有办法用作清唱剧的脚本。在我的记忆中(我通常记性很差),本当时意识到,他无法把威斯坦看作一个真正的脚本作家,而威斯坦也没有把他当作一个真正的作曲家。他和本,都被这种情绪困扰,对此感到懊恼。我确实记得他收到了《在此时刻》,他看后非常失望,比如,那首赋格。一首赋格通常只需要几个音节就够了,但威斯坦写了七个诗节,每个诗节有十行["伟大的恺撒:他征服了七个王国"那个部分,构成了"赋格-歌队"的开头]。实际的情况是,1941年整个夏天,我们都待在西海岸,自从5月份处理完《保罗·班扬》的相关事宜以来,我们就再也没有见过威斯坦了。本与他没有机会坐下来好好聊清唱剧……本从《保罗·班扬》那部剧中得到了一个教训,在创作全新的大型音乐作品时,诗人和作曲家自一开始就通力合作是至关重要的。当作品的人部分内容一下子就呈现在面前时,本才发现威斯坦没有跟他沟通就进展到了这个程度,他感到绝望。他现在对自己的作曲家身份更为自信了,因而决定放弃这个项目。
>
> 同时,我们还决定返回英国,威斯坦对此极不认可,两人之间的友谊随之降温。本已经走上了另一条道路,不再愿

意被威斯坦控制,甚至是"施压",他已经对威斯坦的乐感有了清醒的认知。本正在思考的是他的下一部歌剧《彼得·格里姆斯》(根据克雷布[1]的一首诗改编,他在美国第一次读到该诗),他很有可能把《圣塞西利亚日赞歌》的谱曲工作视为他们之间合作的终点,这在他横穿大西洋返回故里时就已经完成了。

关于布里顿不打算为《在此时刻》谱曲的决定,奥登的感受已经无从考据,但他应该是大为失望的。布里顿对伊丽莎白·梅耶的态度比较冷淡,这一点也让奥登不太满意,因为布里顿似乎没有对她所做的一切表达足够的谢意。尽管如此,目前还没有迹象表明他与布里顿的友谊戛然而止。

1942年春季学期结束后,奥登离开了安阿伯。他卖掉了汽车,因为在纽约不需要开车。切斯特留在安阿伯继续他的研究生课程。夏天,奥登去看了卡罗琳·牛顿在宾夕法尼亚州新购置的房子,并在她家住了一段时间。他写了一首诗《战时》[2],在"暖屋派对"上分享给大家,诗歌内容表明他对战争的正当性仍然心存一定程度的疑虑。与此同时,他告诉一位朋友,他正在酝酿下一部作品——"一部现代版《新生》"。

卡罗琳·牛顿是一个难相处且神经质的女主人。詹姆斯·斯特恩和妻子塔尼娅在夏天大部分时间里都是她家的访客,奥登借此机会成了塔尼娅·斯特恩的密友,尤其是在詹姆斯·斯特恩去科罗拉多州参加一个作家研讨会的两三个星期里。两个无话不谈

---

[1] 乔治·克雷布(George Crabbe),英国诗人。
[2] 这首《战时》("In War Time"),不是组诗《战争时期》("In Time of War", 1938)。

第四章 再执教鞭

的密友在私下里说一些关于卡罗琳·牛顿的玩笑话自娱自乐。离开宾夕法尼亚州以后,奥登又去斯特恩位于纽约的公寓里住了几天。恰逢那几天,他终于收到了军方征兵处的征召。

"昨天,他们拒绝了我,"他在9月2日写信告诉卡罗琳·牛顿,"在这件事情上,'他们'是令人不快的精神科医生,而且极其无知。结果就那样了。"

他们之所以拒绝他,是因为他是一个同性恋,奥登倒是相当坦率地跟征兵处承认了这一点。他对斯特恩夫妇说:"他们问我有没有女朋友。我回答道:'哦,当然,我有很多女性朋友!'"轮到切斯特·卡尔曼被征召的时候,他也因为同样的原因被拒绝了。

据一位朋友说,奥登被拒绝后"非常沮丧"。不过,他很快就振作了起来,开始制订新计划。他得到了一份在斯沃斯莫尔学院担任英语教师的工作,那里距离卡罗琳·牛顿位于宾夕法尼亚州的家不远——他很有可能就是在卡罗琳·牛顿家中做客时结识了斯沃斯莫尔学院的人。1942年9月9日,他回信给校方,表示愿意接受教职。

1942年秋,奥登来到了斯沃斯莫尔学院,一所私立的文理院校,其创办与贵格会有千丝万缕的联系(就像奥登在20世纪30年代曾任教过的唐斯学校一样)。该学院大约只有500名学生,但正如奥登所说,它"被认为是全国学术排名最顶尖的院校之一"。奥登发现大多数教员都"非常好",之前认识的格式塔心理学家沃尔夫冈·苛勒就在这里做教授的工作。美中不足的是,他一开始察觉到学生们有点"无趣"。他后来指出:"美国的高等学府在为少数特殊群体设立文理院校和为多数普通群体设立职业院校之间犹豫不决,这导致他们在两个方面都落了空。"

头一年,学校给他安排了"阳光河畔"的一个房间。这是一栋18世纪的农舍,距离校园约有一英里。起初,他不太满意。"我很难说自己喜欢这里,"他写信告诉卡罗琳·牛顿,"每个人都很友好,但都不太生动有趣。事实上,我很怀念安阿伯的日子,我离开那里时已经结识了所有离经叛道之人。而且,切斯特没有在身边,我觉得自己似乎是缺胳膊少腿了。"他抱怨斯沃斯莫尔镇是一个"既没有酒吧也没有电影院的犄角旮旯之地",只有可怜巴巴的一条火车线路,通往最近的城市费城。他烦躁不安,其中一个原因可能是这年秋天他忙着跟朋友们打听如何才能在战争期间进入商船队。但这个想法一直没有得到落实。没过多久,他在斯沃斯莫尔安顿了下来,房间里堆满了他一贯以来让自己住得踏实的设备和东西,到处是酒瓶、歌剧唱片、一包包烟,以及一本本书。他延续了早起的作息习惯,以便在早餐前写作。此时,他已经在写另一首长诗了。

他没有像原先计划的那样写一部《新生》。(如果写了的话,切斯特·卡尔曼或者以他为原型的某个人物,可能会类似于但丁诗歌中的贝雅特丽齐[1],而贝雅特丽齐的死亡将对应切斯特的背叛。)取而代之的是,奥登正在为《暴风雨》写一部"收场白",因为他觉得原剧的结尾不足以表达其主题。他说:"[在莎士比亚原剧的最后一场中,]有罪者的忏悔和受害者的宽恕都显得做作,一点都不真实。"在更深的层面上,他称自己的新作《海与镜》是"关于基督教艺术观"。莎士比亚将艺术描述为"一面映射自然的

---

[1] 但丁对贝雅特丽齐是一种精神上的爱,带有神秘色彩。在她死后,但丁把为她所写的诗歌结集为《新生》。

明镜"[1]；奥登在《海与镜》的"序言"和第一部分"普洛斯彼罗致爱丽儿"中提出，艺术家面临着只能反映人性而不能改变人性的困境，只有宗教意识才能凭借"微笑的秘密"超越这一局限。从另一个角度而言，《海与镜》与之前的《在此时刻》一样，也涉及奥登的个人危机。他把"普洛斯彼罗致爱丽儿"部分列为反映他与切斯特之间的关系的诗作之一，普洛斯彼罗的相关诗行显然表达了个人遭受的痛苦，并夹杂着一种做出了正确选择的笃定：

> 再陪我一会儿，爱丽儿，在我收拾行装之时，以你新获
> 的自由
> 让我的离开伴随着欢欣……
> 　　　　　给了你自由我很高兴，
> 我终于可以相信我会死亡。
> 因为在你的影响之下死亡是不可想象的……
> 　　　　　哦，爱丽儿，爱丽儿，
> 我会多么想念你。乐享你的一切。再见。

同样，在下一个部分（剧中角色依次回顾了事件改变他们的方式）里，塞巴斯蒂安因为得知自己没有犯下原以为的谋杀罪而如释重负，这呼应了奥登经历过的个人危机——他曾萌生一个糟糕的念头，要谋杀切斯特的情人。

在斯沃斯莫尔学院的第一年，奥登有大把时间花在《海与镜》上，因为他与该校签订的是兼职授课合同，有一部分收入来自古

---

[1] 在戏剧《哈姆雷特》中，莎士比亚借哈姆雷特之口说出了此番见解。其中，"自然"对应的原文为"nature"，也可译为"天性""本来面目"等。奥登的关注点放在了"人性"（human nature）上。

根海姆奖。这里的学生，很快就像安阿伯的学生一样，见识到了他在教学上的别出心裁之处。他会发放一些诗歌复印件给学生，上面的诗歌都是他们没有读过的，而他故意把一些单词舍去，只留下特定的空白处，让他们补充完整——1939年在绍斯伯勒镇圣马克学校教书时，他曾用过这种方法。这些留白处，有一些是为了测试他们对押韵的掌握程度，有一些出现在诗行的中间，是为了让他们仔细斟酌措辞。如同在安阿伯，他要求学生们真正熟悉文本，经常让他们凭记忆默写出一些原文。与寻常教师不同的是，他往往会从眼前的话题转向一些非常宏观的议题，比如，在考查伊丽莎白时代的文学时，他问道："请阐释一下，为什么魔鬼是（a）悲伤的、（b）诚实的？"

他把自己的诗歌事业与教学工作完全分离，不为大家朗读自己的作品，这一点也延续了他在安阿伯的做派。不过，他愿意接受学院安排的各类讲座任务，涉及的主题包括"职业与社会""民主社会中的教育"等，后来还开设了一门名为"思想史：1660—1760"的课程。事实证明，他乐于参加斯沃斯莫尔学院的各类活动。他曾在学生诗歌评奖委员会里任职，在正式场合发表演讲，为校报撰写品评戏剧演出的文章。在这些文章里，他对剧本的选择往往很敏锐：他将《驯悍记》斥为"莎士比亚最糟糕的剧本"（这是他一再表达的观点），而《夜幕必须降临》（作者是他的同辈埃姆林·威廉斯，也曾在牛津大学基督教堂学院就读）只是"在公共场合高谈阔论的借口"。不过，他总是小心谨慎地评价演员们，怀着同理心直指他们幽微的短板，经常对一些男演员的俊秀外貌表露溢美之词。

斯沃斯莫尔学院的学生们常常被他逗乐，也会感到困惑。有一个学生说，他"看起来就像茅草屋"，但据说他在公开演讲时会

第四章 再执教鞭

穿得稍微整洁一些。学生们注意到一些事：他从费城旅行归来时，手提箱里塞满了酒，因为斯沃斯莫尔学院以及所在的小镇几乎"无酒"；他穿着居家拖鞋在外面走动；他不穿内衣，通常也不穿袜子；他经常穿着浴袍接待来访者。从他的角度而言，他不太关心斯沃斯莫尔的社交风俗。"我关于浪漫主义的研讨课明天就开始了，"他写信告诉厄休拉·尼布尔，"管他是不是贵格会教徒，我都会在四点给他们提供面包、奶酪和啤酒。"他鼓动学生们不遵从传统规范，积极发展自己的个性，告诉他们不要把大学时光浪费在合乎规矩和协作配合上。"不靠谱之辈，"他在刊于校报的一篇文章结尾处写道，"跟我走。"

他很快就被斯沃斯莫尔学院接纳了，而且广受欢迎。即便如此，1942年12月，也就是来到这里几个月后，他写信告诉切斯特："我在这里仍然很孤独，尽管一些教员很友善。没有性生活，在纽约也没有交易[1]，因为莱斯已经搬走了。"他偶尔去安阿伯看望切斯特，或者周末的时候与他在纽约相会，有些情况下，切斯特也会来斯沃斯莫尔住上几天。1943年2月，切斯特在安阿伯完成学业，但继续在那里住了一阵子，为一份校报撰写音乐评论。奥登自豪地宣称，切斯特的批评文章以其直言不讳而引人瞩目。他写信对切斯特说："写柴可夫斯基的那篇文章很好，不过我得跟你说一下英语的用法。"之后，切斯特回到了纽约，在那里做了一段时间的官方审查员，负责检查寄往欧洲的邮件。他不太喜欢这份工作。"我从早到晚都在捍卫我的国家，"他写信告诉奥登，"我已经准备好要让敌人称心如意了，让他们知道所有该死的秘密。"

他和奥登开始讨论文学合作。1943年3月，切斯特写信给奥

---

[1] 这里指男妓。——原注

登:"《冰姑娘》可以有一个现代诗剧版本,一个爱得不够多的女人,一种毁灭性的力量,但她努力过也伤心过[1],这或许可以是我们两人之间的合作——我非常希望能够与你一起写……当然,你不怎么喜欢戏剧——但我或许能够说服你'再试一次'。"奥登鼓励他深入挖掘这个构思,结果没有任何进展。

在此期间,奥登跟朋友说,《海与镜》"迄今为止一切顺利"。1943年1月初,他已经完成了第二部分的大多数内容。到了春季学期,他忙于应对在斯沃斯莫尔学院开设的研讨课"浪漫主义:从卢梭到希特勒",正如一位学生所说,这其实是钻研彼时正好引起他兴趣的艺术家们的绝好机会,包括克尔凯郭尔、卡夫卡、里尔克、帕斯卡尔、赫尔曼·梅尔维尔、柏辽兹和伊莎多拉·邓肯。他的目标,如往常一样,是从这些不同的信息来源中创生出一套完整的方案,或一种综合的观点——以人类经验的整个领域为出发点,建立知识的秩序。为了让学生们相信这一点是可以做到的,他展示了一幅由他自己绘制的图表:在这张图表里,人类生活被描绘成从堕落走向终极乐园(上帝之城)的过程,而"错误"可能会让人堕入各种类型的地狱。他没有进一步解释这张图表,但一位名叫肯尼思·勒沃斯的学生产生了一种"不安的感觉","如果有人接受了奥登的观点,那么他就会走上像奥登那样的基督教信仰之路"。[2]

1943年暮春,奥登的《海与镜》一时陷入了僵局,他不知道以什么形式呈现最后一个部分,开始了所谓的"徒劳地钻探",长

---

[1] 切斯特是否想到了自己的性格特点?——原注
[2] 这张图表刊载于 Richard Kostelanetz, ed., *Essaying Essays*, New York: Out of London Press, 1975, facing p. 48。另外,纽约公共图书馆的博格收藏馆在1981年举办了奥登展,展览目录里印出了这幅图表。——原注

第四章 再执教鞭

达几个月之久。这一年6月,他与在斯沃斯莫尔学院教经济学的沃尔夫冈·施托尔珀及其妻子一起住在新罕布什尔州。在那里,奥登按照时间顺序通读了莎士比亚的全部作品,觉得这么读"很有趣"。然后,他独自前往波士顿附近的海滨度假胜地马格诺利亚,度过了七八月份。切斯特没有给他写信,他渐渐地也厌倦了"没有人可以说话的日子"。幸运的是,他终于钻探到了《海与镜》最后部分的"石油"。

他灵感突发,决定写一个长篇大论,凯列班[1]在其中以华丽的文学风格向观众发表演讲。正如奥登所解释的:"之所以采用这种语言风格,是因为凯列班笨口拙舌,不得不向爱丽儿借用可能是最为矫饰的风格,也就是亨利·詹姆斯的风格。"奥登对亨利·詹姆斯的作品烂熟于心,在人生后期喜欢讲述这么一个故事:安装了电话后,接线员让他说些话来测试设备,他背诵了一长段出自《美国掠影》[2]的文字。此刻,当他重新写作《海与镜》时,詹姆斯的风格自然而然地浮现于他的脑海,而他最终呈现了一篇精彩绝伦的集大成之作,凯列班在文中成为人类动物本性的代表,与爱丽儿所象征的精神本性形成了对比,他的致辞涉及奥登诗歌的一个核心关注点——艺术家在社会中的角色。这篇致辞强调了人们在"意欲成为什么样的人"和"实际上是什么样的人"之间的差距,认为只有上帝这位终极艺术家才能创造出"完美的作品",而艺术本身不过是"微弱的象征符号"。奥登称凯列班的致辞是《海与镜》中"到目前为止最重要的部分"。几年后,一位广播制作人要播出《海与镜》,建议他在节目中删减这一部分。他对这位制作人说:"如

---

[1] 这里的凯列班,包括上下文出现的爱丽儿、普洛斯彼罗,都是莎士比亚戏剧《暴风雨》中的角色。

[2] 《美国掠影》(*The American Scene*)是大文豪亨利·詹姆斯的作品。

果非要删减的话，我会删掉这一部分之外的所有内容。"在人生暮年，他把这部分内容命名为"凯列班致观众"，尽管它是以散文的形式写成的，却被他视为最引以为傲的诗篇。

1943年夏末，当他回到斯沃斯莫尔学院时，古根海姆奖的资助已经结束，他开始以副教授的身份从事全职教学工作。现在，学校里大部分都是海军学员，奥登给其中20人讲授英语作文。他发现这是一段相当糟糕的经历："他们一个个在学校学习了12年，但无知的程度令人难以置信，而且他们根本不想知道任何不太好的事情。"他用不合常规但异常严谨的方式教导他们，给他们布置了一些任务，比如，让他们以倒叙的形式描述前一天发生的事情。他还担任一批中国海军军官的英语口语指导教师的工作，这些军官由于种种原因，必须在斯沃斯莫尔学院待上几个星期才能去工程学校。奥登发现他们"很好教"，不过，一位同事很怀疑他们和奥登之间是否真的能沟通。除此之外，每周有一个晚上，他会去斯沃斯莫尔附近的布林莫尔女子学院讲授一门课。业余时间，他开始为一家纽约出版社编辑丁尼生诗歌选集。他在这本丁尼生诗选的引言中写道："在英语诗人中，他也许是耳朵最灵敏的一个，无疑也是最愚蠢的一个。"为此，T. S. 艾略特评论道，如果奥登是一个更好的学者，他会见识到不少更愚蠢的诗人。

他现在住进了校园附近奥伯林大道16号的一栋房子的顶层，这是在学院教哲学的莫里斯·曼德尔鲍姆及其妻儿的家。奥登形容自己的住处"很可爱"，自豪地告诉别人，他的床曾属于一位梅毒疗法的发明者。他向访客展示一篮有玻璃罩子的蜡花，这是他以很便宜的价格买到的，称之为"宛若天堂"（他并不总是沉迷于此类"坎普"热情）。他喜欢到楼下与曼德尔鲍姆一家人待在一起，这家人在他生活中的重要性，类似于在安阿伯时史蒂文斯一家人扮演的角色。他很少在家吃饭,经常去几个街区外的一家百货商店吃午饭,那里是最便捷的食物供应地,但有一台让他大为恼火的自动点唱机。他回忆起这几个月来的情形时说:"如果再听一次《我梦想一个白色的圣诞节》,我想我肯定会疯掉。"一位女服务员注意到他坐在商店里写作的习惯。有一天,她询问他是不是一个诗人。"我说:'是的。'她说:'太好了,有个水手想跟你谈谈。'他走过来说:'是这样的,我在为女朋友做一个箱子,想要题点诗上去。'于是,我说:'好吧,跟我说说细节,还要给我两根雪茄。'我写了这首诗,拿到了雪茄。"赚得这笔"酬劳",奥登扬扬得意极了。

直到1944年2月中旬,《海与镜》才完工。写完后,他自认这是"迄今为止我最好的作品"。这时,他正着手处理另一个项目——整理和编辑自己的诗歌作品集。大约在一年前,他向兰登书屋提议了这个项目。起初,他们对此持保留态度。他又写了一封信,指出他所有的诗集都已经绝版了,市面上只有美国版的《诗选》(1930—1933),而这本选集里的很多诗篇,他现在宁肯舍弃掉。"作者通常都有一种骄矜的虚荣心,我自然不想沾染分毫,"他告诉他们,"但我还是希望人们有机会接触到我的作品。"出版社最终同意了他的提议,于是他自1943年下半年开始准备选集。

他并没有收藏自己出版的所有作品,不得不从斯沃斯莫尔学院图书馆借阅《在这座岛屿上》,为印刷厂标记出书中的修订之处(一位学校工作人员指出,此举"极不可取")。事实上,文本被修改了很多处。他认可瓦雷里的一句名言——"一首诗永远不会结束,只有被放弃",还加上了自己的感悟——"不能过早地放弃"。他常常改动自己的诗作,有些作品从第一次出现在杂志上到后来结集出版,绝不仅仅是细微的变化。他现在对早期作品的修订,是这一系列改动工作的延续。有一些只是语言措辞或标点符号的小改动。有一些则被改得"面目全非",反映出他内在心理的深刻变化历程,恐怕只有最新发表的作品才不需要这种改动。早在1942年5月,当他已经在酝酿修订工作时,他写信给一位朋友——诗人兼评论家路易斯·博根:"我时而翻阅自己的诗选,羞红了脸。我想,我们这个时代有一桩麻烦事,我们在个性上都太早熟,而在品性上都很晚熟。看着以前的作品,我止不住地思忖,那些观点在那个年代压根没有存在价值,而那些处理方式在多年前就应该被放弃了。"

正式投入修订工作之后,他决定在新选集里去掉一部完整的早期作品——《死亡之舞》。另外两部作品,《两败俱伤》和《雄辩家》,则被拆分出一些内容收入选集里。在选集的导言部分,奥登驳斥了《雄辩家》,认为它表达了"尚可的观念,但存在致命伤"。第一部作品《诗集》(1930)中的大部分诗作都被放弃了,小部分留下来的,几乎没有进行改动,或许是因为它们相隔久远,与他现在的想法格格不入。这部诗选之后的很多作品,都遭到大改特改。隐秘的玩笑话和晦涩的指涉都被删改了,例如,《雄辩家》中有一首颂歌,原本有一行"威斯坦、斯蒂芬、克里斯托弗,你们所有人",现在被改为"主体、客体,你们所有一切",而"疯子莱亚德"变成了"温文尔雅的大执事"。至于他认同共产主义时的作品,或至少是他把共产主义作为一种观念融入诗歌时的作品,一个明显的例子是他没有再收录《一位共产主义者致他人》,并在从斯沃斯莫尔学院图书馆借阅的那本书的相应页面里涂鸦道:"哦,天哪,简直是垃圾。"

他在自由人道主义时期创作的两首诗歌,带有一定的基督教倾向,被收入选集时也做了很大的改动。一首是"中国十四行诗"

对应的诗体解说词,他改变了诗中的结论,原本的基调是人道主义的,而现在有了明确的基督教印记。另一首是《一九三九年九月一日》,他把诗中包含"我们必须相爱要么就死亡"的诗节删除了。E. M. 福斯特在谈到这行诗时说,因为奥登写出了这么棒的一句,所以"他可以命令我跟随他"。但奥登现在认为这是"一个该死的谎言",理由是我们无论如何都会死,并决定把整节诗都删掉。[1] 他还把20世纪30年代的其他几首诗当作"垃圾"舍弃了。

他决定不按照历时顺序排列这些诗歌,而是按照每首诗第一行首字母的顺序排列,此举明显是为了遮蔽他自身的发展历史。他对斯蒂芬·斯彭德说:"我这么做,不是想要假装自己没有经历任何变化,而是因为很少有读者在品读某位诗人的作品时,可以不先入为主地带有对这位诗人的发展历程的看法。我想看看,有没有读者认为我最早写的那批诗是最出色的,例如,让他读一首诗,然后猜猜它的创作时间。"他为很多诗歌添加了标题,而它们之前都是没有标题的。有一些诗题富有启发性,但不少诗题带有讽刺意味,甚至很草率。以"恰如他的梦所预示,他碰到了每一个"为开篇的充满神秘色彩的诗,现在被冠上了标题《没有人理解我》。以"我们的猎人父亲说着故事"为开篇的诗,现在有了标题《跟随父亲的脚步》。以"此刻我从窗台眺望这夜晚"为开篇的诗,现在的标题是《不是所有静候者都通过》。奥登似乎刻意与诗中表达的情感保持距离。

1943年圣诞节前,奥登把诗选修订本交给了兰登书屋,希望

---

[1] 1955年,一本选集的编辑恳请奥登允许他把这首诗的全部内容都放进去,奥登同意了,但前提是将"我们必须相爱要么就死亡"(We must love one another or die)改成"我们必须相爱直至死亡"(We must love one another and die)。一些评论者以为这是印刷失误。——原注

他们能够尽快安排出版，以便与他接下来要出版的书间隔一段必要的时间。他将要出版的下一本书，由《在此时刻》和《海与镜》组成。然而，兰登书屋没有及时推进这件事，后来又出现了战时纸张短缺的现象，奥登无奈地接受了推迟诗选出版的决定，直到另一本书出版了再跟进。到头来，《奥登诗选》(The Collected Poetry of W. H. Auden，他并不喜欢这个书名，觉得这意味着"终结")的涵盖范围扩大了，将《在此时刻》和《海与镜》也收录了进去。

1944年夏天，奥登在斯沃斯莫尔学院完成了第二个学年的教学工作后，大部分时间都在纽约度过，住在斯特恩位于东52街的公寓里。他住进去没多久就把房间搞得一片狼藉，斯特恩回来后几乎认不出自己的家了。奥登觉得纽约酷热难耐，只好去配备空调的自助餐厅工作。在这几个星期里，他在用一种特殊的格律写一首诗，而他原本只打算写一页的篇幅。最终，这成为他的又一部杰作。

《在此时刻》从宗教的角度考察了人类的状况，《海与镜》也做了同样的工作，只不过是从艺术及其与生活的关系的角度出发。奥登的新作则从内在意识的角度处理这个问题。与之前的作品一样，新作也包含了戏剧的元素。作品语言异常丰富，与《雄辩家》不相上下，也常常令人联想到这部作品。全诗采用的是头韵体，接近《我青年时代的那一年》的写法。作品中出现了四个人物，他们是无所归依的美国现代人，在战时的纽约酒吧不期而遇。他们互不相识，追索了记忆，也探索了内心深处最为隐秘的希望和恐惧。这四个人物——玛琳、罗塞塔、昆特和埃姆布尔，实际上代表了荣格所说的四种人格功能——思维、情感、直觉和感官。奥登将这部长诗命名为《焦虑的时代》。

第四章 再执教鞭

"人类的基本问题,"他在是年（1944年）发表的一篇评论文章中写道,"是人对时间的焦虑。比如,他与自己的过去和父母的关系形成了他现在的焦虑（弗洛伊德）,他与自己的未来和邻人的关系形成了他现在的焦虑（马克思）,他与永恒和上帝的关系形成了他现在的焦虑（克尔凯郭尔）。"如同奥登这一时期创作的其他重要作品一样,《焦虑的时代》也意在探索他自身困境的特定方面,在这里主要表现为他的孤独感受,他现在认为孤独是一种普遍的状况。"众所周知,"他写道,"我们今天生活在一个世界里；但并不是每一个人都能意识到,生活在一个世界就是生活在一个孤独的世界里……所有古老的魅力和安逸都永远地消失了……每个人都必须独自前行,每一步都是孤独。"

1944年夏末,就在他返回斯沃斯莫尔学院开始第三个学年的工作时,兰登书屋出版了他的新书《在此时刻》,收录了标题同名诗和《海与镜》。六个月后,费伯-费伯出版社推出了英国版。大多数评论家都热情地关注这本书,但并非所有人都认可清唱剧。有些人认同奥登的判断,推举《海与镜》是他迄今为止最好的作品。第二年春天,《奥登诗选》在美国出版,费伯-费伯出版社并没有跟进英国版。评论家们再一次高度评价了奥登的作品。有些人指责他不应该把那么多诗歌排除在外,有些人无法接受他给收录在内的诗歌添加新标题。不管怎么说,选集销售喜人,第一年就印刷了近1.5万本,其中有1100本被美国海军买走了（奥登向朋友们炫耀过这一点）。在接下来的22年里,选集被重印了一次又一次,最终印数达5.2万本,这在诗歌领域绝对是一个非凡的成就。

1944年底,奥登与他富有的赞助人卡罗琳·牛顿断交。她跟着塔尼娅·斯特恩上体操课程,因为觉得对方是自己的朋友,便无意支付任何费用。在之后的矛盾冲突中,她明确表示,奥登只有站在她这一边,才能继续同她做朋友。奥登当然拒绝了,并且与她断绝了联系。他之前送了一些诗歌手稿给卡罗琳·牛顿,在一定程度上作为她的金钱馈赠的回礼,或许是由于这个原因,他后来对此类"礼尚往来"感到些许羞愧。在后来的岁月里,他坚持把手稿纯粹作为友谊的象征送给朋友,而且在任何情况下都不愿意出售它们。

奥登原本打算继续在斯沃斯莫尔学院任教,至少教到1945年夏。但这一年早春之际,他的计划变了。3月的一天,他去纽约见了詹姆斯·斯特恩,说他已经与五角大楼的一位工作人员取得了联系,此人正在组织一项为期六个月至一年的海外任务,一旦纳粹被彻底击败,一些平民将穿上军装,以特定的军衔去德国承担某项工作。奥登并不清楚这项任务的具体内容,但他希望自己能被选中,而且对此满怀信心,因为他相当了解德国及其语言。斯特恩注意到,"他努力保持平静,可他显然很兴奋"。他鼓励斯特恩与该项任务的组织者联系,尝试加入其中。斯特恩照办了,并且取得了成功。在几个星期之内,他们两人都被安排参加在德国进行的"美国战略轰炸调查",通过调查民众的反应来总结盟军轰炸的影响。奥登匆匆地结束了他在斯沃斯莫尔学院的各项事务——最后的工作之一,是参加学校制作的《攀登F6》,在剧中扮演一位戴着大兜帽的沉默寡言的隐修士,手持一颗水晶,让兰塞姆定睛凝视。然后,1945年4月底,他身穿美国陆军少校的军服,乘飞机前往欧洲。朋友们发现,他为自己穿上了军装而自豪。

★ ★ ★

他在英国下了飞机,可以逗留几天。他告诉朋友:"亲爱的,我是第一个飞越大西洋的重要诗人。"那时候,父亲已经卖掉了哈伯恩的房子,住到了湖区,所以奥登北上湖区看望了父亲。他去伦敦拜访了一些朋友。"我见了艾略特,他是一座力量之塔,"他对伊丽莎白·梅耶说,"我还见了本和彼得,他们正打算去萨德勒威尔斯剧院排练。本看上去老成了一些,但精神面貌很好,彼得也意气风发。"他拜访了斯蒂芬·斯彭德和约翰·莱曼,这是他自打移居后头一次再看到他们。他们注意到他的口音已经变了,现在他发"a"音时,是美式那种压扁的音调。[1]奥登本人并不认同这种转变,有时候会强词夺理地说,这是他在英国中部地区长大的缘故。但事实并非如此,明显是他自1939年移居美国后才养成的习惯。除了这个元音的变化,他的口音并没有变成美式的,在之后的岁月里也一直没有改变。如果实在要说有什么变化的话,那就是他的发音越来越草率,措辞也越来越不讲究,听上去越来越像牛津的老学究。美国朋友们一致认为,他说话的方式完全是英式的。

在伦敦的时候,约翰·莱曼惊讶地发现,奥登居然慷慨激昂地劝说了他一番。约翰·莱曼回忆道:"他一通高谈阔论,引用了详细的统计数据……有关战后世界各个大国的地位。大不列颠,她的领土和帝国显然已经被清算,而美国和苏联这两个巨人耸立于世界之巅。老实说,英国能够挺过战争,实属幸运。山姆·奥登大叔[2]对于我们所承受的一切只字不提……相反,他讲话的第二项内容是揭示美国文化的优越性,当我竭力以一种防卫的姿态对

---

[1] "a"算是最能体现英式和美式英语差别的元音了:英式英语发这个音时,嘴巴张得更开,而美式英语发这个音时,唇形更扁。
[2] 这里是一种戏谑,山姆大叔(Uncle Sam)是美国的绰号和拟人化形象,约翰·莱曼在此指责奥登已经美国化了。

美国新近小说做了一些温和的批评时，他强烈建议我应该注意自我约束。"斯彭德也因为类似的情形与奥登发生过争执，许多其他英国朋友也不得不忍受他对他们的生活方式指手画脚。他会抱怨："这个房间太冷了，无法想象没有中央供暖你们怎么受得了。不，我不会留下来吃饭，我简直受不了英国菜。"他还对他们说："伦敦并没有真的遭到轰炸。"在第一次见到斯蒂芬·斯彭德的第二任妻子娜塔莎时，奥登环顾了一下伦敦刚刚亮起灯的街道，不加掩饰地告诉她："我真的爱纽约。"他的诸多挑衅行为，可谓先发制人，阻止了人们对他在战争期间离开英国的批评，而这很有可能是他下意识想要达成的效果。[1]

奥登于5月5日抵达德国。那时，战争在官方层面上尚未落幕。他开始以轰炸调研员的身份为美国战略轰炸调查团的士气部[2]工作，他的任务是采访平民，尽可能多地了解战时轰炸对"士气"的影响。"用'士气'这个说法，"他对一位朋友说，"很无知，也很荒谬。当一个人的行为超出了任何道德范畴的时候，他怎么可能知晓道德是什么东西呢？'士气'这个词的结尾多出了一个'e'[3]，从心理社会学的角度而言完全是废话。他们想说但没有说的是，我们在那些邪恶的轰炸中杀死了多少人、摧毁了多少建筑。"

到了欧洲胜利日[4]，他已经在法兰克福南边的城市达姆施塔特开展调研了，住在一处临时营地，原住户是一对纳粹夫妻，他们

---

[1] 不管怎么说，奥登对英国的许多景观仍然念念不忘，战后曾一度考虑要写一本去英国各郡县旅行的"壳牌"指南书。——原注。
[2] 奥登所在的部门主要调查德国民众对空袭（尤其是城市空袭）的反应。调研结果表明，德国民众的士气在空袭之下恶化，夜间空袭比昼间空袭更令人恐惧，民众失去了胜利的信心，不再信任领导人及其宣传与许诺，甚至开始期待战争的终结。
[3] 在英语里，"士气"（morale）和"道德"（moral）写法相似。
[4] 即1945年5月8日。

第四章 再执教鞭

早已东躲西藏了起来,把孩子们留给了祖辈。奥登回忆说:"这对夫妻回来后,我不得不站出来告诉他们,老人已经自杀了,而且在自杀前还亲手杀了孙儿们。"达姆施塔特在去年秋天的一次空袭中遭受了毁灭性打击。奥登写信告诉塔尼娅·斯特恩:"这座城市在30分钟内就被摧毁了92%。除非亲眼所见,否则你无法想象它都成什么样子了。"他对一个朋友说:"我不禁自问:'难道就没有别的办法了吗?'"他开始采访平民,尽可能了解他们的经历。"我老是想,要是你能在这里帮忙该有多好,"他写信告诉伊丽莎白·梅耶,"然后我又想,你还是不要来比较好,因为当我写下这句话的时候,我发现自己在哭泣。"

詹姆斯·斯特恩也在德国,只是没有同奥登一道过来。他待在法兰克福附近的巴特瑙海姆,前景似乎有些暗淡,因为被要求加入一个需要追查和翻译数百份文件的团队。奥登设法通过电话联系上了他,让他务必来达姆施塔特的团队,以便做一个采访者。不知怎么的,这次调任居然成功了,斯特恩很快就过来与奥登一起工作了。

他发现奥登已经根据自己的喜好调整了军服,去掉了头盔的衬里,换上了室内软拖鞋,而不是穿军鞋。他还找到了莱茵酒的供货处,每晚都要大量饮用,通常至少要带一整瓶酒就寝。正如另一位在德国见到他的朋友所说,他有一个本领,总是可以"准确无误地通过特定的方式让自己过得舒坦"。

团队在达姆施塔特工作期间,有几天是"简会"。奥登对此十分厌烦,认为这是"平庸之辈套用华而不实的社会政治学术语,卖弄毫不出彩的废话"。5月29日,他和团队成员们一起离开了达姆施塔特,开始了巴伐利亚之旅。奥登是团队里的"平民领导",他戏称自己是"调研老大"。他们可以自由使用的吉普车有两辆,通常情况下，奥登坚持驾驶其中的一辆车。当他开车的时候，坐在旁边的斯特恩吓得心惊肉跳，只觉他开起车来简直不要命。

他们先去了慕尼黑。奥登在写给伊丽莎白·梅耶的信中描述了这座城市的面貌，因为战前她曾在此地居住过。奥登写道："整座城市都消失了。弗劳恩基什教堂的塔楼得以幸免，中殿只剩下一半，但此情此景，还不如被夷为平地。"团队被安置在距离市区20英里外的施坦贝尔格湖附近的一座古堡里，他们每天早上6点起床，驱车前往慕尼黑，开始当天对平民的调研工作。城里尚未坍塌的房子已经为数不多了，他们在其中一栋房子里采访民众。

奥登的德语勉强能胜任采访的工作，尽管他不太讲究发音和准确性。开展调研时，团队里的每个成员都分到一个房间，单独坐在里面，与一位随机挑选的德国平民谈话，询问他们对轰炸事件的看法。"工作很有意思，但我有时候会哭，"奥登对塔尼娅·斯特恩说，"人们……悲伤难抑，完全超乎想象。"后来，他在谈到这些调研工作时说："我们问他们是否介意被轰炸。我们去了一座沦为废墟的城市，问这里是否遭遇过轰炸。我们得到的每一个答案都在意料之中。"

通常，奥登并不会局限于所在团队的任务指令。他自发地调查了去年夏天的希特勒遇刺事件。从伊丽莎白·梅耶的朋友埃尔丝·贾菲博士（D. H. 劳伦斯的妻子弗里达的姐姐）那里，他得到了一份由反纳粹领袖埃米尔·亨克教授特地为他撰写的材料，详述了引发这一密谋事件的过程及其后果。他见了一位父亲，与他一起喝茶，而他的儿子正是因为参与1943年1月慕尼黑学生起义而被斩首的四个年轻人之一。在慕尼黑期间，奥登还参观了一家医院，那里有来自集中营的犹太人。"我对他们可能呈现的样子早

第四章 再执教鞭

有心理准备，"他对伊丽莎白·梅耶说，"但我没料到他们会这么讲话，他们就像小矮人一样低声细语。"他让塔尼娅·斯特恩从他的纽约账户里电汇了100美元过来，用以帮助一位曾被关押在达豪集中营的女人。

他们的团队离开慕尼黑后，去了肯普滕。奥登拜访了他的纽约朋友林肯·柯尔斯坦，他当时在不远处的美国陆军第三司令部服役。柯尔斯坦发现，奥登此刻已经有一个德国前战俘充当他的司机，还有一个金发的慕尼黑年轻厨子汉斯给他做饭。此外，他的吉普车上塞了各种各样的消遣之物：炊具、床垫、一盒书、一盏落地灯、一台带唱片的留声机、一箱酒，甚至还有一块印有瓦格纳画像的装饰板。

团队在肯普滕没待多久，因为他们到了现在才得知必须在接下来短短几个星期内完成工作，而不是像原先预期的那样用六个月做调研。他们的下一站是纽伦堡，那里的轰炸破坏程度与达姆施塔特一样严重。奥登会见并招待了当地的一位著名钢琴家，他在晚餐后为调研团队演奏了贝多芬的钢琴曲。斯特恩指出，与团队里的其他成员相比，奥登结识了更多的德国人。在纽伦堡的最后一个星期里，他们每天都会去埃朗根调研。然后，大约在7月初，他们返回法兰克福地区进行"汇报"，奥登住在巴特霍姆堡的一家旅馆里。他在那里遇到了尼古拉斯·纳博科夫，一位出生于俄国的音乐家和作曲家，是那位小说家的堂弟[1]。尼古拉斯也在美国居住，奥登第一次见到他是在18个月前。现在，尼古拉斯也为轰炸调查团工作，他和奥登一样，喜欢避开其他团队成员。"他们大多数人，"奥登说，"都极其无聊，亲爱的。他们对每件事都没有看法，

---

[1] 此处所说的"小说家"，指的是弗拉基米尔·纳博科夫（Vladimir Nabokov）。

即使有也往往是错误的看法。"

奥登所在的团队提交了报告，然后就可以回美国了。8月中旬，奥登再次取道英国。他短暂地看了看父亲，然后拜会了伦敦的朋友们。这一次，斯蒂芬·斯彭德见到他时，问他是否认为盟军占领德国会得到好的结果。"本来可以做点什么的，"奥登回答说，"但为时已晚。"

他并没有因为这段经历而完全失望。他告诉 E. R. 多兹，希望一两年后能去德国教书。不过，他几乎没有对朋友们述说他在那里的所见所闻，就像他从西班牙回来后也几乎什么都没说一样。还在 4 月的时候，也就是离开纽约之前，他至少是与詹姆斯·斯特恩口头约定了要写一本书，讲述他们在德国的经历。但回来后，没有任何迹象表明他打算做这件事，而且这个计划再也没有被提及。后来，斯特恩独自写了一本书，书名为《隐藏的伤害》。德国之行对他的写作产生的唯一的直接影响，体现于他在 1949 年创作的诗歌《城市的纪念》，这是一首为纪念恰逢战争结束之际去世的查尔斯·威廉斯而写的诗歌，同时也记录了他在达姆施塔特、慕尼黑和纽伦堡的经历：

> 穿过广场，
> 在焚烧殆尽的法院和警察总局之间，
> 经过损毁严重得无法修复的大教堂，
> 围绕着匆忙收拾好以便接待记者的大饭店，
> 邻近某个紧急委员会的临时棚屋，
> 铁丝网贯穿了这座被摧毁的城市。

第四章 再执教鞭

★ ★ ★

1945年夏末,奥登从德国返回美国后,再次在纽约安家,不再接受任何全职教师的岗位。他在大学从事专业教学的阶段已经结束了,在之后的年岁里,他经常会接受短期的教学工作或担任客座讲师,却再也没有谋求或接受正式教员岗位。正如他晚年在英国时的境遇那样,他大部分收入都来自文学作品。

他从不缺工作。除了继续为杂志提供新创作的诗歌来赚钱外,他也广受出版商的欢迎。他们希望他能够出面编辑其他作家的作品和选集,或者为这些书籍撰写导言。从德国回来后不久,他就为斯克里布纳出版社编选了新版《美国掠影》,为道布尔迪出版社编选了约翰·贝杰曼的诗集,并撰写了相关导言[1]。紧接着,耶鲁大学出版社任命他为"青年诗丛"的编辑。这份工作他一直干了12年,慧眼识得大量后来赢得了重要声誉的诗人,包括W. S. 默温、丹尼尔·霍夫曼、约翰·阿什贝利、詹姆斯·赖特、约翰·霍兰德和阿德里安·塞西尔·里奇。大约在他开始这项工作的同时,他向维京出版社提议,由他编辑一本"袖珍希腊和拉丁译诗读本"。这个提议最终落实为《袖珍希腊读本》,在1948年出版,成为当时的畅销书。[2]

在德国之行前后的那段时间里,奥登参与了将《马尔菲公爵

---

[1] 奥登提议将这本选集命名为《贝杰曼的半身像》,但令他恼火的是,出版社将书名改为《流畅而非流线》。——原注

[2] 奥登做这本袖珍读本的想法,很有可能源于更早的一个项目。大约在1944年冬天,有人建议奥登编辑一本"袖珍世界译诗读本"。奥登在与E. R. 多兹谈及此事时,认为这"显然是一项荒谬的工作,但我必须竭尽所能"。他写信给一些诗人和文学专家,征求他们的意见和建议,但该项目似乎在1945年被替换为这本书了。——原注

夫人》改编成百老汇舞台剧的工作。这个项目源于伊丽莎白·伯格纳，她一直想要饰演剧中的马尔菲公爵夫人，便联合她的丈夫——制作人保罗·钦纳，委托贝托尔特·布莱希特改编约翰·韦伯斯特的这部悲剧。1943年春，布莱希特携手H. R. 海斯处理改编工作，这位合作者曾把布莱希特的一系列作品翻译成英文。1943年底，布莱希特在没有征询海斯意见的情况下，擅自将奥登也纳入到合作者队伍中，为此海斯退出了项目。在接下来的三年里，剧本的改编工作时断时续，布莱希特多次与奥登碰面讨论具体事宜。他们似乎早已相识，也许是1936年布莱希特在英国时见的第一面。他们都欣赏对方的作品，至少是对方的大部分作品，但他们私下相处得并不融洽。布莱希特看不惯奥登的邋遢作风，而奥登后来对布莱希特的性格深感厌恶，这大概是因为合作期间的经历所致。奥登曾在晚年告诉詹姆斯·K. 莱恩，他觉得布莱希特是"一个十分讨厌的人"。莱恩在1980年出版了《布莱希特在美国》，书中探讨了两位作者改编《马尔菲公爵夫人》的复杂过程。（奥登无法提供他与布莱希特会面的细节，称有关双方合作的记忆"已经荡然无存了"。）事实证明，这次合作几乎以失败告终。乔治·莱兰兹在伦敦成功制作了《马尔菲公爵夫人》，现在飞到美国执导该剧，并拒绝使用呈现在他面前的"布莱希特-奥登"版剧本。在纽约演出之前，他们排练时使用的剧本依然将布莱希特和奥登列为改编者，但已经与布莱希特编写的剧本大相径庭了，因此他撤回了自己的署名。当《马尔菲公爵夫人》于1946年10月在百老汇上演时，改编者只剩下奥登一人。与早期的改编计划相比，最终版对韦伯斯特原作的改动比较少，但仍有一些改写：奥登插入了一段独白，让费迪南德公爵抒发了对妹妹的乱伦之情；最后一幕的事件被重新编排了；博索拉一角由黑人演员卡纳达·李扮演，浑身装扮得粉里粉气的(这不是奥登安排的)。尽管有本杰明·布里顿的配乐,这部作品还是以失败告终了。奥登本人不太在意这个结果,他说这部剧"糟糕得很",甚至跟一个朋友坦言,"我做这件事纯粹是为了钱"。

大约在这个时候,百老汇的另一位制作人想找人翻译布莱希特的《高加索灰阑记》。最终达成的协议是,奥登在詹姆斯和塔尼娅·斯特恩的协助下,共同负责这个项目。翻译工作完成后,我们可以看到奥登用他自己的语言创造性地再现了原作中的抒情曲部分,这相当于重写了。不过,奥登没有参与散文部分的翻译。布莱希特后来抱怨道:"斯特恩做得太多了,奥登参与得太少了。"这部剧没有按照原计划排演,但"斯特恩-奥登"翻译版经过一番修改后出版了,成为该剧英文版中的经典。

1946年5月20日,奥登按照流程接受了一系列盘问,终于正式成为美国公民。"有人问我是否读过卡尔·马克思的书,"他告诉艾伦·安森,"我回答说读过……他问我妻子是否指控我不忠……这些问题只是为了防止有人在国会上过问此事。"

这段时期,奥登居无定所,辗转于纽约的各个公寓。1945年的夏末和秋天,他住在格林尼治村简街52号地下室的一套带浴室但没有厨房的公寓里。几个月后,他住到西区第57大街421号的稍微宽敞一些的公寓里,那里离中央公园不远。从这个时候开始,纽约各个大学的本科生诗人开始寻访他,向他咨询意见和建议。有一位是当时在哥伦比亚大学念书的约翰·霍兰德,他将奥登形容为"一位私下的老师,也是我们这座城市的常驻诗人"。除了约翰·霍兰德以外,珍视奥登教导的青年诗人还包括艾伦·金斯堡、路易斯·辛普森、丹尼尔·霍夫曼和理查德·霍华德。这些青年诗人,以及其他一些人,从奥登那里得到了一系列关于诗歌创作的明晰观点，从中可以看出一个信息——尽管他锐意创新，而且继续行进在创新的道路上，但在诗歌技巧方面，他远比许多现代诗人保守。

奥登现在开始相信，所有诗歌都应该蕴含诗人对技术的挑战。他在1945年写道："我个人认为，一个诗人写下的每一首新作，除了其他要素（当然是一些更为重要的方面）以外，都应该试图为自己解决一个新的技术问题，包括韵律、措辞、诗体，等等。"在他看来，一首诗的思想或情感的内容，与其所选定的形式密不可分；换言之，形式的选择可能会从根本上影响内容。"形式，"他写道，"是诗人自行选择的，因为他们所要述说的最为重要的内容，似乎只有通过这一形式才能最好地表达出来……与此同时，这种形式发展并塑造了诗人的想象力，使他得以表达意想不到的内容，而他原本在想象中试图述说的内容，由于没有用处而干涸了。"他还喜欢援引 E. M. 福斯特笔下的一位老妇人的话，描述诗人头脑中的形式和想象之间的互动——"我的表达没有呈现之前，我的思考怎会有结论？"

这些原因导致他很少写自由诗。他几乎总是选择特定的诗体形式进行创作。在评价其他诗人的作品时，他对自由诗往往秉持批评的态度，只有 T. S. 艾略特的作品是例外。他在写给斯蒂芬·斯彭德的信中表达了这种立场：

> 我之所以反对大多数自由诗，是因为我不觉得这么写诗有什么必要性……即使在艾略特的诗歌中，我也依然感觉到表面的任意无序之下蕴藏着一个形式脉络，尽管我最终未能分析出它。今天，许多潜在的艺术家面临的问题在于，他们精准地看到，许多伟大的作品……都如此自由和轻松……于是认为他们也可以这样写作。然而，这种优雅是漫长修习的

第四章 再执教鞭

结果,首先是学习技巧(每种技巧都是约定俗成的,因而都具有一定的危险性),然后是忘记技巧。学习技巧要比忘记技巧容易得多,我们中的大多数人都可能止步于学习技巧的阶段,但除此之外没有其他通往伟大的道路,我们只能沿着这条道路前行,即使举步维艰。

在人生暮年,他用诗句表达了他对技巧重要性的认识:

> 所有的诗体格律都值得尊重,它们阻止了自动反应,
> 迫使我们审慎思考,摆脱了自我的束缚。

因此,每当有青年诗人向他求教时,他给出的首要建议就是注意技巧问题。他也愿意从宽泛的意义上告诉他们艺术的本质,特别是诗歌的性质。在谈论这些话题时,他仍然采取了看起来远非现代性的路径。"一切优秀的艺术,"他常说,"在本质上都是作者为了取悦病友而写的信。太多的艺术,尤其在我们的时代,只不过是作者写给自己的一封信而已。"他在其他场合进一步阐明了这个观点:

> 试着把每一首诗想象成一封写给密友的信,并不一定都是同一个朋友。不过,这封信首先得由邮政人员打开,如果他们无法读懂信中的内容,或是觉得很难把握其要义,那么这首诗就失败了。

至于诗歌与情感的关系,他认为存在两种观点。根据第一种观点,诗歌是一种引导可取情感和排斥不良情感的手段。第二

种观点认为，正如他所说，诗歌是"一场知识的游戏，一场通过准确陈述而让人们意识到诸多情感以及它们之间的隐藏关系的游戏"。奥登自己显然倾向于第二种观点。

他具体的写诗方式在一生中几乎大同小异。他通常在一个硬皮的大笔记本上写诗，先用铅笔或钢笔在右手边的页面上写出一首诗的初稿。有时候，他会用上特定的短语、单词表或韵律表，这些都已经事先草草地记录在笔记本里了。但大多数时候，一首新诗的创作是在没有任何明显的准备迹象的情况下开始的。写出了初稿后，他会在左手边的页面上修订一些段落，要是没有任何修改，这一页就空着了。接下来，他会誊写一份清晰的诗稿版本，到了人生的这个阶段，他已经采用打字的方式。他是一个熟练的双指打字员，经常直接在打字机上写出自己的书评和文章。说回到他的写诗步骤，在打出清晰的版本后，他还要经过进一步的修改才会让这首诗发表。有时候，要是一首诗无法令自己满意，他就干脆舍弃掉，任由它以半成品的样子留在笔记本里。

一旦完成了一首诗，他很快就会对这首诗失去兴趣，或者说，似乎是不想再去理会它。一首诗就是它呈现的模样。他也不喜欢回答关于诗歌内涵的问题。关于这一点，他这样说："当有人询问你写的一首诗是什么意思的时候，我建议这么回答：'好吧，你猜的，正是我想的。'……我所认为的含义，与'它的内涵'毫无关系。"

有关听众的问题，他声称自己主要是为其他诗人而写。"诗人心目中的理想听众，包括与他共眠的美人、请他吃饭并告诉他国家机密的权贵以及他的诗人同伴。他真正的听众，包括目光短浅的中小学教师、在自助餐厅吃饭的满脸青春痘的年轻人以及他的诗人同伴。这其实意味着，他为他的诗人同伴写作。"诚然，奥登

第四章 再执教鞭

主要为朋友们写作，不管他们是不是诗人。在生命后期，尤其是在 20 世纪 60 年代，他逐渐形成了一种习惯，每当完成了一首新诗，便把这首诗的文稿寄给某位正与他通信的朋友。比起专业评论家的点评，他更愿意看到朋友们读过诗后给出的热情反馈（要是他们愿意表达出来的话）。[1]

在生命的这个阶段，即 20 世纪 40 年代后期，人们经常邀请他在公共场合诵读自己的诗作。有一次发生在 1946 年，他应哈佛大学之邀诵读《何方竖琴下》，这首诗正是该校 ΦBK 联谊会[2]委托他写的。就像在斯沃斯莫尔学院 ΦBK 联谊会的那场演讲一样，此次他依然号召年轻人不应该随波逐流："汝不应取悦逢迎院长和主任，／不应去写你的博士论文／研讨什么教育问题。"他很喜欢接受这样的委托写点东西，比如之前在斯沃斯莫尔学院任教时，他欣然接受了一个水手的委托，为一个箱子题了诗。他声称，所有的艺术作品在某种意义上都是"受托之作"，因为艺术家不得不等到灵感来临之际才进行创作活动。他还指出，受自我委托而创作的艺术作品的失败率，很有可能高于那些应赞助人要求而催生的作品的失败率。[3]至于在公众场合诵读，他一直以来都表现不佳，

---

[1] 在 20 世纪 40 年代，奥登经常把手稿呈给哈佛大学的西奥多·斯宾塞教授看。斯宾塞教授逝世后，奥登形容他为"一个值得信赖并且很难有人取而代之的文学倾听者"（参见 New York Times, 6 February 1949, book review section, p. 14）。——原注

[2] ΦBK 联谊会（Phi Beta Kappa）的名称，来源于希腊文，意思是"哲学，生命的指引"。在全美近 300 所院校设立了分会。奥登曾在 1943 年受邀在斯沃斯莫尔学院的 ΦBK 联谊会晚宴上做了题为"使命与社会"的演讲，并多次为该协会举办文学讲座，包括有关莎士比亚的系列讲座。

[3] 在奥登接受非正式委托而写的诗歌当中，有一首创作于 1947 年的《罗马的衰亡》，这是西里尔·康诺利拜托他"写一首让我哭泣的诗"的结果。康诺利认为这首最终题献给他的诗歌"很感人，但很随意"（Sunday Times, 2 March 1952, p. 3）。——原注

含糊不清地说出自己的诗行,经常磕磕绊绊地蹦出单词。然而,他能够凭记忆背出整首诗,这给观众们留下了深刻的印象,而且经过长年累月的演练,他逐渐发展出一套更为精湛的技巧。确切地说,他学会了充分利用自己的不足,故意夸大自己蓬头垢面的外表和粗心大意的言行——经常穿着邋遢的衣服、拎着一个装满书的旧购物袋就上台了。他简简单单、我行我素,仅凭这些就吸引了观众的目光。他沾沾自喜地向朋友坦言,在这方面他已经是炉火纯青的"老火腿"[1]。

从德国回来后不久,他的感情生活发生了一个惊人的转变。尽管他在与切斯特·卡尔曼的关系中饱受创伤,但给人的印象是,他仍然毫不犹豫地只与同性别的人发生情感和身体上的交流。他在大部分时间里与其他同性恋者相处,虽然没有刻意选择他们为朋友,但他在许多方面不可避免地与性取向相同的人有着密切的关系——他渐渐成了一个相当激进的同性恋。1946年,在与埃德蒙·威尔逊交谈时,他断言德怀特·艾森豪威尔是一个同性恋,而特里斯坦和伊索尔德实际上是一对女同性恋——"因为一个与女人结合的男人,不可能真正进入那种狂喜的状态"。这些观点惹恼了埃德蒙·威尔逊。其实,奥登说这些话,自然是耸人听闻的,我们不必当真。换个角度而言,他似乎真的相信,任何未婚的重要艺术家都是同性恋。例如,他不仅相信莎士比亚是一个同性恋,而且相信贝多芬也是同道中人。他延续了早些年的观点,不赞成

---

[1] "ham"在这里是一个双关,除了"火腿"之意,还有"拙劣演员"的意思。

第四章 再执教鞭

同性恋者为了隐藏自己的真实本性、为了获得家庭生活和家人相伴而去结婚。基于此,他现在正经历的事情便越发匪夷所思了。

1944年,他认识了一个名叫罗达·贾菲的年轻女子。她的丈夫米尔顿·克朗斯基,是切斯特·卡尔曼的朋友,后来以诗人和评论家的身份为人所知。米尔顿和罗达都是切斯特在布鲁克林学院的同学:米尔顿目前在哥伦比亚大学攻读硕士学位,他与切斯特一起写广播剧本,其中有两部被采纳和播出了;罗达则在纽约的一家连锁餐馆担任就业部主管一职。相识一段时间后,奥登与罗达·贾菲发展出一段别样的恋情。

罗达·贾菲外表迷人,她在长岛南岸帕乔格小镇的一家孤儿院长大,母亲在她还是个孩子的时候就去世了,父亲(曾经相当富有,是哈林百货公司的老板)破产了,无力抚养她和她的姐妹们,也有可能是不愿意抚养。切斯特·卡尔曼的另一位朋友多萝西·法南曾这样描述她:"罗达是一个大骨架的金发姑娘,高高的颧骨,淡褐色的眼睛微微有些吊着,臀部丰满结实。她穿着深色的毛衣和土褐色的裙子,与图卢兹-罗特列克[1]画作里的那些晚间出行的姑娘们没什么两样。"在米尔顿·克朗斯基和切斯特合写广播剧期间,他们把很多个下午的时间都消磨在抱怨广播公司的愚蠢限制和无聊规则上,而此时,"罗达面色阴沉,谈论着她自己的问题和她的精神科医生;生活对她而言是一件更严肃的事情"。

到了1946年,她和米尔顿·克朗斯基进入了一系列分居的尝试,并打算结束他们的婚姻。罗达有了几次短暂的婚外情,正是在这个时候,她一度成为奥登的情人。

---

1 图卢兹-罗特列克(Henri de Toulouse-Lautrec)是19世纪法国著名画家,他擅长人物画,对象多为巴黎蒙马特一带的舞者、女伶、妓女等中下阶层人物。多萝西·法南对罗达·贾菲的描述,暗示她的外表和体态近似夜场女郎。

1946 年春，奥登在佛蒙特州著名的文理院校本宁顿学院（那时还是所女校）任教一个学期。在本宁顿学院，奥登给罗达·贾菲写了不少信，我们从中可以看到这段在他离开纽约之前就已经开始的恋情的进展情况。这些信的抬头无一例外是"最亲爱的罗达"。奥登会这样倾诉相思之情："我非常想念你。"他们为 1946 年复活节的那个周末安排了一次约会，当时奥登计划去纽约一趟。"我能住在你家吗？"他问道，"如果不方便的话，你能在长岛以塞维尔夫妇的名义订一个房间吗？如果是这样的话，携带随身物品过去即可。"这个约会大概是安排成功了，因为奥登回到本宁顿学院后写信告诉她："这里的天气很好，但床铺显得很孤单，多么希望你能在这里。人不是野兽。情绪不佳。"

之所以会有这段恋情，很有可能是因为他现在不再对建立恒久的、幸福的同性恋关系抱有希望，或者至少是因为他与切斯特的关系仍然困难重重——事实上，他们虽然达成了不再发生肌肤之亲的协议，但这并不意味着奥登能够对切斯特的风流韵事淡漠处之。当然，在多萝西·法南看来，罗达·贾菲对奥登来说已经成了切斯特的替代品："切斯特有一天晚上向我们透露，'威斯坦与一个女人有染'。他说了那个女人的身份。这真是让人始料未及。然而，我们有了一个想法，他肯定是从她身上某个匪夷所思的地方想到了切斯特。至少她也曾在那段时期就读于布鲁克林学院，也是金发，也是犹太人。"

关于这段恋情的内在心理动机，切斯特非常好奇，罗达本人也禁不住反复推敲。米尔顿·克朗斯基写道："每当我遇到切斯特和罗达，无论是单独一个还是两人一起，都会讨论和争辩奥登那不可思议的性向转变，我们最终将之归结为弗洛伊德式的幻想，

第四章　再执教鞭

切斯特借机吟诵了莎士比亚的《凤凰与斑鸠》[1]，罗达宣称威斯坦经历了完全不可逆转的蜕变。我自己和威斯坦的关系变得很微妙……我想，插足我和罗达的婚姻，肯定让他心生愧疚了，尽管我们的婚姻纽带早已脆弱不堪。（玛丽安·摩尔，我们婚礼的特邀嘉宾，也是威斯坦欣赏和尊敬的对象，她在得知奥登和罗达的恋情后，向他表达了强烈的不满。）不过，我们的关系还是很友好的。"

1946年春，罗达仍未下定决心与米尔顿离婚。奥登写信告诉她："很显然，关于你和米尔顿的事情，我不能说太多，毕竟我没有办法毫无私心。"他在另一封信中写道："至于米尔顿，现在这种情况下，你们彼此之间务必保持一定的安全距离。很爱很爱你。"

据多萝西·法南观察，罗达似乎很享受与奥登的恋情。多萝西·法南写道："她买了一条崭新的黑色丝绸连衣裙，想让玛丽·瓦伦丁［一个朋友］和我帮忙把她的发色染淡一些，因为'威斯坦希望我的头发是金色的'。我们一起给她染发。完工后，她的头发就像稻草般浅淡，威斯坦很喜欢这个发色，但罗达不怎么满意，因为它们很快就掉色了。我们再次见到她的时候，发现她又染了发，活脱脱一个漂亮、传统、性感的金发女郎。"与此同时，切斯特·卡尔曼会拿这段不寻常的恋情寻开心。多萝西·法南回忆道："他逼真地模仿这对恋人，逗得我们笑了好长时间。我知道，这很不厚道。但他们之间的事情很有趣，而切斯特的模仿又让整件事越发地滑稽。"米尔顿·克朗斯基疑心切斯特此举不过是嫉妒。在克朗斯基看来，奥登和罗达的恋情一点也不荒谬。他写道："威斯坦一定是

---

[1]《凤凰与斑鸠》（"Phoenix and the Turtle"），诗题中的"Phoenix"是埃及神话中的长生鸟，"Turtle"是斑鸠（turtledove），而不是海龟。在汉语中，凤为雄鸟，凰为雌鸟，而莎士比亚诗中的长生鸟是雌性的。这首诗渲染了一种可以超越生死的理想之爱。

看到了罗达的得体之处,在文学上没有故作风雅,对同性恋也不会暗中毁谤,这些对他来说都是莫大的慰藉。在与他人的交往中,她坦率、开朗,有时也许天真,但人们可以确信,她不会对自己说出的话出尔反尔,也不会把别人私下里跟她说的话宣扬出去。"

尽管有了新恋情,奥登却一如既往地把切斯特的生活状况挂在心上。切斯特已经失业了一段时间,奥登经常塞钱给他。他鼓励切斯特找份工作,切斯特最终在联合国新闻评论局找到了一份文员的工作,但在1947年3月被解聘了,之后没有再找工作。他住在奥登的公寓里,至少是断断续续地住在他那里。当T. S. 艾略特在1946年6月来到纽约的时候,奥登和切斯特为他准备了一顿晚餐。事实上,切斯特为了按照精致的菜单烹饪一桌美食,已经张罗了好几天。(在这次会面之后,艾略特给厄休拉·尼布尔写了一封信,谈到了奥登的诗歌:"我认为他的精神发展已经超越了他的技巧演练,而他的技巧水平几乎骗过了我们大家,也骗过了他自己,让人误以为能够匹配上他的精神。"[1])奥登与切斯特过家庭生活,与罗达·贾菲发生性关系,这种奇特的双重情感生活持续了几个月。在此期间,他再一次执笔创作《焦虑的时代》,这是他在1945年动身去德国之前就开始写的作品。可以肯定的是,《焦虑的时代》中的犹太姑娘罗塞塔,也就是四个叙述者之一,她的性格在一定程度上与罗达·贾菲吻合。

1946年夏天的大部分时间,奥登都没有住在纽约。他觉得这

---

[1] G. S. 弗雷泽在评论《焦虑的时代》时提出了完全相反的看法:"[奥登]强健的技巧发展,似乎暂时超过了他作为一个人的发展;他是一个技巧娴熟的匠人……却是一个不那么敏锐和警觉的观察者……比他在20世纪30年代的情况更甚……作为一种坚决而执拗的纯技巧演练,《焦虑的时代》是一部引人注目的作品,而它所匮乏的,是对鲜活的语言风格和当前的危机状况的清醒认知。"(这段评论出自一份未标注文献来源的剪报。)——原注

座城市酷热难耐，便找了一个适合自己的避暑之地。这是一栋海滩边的房子，房顶铺着油布，充其量只能算是棚屋，坐落在火岛的切里格罗夫。火岛是长岛南面一条伸入大西洋的狭长沙地，在这里可以直接眺望汪洋大海。从曼哈顿坐火车，然后在塞维尔小镇乘渡轮，就可以抵达棚屋所在地。斯特恩夫妇曾在1943年和1944年两度租住过这栋棚屋，之后奥登便与斯特恩夫妇以相当便宜的价格共同买下了它。一切事宜办妥之后，他们给小屋取了个名字——"贝克蒂夫·鲍勒斯"，其中"贝克蒂夫"是为了纪念詹姆斯·斯特恩在爱尔兰米斯郡贝克蒂夫小镇的老家，而"鲍勒斯"是为了纪念奥登的祖母位于雷普顿附近霍宁洛城郊的一幢名为"鲍勒斯"的宅子。

这栋棚屋位于火岛人烟稀少的地方，其他几栋海滩小屋在战前的一场暴风雨中被冲毁了。一条木板路直通向不远处的火岛酒店，那里的酒吧每晚都有同性恋光顾，而同性恋在这个人口不多的小社区里占了相当大的比例，使得该地逐步发展为"皇后区[1]的极乐天堂"。

奥登很喜欢这个地方。"海滩棒极了，"他写道，"天气也很凉快。"切斯特也喜欢上了这里，经常过来与奥登同住，但他主要是为了寻欢作乐。"贝克蒂夫·鲍勒斯"里留有一间客房，条件十分简陋。1947年夏天，斯蒂芬·斯彭德（正在美国逗留）、克里斯托弗·伊舍伍德及其当时的恋人比尔·卡斯基来到火岛，与奥登一起住在棚屋。奥登的诗歌《欢乐岛》描写了他们相聚的情景与氛围：

---

[1] 这里指的是长岛四个行政区之一的皇后区。

>……挤成一堆的棚屋
>　　由木板路连通着，就在码头边，
>阳光直射的沙滩上，那些裸裎相见、
>　　即兴放纵的场面……
>……这个边远角落一点也不邪恶
>　　但会变得可悲或病态。

1946年8月初，奥登短暂地离开火岛，去马萨诸塞州的坦格尔伍德音乐节[1]观看本杰明·布里顿的新歌剧《彼得·格里姆斯》的美国首演，布里顿本人为此临时回到了美国。奥登表示，再次见到布里顿"很高兴"，但整个表演"糟透了"，"作品本身给人的印象一样糟"。回到火岛后，他安排罗达·贾菲过来与他同住了几晚。"我很期待你的到来，"他写信告诉她，"酒吧里的人［即酒店里的同性恋饮酒者］肯定会惊讶的。"他跟她坦言，等她来的时候，切斯特也会在，以便向她展示棚屋里的炉子如何操作。末了，他在信尾留言"很爱很爱你"。等她到了后，他们三人摆姿势拍了照片：她站在中间，奥登和切斯特站在两边搂着她。

1946年夏末，奥登回到了纽约。去年冬天住过的公寓楼已经被出售了，现在他找了一个新住处，租住在格林尼治村科尼利亚街7号四楼的一套公寓里。这是一栋带电梯的新楼，他告诉罗达·贾菲，这套公寓"太贵了，太小了，而且在我不喜欢的街区，但胜在楼很新，也很漂亮"。他租的公寓确实有些拥挤，只有一个客卧两用房间和一个小厨房，没有空间留给切斯特。不久，这套公寓就变成了奥登一贯以来弄成的混乱模样。田纳西·威廉斯曾登门

---

[1] 坦格尔伍德（Tanglewood）音乐节可以追溯到1936年，此后每年夏天坦格尔伍德都会举办音乐节活动。

第四章 再执教鞭

拜访,形容眼前所见"极其脏乱……到处都是啤酒罐和报纸"。尼古拉斯·纳博科夫抱怨说,房间里"一股子猫尿味"(奥登已经开始养猫了)。当斯蒂芬·斯彭德伸手拉窗帘想让房间亮堂一些的时候,窗帘唰地一下掉了下来,奥登惊呼:"你这个白痴!纽约压根没有阳光。"拜访过他的人都注意到,奥登与街角杂货店、餐馆和酒类商店的服务人员都相交甚好,看起来他似乎想要在周围营造出一种社区的感觉——扎根于此。(那么问题来了,他真的想成为无"根"之人吗?)

就在这个时候,他又开始了晚间课程,在社会研究新学院开展一系列关于莎士比亚的讲座课程。根据教学大纲所示,他只是按时间顺序讨论了莎士比亚的所有戏剧,同时也不吝于表达自己的批评意见。他在课堂上说,《驯悍记》是"一次彻底的失败",据此改编的百老汇音乐剧《野蛮公主》更为成功;讲到《温莎的风流娘儿们》时,他声称此剧"非常无聊",唯一的优点在于启发了威尔第的歌剧《法尔斯塔夫》,随即当堂播放了该剧的唱片。

事实证明,奥登在社会研究新学院的课程很受欢迎,选课人数众多,有位教员戏言,这就像是莎士比亚在讲奥登一样。课程之所以有这么大的魅力,主要源于这样一个事实:奥登并没有把莎士比亚的作品简单地限定在文学领域,而是把它们与生活联系了起来,并且从个体角度出发谈论爱情、性以及其他情感关系,言谈之间也透露出很多他自己的心得体会。

作为一个授课者,奥登的即兴发挥远比念手稿更吸引人。他念手稿的时候,表现得很木讷,经常放错了重点,或者干脆念错了,而且吐字不太清晰。1947年春,他曾应厄休拉·尼布尔之邀,去她任教的纽约巴纳德学院做一系列关于"现代文学中的'探索'"的讲座课程[1]。授课期间,他经常被学生打断,请求他在黑板上写出方才讲过的具体内容。当他即兴发挥的时候,就像他在社会研究新学院讲授莎士比亚课程时那样,或者在课程结束后回答问题时那样,他会是一个激情四射的出色演讲者,而且几乎总是如此。

讲授课程增加了他的收入。1946年底,西里尔·康诺利到纽约拜访了他,他自豪地宣布,一年以来他赚了一万美元。不过,他并没有赚大钱的想法,比如,他在巴纳德学院授课,只要求校方支付十分微薄的酬劳。但他总是希望能够及时收到酬劳,每次课程完毕,他都会毫不尴尬地伸手索要属于自己的那份钱。在支付自己的账单时,他也秉持及时的原则,无论如何都不会赊账。他为人慷慨,经常自发地借钱或捐钱给别人。一次,杰弗里·格里格森在纽约为美国国务院讲课期间去拜访了奥登,顺口提到自己收入不高,等到他坐上出租车准备离开时,奥登居然从车窗里塞了一叠美元给他。一位名叫霍华德·格里芬的崇拜者提出要做他的免费秘书,奥登接受了这位秘书,但坚持要付给他一笔适当的酬金。

从德国回来后,奥登一直在写他的长诗《焦虑的时代》。在最后阶段,他得到了艾伦·安森的帮助,这位年轻人正在上他的莎士比亚课程。艾伦·安森通读了手稿,指出了诗中音节方面的错误之处。奥登在长诗出版后送了一本给他,并题写道:"致艾伦,我的良知——来自粗心大意的威斯坦"。这首长诗最终在1947年2月中旬完成。奥登把文稿交给了兰登书屋后,对封面设计产生了浓厚的兴趣。他选择了一种小巧优雅的维多利亚字体,并主导

---

[1] 他在1956年初再一次去巴纳德学院举办讲座课程。——原注

了封面布局,突显这首诗所宣称的"巴洛克"风格。1947年7月,兰登书屋出版了这本题献给约翰·贝杰曼的《焦虑的时代》。首印很快就售罄了,随后接连重印了多次,它在1948年获得了普利策奖。在奥登的诸多作品里,这是第一本美国销量超过英国销量的,费伯版(1948年9月出版)只取得了小小的成功。

后来,美国的多个剧团将《焦虑的时代》搬上舞台,奥登的崇拜者伦纳德·伯恩斯坦[1]以此为灵感写出了第二交响曲。(然而,奥登不喜欢这首交响曲,也不欣赏杰罗姆·罗宾斯在1950年以这首交响曲为背景排演的芭蕾舞版《焦虑的时代》。)这首长诗本身并没有在文学评论界大受好评。德尔莫尔·施瓦茨认为这是奥登写过的最散漫的作品,兰德尔·贾雷尔指责这是他自《死亡之舞》以来最糟糕的作品。在英国,帕特里克·狄金森给这部作品贴上了"无聊透顶"的标签。过了一段时间,评论界的主流观点才发生了一些变化,这首长诗以其语言的丰富性和对四十年代精神的精准再现而赢得了应有的赞誉。

这是奥登最后一首长诗。之所以创作此诗,部分原因在于他历经移民、皈依和性关系危机,这些阶段性的经历标志着他逐渐迈向了人生的成熟期,形成了长诗的基本主题。从这时开始,要是想写一部规模较大的诗歌作品时,他不会再选择长诗的形式,而是由一个主题统摄的组诗。此外,在往后的岁月里,他创作较长篇幅作品的精力已经转向了另一种艺术形式——歌剧。

在《焦虑的时代》出版时,奥登仍与罗达·贾菲在一起,依然倾倒于她的魅力。1947年夏,奥登在寄给她的一封信的结尾处

---

[1] 伦纳德·伯恩斯坦(Leonard Bernstein),美国作曲家、指挥家、钢琴家。他一生共创作了三部交响曲,分别是第一交响曲《耶利米》、第二交响曲《焦虑的时代》、第三交响曲《犹太诗文》。

写道："很多很多的爱，亲爱的。你棒极了，而我只是个神经质的中年胖子。"他在这封信中附了一首《小夜曲》（以"不停地，不停地"为开篇的诗歌），并写道："随信附了一首非个人化的（诚实的）爱情诗，我敢说这准是一个怪人写的。"以下是这首诗的最后四行：

> 于是，我表露的爱意
> 如同大多数的情感，
> 半是虚来半是实，
> 向邻人打听着你。

但与此同时，奥登仍然密切关注着切斯特。在写给罗达·贾菲的信中，他以母亲般的关怀心态描述并谈论了切斯特的风流韵事。在另一封从火岛寄给罗达的信中，他提到自己对一个年轻人的欣赏，称之为"岛上的美人"。这些关涉同性恋情的内容在通信中的比重越来越多，而奥登对罗达·贾菲的示爱渐渐消失了。

朋友们都不太清楚奥登和罗达·贾菲的恋情缘何结束，至少罗达·贾菲看起来没有丝毫怨言。她后来告诉切斯特的父亲（他是牙医，而她是他的病人），"威斯坦在床上是个真正的男人"。他们做不成恋人，但继续做了朋友，有一段时间她还成了他的秘书，但他没有再与她发生性关系。她在哥伦比亚大学学习了一段时间，最终获得了社会学博士学位。在与第一任丈夫离婚后，她与一个名叫阿尔·奥多弗的人结了婚，婚后育有两个孩子。然而，这段婚姻也破裂了，为此她大病一场。最终，她自杀了。

与她分手后，奥登再没有发生异性恋情。他像从前那样，继续与许多女性保持友好、亲密的关系，但完全无关风花雪月之事。

他尤其与那些可以充当他母亲角色的女性过从甚密。在回顾他与罗达·贾菲的关系时,他对一个朋友说:"我试着跟一个女人交往,但这是一个天大的错误。这是一种罪。"他告诉另一个朋友:"这对我毫无影响。我只是觉得自己在作弊。"

奥登现在 40 岁了。他已经接受了这样一个事实:他既不会与切斯特有完整的同性"婚姻",也不会与罗达·贾菲那样的人有真正的婚姻。"我并不认为我是一个对未来忧心忡忡的人,"他在 1947 年写信告诉厄休拉·尼布尔,"但想到可能面临的孤独处境,我有时候的确会感到些许恐慌。每当看到你被家庭关系和家务琐事包围的时候,我时而庆幸,时而嫉妒。我可能会死在一家旅馆里,给管理人员惹来大麻烦。等到那一天果真来临,就没什么好在意的了。"

1947 年 9 月,奥登结束了主要在火岛度过的悠长假期,回到纽约参加了一个在酒店举办的狂欢活动。他把自己装扮成罗纳德·弗班克的小说《瓦尔茅斯》中的红衣主教皮雷利的模样,切斯特作为其助手出席。奥登从博浩出版社(音乐出版公司)的拉尔夫·霍克斯那里获悉,伊戈尔·斯特拉文斯基想根据威廉·荷加斯的雕版画《浪子的历程》创作一部歌剧。阿道司·赫胥黎是斯特拉文斯基在好莱坞的邻居,他曾向斯特拉文斯基推荐奥登来写这部歌剧的脚本。9 月 30 日,霍克斯见到了奥登,商讨了歌剧事宜。事后,霍克斯告诉斯特拉文斯基,奥登"非常感兴趣,可以立即着手处理此事"。

斯特拉文斯基的项目可谓恰逢其时。奥登刚刚完成并出版了

《焦虑的时代》，肯定正在考虑接下来的工作安排。当然，能够把工作重心放在他正热衷的艺术媒介里，他自然是跃跃欲试的。虽然他此前也写过歌剧脚本《保罗·班扬》，但那只是瞎折腾，最终呈现的效果充其量不过是有趣而已。现如今，歌剧对他的吸引力远远超过了诗剧。当他回顾以往的诗剧写作经历时，他觉得自己穿插在诗剧中的"渲染"段落其实是歌剧性质的。他后来谈到了这一点："我认为抒情剧的适当载体是歌剧，而不是话剧。我早期的那些戏剧，现在看来倒更像是平庸的歌剧脚本。"除此之外，他非常欣赏斯特拉文斯基的音乐。他在 16 岁时就购买了斯特拉文斯基的《简易钢琴二重奏》。1928 年，他收藏了斯特拉文斯基的《彼得鲁什卡》唱片。1945 年，在与尼古拉斯·纳博科夫交谈时，他盛赞斯特拉文斯基的新作，声称他更喜欢斯特拉文斯基现在的作品，而不是他的"俄罗斯时期"的作品。

斯特拉文斯基已经对歌剧脚本有了一些初步的设想。见过霍克斯之后，奥登给斯特拉文斯基写了一封信，告诉这位作曲家："不必多说，但你一定明白，能与你共事是我一生中最大的荣耀。"斯特拉文斯基发现奥登不太负担得起飞往他所在的好莱坞的机票费用，便在回信中主动表明愿意支付奥登的旅费，以便他们可以坐下来商讨这个项目。奥登回了一封电报："囊中羞涩，感谢你的慷慨之举。"11 月 11 日，他动身去好莱坞，打算在斯特拉文斯基家待八天。出发之前，他坐立不安地咨询尼古拉斯·纳博科夫，他是否应该带上一件黑色小礼服？他是否应该与他的俄罗斯东道主行吻手礼？

在斯特拉文斯基一家人看来，奥登是一位虽然有点古怪但很讨人喜欢的客人。等他离开后，他们的女佣汇报说，他压根没有动过她每天特意准备的肥皂和毛巾，而且他的淋浴房和洗脸盆每天都干燥得没有一滴水的痕迹。他睡在一张临时铺好的沙发床上，做客的第二天，他一大早就起床了，与斯特拉文斯基投入了工作。正如斯特拉文斯基观察到的，他要"喝咖啡和威士忌"。

斯特拉文斯基此前只写过一部严格意义上的歌剧，即1914年创作的《夜莺》。在接下来的30年里，他创作了许多需要歌手参与其中的戏剧作品，包括《婚礼》《俄狄浦斯王》《珀耳塞福涅》，但没有一部是真正意义上的歌剧。他最接近歌剧的作品是《玛芙拉》（1922），这是一部旨在反瓦格纳的喜歌剧风格的短剧。自从1939年移居美国后，他一直想写一部英语歌剧。1947年，他参观了芝加哥艺术学院，荷加斯的雕版画《浪子的历程》当时正在展出。在观画的过程中，他只觉"一幕幕歌剧场景扑面而来"。他打算再写一部反瓦格纳的作品，恢复18世纪的正歌剧风格，将故事情节融入一系列独立的作品中（咏叹调、二重唱、合唱、宣叙调，等等），而不是瓦格纳式的通谱体写法。他心目中的特殊音乐风格是新古典主义式的，在很大程度上带有莫扎特音乐的色彩。他之前已经给奥登寄了四部莫扎特歌剧的乐谱，以便奥登摸清他的音乐思路。现在，奥登住进了他家，他们得以结伴去当地的音乐厅，欣赏《女人心》[1]的双钢琴演奏。

威廉·荷加斯的《浪子的历程》有八幅系列图画，勾勒了故事的大致轮廓。在第一幅画里，年轻人汤姆·雷克维尔已经从吝啬的父亲那里继承了一大笔遗产，此刻为了定制套装而被裁缝量尺寸，一对母女正在拜访他，他此前勾引了可怜的女儿萨拉·扬，现在想拿钱摆平她。在第二幅画里，他已经焕然一新，周围环绕着舞蹈老师、职业拳击手、园艺师以及鼓动他挥霍金钱的各色人等。

---

[1] 《女人心》（*Cosi Fan Tutte*）是莫扎特后期创作的一部堪称典范的意大利喜歌剧。

到了第三幅画，他在伦敦的一家酒馆里寻欢作乐，已经喝得酩酊大醉，钱财也被人肆意窃取了；此刻，他已经败光了家财。第四幅图显示，萨拉把他从负债者监狱里救了出来，把自己微薄的积蓄全都给了他。在第五幅图里，他娶了一个富有的独眼老妇人，而给他生了一个孩子的萨拉想要阻止这场婚礼。最后三幅图告诉我们，他在一家赌场里再次失去了所有的财富，接着被扔进了伦敦的弗利特监狱，随后在乱糟糟的疯人院里一蹶不振，仍然对他念念不忘的萨拉前来探望他。

关于两人合作的歌剧，斯特拉文斯基最初只是提供了一些零碎的建议。他告诉奥登，他计划在"疯人院"部分设置终曲，汤姆·雷克维尔应该在这个场合拉小提琴[1]，这似乎就是他对情节的所有构想了。奥登则认为，荷加斯的故事需要在一个重要方面有所改变。他指出，原来的故事是"一个资产阶级的寓言"，"喝酒、玩女人、听曲、打牌，与其说这些东西本身是错误的，不如说是因为它们浪费了金钱"；而现代观众需要一个更好的故事寓意。还有一个问题是，荷加斯版本里的雷克维尔几乎是一个完全被动的角色，但正如奥登所说，"在歌剧里，你不可能真的有一个被动的角色"。第三，他认为荷加斯版本里只有两个场景——酒馆狂欢和疯人院——是真正具有歌剧属性的。

奥登和斯特拉文斯基首先决定把雷克维尔这个人物一分为二，以便让从他的内在道德冲突中衍生出外部行动。在他们的脚本大纲里，分解出来的两个角色只是被简单地描述为"主人公"和"恶棍"。他们并没有具体说明"恶棍"的本质，但他的角色功能显然

---

[1] 根据奥登的说法，这一提议源自"疯人院"那幅版画里的盲乞丐形象。在画面里，这个盲乞丐正在演奏一把单弦小提琴，斯特拉文斯基正是看到了这个人物形象才起念要写一部歌剧（*Secondary Worlds*, p. 98）。——原注

类似于《浮士德》中的魔鬼梅菲斯特。"恶棍"是"主人公"在百无聊赖的哈欠中召唤出来的,他会告诉"主人公",有一笔遗产将会落入他手中。在随后的狂欢场景中,"恶棍"会用超自然的方式把时钟倒转,以便延长夜夜笙歌的欢乐。尽管"恶棍"的本性半是邪恶,但他构成了"主人公"的另一个自我,他在故事中的功能,与奥登和伊舍伍德早前合作的戏剧《毕晓普的敌人》中的"幽灵"非常接近。

奥登和斯特拉文斯基逐渐重构了荷加斯的故事。萨拉·扬的角色一开始在提纲中只是被简单地命名为"姑娘",后来发展为一个起到重要作用的主角,在"主人公"混迹于伦敦底层时,她竭尽全力苦苦寻找他。之后,"主人公"再一次变得穷困潦倒,这是因为他把所有的财富都投入一种机器的制造上。"恶棍"给他看过一台机器,可以把海水变成金子,但"主人公"的投机倒把却一无所获。随着"主人公"的失败,他的一切私人财产都被公开拍卖,这个场景以合唱的形式表现出来。接着是墓地场景,很像莫扎特的歌剧《唐·乔瓦尼》中的第二幕。在这个场景中,"恶棍"和"主人公"在一个坟头玩骰子。"恶棍"输了,眼看就要下地狱了,可是在他渐渐消失的时候,"主人公"却精神错乱了起来。正因为如此,最终才会出现疯人院的场景。这部剧还会有一个尾声,正如《唐·乔瓦尼》的做法,主要角色将出场点明本剧的寓意:"游手好闲,造恶之源。"[1]

他们的脚本大纲混合使用了英语和法语两种语言。斯特拉文斯基更擅长使用法语,随着工作的推进,他们主要采用了法语。他们起草了许多对话的段落,并对各个场景音乐片段做了初步安

---

[1] 由此,这部剧也就成了一个关于"懒惰"的寓言故事。像奥登这样一位拥有强悍的工作精神的人,"懒惰"实为大罪。——原注

排。经过十天的努力，他们终于完成了预设的任务。

斯特拉文斯基以前只知道奥登为《夜邮》写了解说词，对他此外的事情一无所知。在这次合作的过程中，斯特拉文斯基很快就发现了奥登的魅力。"我们不工作的时候，"他回忆道，"他会跟我解释诗歌的形式，而且当下就能奋笔疾书，写出一些例子。"奥登沿袭了一贯的风格，滔滔不绝地向斯特拉文斯基夫妇灌输自己的观念："天使是纯粹的智慧……特里斯坦和伊索尔德是缺爱的独生子女……一个人失去权力的迹象是他不再在乎守时。"斯特拉文斯基被奥登逗乐了，觉得他的观点十分新鲜有趣。在奥登离开后，斯特拉文斯基购买了奥登提到的书籍。过了一段时间，他如此谈到奥登："他是我能忍受的为数不多的道学家之一。"至于奥登，他此前对斯特拉文斯基有一些了解。一方面，他"怕极了"。他听说斯特拉文斯基与负责写《珀耳塞福涅》脚本的安德烈·纪德发生过争吵，而且斯特拉文斯基不止一次地说过，为音乐配文字的时候，重要的是音节数，而不是内容。另一方面，他很焦虑。因为斯特拉文斯基此前没有写过英语歌剧，很可能会把英语唱词扭曲到让人难以理解的地步。然而，他很快就发现，这位作曲家非常尊重脚本及其使用的语言，绝不会妄自尊大。正如奥登所说，他是"一个专业的艺术家，不关心自己的个人荣誉，只关心创作对象"，是为数不多让他既喜爱又敬重的人之一。这次会面结束后，他写信向斯特拉文斯基倾诉："我无法用言语描述，跟你合作是多么愉快的一件事。"

回到纽约后，奥登在着手写脚本之前，跟切斯特·卡尔曼描述了他和斯特拉文斯基构思的故事梗概。切斯特提出了一些细微的批评意见。他说，他认为"恶棍"并不足以支撑起一个独立的角色，而且召唤他出来的哈欠很容易被误解为无声的音符。奥登

第四章 再执教鞭

起初对这些批评意见很恼火,他告诉切斯特:"要是你没有办法提出建设性的意见,就不要吹毛求疵了。"切斯特反复思考存在的问题,给出了一些具有可行性的修改方案。在随后的日子里,他渐渐意识到"一些适合咏叹调的零零散散的句子涌现在我的脑海里"。于是,奥登做了决定,切斯特应该与他合写脚本。

他们原本就希望能携手共创一部戏剧作品。对奥登而言,这样的合作有着特殊的含义,与切斯特在艺术上的联结将会是婚姻的一种实现方式,同时也为身体关系提供了一种替代品。除此之外,这部歌剧的题材也非常适于他们的合作。切斯特带有一点"浪子"的特质,而奥登对他的至诚之心,恰如荷加斯画笔下的女主人公对负心汉的矢志不渝。斯特拉文斯基的朋友兼助手罗伯特·克拉夫特后来观察到:"威斯坦·奥登对切斯特·卡尔曼的挚爱……是这部歌剧脚本的真正主题(至诚的真爱)。"

尽管如此,奥登对切斯特的具体工作秉持一丝不苟的态度。切斯特写了"恶棍"(现在名叫魔鬼尼克)宣布主人公将要继承遗产的段落,奥登将他的初稿删减得只剩下一小段。切斯特用双行体写了一段很长的对话,奥登却说:"我想你可以用四行体来写。"切斯特一开始很生气,但经历了这些最初的磕磕碰碰之后,他们很快就"渐入佳境"了。正如切斯特所说,在之后的合作中,他们会提前商定各自需要撰写的部分,每天午餐时交换意见,即兴吟唱写下的内容,甚至用法语、德语和意大利语歌剧的"翻译腔"来演绎。他们两人都会审读对方的写作内容,并提出意见和建议,直到最终形成双方都满意的文本。关于这一点,奥登后来说道:"两位脚本作家,不是两个人,而是一个复合人格。"

奥登和斯特拉文斯基商定的脚本大纲,现在有了一些变动。他们决定采用魔鬼尼克实现主人公(被命名为汤姆·雷克维尔)

三个愿望的设定，用切斯特的话来说，这是为了"表明他［汤姆］有一定的自主意愿，从而烘托该剧的主旨，让人对罪恶保持警醒"。他们还赋予汤姆一种既狂躁又抑郁的性格，这样一来，正如奥登所解释的，他的角色贴合了音乐的多元性——"［他］一会儿激情飞扬，一会儿情绪低落"。这体现了奥登对歌剧的看法："为了歌唱，所有的角色都必须有点疯狂。"

根据《浪子的历程》第一幕的分工[1]，切斯特负责写女主角（被命名为安妮·特鲁洛夫）向汤姆道别的部分，以及第三场的内容。在第三场中，即便汤姆薄情寡义，安妮仍然决定去寻找他：

> 爱不能动摇，
> 不能丢弃；
> 尽管爱遭到拒绝
> 被人遗忘，
> 尽管爱饱受创伤
> 但如果这是爱
> 就不会转移。

事实上，纵观整部脚本，安妮的大部分唱词都是由切斯特来完成的，而汤姆的唱词主要由奥登负责。这与他们的现实处境恰恰相反，很有可能是有意为之。切斯特后来说，他发现撰写安妮的唱词"是一项接近于忏悔的任务"，因为"她单纯的灵魂充满了坚定不移的良善"。

---

[1] 奥登曾描述过《浪子的历程》脚本的具体分工，相关内容可以参看薇拉·斯特拉文斯基和罗伯特·克拉夫特所著的《斯特拉文斯基：图片和档案》(*Stravinsky in Pictures & Documents*, Hutchinson, 1979, p. 650）。——原注

第四章 再执教鞭

至于唱词的语言风格，奥登现在意识到，唱词必须完全服从于音乐，因此必须对语言加以限制。而这一点，他当初写《保罗·班扬》时还没有领悟到。他说："措辞很重要，例如，你不能使用复杂的隐喻，因为［观众］可能听不明白……文字必须由作曲家全权调配。"考虑到斯特拉文斯基的创作意图，《浪子的历程》所需要的诗歌类型，主要是效仿18世纪诗歌。这可以从奥登为主人公汤姆所写的一段咏叹调中管窥一二：

> 爱，如此经常地遭到背叛
> 为了某种似是而非的欲念
> 或者这世间着了魔的火焰，
> 你的叛徒犹在睡梦之中
> 重温他没有遵守的誓言，
> 哭泣，哭泣，
> 他跪在你受伤的灵魂前。

奥登谈到这段咏叹调时说："我从未想过要把此类文字收入诗集中。读者要是单单看到这些内容，肯定会有所不满。抛开其他因素，这风格本身就是一种模仿，'哭泣'一词的重复使用也没什么必要。"但他补充道："斯特拉文斯基为这些唱词创作的配乐相当优美，因此我可以断言这个写法是成功的。"

第一幕的脚本写完后，奥登在1948年1月16日寄给了斯特拉文斯基。奥登在信中说："正如你所看到的，我找了一位合作者，是我的老朋友，我对他的才能充满信心。"其实，在此之前，斯特拉文斯基压根不知道奥登把切斯特拉了进来，因此刚得知这一消息的时候并不高兴，希望仍然由奥登独自来承担脚本的工作。不过，他后来什么也没说,大概率是因为交到他手里的脚本很出色。他告诉奥登,他"很喜欢"第一幕,只是担心篇幅过长。奥登回复说,可以"随意删减"。

12天后,第二幕的脚本也寄给了斯特拉文斯基。同样,奥登和切斯特对这一幕做了一些改动。在原来的构思里,那台机器能把海水变成黄金,而现在,是把石头变成了面包。奥登解释说,这象征人类渴望成为上帝。(然而,在舞台上,这个场景有点像滑稽剧,让人想到了奥登和伊舍伍德早期合作的一部戏剧。)另一处改动是把汤姆的结婚对象换成了一位异国女子,而不是富有的老女人。奥登不希望汤姆的婚姻延续荷加斯绘画的寓意(象征财富的诱惑),而应该反映出一种放弃了理性与欲念的罪恶,一种违背了上帝的律法和人类的法则的毫无意义的行为。为此,他和切斯特有了一个想法,汤姆应该娶"一个名叫巴巴的土耳其女人",一个有胡子的女人。

他们后来说:"我们认为这是一种戏剧化的呈现方式,用以突显汤姆的行动毫无意义。"那天,当他们想出了这个角色的形象和名字的时候,两人都"笑得直不起腰来"。不过,作为剧中最富有的虚构人物,巴巴极其看重自己的尊严。奥登写道:"巴巴觉得自己就像《玫瑰骑士》中的公爵夫人玛莎琳一样,是个贵妇人。"

第三幕的创作并非一帆风顺。奥登患有三叉神经痛,足足折磨了他三个星期。他在写给T. S. 艾略特的信中说:"[这是]最让人难以忍受的疾病……显然,医生们对此束手无策,只能给我一种精神病人服用的药,希望能减轻我的痛苦。吃了这药,我变得懒散、松懈,就像一尊佛像。"切斯特负责写拍卖场景,初稿写出来后,没过几天就被推翻了;终稿倒是很完美,"胡话"风十分契合上下文。以下选段是拍卖师塞勒姆拿出各种各样的物品叫卖的

第四章 再执教鞭

场景：

> 在场的各位都清楚我的为人；知道
> 我是一个有品的人；看看这个——（举起海雀标本）
> 这是什么？——才智
> 和财富的象征：没有人，没有人
> 不被征服，不被吸引，
> 只要看了它一眼。凡拥有此物者（举起裱好的鱼标本）
> 怎么可能不成为
> 运筹帷幄之人？快出价
> 拍下它们，快出价，快！

这一幕的脚本也做了修改。他们改变了墓地场景的设定，让汤姆和魔鬼通过玩扑克牌来决定自己的命运。魔鬼输了，在下地狱时疯狂地诅咒汤姆，为汤姆后续的精神崩溃埋下了伏笔。但这样的设定有点说不通，魔鬼的诅咒似乎没有任何根据。此外，在最后的疯人院场景中，结尾的设定看起来也不太合理：安妮去看望汤姆，末了却弃他而去，跟着自己的父亲回家了；正是她的离去导致汤姆伤心至死。诙谐的尾声出自切斯特之手，点明了该剧的寓意，但恰如斯特拉文斯基多年后所说，尾声部分"有点太'俏皮'"了。《浪子的历程》似乎无法安排一个完全令人满意的结局，这一点倒是像极了奥登和伊舍伍德在20世纪30年代创作的那些戏剧。

第三幕于1948年2月9日完成，奥登随即寄给了斯特拉文斯基。得知这位作曲家将于3月31日在华盛顿举办一场音乐会后，他便安排了那一天的会面，以便讨论斯特拉文斯基认为有必要进行修改的地方。正是在这次会面中，斯特拉文斯基第一次见到了时年24岁的罗伯特·克拉夫特。克拉夫特和奥登略有交情。一年前，在巴纳德学院的一次讲座后，一位学生把克拉夫特引荐给奥登。他曾在纽约学习音乐，与斯特拉文斯基通信了几年，但从未见过面。在奥登正式把他介绍给斯特拉文斯基后，他受到这位作曲家的邀请，到他家从事秘书兼音乐助理的工作。

在歌剧上演之前的某个时间点，T. S. 艾略特看到了脚本，因为他受邀撰写评论。许多年后，艾略特向斯特拉文斯基坦言，荷加斯的故事和传统的魔鬼契约是两个截然不同的题材，两者在剧中没有很好地统一起来。但当年第一次看脚本时，他只是用铅笔标注了一些建议修改的地方，例如，在一个分裂不定式[1]和一个不恰当的措辞上做了记号。

切斯特·卡尔曼参与脚本创作已经是一个既成事实，但斯特拉文斯基对此仍然有些不放心。于是，奥登利用1948年3月与斯特拉文斯基面谈的机会，向这位作曲家一再做出保证。他说"卡尔曼先生是一位比我出色的脚本作者"，又说"卡尔曼先生写的场景至少和我写的一样好"，还表示"卡尔曼先生的才能之所以没有得到广泛认可，纯粹是受累于他和我的友谊"。（奥登在公开谈论他和切斯特的合作时，总是用"卡尔曼先生"来称呼他，而不是用他的名字。）几天后，奥登在纽约把卡尔曼介绍给斯特拉文斯基。斯特拉文斯基很欣赏卡尔曼的敏锐头脑和幽默感，发现卡尔曼比奥登更易懂，因为奥登与斯特拉文斯基交谈时的措辞不太精准，时不时地夹杂一些发音怪异的法语和德语，理解起来颇有些难度。（几个月后，切斯特的牙医父亲给奥登配了一副假牙，这使得奥登

---

[1] 在英语表达中，分裂不定式（split infinitive）通常是指在 to 和动词之间插入一词。

讲起话来越发含糊不清了。）斯特拉文斯基此次告诉两位作者，他对"他们的作品"十分满意。随后，他返回好莱坞，开始创作歌剧第一个场景的音乐。他写信对拉尔夫·霍克斯说："这份工作带给我很多乐趣和新鲜感。"

这时，两位脚本作者动身前往欧洲度假。

★ ★ ★

他们乘船横渡大西洋，在1948年4月初抵达英国。切斯特此前从未到过英国。奥登带他去了牛津大学，拜托E. R. 多兹安排他俩参加基督教堂学院的主桌晚宴。之后，他们一起去湖区看望奥登的父亲。这次会面不太令人满意。奥登医生原本希望威斯坦能够多陪他一段时间，而不是短短几天时间。此外，他不太喜欢切斯特一直出现在跟前，奥登则因为父亲的几句反犹言论而伤心，他觉得这是有意让切斯特难堪。

5月初，奥登和切斯特去了巴黎。切斯特意外地遇到了克里斯托弗·伊舍伍德，他正与比尔·卡斯基共游欧洲。切斯特带他们去了酒店，让伊舍伍德躲在奥登所住房间的衣柜里，等到奥登进门时突然钻出现——结果，用卡斯基的话来说，"威斯坦差点吓出了心脏病"。接着，他们去了意大利，在佛罗伦萨逗留了大约两个星期，参观了罗马，还在那里看了歌剧。

奥登写信告诉伊丽莎白·梅耶："我来了这儿才发现，意大利和我的'故乡'如此相似。事实上，我在写一首诗——《石灰岩颂》，主题是那样的岩石创造了真实的人类风景。"他的意思是，石灰岩是"变化无常的"——它溶解于水——并且常常形成地下洞穴和水流的隐秘系统（比如奥登小时候参观过的德比郡蓝约翰矿洞），这构成了一种特殊的风景，与人类的易变性和隐秘性如出一辙。这首诗完成于1948年5月，语调十分轻松，与奥登在战前甚至战时创作的诗歌完全不同。这种轻松的语调在他之后的作品里一再出现。

5月下旬，奥登和切斯特到了那不勒斯，乘坐渡轮前往伊斯基亚岛。这是那不勒斯海湾两个岛屿中较大的一座岛，他们决定在此住上几个星期。5月30日，奥登在福里奥镇的内图诺旅馆写信给罗达·贾菲："我们到了地球上最可爱的地方之一。福里奥是岛上游客最少的小镇。这里的人很穷，除了宗教活动和捕鱼以外，没什么事可做的……所有的东西都要经过漫长的讨价还价才能最终成交，我们完全是北方人，不太会还价。"在同性恋群体中，伊斯基亚岛是一个众所周知的花钱就能实现性交易的地方。不过，刚开始的时候，奥登发现自己很难做出这种事。"性交易几乎不可能实现，"他告诉罗达·贾菲，"主要是因为在这个小镇里做任何事情都会尽人皆知——他们倒是完全不在乎，但我还没有那么厚颜无耻。五岁的孩童出现在海滩上，一边咯咯笑着，一边用屁股推搡游客。"

起初一段时间，布赖恩·霍华德和他当时的男友，一个名叫萨米的爱尔兰人，陪奥登和切斯特在伊斯基亚岛度假，他们也住在内图诺旅馆里。霍华德的状态不太稳定，奥登上一次与他相处还是在1937年，此次他变得更加张狂恣意了。"一开始，我们经历了一两个可怕的夜晚，"奥登说，"布·霍脾气上来的时候，就会把自己灌醉，幸好现在一切都结束了。无论怎么样，我都不会怪他。"与此同时，切斯特纵情声色，完全不会考虑奥登的感受。奥登承认："我偶尔会愚蠢地闹点情绪，但除此之外，我们相处得其乐融融。"

第四章 再执教鞭

奥登大部分上午都在工作，主要是写诗。他告诉罗达·贾菲："几个月内都不必去想那些劳神劳力的活，真松快。"布赖恩·霍华德奚落他缺乏视觉方面的感官能力，奥登迎难而上，为霍华德写了一首《伊斯基亚岛》，特意描绘了死火山埃波梅奥峰以及岛上的景观：

>……什么样的设计可以
>让如此柔和的黄色、
>粉色和绿色冲刷着这些渔港
>
>它们依偎着丰美的埃波梅奥峰，守住了
>她垂在山脚边缘的裙摆硬褶？

事实上，奥登对自己的视觉感官是有自知之明的。他后来写信给布赖恩·霍华德，称他的批评是"公允的"，但又自圆其说道："不过，身为诗人，最重要的课程之一就是认识并接受自己的局限，如若可能的话，要把这些局限转化为优势。"

这一年夏末，应该是在 8 月份，他写了一首有意透露情色元素的诗歌。他对情色题材的看法是，这种类型的作品可以缺乏文学价值，因为它本身的意图就是非文学性的——刺激读者的性感受。他坦言自己很容易受到情色作品的影响。"文字能对我发挥强大的能量，"他写道，"比如说，一个情色故事比一个大活人更易激发我的欲念。"

这首诗是写给耶鲁大学的诺曼·霍姆斯·皮尔逊的，奥登正与此人合编《英语诗人》。不过，很难想象奥登会为他写这种诗，但奥登的确想要通过此诗向他展示自己为人的底色。诗歌的原标题是《柏拉图式的吹箫》,在其他各类出版物中的诗题,都是出版商自行拟定的。"吹箫"是口交的俚语表达方式,"柏拉图式"在此指的是"理想的"。通过查阅这首诗的最可靠版本,我们可以看到它包含了 34 个诗节,模仿了查尔斯·威廉斯的长篇叙事诗《塔利埃辛穿越洛格里斯》[1]的风格。威廉斯本人也意识到,这种诗体形式特别适合描写人类形体。以下是《柏拉图式的吹箫》的开篇部分:

> 这是春日里的一天,一个找乐子的日子,空气里
> 弥漫着更衣室的气息,适宜给人吹箫或者被吹;
> 吃过午餐走在回家的路上,我转过街角赫然发现
> 他独自一人立在那儿,就在附近的一个拐角处。
>
> 我一边靠近一边打量。干净整洁的白色 T 恤衫
> 勾勒出他的强壮体格;浅蓝色的牛仔裤泄露了
> 太多信息。我看到了紧裹着的完美的臀部曲线,
> 我又看了看裆部,那地方饶有兴味地向外鼓突。
>
> 我们四目交接。我一时天旋地转。我双腿发软。
> 我站在原地无法动弹。我完全语塞不知如何开口。
> 恍惚间我听到一串语词,正从我的嘴里飘荡而出
> "你能跟我回家吗?"一个沙哑的声音回答"可以"。

---

[1] 塔利埃辛(Taliessin)是一位活跃于 6 世纪的吟游诗人,相传他曾至少在三位凯尔特人不列颠国王的宫廷中唱过歌。在之后的传说中,他渐渐成了一名神话英雄,由此衍生出更多的传奇故事。洛格里斯(Logres)是传说中的亚瑟王领地,有人认为这是英格兰的古称。查尔斯·威廉斯的《塔利埃辛穿越洛格里斯》(*Taliessin through Logres*)出版于 1938 年,力图重塑亚瑟王神话,奥登曾给予高度评价。

抒情主人公给了小伙子一杯啤酒，得知他是来自伊利诺伊州的机械师。他开始向小伙子求欢，对方给出了回应：

> 我们紧贴双唇。我们相互拥抱。贪婪地攫取对方，
> 此刻唯有肌肤之亲才是一切，舌尖和臂膀都向彼此
> 探索，无尽地进攻与纠缠。一碰到他鲜嫩的身体
> 我便激动不已，触摸他雄起的阴茎我顿时战栗个不停。

这首诗十分详尽地描写了小伙子充满性张力的体格，最终以抒情主人公为他吹箫结束。作为一首诗歌而言，《柏拉图式的吹箫》几乎是无足轻重的；但作为情色作品，受到了与奥登有着相似偏好的读者的青睐。他从未有过发表这首诗的念头，只是分享给了几位他认为有可能喜欢此类诗歌的朋友。虽然私下里容许并且在一定程度上享受这种事，但奥登一直以来都排斥在公开场合展示"性"。1953年，在观看音乐剧《酒绿花红》的现场演出时，他说自己十分厌恶其中的一段歌舞表演，因为合唱团的姑娘们把撅起的屁股朝向观众，露出了底裤上的紫罗兰花图案。为此，奥登无心观看表演，冲出了剧场，没有继续看下去。同样的情况在他人生暮年再次上演，当时他在伦敦的地铁里，看到宣传广告上有半裸的女性后大为恼火。

基于上述对性隐私的重视，当《柏拉图式的吹箫》在1956年前后开始出现在各种"地下"刊物和小册子上，并且署上他的名字时，他感到震惊不已，并且十分恐慌。要是有记者向他问及这首诗，他通常都矢口否认。不过，他曾在一次采访中亲口承认自己写了一首"艳情诗"，有人刊登了这首诗后"连稿酬都没有给我"。但事实并非如此。《先锋派》杂志曾给他寄了一张100美元的支票，

作为这首诗的稿费,但他怒气冲冲地把支票退回去了。

1948年在伊斯基亚岛消夏期间,奥登逐渐适应了岛上的性文化。待了五个星期以后,他写信告诉罗达·贾菲:"从我的经历来看,福里奥的性文化是正常的。很少有男人和小伙子是同性恋……但他们时不时地喜欢'找点乐子',作为礼貌性的回馈,我可以给35美分,或者递一包香烟。这些人不会大惊小怪,也不会有什么心理负担,与他们相处真是再简单自然不过了,可惜他们有一半的人口都吃不饱饭。"奥登喜欢上了每天下午去游泳,渐渐地还喜欢上了当地的文化——"一种强调面包和酒的天主教文化[1],教徒们会在生日那天放烟火,而在圣体节的时候,列队巡游庆祝基督显灵的那些人,正是为足球比赛演奏的当地乐队"。两年前,他曾告诉艾伦·安森,如果他有足够的钱,他宁愿不再待在美国,而是去南欧居住,因为他不喜欢美国的气候。现在,他打算让这个梦想照进现实。他在1948年7月6日写信告诉罗达·贾菲:"亲爱的,我刚刚做了一件极为疯狂的事,我在这里租了一栋房子,支付了一年的租金。"

这栋房子位于福里奥的圣卢西亚大道,离小镇的中心位置不远,有三个大卧室、两个客厅、一个大厨房、一个卫生间、两个在地震中失去了屋顶的房间和一个水流源源不断的温泉。此外,还有一个附带的大花园,里面有各种各样的水果和蔬菜,藤蔓攀爬,绿意盎然。据奥登说,租金一年只要230美元——"也就是说,比我在格林尼治村那个斗室的三个月租金还要少。我太激动了,太兴奋了"。他并不打算在伊斯基亚岛住一整年,因为他需要在秋冬两季和早春时节待在纽约赚钱。他找了两个朋友,比尔·阿

---

[1] 根据天主教教义,圣餐后的面包和酒就是基督的肉和血。

尔托和詹姆斯·斯凯勒，让他们在冬天的时候住进这栋房子，以便让房子保持宜居的状态。

一切安排妥当之后，奥登和切斯特结束了他们的第一次伊斯基亚岛之行。他们在7月底离开了这座岛屿，重游了佛罗伦萨，去了威尼斯，接着旅行至萨尔茨堡。到了8月，他们回到英国逗留了几个星期。[1] 在此期间，奥登已经开始思考回到美国以后的各项事宜。他写了一首诗《晚间漫步》，诗的字里行间表明他意识到自己的生活再次处于一个转折点：

> 眼下还没准备迎接死亡，
> 却已经到了一个阶段
> 开始对年轻人感到愤怒，
> 很高兴看到空中的点点星光
> 它们同样也可以归类于
> 迈入中年期的造物……
>
> 而头顶熠熠燃烧的群星
> 对于最终结局一无所知，
> 当我走回家正待就寝，
> 不由自问何种裁决等候
> 我这个人、我的朋友们

---

[1] 安妮·瓦雷里在她的《微笑的边缘》一书中记述了奥登和切斯特在1948年夏末的伦敦之行（*The Edge of a Smile*, Peter Owen, 1977, p. 203）。有位朋友安排他们住在切尔西区保顿广场的一栋房子里。切斯特在切尔西兵营"交了很多朋友"，还把"一个叫莫里斯的高个子卫兵"带回了家。奥登举办了一次诗歌朗诵会，从安妮·瓦雷里的描述来看，诗歌朗诵会的场地应该是在查令十字街的表演者剧院。——原注

以及这些联合起来的州郡[1]。

后来,有位评论家谈到了这首诗,认为这是奥登"向他的美国阶段做了恰当的告别"。

---

[1] 此处对应的原文为"these United States",并非直指"美国",而是泛指美国各联邦州。

第五章　伊斯基亚岛

1949年2月初,斯特拉文斯基完成了《浪子的历程》第一幕的音乐。奥登去见了斯特拉文斯基,听他在钢琴上弹奏出这一幕。事后,他告诉一位朋友,这段乐曲令他"印象极深",尤其是因为斯特拉文斯基竭力让唱词与音乐相得益彰,并且确保唱词不会被音乐声盖住。

这几个月,他的主要工作围绕1949年3月中旬在弗吉尼亚大学举办的一系列讲座课程而展开,不仅仅是授课,在此之前他还做了大量备课。他拟定的主题是"浪漫主义文学的海洋形象",但授课内容后来以《激越的浪潮》为题结集出版了。奥登旨在通过考察浪漫主义诗人对海洋这一题材的处理方式揭示浪漫主义的本质。他的讲座似乎主要是面向学者的,不过弗吉尼亚大学的听众们仍然不太跟得上他的思路,这主要是因为他们听不懂他的口音。然而,正如 E. M. 福斯特在讲座内容出版后发表于《听众》的评论所说,奥登对浪漫主义思想的研究"本身就是一首诗","虽然文风颇具批判意识,但整体架构不像讲座,也不像论文"。《激越的浪潮》具有逻辑严密和内涵丰富的特点，尽管不是一本容易阅读的书，却能常读常新，因而是奥登最有趣也最受欢迎的批评著作之一。《激越的浪潮》由三次讲座组成，许多评论家后来注意到，正是奥登最先在第二次讲座"石头和贝壳"中指出梦元素在华兹华斯的《序曲》第五卷的重要性。在华兹华斯的诗篇里，做梦者看到一个携带石头和贝壳的人带领他穿越了沙漠。奥登指出，石头象征了精确的知识，而贝壳象征了诗歌或预言的馈赠，这两者都是"城市"必不可少的，是人类的公共生活和文明生活的必需品。然而，奥登在讲座尾声部分总结说，浪漫主义思想"是漂泊在汪洋大海之上的漫游者"，对现代世界的影响力要小于"不那么激荡人心的建筑者形象，他们修复了被毁的城墙"。他没有进一步阐明自己的言下之意，也没有说明他心目中的"重建"是何种形式。事实上，他似乎与以往一样，尽量不参与公共事件或政治事务。但具有讽刺意味的是，即便如此谨慎，他依然卷入了一个有可能成为政治问题的事件之中。

1949 年，博林根基金会宣布将首届博林根诗歌奖授予埃兹拉·庞德的《比萨诗章》。由于庞德公开表达过反犹主义和法西斯主义的观点，人们纷纷提出反对意见。奥登是博林根诗歌奖的评委之一。[1] 早在 1946 年，他就捍卫过庞德的作品。那时，他长期合作的兰登书屋拒绝在一部诗集中收录庞德的作品，因为他们反对庞德的思想立场。奥登告诉他们，如果他们这么做的话，他就与他们断绝一切联系。由于奥登对庞德的支持，以及其他作家的斡旋，兰登书屋最终改变了主意。现在，奥登在《党派评论》上刊文指出，尽管他认为智力不成熟且意志薄弱的人不应该阅读《比

---

[1] 他本人在 1954 年被授予博林根诗歌奖。——原注

萨诗章》，但这本诗集获此殊荣是当之无愧的。之后，他对罗达·贾菲说："有关庞德的事情变得一团糟。国会错误地引用了我的话，很有可能会被一个委员会传唤。"好在此事没有进一步发酵。1949年4月初，在纽约的一个夜校上完意大利语课后，奥登取道英国前往意大利。几个月前，切斯特已经去了伊斯基亚岛。

"经过漫长而无聊的旅程，终于到了。"奥登从伊斯基亚岛写信给斯特拉文斯基，向这位作曲家描述了岛上的复活节活动——"圣母马利亚在一阵阵欢呼声中跑上街，迎向她的儿子。"他在信中祈求当地的守护神圣雷斯迪图塔为《浪子的历程》祝福。他很快就安顿了下来，而且正如他所说，"忙着写作"。他还补充道："切斯特已经变成了一个热心的园丁，温柔地照料着花园里的蔬菜……福里奥的人认为我们很疯狂，因为我们吃土豆，而他们觉得吃土豆意味着赤贫。"

他们花了很多时间打理花园，没过多久，奥登就"沉浸于种植蔬菜的乐趣"。他和切斯特并没有费心布置房间，只是在客厅放了几把躺椅，在桌子上添置了一些盒子。他们雇了一个长相俊俏的当地小伙子来收拾房子，可能还会提供性服务。小伙子名叫焦孔多，但罗伯特·克拉夫特后来发现这不太像是一个人的名字。他负责清理房间，摆桌子吃饭，来访者注意到他听不太懂奥登的意大利语。有时候，当切斯特离开伊斯基亚岛去大陆寻欢作乐或是观看歌剧演出时，焦孔多就会接管烹饪的工作。关于他的烹饪技术，奥登表示："他尽力了，但……"

奥登很快就在伊斯基亚岛形成了自己的作息时间。他通常一上午都处于工作状态：要么写诗——他渐渐把写诗限制在夏季，这个季节几乎不会有什么让他分心的事情；要么阅读——有时是为了写书评，有时纯粹是出于兴趣。这段时期，他特别喜欢读一些大部头的历史著作。他多次写信告诉伊丽莎白·梅耶、E. R. 多兹以及其他对这方面题材感兴趣的人,他正在读迪恩·斯坦利的《东正教历史》、菲利普·汤因比的《历史研究》、一套关于后期罗马帝国的三卷本著作。他喜欢侦探小说,欣赏罗纳德·弗班克的作品,沉迷于 E. F. 本森的"露西亚"系列故事。总体上,他很少翻阅所谓的严肃小说,尽管他在 20 世纪 40 年代的一封信中宣称:"多年以后,我重读了《到灯塔去》。我觉得这是一部杰作。"

在伊斯基亚岛消夏期间,奥登通常在中午时分停下手头的事情,适量地喝一两杯酒,然后享用午餐。饭后,他会漫步去附近的海滩游泳消遣。接着,他会花更多的时间工作或阅读。到了傍晚,他会去中央广场的玛丽亚咖啡馆,闲坐在室外的圆桌旁,与三两朋友小聚。切斯特以及一两位长期旅居此地的朋友通常会在场,有时也会出现一些临时的访客,或者一些来自英国和美国的年轻学生,他们听说奥登经常光顾此地,便前来寻他。在这些傍晚的小聚活动里,有一位在场者名叫迈克尔·戴维森,当年奥登还是中学生的时候,曾在诗歌创作上受到他的鼓励。现在,他有时候会去伊斯基亚岛旅居,很享受当地小伙子带来的诸多乐趣。戴维森写道:"在意大利度过的夏天,很多个夜晚,我们几个人围坐在一起,喝光了几大瓶葡萄酒,怀着敬畏之心聆听威斯坦关于空间问题的智性演说,虽然听得一知半解。有一位颇有'才智'的美国人,试图把奥登单方面的演说变成相互间的讨论,可惜没人争得过奥登——真的,你只能处在聆听的位置……然后,快 10 点了,他会突然中断话题,站起身庄重地宣布'我希望大家都早点休息',说罢便有些踉跄地朝他位于村头的那栋房子走去。"

奥登完全适应了伊斯基亚岛的生活,但没人会把他误认为意大利人。罗伯特·克拉夫特曾去当地拜访他,说他看起来"显然不是当地人","他的头发是浅褐色的,皮肤到处是晒伤的痕迹。身上的巴拿马西装依稀能够辨认出原本的白色,但这套服装完全无法把他伪饰成当地人。我们走在路上的时候,一帮野孩子认出了他,紧紧跟在他屁股后,尽管他冲着他们喊'别跟了'〔用意大利语〕,但一口外国腔只能帮倒忙。"

新的生活模式体现于他在这段时期创作的诗歌里。他不再专注于自己的个人发展和私人危机,而是以一种完全平静的心态看待世界。然而,这种平静在很大程度上是一种顺其自然的语调,因为他开始相信(或者至少在暗示),他生活在一个日渐衰落的文明之中,就像罗马帝国的衰亡一样。现今的时代与罗马的衰亡之间的两相对比,成为他这一时期许多诗歌的主题,或隐含其中:

> 浊浪拍击码头;一处
> 荒地里,雨水抽打着
> 一辆废弃的辎车[1];
> 山洞里挤满了亡命徒[2]。

> ············

---

[1] 此处的原文"train"不应该是现当代意义上的"列车",而是古早时期的军事用语——"The men and vehicles following an army, which carry artillery and other equipment for battle or siege"(跟随军队的人和车辆,携带大炮和其他用于战斗或围攻的装备),类似于行军作战时的辎重,奥登将之用作可数名词,故译为"辎车"。

[2] 这里的"亡命徒"隐射了早期基督徒在古罗马帝国受迫害的历史,有学者指出,可能与早期基督教历史上的一个灵异山洞传说有关:相传在公元250年,古罗马帝国残酷迫害基督徒,有七位拒绝放弃信仰的少年将财产全部捐给穷人后,到皮昂山一处洞穴里祷告,结果被当时的罗马皇帝下令密封在洞内;公元450年,人们打开山洞后发现,七人仍在安睡,被唤醒后,七人以为自己只睡了一天。

> 性情孤僻的加图[1]或会
> 赞颂古代的纪律规范,
> 可肌肉发达的水兵们哗变
> 只是为了食物和薪水。

奥登最敬佩的拉丁诗人是古罗马的贺拉斯,称之为"造诣最高的诗人",其典雅端正的诗风是他现在模仿的对象。这种转变在很大程度上是他个人发展的产物,但也反映了周遭世界的变化。正如他在一首诗中所表达的那样,"老派的庄重风格"源自"一颗共鸣的心",而他在20世纪30年代的那种风格,在战后社会里无法完全不受干扰地存续:

> 所有字眼,类似于和平和爱,
> 以及所有理智而自信的言论,
> 经由一声可怕的无意识喊叫
> 被随意地摆弄、玷污和败坏。

他宣称,在这样一个世界里,恰当的语调是"轻声细语地揶揄,/反讽意味和黑白色泽"。有时候,对于自己的转变,他会给出另外的理由:他认为诗歌在很大程度上具有魔力,因此"一个基督徒应该写散文"。不过,更深层的原因或许是他不愿意再自我

---

[1] 这里的"Cato",应该是指罗马共和国时期的政治家"大加图",或其曾孙"小加图"。不过,这个名字在其他奥登集中以复数形式的"Catos"出现过,那么就有可能指加图家族的从政人员们,他们的政治理念基本上是力图恢复罗马人的淳朴生活。

模仿，不想再继续创作人们期待他写的东西。"用20年时间去学习成为他自己之后，"他写道，"［诗人］发现他如今必须开始学着不要成为他自己。"

★ ★ ★

1950年3月，费伯-费伯出版社推出了他的《短诗合集》，这是在兰登书屋出版的《诗选》（1945）的基础上稍加修订的版本。在这个版本中，一些被1945年版剔除在外的诗歌又被收录进来了，包括《两败俱伤》的全文；一些1945年版中的诗歌标题，尤其是比较草率的诗题，现在被替换为更为严谨的标题。新版诗选在英国受到了广泛关注。杰弗里·格里格森写道："与其他用英语写作的人相比，他幸运地拥有成为一位伟大而不朽的诗人所需的品质。"就连总是跟奥登唱反调的罗伊·坎贝尔也承认："在现今屡有创获的诗人当中，奥登依然拥有最优美、最迷人和最娴熟的技巧。"

继《短诗合集》在英国出版一年后，纽约兰登书屋又推出了奥登的新诗集。他将这本诗集命名为《午后经》，取自其中一首诗的标题，而这首诗后来隶属于一组以基督教圣事活动为基础的诗歌，只是在当时尚未写完。又过了一年，《午后经》在英国出版，评论界褒贬不一。许多评论家称赞奥登的"从容不迫"，但也质疑他现在的作品存在"一种过于自我满足的基调"（出自G. S. 弗雷泽的一篇评论）。只有斯蒂芬·斯彭德在《诗歌》刊文指出，奥登的诗歌一如既往地优秀。他认为这本诗集虽然有一些瑕疵，但这只不过是"附着在无可挑剔的成果上的些微划痕"，并宣称诗集中的《石灰岩颂》是"本世纪最伟大的诗篇之一"。

在人生的这个阶段，奥登的年度安排渐渐形成规律。他延长了位于福里奥的那栋房子的租期，对他而言这似乎可以成为一个长久的举措。每年的晚春和夏季，他都在那里度过，到了初秋时节，他就经由英国返回美国。从1949年秋天开始，他改为乘飞机横跨大西洋。总体而言，他喜欢乘飞机出行。1954年创作的《盖娅颂》一诗便采用了他曾经的"鹰的视域"，从飞机上俯瞰大地。不过，在1950年创作的《中转航站》中，他表达了对机场的反感。

他的年度安排偶尔也会出现变化。1949年9月，他在切斯特的陪同下短暂前往威尼斯，参加在那里举办的"国际笔会"[1]的会议，斯蒂芬·斯彭德和塞西尔·戴-刘易斯也来参会了。他们断言，这是他们仨的首次相聚[2]。1951年3月，他受尼古拉斯·纳博科夫的盛情邀请，前往印度参加"文化自由协会"组织的会议并做主题发言，因为纳博科夫是该协会的秘书长。除了在会议上发表讲话以外，奥登还去加尔各答探望了他的二哥约翰一家人，约翰这么多年来一直作为地质学家受聘于印度政府。此次，奥登第一次见到了约翰的女儿安妮塔和丽塔，当时她们分别是九岁和八岁。奥登并不喜欢印度。他去了尼赫鲁在新德里的总理府，无法接受他的待客之道。"我们不得不坐在地板上，亲爱的，给我们的茶是温热的，"他向尼古拉斯·纳博科夫抱怨道，"一位身着演出服、脚戴驴铃的女士为我们跳舞，脑袋快速地前后左右摆动，眼睛瞪向在场的每个人，手指一根根伸展开来。简直是荒谬至极！我站起

---

[1] "国际笔会"是一个国际性的作家协会，1921年成立于伦敦，旨在促进世界各地作家之间的友谊与合作。该协会的英文"P. E. N."，是"Poets, Essayists, Novelists"的首字母缩写，分别代表诗人、散文家和小说家。不过，该协会现在的会员包括任何形式的文学作家。

[2] 这里有一个误会。事实上，他们三人曾在1938年10月18日共同做客了英国广播公司国家电台的广播节目《现代缪斯》。——原注

身告诉那位东道主,这'不是我的菜',我要回酒店了。他的女儿,一位面色沉郁的年轻女士,把我领到门口,目送我离开。"这位年轻女士是总理的女儿,即英迪拉·甘地夫人,当时以女主人的身份帮她父亲打理事务。

后来,纳博科夫又试图说服他出席"文化自由协会"在日本举办的活动并发表演讲。他果断拒绝了——"让斯蒂芬去吧,他喜欢这种事。"然而,1964年,他在斯彭德的劝说下出席了"国际笔会"组织的一次会议。当时,斯彭德跟他说,布达佩斯的一群作家觉得要是他能参会的话,一定会引起当局的重视,能稍微改善他们在那里的生活条件。奥登当即决定去参会,而且很享受这次经历。他告诉伊丽莎白·梅耶:"此类会议一贯都是无聊的,但私下里的人际交往很有趣。他们所有人,甚至是来自东德的人,都非常愿意交流与对话;没有人想要播放唱片听。"

20世纪50年代初,奥登高高兴兴地在福里奥安顿了下来,每年春天都去那里过一种居家生活。1950年5月,他写信告诉E. R. 多兹:"今年,我们种出了岛上品质最好的蚕豆和豌豆。"他和切斯特养了一条狗,给它取名为"摩西","因为它第一次出现在我们面前的时候,那样子仿佛之前有人想要淹死它"[1]。不久后,他们养了一只名叫"露西娜"的小白猫,陆陆续续地又养了一些猫,大多数以歌剧角色命名。奥登对这些宠物有深厚的感情。当其中一只名叫"帕米娜"的猫长了鼻疳,即使经过昂贵的注射治疗也回天乏术的时候,他将这只猫的尸体埋在了海边,"靠近墓园的地方"。后来,他为最先出现在他们家的"露西娜"献上了一首诗体

---

[1] 摩西是古希伯来民族领袖,他的名字在希伯来语中有"从水里拉上来"的意思。根据传说,法老的女儿把婴儿摩西从水里救了出来。此为奥登和切斯特将爱狗命名为"摩西"的原因。

墓志铭:"在这棵柑橘树下长眠,露西娜/白猫中的蓝眼女王:伊斯基亚岛的海浪为你哭泣……"

在纽约度过的秋冬两季,奥登主要从事书评和编辑的工作。从 1948 年冬开始,他与诺曼·霍姆斯·皮尔逊合编五卷本的《英语诗人》,这套诗歌选集由维京出版社推出,编选了 1400 年至 1914 年间的英美诗歌。皮尔逊给出初步的选本,然后与奥登商讨,奥登则为每一卷撰写导言。在筹备编选工作期间,奥登通常会给自己手头的书造成永久性的"破坏",因为他会从这些书中裁剪出任何一页他想要收录的诗歌或文章。

秋冬两季,他还会承担一些短期的教学工作。1950 年 9 月至 1951 年 1 月,他在马萨诸塞州南哈德利地区的曼荷莲学院任教。这是一所女子学院,奥登如此谈到自己在该校的情况:"事情变得有趣起来。照理说,我在这里的教学安排应该是很轻松的,但后来不断有人来请我谈谈这个、说说那个,我不好意思拒绝。例如,他们让我讲授了英国古典教育、西德尼·史密斯、保罗·瓦雷里,以及启示的概念。"在此期间,他翻译了让·科克托的亚瑟王戏剧《圆桌骑士》,该剧将在英国广播公司第三台播出,也会由"群体剧团"在爱丁堡艺术节推出,因为鲁珀特·杜恩在战后恢复了剧团的活动。奥登翻译的《圆桌骑士》,一些段落分成了广播版和舞台版。广播版于 1951 年 5 月 22 日在英国广播公司播出。爱丁堡演出版却泡汤了,最终由一家剧目公司(而不是"群体剧团")于 1954 年 5 月搬上了索尔兹伯里剧院的舞台。1964 年,科克托戏剧集的英译本出版,奥登的译本也被收录在内。其实,在奥登完成了这部戏的翻译工作之后,鲁珀特·杜恩曾询问他是否写了或者打算写一些戏剧作品,以便让"群体剧团"排演。奥登答:"哎呀,我没有写戏剧了,恐怕最近一段时间也不太可能会写……在戏剧方面，我现在对歌剧脚本更感兴趣。"

此时，斯特拉文斯基已经完成了《浪子的历程》的谱曲工作。他多次与奥登会面，商量脚本的一些小修小改之处。首演在筹备之中。斯特拉文斯基原本希望该剧能在纽约上演，但这个想法未能实现，主要是因为他不愿意在一群非音乐人士面前演奏该剧的乐谱，导致大多数潜在的赞助商都被排除在外了。最终，尼古拉斯·纳博科夫设法与意大利文化当局达成协议，在1951年初秋举行的威尼斯艺术双年展上推出首演。斯特拉文斯基签署了合同。奥登听说这位作曲家得到了两万美元的酬劳（这笔钱实际上还包括斯特拉文斯基担任第一场指挥的费用），便向罗伯特·克拉夫特和发行该剧的博浩出版社表达了不满，抱怨他和切斯特没有得到对等的报酬。这些问题，以及其他一些难事，后来都被妥善解决了。按照最新的约定，两位脚本作者将前往意大利参与排练过程，所有费用都可以报销。有了这些承诺之后，奥登于1951年5月初出发，途经英国去往意大利，开始了他每年的消夏之旅。

逗留英国期间，他像往年一样，住在斯蒂芬·斯彭德位于伦敦的家中。5月24日晚，斯彭德的妻子娜塔莎接到了一个电话，对方要求与奥登通话。此人是盖伊·伯吉斯，一位奥登认识多年的外交部官员，几个月前他们刚见过面，那时伯吉斯在英国驻华盛顿大使馆工作。伯吉斯来电告诉娜塔莎·斯彭德，他"有急事"找奥登。奥登碰巧不在家，娜塔莎·斯彭德便让他留个口信或者电话号码，他却推辞说："不了，我会再打电话过来的。"第二天上午，伯吉斯又来电了，奥登依然不在家，这次是斯蒂芬·斯彭德接的电话。"这通电话有些奇怪，"斯彭德后来说，"他称赞了我的书，我那本书回顾了我与共产主义分道扬镳的过程。"（斯彭德的自传《世界中的世界》刚刚出版，书中分析了他在20世纪30

年代末对英国共产党的幻灭感受。）伯吉斯没有再来电。奥登被告知第一通电话的时候，表现得毫不在意："我很忙，就像人们面对这种情况通常会想到的：'哦，糟了……要是有什么重要的事情，他会再打过来的。'"他还这样问娜塔莎·斯彭德："我需要给他回电话吗？他总是醉醺醺的。"

一个星期后，外交部宣布，伯吉斯失踪了，与他一起消失不见的，还有一位名叫唐纳德·麦克莱恩的外交官。他们失踪的时间点，就在5月25日第二次打电话找奥登之后。一时之间，谣言四起，有人说他俩是苏联间谍。伯吉斯给母亲发了一封电报，上书"我要去地中海度假"。他此前之所以找奥登，可能是想躲到奥登位于伊斯基亚岛的家里。

这时，奥登已经到了伊斯基亚岛。他在6月14日写信给斯彭德："好吧！那通电话，以及有位女士宣称她在开往伊斯基亚的火车上看到了伯吉斯，已经让人以为这地方是疯人院了。一些便衣日日夜夜守着我的房子，还有一些莫名其妙的事。[1]高潮是《每日邮报》刊登的那篇对我的采访，你保准已经看过了。"奥登所说的那篇采访，出现在6月13日的《每日邮报》上，居然说奥登曾与伯吉斯一起就读于剑桥大学（原文如此），并且与麦克莱恩也有同窗之谊。事实上，麦克莱恩确实曾在格雷欣公学念书，但他入学的时候，奥登已经毕业了。采访稿还宣称，奥登亲口告诉《每日邮报》的记者，伯吉斯"在20世纪30年代末是一个公开的共产主义者"，而且伯吉斯最近还跟他谈到了间谍福克斯和纳恩·梅。

---

[1] 在伯吉斯和麦克莱恩失踪案公之于众的时候，彼得·罗杰正在前往伊斯基亚岛探望奥登的路上。20世纪30年代，奥登在唐斯学校任教时，显然与彼得·罗杰有过一段恋情，之后他们一直维持着友好的关系。彼得·罗杰被误认成了伯吉斯，在那不勒斯码头被逮捕了，经过警方审讯后才被释放。——原注

第五章　伊斯基亚岛

另一家报纸《曼彻斯特卫报》援引了奥登关于失踪案的话——"精彩绝伦",由此揣测伯吉斯可能前往苏俄。

在这些日子里,新闻界留给人的普遍印象是,虽然奥登表面上看起来不再关心共产主义事业,但仍然与伯吉斯过从甚密,甚至知晓伯吉斯的全部计划。后来有人透露,伯吉斯是同性恋,似乎意有所指。事实上,奥登与伯吉斯一点也不亲近。几乎可以肯定的是,奥登从未与伯吉斯发生过性关系,对他失踪的来龙去脉也一无所知。在奥登看来,两位外交官应该是被绑架了。6月14日,他在信中告诉斯彭德:"整件事让我反胃极了,我一直认为盖伊是个受害者,但我们这个时代最可怕的地方就在于人们根本无法确信任何事情。"六天后,大家越来越相信伯吉斯和麦克莱恩是向苏俄出卖国家的间谍,奥登写信告诉斯彭德:"对于'伯-麦'事件,我的看法与你完全一致。无论真相是什么,它们都超出了常人理解的范畴,甚至'背叛'这样的字眼也变得毫无意义了。"

五年后,伯吉斯在莫斯科会见了汤姆·德莱伯格,跟他解释了当年叛逃苏俄的过程,包括他给斯彭德家打电话的情形。"我当时有个模糊的想法,"伯吉斯说,"我可能会先去意大利度假……我一直想要联系上威斯坦·奥登……要是能联系上他,并定下确切的日期去伊斯基亚岛找他的话,那么在布拉格把唐纳德送走之后,我很有可能会直接去伊斯基亚岛。"

伯吉斯的这段话被公之于众后,斯彭德宣称奥登肯定会拒绝伯吉斯在他那里逗留的请求,但奥登否认了斯彭德的说法。他表示:"如果伯吉斯先生真的提出要来伊斯基亚岛看望我,我肯定会顺势邀请他的。"他还谈到目前对伯吉斯的看法:"我不能因为这个政党变得声名狼藉就去否认一段友谊,这么做是可耻的。"

★ ★ ★

1951年8月底,《浪子的历程》在米兰排练,著名的斯卡拉歌剧院赞助了该剧在威尼斯的首演。奥登和切斯特前来参加排练,但忘了预订酒店,只能住进了妓院。他们这么跟斯特拉文斯基说:"姑娘们理解他们的难处,但房间只能按小时收费,所以很贵。"排练时,奥登严厉批判了这部由卡尔·埃伯特执导的作品。此前,卡尔·埃伯特只与斯特拉文斯基详细讨论过演出细节,却从未咨询过两位脚本作者。当然,问题绝不止于此。奥登写信告诉伊丽莎白·梅耶:"排练让人疲惫不堪。音乐确实很棒,演员阵容和管弦乐队都很出众,但斯特拉文斯基坚持担任指挥,可是——1. 他指挥水平有限;2. 他不熟悉乐谱;3. 他听力有问题。尽管来自斯图加特的莱特纳做了精心准备,歌手们现在却陷入了绝望。亲爱的,最糟糕的是卡尔·埃伯特。我从未见过像他这样虚荣、傲慢、无能的人。只不过是因为我和切斯特不同意他搞马克斯·赖因哈特的那一套,他就有意无意地拒绝采纳我们提出的任何建议。"奥登的任务是指导合唱团的演唱,他们的发音听起来一点也不像英语。在排练的时候,他兴高采烈地跟大家说,本杰明·布里顿看了乐谱,很喜欢这部歌剧——"除了音乐以外,什么都好"。当然,斯特拉文斯基无法欣赏这个玩笑话。

9月初,《浪子的历程》团队去了威尼斯。奥登发现主办方为他在鲍尔酒店预订的房间没有浴缸,也没有风景可看,"泪流满面地"跑到斯特拉文斯基的套房(罗伯特·克拉夫特如此描述)。斯特拉文斯基夫妇旋即为他安排了一个更好的房间,但他们和克拉夫特一直觉得奥登为此流泪实在不可思议。

1951年9月11日晚,《浪子的历程》在凤凰歌剧院首演,据斯特拉文斯基说，奥登"紧张得像一个准姨妈"。演出开始前，他和切斯特猛灌了烈性干马提尼酒，这是奥登现在最喜欢的酒。斯蒂芬·斯彭德和路易斯·麦克尼斯也到现场观剧，以示对奥登的支持。安妮的部分由伊丽莎白·施瓦茨科普夫演唱，汤姆的部分由罗伯特·朗斯韦尔演唱，魔鬼的部分由奥塔卡尔·克劳斯演唱。由于排练准备不足，演出略有瑕疵。不过，据罗伯特·克拉夫特观察，"到了第二幕结尾时，观众们情绪激动、热情高涨，十足是一部伟大歌剧首演才会出现的景象"。斯特拉文斯基的指挥坚定有力，观众们报以热烈的掌声，奥登和卡尔曼也上台与他一起弯腰致谢。演出结束后，他们和斯特拉文斯基举杯共庆，几乎彻夜未眠。

第二场演出由费迪南德·莱特纳担任指挥，切斯特·卡尔曼没有到场观看。罗伯特·克拉夫特注意到奥登提前溜出了剧院，这样他就不必一个人上台向观众致谢了，以免独占合作者的荣光。

评论界的反馈总体上是积极的，尽管有些人质疑了埃伯特的执导能力，有些批评意见指向了斯特拉文斯基作曲中的大量模仿风格。很快，许多欧洲歌剧院也开始排演《浪子的历程》。威尼斯首演之后，仅仅过了几个星期，汉堡、杜塞尔多夫、斯图加特、罗马和苏黎世就开始上演他们制作的《浪子的历程》。到了1953年春天，该剧已经演出了两百多场，迅速成为永久保留剧目中为数不多的几部现代歌剧之一。

奥登和卡尔曼一直在考虑与斯特拉文斯基的下一次合作。1949年7月，奥登从伊斯基亚岛写信给斯特拉文斯基："我和卡尔曼先生正在写一部喜歌剧脚本，关于缪斯女神及其与柏辽兹、门德尔松和罗西尼的关系。"信中提到的脚本正是三幕喜歌剧《在路上》，他们已经写出了详细的大纲。情节错综复杂，如《毕晓普的敌人》般曲折跌宕：缪斯被塑造为中心角色，附在三位作曲家（他们在剧中的名字分别是穆松、施恩盖斯特、波利奇尼）身上，让他们经历了一系列自由放荡的生活。在《浪子的历程》首演后不久，奥登和卡尔曼便与斯特拉文斯基讨论了《在路上》，并如此形容剧中角色："罗西尼，心灵之人；柏辽兹，理智之人；门德尔松，感性之人。"斯特拉文斯基大概是觉得情节过于跌宕起伏了，也有滑稽荒唐的成分。总之，这个项目最终没有任何进展。奥登和卡尔曼提议的另一个歌剧项目倒是吸引了他。

这就是《迪莉娅，或夜晚的假面剧》，一部带有序曲的独幕剧，奥登和卡尔曼在 1952 年初完成了脚本，并在那年春天呈给了斯特拉文斯基。《迪莉娅》大致取材于 16 世纪英国戏剧家乔治·皮尔的《老妇人的故事》，但正如约瑟夫·克曼所说，奥登和卡尔曼重构了皮尔的故事线索，情节更接近于《魔笛》。在皮尔的作品里，魔法师萨克拉潘特给少女迪莉娅施了法术，让她遇到了一连串的追求者；但在奥登和卡尔曼的脚本里，只出现了一位追求者，即奥兰多骑士，他历经种种考验才最终赢得了迪莉娅，这与莫扎特歌剧《魔笛》中的塔米诺王子的设定十分相似。另外，皮尔笔下的埃雷斯图斯是半人半熊的，奥登和卡尔曼将之发展为一个名叫邦盖的喜剧人物，因为中了魔法而暂时变身为熊，他在剧中的功能类似于《魔笛》中的帕帕盖诺。《迪莉娅》有意再现 16 世纪的歌剧风格，与效仿 18 世纪正歌剧的《浪子的历程》一样，看起来十分轻松欢快，而且它的整体架构也与荷加斯的故事一样明朗清晰。奥登和卡尔曼完全有理由相信斯特拉文斯基会同意为这个脚本谱曲。

斯特拉文斯基最初确实有此打算。1952 年 1 月 8 日，他在写给博浩出版社的一封信中热情地提到了这个项目（当时脚本还处于初始阶段）。三个月后，他收到了完整的脚本。奥登那时候已经在伊斯基亚岛了，他写信告诉艾伦·安森："仍在等候斯特拉文斯基有关《迪莉娅》的反馈，十分焦心。"安森回信说，斯特拉文斯基表示"不"。

根据罗伯特·克拉夫特的说法，斯特拉文斯基之所以没有为《迪莉娅》谱曲，是因为他受邀为迈克尔·鲍威尔执导的电影《奥德赛》配乐，而电影脚本将由狄兰·托马斯撰写。"整整两年的时间都浪费在徒劳的协商之中，"克拉夫特写道，"在此期间，斯特拉文斯基已经远离了《迪莉娅》的世界，再也没有重拾这部歌剧的想法了。"克拉夫特指出，斯特拉文斯基在《浪子的历程》之后，日渐热衷于创作序列音乐[1]。但事实上，这种作曲风格主要受到了克拉夫特本人的影响。巧合的是，奥登在这段时间也与一部《奥德赛》电影产生了联系。1950年春，因战前执导电影《三分钱歌剧》而知名的G. W. 帕布斯特，邀请奥登从伊斯基亚岛赶到那不勒斯会面，想要奥登将一部根据荷马史诗改编的德语电影脚本翻译成英语，这部电影将由英格丽·褒曼担纲主演。奥登后来说："我的代理人要价太高了，不过这倒是让我松了口气。"

后来，斯特拉文斯基真的起念要创作一部歌剧时，选择交由狄兰·托马斯写脚本。1953年5月，他们两人讨论了一个故事：核武器灾难之后，人类发现了一颗新行星，并且创造了一种新语言。托马斯对斯特拉文斯基说："奥登无疑是我们这些人中技巧最娴熟的，但我与他的风格不同。"对于被取而代之这件事，奥登毫不掩饰自己的愤怒。他向詹姆斯·斯特恩坦承，他已经诅咒了托马斯。事实上，托马斯由于长年酗酒，早已健康欠佳，翌年11月就不幸

---

[1] 序列音乐（serialism），即将序列作为结构音乐的唯一方式，把音乐中的各种要素（节奏、音色和结构等）全都置于序列的严格控制之下，从序列中引申出音乐的织体和结构，打破传统音乐中旋律与和声的对立。

离世了，这部歌剧自然是没有写成。奥登对托马斯其实并没有敌意：托马斯临终躺在医院氧帐里的时候，奥登就陪在边上；在他去世后，奥登在一封公开信上签了名，呼吁各方捐款，以便安排葬仪和支付医疗费用，以及安顿托马斯的家人。

虽然斯特拉文斯基拒绝了《迪莉娅》，这部脚本最终还是在1953年秋的文学杂志《暗店》上发表了。一直到现在，《迪莉娅》都没有被谱成曲，仍在等待合适的作曲家。

切斯特·卡尔曼的名字已经随《浪子的历程》进入公众的视野，奥登希望他能够在此基础上更进一步。他写信给负责杂志《邂逅》的斯蒂芬·斯彭德，恳惠他发表切斯特的几首诗歌。过了一段时间，他把切斯特的一些作品收入了他正在编辑的《费伯美国现代诗选》。与此同时，切斯特独自创作了歌剧脚本《潘菲洛和劳蕾塔》，由墨西哥作曲家卡洛斯·查维斯谱曲，在1957年以《托斯卡纳的戏剧表演者》为剧名走上了纽约的舞台。1958年，他为新墨西哥州歌剧协会翻译了多尼采蒂的歌剧《安妮·博林》，还把阿里戈·博伊托的《法尔斯塔夫》和莫扎特的《后宫诱逃》翻译成英文。他分别在1956年和1963年出版了诗集。当第三本诗集《郑重其事》在1972年出版时，奥登决定为其撰写评论。多年前，他曾对斯彭德说："我永远不会为朋友的作品写评论……客观地评价陌生人的作品就已经够费事的了，更不消说针对熟识之人或所爱之人的作品了。"尽管如此，他为切斯特的诗集撰写了一篇书评，在被《纽约时报》书评版拒绝以后，交由《哈泼斯杂志》刊发。他在文中写道："一个人对于作者这个人的情感与对于作品的审美判断之间极少有关联，甚至没有什么联系。"他还指出，诗集最后一个部分"确实写得非常成功"。

第五章 伊斯基亚岛

★ ★ ★

《浪子的历程》在威尼斯首演几个星期后，奥登把他的纽约公寓换成了一个大套间，显然是为了让切斯特再次过来与他合住。他们搬进了第七大道235号的一栋仓储大楼的五楼。公寓设施简陋，没有装饰，没有热水，前门也关不上。罗伯特·克拉夫特说，家具看起来"就像是用经济补助票买的"。房间不太整洁，根据克拉夫特的描述，椅子上落了一层灰，酒杯里塞着烟头，而浴室是这样的情形——"一面几乎照不出人影的镜子，一条常人见了会弃之不用的毛巾"。为了转移客人们的注意力，奥登往往会讲述与他们"同住"的一只老鼠的故事："我们通常会散落一些食物残渣，足够那只小可怜吃了。"《迪莉娅》的相关事宜虽然让奥登颇感失望，但他与斯特拉文斯基夫妇仍然保持着友好的关系，有时会去拜访他们，尤其是在1月7日前后，因为切斯特和薇拉·斯特拉文斯基都在这一天过生日。他们发现切斯特是一个烹饪高手——不过，正如罗伯特·克拉夫特观察到的，切斯特可能会任由菠菜里残留大量沙子。一天晚上，薇拉·斯特拉文斯基去洗手，发现盥洗室里有一盆脏兮兮的液体。她不假思索地把盆子里的东西倒进水槽里，换上了清水——但等到该上甜点的时候，她才发现自己刚才倒掉的是切斯特准备的巧克力布丁，一时之间竟哭笑不得。

奥登似乎已经意识到，从长远来看，他的家庭生活状况不尽如人意。之所以有这个推测，是因为他在1952年夏天向一位女性朋友求婚了。他的求婚对象是20岁出头的特克拉·佩莱蒂，一个魅力四射的女人。她出生于美国，之前嫁给了一个意大利人，后来离婚了。1951年和1952年的夏天，她都在伊斯基亚岛度过，与奥登渐渐熟络了起来。他们两人之间没有罗曼蒂克的元素，也没有涉及性关系，但他向她明确表示，他很期待两人能够结婚。他过去反对同性恋者为了自身便利而结婚，这种念头无疑已经荡然无存了。特克拉很喜欢奥登，但是当他说两人要是生了儿子，"我们必须叫他切斯特"的时候，她意识到成为奥登的妻子是一个无比荒谬的妄想。此事翻篇后，她和奥登仍然是要好的朋友。后来她再婚了，嫁给了一个名叫约翰·克拉克的美国人，她以及她的丈夫都成了奥登乐于与其相处的人。

奥登的年度安排仍然延续了以往的风格，夏季去伊斯基亚岛，冬季待在纽约。1952年晚些时候，他在美国开展了巡回演讲。这个项目由一家代理机构安排，事先宣传了他的各个演讲主题。有一些主题是一般性的文学话题，比如"喜剧的本质""现代诗歌中的英雄"，他也准备谈谈自己的诗歌、写诗方法，以及塑造自己诗歌事业的各种思想和影响渊源。"我们的文化有一个可悲的事实，"他后来评说道，"诗人通过书写或谈论自己的艺术所赚到的钱，比写诗本身更赚钱。"他觉得这次巡回演讲让他筋疲力尽，在项目接近尾声时，他戏言"我发觉自己就像个总统候选人"。结束后不久，已是1953年初春，他去马萨诸塞州的史密斯学院待了几个月，虽然没有具体的教学安排，但做了几次讲座，总共收到五千美元的酬劳。学校里有一位年轻的教员，奥登私下里很欣赏他，说他"迷人、聪明、放浪"。

他在史密斯学院任教期间，纽约大都会歌剧院上演了乔治·巴兰钦执导的《浪子的历程》，弗里茨·赖纳担纲音乐指挥。这场演出让人大失所望，有位评论家抨击道："执导缺乏想象力，场景设置平庸丑陋，大都会歌剧院的音响效果十分诡异。"奥登和卡尔曼对此十分恼火。他们罗列了一份清单，细数大都会歌剧院及其最高领导人鲁道夫·宾在此过程中犯下的一桩桩错事。他们的清单

第五章 伊斯基亚岛

越拉越长，以至于最终决定不再出席那里的任何演出——尽管鲁道夫·宾很有可能从未注意到他俩的缺席。

在斯特拉文斯基拒绝为《迪莉娅》谱曲后，奥登考虑与本杰明·布里顿再度合作。对奥登而言，这样的想法是自然而然的。他尽力与布里顿保持联络，每次在英国的时候，都想方设法去见见他。不过，他的努力没有得到热情回应。有一次在伦敦，他在说定的时间去找布里顿喝茶，却发现布里顿没有到场，也没有留下只言片语表达歉意，这让他很伤心。1953年6月中旬，奥登从伊斯基亚岛前往英国，观看布里顿应邀为伊丽莎白二世的加冕庆典创作的新歌剧《女王荣耀》，该剧在考文特花园皇家歌剧院上演。演出结束后，奥登写信告诉伊丽莎白·梅耶："在这部歌剧中，我认为有一些迄今为止最好的歌剧音乐，而且派珀的布景也很出彩。我不太喜欢脚本［由威廉·普洛默撰写］，琼·克罗斯和彼得都不应该再上台唱了。"（琼·克罗斯演唱了伊丽莎白一世的部分，彼得·皮尔斯演唱了埃塞克斯伯爵的部分。[1]）奥登随后参加了奥尔德堡音乐节，从那里写信告诉伊丽莎白·梅耶："但愿可以与本杰明爵士深入交谈，尽管希望很渺茫。"旅程结束后，他去信说："每个人都很有意思，但我一直没有机会单独见到本——我很不安，也有点难过。"

奥登没有为这段友谊做出进一步的修复尝试，尽管他确实为奥尔德堡音乐节（切斯特坚持把"奥尔德堡"念成"艾德伯勒"）提供了一本自己的诗歌手稿，以供拍卖筹款。他时不时地提及所发生的事情，难掩悲伤之情，但从没有明确地透露出布里顿的名

---

1 《女王荣耀》（*Gloriana*）是布里顿为伊丽莎白二世的加冕礼创作的歌剧，据说因为该剧展示了伊丽莎白一世的弱点（与宠臣埃塞克斯伯爵的爱恨情仇），新女王不太满意。

字。比如，他写下的这段文字："如果我对自己的朋友忠诚，那只是因为我知道在他结交的朋友中，没有人像我这般有幸得到偏爱。只有一个例外（他很出名，你可能猜到了他的名字），我们渐行渐远，这对我来说是一种难以抹除的悲伤。"

1953年，他在伊斯基亚岛居住的时间比较久。夏天都过去了，他仍没有离开。有一部分原因在于，他要教切斯特和焦孔多驾驶新购的二手车。他表示，这"不是一件容易的事"，而从切斯特的学习效果来看，他完全失败了。到了深秋，他从福里奥写信告诉伊丽莎白·梅耶："这是最美好的时节，阳光温暖和煦，天空飘荡着朵朵白云。"回到纽约后，他再次搬了家，因为位于第七大道的公寓楼已经被出售了。这一次，他住进了下东区圣马克广场77号的一套高层公寓里。

周边的居住者主要是意大利、波兰和乌克兰的移民。环境有点脏乱差，但胜在十分安静，小商店零零散散地营业，售卖一些具有民族特色的食品。圣马克广场这个名字源自包厘街的圣马克大教堂，就在几个街区之外。现在，奥登渐渐形成了每个星期日上午去圣马克大教堂参加圣餐仪式的习惯。托洛茨基曾在奥登租住的公寓楼里待过，而奥登所在公寓的前任租客是一位非法帮人堕胎者。奥登总是语带自豪地对外宣扬前任租客，说他正蹲在牢里。"有时候，"奥登说，"会有人神情紧张地来敲门，想找那位医生。"

1954年2月，奥登和切斯特正式搬了进来。木匠和油漆匠把公寓收拾得可以住人了，只不过花销有点贵，奥登忍不住怨声连连。他俩每人都有一间卧室。切斯特经常把刚刚搭讪成功的年轻人带回自己的房间，通常是一些"粗野的交易"——强悍的年轻同性恋者往往扮演攻方的角色。还有一个闲置的房间，有个年轻小伙子一度住在里面，大部分时间都躲在房间里看电视，避免与奥登和切斯特有所交流。生活区主要是一片由开放式拱门贯通的三个房间，奥登在最前面的房间安放了一张胶合板大工作台，当作自己的办公桌，坐在那里可以俯瞰楼下的街道。他把父亲的图式气压计摆在了壁炉架上。[1]他和切斯特在墙上挂了一些画：有一幅是布莱克的水彩原作《创造之举》，这是卡罗琳·牛顿送给奥登的礼物；稍后挂上了唐·巴查迪的两幅画（分别是E. M. 福斯特和伊丽莎白·梅耶的肖像画），这位艺术家正与克里斯托弗·伊舍伍德生活在一起；还有几幅男性裸体的素描。

奥登很快就安顿了下来。他喜欢这套公寓，是他战后在纽约住过的最心仪的地方了，心满意足地称之为"我的纽约窝"。

奥登和切斯特商定，在1954年2月找个日子把暖屋派对和自己的47岁生日会合起来操办。他觉得生日是一件重要的事情，每年都会举办生日会，但以往的聚会规模不大，也不隆重。从这一年开始，奥登每次都会精心筹备，在2月份向朋友们分发印制的卡片，上面的文字从1955年开始几乎没有变化。以下是1955年的生日会邀请卡：

W. H. 奥登先生
诚邀您拨冗出席生日会

2月21日星期一晚上9点至次日凌晨1点
敬请赐复

平日里，奥登喜欢把朋友们分类，通常不会让某一类朋友与

---

[1] 当他在1972年搬离这套位于圣马克广场的公寓时，有位朋友注意到气压计的油墨刚巧用完了，这或许是一种征象。——原注

其他类别的朋友产生交集。生日会也是按照类似的思维方式进行：歌剧圈、文学圈和同性恋圈的朋友们被安排在一个房间里，学术圈和神学圈的朋友们聚在另一个房间里，两位年长的女士——伊丽莎白·梅耶和玛丽安·摩尔，则被请到沙发上就座。聚会期间，没有餐食，但提供大量的加州香槟，那些杯子看起来应该是漱口杯。奥登在朋友圈之间来回穿梭，忙得不亦乐乎。关于他的生日会氛围，意见不太统一。有一位常客是俄罗斯移民作家兼医学博士 V. S. 亚诺夫斯基，奥登通过一个名为"第三时"[1]的神学讨论小组与他相识。在他看来，这些生日会是"智力的盛宴"。然而，并不是每个人都能在聚会上如鱼得水。偶尔也会发生一些尴尬的事情。据亚诺夫斯基回忆，在 1962 年的生日会上，"一个犹太姑娘（我之前没有见过她，之后也没有再看到她）打开了威斯坦卧室的门（房里一片狼藉），威斯坦大发雷霆。他怒不可遏地嘶吼起来……切斯特非常老到地安抚他，让他平静了下来"。除了此类突发事件以外，奥登在生日会上一般都表现得和蔼可亲。伊丽莎白·梅耶的女儿贝娅塔·索兰德，有一次带着自己十几岁的女儿来参加生日会。为了让小姑娘自在一些，奥登花了整整半个小时与她促膝而谈，完全没有理会其他客人。在谈话中，奥登发现她也很喜欢 J. R. R. 托尔金的小说。

生日会只是奥登在圣马克广场寓所里的保留节目之一。另一个常规活动是"茶点时间"，主要面向那些想要咨询文学或学术问题的人。"茶"实际上是一个修辞说法，因为来访者很有可能得到的是咖啡（附加奶粉），而且 5 点过后肯定会立即提供马提尼酒。有些来访者是学生，他们正以奥登诗歌为选题撰写论文，想要得

---

[1] "第三时"（The Third Hour）是古犹太人的时间表达方式，对应上午 9 点。根据《新约》记载，耶稣基督正是在"第三时"被钉上十字架。

第五章 伊斯基亚岛

到他的帮助。奥登对这些学生通常是彬彬有礼的,但总是言简意赅,只给出最基本的信息,有时甚至只有三言两语。

1954年3月16日,搬到圣马克广场后不久,奥登就与斯特拉文斯基夫妇共进晚餐。罗伯特·克拉夫特像往常一样也在场,他注意到奥登喝了"五杯马提尼酒和两瓶葡萄酒"——"愿上帝保佑他的肝脏……他现在变得更有道德感了(他说'不支付回函账单实在是太可恶了'),照此发展下去,很快就要变成摩西那样的人物了……他的脸开始出现老匠人才有的苍老纹路。"事实上,克拉夫特注意到奥登"似乎突然衰老了"。

1954年,奥登在伊斯基亚岛度过了一个"宁静而勤奋的夏天",二哥约翰一家探望了他;还度过了"一个为赚钱而奔波的冬天",又做了一次美国巡回演讲。他在1955年2月出版了一本新诗集《阿喀琉斯之盾》,标题来自诗集中的一首诗歌,许多评论家认为这首同名诗歌成功地融合了古典神话和奥登在战后世界里看到的荒芜景象。这本诗集还收录了已经全部完成的《祷告时辰》,该组诗以基督教的圣事活动和耶稣受难日的规定日课为基础,冥思个体在面对社会罪恶时的不同反应。尽管这本诗集包含了奥登的一些最优秀的作品(尤其是《午后经》),但整体上却遭遇了严厉的批评。《田园组诗》在诗集中占了很大篇幅,描绘了不同的景观元素。组诗的灵感部分来自奥登在意大利度过的夏日时光,但也与他的英国之行有关——其中《溪流》一诗,便与他在1953年7月去约克郡斯韦尔谷地旅行的经历有关。《田园组诗》的主题关涉各种各样的自然景观,但字里行间却流露出一种宜居、闲适的情调。似乎是为了突出

这个特点,每首诗都题献给了特定的朋友,基本上没有征得他们的同意。[1]《湖泊》的最后一个诗节充分体现了组诗的基调:

> 我不太可能会去养一只天鹅
> 　　或在随便哪个小沙洲上建起塔楼,
> 但这并不意味着我会止住好奇心,不去想
> 　　自己会选定哪种湖泊(若可以选的话)。
> 冰碛湖,锅口湖,牛轭湖,界崖线湖,岩溶湖,
> 　　火山湖,山麓湖,凹洞湖……?
> 一口气说出了这些名字,总会让人舒适。

显然,按照奥登的本意,"总会让人舒适"这几个字是讽刺性的表达——幻想以这种方式隐遁于世,是一种自鸣得意的危险行径。但大多数评论家没有注意到这一点,即便是那些洞察到这种反讽意味的人,也倾向于把《田园组诗》视为奥登正在步入"舒适"的中年生活的表征。兰德尔·贾雷尔的这段文字代表了多数人的心声:"奥登已经成为世界上最专业的诗人了……但世界上最专业的诗人并不一定就是最好的诗人……奥登正运用最精湛的诗艺处理一部大不如前的作品。"贾雷尔写了许多文章抨击奥登。奥登无法理解他对自己持之以恒的批判,曾跟斯彭德戏言:"我猜贾雷尔一定是爱上我了。"但总的来说,奥登在过去二十年里一直不太在意批评者的言论,而今依然秉持这种态度,我行我素地以类似的风格继续写诗。

不久之后,他大力支持一部许多人认为没有文学价值的书——

---

[1] 有一次,他询问 J. R. R. 托尔金,是否可以把《向克利俄致敬》这首诗题献给他。但当该诗发表时,却没有题献给任何人。——原注

J. R. R. 托尔金的《魔戒》——为此又惹恼了一些评论界人士。几年前,奥登读过托尔金的第一本小说《霍比特人》,现在他如饥似渴地阅读这部新作,并从托尔金那里拿到了第三部[1]的校样,这样他就有充足的时间读完全书,以便写好书评交给《纽约时报》(他之前已经为《魔戒》第一部写了书评,分别刊登在《纽约时报》和《邂逅》上)。与此同时,他开始与托尔金通信。奥登已经很久没有见过托尔金了,上一次见他还是在牛津大学念本科的时候,那时他听过托尔金的课。奥登在信中告诉托尔金,《魔戒》是"我一生中会一再阅读的为数不多的几本书之一"。他在书评中称赞《魔戒》是探索故事的伟大典范之一。在做客英国广播公司第三台时,他宣称"要是有人不喜欢它,我便再也不会相信他们的文学鉴赏力"(托尔金不喜欢这句话,因为他不赞成以这种方式对文学品味进行检验)。不管怎么说,奥登仍然像大学时代那样,喜欢发表一些武断的言论。[2]

同样,他一如既往地经常推翻自己的观点。1952年,他在一

---

[1] 托尔金的《魔戒》(*The Lord of the Rings*)由三部组成,分别是《魔戒同盟》(1954年8月)、《双塔殊途》(1954年11月)和《王者归来》(1955年10月)。

[2] 1965年12月,奥登与彼得·萨卢斯(两人合译了古冰岛语作品)一起出席了托尔金学会在纽约举办的会议。奥登在会上做了即兴发言,回忆了他自己在牛津拜访托尔金的情形(大概发生在1957年),批评了托尔金的住所以及房间里的装饰,称之为"丑陋"。随后,纽约和伦敦的媒体相继报道了这些言论。托尔金看到后,写信给奥登,问他是否真的说过这些话。奥登回了信,但只字未提自己的言论。尽管托尔金后来又写信追问,奥登仍然不加解释,也不道歉。托尔金只好作罢。不久后,《谢南多厄》杂志在1967年为奥登出了一个纪念版,收录了托尔金用盎格鲁-撒克逊语写的一首诗。奥登得知后,难掩激动之情。他在写给E. R. 多兹的信中说:"托尔金用盎格鲁-撒克逊语为我写了点东西,他是不是很好?我简直是受宠若惊。"

1965年,奥登和彼得·萨卢斯联手签了一份合同,为"基督教观点"系列丛书撰写一本有关托尔金的小册子。他请求托尔金支持这个项目,但托尔金表示强烈反对,最后奥登和萨卢斯没有写这本书。——原注

篇关于歌剧的文章中写道:"我强烈反对翻译版歌剧的演出。"然而,1955年夏,他和切斯特接受了一项委托,翻译歌剧《魔笛》,以便新的英译版《魔笛》能够在美国电视台播出。

一开始,他们不太愿意做这件事。"我们倾向于认为,歌剧应该以原作的语言进行表演,"他们在英译本的序言中写道,"不过,如果观众不介意的话,他们就必须自行承担后果。"但事实上,他们投入脚本翻译后,很快就被这项工作吸引了。

他们的"翻译"实际上是对原脚本的彻底改写。其中有一个改动,他们没有直译唱词,而是用他们心目中更合适的词语取而代之。他们为对话写了韵文,而不仅仅是译成像原作那样平铺直叙的文字。最彻底的改变在于,他们重新组织了情节(特别是第二幕):席卡内德和吉塞克的故事原本是一个童话,蕴含了一种同甘共苦之谊,现在发展为一个探索故事,同时也是一个本能和理性相结合的寓言。这一巧妙重构为他们的作品赢来了很多赞誉之声,但有位评论家指出,他们打乱了莫扎特精心安排的音乐秩序,还有人抨击他们未能很好地清除脚本语言中的"歌剧风",而奥登恰恰曾就这个问题表达了个人见解。(例如,第一幕中有一句话,以前的英译者将之翻译为"哈!一个男人过来了吗?",他们改写为"哪位粗俗的牧羊人正从山坡走下来?"。)他们的译本于1956年1月在全国广播公司电视台的歌剧节目上播出,获得了巨大的成功,并得到了出版。但是,或许由于该译本对原作有大量的改写,此后很少用于歌剧表演。在20世纪50年代末,有人认真地提出建议,将奥登和卡尔曼的译本翻译回德语,进而安排演出,最终却不了了之。

大约就在这个时候,奥登的老朋友玛格丽特·加德纳写信告诉他,将会去伊斯基亚岛探望他。她已经很久没有见过奥登

第五章 伊斯基亚岛

了,再次会面时,惊讶于奥登面容的变化。斯特拉文斯基早已对奥登脸上越来越多的皱纹发表过评论:"很快,我们将不得不抚平这些皱纹,才能看得清他的脸。"现在,玛格丽特·加德纳表示:"我花了好长时间才透过这层新面具辨识出记忆里的那张年轻面庞。"

★ ★ ★

自1951年以来,塞西尔·戴-刘易斯一直是牛津大学的诗歌教授。根据该教席的规定,他现在不得不退下来,校方正在着手选出他的继任者。在牛津大学,推选诗歌教授的工作是独树一帜的,因为所有毕业生都有投票权,只要他们取得了文学硕士学位并亲自到现场投票。在20世纪50年代以前,外界不太关注这项推选工作,但现在却成了万众瞩目之事。学校内部分成了两派,一派认为应该由文学评论家担任诗歌教授,他们可以提供精彩的讲座课程,另一派则认为只有真正的诗人才有资格被任命。支持后一种意见的领袖人物是伊妮德·斯塔基,她是牛津大学颇有独立见解的法语准教授。1955年8月5日,奥登收到了她的一封信,问他是否愿意成为牛津大学诗歌教授的候选人。

起初,奥登拒绝了。他回复道,他对于被邀请感到"很荣幸也很感恩",但恐怕无力接受这个岗位,因为该教席的年薪只有300英镑——这不是一个全职岗。此外,每年的秋季、春季和夏季学期,诗歌教授都必须在英国,以便根据校方章程的要求定期安排讲座课程,这对奥登而言似乎是很难做到的事情。"冬季的几个月,"奥登在伊斯基亚岛给伊妮德·斯塔基写了回信,"我得好好挣钱,只有这样我才能在夏季的时候来这里,全身心地投入诗歌创作这份无利可图的工作。如果冬季必须住在英国的话，我想象不出能有什么办法可以赚到等量的钱。"他还指出，他的美国公民身份可能使他无法参选，即便可以参选，也会成为"重大的阻碍"。

伊妮德·斯塔基不是一个容易打退堂鼓的人。她再次致信奥登，明确表示会有很多人支持他参选。奥登再一次回信，仍然犹豫不决，声称他还没想到办法解决收入问题，并且建议她考虑提名罗伯特·格雷夫斯为候选人——他称格雷夫斯为"适合教席的人选"。伊妮德·斯塔基又一次来信，表达了自己的坚定立场，奥登终于接受了她的提议。

奥登在11月写信给E. R. 多兹："请投我一票。"但总体上，他把拉票的工作交给了伊妮德·斯塔基，后者得到了内维尔·科格希尔和戴维·塞西尔勋爵的协助。新闻媒体很快就开始报道这件事，另外两位候选人也公之于众，分别是哈罗德·尼科尔森（由瓦德汉学院的莫里斯·鲍勒、万灵学院的约翰·斯帕罗支持，他俩对奥登的作品都没有什么热情，更谈不上欣赏）和著名的莎士比亚研究专家G. 威尔逊·奈特。伊夫林·沃在日记中写道："大家对推选十分上心。奥登和尼科尔森都是具有同性恋倾向的社会主义者，还有一位名叫奈特的不出名的学者。我要是拿到学位就好了，这样我就可以投奈特的票了。"

奥登写信给一位朋友："我的未来取决于2月6日，届时，牛津大学将举行诗歌教授评议会。要是入选了，我将在欧洲住上一段时间［五年任期］，尽管我还不知道如何解决生计问题（这个教授职位薪酬极低，因为一年只开三次讲座），但我想上帝一定会伸出援助之手。"

群情激奋。据报道，牛津大学本科生虽然没有投票权，但大

第五章 伊斯基亚岛

多支持奥登。这些支持者包括校戏剧协会和英语俱乐部的两位负责人,他俩在《星期日泰晤士报》上刊文指出,奥登是"最合适的人选",称他为"最伟大的在世诗人之一"。万灵学院的墙上涂抹了大字"支持奥登当选",本科生杂志《伊希斯》的编者按直指大多数人的疑虑:

> 的确,在上一次战争中,奥登先生在美国,而哈罗德·尼科尔森爵士在英国信息服务部辛勤地工作。如果这是一次有关英国政府职位的选举,那么上述事实可能会产生一定的影响。但事实上,此次的当选者必须兼具创造性的诗艺和维护学术公正性的激情,与之相比,两位候选人的"战时档案"根本不值一提。

1956年2月9日,星期四,结果公布。奥登以216票当选,尼科尔森得到了192票,威尔逊·奈特得到了91票。伊妮德·斯塔基给奥登发了一封电报,告诉他这一消息。"你到底是怎么做到的?"他回信说,"我原以为自己必输无疑……诚然,我很惊讶反美人士竟然没有政治远见去提名一个真正杰出的学者,要是他们有合适的人选的话,我肯定会立即退出的……但愿我能证明自己配得上你为我所做的一切。"

他依然撵心任职期间的收入问题。2月16日,他写信对斯彭德说:"我该怎么过活呢?"然而,就在几天后,他竟然把一张支票交给了天主教社会工作者多萝西·戴。戴小姐经营的失业者收容所因违反了纽约消防条例而陷入危机,急需一笔钱去支付法院判处的罚金。当她走出法庭时,奥登走到她跟前,递给她一张支票,轻声说"这是250"。她见奥登一副衣衫不整的样子,误以为他是一个无家可归者,下意识地觉得他说的是 250 美分,也就是 2.5 美元,只是简短地向他道了谢。等到奥登离开后,她才发现这张支票是 250 美元,正好支付所有的罚款。

1956 年 6 月初,奥登抵达牛津大学,准备参加就职典礼并发表演说。学校在他以往待过的基督教堂学院里划拨了一间房给他,有记者询问他的感想,他回答说:"就像刚进公学的新生。"6 月 11 日下午 5 点,天气燥热难耐,就职典礼在谢尔顿剧院举行,场内座无虚席,奥登身穿硕士学位礼服、头戴学术帽开始了演说。随着时间的推移,他的帽子渐渐歪斜,几乎遮到了眼睛。这次演说的题目是"创作、认知与判断"。他语气谦逊,措辞谨慎。"你们选择了一位新教授,"奥登对观众们说,"他并不胜任这身博学的装束,正如他也不适合穿这件牧师领[1]的衣服。"他以诗人的文学认知而不是文学批评家的立场切入演说主题。结束后,他写信告诉切斯特:"我这辈子都没有如此担惊受怕,多亏了伊妮德·斯塔基,我击败了对手,成功当选了。"

几天后,他不得不参加一年一度的荣誉学位授予典礼,而在典礼上,他必须承担诗歌教授的另一项职责——发表克鲁演说[2]。这个演说需要用拉丁语回顾过去一年里牛津大学的重要事件。奥登忐忑不安,一度百般推托,甚至建议由学校的发言人替他上场(发言人和诗歌教授通常会隔年轮流发表演说)。但最终,他完成了这个任务。在耶稣学院古典学助教 J. G. 格里菲斯的帮助下,他有了拉丁语版本的演说稿。这篇演说稿以诙谐的口吻回顾了一年来

---

1 牧师领(clerical collar)是一种高度约一寸左右的环状硬领,起源于 17 世纪初的意大利,官员以这种衬衫为体面的象征,之后延伸为神职人员的制服(据说这种卡住喉结的领子是为了提醒神职人员慎言)。

2 克鲁演说(Creweian Oration)以克鲁勋爵(Lord Crewe Nathaniel)命名,由诗歌教授或者发言人在荣誉学位授予典礼上发表演说。

第五章　伊斯基亚岛

发生的事情，提到了苏联领导人布尔加宁和赫鲁晓夫的来访，向已故的众多牛津大学知名人士致敬，甚至在学校当前备受关注的一场争论中选边站——是否应该铺设一条穿过基督教堂草坪的路。奥登宣称自己反对修路，并表示"宁肯为一条隧道而努力"——这的确是替代方案之一。

从牛津返回伊斯基亚岛后，他不得不换个地方住，因为他在福里奥的房东卷入了家庭纠纷，房子存在所有权问题。他在靠近福里奥镇中心的圣乔瓦尼区找了新住处。他打算在接下来担任牛津大学诗歌教授的五年里以此为据点，度过冬季和夏季的时光。其实，大约在10月初，牛津大学修改了条款，同意他将一年三次的讲课任务全都安排在夏季学期完成，这样他就可以像往常那样每年冬天返回美国了。可惜的是，他已经把纽约公寓在1956年至1957年期间的使用权转租了，所以这段时间一直留在了伊斯基亚岛。切斯特有时候会在伊斯基亚岛陪他，但大多数时候会杳无音信地消失很长一段时间。"请给我写信，"奥登问他，"我生日的时候，你会回来吗？发生什么事情了？"他写信告诉伊丽莎白·梅耶："这里有点寂寞。"但他补充道："我很好，忙得不可开交。"

1957年2月，他乘飞机去爱丁堡待了几天，在一所大学的礼拜仪式上发表演说。之后，他回到意大利住了一段时间。等到5月，他去了英国，在牛津大学完成了这一年的三次讲座任务。事实上，他正好赶上了见父亲最后一面。过去几年里，奥登医生一直住在雷普顿，他曾在此地接受中学教育，出生地也离这儿很近。5月初，奥登医生去世了。"谢天谢地，走得并不痛苦，"奥登在写给朋友的信中说，"我在他离世前两天去看了他，那时他还认得出我。"[1]

1957年5月,奥登在牛津大学讲授了 D. H. 劳伦斯和罗伯特·弗罗斯特的诗歌,第三次讲座谈了莎士比亚戏剧中的音乐元素。在他担任诗歌教授期间,不少讲座都论及了莎士比亚,有关音乐的话题与之相当——例如,1959年的那份主题清单包括"翻译歌剧脚本"。他还谈到了狄更斯、拜伦、他的朋友玛丽安·摩尔,以及诸如"探索的英雄""现代诗歌中的英雄"(这在美国巡回演讲中谈过)等一般性话题。他在讲座中妙语如珠,善于营造活跃的气氛,吸引了大批热情的听众。1961年,《伊希斯》在奥登任职结束之际刊文总结说,牛津大学英语文学类课程中"迄今为止最妙趣横生、激动人心的",当属奥登的系列讲座。

奥登并不认为他作为教授的职责仅仅是讲座。他明确告诉大家,每天上午他都会在康玛克特街的卡德纳咖啡馆,随时欢迎私下里的交流。他坐在那里,大口喝咖啡,一个个本科生过来找他,有些人带着自己的诗作向他请教,有些人则想探讨一些文学问题。一些刚刚崭露头角的年轻作家和评论家也来找他,包括约翰·韦恩和伯纳德·伯尔贡齐。他们发现奥登更喜欢说话,而不是倾听,

---

[1] 奥登与父亲的最后一次见面的场景在一些记述中存在偏差。《纽约时报杂志》的一篇采访稿(1971年8月8日)宣称,奥登说过这样一段话:"他躺在床上,奄奄一息,痛苦地打滚,不断地扯床单。我说:'父亲,你知道的,你要死了。'他说:'我知道我要死了。'随后,他陷入临终昏迷状态。"然而,根据理查德·霍加特的说法(参见 Listener, 6 March 1980, p. 315),奥登在跟他讲述当时的情形时,并没有像采访稿描写的那样冷酷无情,而是神情肃穆地提到了奥登医生的精神状态。理查德·霍加特还在文中指出,他在1967年带奥登去哈伯恩老家故地重游,奥登看到老宅时"异常激动"。这栋房子在1979年被拆除了。

约翰·奥登也表达了自己的看法:"我们的父亲……临死前没有痛苦地打滚、不断地扯床单……我堂兄汉弗莱每天都去看望他……还有他的儿子德里克,两人都没有只言片语提及'痛苦的死亡'……威斯坦不可能故意跟《纽约时报杂志》的人说出那种话,那些添油加醋的描述肯定是歪曲事实的报道。"——原注

第五章 伊斯基亚岛

并且总是滔滔不绝。不过,一位去过卡德纳咖啡馆找他的人表示,"要是有人咨询严肃的问题,他会认真回答的"。

在担任诗歌教授期间,他通常每个夏季学期都会在牛津大学度过大约四个星期的时间。他的吃住都被安排在基督教堂学院,这使得他再一次在该学院留下了自己的印记。每个傍晚,他都高高兴兴地参加正餐后的甜品环节,高级公共休息室[1]的成员们坐在嵌有橡木镶板的内室里吃水果、喝波尔图酒,玻璃斟酒器在餐桌上供应不绝。他每天傍晚都要喝大量的马提尼酒,但他发现在晚餐前找不到冰块来冷却干马提尼酒,这让他有点不知所措。在任期结束之前,他给了公共休息室相关人员一张空白支票,让他们去买一台冰箱。他还借机为基督教堂学院写了两首诗:一首是为学院德高望重的咏礼司铎克劳德·詹金斯80岁寿辰所作的颂歌,另一首是1960年为学院庆典活动写的祝酒词。在学院里,他就像在卡德纳咖啡馆那样,鼓励本科生们前来跟他交谈。他在房间里接待学生,让他们感到自己是受欢迎的,尽管有时会招来一些麻烦事。有一次,一个学生喝得酩酊大醉,把他的工作台吐得一塌糊涂。另一个当时也在场的学生回忆道,"奥登一言不发地把所有东西都扫进了搪瓷污水桶里",然后,"他只是简单地说,这对本科生而言一定很尴尬"。

他结交了几个新朋友。他很快就与基督教堂学院的院长卡思伯特·辛普森建立了友好关系。这位院长是个美国人,奥登说他是英国唯一能够正确调制干马提尼酒的人。他与学院里的德语助

---

[1] 牛津大学各个学院的休息室分为三级,高级公共休息室(Senior Common Room,简写为SCR)只允许教师进入,中级公共休息室(Middle Common Room,简写为MCR)允许教师和研究生进入,普通公共休息室(Junior Common Room,简写为JCR)允许教师、研究生和本科生进入。

教戴维·卢克也相交甚好。他还与两位老朋友——加布里埃尔·卡里特和娜奥米·米奇森——相谈甚欢,但他们都看出奥登不太愿意谈及自己自20世纪30年代以来的变化。

大学时代的朋友A. H. 坎贝尔邀请他到万灵学院共进晚餐。他惊讶地发现,奥登一逮住机会就蹬掉鞋子——奥登现在饱受鸡眼之苦,为了双足自在,经常穿软拖鞋。他蹬掉皮鞋后,没有再穿上鞋子。晚餐结束后,他穿着袜子径直走出了万灵学院,"一副不太清醒的样子"。在学院门口,他看到一辆黑色大轿车就想坐上去,误以为那是出租车——但事实上,车上的司机正在等候一位贵宾。他穿过大街,仍然提着皮鞋、穿着袜子走在路上,想要从坎特伯雷门进入基督教堂学院。大门上锁了,奥登误以为整个学院都在夜间关了门(其实,汤姆门有一个值夜的门卫)。于是,他掉头就走,光脚穿过城区,走了大约三分之二英里,来到沃尔顿街,朋友约翰·韦伯斯特的房子就在那条街上。他按了门铃,索要一张床过夜,得到了应允。[1]

定期前往英国后,奥登成了斯蒂芬·斯彭德的伦敦宅子的常客。他每次登门拜访,都会受到热情款待,尤其是斯彭德的孩子马修和莉齐,对他们而言,奥登就像是爱德华时代的单身汉叔叔。对于奥登喜欢在白天的特定时间段工作的习惯,斯彭德的妻子娜塔莎不仅予以尊重,也尽量保证他不会受到干扰。一天上午11点,

---

[1] 作曲家布莱恩·凯利当时就在约翰·韦伯斯特家里。他讲述了这段插曲的尾声:"没有空余的床了,他便搬了两张扶手椅,躺在上面睡觉。我们第二天起床时,他已经走了。他此前肯定是饿了,吃了一块瑞维塔饼干和一些生培根,外包装散落在厨房地板上。有人看到他出席了晨祷仪式,身上还穿着晚礼服"(参见'W. H. Auden, a musical guest', *Royal College of Music Magazine*, Vol. 76, no. 1, Spring term 1980, pp. 15—19)。有一次,奥登以诗歌教授的身份去牛津大学,住在凯利的一套公寓里。——原注

第五章　伊斯基亚岛

她蹑手蹑脚地走进他的房间，给他端去这个时间点的咖啡，突然听到他说："我要半磅米饭，找钱给我。"娜塔莎这才发现，莉齐正挤在桌子底下与奥登玩"商店游戏"——她是店主，而他是顾客。

★ ★ ★

1957年6月初，正当奥登在牛津大学完成了他的第一个系列的讲座时，得知自己获得了意大利文学奖，以表彰他作为诗人的国际性声誉。"我刚刚获得两千万里拉的奖金，"他在给一位朋友的信中写道，"也就是说，超过33000美元。我打算用这笔钱在维也纳附近买栋房子。"[1]

获奖后，他的第一个念头是买下他在福里奥租住的房子，但房东听闻他获奖的消息后坐地起价。当然，他之所以放弃伊斯基亚岛转而另寻消夏之地，还有其他方面的原因。奥登和切斯特在去年秋天出游奥地利，在萨尔茨堡和维也纳欣赏了歌剧，并与黑德维希·佩措尔德在基茨比厄尔小镇住了一段时间。黑德维希·佩措尔德曾在20世纪20年代给了奥登第一次异性之间的性体验，现在他们两人发展出一段温暖的跨性别友谊。到奥地利歌剧院附近居住的想法，让奥登和切斯特都为之激动。奥登十分期待生活在德语地区。奥地利是一个民众普遍嗜酒的国家，这对他来说并不是一个无足轻重的吸引力元素。除此之外，意大利的阳光不适合他的秉性和体质。他的皮肤很容易被晒伤，在伊斯基亚岛忍受了几年阳光普照的日子，这可能导致他的面庞过早地出现了皱纹，而且那些纹路最终演变为纵横交错的沟壑。为此，他一点也不会

---

[1] 据《泰晤士报》报道，该奖金为1143英镑，但显然计算有误，实际上是8300英镑。——原注

因为离开意大利而伤感。较北的环境才能吸引到他。"我不喜欢阳光，"他对一位朋友说，"我更想在北方的气候条件下过一种地中海式的生活。"

还有一些非常私己的原因。伊斯基亚岛现在被誉为英语国家同性恋者的消夏之地，他们越来越多地出现在岛上，这令奥登十分不满，而不是高兴。与此同时，切斯特肆无忌惮的滥交行为引起了一些流言蜚语，至少有一次奥登提起了此事——"切斯特的一位访客惹到了当地的教区牧师"。奥登本人也陷入了麻烦，与男仆焦孔多的纠纷成了远近皆知的事情。他习惯于每年冬天从美国寄一张支票给焦孔多，用以涵盖家用和支付薪资。金额通常是六万里拉，但有一次奥登粗心大意地多写了一个零。他很快就发现了自己的笔误，旋即又寄去了一张数额正确的支票。焦孔多私下里一直留存着第一张支票。他似乎对奥登怀有一丝恨意，不难理解，这多半是因为他在奥登家中的职责和角色没有明确的界限。有时候，他作为奥登的朋友被带去参加聚会。奥登还一再鼓励他练习绘画，觉得他在这方面有一些天赋。然而，他也被要求每天早上六点钟起床，为奥登煮咖啡；必须清理使用过的玻璃杯和茶杯、满溢的烟灰缸、凌乱的书籍和报纸、脏衣服以及切斯特烹饪后一片狼藉的厨房，这些源源不断的脏乱活儿都是他的职责所在。最终，焦孔多忍无可忍，与奥登大吵了一架，放弃了雇佣关系。他去了银行，拿出支票想要兑出60万里拉，银行经理察觉账户中没有足够的钱来兑支票，便通知了奥登。由此引发的奥登和小伙子之间的争吵成了福里奥的热门话题。人们纷纷站队，焦孔多的家人及他们的支持者为一方，奥登的朋友们为另一方。焦孔多本人坚称，这张数额巨大的支票是为了犒劳他提供的"特殊服务"。这场发生在1956年夏末的纠纷，无疑促使奥登萌生了改变消夏之地的念头。

第五章 伊斯基亚岛

1957年夏,他写信给黑德维希·佩措尔德的女儿,她目前生活在维也纳。奥登请她帮忙找一栋房子,以便让他在夏天的几个月里居住,"或许会成为我晚年的一个家"。他告诉她,房子最好距离维也纳40公里以内,因为他打算定期开车去城里购物和看歌剧。几个星期以后,他看到了一则房屋出售广告。房子坐落于圣珀尔滕附近的基希施泰腾村,在首都维也纳的正西面,大概半个小时的车程。奥登和切斯特去看了房子,正如奥登后来在一首诗中回忆的那样,"在一个倾盆大雨的十月天"。他俩都很喜欢这栋房子,出价超过了一位同样想购买它的戏剧导演。1957年10月4日,奥登写信告诉黑德维希·佩措尔德:"我们在星期六买下了基希施泰腾村的那栋房子。"房价是12万先令,折合3000英镑、1.2万美元。奥登额外支付了2.5万先令,购买了房子里现有的家具和设备。

这栋乡村小屋——它实际上只是小屋的规模——建于18世纪,在一条名为"辛特霍尔茨"的马路边。它原本是一座农舍,用黄泥砌成,一台旧水泵仍然立在花园里,大体上质朴无华,几乎没有什么出彩之处。楼上有一个小房间,在波形瓦屋顶处开了个天窗。这个房间与房屋的其他部分是隔开的,只能通过外面的楼梯才能上来。花园很开阔,有果园和菜地,还有一个露台,可以在那里摆放桌子喝茶或品酒。屋子后面有个斜坡,爬上去就是一片松树林,应该是维也纳森林的边缘地带。大门对面有一片田地,种着甜菜,稍远处是维也纳-林茨高速公路,从屋子里经常能听到公路上传来的阵阵车声。一条小巷——其实只是一条崎岖不平的马车道——通向村中心和洋葱顶的教堂。

购买了乡村小屋后,奥登在伊斯基亚岛度过了秋天,随后横跨大西洋,像往常一样在纽约过冬。这个冬天,他在普林斯顿大学做了六场讲座,还协助制作了中世纪音乐剧《但以理的表演》。

这部剧由纽约古乐团表演,执导者诺亚·格林伯格是奥登旧相识,曾与奥登和切斯特共同编辑过一本《伊丽莎白时代歌曲集》。在此次《但以理的表演》的合作中,奥登用头韵体撰写了叙述部分;在美国和之后在英国的一些演出中,他亲自穿上僧袍上场,吟诵出这些文字。

1958年夏,他到牛津大学授课,7月初前往基希施泰腾村,为搬进新家做准备。他发觉房子和花园"漂亮得超乎预期"。前房东聘请了两个老人做管家和园丁,他们是来自捷克斯洛伐克苏台德地区的德裔难民埃玛·艾尔曼夫人和她的兄弟约瑟夫,奥登和切斯特继续聘请了他俩。奥登决定每月付给他们一千先令,尽管埃玛夫人和奥登的奥地利律师都表示不需要这么多薪资。"他们很好,但很穷,"奥登解释说,"我很乐意多付点钱给他们。"过了一阵子,他出钱在他们家里安装了冷热两用自来水。

由于基希施泰腾的房子要到9月才能整修完毕,奥登和切斯特便在伊斯基亚岛度过了余下的夏天,并且处理了福里奥那栋房子的租约问题。结束这最后一次伊斯基亚岛之行后,奥登写信告诉黑德维希·佩措尔德:"我再也不会去那里了。"他创作了一首《再见,梅佐乔诺》,以此告别这座岛屿以及南欧的生活。这首诗题献给了卡洛·伊佐,他曾把奥登的一些作品翻译成意大利语。奥登在诗中肯定了自己的"北方性",并试图得出这样一个结论:对一个拥有"北方性"的人而言,"去往南方"可能意味着自我毁灭。尽管如此,他依然在诗歌结尾处感谢南方给予的馈赠:

> ……虽然人们
> 总是不能确切追忆往昔幸福的原因,
> 却不会忘记确曾拥有过它。

第六章 "大西洋的小歌德"

"我和切斯特都迷上了我们的奥地利房子，"奥登跟朋友坦言，"它就像毕翠克丝·波特的画中世界。"他和切斯特从意大利带来了一只名叫"莱奥诺拉"的猫，从纽约带来了一只名叫"拉达姆斯"的猫。没过多久，奥登宣称他们在基希施泰腾的大家庭包括"3只猫、2头羊、1头猪、2只母鸡和173条金鱼"。他让工人们安装了所谓的"100%美国式厨房"，添置了切斯特需要的各式各样的小器具，比如，红外线烤架。一切准备妥当之后，他们邀请工人们参加了小型的暖屋派对。搬过来后的第一个星期日，奥登就去了当地的教堂。"真让人意外，"奥登说，"基希施泰腾只是个小村子，没想到大家能唱得这么棒。"这是 座天主教教堂，但村子里没有新教徒的礼拜场所，所以他只能到这儿来。他被安排坐在边座（他既不是天主教徒，也不是杰出居民），兴致勃勃地跟着大家高唱圣歌。

1958年秋，他在基希施泰腾的第一段居住期很快就结束了。在纽约度过了又一轮冬天和春天、1959年5月再一次去了牛津大学之后，他在7月份重返基希施泰腾。他和切斯特做了一本访客登记簿[1]，不久便有一些常客来这里享受"奥登-卡尔曼式"的独家款待。访客基本上是老朋友，比如玛格丽特·加德纳、斯蒂芬·斯彭德及其家人，以及迈克尔·耶茨。迈克尔·耶茨是奥登在唐斯学校任教时的学生，曾与奥登同游冰岛，自20世纪60年代中期以来，他和妻子玛尼成了奥登位于基希施泰腾的乡间小舍的夏季常客。

那些乘坐火车赶来的客人，通常会发现奥登就在站台处等候他们；他看手表核对火车到达的时间，要是准时的话，他就点点头表示满意。（他总是提前很久去赶火车或飞机，经常梦到自己错过了火车或飞机。）接到客人后，奥登会说："我们动作得快点，还有一刻钟就开饭了。"从火车站到他家并不远，他一边开着奶油色的大众汽车，一边讲述他在村子里微妙的社交处境。他表示，只有校长夫妇、医生夫妇以及牧师值得交往，"我与村长相处得很好，但从未邀请他来家里吃饭。他虽然素质很高，却没有学历，过来吃饭肯定会尴尬的"。

进入村子后，他会在一个名为"魏因赫贝尔"的广场指向一栋与自家相邻的房子，告诉来客这栋房子的前主人是约瑟夫·魏因赫贝尔，广场正是以他的名字命名的。约瑟夫·魏因赫贝尔是一位诗人，曾与纳粹勾结，在奥地利解放时自杀了。（1965年，奥登写了一首关于魏因赫贝尔的诗歌，由伊丽莎白·梅耶翻译成德文，在村里纪念魏因赫贝尔逝世20周年的仪式上朗读了译诗。）

---

[1] 1969年9月，奥登的教子菲利普·斯彭德（斯蒂芬的侄子）来基希施泰腾做客，即将离开之际，他在访客登记簿上写道："感谢上帝让教父们喝得醉醺醺，感谢切斯特提供了美味佳肴。"上半句被奥登写进了诗歌《谕教子书》的开头部分。——原注

第六章 "大西洋的小歌德"

说完魏因赫贝尔的故事后,奥登便从村子里掉头,把车停在道路逐渐变窄的一个地方,那条小路往前走就是树林了。下车后,奥登领着客人走上陡峭的斜坡,进入自己的村舍。大家先喝上一两杯,接着切斯特——已经是一个40岁出头的秃顶胖男人了——会端来午餐。

午餐通常安排在宽敞的方形客厅里享用,这里有两张桌子,一张用作餐桌,另一张用作书桌。通常情况下,书、烟灰缸和文件都会随意地摆在桌子上,这种凌乱有时候会在奥登和切斯特之间引发一时的骚乱——"那封电报在哪里?""就在那里。""没有!""肯定在那里,我昨天还看到了。"食物必然是可口的,切斯特现在精通烹饪各种菜系,包括欧洲和亚洲的风味。不过,要是有人不小心走进了厨房,肯定会被眼前的一堆油腻腻的平底锅和各种厨余垃圾给吓到。

房子里几乎没有软装,乍看之下仿佛是一个办公场地。没有地毯,几块小垫子铺在光秃秃的木地板上。墙上也没有什么装饰,只有三幅画值得一看:斯特拉文斯基和理查德·施特劳斯的肖像画,以及奥古斯塔斯·约翰的一幅关于叶芝的蚀刻画。客厅里立着一台收音电唱两用机,上面乱糟糟地摆放着一些唱片。客房里只有两张铁架床,墙上挂着一个大十字架。奥登的工作室(从外面的楼梯上去的顶层房间,奥登总是喜滋滋地带客人们参观)同样是空荡荡的,一堆堆书摞在地板上(没有书柜),一张桌子摆在靠窗的架高平台上,还有一台便携打字机(奥登用来写书评和文章,打出诗歌的定稿)。工作室里最显眼的东西莫过于一套《牛津英语词典》,但少了一本,就在楼下;用餐时,奥登总是拿那本词典当坐垫——据一位朋友观察,那情形就仿佛他还是个没长大的孩子,够不着面前的儿童桌。

客人需要尊重奥登的生活习惯，并配合他的常规生活。没有正式的早餐，但咖啡和当地的面包可以按需提供。奥登本人早在6点半或7点左右就已经起床了，在楼上的房间里工作，一时片刻绝不会下楼。到了10点左右，他会出现在楼下，宣布该去购物了。他带着客人沿小路走到村里的商店，或者开车去圣珀尔滕。大约11点，他们会在当地的小客栈喝点啤酒，吃块三明治，那里的主人和顾客总是热情地称他为"教授先生"。他有时候也会在那家客栈打个国际电话，因为他家没有安装电话机。然后，他们就回家了，差不多到了午餐前的饮酒时间。奥登通常会喝两杯干苦艾酒，在谈话的间隙，还会玩一下纵横填字游戏，通常用钢笔迅速地写上答案，偶尔也会跟切斯特讨论一下线索。与白日里的其他活动一样，这些事也会严格地按照他的时间表进行。"他一遍遍地看手表，"有位客人回忆道，"吃饭、饮酒、写作、购物、填字游戏，甚至邮差的到来——所有这些都是按分钟计时的，而且具有一定的流程。"

午餐过后，切斯特会小憩片刻，奥登则继续工作，他坚决反对白天睡觉。接着，可能会出去散步；要是下雨的话（这里雨天比较多），就开车出去兜风；遇上好天气，他们可能会在花园里喝茶，切斯特则喜欢晒日光浴。随后，精确到6点半这个时间点，轮到马提尼酒上场了。

"轮到马提尼酒，"奥登在一首诗中描述了他在基希施泰腾的生活面貌，"这时要拉下窗帘，／选一张心爱作曲家的唱片来听。"电唱机被打开了，播放的是贝里尼、多尼采蒂或理查德·施特劳斯的唱片，奥登边听边品评一番，同时主导了调酒工作，用一位客人的话来说，是"我喝过的最烈的马提尼"。调制这种酒需要一系列的准备工作：中午时，伏特加和酒杯都需要放入冰箱；饮酒前一个小时，按照伏特加的三分之一的比例加入苦艾酒，他一般选用法国的诺瓦丽·普拉苦艾酒。(奥登最初用杜松子酒调制马提尼，但切斯特更喜欢伏特加，他便换成了伏特加。)一位朋友形容这酒"简直要命"。

晚餐时，他们会饮用大量葡萄酒，通常出自瓦尔波利切拉产区。晚餐过后的休闲活动，往往伴随着一杯接一杯的葡萄酒、一张接一张的唱片。然后，时间尚早，也许是9点半，奥登会看看表，赫然宣布他的就寝时间到了，兀自起身去了房间。他床上的被褥堆叠了一层又一层，正如迈克尔·耶茨所说，看起来完全是毛毯店的摆设风格。他上了床，先看会儿书，抽几支烟，喝点酒，静等睡意来袭。

根据客人们的观察，奥登和切斯特的日常交流，十足是老夫老妻的模式。他们追忆往事，互相揭短，一个赛一个俏皮，好不欢乐，有时会为了某些事情发生的具体日期而争论不休，有时也会争辩一些文学话题。有位客人是记者，记录了他们的谈话片段：

> 奥登先生一边沏茶一边说："诗歌是人们唯一还没学会如何像喝汤一样消费的艺术。人们挂起了伟大画作的复制品，演奏着音乐，至于小说——"
>
> "它们被删节了。"卡尔曼先生插了一句，随后又继续玩填字游戏。
>
> 奥登先生递过来巧克力饼干，自己点燃了一根烟。他把胳膊肘支在桌上，边吸烟边说话，吐出的烟雾形成了一层朦胧的面罩。"人们总认为诗歌能够提供某种助益。有些人不负责任地书写着绝望。要是他们果真放弃了书写，保准会自杀。"
>
> "要么是吃饱了撑的。"卡尔曼先生说，并没有抬头。
>
> "用英语写诗的一大优点在于，它是一种混杂语言，词汇

丰富。当然，也有令人恼火的地方，第三人称单数要求动词加's'，名词复数也要加's'。我试着说明一下。"他盯着窗外看了一会儿。"以绵羊为例。"他说。

"绵羊是最糟糕的例子。"卡尔曼先生说。

"好吧，一头狮子跳起来，一群狮子跳起来。[1]"奥登说。他把头往后仰，闭上眼睛，然后背诵道："在单数中死亡／在共享中生成／但复数的情况／总是阳性的[2]。我们以前上学时老这么说。很抱歉，我知道自己很难让人听懂——英国佬的口音——"

"不是因为英国口音，而是口齿不清。"卡尔曼先生说。

客人们都很确信一点：奥登很享受基希施泰腾的生活。他有一些小小的抱怨，但主要是关于天气方面的。他在写给伊丽莎白·梅耶的信中说："雨下个不停。"除此之外，他大体是心满意足的——

> 我在五十岁时不敢奢望
> 也不敢争取的，是我自己。

他告诉斯蒂芬·斯彭德，有时候站在花园里，他会因为一时感念生活的馈赠而落泪，为终于拥有了自己的家宅而激动。每年在纽约的时候，他都望眼欲穿地期待可以回到"我亲爱的基希施泰腾"的那一刻。

---

[1] 此处对应的原文为"the lion leaps but the lions leap"，奥登以此说明英语语法规则——"第三人称单数要求动词加's'，名词复数也要加's'。"

[2] 奥登可能是指英诗中的"阳韵"（masculine rhyme），这种韵律听起来干脆有力，与"阴韵"的绵长委婉形成了对比，现代英诗中阳韵较多。

★ ★ ★

那些在伊斯基亚岛度过的夏天，被奥登写进了诗歌，构成了所谓的"意大利元素"。如今，奥地利的新家也对他的创作产生了影响。罗伯特·克拉夫特在奥登搬入基希施泰腾新家后不久便去探望了他，据他观察，"奥登已经开启了德国篇章"。

在接下来的几个月里，他的多个文学项目确实带有德国属性，尽管这里面有一些巧合的因素。1959年春，有人打算把克里斯托弗·伊舍伍德的《再见了，柏林》改编成音乐剧，建议奥登、切斯特和伊舍伍德合写脚本。据报道，这部计划中的音乐剧，很有可能由玛丽莲·梦露饰演女主人公萨莉·鲍尔斯。他们三人确实碰了面，初步进行了商谈，可惜没有结果，第二年也没有进一步安排。最终，这部音乐剧以《卡巴莱》为名完成了，但奥登和切斯特都没有参与其中。

他们真正着手处理的工作，是在1958年夏翻译了布莱希特和魏尔合作的芭蕾歌唱剧《七宗罪》。这部剧在纽约演出，洛特·莱尼亚演唱安妮的部分，乔治·巴兰钦担任编舞。奥登虽然与纽约市芭蕾舞团创始人林肯·柯尔斯坦交情匪浅，但依然认为芭蕾舞是一门"非常、非常次要的艺术"。不过，他欣赏巴兰钦，称这次演出"大获成功"。

1960年，奥登和卡尔曼合译了布莱希特和魏尔合作的另一部剧《马哈哥尼城的兴衰》。译本是为这部剧的美国首演准备的，洛特·莱尼亚再次参与其中。让人始料未及的是，演出最终被取消了。直到奥登去世后，他们的译本才正式出版。他们的翻译活泼生动，非常适合音乐表演，而且也栩栩如生地再现了布莱希特的唱词风格：

> 动身去马哈哥尼城
> 在那里，风儿让人焕然一新
> 在那里，畅饮杜松子和威士忌
> 车马如梭，女人如织！
> 亚拉巴马的月亮啊
> 泛着幽绿的可爱光芒
> 请为我们照亮前方！

这些戏剧项目或多或少都带有一定的商业属性。对他而言，将歌德的《意大利之行》翻译成英文是更具艺术性的工作。英文版《意大利之行》包含精美的插图，由纽约万神殿书局和伦敦柯林斯出版社发行。起初，一些翻译人员参与了该项目，但最终完全由奥登和伊丽莎白·梅耶两人完成。他们采取了先由伊丽莎白·梅耶直译，然后奥登修润的翻译方法。奥登早在1945年就萌生了有朝一日要对这本书进行"兼具准确性和可读性的翻译"的想法，认为此书比大多数旅行书都更有探索的底蕴。在开工之前，他写信给伊丽莎白·梅耶："这将是一件非常有趣的事情。不过，我真希望这个老男孩不要总是谈艺术。他在地质学方面的表现要好得多。"他们花了好几个月才完成翻译。在此期间，奥登偶尔会感到些许不耐烦，但随着工作的推进，他越来越喜欢这本书了。他写道："有时候，人们会觉得他是一个自命不凡的老顽固，有时候，又会觉得他是一个不够真诚的老伪君子……尽管有各种不满，到头来都不得不承认他是一个伟大的诗人、一个杰出的人。"他说，他喜欢把歌德视为"亲爱的 G 先生"，而不是"伟大的 G 先生"；在人生的这个阶段，歌德是他积极效仿的对象。他在一首诗中写道："倘若可以，我很想成为／一个大西洋的小歌德。"

第六章 "大西洋的小歌德"

他对歌德的兴趣体现于他创作的两首诗中。一首是《异地疗养》，写于完成《意大利之行》的翻译后不久，描述了身体的旅行和精神的探索之间的关联。奥登告诉伊丽莎白·梅耶："虽然 G 先生不是这首诗的主题，但他促成了它。"另一首是《诗与真》，标题直接取自歌德的自传《诗与真》，奥登称之为"不成文的诗"，因为这实际上是一系列非韵文的格言。奥登为《诗与真》设定了一个任务，尝试从各种角度切入"我爱你"这句话的本质。但在结尾处，奥登宣称这是不可能做到的："我无法精准地把握自己的本意……言不达意。因此，这是尚未成文的诗。"换言之，这是一次智力的练习。不管怎么说，这首诗写的是爱情，是奥登自 20 世纪 40 年代以来就这个题材写的第一首诗。他现在正折返——即便只是在智识层面上——爱情诗，这表明他的生活发生了些许变化。

随着他和切斯特年齿渐长，他们之间的痛苦和艰难的相处成分日渐隐退。有一段时间，大约在 1949 年，奥登觉得只要他们两个人都能约束性需求，便可以实现他们的幸福。那一年 5 月，他从伊斯基亚岛写信给罗达·贾菲："我惊喜地发现（应当称颂圣雷斯迪图塔），我已经完全不受性的困扰了。切斯特也变了很多，我们之间的关系第一次变得真正幸福起来。"[1] 然而，这种状况并没有持续多久，切斯特很快又沉溺于那种放浪形骸的风流韵事之中。随着奥登，以及稍后的切斯特，双双步入中年，性问题不再构成他们之间的障碍。相反，他们开始在歌剧脚本和翻译方面平等地合作——这是一种富有成效且完全愉悦的伙伴关系。奥登在诗歌《平凡生活》中庆祝了他们关系的成熟，该诗描述的场景显然是他

---

[1] 奥登曾在 1934 年的一篇文章中指出，在社会从神经疾病中"康复"的过程中，性关系也许是有害的："很有可能通过某种禁欲主义的途径来实现真正的亲密关系。"(*The English Auden*, p. 321.) ——原注

们租住在基希施泰腾时的客厅:

>　　……二十四年之后[1],
>我们作为亲密朋友,还能坐在
>
>奥地利这边,在一幅那不勒斯圣婴像
>　　面无表情的注视下,
>表达着对施特劳斯和斯特拉文斯基的敬意,
>　　一边做着英国的纵横字谜,
>
>　　这确实异乎寻常。

这确实"异乎寻常",也让人颇感欣慰。而且,随着与切斯特有关的矛盾冲突一个个瓦解,奥登再一次将他的诗歌——虽然只是短暂地——转向了爱的主题。

他在创作《诗与真》的时候,脑海里并没有一个具体的爱人形象。那是不同的人的混合体,类似于经验与反思的积累。但这个"混合体"背后似乎有三个清晰可辨的人物,其中之一便是切斯特,我们可以从诸如此类的文字里看出端倪:

>"我爱慕的人比其他人更有灵魂……"(我想说,更有趣。)

《诗与真》似乎还指涉了一个人,例如开头这段话:

---

[1] 奥登创作此诗时,已经与切斯特相处了 24 年。

第六章 "大西洋的小歌德"

期待着你明天的到来，我发现自己正在思考我爱你：然后涌现了一个念头——我想写一首诗，但愿蜂拥而至的语词能够精准地表达我的所思所想。

奥登在写下这段话的时候，如果脑海里有一个具体的描写对象的话，那么这个人可能是一个名叫奥兰·福克斯的年轻人，来自哥伦比亚大学的本科生。1959年春，正是写作《诗与真》的那一年，奥登在纽约的派对活动中遇到了他。奥登之所以被福克斯吸引，部分原因是他长得俊俏，当然更重要的原因在于他博览群书，可以理解奥登表达的文学观点。几年来，福克斯在奥登的生活里扮演了情人角色，而且在往后的岁月里一直是他的密友和知己。从一开始，他们的关系就有一定的"老师和学生"的成分，正如福克斯本人所描述的："他建议我应该阅读什么样的书。在晚宴上，作为年纪最小的那一个，我要开酒瓶，按照他的意思上菜……他也像一位母亲，责备比他小30岁的儿子：'不要懒洋洋地瘫在座位上。先生，坐直了。'"回溯过往之种种，奥兰·福克斯深信《诗与真》中的部分内容是写给他的，不仅把他视为所爱之人，还把他看成是年青一代的代表，奥登希望借此向年轻人传达他对"爱情诗与真理"这一重大主题的看法。

《诗与真》隐含的第三个人物，可能是一个名叫胡格尔的维也纳年轻人。搬入基希施泰腾后不久，奥登在一家酒吧结识了胡格尔。此后，每当奥登逗留奥地利期间，胡格尔便经常去看望他。（胡格尔通常在维也纳乘坐火车去基希施泰腾，《诗与真》的结尾处提到了在火车站问候"你"。）他们的关系，一开始纯粹是交易。"你需要钱，"奥登在一首献给胡格尔的诗中写道，"而我需要性。"虽然"胡吉"（奥登这么称呼他）愿意以应召男妓的身份赚钱，但他同时拥有一个女朋友，最终还与她结婚了。这位姑娘曾出现在基希施泰腾——当时玛格丽特·加德纳刚巧住在奥登家里，目睹了整个过程：

> 客厅收拾得很干净……有朋友从维也纳过来喝茶。威斯坦解释说，有个工人阶级出身的年轻人，是他们两人共同的朋友。此次，他要带新婚妻子过来，引荐给他们。威斯坦带着一丝惯有的狡黠神色说："这是一个微妙的局面。"这对年轻夫妇来了，男人穿着节日盛装，颇有些不自在，姑娘显然也穿上了最好看的衣服，是个美人，但很羞涩，几乎一言不发。威斯坦和切斯特忙里忙外，端来茶和糕点，找话题跟他们聊，殷勤周到，想让他们的客人放松些，但收效甚微。等到他们离开后，那种尴尬的约束感宛若一层皮蜕了下去。这时，到了该享用马提尼酒的时间了。威斯坦说："不管怎么说，她看起来不错。"切斯特表示同意："是的。"

奥登后来在献给胡格尔的诗中写道：

> 而我多么喜欢克丽斯塔，
> 当那个爱着你也洞悉一切的
> 好姑娘不在那里的时候。

奥登在有生之年没有发表这首诗，但寄给了同性恋朋友看。这是他对自己和"胡吉"之间的暧昧关系的称颂，而且这种模棱两可的"暧昧"带来了一定程度的欢愉：

胡格尔,十年了,
不时与我相伴,
幸运的人生里
一个意外的恩赐,
你给了我那么多、
那么频繁的欢乐……

此刻,我们之间如何?
爱?爱是个俗烂的词。
这段浪漫史既没有
穿上盛装华服
也并非赤身裸体:
要我说,我俩很投缘。

★ ★ ★

1960年4月,奥登出版了自第二次世界大战结束以来的第三本诗集。他将诗集命名为《向克利俄致敬》,反映了此书对时间和历史的关注。同名诗歌提到了克利俄——"历史事实唯一的／缪斯女神……时间之缪斯"——她对于自己在人类行动中的重要地位感到困惑。该诗呈现了这样一个主题:正是对"时间""历史"等概念的认知使人类区别于动物世界的纯粹本能生活。[1]诗集中的其他诗歌也考察了人与时间的诸种关系,蕴含了很多独创性的思

---

1 这首诗还有一层含义。奥登在1955年6月14日写给J. R. R. 托尔金的信中附上了这首诗,并写有这么一句话:"正如你所看到的,这其实是一首献给'我们的夫人'的赞美诗。"——原注

考。但评论界一致认为这本诗集（收录了《诗与真》）令人失望，只不过他们的失望之处各不相同。有些人仅仅是笼统地认为奥登的诗歌质量自20世纪30年代以后便每况愈下。汤姆·冈恩认为奥登近年来的许多作品都很出色，但《向克利俄致敬》是他战后优秀作品里的一个例外。多姆·莫赖斯认为该诗集只是"奥登另一个面具的产物"，此次他戴上了学者的面具——牛津大学诗歌教授的面具。至于奥登对其诗歌现状的认知，我们可以通过《向克利俄致敬》的献诗看出，他很清楚这本诗集是"干旱"时节的产物：

> 牛吼器[1]无法延续一年一度的雨季，
> 昔日的绿色守卫者——地下水——已沉降，
> 还会持续沉降：但为何要抱怨？尽管困难重重，
> 旱地耕作法仍会产出谷物粮食。

暂且不论这些年来他的诗歌作品的优缺点，写诗显然已经不再像20世纪二三十年代那样在他的生活中发挥中坚作用了，尽管在过去和现在都有很多人认为，这些作品比他战前的那些说教式的深奥作品更讨人喜欢，也更通俗易懂。在战前，诗歌是理解他的思想、脾性和情感的钥匙，更多地揭示了他的个性，而不是他的学识。在后来的岁月里，这种情况发生了变化。自20世纪五六十年代以降，他的诗歌更像是生活中的一系列注解，而他的书信和散文成为他充分展现自我的舞台。他在精神领域的长期探索与诸多转变，在20世纪40年代达到了一个高潮，他的诗歌记

---

[1] 牛吼器，又名吼板，是土著使用的一种乐器，旋转时能发出吼声，多在宗教仪式中使用。比如，澳大利亚土著会在祭祀仪式上用它召唤神灵，也有用它"祈风"（即求雨）的。

录了这些发展历程,甚至在一定程度上激发了这些变化,但自此之后,诗歌逐渐退居到幕后,其位置越来越多地被歌剧脚本所取代,这是目前他最感兴趣的写作形式。

1959年,奥登和切斯特联手翻译洛伦佐·达·蓬特为莫扎特的《唐·乔瓦尼》所写的脚本。这部令奥登着迷的作品,描绘了一位以寻花问柳为人生目标的主人公形象——他称唐·乔瓦尼为"禁欲主义圣徒的反面形象"。他和切斯特的译本并没有对情节做出根本性的改动,但就像之前处理《魔笛》的译本时那样,他们会根据自己的喜好翻译咏叹调唱词,时常为了贴合音乐而改变内容和措辞。他们的译本活泼欢快,有些地方十分接近W. S. 吉尔伯特或20世纪词曲作者的风格。1960年4月,全国广播公司歌剧电视台播出了以他们的译本为基础的《唐·乔瓦尼》。一年后,大都会歌剧院也推出了这个版本的《唐·乔瓦尼》。不仅如此,该译本还得到了出版。大约就在这段时期,他们开始创作歌剧脚本。

写作歌剧脚本的种子是在1954年播下的。当时,奥登在伊斯基亚岛遇到了年轻的德国作曲家汉斯·维尔纳·亨策,他正在该岛度假。亨策虽然只有28岁,但已经在写他的第二部完整的歌剧《鹿王》。他把乐谱拿给奥登看,奥登表示"印象极为深刻"。亨策和奥登一直保持着联系,当亨策在1958年深秋受邀为南德广播电台创作一部小型歌剧(一种演员少、没有歌队的歌剧)的时候,他拜托奥登和卡尔曼写脚本。

两人欣然同意了。1959年8月初,亨策来到基希施泰滕,住在他们家里,与他们商讨歌剧事宜。奥登回忆道:"我们最初的想法是,安排四五个角色,各有各的疯狂之处。"这一想法源于他的歌剧理念——在歌剧中,"为了歌唱,所有的角色都必须有点疯狂",所以各种形式的精神错乱会被搬上舞台。按照他们的想法,有一个角色可能深陷于过去的时光，这就是最终脚本里的中年寡妇希尔达·麦克，她相信自己仍然生活在丈夫去世的那一年。他们还构想了其他角色：夫人的贴身女仆总是伪装成重要人物，出身良好的年轻人爱上了女仆，还有一个年长的演员（年轻人的竞争对手）喜欢自比为拜伦笔下的人物曼弗雷德。不过，他们又觉得这些角色不太合理，全都弃之不用了。他们设定的背景倒是合情合理：在第一次世界大战前夕的阿尔卑斯山上，疯狂和装腔作势在奥地利的一家小客栈里粉墨登场，这一切似乎不会显得突兀。原本构想中的那个有点古怪的演员，摇身一变，成了一个伟大的诗人，整个故事脉络（已经逐渐清晰了起来）都将以他为中心而展开。他们给他起名为格雷戈尔·米特霍夫。

米特霍夫这个角色从表面看来与奥登本人有一些相似之处。歌剧开始时，米特霍夫50多岁了，正是奥登写作这部脚本的年纪。米特霍夫在年轻时，其才华被一位富有的赞助人卡罗琳娜·格拉芬·冯·基希施泰腾所发掘。这位赞助人的名字，不但与奥登的消夏所在地有关，还影射了奥登在20世纪40年代早期的赞助人卡罗琳·牛顿。在歌剧脚本中，卡罗琳娜遇到米特霍夫后，一直是他的秘书和赞助人。除了严重仰赖于她以外，米特霍夫同时也得到了另一位仰慕者的支持。这位被称为赖希曼博士的医生，每天给米特霍夫服用药物和注射激素，帮助他保持健康的状态。奥登在现实生活中也有每天服用苯丙胺和安眠药的习惯，这些药物由他的忠实朋友（他在纽约的医生）提供。虽然有这些相似之处，但这部歌剧并非自传性的演绎，它的中心人物不是奥登本人，而是奥登不想成为的那类诗人。

切斯特有时候会开玩笑地称奥登为"大师"或"大师小姐"。奥登十分厌恶此类称呼。他不想被崇拜或敬仰，不想成为剧中的米特霍夫或者现实生活中的 W. B. 叶芝那样的诗人。事实上，奥登和卡尔曼在创作脚本的时候，脑海里浮现的主要人物形象就是叶芝。奥登坦承，米特霍夫把精神错乱的寡妇希尔达·麦克的种种幻想作为诗歌素材的细节，来自叶芝利用妻子的馈赠作为艺术创作的媒介，而服用药物和注射激素，指的是叶芝试图通过手术使自己恢复活力。奥登和卡尔曼在这部歌剧的"演出说明"中解释道，该剧的主题可以用叶芝的话加以概括："人类的智慧被迫去选择／生活的圆满或作品的完美。"米特霍夫选择了后者，为了创造伟大的艺术而牺牲了他人的幸福。他一直在写诗，贯穿了歌剧的始终。为了完成自己的诗歌，他实际上扼杀了一对恋人，摧毁了旁人的精神世界。在歌剧的结尾处，他"吟诵"了这首诗——诗歌其实是在管弦乐队的演奏中被无声地呈现出来的，从而与其他角色传达的主题交织在一起。诗歌的标题同时也构成了这部歌剧的剧名：《年轻恋人的挽歌》。

除了叶芝以外，米特霍夫的角色还有一个原型。奥登在脚本完成后，给伊丽莎白·梅耶写了一封信："虽然我和切斯特当时并没有意识到这一点，但在写《年轻恋人的挽歌》的过程中，我们似乎也很好地刻画了歌德的形象。"他们在 1959 年秋冬两季创作这个脚本，主要是切斯特·卡尔曼执笔。有人问起他们的分工情况时，奥登写道："大约 75% 的内容是由卡尔曼先生完成的。"最终，他们把《年轻恋人的挽歌》题献给了他们两人都十分敬佩的脚本作家胡戈·冯·霍夫曼斯塔尔（理查德·施特劳斯的合作者），该剧在很大程度上正是效仿了他的作品。奥登曾告诉罗伯特·克拉夫特："我们用《年轻恋人的挽歌》致敬《阿拉贝拉》[1]。"

1　《阿拉贝拉》（*Arabella*）是理查德·施特劳斯和胡戈·冯·霍夫曼斯塔尔合作的最后一部歌剧，1933 年在德累斯顿首演。

汉斯·维尔纳·亨策在 1960 年夏天再次来到基希施泰腾，播放了部分乐谱的录音带。奥登觉得这些曲子"激动人心"，但也表示"管弦乐队有些奇怪"。（乐曲包含了许多打击乐器、一把吉他、一把曼陀林琴、一台木琴以及一些电子和录音音效。）他们决定在几个月后的施韦青根音乐节（在 1961 年 5 月）举行首演，脚本选用黑森的路德维希亲王翻译的德文版。说起这位亲王，奥登和卡尔曼与他相识于伊斯基亚岛。

距离首演还有几个月，奥登已经完成了他手头有关这部剧的工作，便于 1960 年 10 月回到牛津，在他的诗歌教授工作结束之前做最后两次讲座。至于继任者，他隐约地表达了对候选人罗伯特·格雷夫斯的支持（他在刊于《观察者》的一篇文章中暗示了这一点），最终他的确当选了。不过，奥登在写给斯彭德的信中说："我确实希望他的作品能时兴起来，但年轻人没办法全盘接受他的文学观点。"多年来，格雷夫斯公开表达了对奥登的反对态度，奥登从未对此做出回应，而是一直在公众场合称赞格雷夫斯的作品。在私下里，奥登也没有数落过格雷夫斯，顶多会抱怨"格雷夫斯［吹牛］说他是仍有性生活的诗人中最老的那一个"。1958 年，奥登和格雷夫斯在纽约相遇。虽然他们在独处时彼此都有些尴尬，但当格雷夫斯参加奥登的生日会时，两人却相处得十分融洽。

尽管结束了诗歌教授的工作，奥登每年在奥地利和美国之间往返时，仍然会去牛津住几天。1962 年，基督教堂学院选举他为荣誉学生，这相当于其他学院的荣誉院士[1]。他宣称自己对此"很

---

[1] 此处对应的原文为"Fellowship"，考虑到文中说这相当于基督教堂学院的荣誉学生（Honorary Studentship），我们可以将其理解为"荣誉院士"（Honorary Fellowship）。牛津大学的不少学院设有"荣誉院士"荣衔，比如莫言在 2018 年当选为牛津大学摄政公园学院的"荣誉院士"。

感动，也受宠若惊"，但他补充道："我希望这并不意味着某种权威的确立，也不是我得到某种权威的认可。"

1960年冬天的大部分时间里，他与路易斯·克罗嫩伯格合作，为维京出版社编选一本《格言》。这份工作很对他的口味，因为随着年龄的增长，他自己在谈话和写作中越来越喜欢用格言警句般的表达方式。从1929年的日记，到《丰产者与饕餮者》，再到后期的《染匠之手》中的许多章节，他的大部分散文写作都是格言式的；年齿渐长后，他的谈话几乎完全由没有论据支持的简短陈述组成。他在谈到格言时说，这是"一种高贵的体裁"，"格言作者并不争辩或阐释，他坚持己见……由读者来判断……某句格言究竟言之有理还是所言非真"。

1961年春，《年轻恋人的挽歌》在慕尼黑排演，切斯特到了现场，密切关注排练情况。与该剧有关的一份法律文件错把"挽歌"（Elegy）拼写为"变态反应"（Allergy），这或许是冥冥中的暗示。5月20日，该剧在施韦青根音乐节的首演大体是成功的，这在很大程度上得益于迪特里希·菲舍尔-迪斯考精彩地诠释了米特霍夫一角。切斯特在寄给纽约朋友的信中写道："我们的歌剧在德国很顺利，我觉得菲舍尔-迪斯考棒极了，但布景糟糕透顶，是一个德国异性恋者搞出来的压根不对劲的同性恋时尚，跟整个情节走向完全不搭边。唉，算了。"

奥登和切斯特从施韦青根出发，"要实现一个长久以来的梦想，去参观挪威的哈默费斯特"，世界上最北的城镇。他们在5月31日抵达，奥登当天就写信告诉黑德维希·佩措尔德："这是我梦寐以求的地方，现在终于看到了。美丽的风景，建筑很少，救世军成员也很少。"

几个星期后，《年轻恋人的挽歌》在格林德伯恩排演，为接下来的英语首演做准备。此次,卡洛斯·亚历山大演绎米特霍夫一角。排练时,脚本作家和作曲家全都在场,但气氛越来越不对劲,看起来这部歌剧令人大失所望了。大家最终决定,为了控制歌剧的时长,必须砍掉恋人在山上遭遇暴风雪的场景。在排练期间,格林德伯恩歌剧节的创始人约翰·克里斯蒂遇到了奥登,但并不知道他的来历。据说,当奥登向克里斯蒂解释他是《年轻恋人的挽歌》的脚本作者时,克里斯蒂却说:"你真不该写这个。"

过了一阵子,奥登宣称,在格林德伯恩的排演"可能更糟了"。他们考虑秋季在慕尼黑安排更多场演出,菲舍尔-迪斯考再次出演,而脚本作家和作曲家需对该剧做一些修改,既可以缩短演出时长,又不必删除山上场景的全部内容。只可惜,现在想要挽回该剧的声誉为时已晚。几个月前,安德鲁·波特曾在《音乐时代》上撰文指出,该剧脚本是"精湛的"(纯粹基于阅读层面)。然而,相继在格林德伯恩和慕尼黑观看了四场演出后,他写道:

> 无论我之前写了什么,奥登和卡尔曼合作的脚本充其量不过是一种奇怪的调制品,其唯一的优点在于为音乐提供了一个框架……观众完全无法感受到米特霍夫是一个大诗人,中心主题就此离散了……[然而]亨策已经接受了[脚本],仿佛它持有一个诗意的真理。因此,若是抛开音乐的"真诚"和脚本的武断之间的触目惊心的裂痕,这部作品算是成功的。观众不会对角色及其命运感兴趣,而总是关注与之相关的一系列音乐元素的发展。

波特对该剧脚本的批评有些苛刻。事实上,脚本写得很精彩,也妙趣横生,但最后的场景确实令人失望。就像奥登和伊舍伍德合作的早期戏剧以及《浪子的历程》一样，此次似乎也很难设定一个让人满意的结局。更糟糕的是，这部歌剧的创作自始至终都没有严格的大纲，与《浪子的历程》的写作过程截然不同。奥登虽然很喜欢亨策，却不会像对待斯特拉文斯基那样给予他足够的艺术尊重，结果他们合作的产物只能沦为一部不切实际的、二流水准的作品。

奥登本人也对这部剧渐生不满，或者说，至少是对自己下笔写的问题重重的山上场景很不满意。《年轻恋人的挽歌》在1961年上演之后，奥登提到了这个场景——"根本不对劲，总有一天应该全部重写"。然而，重写一直没有提上日程。尽管该剧于1962年在柏林上演，但从未成为大众喜爱的剧目。

在基希施泰腾生活了四个夏天后，奥登依然对拥有自己的家园感到新奇和兴奋。1962年8月，他写了一首诗《栖居地的感恩》，歌咏了如下场景：

> 我这个外国移居者，最终在
> 方圆三英亩、花草树木的乡间
> 感到如鱼得水。

这首诗是组诗中的一首。他的组诗依次写到了家里的每个房间，并描述了它们与居住者的关系。1964年7月，组诗几近完成之际，他写信告诉伊丽莎白·梅耶："现在只剩下卫生间还没写了——这是一个相当棘手的话题。"他把描写楼上工作室的诗歌《创作的洞穴》献给了路易斯·麦克尼斯，这位朋友在1963年去世了。奥登在伦敦举办的麦克尼斯追悼会上发表了讲话："他活着的时候，我很在意他对我写的东西的看法；现在，我写任何东西的时候，总会觉得他正站在我的身后注视。"

尽管奥登在基希施泰腾的生活舒心自在，但也会遇到一些麻烦事。1962年春，在他离开纽约前往奥地利之前，他听说他的维也纳男友胡格尔因参与一系列入室盗窃案而被捕。在这些盗窃案中，奥登借给他的大众汽车被用作逃逸的车辆，已经损坏；奥登自己的房子也被这伙人盗窃了。然而，奥登听到消息后的下意识反应是竭尽所能地帮助胡格尔。他找了一位律师为胡格尔辩护，并写信告诉朋友黑德维希·佩措尔德："但愿他们不会让胡格〔原文如此〕在监狱里蹲太久……我无法相信他彻底堕落了——我和他的朋友们谈过了，他们也不相信这一点。估计他有半数概率能过上诚实的生活，我必须尽量提高这个概率。"这个年轻人服刑期满后，奥登一如既往地欢迎他到家里来，与他同床共枕。切斯特认为，胡格尔之所以会入室行窃，是为了证明他不仅是一个性爱对象，还是一个真实的大活人。他的罪行及其后果，确实让奥登在之后的相处中更加认真地对待他了。在写给胡格尔的诗中，奥登如此坦言："在你因偷窃／而被捕入监的那段时间：／我们双双得了个教训。"

几个月后，基希施泰腾家里的帮佣增加了一个年轻人，每年至少有几个星期需要他过来帮忙。切斯特在每年7月都会从基希施泰腾溜走，跑到希腊享受他所谓的"岛上的度假时光"。他一般会这么安排：在基克拉泽斯群岛度过两个星期，随后在雅典度过两个星期，他觉得那里的性文化非常怡人。切斯特的缺席让奥登多有不满。他告诉一位朋友："我一个人在家，更糟糕的是，我不得不自己做饭,这是一门我根本没有天赋的艺术。"然而,他学会了承受这一切。与此同时,切斯特在自己的假期结束后,渐渐养成了把希腊小伙子带回基希施泰滕的习惯。他带来的第二个小伙子最值得关注,是一个名叫扬尼斯·波拉斯的年轻人,来自奥林匹亚附近的一个村庄。据奥登和切斯特的一位朋友说,扬尼斯"善良、体面、聪明",但偶尔会与切斯特发生激烈的争辩。扬尼斯会说德语,可以与奥登交流。他也会开车,可以给奥登搭把手,因为奥登教切斯特开车的尝试以失败告终了。奥登欣然接受了他,扬尼斯则很"崇拜"奥登(切斯特这么认为)。然而,偶尔也出现了麻烦。胡格尔刑满获释后,奥登决定送他一辆车,送的是那辆自盗窃案后一直未彻底修理好的车。切斯特为此大发雷霆。一天晚上,他趁着酒劲告诉奥登,他应该把车送给扬尼斯。切斯特的话让奥登大为光火,但事情很快就得到了平息,家里又恢复了相对平静的生活。胡格尔得到了那辆车,奥登另买了一辆新车,有时候会借给扬尼斯开。

1961年冬天,奥登应兰登书屋之邀,结集出版自己的论文和演讲稿。他将这本书命名为《染匠之手》——引自莎士比亚十四行诗第111首("我的天性也大体屈服于我所/从事的职业,好似染匠之手")——奥登在1955年做客英国广播公司第三台开展三期诗歌讲座时,已经用过了这个标题。奥登的新书主要是基于他在牛津大学担任诗歌教授期间的演讲稿,以及他此前发表在期刊上的文章。他没有保存自己文章底稿的习惯,手头只有朋友兼前秘书艾伦·安森编撰的一份清单,记录了他的发表情况。奥登把这份清单交给了在纽约为他处理一些秘书工作的奥兰·福克斯,让他去公共图书馆查阅清单上的文章。奥登指示福克斯抄写这些文章,因为他不知道还有什么其他途径可以获取文章内容。福克斯确实完整地抄了一篇文章，之后发现他可以得到影印版。

奥登告诉斯彭德，《染匠之手》的主题是基督教和艺术："这就是整本书的要旨，决定了我对篇章的选择和编排。"奥登在书中切入文学问题时，确实带有明显的基督教色彩，经常使用基督教的概念来描述他在文学作品中发现的"智性-精神"模式。例如，在他看来，桑丘·潘沙和堂吉诃德，以及吉夫斯和伯蒂·伍斯特[1]之间的主仆关系，实际上类似于基督教语境里的博爱关系。但对读者而言，比起基督教和艺术的主题，这本书在整体上的格言风格更为醒目——许多篇章不是散文，而是格言的汇集。此外，书中的重复现象也很明显。奥登尤为喜欢的一些点评和示例，在《染匠之手》中重复出现了三四次之多。在编选这本书的时候，他并没有仔细核查重复的问题，这种情况在他几年后的谈话中也渐渐成为常态。

尽管存在一些瑕疵，《染匠之手》还是有力地证明了奥登的批评家身份——如果"批评家"指的是一个人对他所讨论的每件事都能给出建设性的看法的话。对这本书恰如其分的评价，莫过于十年后克莱夫·詹姆斯在评价奥登的第二本散文集《序跋集》时顺带提到的内容："充分展现了见识之广博，没有一篇文章是机械生硬的！收录的所有文章，但凡属于他的专业范围之内的，他都表现得极为专业，而在他的专业范围之外的，他也有十分精彩的评论，没有虚张声势，而是充满了活力。"1962年11月，兰登书屋出版了《染匠之手》。几个月后，费伯-费伯出版社在英国出版

---

[1] 吉夫斯是英国作家P. G. 伍德豪斯塑造的一个理想男仆形象，而伯蒂·伍斯特是他的主人。P. G. 伍德豪斯被认为是20世纪英语世界成就最大的幽默作家，一生共写了约100部作品，其中以"万能管家"吉夫斯系列最为出名，曾多次被改编为电视剧、舞台剧。

了这本书。评论界好评不断。当奥登听说这一行业的期刊《染工》向出版社索取赠阅本后，他显得格外高兴。

在编选《染匠之手》的时候，奥登已经开始计划启动另一项翻译工作。不久前，林肯·柯尔斯坦将他介绍给联合国秘书长达格·哈马舍尔德，他对诗歌的认知和理解让奥登觉得"了不起"。奥登虽然只与哈马舍尔德见过几次面，但依然觉得哈马舍尔德在1961年秋因飞机失事而罹难这一事实，"对我而言是一种损失"，并将哈马舍尔德描述为"我平生所见两个最无私的人之一"（他没有明说另一个人是谁）。哈马舍尔德去世后，人们在他生前的纽约寓所里发现了他的私人随想日记《路标》，随后在瑞典出版了这本日记。奥登应邀将日记翻译成英文。他不懂瑞典语，需要一位合作者。通过所谓的"奇妙的好运"，他找到了莱夫·斯约伯格，一位在纽约州立大学石溪分校教斯堪的纳维亚语言文学的教师。他们两人联手合作：斯约伯格提供直译，并在具有多重含义的单词那里做标记；奥登在此基础上形成通畅的译本，最后将之命名为《标记》。

哈马舍尔德的这本书让奥登产生了共鸣。该书与其说是一本日记，不如说是一本随笔或格言集，根本没有提及哈马舍尔德的公共生活。他认为，哈马舍尔德一定经历过某种救世主角色的诱惑，这正是他自己在20世纪30年代有过的切身体会。奥登告诉林肯·柯尔斯坦，他发现哈马舍尔德竟然认为自己是神圣真理的拥有者，这种想法不可取。他在英译本导言中暗示了这一点，指出哈马舍尔德的内心"总是陷入把自己想象成上帝的巨大旋涡之中"。

这篇导言还提到了哈马舍尔德的"格外激进的'超我'"，在出版之前曾以打印稿的形式交给哈马舍尔德的朋友莱夫·贝尔弗拉格过目。莱夫·贝尔弗拉格当时是瑞典外交部的常务副部长，也是诺贝尔奖的颁发机构瑞典皇家科学院的成员。事情发生在1964年,哈马舍尔德曾提名奥登为诺贝尔文学奖候选人已经不是秘密,那时候人们普遍认为他获得该奖的机会很大。然而,奥登清楚地知道,《标记》导言中对哈马舍尔德的某些表述可能惹恼了一些人,如果他想得到瑞典皇家科学院的支持,就必须修改导言。最终,他坚持己见,导言面世,只字未改。他镇定自若地说:"好吧,诺贝尔奖飘走了。"

诺贝尔奖确实与他擦肩而过,1964年颁给了让-保罗·萨特,接下来的那些年也花落别家。到了人生暮年,奥登已经不太在意能否赢得诺贝尔文学奖,宣称自己之所以想得奖,倒不是为了荣誉,而是为了钱——可以用奖金为基希施泰腾教堂购买一台新的管风琴。最终,这桩事成了一个谜,人们各有各的说法。有些人说他曾为了得奖而进行了游说,但这一说法似乎并无真凭实据。

完成《标记》的翻译工作后,奥登继续与莱夫·斯约伯格合作,翻译了与奥登同时代的瑞典诗人贡纳尔·埃克勒夫的一些诗,译作以《诗选》为题在1971年出版。奥登还在马克斯·海沃德提供直译的基础上,翻译了俄罗斯诗人安德烈·沃兹涅先斯基的作品。他渐渐相信,此类任务是他工作的重要组成部分。"翻译在两个方面卓有成效,"他表示,"第一,它引入了新的品鉴角度和修辞方式……以及新的文学形式……第二,这一点也许更为重要,在一种与源语言截然不同的语言结构中找到对等的阐释,这一工作发展了本国语言的语法和词汇。"奥登的译文总是与原文出入较大,但他想要证明这一点:"译者是否正确地理解原文并不是特别重要的事情;事实上,从本土作家的角度来看,误读往往更有助益。"他表示:"无论在哪个国家、哪个时代……[作家]唯一的政治职责……是翻译其他国家的小说和诗歌,为本国读者提供阅读的便利。"（正如斯蒂芬·斯彭德所说："奥登的特点之一是极力推崇他正在从事的任何事情，这对他来说就是诗人的使命。"）

1962年，奥登和切斯特·卡尔曼花了点时间投入另一部歌剧脚本的翻译。这一次，他们的翻译对象是哥尔多尼为迪特斯多夫的歌剧《阿西凡法诺，愚人之王》撰写的脚本。他们的译本于1965年秋在纽约市政厅演出，但并没有出版。他们向汉斯·维尔纳·亨策提议，与他再合作一部歌剧。

他们偶然间得到灵感，觉得欧里庇得斯的《酒神的伴侣》是"大歌剧脚本绝佳的潜在素材"（奥登语），这主要是因为该剧述说的神话故事似乎映射了我们的现代生活。奥登说："今天，我们非常清楚地意识到，整个社群都有可能被恶魔附身，就像个体会疯掉一样。"他们决定对欧里庇得斯的故事进行一些变动，以便让它更贴合歌剧的舞台。他们尽量避免切斯特所说的"任何一种阴魂不散的希腊神话迷倾向"，不打算"将现代舞蹈以希腊古瓮上的侧身姿态呈现在舞台上"。[1] 他们还意识到，现代歌剧必须赋予角色一定的心理动机，而这在欧里庇得斯的故事里基本上是匮乏的。他们决定通过每个角色对宗教（即对酒神狄俄尼索斯及其教仪）的不同态度来展现这种动机。用切斯特的话来说，彭透斯是"中世纪的禁欲主义者"，他的母亲阿高厄是"法国第二帝国时期的感官怀疑论者"，而盲先知提瑞西阿斯则类似于"一个英国国教的大执事"（根据脚本中的提示）。他们通过喜剧间奏曲的形式对故事进行了重要补充，并以喜歌剧的方式演绎了彭透斯私下里对酒神信

---

[1] 切斯特此言可能是想到了俄国现代芭蕾演员和编导尼金斯基的芭蕾舞剧《牧神的午后》，此剧自1912年在巴黎首演以来，一直被世界各大舞台争相排演。剧中的舞蹈动作借鉴了希腊古瓮上的侧身姿态。另外值得注意的是，在希腊神话中，牧神是酒神的追随者，而切斯特和奥登打算写的《酒神的伴侣》，至少在人物设定上让人联想到《牧神的午后》。

徒们身上发生之事的个人想象。

至于剧名《酒神的伴侣》，奥登和卡尔曼没有采用"Bacchae"或"Bacchantes"的拼写方式，取而代之的是"Bassarids"。奥登对此解释道："'Bassarids'或'Bassariden'的拼法确实存在，但令我惊讶的是，《牛津英语词典》居然没有收录。这个单词的意思是，狄俄尼索斯的男女追随者。"两位脚本作者在1963年夏天投入脚本的创作。完成后，奥登写了一封信给E. R. 多兹。多兹先生是精装版《酒神的伴侣》的编辑，让奥登在脚本完成后给他过目，以便查漏补缺。奥登在信中写道："一半以上的功劳……属于切斯特，他写了一半以上的篇幅。"脚本写得很细致，对服装、动作甚至音乐都给出了详细的说明。脚本也写得很冗长，亨策为之谱曲时，不得不进行大量删减。首演定于1966年8月在萨尔茨堡举行。

首演证明，这部歌剧远比《年轻恋人的挽歌》更为成功。奥登告诉伊丽莎白·梅耶："帕斯卡利斯，年轻的希腊男中音，他演绎的彭透斯精彩绝伦；克斯滕·内耶演绎的阿高厄同样出彩……我确信汉斯写了一部杰作。"评论家们同样热情高涨。安德鲁·波特曾严厉抨击《年轻恋人的挽歌》的脚本，现在却写道："《酒神的伴侣》是一部优秀的歌剧……是对可演剧目的重要补充。"不久之后，同一家剧团在柏林演出了这部歌剧。由于缺少资金，萨德勒·韦尔斯提议的英国演出版最终被取消了。在奥登去世后，该剧终于有机会在伦敦上演，而且一直以来被视为亨策的最佳作品之一。尽管如此，这部作品在歌剧领域的认可程度，始终无法与《浪子的历程》相媲美。

1963年秋，在完成《酒神的伴侣》的脚本几个月后，奥登和卡尔曼应邀为一部百老汇音乐剧写唱词。这部被命名为《拉曼却的男人》[1]的音乐剧，改编自塞万提斯的小说《堂吉诃德》。起初，奥登心存疑虑，因为他看过剧本后认为该剧"必须重写"，但他和切斯特还是签下了合同。奥登很喜欢塞万提斯的这本书以及书中的两位主人公，经常在他的评论文章中援引书中内容，尽管他曾在一次演讲中戏言自己不曾从头到尾读过这本书。他和切斯特分头开工，为音乐剧撰写了一些唱词。奥登从自己写的唱词中选了两首，收进了后来出版的诗集里。开工后没多久就出现了一个问题，奥登对堂吉诃德的理解与制片人的意图相悖：在奥登看来，他是一个天赋异禀却发了疯的人；但在制片人看来，他是一个浪漫的英雄，一个拥有"不切实际的梦想"的追梦人。尽管如此，奥登和卡尔曼得到了报酬，而《拉曼却的男人》在没有他们两人协助的情况下继续向前推进——就歌曲而言，最终呈现的效果不太理想。

"奥登-卡尔曼"的合作模式通常发生在夏季，那时他们都在基希施泰滕。就在这个阶段，也就是1963年，切斯特不再与奥登一起返回纽约过冬。相反，他会去希腊，大约在10月底抵达雅典，一直在那里住到来年4月初。在雅典，他会租住带家具的公寓房，与扬尼斯·波拉斯或其他男友厮混在一起。从上午10点左右开始，他就大量饮用茴香烈酒。即便如此，他还是会为自己和艾伦·安森准备丰盛的晚餐。艾伦·安森是奥登的朋友兼前秘书，目前住在雅典。

切斯特之所以不再与奥登一起返回纽约，部分原因在于雅典的生活十分吸引人，但毫无疑问，朋友们认为此举还有一个潜在的原因——他想表明自己独立于奥登。据斯蒂芬·斯彭德观察，

---

[1] 根据塞万提斯的小说，堂吉诃德的原名为阿隆索·吉哈诺，后来自封的名字里包含"拉曼却"（意思是拉曼却地区的守护者）。

切斯特渐渐形成了这样一种心理:"奥登在某种程度上毁了他的人格……就他的作家身份而言,奥登相当于是他的赞助人。关于这一点,卡尔曼写了一首诗,凡是看过那首诗的人,肯定会惊讶于诗中流露的深沉怨念。"[1]

切斯特的大部分花销依赖于奥登。他告诉此时也住在雅典的比尔·卡斯基:"我都是从威斯坦那里拿钱的。小伙子们以为我有歌剧脚本的版税,但你知道,没那么多。这一切都来自亲爱的宝贝威斯坦。"卡斯基回忆说,如果有人暗示他在奥登的情感世界里的位置,正被奥兰·福克斯或纽约的其他追随者、情人所取代的话,他会"嫉妒到发抖"。

嫉妒是完全没有必要的,因为在奥登的情感世界里,没有任何人可以取代切斯特。切斯特拒绝回纽约,这让奥登痛入心脾,但他不动声色地接受了。"切斯特正在雅典过冬,"他在1965年12月写信告诉一位朋友,"所以我现在孤身一人;但谢天谢地,我忙得不可开交,没时间顾影自怜。"他在给斯蒂芬·斯彭德的信中写道:"我尝试做饭,甚至吃下了我做出来的东西。"由于多加演练,他的烹饪居然拿得出手了,给一些来访者留下了深刻的印象(虽然不是全部来访者都这么认为)。有时候,一连几个月下来,切斯特都不会给他写信或捎上只言片语,这让他十分痛苦。他写给切斯特的很多信都有类似的表达:"给我写一封信,或者至少给我邮政编码,让我知道你的住址。"信尾往往会这么写:"全心全意的爱,威斯坦。"

---

[1] 卡尔曼从未发表这首诗,本书作者和爱德华·门德尔松都没有见过这首诗,得克萨斯大学收藏的他的生前文献里也没有这首诗。关于这首诗,斯蒂芬·斯彭德写道:"路易斯·麦克尼斯告诉我,战争期间他(路易斯)在纽约时,切斯特给他看了这首诗。他说自己大为触动,觉得诗中所言不无道理。"——原注

第六章 "大西洋的小歌德"

位于圣马克广场的那套公寓向来都不太整洁，现在由于切斯特没有住过来，变得越来越杂乱不堪了。有位中介公司的女佣，每个星期会上门清理房间，但对于奥登留下的烂摊子几乎无能为力。V. S. 亚诺夫斯基回忆道："厨房一团糟，浴室也是。'你在马桶里撒尿？'奥登听到我冲水的声音（那扇门已经关不上了）后，无比惊讶地问。'我认识的人都在台盆里撒尿。这是男人的特权。'"[1]

切斯特不在身边，奥登似乎不想举办2月的生日会，最后果然停办了。大约在这个时候，他问奥兰·福克斯是否愿意每个星期五到他家吃晚餐，这样他们就可以边吃边聊天；按照构想，福克斯负责购买食物，奥登提供酒。奥登羞涩地发出邀约，根据福克斯的描述，"威斯坦很羞怯，非常羞怯"。他的邀请被接受了。福克斯推测，这应该成了奥登的日常生活节奏，在星期五以外的晚上，奥登肯定与其他人或者老朋友共进类似的晚餐。一段时间后，他才意识到情况并非如此。星期五晚上是奥登唯一进行的常规社交活动。

奥登的一些年轻朋友正处于对毒品感兴趣的阶段，特别是LSD（致幻剂），他们鼓励奥登也尝试一下。奥登自然是愿意的，但他只有在他的纽约医生戴维·普罗蒂奇的专业指导下才会这么做。普罗蒂奇早在是密歇根大学安阿伯分校的学生时，就认识了奥登，他能包容和理解奥登的生活方式。一天上午，普罗蒂奇早早地来到奥登位于圣马克广场的寓所，给奥登带来了LSD。奥登试过后表示："我唯一的感觉，就是身体犹如精神分裂般陷入轻微的紊乱状态——仿佛我的身体不完全属于我了，而是别人的。"还

---

[1] 约翰·奥登在纽约与弟弟住了一晚，因为冲马桶的事被狠狠地骂了一通，仿佛"我理应知道卡茨基尔山的水库［位于纽约州］几乎要空了"。他注意到"台盆臭烘烘的"。——原注

有一次，他服用了麦司卡林[1]，但效果同样不太显著。他总结道："我觉得我们还是喝葡萄酒吧。酒的口感更好，而且大家都知道，还有助于交谈。"

他毫无保留地执行这个建议，不仅畅饮葡萄酒，还饮用手边的任何酒。罗伯特·克拉夫特在1964年1月的日记中写道："晚餐前，奥登已经喝了一壶吉布森酒；晚餐时，他喝了一瓶香槟酒；晚餐后，他喝了一瓶希零牌樱桃甜酒（难道他以为这是基安蒂干红葡萄酒？）……喝了这么多酒，他非但没有变得迷糊，还游刃有余地用言语洗礼我们的思想……整个晚上，他都没有上厕所。毫无疑问，双唇会不听使唤，但可以通过某种肌肉的收缩运动来克服，这使得满脸的皱纹挤成了一堆，越发地惨不忍睹。一阵阵激昂的音乐响起，有些优美的曲段来自罗西尼的《小庄严弥撒》。只有在散席的时候，一个趔趄才暴露了他的醉意，这会儿'陀螺'似乎是要停止转动了。"然而，奥登并不总是以"陀螺"的面貌示人。在20世纪60年代初的几次诗歌朗诵会上，观众们发现奥登明显出现了不胜酒力的状态。

1964年，奥登回访了两个在他早年生活里很重要的地方：冰岛和柏林。

他应冰岛政府和巴兹尔·布思比的邀请安排了冰岛之行。1938年，奥登在中国结识了巴兹尔·布思比，他现在是英国驻雷克雅未克的大使。奥登在4月初抵达冰岛，在英国大使馆逗留了

---

[1] 麦司卡林（mescaline）也是一种致幻剂，主要成分是仙人球毒碱。

大约两个星期,参加了一场官方举办的午餐会,见到了总统和首相。总体而言,他喜欢现在的冰岛,许多地方焕然一新,特别是雷克雅未克,已经变成了一座到处是钢筋水泥和玻璃幕墙的城市。尽管有翻天覆地的变化,他依然认为这是他的"圣地"。在冰岛旅行期间,他去了赫勒德瓦顿,1936年他曾和路易斯·麦克尼斯、迈克尔·耶茨在当地的农场住过几晚。只可惜那里没了矮马(他原本打算骑马的),取而代之的是越野车:

二十八年前
三个人在这里睡得很踏实。
现在一个结了婚,另一个已过世,

放置脚踏小风琴的地方现在摆了
一台收音机:——
最合时宜的那个活下来了吗?

　　这些诗行出自他描述本次旅行的一首诗——更确切地说,更像是一系列诗段的组合。奥登在此采用了日本俳句(由17个音节的三行诗组成)的形式,达格·哈马舍尔德在《标记》中写过这种诗体。在人生的这个阶段,俳句特别适合呈现奥登思想中的格言特质,因而渐渐成为他经常使用的诗体形式。

　　他从冰岛去了瑞典,在斯德哥尔摩停留了几天,饶有兴味地向哈马舍尔德的朋友们打听《标记》中的一些轶事,因为他的译本很快就要出版了。他发现这次旅行的经历颇为吊诡:"我感觉自己仿佛置身于一个侦探故事中。每个与我交谈的人,都告诫我不要相信其他人说的话。"4月底,他回到了基希施泰腾。夏天的大部分时间里，他都聚焦于一本新诗集的收尾工作。他写信告诉一位朋友："过程一直很艰难，因为完全不知道自己到底能写出什么来。"这本诗集的主要篇幅是关于基希施泰腾的组诗——《栖居地的感恩》，所以他决定将诗集命名为《有关寒舍》。这些"栖居地"诗歌，让诗集的语调带有一种不同寻常的私人属性。奥登在写给朋友的信中提到了这一点："我第一次觉得自己已经足够成熟，可以用第一人称说话了。"

1964年秋，他去了西柏林。这不是他自20世纪30年代以后第一次回访柏林。在过去的十年中，他曾三次去往柏林，只不过每次都短暂停留几天而已。他悲哀地发现，"我年轻时住过的那座城市消失不见了——自动点唱机和摇滚乐毁了它"。在这次旅行中，他遇到了以前的一位柏林男友（曾经是个水手），他说此人在1929年让他度过了"多少个不眠之夜"，现在却惊讶地发现他已经严重发福了——"不仅是变胖的问题，而是像马戏团里的人一样怪诞"。此刻，时值1964年9月，作为福特基金会艺术家常驻项目的受资助人员，他来到柏林居住六个月。

从表面来看，这似乎是理想的项目，"福特基金会给我一笔可观的资助，在这座城市为我安排一间免费的公寓"，并且没有任何强制性的讲课任务。但实际上，他安顿下来后发现，日子过得并不舒心，觉得自己不应该拒绝那些有关讲座和诗歌朗诵的邀请。于是，很快地，就有了这样一段文字记录："我在各种场合发表演说，包括对着美国兵、英国军官太太团讲话……上个星期，我竟然用德语做了一次讲座：这是个艰难的任务，但我做到了。"此外，他发现很难真正融入柏林的生活，也很难交到朋友。他参加了由沃尔特·赫勒雷尔教授主持的文学研讨会，每个星期在工业大学举办一次。他原本希望能够通过这个研讨会结识一些学生，邀请

第六章 "大西洋的小歌德"

他们定期在他的"开放时间"来访。但他的名声和他的诗歌对他们而言意义不大,甚至是毫无意义,他的希望也就落空了。他还邀请一两个人共进晚餐,包括君特·格拉斯,但所有这些努力都没有带来真正的友谊,很有可能是因为柏林的作家和艺术家看不惯这些高收入的来访者。奥登在1月写了一封信给伊丽莎白·梅耶:"要不是有彼得·海沃斯——这位音乐评论家正给《观察者》写一本关于魏玛共和国时期音乐的书——我会非常孤单的。"

彼得·海沃斯此前与奥登见过一两次面,也是福特基金会项目的受资助者,他并没有料到此次会与奥登发展出超越点头之交的友谊。面对奥登热情抛出的友谊橄榄枝,海沃斯一开始颇为讶异。他们在每星期二和星期四的晚上一起吃饭,通常在奥登位于休伯图斯巴德大街的沉闷的现代公寓里进行,由奥登负责烹饪。据海沃斯观察,奥登的谈话充满了智慧,但他不喜欢自己的观点遭到质疑。要是海沃斯斗胆提出不同的看法,奥登会用这样的话回敬他——"你老母想太多了。"[1]

奥登被控酒驾,海沃斯为此虚惊一场。具体情况不得而知,似乎是因为他夜晚驾车的方式十分诡异。真实的原因应该与饮酒无关,而是他在一个阴暗的雨夜迷失在了柏林的路上——他说自己把头探出挡风玻璃是为了看清路牌。然而,警察带走他后,呼气测试中确实检出了酒精,便要求他出庭。海沃斯陪他去了法庭,发现奥登把自己打扮得像是一个参加颁奖典礼的小学生:他梳理了头发,系了一条领带,穿了一套干净的西装。在法庭上,他的

---

[1] 奥登越来越喜欢用"你老母"(Your old mother)这个口头禅。他常常有意在完全相悖的语境中用这个词(或其他类似的词)来代替人称代词,比如,斯彭德有句诗"我一直在想那些真正伟大的人",但他会说成"你老母一直在想那些真正伟大的人"。据说他还对《圣经》做了这种替换——"你老母就是复活和生命"。——原注

直率震住了在场的每一个人：当被问及是否喝过酒时，他坦言"我成年后每晚都要喝酒"。他被当庭释放了——可能是不想在官方层面上引起尴尬——走出法庭时，他对海沃斯说了一句："亲爱的，法官简直是太迷人了，难道不是吗？"

在海沃斯的印象里，性对奥登来说已经不再重要了。不过，他确实知道一件事，一位名叫曼弗雷德的柏林应召男妓曾让奥登花了点心思。一次，奥登抱怨曼弗雷德没有在通常的约会时间出现。每个星期的特定日子，在奥登认为适合做这类事情的茶点时间，曼弗雷德一般都会如约出现。但是，这一次曼弗雷德没有来。面对奥登的抱怨，海沃斯问他是不是给的钱不够。"噢，我不用给他钱，"奥登回答，"我给他上英语课。"海沃斯暗示，少许德国马克可能更讨年轻人的欢心。奥登听闻此言似乎不太高兴："当然不是，我可是个很好的老师！"

在柏林期间，奥登完成了两个与音乐有关的委托。一是为牛津大学基督教堂学院撰写赞美歌，将由威廉·沃尔顿爵士谱曲。威廉·沃尔顿爵士曾是牛津大学唱诗班的成员，在伊斯基亚岛有一栋房子，因此经常在那里见到奥登。二是翻译贝托尔特·布莱希特的《大胆妈妈》中的唱词，此剧将在伦敦的国家剧院上演。在处理这项工作的时候，奥登写信告诉一位朋友："说句真心话，我对老布有点厌倦了。他是大诗人，但他不会思考。"

1964年底的那个冬天，77岁高龄的T. S. 艾略特病入膏肓。早在12月初，英国广播公司就联系上奥登，让他录制一段广播讣告，以备后续所用。奥登觉得这是"一件极为残忍的事情"，在录制完毕后告诉艾略特的妻子瓦莱丽，他很后悔做了这么一件事。他小心翼翼地解释，并真诚地道歉，瓦莱丽深为感动。圣诞节后，奥登飞去雅典待了几天，在那里给切斯特过生日。恰逢此时，艾

第六章 "大西洋的小歌德"

略特去世了。一个电视摄制组团队追到了希腊，奥登迫于无奈再次发表了一段关于艾略特的讲话（无怪乎他说过"我不喜欢大众媒体"）。他如此谈到艾略特："无论将来的品味发生何种变化或波动，他的作品都不会被人遗忘。"至于他自己和艾略特之间的差异，他曾写信问过路易斯·博根。这位朋友一如既往地认可奥登的作品，提到艾略特时却说了一句略带轻蔑的话："如果我能活到一百岁，我肯定不要成为像他那样的伟大而善良的人。"

不管怎么说，现在艾略特去世了，朋友们都清楚，奥登已经自认是当今英语诗坛最杰出的在世诗人了。然而，他近期的三本诗集——《午后经》《阿喀琉斯之盾》《向克利俄致敬》，受到了评论家们的严厉抨击，而1965年最新出版的《有关寒舍》也遭到了同样的质疑。大多数评论家欣赏奥登持续更新的诗艺技巧，但反对很多诗篇里流淌的闲适语调（特别是关于基希施泰滕居住地的那组诗），他们认为这些诗带有一种沾沾自喜的腔调。不止一位评论家认为，奥登是在回避这个世界的真正问题。有人在《泰晤士报》刊文指出："奥登的后期诗歌让许多读者感到不快，并将继续令读者寒心，究其原因，这些诗歌表达的宗教观点听起来往往是如此自得其乐，却对世界的苦难如此漠不关心。"

事实上，奥登私下里对世界的苦难绝非漠不关心。20世纪50年代初，他在几乎没有余钱的情况下，资助了一个芬兰小孩，因为孩子的家庭陷入了困境。大约在同一时间，他从朋友那里得知，两个十几岁的奥地利男孩由于没有钱支付学费而面临辍学的危机。奥登不认识那家人，从未与那家人有过什么联系，也没有见过那两个孩子，却让人传话过去，他会承担他们的学费，两个孩子因而得以继续接受教育。过了一段时间后，他才见到了那两个孩子，与他们一家人像朋友一样相处。1957年初，他让一对匈牙利难民夫妇住进了他位于伊斯基亚岛的房子，显然是提供了某种庇护。诸如此类的事情不胜枚举，但他极少把这些情况写进诗歌。当苏联在1968年入侵捷克斯洛伐克的时候，他发表了一首只有八行的苦涩的诗——"食人魔自有其特殊的能力，／人类可做不出它那种事……"；然而，这委实是个例外。他仍然坚信，试图通过诗歌改变世界的努力只会以失败告终。每当有人问到这一点的时候，他通常会这样回答："我写的所有诗行，我在20世纪30年代采取的所有立场，连一个犹太人都救不了。这些态度、这些文字，只会帮助到自己。它们只会让那些追随者更加崇拜和欣赏某人——这令人尴尬不已。"关于第三世界的特殊处境，他写道：

> ……这有些无情，若忘记提及
> 那些不发达国家，但挨饿的人
> 就像偏狭的乐天派，耳朵里什么都听不进去。

他在《染匠之手》中得出了一个结论：由于机器时代的发展，艺术家在社会中所剩不多的职责之一就是提醒他的同时代人——尤其是经纶世务者——人们有权做自己，也有权游戏人生，因为人类是"有着面孔的人，而不是无名的数字，并且'工作的人'同样也是'游戏的人'"。

正如他在20世纪40年代所做的那样，他现在闭口不谈那些有争议的公共事务。不过，有一段时间，他竟然亲口向报社记者承认，他支持美军介入越南战争。他这么做，在一定程度上纯粹是出于一种别扭的心理，声称自己是唯一采取这种立场的纽约知识分子，并补充道——要是在英国，他肯定会成为一个保守分子。但他也给出了一个更为严肃的理由，他在20世纪60年代中期写信告诉朋友:"我不认为美军立即从南越撤出是正确的解决方案,尽管我同意这可能是……战争对双方来说都是一件惨绝人寰的事,这是不言而喻的。"[1]然而,他最终确实开始相信,最为紧迫的是通过谈判达成和平,而不是美国继续采取军事行动。在朋友玛格丽特·加德纳的要求下,他在一份声明中签上了自己的名字,敦促美国政府立即执行和平协议。

奥登所谓的"保守分子"的立场,并不完全是一种故作姿态的表达。他在1968年写信告诉E. R. 多兹:"你能理解这些学生反抗运动是怎么回事吗?当他们对越战或细菌战表达政治抗议的时候,我可以理解,但当他们反对大学事务的时候……我完全无法理解。当年我念大学时,丝毫不会觉得学校里的规章制度阻碍我做自己喜欢的事。"对于很多年轻人滋生的倦怠情绪,奥登也给予了批评:"我们那个年代,大家从不会倦怠。"当他与那些仍然是左派的朋友相处的时候,他几乎采取了一种完全保守的态度。"你和你的共产党朋友,"他会这么对玛格丽特·加德纳说,"你和你的《新政治家》……你和你的金斯利·马丁[《新政治家》的编辑]……我真想亲手把他捆起来。"然而,他真正的政治立场(如果说他有什么政治立场的话),实际上仍然是一个自由主义者。他在1956年写道:"尽管人们普遍觉得自由主义者没有什么魅力,甚至认为他们浅薄,但涉及任何具体的社会问题的时候,人们会发现自由主义者的立场极少是错误的。"他不赞成死刑,也不认为盗窃罪应该被判处监禁。他说:"对窃贼唯一合理的处理方式是,

---

[1] 他在研讨集《越南:作家的态度》(*Authors Take Sides on Vietnam*,1967)中表达了相似的立场:"我认为和平谈判是可行的,但越南必须是出席谈判的一方,目前时机尚未成熟,因此,美国军队,唉,必须驻扎在越南,直到战争结束。不过,要说这是我的答案,实在是荒谬。这仅仅意味着我是一个阅读《纽约时报》的美国公民。"——原注

让他们尽快有份工作，然后每个星期从他们的薪水里扣除一定的额度。"正如他自己在1936年所预见的那样，他到死都会是一个"老左派自由主义者"。

他经常会说，应该废除政客，通过抽签随机选出国家领导人，重大问题可以交由全民公投来决定。关于艺术家的社会角色这一长期困扰他的问题，他渐渐有了结论：在20世纪60年代，一位作家的主要"政治"职责是捍卫语言不受现代世界的侵扰，一旦语言败坏，那么对所有人来说，后果都是灾难性的。"现如今，"他在1967年写道，"十之八九的人对他们使用的半数单词一知半解……情况是如此糟糕，怎么能指望普罗大众能够抵御商业人士和政客们一再施展的黑魔法？"他喜欢援引几个在他看来极具震撼力的例子，用以说明语言的败坏问题：一位评论者形容一部间谍小说"令人萎靡不振"（enervating），而他的真正用意很有可能是指该小说会带来紧张的刺激感；一个人感觉身体不舒服，却说出了"我觉得恶心"（I am nauseous）的话来；一个电台插播广告，居然把美国的一家投资机构描述为"诚信至上"（integrity-ridden）。他一次又一次地引用卡尔·克劳斯的一句名言——"语言是思想的母亲，而不是其侍女"。

他的这种态度，正如他所秉持的其他立场一样，绝不仅仅是有意唱反调。他就像年轻时那样，仍然扮演了革命者的角色，只是他不再针对现存的社会秩序，而是现今的革命者本身。1969年的一首诗很好地说明了这一点：

> ……二十岁时
> 我曾试图惹恼我的长辈，年过六十
> 我却希望去烦扰年轻人。

第六章 "大西洋的小歌德"

★ ★ ★

　　1965年夏，奥登在柏林的为期六个月的常驻项目结束后不久，费伯-费伯出版社建议他筹备新版《短诗合集》，让这卷诗集"与时俱进"——早前的版本只收录了截至1944年的诗歌。他欣然接受了，并借机对自己的作品进行了全面修订。他在1965年9月写信告诉伊丽莎白·梅耶："我从头到尾进行了修改，为自己在往昔岁月里的拙劣表现咬牙切齿。至少在今天，我想我已经清楚自己的手艺了。"

　　在1945年为兰登书屋编选自己的《诗选》（费伯-费伯出版社在1950年推出的《短诗合集》正是基于这本诗选）时，他已经拒绝收录了一些诗，也改写了一些内容。现在，1965年，同样的编选方式再次上演。他在1945年认为可以接受的几首诗，现在被剔除了，其中最知名的是以"先生，没有人是敌人，原谅所有"为开篇的诗歌、《西班牙》和《一九三九年九月一日》。[1] 他之所以反对第一首诗，是因为他曾在该诗最后一行颂扬"建筑的新风格，心灵的改变"。他表示，这纯粹是一个谎言，"我从来就没有喜欢过现代建筑"，"我更喜欢老式风格，而一个人必须保持诚实，即便在谈论自己的偏见时亦复如此"。这其实是故意在误读，因为该诗与现实中的建筑无关，重心落在了精神的转变。他真正反对的，可能是该诗诉求的对象指涉不明，可以是上帝，也可以不是上帝，

---

[1] 1958年，企鹅出版社也推出了一本奥登诗选，这三首诗也没有收录在内。第二年，美国现代图书出版社重印了该诗选。值得注意的是，该诗选包含了他截至1939年的大量作品，这三首诗的缺席意义尤为重大，表明他已经将它们从自己的诗歌版图中彻底清除了。1958年版的诗选还出现了一些文字上的修改。因此，1966年版诗选的修订，并非全都发生在同一个时间段（即1965年夏），有些改动在几年前就开始酝酿了。有一段时间，即便是朋友手头的奥登诗集，也会被他标注上需要修改的地方。——原注

这种模棱两可的态度不再贴合他后期的人生观。他公然反对《西班牙》的缘由大致相同。在这里，他再次拿诗歌的尾行说事——"历史或会对失败者呜呼哀叹，／却既不能救助，也无法宽恕"。他现在认为："这么说是把良善与成功等同起来。如果我曾经持有这种邪恶的观点，那就太糟糕了，但如果我仅仅是因为修辞效果而写出这些话，那便是不可原谅。"这里似乎仍然是有意的误读：尾行并没有"把良善与成功等同起来"。也许，奥登从诗选中剔除《西班牙》的真正原因更为微妙，他很可能由此忐忑不安地联想到了这首诗的缘起，进而想到了他在西班牙前线的不愉快经历。至于《一九三九年九月一日》，他在 1945 年版的诗选里已经删去了包含"我们必须相爱要么就死亡"的诗节，现在干脆剔除了整首诗。当一位朋友不赞成他把这首诗排除在外时，奥登回答说："我离开英国去美国的原因（在艺术方面），正是为了避免写出像《一九三九年九月一日》这样的诗，它是我写过的最不诚实的诗，仍然带有英国时期的顽疾。需要时间来治愈自己。"

拒绝《一九三九年九月一日》的修辞，就是在拒绝叶芝的影响。叶芝在 20 世纪 30 年代对他产生了强大的影响，而他现在认识到，正是这种影响导致他说出了很多他自己只是将信将疑的话。大约在 1964 年，他写信告诉斯蒂芬·斯彭德："关于 W. B. 叶芝，我恐怕无话可说，他本身肯定没有问题，只是他已经成为我自己的不真实之恶魔的表征，我必须努力从自己的诗歌当中消除这一切，虚假的情感、夸张的修辞、空洞的呐喊……他的［诗歌］让我成了追逐谎言的娼妓。"在其他场合，他说叶芝和里尔克让他写下了"违背我个性和诗性的诗歌"。

奥登还从这本诗选里剔除了另外一些诗歌，创作时间都早于 1945 年。他原本想剔除早期的一首经典名诗——以"放低你安眠

第六章 "大西洋的小歌德"

的头颅,我的爱"为开篇的诗歌,但切斯特·卡尔曼让他打消了这个念头。收录在内的许多早期诗歌,特别是那些写于20世纪30年代的诗歌,他都做了详细的修改。而后期诗歌,他只在语词方面进行了一些小修小改。有时候,他仅仅是完善了标点符号,因为他在诗歌事业之初不太注意这个问题,但更多的时候,他进行了大的改动。例如,下图左边的两个诗节出自1937版的《多佛港》,右边的两个诗节是新版《短诗合集》(1966)中对应的部分:

And filled with the tears of the beaten
   or calm with fame,
The eyes of the returning thank the
   historical cliffs:
'The heart has at last ceased to lie, and
   the clock to accuse;
In the shadow under the yew, at the
   children's party
     Everything will be explained.'

And the old town with its keep and its
   Georgian houses
Has built its routine upon these unusual
   moments;
The vows, the tears, the slight
   emotional signals
Are here eternal and unremarkable
   gestures
     Like ploughing or soldiers' songs.

Red after years of failure or bright
   with fame,
The eyes of homecomers thank these
   historical cliffs:
'The mirror can no longer lie nor the
   clock reproach;
In the shadow under the yew, at the
   children's party,
     Everything must be explained.'

The Old Town with its Keep and
   Georgian houses
Has built its routine upon such unusual
   moments;
Vows, tears, emotional farewell
   gestures,
Are common here, unremarkable
   actions
     Like ploughing or a tipsy song.

奥登宣称，如此修改是为了纠正"不修边幅的语言习惯"。[1]他的某些修改确实让新文本看起来更连贯了，但通常很难看出这其中有什么真正的改进。许多修改似乎只是为了改动而改动，不但没有大幅度提高表达的清晰度，还抹除了原文的精妙之处。

他认为新诗选不应该像以前那样按首行的字母顺序排列，而应该大致按成诗的时间顺序排列。关于这一点，他写道："现如今，我相信我对自己和创作意图都有更深入的了解，如果有人想从历时顺序的角度来读我的作品，我已经不再有意见了。"这本诗选收录了截至1957年的诗歌，在此之后创作的诗歌被排除在外。他解释了理由——正是在这一年，他的消夏之地从伊斯基亚岛换成了基希施泰腾——标志着"我人生的新篇章"开启了，而且它"尚未结束"。

《短诗合集：1927—1957》在1966年底由费伯-费伯出版社推出，几个月后发行了美国版。[2]评论家们已经注意到奥登喜欢修

---

[1] 读者可以根据两个英语文本进行比对。以下是基于1966年版本的翻译——

> 连年失败后变得激进，或是聪明又有名气，
> 归乡者的眼睛感谢这些历尽沧桑的悬崖峭壁：
> "镜子再不会撒谎，时钟也不会责备；
> 在紫杉树的阴影里，在孩子们的聚会上，
> 　　一切定会解释分明。"
>
> 古老的城镇，它的要塞和乔治王时代的旧屋
> 仰赖这些与众不同的时刻确立了保留节目；
> 赌咒发誓、眼泪和告别时动情的手势
> 在这儿稀松平常，此类动作不值一提
> 　　如同耕田犁地或醉歌一曲。

[2] 奥登的《长诗合集》由费伯-费伯出版社在1968年推出，次年由兰登书屋在美国发行。该诗选完整地收录了《两败俱伤》，《雄辩家》却再一次被剔除。不过，费伯-费伯出版社在1966年出版了新版《雄辩家》，有一些修改和删减，(转下页)

订诗歌的倾向，这主要是因为约瑟夫·沃伦·比奇在《奥登经典的生成》（1957）一书中分析了《诗选》（1945）中出现的各种改动。有了"前车之鉴"，评论家们格外留意新的变化。安东尼·赫克特在《哈得孙评论》上刊文指出："我似乎总是喜欢原来的版本。"格雷厄姆·马丁发表在《听众》上的文章认为，奥登"完全不在意"许多诗歌的初始情感。A. 阿尔瓦雷斯在《观察者》的文章表达了这样一种看法：奥登删减了不少诗歌，这是一个错误的选择，但最终这一切都不重要，"一些被删减的诗歌已经成为语言和文学的一部分，不管奥登本人是否接受它们"。

阿尔瓦雷斯严厉地批评了奥登的近期作品："他的后期诗歌给我的印象是浅薄而冗长，与他的早期作品完全不是一回事。"这些评论，以及评论界的其他意见，都不在奥登的关注范围内。有人问他是否读过针对自己诗歌的评论，他答道："当然没有。这些东西显然不是为我准备的。"然而，他很在意朋友们的看法。1967年，《谢南多厄》杂志为了庆贺他的60岁生日，特地推出了一期纪念刊。娜奥米·米奇森也是撰稿人之一，她批评奥登在诗选中删除了在她看来"极其重要的"诗歌。奥登起草了一份回复，但最终没有寄出。在这份回复中，他说他自己才是判断何为"极其重要的"诗歌的唯一人选。他还补充道："亲爱的，我希望像你这样的私己好友，可以尊重我对诗歌的判断，这是一种专业的判断，而不是你的判断。"她还指责他不再创作"难忘的"诗歌，奥登为此写道："如果你所说的'难忘'，指的是像《一九三九年九月一日》那样的诗歌，那么我将祈祷，永远不要被人记得。"

（接上页）兰登书屋在翌年也发行了这个新版本。在《长诗合集》中，《两败俱伤》未作丝毫改动，但《致拜伦勋爵的信》采用了《冰岛书简》（1967）第二版中的那个版本，有所删减和修改。——原注

斯蒂芬·斯彭德提出了一种完全不同的见解。他在一次研讨会上谈到《有关寒舍》中的一首诗（《异地疗养》，灵感来自歌德的《意大利之行》），指出该诗的语调非常平淡，或许散文更适合呈现其中的淡然情绪。奥登给出了详细的回答：

> 在那么多"严肃"的诗歌中，我发现了"戏剧"的元素，带着夸张的姿态和小题大做的风格，却对赤裸裸的真相漠不关心。随着年龄的增长，这一点让我越来越反感。幸运的是，传统意义上的优秀散文不会有这类元素。阅读这些散文的时候，人们只会关注内容的真实性，我希望我的作品能够首先在读者心中唤起这种意识。在察觉到作品所具有的任何其他品质之前，我希望读者的反应是这样的："那是真的"。或者，更好的情况是这样的："那是真的，那么，为什么我自己没有想到呢？"为了确保这一效果，我做好了准备，放弃许多诗意方面的趣味与蛊惑。同时，我希望我写的是罗伯特·弗罗斯特界定的那种诗歌，即不可翻译的语言。我所追求的理想诗歌，是一种兼容的风格，既带有散文式的沉着冷静的真实，又包含诗意的独特表达。

他可能还表示过，这种风格往往很难实现。1962年，他给伊丽莎白·梅耶寄去了一份《栖居地的感恩》的打字稿，附言道："要把措辞和韵律控制在接近散文但又不是散文的分毫之间，我觉得这是一项异常艰巨的任务。"

在回复斯彭德的批评时，奥登还解释了他目前的诗歌创作观：

> 不管诗歌是什么，或者不是什么，我希望我写下的每一

首诗歌都是英语语言的赞美诗。这意味着,我迷恋的某些语言节奏,只能发生在一种单音节词丰富的非屈折变化语言中[1];我偏爱某些特殊的单词,只是因为它们在其他语言中没有完全对等的词;我刻意回避那类缺乏语言经验基础的视觉意象。

换言之,语言本身的考量在他的诗歌中占据了重要的一席之地,类似于莱亚德、劳伦斯、格罗德克、马克思和杰拉尔德·赫德的思想观点曾在他的作品中的位置。现在,他的诗歌创作所依据的指导性作品是十三卷本的《牛津英语词典》。到了1972年,他手头的这套词典已经被翻阅得破旧不堪了,他不得不考虑再买一套。浏览他的近作,随处可见"丰盛的"(dapatical)[2]、"冒险"(osse)[3]、"林中漫步的"(nemorivagant)[4]等冷僻词汇,远甚于他在大学时期的使用频率。之所以出现这种情况,纯粹是乐趣使然。在他看来,这些单词都是"语文学夫人"创造的"奇迹"。

如果说《牛津英语词典》是他现如今诗歌创作的"圣经"的话,那么乔治·圣茨伯里有关英语韵律史研究的专著就是他的"祈祷

---

[1] 现代英语有丰富的单音节词(monosyllable);另外,现代英语并不完全属于非屈折变化语言(uninflected language),它部分地保留了屈折语的词形变化,大体朝着分析语的方向发展。

[2] 奥登在20世纪60年代的校对能力,与30年前相比几乎是半斤八两。他出版的诗集里有不少拼写错误,有个例子涉及"depatical",出现在《有关寒舍》收录的一首诗《今晚七点半》里。事实上,英语里并没有这样一个单词。爱德华·门德尔松在编辑1976年版的《诗选》时,为了探究奥登这么写的意图,向奥登的一些朋友以及各类人士咨询。最终,他从A. H. 坎贝尔处得知,这个单词的正确写法应该是"dapatical",意思是"sumptuous"(奢华、华丽、丰盛)。——原注

[3] "osse"出现在诗歌《登月》(1969)里,原诗有一句"What does it osse",对阿波罗11号首次完成登月这一人类壮举展开了思考。

[4] "nemorivagant"由"nemoral"(树林)和"vagant"(漫游者)这两个词组合而成,是一个相当生僻的形容词,描述在森林中漫游的状态。

书"。奥登喜欢向朋友夸耀自己几乎试遍了所有已知的韵式,并持续不断地挖掘新的形式。[1]1964年,他给朋友寄了一首诗(组诗《栖居地的感恩》中的一首),描写了他位于基希施泰腾乡间小屋的客房。他随信解释了这首诗的形式:"我最近在读一本有关中国诗歌的书。我发现,虽然汉字大体是单音节的,但也不尽然。中国诗歌并非以音节为基础,而是以字为基础。这首诗的主题近乎'儒家'特色,我觉得用中国诗歌的方法来写这首英语诗,应该很有趣。正如你看到的,每行的单词数以七个和五个错开(典型的中国诗歌写法)。"[2]

他一直对形式感兴趣,一点也不少于对内容的关注。1968年,斯特拉文斯基考虑为约翰·F. 肯尼迪创作一首挽歌,奥登迫不及待地表达了合作的意愿。(值得注意的是,他现在的许多诗歌都是即兴之作或商业委托。)为肯尼迪而作的挽歌之所以吸引他,主要是因为这带给他技术上的挑战。他对斯特拉文斯基说:"我是这方面的老手。"果然,他很快就完成了这首挽歌。斯特拉文斯基评说道:"威斯坦完全不关心肯尼迪的事,他只在乎形式。"这当然是一种夸张的说法,但毋庸置疑的是,他确实最为看重自己的"匠人"角色。

在不少评论家(尤其是英国评论家)看来,1966年版的《短

---

[1] 他跟朋友们戏言,他只用八行两韵体(triolet)写艳情诗。——原注
[2] 奥登信中所说的这首诗应该是《友人专用》,全诗八节,每节六行。按照奥登的本意,奇数行七个单词,偶数行五个单词,模仿中国的五言绝句和七言绝句;但在实际操作中,有几行诗句的单词数并没有严格执行他原本的设想。

诗合集》证实了他们长久以来的一个猜想——奥登的诗歌质量自移居美国以来陷入了一种持续且显著的衰退之中。这逐渐成为一个公认的观点，甚至是评判奥登诗歌的典型观点，而且这种情况一直到现在都没有多大改观。但事实上，真相并非如此。首先，他们没有考虑奥登在20世纪40年代所取得的长诗成就，这些长诗不仅包含了可以与他在20世纪30年代的作品相媲美的抒情段落，还证明了他在智识、精神和诗艺上不断发展与成熟的内在需求。其次，我们在考察组诗《祷告时辰》的时候，也明显可以感觉到这种"奥登在衰退"的观点是站不住脚的，因为他在20世纪30年代不可能写得出这种水准的作品，也许在20世纪40年代也不可能达到此等水平。当然，他早在1947年夏就开始酝酿这组诗了，向厄休拉·尼布尔咨询了一系列有关教会仪式、相关的确切文献和历史发展的问题，但第一首《晨祷》直到1949年才写成，而组诗的全部内容在1954年才宣告完成。到这个时间点，组诗已经成为他这些年来精神发展的一种记录——从20世纪40年代的相对淡漠的存在主义基督教观，逐渐发展为他现在通过组诗尾声表达出来的新观点：

> 上帝保佑这个王国和他的子民；
> 上帝保佑这个绿意盎然的俗界：
> 孤独自处，期待友伴。

也许最重要的是，那些认为"奥登在衰退"的人，并没有试图去理解奥登自20世纪50年代以来所做的努力。作为一个诗人，他从来没有满足于一成不变，也不愿意机械地重复读者们对他的期望。在人生的这个阶段，他开始精修并完善自己的作品，删减那些他自认在很大程度上是不实之言的战前诗篇。这种做法在1966年版的《短诗合集》里尤为明显，他剔除掉一切在他看来带有空洞或谎言意图的华而不实的言辞，以此彰显他自20世纪30年代以来的自我发展，满足他自己的实际需求。他的读者是否能从修订版中受益，则完全是另一回事了。早期诗歌的修订版，可能更为"诚实"，但作为诗歌本身却不再那么吸引人了。同时，他后期的新作品在最大程度上反映了他日臻完善、精益求精的诗路历程。

少数评论家洞察到奥登在这个阶段的诗艺转向，对普遍被接受的"奥登在衰退"的观点提出了质疑，认为他后期诗歌的淡然风格，是早期风格不断发展、走向成熟的必然结果，也是合乎情理的结果。克莱夫·詹姆斯就是秉持这种观点的评论者之一。他在1973年指出，从某种意义上来说，奥登自一开始就与他的诗歌天赋进行抗争，这纯粹是因为他的天赋实在是强大。"这是莎士比亚般的天赋，"詹姆斯写道，"不仅在于它的强度，还在于它带有一种令人不安的特质，可以让任何事情看起来比事实更为真实，这种特质尤其作用于它的拥有者。"詹姆斯观察到，奥登在念大学时写的诗歌，那些收录在斯彭德于1928年帮他印制的小册子里的诗歌，已经透露出他具备了"点石成金的艺术能力"。据他推测，奥登非常警惕这种能力产生的后果，很早就试图对其加以约束。他的抒情天赋和他试图约束这种天赋之间的张力关系，成就了他的早期诗歌。随着年龄的增长，奥登越发坚决地捍卫真相、反思自己的创作，从而导致抒情性渐渐从他的诗歌版图里被剥离出去。詹姆斯认为，这样做的结果是，奥登的后期诗歌是"平淡的香槟酒，但不可否认仍然是香槟酒"。另一位不认同奥登诗质下降言论的评论家是约翰·贝利，他将奥登的转变描述为"对自己的写作有了越来越清晰的认知"——也就是说，奥登试图消除诗意的虚假成分，让诗作与自己的信仰完全贴合。

毫无疑问，奥登一定会赞成詹姆斯和贝利的观点。事实上，詹姆斯是在附和奥登自己的言论——奥登曾说过，为了真相，他可以"放弃许多诗意方面的趣味与蛊惑"。因此，一个人对奥登后期诗歌的看法，不应该取决于这些作品相较于早期诗歌在深入人心方面的差别，而是要掂量诗歌在揭示真相和激荡人心之间的轻重关系。

到了20世纪60年代中期，奥登的年收入至少为3.5万美元。他新近出版的诗集在销量上只能算过得去，但兰登书屋和费伯-费伯出版社现在都向他支付了高额版税，每本由他们出版的书都有高达15%的版税。他的作品已经有了很多译本，这带来了额外的收入。[1] 他从撰写书评与文章、编辑工作中获得了相当可观的收入。除此之外，他还经常去美国各地巡回演讲。

1963年的巡回演讲是一个开端。他发现整个过程让人疲惫不堪，在美国各地舟车劳顿，几乎每晚都要睡在不同的城市。他告诉一位采访者，他不知道如何在这些旅程中保持衣着整洁，唯一的办法就是任由它们一天天地脏下去。他在随身携带的手提箱里塞了一瓶杜松子酒或伏特加，以防所到之处是一个"禁酒"的地方。在这次巡回演讲结束后，他写了一首诗《巡回演讲》，描述了"包

---

[1] 《焦虑的时代》《在此时刻》《染匠之手》以及歌剧脚本都有德语版本。前三部作品出现了意大利语版本，另有90首诗歌被卡洛·伊佐译成了意大利语。他的作品还被翻译成许多其他语言，虽然数量上会少一些。一个无法忽视的例外情况是奥登作品在法国的际遇，除了《浪子的历程》以外，他的主要作品都没有法语版。——原注

里的一瓶酒"以及种种突发状况，结尾却表达了他的感激之情："上帝保佑美国，如此广袤／如此友好，还如此有钱。"两年后，他再次参加巡回演讲，仅仅是因为他觉得自己需要钱——朋友们无法理解这一点，因为他们知道他从文学作品中获得了十分可观的收益。他们推测，奥登是不是顾虑切斯特，希望他在自己离开之后仍然有生活保障？然而，奥登已经办理了7.5万美元的人寿保险，受益人正是切斯特；他经常扬扬得意地在切斯特面前申明这一点。答案似乎是，在成年后的大部分时间里，他一直有金钱方面的忧患意识（或至少是警醒），直到现在都无法相信自己可以高枕无忧。随着时间的推移，他越来越节俭，甚至一度考虑抽烟斗而不是香烟，以便节省一点点钱（抽烟斗只是浅尝辄止，没有持续多久）。他跟朋友说，他需要诺贝尔文学奖，不是为了荣誉，而是为了它能带来的金钱收益。他经常获得文学奖：1967年，美国国家图书委员会授予他年度奖章和五千美元；1966年秋，他赢得了奥地利的欧洲文学国家奖，经常向朋友夸耀当时的场景——"一个名叫皮夫尔的先生把现金交到了我手中！"[1] 不过，虽然他经常为金钱焦虑，但他也承认自己的讲课费过高了，现在他每次讲座或朗读的报酬高达两千美元。他会这样说："实在是太多了。"[2]

他几乎不知道如何处理手头的金钱，长久以来都没有理财，只是全都存在银行里。他给出了这样的理由："保不准什么时候就要用到钱了。"他的关注点主要在于及时回邮支付账单。"让我

---

[1] 20世纪60年代，他还获得了英国和美国的大学授予的一些荣誉博士学位，包括英国的杜伦大学、伯明翰大学、肯特大学和伦敦大学，以及美国的斯沃斯莫尔学院和拉斐特学院。——原注

[2] 除了讲座，他偶尔还会在纽约、牛津、爱丁堡和威斯敏斯特大教堂布道。他谈到自己在威斯敏斯特大教堂的布道时说："要是妈妈知道了，会多么高兴啊！"——原注

产生好感的那些人家,"他在一首诗中写道,"总是传递了一种感觉／账单会及时结清,支票也不会被拒付。"在他为数不多的奢侈消费中,有一项是乘坐国际航班的头等舱,一方面是出于舒适的考虑,另一方面可以借此结识有趣的人——比如,有一次他很高兴地认识了鲍里斯·卡洛夫——但他从未向其他旅客透露自己的身份,要是有人问起,他通常会以"中世纪历史学家"的身份搪塞过去。直到20世纪60年代末,他才被说服,愿意通过投资来打理自己的钱财。但即便到了此刻,他依然不太放心。当他的会计出于税务原因指导他向油井投入一笔钱的时候,他说自己"吓得要死"。

他可以是吝啬的,也可以是慷慨的。如果有人写信索取亲笔签名或者对他的诗歌提出一些问题,但没有随信附上回邮信封时,他通常不会回信——"我为什么要付邮费的钱?我认为,如果是你想要得到什么东西的话,由你付费是最基本的礼节"。与此同时,他继续慷慨地资助那两位奥地利少年,并且不动声色地帮助其他人。当二哥约翰的两个女儿——丽塔和安妮塔——成为牛津大学的本科生的时候,一直以来都很喜欢她们的奥登,特地在布莱克韦尔书店为她们开了账户。

1967年2月,也就是他60岁生日的那个月,奥登与克里斯托弗·伊舍伍德在加利福尼亚州短暂地相处了一段时间。伊舍伍德惊讶地发现,奥登已经衰老"至极"。"他的脸,"伊舍伍德说,"简直就是大英博物馆里的老物件。"朋友们开始争相描述他脸上不同寻常的皱褶和纵横交错的纹路。诗人詹姆斯·梅里尔称之为"沟槽蹙皱";哲学家汉娜·阿伦特说,这就好像"生命本身细致地勾绘了一种面部景观,借以展现'内心无形的愠怒'";斯蒂芬·斯彭德写道,这是"一张被经历和思想冲击过的脸……一张装备盔甲却从容淡定的脸"。但最生动的描述来自奥登本人。"你的摄影师可能会拍得很开心，"他对一位记者说，"因为我的脸看起来就像是一块被雨水打湿的婚礼蛋糕。"

他现在的衣着装扮几乎与他的脸一样引人注目。几年来，他一直随身携带居家软拖鞋，到目的地后就换上。"但是，突然之间，"V. S. 亚诺夫斯基注意到，"他开始穿着软拖鞋走上大街，不管是下雨天还是下雪天，不管是参加聚会还是会议，而且衬衫缺了扣子。"他穿软拖鞋的公开理由是脚上长了鸡眼，但他私下里向奥兰·福克斯坦承，他喜欢标新立异："在我这样的年纪，我可以表现得略微痴傻。"他还常常不分场合地戴一副浓黑的墨镜，甚至在大冬天也照戴不误，正如罗伯特·克拉夫特所说，这让他看起来像个盲乞丐或爵士音乐家。他的衬衫通常是深色的，可能是为了掩饰肮脏。当亚诺夫斯基夫妇送了他一件棕色高领毛衣做生日礼物时，"他穿上了，但再也没有脱下来（至少看起来如此）……由于这个原因，也出于卫生方面的考虑，第二年我们送了一件深绿色的毛衣。但我们从未见他穿这件。"

他每天晚上一如既往地喝很多酒。按照常规的习惯，他会在晚餐前喝几杯烈性伏特加马提尼酒，用餐期间以及餐后时间要喝大量葡萄酒。斯彭德认为，他喝这么多酒是"为了达到某种程度的忘我境界"，但切斯特·卡尔曼不认同这个观点，认为这只是"欢庆的象征"。事实上，随着夜幕的降临，奥登并没有变得欢腾。他会沉浸于滔滔不绝的独白，或是输出一系列格言式的句子，如罗伯特·克拉夫特所观察的，谈话"越来越像一条单行道"。

他早早就寝的习惯已经演变为一种偏执。这个时间点逐渐提前，到了 20 世纪 60 年代，他很有可能在 9 点的时候突然起身去睡觉。"要是那个时间点不在家里，"V. S. 亚诺夫斯基回忆道，"他

第六章 "大西洋的小歌德"

会趿着拖鞋冲出去，仿佛是要赶赴一个重要的约会。"如果有朋友在奥登位于圣马克广场的寓所享用晚餐，同样的规则也会上演，他们被要求在 9 点准时离开。

奥登虽然这么早就寝，但不会马上入睡。他先喝一瓶葡萄酒、抽一些香烟（他是个老烟枪，不止一次烧了床铺，差点让自己陷入危险），再读一会儿书。由于喝太多酒了，他睡得并不安稳，通常会在凌晨起床小便。然后，他需要想办法让自己重新入睡。他现在已经不再服用安眠药了，因为他发现在纽约以外的地方很难搞到安眠药。他想到的替代方法是放一杯伏特加酒在床边，上完厕所后，他会一口灌下作为催眠剂。他的起床时间推迟了，不可能再像从前那样在早餐前起床干活。1968 年，他在寄给切斯特的信中写道："我很惭愧，现在花在睡眠上的时间太多了——经常会睡到 8 点 45 分。"直到 20 世纪 60 年代中期，他还保持着每天早上醒来服用"兴奋"药丸的习惯——"苯丙胺"吃了很多年，后来服用其他替代品。有时候，他会在当天晚些时候再吃一粒，以此缓解疲惫，持续地工作。要是有朋友建议他倒不如小憩一会儿，他会这么回答："不，不，妈妈不会同意的。"后来，他之所以不再服用这些药丸，只是因为他发现它们已经不再起作用了。

他喜欢重复，有些话、有些轶事，他会在任何适宜的场合一遍遍地说。现在，他会在短时间内对同样的人说出同样的话。"他很晚打电话过来（全凭他的心情），" V. S. 亚诺夫斯基回忆道，"第二次，也可能是第三次，向我们讲述同一个有趣的故事——'她在咨询一部很有名的歌剧。听起来有点像《克里斯蒂安和他的士兵》。最终却发现她其实想了解《特里斯坦和伊索尔德》！'"还有更冗长的重复事件。20 世纪 60 年代初的一个晚上，奥登当时在牛津大学，向基督教堂学院的一位年轻教师伯纳德·理查兹讲述一件发生在他自己身上的趣事:有一次,为了配合电话接线员测试设备是否安装妥当,他背诵了詹姆斯的《美国掠影》中的一长段文字。说完后,他向在场的听众们背诵了这段内容。"这很有趣,也令人印象深刻,"理查兹说,"但他再三这么做,就没那么有趣了,也没那么令人印象深刻了,至少三次了,我听他在这样或那样的场合说这件事。"

有些夜晚,他的谈话可能只是一些熟悉的只言片语,听起来似乎没有多少关联性。比如,他滔滔不绝地说道:"即使但丁、米开朗琪罗、拜伦没有来过这个世界,社会政治历史也不会有什么不同。我声讨希特勒的任何文字都不能挽救哪怕一个犹太人……到头来,艺术真的于事无补。生活中真正重要的事情是赚钱养活自己,以免沦为寄生虫,还要去爱自己的邻人……作为一个诗人,我唯一的职责就是阻止语言的败坏……我之所以在1939年离开英国,是因为那里的文化生活是一种家庭生活……布莱希特是一个可怕的人。叶芝和罗伯特·弗罗斯特都讨人厌[1]……在涉嫌淫秽罪的审判中,只要把那本书交给陪审团,并要求所有男性成员来检验,便可以省去很多麻烦。如果他们有勃起反应,我们便有理由判定那本书很有可能导致堕落和败坏问题……艺术是我们与逝者共餐的主要手段——即使到了现在,你仍然有机会沉浸于《伊利亚特》的世界……我总是幻想,要是我接受了英国国教的圣职,我现在很有可能是主教……"

他喜欢向朋友们摆出一副他已经放弃了性生活的姿态。他对

---

[1] 据理查德·霍加特记载,奥登曾向他解释过,他对布莱希特、叶芝和弗罗斯特(奥登在1957年去牛津大学参加荣誉学位授予典礼时见到了弗罗斯特)的批判是基于这样一种印象:"这三人对其他人不够宽容,尤其对年轻人和弱势群体。"——原注

玛格丽特·加德纳说:"有个人不再因为性而烦恼了。有个人不再对此类事情感兴趣了。"他会对其他朋友说:"好吧,在我这样的年纪,我已经戴上了寡妇帽。"但真相并非如此。在纽约居住期间,他经常喊一位男妓上门,通常让他在茶点时间过来。为此,他专门写了一首短诗,倾诉的对象想必是切斯特:

> 当一个人陷入孤独处境(而你,
> 我最亲爱的人,你知道为何如此,
> 正如我知道缘何会是这样),
> 可以采取一系列措施,甚至
> 喊一位应召小伙子上门帮忙。
>
> 譬如说,今天晚上,既然
> 伯特已经过来了,那么听到
> 放浪形骸的猫儿们无耻地
> 发出一阵阵高亢的叫喊声,
> 我便不需要再顾影自怜。

斯蒂芬·斯彭德说,奥登的本意并不是指要放弃肉体欢愉,而是想说他太老了,不再适合恋爱。斯彭德曾劝慰他别胡思乱想,事实上仍有很多人愿意与他同床共枕。可惜奥登已经听不进去此类话了。

他的日渐年迈、言谈啰唆以及各种怪癖,让朋友们很是伤怀,但他们不会因此而看轻他。V. S. 亚诺夫斯基写道:"他与广博的人类现实有着某种内在的交流,就像托尔斯泰那样——天才们都具有这种品质,尽管这其中也有某些幻想的成分。"他之所以拥有这种品质,在一定程度上是因为他学识渊博。"他积累了广泛的学识,实在是让人叹为观止,"亚诺夫斯基写道,"有些学识似乎与文学、韵律学毫无关系:神学、物理学、生物学、精神病学、音乐,所有这些知识都被他以最富原创性的模式加以关联与融合。"奥利弗·萨克斯在20世纪60年代才结识奥登,他同样对奥登的这一特点印象深刻,尤其惊讶于奥登的世界观的"和谐":"对他而言,一切都相互感知,每一样事物都知道自己的位置,也知道其他一切事物的位置:每一个身体、每一个器官、每一粒原子、每一颗星星,以及自然本身的恢宏之音。"因此,即使在他身体逐渐衰老的岁月里,朋友们也依然视他为法官和仲裁者(也许在这个阶段尤为如此)。在奥登离世后,奥利弗·萨克斯写道:"在很多方面,我都觉得威斯坦比我更了解我自己。他成了我的一面活镜子——早在我意识到新的前景、意象和思路之前,他就发现并鼓励我的这些感知。既然他能够如此帮助我,也一定帮助了很多其他人。他让我们感受到了我们自己,他引导我们进入更宽广的存在可能性——用当前流行的一个词来说,就是'自我实现'——他以自己的方式帮助我们,像苏格拉底那样睿智、宽容和厚爱,完全没有指责和道德说教的意味,却给予了我们深沉、纯粹并充满激情的伦理启示。"

★ ★ ★

到了20世纪60年代中期,奥登开始预见到自己会死去,这仅仅是因为他注意到街上的大多数人都比他年轻。不过,在他的预测里,他会比实际的寿命稍长一些。"我会活到83岁。"他告诉詹姆斯·斯特恩,并且表明自己很有可能死于败血病。"难道不会

第六章 "大西洋的小歌德"

是心力衰竭吗？"斯特恩问道。"心？我的心脏像马一样强壮……亲爱的，我像老树一样坚韧。"奥登说。

他的作品，无论是诗歌还是散文，都没有呈现任何精神衰颓的迹象，尽管他可能不像从前那样精力充沛了。1967年秋，位于坎特伯雷的肯特大学举办了第一届纪念艾略特的讲座，奥登做了四场讲座，但似乎投入的精力并不多。有一场讲座是"歌剧的世界"，他只不过是概述了自己写的脚本，然后稍加评论。但另一方面，他在伦敦的"国际诗歌节"上取得了巨大的成功。这个庆典活动在1967年7月首次举办，之后的每年夏天都会定期举办，奥登经常参与其中。"他的控场力十分惊人，"有人在《金融时报》撰文指出，"在分派给他的一刻钟里，现场不可以有掌声；不会有加演，也绝不会出现20世纪60年代以前写的诗歌。他朗诵了后期创作的精心构思的作品，对韵律给予了严谨甚至是学究气的尊重。"查尔斯·奥斯本是诗歌节活动的组织者之一，他在日记中写道："他不是阅读，而是将这些诗行记在了心里，就仿佛是从大厅后面高处的一个看不见的电子提示器中捕获了那些文字。'威斯坦，'我问道，'你是不是把所有诗都背下来了？''天哪，当然没有，我只是记下了那些要上台朗诵的诗。如果我决定在几个月后再一次演绎它们，就得重新记诵。'"

国际诗歌协会的创立为奥登每年的例行活动增添了一点新内容，他现在每年7月都会去伦敦参加诗歌节的活动。在此期间，他通常住在斯彭德家里。他的生活模式几乎没有什么变化，除了他心爱的奥地利管家埃玛夫人在1967年深秋死于突发心脏病。尽管奥登设法找了一个完全胜任的接任者——施特罗布尔夫人，但依然对埃玛夫人的离世深感痛惜。"亲爱的埃玛夫人，"他在一首挽歌中写道，"哦，你怎么就这样死去了……？"几个月后，他的奥地利生活又添了一件麻烦事。一天，他为了避免副驾驶座上的鸡蛋掉下去，结果把车撞到了电线杆上，右肩骨折了，过了好几个星期才痊愈。紧接着的冬天发生了第三场灾难。切斯特的男友扬尼斯·波拉斯驾驶奥登的轿车从希腊返回基希施泰腾，却意外地在一场车祸中丧生。"切斯特伤心欲绝，"V. S. 亚诺夫斯基注意到，"奥登也震惊于发生的一切。"切斯特很快又找了情人，一个名叫科斯塔的小伙子，但扬尼斯的死亡给他带来了深重的痛苦，他开始酗酒，经常一大早就开始喝茴香烈酒。

这段时间，原本切斯特准备与奥登合作，第三次为汉斯·维尔纳·亨策写歌剧脚本。这部为中小学生创作的清唱剧，以伊索寓言中的三个故事为基础，被命名为《道德》。但在具体的创作过程中，切斯特对亨策的新共产主义政治倾向大为不满，最终交由奥登独自完成脚本工作。经此一事，亨策决定不再写歌剧。但事实上，正是在《酒神的伴侣》首演十年后，也就是1976年，亨策的新歌剧《我们来到河边》（由爱德华·邦德撰写脚本）被搬上了舞台。

大约在1968年，奥登开始四处寻找新的作曲家，以便一起创作歌剧。后来，他告诉迈克尔·耶茨，他这样做不是为了他自己，而是想为切斯特找一些事做。他想到的第一个作曲家是迈克尔·蒂皮特，早在20世纪30年代就对此人略知一二。在柏林期间，彼得·海沃斯曾播放了一张唱片，是迈克尔·蒂皮特创作的《仲夏婚姻》，当时奥登很喜欢。现在，他想与这位作曲家合作，便请海沃斯帮忙联系蒂皮特。但蒂皮特一想到要与这样一位极有主见的脚本作家合作便打了退堂鼓，他宁愿自个儿完成文字工作。随后，奥登想到了哈里森·伯特惠斯尔，对他的音乐表示"很感兴趣"。海沃斯为他们两人安排了一顿午餐。就餐期间，奥登针对歌剧和脚本的主题发表了长篇大论，结果还是一无所获。[1] 理想的合作对象当然是布里顿，但这已经不可能了。有一部分原因在于布里顿对奥登的冷淡态度，而奥登也开始贬低这位老朋友的作品。"前几天看了老布的《仲夏夜之梦》，"奥登写信对斯彭德说，"太糟糕了！完全是肯辛顿宫廷风那一套把戏。"不过，在与斯彭德的谈话中，他确实说过布里顿拥有"惊人的才华"。

1969年2月，林肯·柯尔斯坦建议尼古拉斯·纳博科夫应该与奥登和卡尔曼合作一部歌剧。作为一位作曲家，纳博科夫在美国名声虽小，地位却十分稳固。奥登十分欣赏他那带有老式旋律的音乐，但认为他并没有恰如其分地发挥自己的才华。在奥登看来，他是一个太好交际的人，"没有办法忍受创作所需要的长期孤独自处"。纳博科夫对柯尔斯坦的提议颇感兴趣，尤其是从柯尔斯坦那儿得知奥登和卡尔曼正考虑改编《爱的徒劳》。柯尔斯坦联系了两位脚本作者，很快他们就与纳博科夫携手合作。

奥登之所以对这部剧感兴趣，是因为他觉得莎士比亚只有为数不多的几部作品可以在不牺牲太多诗意的情况下被改编为英语歌剧，而《爱的徒劳》就是其中之一。他甚至认为，被改编为歌剧后，这部剧将会更具感染力。他和卡尔曼把演员阵容缩减到适宜的范围，删除了纳森聂尔爵士、霍罗福尼斯、德尔、考斯塔德和马凯德的角色，将四对贵族情侣变成了三对。他们扩增了毛子的戏份（卡尔曼的主意），让他成为丘比特般的人物，他的调皮

---

[1] 彼得·海沃斯还将奥登介绍给大卫·霍克尼，并建议霍克尼为奥登绘制肖像画。这件事如期发生，但并没有取得成果。当时，霍克尼还带来了两个人，罗恩·基塔伊和彼得·施莱辛格。奥登对此十分不满，毫不掩饰自己的坏情绪。霍克尼回忆道："在我的印象里，他就像是一位英国中小学的校长。"（*Hockney by Hockney*, Thames & Hudson, 1977, p. 194）当时，他们在彼得·海沃斯的伦敦寓所里会面。——原注

捣蛋影响了剧中大部分情节的走向。他们选择了质朴无华的脚本风格，尽量避免照搬莎士比亚式风格。到了1969年秋，他们完成了脚本，交给了纳博科夫。

在此期间，奥登承担了一项重要的翻译工作，将冰岛神话中最为古老的作品《老埃达》译为现代英语。他有两位合作者。一位是保罗·B.泰勒，他负责直译的工作，奥登在此基础上进行修润。奥登与他相识于1964年的冰岛之行，当时他在冰岛大学任教，巴兹尔·布思比将他引荐给了奥登。另一位合作者是彼得·H.萨卢斯，他负责为译文添加注释。他在纽约的一所大学任教时，通过布思比结识了奥登。奥登发现这是一件苦差，尤其是因为原作者认为读者已经知晓了神话，便没有对各个细节做出阐释。在翻译期间，奥登曾写信告诉彼得·萨卢斯："翻译那些行吟诗让我尤为绝望。即使我找到了将它们诗意地呈现出来的路径，我依然不觉得今天的读者能够完全理解它们。事实上，整个'行吟诗'的翻译是一个诗意的错误。"尽管如此，他还是坚持了下去。1969年，奥登、泰勒和萨卢斯合译的《老埃达》选集出版了，该译本的稳健风格和翻译水准得到了评论界的称赞。随后，奥登和泰勒继续翻译剩下的冰岛古诗，但这些翻译在奥登有生之年并没有出版。[1]

与此同时，奥登完成了一本新诗集《无墙之城》，在1969年9月出版，赢得了近段时间以来最为热烈的赞誉。与之前的几本诗集相比，新诗集的"闲适"风格不那么明显了，而且——也许同样重要的是——评论家们现在已经接受了奥登的变化，不再因为奥登放弃战前的诗风而痛心疾首。约翰·弗莱彻在《旁观者》

---

[1] 另一个无疾而终的翻译项目是《歌德读本》。查尔斯·奥斯本向费伯-费伯出版社提出了这个翻译计划，出版方同意在奥登参与的情况下支持该译本的出版。可惜的是，奥登在该项目启动前溘然离世了。——原注

第六章 "大西洋的小歌德"

撰文指出,"新作里闪现的机智幽默实在是太棒了",还说"最新的诗集彰显了奥登具有一种古典式的简约和率真"。

奥登还编写了一本"备忘书"——《某个世界》,书中引用了几乎所有他喜欢的作家的文字。不出所料,该书的初稿成了"大部头"。他告诉出版商,这是"一种自传","此生只会写出这个样子的自传"。

到了1969年底,奥登的纽约公寓所在的圣马克广场一带,用一位记者的话来说,已经"破败不堪、犯罪猖獗"。这里之前一直被称为下东区,现在的居住者主要是一些嬉皮士和社会边缘人士,他们称此地为"东村",奥登很反感这个称呼。大街上一片狼藉,而且不太安全。有一次,斯特拉文斯基派了一辆租来的车去接奥登共进晚餐,那位司机很难相信一个体面人士会住在这样的地方。与此同时,公寓内部也每况愈下,用玛格丽特·加德纳的话来说,他的公寓"比以往更昏暗、更肮脏"。这种状况,就连奥登自己都看不下去了。他写信告诉E. R. 多兹:"我的厨房屋顶漏水了。一扇百叶窗坏了。蟑螂比比皆是。哦,纽约!"

奥登觉得自己不可能再这样一个人住下去,便找到奥兰·福克斯,有点不好意思地询问他是否愿意搬过来与他同住。福克斯当然知道与奥登同住会是多么艰难的一件事:1964年至1965年间,奥登常驻柏林的那几个月里,福克斯曾租住在奥登的纽约寓所里,奥登回到纽约后,他继续作为房客住了几个星期;很快,他就发现奥登希望他在每天上午9点之前离开家,而如果晚上回家晚了哪怕几分钟,奥登都会大发雷霆。因此,面对奥登此刻发出的邀请,福克斯礼貌地拒绝了。奥登的几个朋友对此感到很遗憾，他们原本希望福克斯能替代切斯特的位置。

奥登也再次想到了婚姻，希望借此保障居家生活。这一次，他向比他大一岁的政治哲学家汉娜·阿伦特求婚。汉娜·阿伦特在社会研究新学院任教多年，自1958年便与奥登相识。她现在寡居，对奥登十分友好，关心他的衣着状况，甚至把亡夫的一件漂亮的运动夹克给了他。每当穿上这件夹克，奥登都会高兴地嚷着"我穿了一件死人的外套"，觉得自己让一件好东西发挥了价值。尽管他和汉娜·阿伦特是好朋友，但彼此并不亲密。当他提议结婚的时候，她只有尴尬和难堪的感觉。她明确表示拒绝。[1]

奥登还有第三个计划。1969年夏，他在基希施泰腾接受了一位名叫乔恩·布拉德肖的记者的采访。几个月后，这位记者在《时尚先生》上发表了一篇关于他的文章，其中包括以下文字：

> 下午4点喝茶时，奥登谈到了自己"日益衰老的日子"……他想要在牛津大学基督教堂学院安享晚年。"毕竟，剑桥大学为福斯特做了这样的事。下次我去那里，我想我会向他们提出这个要求的。"

其实，在《时尚先生》的访谈（1970年1月）面世之前，有关此事的消息就已经传开了，起因是几位记者在纽约拜访了奥登。1969年12月10日，《伦敦标准晚报》在一篇题为《孤独的奥登：牛津会给他庇护吗？》的报道中称，奥登正在为返回英国进行"微妙的商榷"，并向基督教堂学院进行"试探"，希望他们能像剑桥

---

[1] 奥登在1970年向汉娜·阿伦特求婚，就在她的丈夫去世后不久。——原注

大学国王学院为 E. M. 福斯特提供宿舍那样,也为他安排类似的寓所。这篇报道宣称奥登说了这样的话:"我经常觉得,我可能会在公寓里突发冠心病,过了几天才被人发现。"文章还写道:"如果牛津大学拒绝了他的请求,他可能会选择每年在冰岛住上半年。这个国家气候恶劣,光照不足,却对他很有吸引力。"[1]

牛津大学基督教堂学院直到此刻才知道奥登的打算。奥登的朋友,曾任院长的卡思伯特·辛普森已经在前一个夏天去世了,新任院长亨利·查德威克尽可能周全地告诉记者,他之前对奥登的打算一无所知,此事会交由学院管理机构处理。奥登对事情的发展走向感到十分尴尬。"我并不是在暗示这种事情,"他告诉《每日电讯报》的记者,"要是能住在那里,当然挺好的,但我并不是在讨论眼下的问题,我之前所说的那些话,本以为不会刊出来的……我现在甚至都没有盘算要回英国。"

其实,他一直在认真考虑去基督教堂学院居住的事情,但他意识到,在媒体"泄密"之后,他不太适合向学院提出任何请求。目前,他只能尽量让事态平息下来,但私下里确实向他的朋友戴维·卢克(基督教堂学院的德语教师)坦承,要是此事能成,他将欣然前往。

他在纽约的生活还是老样子。伊丽莎白·梅耶住在一家养老院——她 80 多岁了,中了一次风——奥登经常不辞辛劳地换乘地铁和公交车前去探望她,因为养老院远在布朗克斯区。奥登的探望让她很欣慰,也让她的家人很感激。他写了一首《养老院》,描绘了那里的老年人("世人皆有命限,但每个人的毁败方式 / 各有

---

[1] 另一个半真半假的计划是,奥登会住在朋友特克拉和约翰·克拉克夫妇位于佛罗伦萨附近的家中。他们家室外的空地上有一处经过改造的小屋,可以给奥登住。——原注

微妙不同")。有一次,V. S. 亚诺夫斯基偶尔在那里遇到了奥登,记录了当时的情形:"他无法忍受这个地方……[他]明显很痛苦,大约过了半个小时,他冲了出去,终于长舒了一口气。"几个月后,伊丽莎白·梅耶去世了,奥登在葬礼上读了为她 80 岁生日所作的一首诗,感谢多年来她给予的友情。

玛格丽特·加德纳说,奥登有时候看起来就是个"老态龙钟的人",尽管他现在只有 62 岁。斯蒂芬·斯彭德对切斯特·卡尔曼说:"威斯坦已经失去了自省意识。"切斯特对此表示完全赞同。斯彭德指出,也许这就是奥登为实现"后期写作所需要的孤独状态"而付出的代价。无论是什么原因,正如罗伯特·克拉夫特在 1970 年初写的,奥登变得"异常敏感","他的观点也带有专横和不切实际的倾向,几乎完全用武断的口吻说话,比如'这是对的……那是错的……一个人必须……一个人不能……'。"这其实不算新的行事风格,而是回到了他大学时代的表达方式。现在,就像在那时一样,他每天都会推翻之前的看法,谴责那些他可能刚刚赞美过的东西,赞美那些他可能刚刚谴责过的东西。V. S. 亚诺夫斯基注意到了这一点:"针对一个故事或一个标题,他可能会说'我不喜欢'。但下次再谈到的时候,他又会说'哦,非常棒'。"

他的衣着装扮越来越糟糕。他会接连几个月穿同一套西装,直到衣服上不仅油渍密布,还到处有磨损的痕迹,以至于有一天他的裤子突然裂开了。汉娜·阿伦特试图说服他,让他至少备两套西装轮换着穿,这样一来,就可以把衣服拿去送洗或缝补。但他不打算照做,这成了他们之间争论不休的一个话题。他继续大量饮酒,一支支地抽"好彩"烟。他喜欢吹嘘自己从未有过宿醉问题。当詹姆斯·斯特恩指出他一年要抽掉 1.5 万支烟的时候,

第六章 "大西洋的小歌德"

他回答道:"啊,但我从来不会吸进去!"

有一两个朋友注意到他的呼吸变得有些费力,嘴唇开始发青。他们劝他去看看医生。然而,奥登自20世纪40年代就结识并充分信任的纽约医生戴维·普罗蒂奇,不幸在1969年5月死于垂体癌。奥登不知道有哪个医生可以接替他,担心纽约的医生主要是一些"虐待狂、假意奉承者/和势利鬼"(此言并非完全没有道理)——这些话出自他为普罗蒂奇写的悼亡诗。普罗蒂奇去世后不久,他在基希施泰腾的医生退休了。因此,从1970年开始,他没有定期的医疗护理和检查。同时,他的朋友们,即使是那些受过医学训练的人,都不太敢干涉他的生活方式。"他肯定知道自己在做什么,"V. S. 亚诺夫斯基(一个专业的医生)自我劝慰道,"他喜欢这样生活,不希望任何东西影响到他的工作。"

尽管因为基督教堂学院的住宿问题与媒体有所龃龉,奥登现在能够与记者畅所欲言,无论是在纽约还是在奥地利。朋友们普遍认为,这一点很奇怪,要知道他刚写了一篇文章,正儿八经地指出作家的私生活"除了他自己以外,与任何人都无关"。在某些方面,他几乎不向记者透露分毫,仅仅是向他们输出自己的格言警句,因而他的采访稿主要是熟悉的"配方",只不过那些句子按照不同的顺序出现。但在其他方面,他表现得十分坦率,半推半就地允许记者提及他的同性恋生活。事实上,在与斯特拉文斯基夫妇交谈时,他称赞了《生活》杂志的一次采访,因为那篇采访稿写了这段话:"在奥地利寻访奥登……那里萦绕着他营造的同性恋生活氛围……奥登和卡尔曼自1939年就相识了……他们的关系印证了超越肉体的爱。"然而,他对如火如荼的同性恋解放运动几乎没有什么好印象,因为该运动把同性恋问题摆在了明面上。他对罗伯特·克拉夫特说:"我本人并不支持纯粹的天王星社会[1]。我的意思是,我当然不愿意生活在一个只有同性恋者的社会里。"当有人希望他为一部关涉性话题的歌舞剧《哦!加尔各答》撰稿时,他竟然不知所措。得知《先锋派》杂志发表了他的艳情诗《柏拉图式的吹箫》后,他忐忑不安,尴尬地对亚诺夫斯基说:"我完全不想谈论它!我不想谈到它!"他叮嘱斯蒂芬·斯彭德的女儿莉齐(当时才十几岁):"答应我,亲爱的,你永远不会读它。"

20世纪60年代末,他经常去的纽约包厘街圣马克大教堂放弃了传统的《公祷书》,改用现代礼拜仪式。奥登一开始似乎打算接纳这个变化,因为他花了一个下午的时间帮助圣马克大教堂的教区长迈克尔·艾伦牧师核对新礼拜仪式的用语,并修润将会使用的措辞。但不久之后,他开始讨厌这种变化,并坚定地宣布,教会应该重新使用拉丁语。他自己不再去圣马克大教堂,转而前往几个街区以外的希腊东正教教堂参加礼拜仪式,以便聆听一种用永恒的语言来进行的弥撒。当他加入一个委员会参与起草新版圣诗集(分别于1970年和1971年出版)时,他采取的方式,用他自己的话来说,是极端保守的。

每年在奥地利度过的那几个月里,他仍然会在仲夏时节去伦敦参加"国际诗歌节",在此期间住在斯彭德位于圣约翰伍德的家里。斯彭德一家发现他是一个不让人省心的客人。他希望他们能全心全意地对待他,要是斯蒂芬·斯彭德突然有事无法在家共进午餐的话,他会抱怨道:"但你不能这样做!告诉他们你不能去,

---

[1] 根据西方占星学,"天王星"代表的是离心力,象征非主流,是一种突破主流、改变整体的力量。晚期奥登对占星学有一定程度的关注,诗歌作品里也出现了占星学的元素。

因为我在你家。"由于他坚持9点就要上床睡觉，斯彭德家几乎不太可能再举办晚宴。尽管在其他场合，他有可能一反常态，一直会熬到深夜，以至于其他客人不得不在午夜前想方设法地离开。斯彭德发现，他越来越不喜欢见其他人，即使是老朋友或他很欣赏的那些人。当斯彭德告诉他戴维·琼斯奄奄一息了，并建议他去探望的时候，他拒绝了。他一开始甚至拒绝探望身患重病的塞西尔·戴-刘易斯，但在斯彭德的坚持下，他最终同意前往，而且那次探望是成功的——尽管戴-刘易斯私下里认为奥登"玩笑话很老套，也不懂谈话的艺术"。[1]

奥登的二哥约翰是一位地质学家，起初在印度工作，随后为联合国粮农组织效力，目前已经退休，与妻子希拉住在伦敦。威斯坦每次去伦敦的时候，都会去他们家小住。约翰时不时地劝说奥登与他一起去格洛斯特郡看望他们的大哥伯纳德，他早在1936年就已经从加拿大回来了，多年来一直在赛伦塞斯特的皇家农业学院工作。事实上，威斯坦一直与伯纳德、他的妻子贝蒂以及他们的三个孩子简、玛丽和贾尔斯保持联系，经常与他们通信往来，并在20世纪50年代邀请简和贾尔斯去伊斯基亚岛度假，他们两人也确实去了。威斯坦曾在1968年与约翰一起去看望伯纳德，但发现已经与伯纳德没有共同语言（他自己说的），所以不想再重复这样的会面场景。面对约翰后来几次三番的提议，他都明确表示拒绝。

他的生活严格遵守固定的时间程式，不仅在自己家里如此，

---

[1] 奥登在1930年后与戴-刘易斯几乎没有接触，但"十分骄傲地坚信"，戴-刘易斯以尼古拉斯·布莱克为笔名撰写的奈杰尔·史川吉威斯系列侦探小说（尤其是早期的几部），有些特色是从他那里借鉴的（《星期日泰晤士报》，1972年6月4日）。——原注

在朋友家做客时也是这样。当他住在斯彭德家里，或是到詹姆斯和塔尼娅·斯特恩夫妇家里（他们目前在威尔特郡拥有一座庄园）小住的时候，他都会要求严守时间。"威斯坦，你饿吗？"塔尼娅·斯特恩问道。"哦，亲爱的，差四分钟就一点了，你肯定不是想说午餐要推迟吧？"奥登回答。然而，要是打扰了别人的生活，他不会感到内疚。有一天在伦敦，他约见费伯-费伯出版社的现任社长彼得·杜·索托伊，但最终没有到场。第二天，他来了，除了一句简短的"对不起，我昨天放你鸽子了"之外，没有任何道歉，也没有解释。

尽管他是一个毛病多多的客人，但朋友们还是欢迎他的来访。詹姆斯·斯特恩写道："他要走的时候，全家都很伤感；比起其他熟人，我们更热切地期待并欢迎他的到来。"他执着于准时准点，有些习惯不太顾及旁人的感受，经常自顾自地发表长篇大论，说一些老掉牙的轶事，但这一切都无法掩盖他更深层次的善良，甚至是温柔，多年来老朋友们已经对此心知肚明。他有时候也会出人意料地体贴周到。有一次，他在理查德·霍加特家做客，他们邀请他玩填字游戏，他考虑到其他人可能也会想玩这个游戏，便认认真真地把题目抄到了一张描图纸上，以备不时之需。他经常在结束做客之后，寄去一封"至关重要"的信——就像这一封寄给斯彭德家的信："你们对我真是无微不至！但愿我的那些单身汉怪癖不至于太惹人厌。"

1970 年 4 月，考虑到切斯特的犹太血统，奥登和切斯特、艾伦·安森短暂地前往了耶路撒冷。奥登觉得耶路撒冷"迷人"，但"花销十分昂贵"。十个月后，也就是 1971 年初，他开始了新一轮的美国巡回演讲，在圣路易斯过了自己的 64 岁生日，两次经过多伦多都住在彼得·萨卢斯的家里。这一年 1 月初，他还到耶鲁大学进行了为期三天的访问，向一些师生团体发表演说。这次走访由英语系时年24岁的年轻教员爱德华·门德尔松组织，他完成了以奥登诗歌为主题的博士论文，目前正与英国学者巴里·布卢姆菲尔德一起制作详尽的奥登作品细目（这是第二版，布卢姆菲尔德在1964年推出过第一版）。门德尔松之前撰写博士论文时曾拜访过奥登，对奥登已经有了一些了解。现在，奥登告诉门德尔松，早前他打算整理自己的书评和文章，准备出一本回顾性的集子，但在寻找近期的一些文章时遇到了困难，因为他实在是不记得自己都写过什么东西了。门德尔松回答说，他手头有奥登所有文章的副本，可以提供给奥登编纂时使用。奥登认真浏览了门德尔松收集的资料。大约一年后，他写信给门德尔松，认为由他来编选这本书更为合适。门德尔松同意了，并开始投入选集的工作，这就是后来的《序跋集》。没过多久，他就发现奥登想要在编选文章方面有一定的发言权，便与奥登进行了多次沟通，经双方协商才形成了最终的定版。

就在门德尔松完成《序跋集》的工作时，门德尔松收到了奥登的一封信，在附言中邀请他担任自己的文学遗产受托人。奥登实际上已经任命了两位受托人——诗人威廉·梅雷迪思和文学评论家门罗·斯皮尔斯，他们都是他的老朋友，其中斯皮尔斯出版了一本关于奥登诗歌的专著，书中有很多内容都是源自奥登的一手资料。不过，奥登现在显然想让一个更年轻的人来打理他的文学遗产。门德尔松欣然接受了。1972年，奥登告知门德尔松，等他去世后，门德尔松需要在英国和美国的报刊上发表一则通知——"所有收到过我的信件的朋友，务必看完后将其烧毁，并且绝不向任何人展示。"奥登并没有将这一要求列入遗嘱，但他跟许多朋友提到了这一点。有几个朋友告诉他，届时他们不会照做的，奥登听到后只是一言不发，没有进一步表示异议。T. S. 艾略特的遗孀瓦莱丽向他指出，根据她自己在丈夫去世后的亲身经历而言，他阻止传记产生的意图将会给他的文学遗产受托人带去很多麻烦。奥登带着顽皮的笑意回答："那就是他们的事咯！"

奥登在1971年初结束巡回演讲返回纽约后，V. S. 亚诺夫斯基对自己的所见所闻日益不安。"威斯坦结束巡回之旅回来了，"他在日记中写道，"郁郁寡欢，明显消瘦了［在身形上］。谈到在浴缸里小便、放屁——想象一下两个人以这种方式交流——挖鼻孔、吃鼻屎（他说'美味'）。在这具泥塑的庞大身躯里，有些东西正在碎裂。"这一年4月，奥登写了一首《与自己的交谈》，诗中也透露了上述情状。爱德华·门德尔松后来对此进行了分析，他认为奥登就像在20世纪20年代末的诗中那样，再一次书写了一幅衰败的图景——但这一次，"不是外在的风景，而是他自己的衰老身体的微观世界"：

> 我们都知道，时间会腐蚀你，而我已在担心
> 我们的分离：我曾领教过几个可怕的例子。
> 记住：当上帝对你说"离开他"，
> 为了他，也为了我，请务必不要在意我
> 可怜兮兮的"不要"，你只需赶快走人。

★ ★ ★

大约在这个时候，奥登遇到了一个财务问题。他认为自己不必缴纳奥地利的税，理由是他一年中只有几个月住在基希施泰滕。但奥地利税务当局不是这么想的，开始向他征收一系列税款，当

然，部分原因是他在自己的诗歌中经常提到基希施泰腾以及奥地利、德国的文学（虽然这个角度看起来很刁钻）。最终，税款总额达93万先令，约2.5万英镑，或9万美元。经过反复协商与沟通，税务当局总算同意砍掉一半税款，奥登只好缴纳了剩余的税。虽然事情解决了，奥登却深感忧虑，迈克尔·耶茨认为这种忧虑是他的身体每况愈下的原因之一。

1971年春，奥登集中精力准备一本克莱里休四行体[1]的诗集，书名为《学术涂鸦》，将于圣诞节由费伯-费伯出版社推出。诗集中的插画全是菲利波·桑贾斯特的手笔，他曾担纲《酒神的伴侣》的舞台设计，奥登认为他是"自马克斯·比尔博姆以来最好的漫画家"。有些克莱里休四行体完成于1952年，并且之前已经收录在诗集《向克利俄致敬》里。大多数评论界人士对《学术涂鸦》的评价不高，甚至认为这是奥登迈向衰老的表征。但事实上，他自大学时代就喜欢在笔记本里涂涂写写这样一类东西。

1971年夏，他像往常一样去英国参加国际诗歌节活动，还去了牛津大学，在那里接受了荣誉文学博士学位。他原本打算去爱丁堡参加他与切斯特、尼古拉斯·纳博科夫合作的新歌剧《爱的徒劳》的首演，但忽然得知该剧无法在爱丁堡戏剧节上演了。根据奥登的说法，这部剧"在委员会错综复杂的讨论中被毙掉了"。他们设法安排这部剧翌年在柏林上演，但最终也被取消了，直到1973年才真正得以上演。

这一年，也就是1971年，奥登受达格·哈马舍尔德的继任者吴丹的委托，为联合国撰写了一首赞美诗，由时年94岁的大提琴家巴勃罗·卡萨尔斯谱了曲。他们的作品于10月在联合国的周年

---

[1] 克莱里休四行体（clerihew）是英国作家克莱里休·本特利所创的人物特征幽默诗，由两组押尾韵的对句组成。

音乐会上演出。到了秋天，奥登返回纽约，在哥伦比亚大学为年轻诗人举办了四次研讨会。他发觉这些年轻人"令人非常困惑"，但即便如此，他依然设定了"开放日"，欢迎任何对诗歌技巧存有疑惑的人上门向他咨询。一些年轻的纽约诗人确实登门拜访了，他们觉得他作为教师，虽然有些教条，但发人深省。

他继续允许曼哈顿电话号码簿收录自己的信息，并同意会见几乎所有给他打电话预约的人。不过，公开电话号码也会带来弊端。他告诉朋友，有一天晚上电话铃响了，一个声音从电话的另一端传来："我们会先阉了你，然后杀了你。"奥登一直津津乐道于自己当时的快速回应："我认为你打错电话了。"与此同时，他不再喜欢这里的城市氛围。1971年，他写信告诉切斯特（他像往常一样待在雅典）："纽约是地狱。"

当初他表达了想要在基督教堂学院安度晚年的意愿，现在已经过去两年了，院方负责人戴维·卢克认为是时候把这件事交给管理机构的同事们来商议了。在1971年12月初的一次会议上，他以知晓奥登需求的朋友身份提出了这一点。不久之后，奥登生病了，这几乎是他有生以来头一次病倒。

12月下旬，他突然眩晕得厉害，吓得他一整天都不敢工作。幸运的是，他认识一位朋友，虽然不是综合内科医生，但可以给他医疗方面的私人建议。

此人是奥利弗·萨克斯，他在英国出生并接受教育，在纽约从事神经病学家的工作。大约在六年前，奥登第一次见到他，并且喜欢与他接触，这主要是因为萨克斯属于他特别欣赏的那一小群人——他们是医学专家，能够讨论他们所从事学科的哲学问题。萨克斯正在撰写一本名为《觉醒》的书，讲述了药物左旋多巴及其对昏睡病患者的影响。奥登阅读了手稿，认为这是一本杰作。

第六章 "大西洋的小歌德"

萨克斯非常钦佩奥登,而且——与奥登的许多朋友不同——觉得奥登仍然具有自省意识,仍能对周围的世界做出反馈。他还欣赏奥登对"闲适"概念的钟爱,认为这很有趣。"第一次与他喝茶的时候,"萨克斯回忆道,"我发现茶壶有一个套子,鸡蛋也有个小罩子,这绝不仅仅是怪癖或反常之举——威斯坦把它们放在舒适的环境里,因为他发自肺腑地关心它们的状况……有一次,我们看到一只鸟飞进圣马克广场黑色灯柱顶端的鸟巢里。'快看!'威斯坦喊道,'它回到了自己的安乐窝。它现在肯定很闲适。'"

萨克斯在奥登眩晕发作的第二天看到了他,"发现他已经康复了,但仍处于一种前所未有、始料未及的震惊之中"。他给奥登做了检查,并没有发现什么严重的问题,推测这次眩晕是流感病毒引起的。不过,他以及奥登的另一位医生朋友V. S. 亚诺夫斯基都认为,奥登应该去医院进行适当的检查。很快,他们安排了这件事。亚诺夫斯基写道:"检查结果显示问题不大,轻微的高血压,轻微的肺气肿,轻微的心肌缺血,一点点这个问题,一点点那个问题——没什么特别的,给人一种虚假的安全感。"医院给奥登的唯一建议是"少抽点烟"。

那年圣诞节,切斯特·卡尔曼多年来第一次返回了纽约,为他父亲过八十大寿。奥登给他寄了一张支票,用以支付从雅典飞过来的机票钱。亚诺夫斯基留意到他们在圣马克广场寓所的相处情况:"切斯特在公寓里,他出版了一本诗集。威斯坦想给我们看看这本书,撕掉了护封。'你为什么这么做?''你很清楚我一直是这么做的!'(剑拔弩张。)切斯特已经人届中年了,大腹便便,弯腰驼背。"

这次逗留纽约期间,切斯特把两个年轻人带回了公寓。当他与其中一个年轻人在卧室里厮混的时候,另一个年轻人翻遍了奥登的文件，偷走了他的记事簿。奥登为此大发雷霆。后来，他们与罗伯特·克拉夫特、斯特拉文斯基的遗孀薇拉（斯特拉文斯基在几个月前去世了）小聚——"谈话就像过去一样……威斯坦宣布他的就寝时间快到了，切斯特却厉声表示自己并不打算现在就离开，受到责难的那个人便耍起了性子。"

切斯特一直待在纽约，直到1月份的第二周左右才离开。仅仅过一个月就是2月21日，到了奥登的65岁寿辰。他的出版商兰登书屋为此推出了一本由彼得·萨卢斯和保罗·泰勒编辑的纪念文集，奥登由衷地高兴。那天有一场生日会，不像过去那样在圣马克广场的寓所进行，而是在由兰登书屋出面租赁的一家咖啡俱乐部里举办。在晚宴现场，庆祝活动俨然成了一种告别式，因为新闻界已经宣布奥登将离开纽约，前往牛津大学基督教堂学院居住。

基督教堂学院管理层在1972年1月26日再一次开会，商讨了一个提议——将酿酒屋租给奥登使用。这是一座坐落在学院场地内的小宅子，近期已经空置。他们审议了很久，但临近结束时大家一致投票赞成。得知商议结果后，奥登欣然接受了这个安排。2月初，媒体报道了这一消息，并引用了他说的话："我越来越老了，不适宜一个人过冬，我宁愿生活在社群里。假如我突发心脏病，可能要过几个星期才会被人发现……在牛津大学，要是我没有在用餐时间出现，他们应该会想到我出了什么问题……我想澄清任何有关我对美国不满或对纽约生活感到厌倦的说辞……我之所以返回英国，纯粹是因为我老了。"

罗伯特·克拉夫特和V. S. 亚诺夫斯基参加了在纽约举办的生日会，两人都写下了当时的感受。以下这段文字是罗伯特·克拉夫特写的：

第六章 "大西洋的小歌德"

1972年2月21日。我们在西45街的咖啡馆里，参加了奥登的生日会，同时也是他的告别晚宴和最后的聚餐。鸡尾酒会时，现场一片闹哄哄的景象，但到了晚餐时刻，主人坐在了一张稍微抬高的桌子旁，那桌子倒是很应景，宛若亚瑟王的圆桌。大家默默地敲了几下玻璃杯，在不太虔诚的寂静中宣读了其他人发来的电报，随后提议干杯。演说者刚开口讲话——"我不知道什么是天才……"，就被一个义愤填膺的声音打断——"谁又知道？"插话者正是奥登。

以下这段文字是V. S. 亚诺夫斯基写的：

2/21/72。兰登书屋在一家餐厅的包厢里为奥登举办了65岁生日会。威斯坦倒不是真的醉了，而是消沉（一开始很消沉，然后为了掩饰这一点，喝醉了）。要么拖着一具行动不便的肉身四处走动，要么干脆让自己陷进了沙发。香槟、祝酒、溢美之词。我甚至把一个玻璃杯甩到了墙上，巧妙地打碎了它（刚好伴随着一个音乐节拍）。没有什么东西可以消解围绕在他周身的致命寒意。他要走了（不仅仅是去牛津大学）。

3月18日，《纽约时报》刊登了奥登的一篇文章，这是他对纽约同胞们的告别。"请允许我借此机会，"他写道，"特别感谢埃布和他的售酒商店的同僚们；我的洗衣工洛克；在第九大道和第二大道的杂货店里工作的约瑟夫、伯纳德和莫里斯；药剂师哈罗德；我的邮差约翰；弗朗西，我从他那里买报纸；查尔斯，我从他那里为我的奥地利花园买种子。愿上帝保佑你们所有人！"

他开始打点行李。他打电话给格林尼治村的一个相熟的书商罗伯特·威尔逊，问他是否有兴趣购买他不打算带到英国的那部分书籍。威尔逊来到公寓，发现房间里一片狼藉。为了把他想保存的书和他想出售的书分开来，奥登走到书架前，拿出他想保存的书，直接把它们扔到了地板上。威尔逊告诉他，需要几个星期的时间来核查剩下的书，以及估算出合适的报价。奥登让他省去估价这个环节：他希望威尔逊立刻把架上的书搬回店里，然后再算出一个总价。

威尔逊和他的助手开始整理书架，很快就发现了一些奥登应该会想要保存的书。不过，当他们把那些书拿给奥登过目时，奥登随手放到了一边。他表示："我说全都不要了，意思就是架子上的所有书都不要了。"奥兰·福克斯和奥利弗·萨克斯过来帮忙打包，奥登挥手指向一堆书："可以拿一本书，或一些书，或任何你们想要的东西。"他把自己在纽约保存的所有留声机唱片都送给了福克斯。萨克斯觉得，这种种迹象绝不仅仅是寻常的搬家之举。

1972年4月15日，奥登乘飞机离开纽约前往奥地利。福克斯和萨克斯开车送他去机场，由于奥登一向以来都会担心误点，害怕自己赶不上飞机或火车，他们提前了大约三个小时到达机场。就在航班起飞前，一个陌生人走到他们面前结结巴巴地说："您看起来是——您就是奥登先生。先生，您能来我们国家居住，我们感到很荣幸……再见，奥登先生，愿上帝保佑您。"奥登与陌生人握了握手，萨克斯注意到奥登当时十分激动。

这并不算是他对美国的告别。整个夏天的大部分时间，他都像往常一样住在基希施泰腾，如期去伦敦参加国际诗歌节。在参加诗歌节活动期间，有人问他如何看待桂冠诗人。前任桂冠诗人塞西尔·戴-刘易斯不久前去世了，这个荣誉头衔处于空缺的状态。奥登回答说，如果他被授予桂冠诗人的前提是要放弃他的美国公民身份的话，他将不会接受。他还告诉《泰晤士报》的记者，将他视为候选人是"无稽之谈"，"我对这个头衔没有兴趣，一点都不期待"，尽管他承认自己很喜欢即兴写一些应景之作。不久之后，当局宣布任命约翰·贝杰曼为桂冠诗人。随后，9月19日，奥登飞回纽约，打点最后的行囊。

这一次只停留了十来天。9月30日，V. S. 亚诺夫斯基夫妇，以及再一次来送别的奥兰·福克斯，一起驱车送他去了机场。亚诺夫斯基在日记中写道：

> 奥登衣衫褴褛，颇有些紧张……我们进入了地狱般的离境大厅。他走在前头，弓着背，屈着膝（看起来就像是一个硕大的小矮人），几乎没有环顾四周。我们在吧台喝了几杯（福克斯请客），然后去了餐厅……我陪威斯坦去了自助餐厅；我以为他会付钱，但他连意思一下的态度都没有……我们到了头等舱的休息室……"最好的死亡年龄（合适的年龄）是70岁，"他在谈话的某个时间点淡淡地说，"当然，我知道我会活得更久一些，但70岁才是我觉得适宜的时候。"……他赫然宣布："你们现在可以走了。"于是，我们亲吻或者说假装亲吻了他那灰土般的大脸，然后就离开了。在回家的路上，我们三个人都隐隐觉得仿佛刚刚参加了一场葬礼。

第七章　重返英伦

441　　抵达伦敦后，奥登在二哥约翰位于南肯辛顿的套房里住了两个星期。他在迈克尔·帕金森的电视"聊天"节目[1]上亮相（"我完全可以上电视作秀，"他说，"只要他们付钱给我"），还接受了多家新闻媒体的采访。有一次，他对采访者说："我每天抽不到50支烟……对于抽烟，我只担心花销问题……我的心脏非常健康，我真正害怕的是旧病缠身……我认为最好的死亡方式是心脏病发作。不用花钱，快速死翘翘。"

他的最新诗集《谕教子书》（同名诗歌题献给了他的教子菲利普·斯彭德）在10月初出版。评论界普遍予以好评。丹妮·阿布斯在《星期日泰晤士报》上刊文指出，这本诗集"包含了大量成功之作"。罗伯特·奈在《泰晤士报》上写道："闲适？居家之乐？当然。但是……从诗艺而言，这里的一些诗……可以与他写过的

1　迈克尔·帕金森（Michael Parkinson）是英国的电视名人，自1971年开始在BBC主持晚间聊天节目《帕金森》，该节目维持了11年，采访了当时的许多知名人士。奥登参加的"聊天"节目想必正是这一档。

第七章　重返英伦

技巧最为娴熟的诗歌相媲美。"

1972年10月16日，奥登乘火车去了牛津，以便赶上秋季学期的开学。基督教堂学院此前已经知会他，分配给他居住的小宅子尚未修葺完毕，他需要暂时另觅住处。奥登得知后深感不安，写信给在费伯-费伯出版社工作的朋友查尔斯·蒙蒂思寻求帮助。查尔斯·蒙蒂思是万灵学院的董事，奥登向他咨询万灵学院是否有空余的房间让他住几个星期。在奥登抵达牛津大学之前，这一切被妥善安排。

蒙蒂思在牛津火车站迎接他，帮他把行李提到了在一旁等候的轿车上，而奥登此时正接受一名来自《牛津邮报》的记者的采访。奥登表示，他很高兴来到这里，也很期待能够与本科生"多多打交道"。在蒙蒂思看来，奥登的样子简直可以用"欣喜若狂"来形容。

几天后，《星期日泰晤士报》的记者在万灵学院采访了他：

> 上星期，我们在一间凌乱的临时寓所里见到了他，他正拿起从美国带回来的行李箱抖动灰尘，地板上散落着一堆文件、待写书评的书籍和尚未拆封的播放机，就像一片遍布马尾藻的汪洋……"我希望下午四点在当地咖啡馆见见学生，在其余的时间里，我会投入工作。"……奥登的声音，就像他的诗歌一样，响亮且清脆。不过，他的话语往往在未完成的结尾处渐渐消失。停顿了很长时间。他看起来意兴阑珊。他抛出了几个"嗯""啊"的音调，似乎想要挑起一个话头，但终究什么都没说。房间里鸦雀无声，他呼哧呼哧地又抽了一根烟，等待下一个问题。

奥登在万灵学院住了两晚后，一个名叫蒂利的年轻人（后来在报纸上被描述为一名工人）来到他的住处，向他讲述了一个不幸的故事，然后索要一些钱，以便加紧修缮他的房子。他之所以这么做，是因为《牛津邮报》称奥登希望"多多打交道"。当时，奥登仍然沉浸于抵达牛津的喜悦之中，而且还喝了几杯马提尼酒（这事发生在晚上7点左右），身心都十分畅快。他的最后一丝疑虑被接下来的问答打消了——他问蒂利为何想到来找他帮忙，蒂利回答："上帝指引我来的。"奥登给蒂利开了一张50英镑的支票，蒂利则给了他一张欠条，承诺了每个星期的还款金额。那天深夜，奥登迷迷糊糊地醒来，听到有人在他的客厅走动。他起身去查看，赫然发现是蒂利，后者解释说他想与奥登再谈谈。奥登打发他走了，让他明天上午再过来。随后，奥登发现他的钱包和欠条全都不见了，而钱包里有50英镑现金。他当下便做出了决定，等第二天上午银行开门营业的时候，要去银行阻止蒂利兑换那张支票，并向警方报告现金被盗的情况。他本以为蒂利不会再出现了。然而，第二天上午，蒂利竟然回来了，矢口否认自己是小偷，并给了奥登一张新的欠条。至于支票，奥登不知道英国银行不像过去那样在10点开门，而是在9点半就开门了，等他赶到银行时，蒂利已经把支票兑现了。奥登报了警，接着蒂利被逮捕了，最终于1月初在牛津刑事法院开庭。奥登出现在法庭上，据媒体报道，他"没有剃胡子，穿着软拖鞋"。奥登讲述了事情的经过，但蒂利第二天早上回来的事实肯定动摇了人们对他的小偷身份的猜疑，而且有人指出奥登的房间对任何在学院里走动的人都开放。蒂利被无罪释放了。奥登对记者说："这实在是太讽刺了，我离开纽约来到牛津，只是为了体验被盗的感觉。"[1]他在牛津大学的生活，几乎没有比这段经历更糟糕的开场了。这不仅搅扰了他的心情，而且毫无根据地败坏了他的品格——学校里有人误以为该事件背后有一层同性恋交易的成分。

基督教堂学院原本告诉他，小宅子会在10月底完工，但事实并非如此。他在11月1日写信对切斯特说："还没有住进我的小宅子。与纽约相比，牛津要拥挤得多，交通也嘈杂得多。"他向所有朋友抱怨了这一点："我不喜欢牛津这座小城。这里的拥挤程度似乎是纽约的六倍，喧闹程度是纽约的四倍……一家家商店似乎都是大商场的规模！即便在纽约那样的大都市，我住的那条街道尽头也会有一些小商店。"

11月初，到访英国的奥兰·福克斯在奥登的寓所里住了两晚。他发现奥登已经开始执行每天下午4点去咖啡馆的计划，以便本科生过来跟他交谈，正如他担任诗歌教授期间在卡德纳咖啡馆的做法。现在，卡德纳咖啡馆已经不复存在，奥登选择了基督教堂学院正门对面的圣奥尔达特咖啡馆作为替代场地。这家咖啡馆不像卡德纳咖啡馆那样坐落在牛津的中心位置，大学生们也不常光顾，可能是因为它隶属于一家福音书店。福克斯和奥登在咖啡馆坐了大约一个小时，看到几个人在旁边相互推搡，明显是认出了奥登，但没有人上前自荐。

尽管如此，奥登还是坚持了下来。一两个星期后，随着奥登"坐

---

[1] 当然，奥登此言并非完全正确。大概十个月前，他的记事簿在圣马克广场的寓所里被一个年轻人偷走了。几年前，他的圣马克广场的寓所发生过一起偷窃案，一台打字机和其他物品被偷了。还有一次，一些年轻人正强行打开他的后卧室上方的天窗，奥登及时发现并阻止了一起入室抢劫案。有一次住在斯彭德位于伦敦的家中时，他曾因为怀疑另一位住客偷走了他的钱包而使主人大为尴尬，其实他很有可能在伦敦的其他地方丢了钱包。——原注

镇"圣奥尔达特咖啡馆的消息传开,一些人开始定期前来与他交谈。并非每个人都是出于向奥登寻求正确见解的原因来的,有些人纯粹是在好奇心的唆使下才来窥探他,有些研究生(通常是国际生)为了论文材料来咨询他,有些人想给他看看他们的先锋派诗歌实验(对于此类人,奥登的态度往往比较粗暴无礼)。不过,也有一些人的诗歌是他喜欢的,他们会听到他直言不讳地说出这样的话:"走吧,去写写六字循序诗!在你这个年纪写下的东西,重要的不是你说什么,而是你怎么说。你有没有试过写 cywydd 格律[1]?这是中世纪威尔士留下的经典诗体形式……"

与此同时,奥登一如既往地辛勤工作,包括撰写书评、为企鹅出版社编辑乔治·赫伯特诗选。他没有写诗,每年的冬天阶段基本上都会这样。他去一位牛津医生那里做了全面检查,医生宣布他的身体是健康的。他参加了牛津大学英语系组织的一个派对活动。他还在贝利奥尔学院的礼堂里朗诵了自己的诗歌,让组织者大为惊讶的是,约有四百人涌进现场参加活动,另有两百人不得不被拒之门外。(他免费出席这次活动,而且他在牛津大学参加的任何其他朗诵会都不收取费用。)终于,在 11 月 16 日这天,他搬进了基督教堂学院的小宅子。

这座小宅子位于学院南面,隐匿在汤姆方庭的后面,是一座外形有些奇特的 16 世纪建筑,曾被学院用来自酿啤酒。经过整修后,小宅子现有两间卧室、一间客厅、一间浴室以及一个小厨房,所有房间都散发着一股新涂料的气味。"一切都很好,"奥登在搬进来后不久写信告诉切斯特,"小宅子挺不错的,而且我还有一个

---

[1] 14 世纪南威尔士诗人戴维德·阿普·格威林(Dafydd ap Gwilym)始创 cywydd 格律,这是一种七音节押韵对句,句末分别以阴阳韵结尾。这种诗歌形式在 15 世纪达到巅峰,16 世纪中叶以后逐渐衰落。

很棒的女清洁工。"他开始融入这里的生活。

奥登与基督教堂学院的约定很简单。他是学院的承租人,支付一定额度的租金(高于媒体报道的每周三英镑的价格),此外没有教学任务,也不需要承担其他职责。几年前,他被学院推选为荣誉学生,成了公共休息室的一员,因而可以在学院餐厅的主桌免费用餐,只需支付饮酒的费用。不过,人们普遍期待他能够积极参与学院的事务。当他首次宣布会在牛津大学安度晚年的时候,《泰晤士报》旋即报道:"正如已故的 E. M. 福斯特曾是剑桥大学的常驻作家,人们期望他也能履行同样的角色,为大家答疑解惑,给人们带来灵感,成为创造力的源泉。查德威克博士[院长]说:'我们希望他与本科生多多接触,也与高级公共休息室的成员们多多交流。这里的每个人都对他的到来感到高兴。'"

当奥登最终在"酿酒屋"安顿下来的时候,秋季学期已然过了大半。他开始在学院餐厅里吃饭,在高级公共休息室里饮用晚餐前的马提尼酒,但所见所闻让他相当震惊。距离他上一次在基督教堂学院小住已经有些年岁了,他对大学生活的理解仍然停留在 20 世纪 50 年代他担任诗歌教授时的印象,那些夜晚带给他很多欢乐的记忆。然而,此去经年,基督教堂学院发生了巨大的变化。高级公共休息室的成员增加了很多,即使奥登愿意,他也几乎不可能认识每一个与他用餐的人。"我们这里的人实在是太多了!"他会在晚餐时向戴维·卢克发牢骚。餐后的甜点环节也被取消了,只有在正式的宾客之夜才会进行。在寻常的夜晚,晚餐后可能只有两三个人会留在公共休息室里,看一会儿报纸,然后匆匆忙忙地赶赴其他活动。奥登原本希望在每个工作日的夜晚都能与人快乐相处——体验生活在一个社群里的氛围——但现在破灭了。一段时间后,切斯特·卡尔曼说,奥登在这些月里最痛苦的感受是,

"基督教堂学院的公共休息室制度似乎已经荡然无存了,他怀念的不是饮酒,而是共饮"。

就在搬进小宅子一个多月后,奥登离开牛津,去詹姆斯和塔尼娅·斯特恩位于索尔兹伯里附近的住处,一起度过了1972年的圣诞节。自20世纪50年代重返英伦后,斯特恩夫妇便一直住在这里。他们的另一位客人是奥登的老朋友,乔治·奥威尔的遗孀索尼娅·奥威尔。她和奥登都在12月24日这一天抵达,但她待了三天就走了。斯特恩夫妇原以为奥登也会在差不多的时间与他们告别,没想到他留了下来。虽然没有与他具体讨论去留问题,但他们渐渐意识到,奥登并不急着回牛津。

这不是一段愉快的相处时光。奥登整天坐在壁炉前,要么做填字游戏,要么读汉娜·阿伦特的书(他在卧室里找到了这本书)。斯特恩夫妇注意到,他经常去书架翻出自己的作品看。他们发觉无法与他展开真正意义上的交流。他拒绝了他们专门为他购买的新磨咖啡,坚持饮用速溶咖啡。他不肯看他们订阅的《泰晤士报》,而是让他们订了一份《每日电讯报》,给出了这样一个理由:"随着年龄的增长,一个人会越来越右倾。"而且,尽管詹姆斯·斯特恩暗示了饮酒的花销,奥登仍然明确表示需要为他提供充足的伏特加酒(但他不会为此付钱)。晚上,他把伏特加酒带到楼上,到了第二天上午,经常喝得只剩下小半瓶。他顶多走到前门——"散步?究竟为何要去散步?"有一次,他们本打算驾车去拜访住在40英里外的作家克里斯托弗·赛克斯,但由于大雾弥漫而不得不取消了行程,奥登顿时喜形于色,高高兴兴地回到壁炉前玩填字游戏。关于这一点,他在几个月后的一首诗里写道:

　　渐渐习惯了纽约的天气,

第七章 重返英伦

> 对尘霾实在太过熟悉,
> 而你,她未受污染的姐妹,
> 还有英国的冬日景象
> 我已全然忘记:
> 此刻乡土记忆已重现。
> ············
> 谢谢你,谢谢你,谢谢你,雾。

奥登在1月上旬返回牛津,继续他在基督教堂学院的生活。每星期日上午,他都会赶去参加8点钟在基督教堂学院大教堂举行的圣餐礼。不过,他总是在仪式快要开始时才趿着软拖鞋出现,又在最后的祈祷之前拖着脚步离开。在一天的大部分时间里,他几乎不会在学院里现身,但晚餐前必定会去公共休息室饮用马提尼酒,再去餐厅享用晚餐,饭后回到公共休息室喝几杯波尔图酒,也许还会喝几大杯白兰地。通常只有他一人会在饭后去公共休息室喝酒,用戴维·卢克的话来说,"形单影只"。奥兰·福克斯来牛津时注意到,奥登的晚间流程里增加了喝白兰地这一项,而且饮酒量比以往大。

基督教堂学院公共休息室里的那些熟悉他的人,特别是戴维·卢克和J.I.M.斯图尔特,都尽量在晚餐期间与他交谈,但这不是一件容易的事。他们发现,正如他的纽约朋友们早就领教过的那样,他的谈话在很大程度上已经演变为一些相似观点的重复输出,对在场的其他人而言不一定适宜。"当然,每个人都会在沐浴时小便。"他可能会对一位尊贵的客人说出这样的话。他也会打断别人的话,有时候干脆拒绝别人讲下去。例如,如果有人想谈论"梦"的话题,他会说:"不,不,我们不想听这个。潜意识实在是太无聊了。"要是基督教堂学院的管风琴手西蒙·普雷斯顿出现在餐厅里,奥登喜欢上前与他争辩音乐问题(或至少是向他发表长篇大论)。他很喜欢听两位年轻的研究教员讲话,对他们的"研讨会"很感兴趣。然而,戴维·卢克和J. I. M. 斯图尔特经常因为他们的所见所闻而伤感。"我肯定不是唯一有此感受的人,"斯图尔特写道,"他的老态龙钟让人极为触动……他对任何事都兴味索然,即便是那些人们以为他可能感兴趣的事。事实上,或许正是他让我第一次强烈地意识到老年人的极度孤独。"

基督教堂学院的朋友们一般都在晚上见到他,那时酒精已经起了作用。到了白天,他的状态会好很多。以赛亚·伯林与奥登相识于20世纪40年代的美国,此刻在牛津与他有过几次交谈,觉得他仍然思维活跃、反应敏捷。住在基督教堂学院的彼得·沃克,当时是牛津教区的一位副主教,也是奥登诗歌的崇拜者。他有时候会在白天拜访奥登,除了觉得奥登容易疲惫以外,其他方面都很正常。每当星期日8点钟沃克在大教堂主持圣餐礼时,奥登都会特别高兴。他向沃克坦承:"我无法忍受别人主持弥撒时的神情。"他对戴维·卢克说过,与沃克的友谊使他的牛津生活变得更有价值了。

只有为数不多的几个人能够突破奥登设置的自我防御屏障,穿透他言谈中层层叠叠的重复与八卦。本科生安德鲁·莫辛正是其中之一,他开始向奥登展示自己的诗作。莫辛成了"酿酒屋"的常客,知晓必须准时拜访,不然奥登会生气。他并不觉得奥登有思维迟钝的迹象。让他大受鼓舞的是,奥登不但称赞了他的诗歌,还会与他讨论一些细节问题,而不是像他在圣奥尔达特咖啡馆那样随便说几句技巧方面的建议打发他。有一次,奥登打开了卧室的门,直截了当地问:"你想要什么?"莫辛觉得奥登正"色眯眯地"看着他,但他决定将这个暗示解读为邀请他喝一杯,奥登便没有

第七章 重返英伦

发出进一步的性暗示。

虽然沃克和莫辛发觉奥登愿意结交朋友，但他们不过是例外的情况。奥登确实有机会在牛津结识新朋友，然而，每次被邀请去当地社团讲话，他都会草草地讲几分钟，随后立马赶回家睡觉，就连老朋友们都觉得很难突破他周身的壁垒。娜奥米·米奇森曾去基督教堂学院探望他，觉得他"已经干涸了"。玛格丽特·加德纳也来看望他，发现他不太适应新环境：

"你迟到了，"他跟我打招呼，"我差点以为你不来了。"

"我很抱歉，"我说，"我打不到出租车。但我不算太晚——现在是4点40分。"

"茶点时间，"奥登正色道，"应该在4点……"

他抱怨说，每天在学院吃太多，导致他出现了饮食过量的问题。而且，这套经过粉饰一新的整洁寓所，真的不是他一贯以来的风格。

"尽管如此，这里还是很不错的，不是吗？更何况还很方便。"我离开时说。

"确实，"他回答得有些勉强，随后带着顽皮的笑意说，"但水槽的高度不对，我没办法往里面撒尿了。"

1973年1月底，奥登前往伦敦，与老朋友理查德·克罗斯曼一起录制电视采访。无论是面对镜头还是镜头之外的场合，他们之间似乎都无话可说。奥登认为克罗斯曼变得"粗鄙"，而克罗斯曼不满奥登背弃了他自己的青葱岁月和早期自我。"跟我说话的奥登，"他后来写道，"已经被重塑成一个体面的形象……看着他，我不禁想到一只老乌龟正从壳里探出脑袋窥视我。"[1]

几天后,奥登前往布鲁塞尔参加他的新歌剧《爱的徒劳》的首演。这场由西柏林的德意志歌剧院筹备的演出取得了小小的成功,但纳博科夫的作曲含有太多拼凑的痕迹,无法给人留下深刻的印象。在接下来的两年里,这家剧团再次上演了该剧,但此后再没有把它搬上舞台。在布鲁塞尔期间,纳博科夫观察到奥登"越来越苍老,越来越古怪,也越来越孤独,重复着同样的玩笑话……'要是我选择了圣职,我肯定已经是主教了'——这句话在两天内重复了五次……"。

奥登返回牛津后,按照戴维·卢克的说法,他与学院"双方都有调整的迹象"。基督教堂学院的英语系老师说服他参加了该学科本科生的毕业晚会,并出席了一个研讨会,还计划安排他在秋季出席一个有关莎士比亚的研讨会。他去看了本科生在大剧院演出的《皮下之狗》,祝贺全体演出人员以及导演马克·莫里斯的"出色工作"。他事先同意他们对剧本做出一定的修改,剧中插入了一个"诗人"角色,被设定为一个满脸皱纹的老者形象。"你认为这应该是我吗?"奥登饶有兴味地问道。

如果说这些方面的情况有所改善的话,那么在其他方面似乎有些恶化了。基督教堂学院公共休息室的一些同僚认为,应该有人旁敲侧击地跟奥登说一说,让他知道自己的谈话内容多有重复,可能会导致其余共餐人员的不适。我们不太清楚这件事的具体过程。大体上,有人跟戴维·卢克提了建议,但他不同意向奥登提

---

[1] 斯蒂芬·斯彭德写道:"克罗斯曼在20世纪70年代初让我叫上奥登去加里克俱乐部吃饭,还带上了我们各自的妻子。那天晚上,我听到克罗斯曼对奥登说:'你记得我们念大学时一起出去散步的情形吗?还有我给你看了我写的诗歌?'奥登说:'你从来没有写诗。除了政治,你对什么都不感兴趣。'"——原注

出此事。后来，罗伊·哈罗德告诉查尔斯·蒙蒂思，奥登已经知道了这方面的问题，显然是他本人跟奥登说的。罗伊·哈罗德曾在1926年短暂地辅导过奥登修习经济学方面的知识，退休后有时会去学院里处理一些事宜。根据哈罗德的说法，奥登把批评意见听了进去，直言不讳地回答："哦，你是说我让他们厌烦了。"结果便是，奥登在那个学期剩下来的时间里根本不愿意在用餐时开口说话了。[1]

4月，奥登离开了牛津，短暂地去了约克郡，在伊尔克利文学节朗读了自己的诗歌作品。随后，他去了伦敦，在二哥约翰家住了几天。接着，他启程前往基希施泰腾。他与基督教堂学院达成的协议是，他只需要在秋季学期和春季学期住在牛津，可以像往常一样去奥地利度过夏天，到了10月再返回牛津。

在基希施泰腾，他家门前的那条小巷已经改为"奥登路"了。其实，村里早前就想更名，但奥登一直表示拒绝，认为路名听起来就像是纪念一个死人。他说新路名让他无比尴尬，并拒绝在信头上写这个地址，仍然沿用了"辛特霍尔茨6号"的写法。但私下里，他有时会真情流露，承认自己喜欢这个新路名。

来到基希施泰腾后，他定下心来，创作了自去年夏天以来的第一首诗。无论如何，他都坚持认为一个人应该有规律地写诗，不管这一努力是否能产出成果。当然，离开了牛津，重返奥地利，可能给了他一种解脱感，让他有了创作的意愿。新写的诗歌中，有一首《答谢辞》，列举了多年来对他影响巨大的一些人：哈代、

---

[1] 戴维·卢克说，若果真是哈罗德向奥登提出了这个问题，那么一定是他自己主动去说的，而不是公共休息室的成员们推举他为代表。另外，他并不认为奥登在那个学期的剩余时间里沉默寡言。不过，他承认，奥登如果被人质疑了谈话问题的话，肯定会感到伤心和愤怒的。——原注

叶芝、查尔斯·威廉斯、克尔凯郭尔、贺拉斯、歌德，等等。该诗的主题，与他前一年写成的《摇篮曲》一脉相承。他在《摇篮曲》中写道：

449
> 让你睡前的思虑满怀感恩：
> 赞美你的父母，他们给了你
> 超我的精神力量
> 为你省去了那么多麻烦，
> …………
> 现在只求遗忘：
> 且让口腹之欲接管
> …………
> 梦境常会萦绕你心头，别理会，
> 因为甜美的梦、可怕的梦
> 都是可疑又无趣的笑话，
> 并不值得与之打交道。
> 睡吧，大宝贝，好好睡。

这年夏天，也跟往常差不多，访客络绎不绝，多数是老朋友。奥登手头上还有很多工作要做。他和莱夫·斯约伯格决定翻译诺贝尔文学奖得主佩尔·拉格克维斯特的一本诗集，这个翻译工作占用了夏天的绝大部分时间。6月中旬，他飞到伦敦参加国际诗歌节活动，也像从前那样住在斯彭德家里。切斯特陪他参加了活动，朗读了他自己的一些诗作。关于切斯特的出席，奥登事前已经征得查尔斯·奥斯本的同意。奥斯本觉得奥登"看起来比他前一段时间精神多了"。但两个月后，奥登在基希施泰腾写了一封信给 E.

第七章 重返英伦

R.多兹，呈现了另一个面貌的自己：

> 亲爱的多兹：
>
> 但愿生活对你仁慈得多。我这里的情况不容乐观。首先，切斯特的身体出了状况——肝病、颈椎病、双手颤抖等——不得不住院两周。他现在好多了，但需要吃好多种药。然后，就我而言，我已经感觉到衰老带来的问题。我的大脑似乎运转正常，但我的身体很容易疲惫。医生诊断我的心脏衰弱，不管这意味着什么，总之我也必须吃药。
>
> 你有没有在《纽约书评》上看到我为你写的书评？如果看到了，希望你能满意。但愿附在背面的诗歌[《考古学》]能给你捎去些许欢乐。
>
> 你永远的威斯坦
> 8月31日

奥登不在基希施泰腾过冬。9月底，他和切斯特离开基希施泰腾的住处，先去维也纳过一个周末，因为奥登在那里有一场诗歌朗诵会。然后，他们打算去牛津大学的住处，因为1973年的秋季学期就要开始了。他有许多长远的计划：推出新版《短诗合集》（1966年出版后，他几乎立即开始对诗歌进行新一轮的修改）；受牛津大学出版社委托，修订《牛津轻体诗选》，此次他打算与爱德华·门德尔松合作；1974年2月去美国巡回演讲——他曾就此事写信给他的纽约代理人，要求将住宿安排在教职员家里，而不是酒店，以便有人能随时照看他。与此同时，他和切斯特在离开基希施泰腾之前，为作曲家约翰·加德纳写了一部精短的脚本——《感官的欢娱》，将作为詹姆斯·雪利的 17 世纪假面剧《丘比特与死神》的幕间滑稽戏,于明年 2 月在伦敦上演。这部脚本主要是切斯特写的,以一组讽刺歌曲的形式,依次呈现了每一种感官,表达了这样一种认知:虽然放纵感官是荒诞不经的,但在死亡的永恒阴影之下,感官逸乐又是值得追求的——"生命短暂,及时行乐吧／感受你的肉身此刻的渴念／享受你的肉身所有的触感／坟墓里不会有肌肤之亲。"

1973 年 9 月 28 日,星期五晚上,奥登前往约瑟夫广场的帕尔菲宫,受奥地利文学学会的邀请朗读自己的诗歌。会后安排了晚餐,但奥登谢绝了,他说自己累了,希望能安排"一辆好车"送他回瓦尔菲施大街的阿尔滕布格霍夫酒店。第二天是星期六,切斯特在上午 9 点敲他的房门,但没有应答。他试了试门,发现上锁了,这让他心生疑惑。他打电话给管理员,他们过来强行开了门。奥登躺在床上,切斯特立刻意识到他已经去世了——"他的姿势不对。他从来不会向左侧卧。他觉得这对他的心脏不好。我摸了摸他,他已经没有体温了。"

在基希施泰腾的最后一个夏天,奥登写了一首俳句,切斯特告诉朋友们,这实际上是奥登的最后一首诗:

> 他仍然热爱生活
> 哦哦哦哦,但又多么希望
> 仁慈的主可以带走他。[1]

---

[1] 这首俳句没有留下手稿。切斯特·卡尔曼根据记忆向爱德华·门德尔松口述了这首诗,并表示奥登写完后拿给他看,但他(切斯特)觉得诗中的死亡意识过于浓烈,让他删掉,奥登照做了,而且很有可能彻底扔掉了。这首俳句有 19 个音节,日本的俳句应该是 17 个音节。切斯特解释道,奥登的做法是省略两个相邻元音的发音,那么第二行的"ＯＯＯＯ"就可以算作 2 个音节,而不是 4 个音节。——原注

第七章　重返英伦

★ ★ ★

初步尸检证实了奥登可能死于突发心脏病的推测。他之前似乎经历过一些不太致命的心脏病发作，支气管部位也有些病变。[1]

路透社的一个电话把奥登的死讯传达给了克里斯托弗·伊舍伍德，他们希望得到一些反馈信息，但伊舍伍德悲伤难抑，一句话都说不出来。切斯特·卡尔曼后来在一首诗中表达了自己的点滴感受：

> 威斯坦走了；富饶岁月的馈赠
> 而今只剩下虚空：我发现他死了
> 在酒店的床上面色铁青浑身僵冷……
> 为了我们双方，我尽可能地分享
> 他的工作与生活，但时常很不耐烦。
> 大致是如此状况；只能顺其自然。

切斯特回到了基希施泰滕，约翰·奥登和特克拉·克拉克去美国驻维也纳领事馆取回了威斯坦的物品。葬礼安排在下一个星期四，即10月4日，按照他生前所愿在基希施泰滕举行。与此同时，星期三晚上，纽约的圣约翰大教堂为他举行了追悼会，许多美国朋友参加了仪式。[2]

葬礼前的几天，那些与奥登关系密切并且能够设法赶往奥地

---

[1] 死亡证明给出的致死原因是"动脉硬化，心脏肥大，心内膜炎"；死亡时间是"上午9点30分"，但这可能是签署证明的医生检查尸体的时间。切斯特·卡尔曼坚持认为奥登在午夜前就去世了，尽管这仅仅是他的个人推测。——原注

[2] 牛津大学基督教堂学院在10月27日也举行了追悼会，斯蒂芬·斯彭德在会上致辞。——原注

利的人，陆陆续续乘飞机或坐火车抵达维也纳，随后赶到了基希施泰腾。这其中包括斯蒂芬·斯彭德、约翰·奥登的女儿丽塔及其丈夫彼得·穆德福德、迈克尔·耶茨和玛尼·耶茨、艾伦·安森、索尼娅·奥威尔、戴维·卢克、查尔斯·蒙蒂思，还有从美国乘飞机赶过来的爱德华·门德尔松。胡格尔和他的妻子克丽斯塔也来了，他们几乎不与旁人说话，看起来相当拘谨，有些局促不安。查尔斯·奥斯本以英国艺术委员会代表的身份，从伦敦赶了过来。葬礼当天上午，奥地利诗歌协会、美国领事馆和英国领事馆都派了代表出席葬仪，很多当地人也前来目送"教授先生"下葬。迈克尔·耶茨对葬礼做了如下描述：

> 一切都按照威斯坦的意愿谨慎地统筹安排。村民们一致希望他们也能为葬礼出力，就像威斯坦的朋友们那样。他们组织了一个乐队和一支正规的送葬队伍。在那栋宅子里，庞大的棺材斜立在威斯坦生前的卧室里，周围摆放着祭奠的鲜花和花环。这里已经被打扫得干干净净，不见平日里的杂物，床也被搬了出去。一些电视台的人、记者和摄影师聚集在花园里；所幸这些人没有蜂拥而至，挤满这个空间有限的场地。
>
> 悼亡者凑在了客厅兼餐厅里，这里提供葡萄酒。最后一批人从维也纳赶来后，切斯特才现身。显而易见，他痛彻心扉。有些人想要说点什么，有些人简单地交流了几句，此时有人从窗口抬出了棺材。切斯特站了起来，有些激动地说："我希望所有带着麦克风的新闻制作人、摄影师和媒体都离开花园，也希望任何未受邀请的人离开这栋房子。"接着，他宣布："有件事我必须要做。威斯坦曾说过，他希望在自己的葬礼上播

第七章　重返英伦

放《齐格弗里德葬礼进行曲》，那么，你们准备好了吗？"[1]他早已挑出了这张留声机唱片，现在把唱针摆在了恰当的刻槽上。这首曲子产生的效果，鲜活地呈现在每个人的脸上。

音乐结束后，切斯特带领大家走到屋外，送葬的队伍和乐队、当地官员以及其他悼亡者都在外等候。现场静悄悄的，不远处的高速公路时而传来车辆疾速驰过的声音。这时，切斯特说："我希望约翰［约翰·奥登］在我的左边，迈克尔［迈克尔·耶茨］在我的右边。请其他人跟在我们后边。"

从这栋宅子到洋葱顶的小教堂大约有半英里。乐队的演奏不太像哀乐，所以送葬队伍没有出现威斯坦不太喜欢的那种沉痛气氛。起初，切斯特故意说起了玛丽亚·卡拉斯和歌剧来控制自己的情绪，但很快，他闭上了嘴，陷入了死寂的沉默。

虽然威斯坦本人曾希望在基希施泰腾安葬，但真正到了这一步，流程上还须进行特别的安排。由于他是英国国教徒，又经常去当地的天主教堂做礼拜，最终决定由英国国教的牧师和当地的天主教神父共同主持葬仪，交替使用英语和德语。[2]在教堂里进行了简短的葬仪后，棺材被抬到了指定的位置。

他就这样被安葬了，简简单单，没有隆重的仪式，只有悲伤缓缓地流淌。对那些与他最为亲近的人而言，这最后一刻是难以承受的痛别。

一切结束后，大约四十人去了教堂旁的"小客栈"用餐。

1　1962年，奥登与斯特拉文斯基夫妇共进晚餐时宣称："等我的大限到了，我希望播放《齐格弗里德葬礼进行曲》，而不是大家在屋子里干瞪眼。"——原注
2　约翰·奥登和切斯特·卡尔曼与基希施泰腾的天主教神父讨论过后，确定了这个方案。出席葬礼的英国国教牧师，是英国驻维也纳大使馆的特遣牧师。——原注

之后,一些私交好友陪切斯特漫步在午后的阳光里,慢慢地踱步回家。查尔斯·奥斯本早已在维也纳张罗了一场晚宴,招待留在这座城市的一些朋友;他现在觉得很有必要邀请切斯特也出席。切斯特很高兴,但希望每个人都能到场。他之所以产生这样的念头,很有可能是因为他天性中的犹太特质以及根深蒂固的家庭观念。于是,为了迎合切斯特的需求,一场私人性质的晚宴,变成了大聚餐。那天晚上在维也纳的聚会,气氛渐渐活络了起来,扫除了漫漫长日里无尽的悲伤与疲惫,直到返回基希施泰腾的火车时间临近了,众人才离场。威斯坦肯定会赞成这种欢愉的方式——尽管玩得太晚了,早已超过了他的就寝时间。

奥登的遗嘱写明,一切都留给"切斯特·西蒙·卡尔曼",若是切斯特先于他离世,则将遗产转给他的侄女丽塔和安妮塔,即约翰·奥登的两个女儿。切斯特在1973年冬再次前往雅典,第二年春天回到了基希施泰腾。他现在的健康状况很糟糕,不仅如此,他的生活似乎已经失去了意义。他告诉艾伦·安森:"我失去了我的日晷。"1974年秋,他出席了在伦敦威斯敏斯特大教堂举行的一个仪式,桂冠诗人约翰·贝杰曼在"诗人角"[1]为奥登揭幕一块纪念碑。切斯特的背弓得更厉害了,腿也站不直,奥登的许多朋友都认不出他了。翌年1月,他在雅典去世,显然死于心力衰竭(没有尸检),终年54岁。

---

[1] "诗人角"是英国文豪们的长眠之地。

他的遗嘱是把一切都留给奥登，因而是无效的。结果，他的财产连同奥登的财产都转移给了他最近的亲人，也就是他的父亲，时年80多岁的爱德华·卡尔曼医生。卡尔曼医生不久后与多萝西·法南结婚，后者自20世纪40年代以来便与切斯特及其家人相熟。1979年，她和丈夫起诉纽约公共图书馆，要求归还奥登的文献资料，包括他1929年在柏林写的日记。奥登去世时，这些资料都属于奥登的遗物，因而转交给了切斯特。随后，切斯特将这些资料收集了起来，嘱咐爱德华·门德尔松移交给纽约公共图书馆。切斯特在捐赠契据尚未出具之前就离世了，卡尔曼夫妇由此辩称，切斯特的本意不是捐赠，而是交给图书馆暂且保管。奥登和切斯特的不少朋友持反对意见，并提供了证据，证明切斯特确实想要把这些资料捐赠给图书馆，因为奥登一直以来都认为，手稿应该被捐赠而不是被售卖。("无耻的充满妒忌的时代！"奥登写道，"相比完美的作品，公众／会为那些原本无意出售的笔记和草稿／掏出更多的钱。")有人还在法庭上指出，切斯特原本打算立一份新遗嘱，将奥登的版权和版税都留给奥登的侄女安妮塔和丽塔，而这也是奥登的本意。最终，卡尔曼夫妇败诉，他们仍然拥有奥登的版权和版税，但那些资料归图书馆所有。

切斯特在去世前把基希施泰腾的房子卖给了管家施特罗布尔夫人，条件是他可以继续来此消夏。后来，在奥地利文学学会和下奥地利州政府的斡旋之下，这栋房子被安排为奥登纪念馆。1977年2月20日，星期日，在奥登生日的前一天，基希施泰腾的村民在乐队的伴奏、唱诗班的演唱和花环的簇拥下，浩浩荡荡游行至奥登的墓地，纪念奥登诞辰70周年。

奥登的最后一本诗集《谢谢你，雾》于1974年9月出版。书中附有说明，向读者解释他去世时并未完成此作。不久后，新版

《诗选》面世，基于他最新（也是最后一次）的修订。《英国奥登》也面世了，爱德华·门德尔松在其中收录了奥登创作于1927年至1939年间的所有诗作的原初版本，其中有不少诗作都遭到后期奥登的修改或剔除。

奥登离世的讣告不一而足。《泰晤士报》宣称："W. H. 奥登，一直以来都是英语诗坛的'顽童'……最终毫无争议地成了大师……最重要的是，在这样一个危机重重的世界，道德和社会现实主义是迫在眉睫的需求，奥登全方位地展示了传统诗歌形式如何为其服务并获得新生。如此一来，他成为一种普及面广、公众可及的艺术的急先锋。"并非所有人都认同这个判断。20世纪30年代以后再未见过奥登的爱德华·厄普华，在回忆录中写道："他似乎有意不成为一个真正伟大的诗人，而我确信他有能力做到这一点。我从不怀疑他在英国诗人中占据一个永久的位置，但我常常想——现在依然这么认为——他本可以抵达一个更瞩目的高度。"

当然，对奥登全部成就的评判，取决于人们如何看待他的后期诗歌——视其为一种"衰退"，抑或是不惜一切代价清除作品中的虚假修辞，从而使诗歌为真相服务（这是奥登本人的解释，一些洞察力更为敏锐的评论家也已察觉了）。无论持何种观点，我们都无法否认约翰·莱曼的判断——他说，在诗人之中，"我相信，没有人表现出如此非凡的能力，他以诗人的视角，通过诗歌讲述了完整的生命"。杰弗里·格里格森在1975年出版的《奥登：悼念集》中表达了同样的观点："如果我们跟随他的脚步，看着他颂扬、钻研、舍弃、增添和再次尝试，我们会从他那里找到清晰可辨的为人处世之道。"重读奥登几十年来的诗歌及其众多版本，我们一定会发现林肯·柯尔斯坦的说法何其正确——他将奥登与"毕加索在绘画界的位置、斯特拉文斯基在音乐界的位置"相提并论，认为他是"将我们全部的过去投射于现在并且预言了未来的大师"。

奥登自己说过，他拥有幸福的人生。他在去世前不久说："我有一个了不起的审查员，他拒绝让我记住任何不愉快的事情，即便它们卷土重来，也会被挡在门外。"1965年，他把自己的生活描述为"迄今为止，一直很幸福"。再往前推几年，他说："我真的是一个乐观的人。我一直认为存在本身就是一件快乐的事情。即使一个人受到伤害，不得不发出怒吼，他依然要庆幸自己能够做到这些。"

在威斯敏斯特大教堂的奥登纪念碑上，镌刻着他悼念叶芝的两行诗："在他岁月的囚笼中／教会自由的人如何称颂。"奥登生前已经注意到诗人为自己撰写墓志铭存在一定的风险：关于叶芝的墓志铭"骑士，请赶路"，他指出路过墓地的人更有可能是一个开车的人，而不是一个"骑士"。人们或会认同，《在亨利·詹姆斯墓前》的最后一个诗节可以作为他的墓志铭：

  一切自有评判。微妙和疑虑的大师，
  请为我、为所有活着或已故的作家祈祷：
   只因很多人，其作品的格调
  比他们的生命更高，只因我们职业性的
  虚荣永无休止，请代为说项求情
   为所有庸碌俗辈的背信弃义。

附录一　参考文献

粗体缩略语是注释（附录二）中使用的缩写，用以表明引用文献出处。

（一）奥登出版的作品

关于奥登作品的详尽细目，读者可以参考巴里·布卢姆菲尔德和爱德华·门德尔松合著的《奥登书目：1924—1969》（弗吉尼亚大学出版社，1972年第二版）。这本书正在筹备第三版，对所有认真研读奥登作品的人来说是不可或缺的。这里仅仅罗列奥登的主要作品，并提供最为基本的出版信息：

Poems, privately printed by Stephen Spender, 1928

Poems, Faber & Faber, 1930; second edition, 1933

The Orators: An English Study, Faber & Faber, 1932; second edition, 1934; third edition, 1966; first separate American edition, 1967

The Dance of Death, Faber & Faber, 1933

Poems, Random House (New York), 1934 (containing all the poems in the 1933 Faber edition of *Poems*, together with *The Orators* [first edition text] and *The Dance of Death*)

The Dog Beneath the Skin (with Christopher Isherwood), Faber & Faber, 1935; Random House, 1935 **[DBS]**[1]

The Ascent of F6, Faber & Faber, 1936; Random House (revised text), 1937 **[F6]**[2]

Look, Stranger!, Faber & Faber, 1936; published by Random House in 1937 as *On This Island*

Spain, Faber & Faber, 1937

Letters from Iceland (with Louis MacNeice), Faber & Faber, 1937; Random House, 1937; second English edition, 1967; second American edition, 1969 **[LFI]**[3]

On the Frontier (with Christopher Isherwood), Faber & Faber, 1938; Random House, 1939 **[OTF]**[2]

Education Today and Tomorrow (with T. C. Worsley), Hogarth Press, 1939

Journey to a War (with Christopher Isherwood), Faber & Faber, 1939; Random House, 1939; second English edition, 1973 **[JTAW]**

Another Time, Random House, 1940; Faber & Faber, 1940 **[AT]**

The Double Man, Random House, 1941; published by Faber & Faber in 1940 as *New Year Letter* (there are certain textual differences between these two volumes)

For the Time Being, Random House, 1944; Faber & Faber, 1945

The Collected Poetry, Random House, 1945 **[CP45]**

---

1 本书注释中提到的版本是费伯-费伯出版社在 1968 年出版的平装本。——原注
2 本书注释中提到的《攀登 F6》和《边境》，出自费伯-费伯出版社在 1958 年出版的平装本戏剧合集。——原注
3 本书注释中提到的版本是英国第二版。——原注

The Age of Anxiety, Random House, 1947; Faber & Faber, 1948

Collected Shorter Poems, 1930-1944, Faber & Faber, 1950

The Enchafed Flood, Random House, 1950; Faber & Faber, 1951

Nones, Random House, 1951; Faber & Faber, 1952 **[Nones]**

The Rake's Progress (libretto, with Chester Kallman), Boosey & Hawkes, 1951; second edition, 1966; edition accompanying boxed record set Columbia M3S 710 (CBS BRG 72278-80), 1964 (includes notes by Igor Stravinsky, Vera Stravinsky and Chester Kallman) **[RP]**[1]

The Shield of Achilles, Random House, 1955; Faber & Faber, 1955

The Magic Flute (libretto translated by Auden and Chester Kallman), Random House, 1956; Faber & Faber, 1957

W. H. Auden: a selection by the author, Penguin Books, 1958; published by The Modern Library in 1958 as *Selected Poetry*

Homage to Clio, Random House, 1960; Faber & Faber, 1960 **[HC]**

Elegy for Young Lovers (libretto, with Chester Kallman), Schott, 1961

The Dyer's Hand, Random House, 1962; Faber & Faber, 1963 **[DH]**

About the House, Random House, 1965; Faber & Faber, 1966

The Bassarids (libretto, with Chester Kallman), Schott, 1966

Collected Shorter Poems, 1927-1957, Faber & Faber, 1966; Random House, 1967 **[CSP66]**

Collected Longer Poems, Faber & Faber, 1968; Random House, 1969

Secondary Worlds, Faber & Faber, 1969; Random House, 1969 **[SW]**

City Without Walls, Faber & Faber, 1969; Random House, 1970

A Certain World, Random House, 1970; Faber & Faber, 1971 **[ACW]**

Academic Graffiti, Faber & Faber, 1971; Random House, 1972

Epistle to a Godson, Random House, 1972; Faber & Faber, 1972

---

1 注释中提到的版本是这套盒装唱片的附件。——原注

Love's Labour's Lost (libretto, with Chester Kallman), published in vocal score by Bote & Bock, 1972

Forewords and Afterwords, Random House, 1973; Faber & Faber, 1973 **[FA]**

Thank You, Fog, Faber & Faber, 1974; Random House, 1974 **[TYF]**

Collected Poems, edited by Edward Mendelson, Faber & Faber, 1976; Random House, 1976 **[CP]**

The English Auden, edited by Edward Mendelson, Faber & Faber, 1977; Random House, 1978 **[EA]**

Selected Poems, new edition, edited by Edward Mendelson, Vintage Books, 1979; Faber & Faber, 1979 **[SP]**[1]

（二）奥登的信件和其他手稿

本书引用的许多信件和手稿资料，都保存于这些机构：

The Henry W. and Albert A. Berg Collection, the New York Public Library, Astor, Lenox and Tilden Foundations **[Berg]**[2]

The Department of Western Manuscripts, Bodleian Library, Oxford **[Bodleian]**

The British Library (British Museum), London **[BM]**

The Butler Library, Columbia University, New York **[Butler]**[2]

The Humanities Research Center, University of Texas at Austin **[HRC]**[2]

这里罗列了本书引用的最重要的信件和其他手稿：凡存于公共机构的，都标注了存放信息；若没有专门标注存放地，则为私人所有。

1　早期以《诗选》命名的选集分别出版于 1938 年和 1968 年。——原注
2　我非常感谢这些图书馆允许我引用他们保存的手稿。——原注

Dodds collection (MSS. of Auden's juvenilia, given by his mother to E. R. Dodds): Bodleian **[Dodds collection]**

Fisher collection (MSS. of Auden's juvenilia and undergraduate poems, collected by A. S. T. Fisher) **[Fisher collection]**

Letters to E. R. and Mrs A. E. Dodds: Bodleian **[to ERD / AED]**

Letters to Rhoda Jaffe: Berg **[to RJ]**

Letters to Chester Kallman: several locations; see specific notes for location of particular letters **[to CK]**

Letters to Elizabeth Mayer: Berg **[to EM]**

Letters to Hedwig Petzold: Berg **[to HP]**

Letters to Arnold ('Nob') Snodgrass: Berg **[to AS]**

Letters to Stephen Spender **[to SS]**

此外,本书引用的其他信件和手稿,会在注释中说明存放地。

(三)关涉奥登生平的书籍和文章

但凡涵盖奥登所生活的时代的文学传记、自传或回忆录,几乎或多或少都会提及他。这里仅仅罗列本书引用频率最高的作品:

Ansen, Alan, (unpublished) notes on conversations with Auden in New York during 1946 (Berg Collection: see above, section 2) **[Ansen]**

Bloomfield, B. C. and Mendelson, Edward, *W. H. Auden, A Bibliography, 1924-1969*, University Press of Virginia, second edition, 1972 **[Bibliography]**

Craft, Robert, *Stravinsky: Chronicle of a Friendship*, Victor Gollancz, 1972 **[Chronicle]**

Davidson, Michael, *The World, the Flesh and Myself*, Arthur Barker, 1962 **[Davidson]**

Day Lewis, C., *The Buried Day*, Chatto & Windus, 1960 **[Buried Day]**

Dodds, E. R., *Missing Persons: an autobiography*, Oxford, Clarendon Press, 1977 **[Missing Persons]**

Finney, Brian, *Christopher Isherwood: a critical biography*, Faber & Faber, 1979 **[Finney]**

Fisher, A. S. T., 'Up at Oxford with Poets' (unpublished memoir of Auden and other poets with whom Fisher was an undergraduate; typescript kindly lent by the author) **[Fisher]**

Gardiner, Margaret, 'Auden: a memoir', *New Review*, III, 28 (July 1976), 9-19 **[Gardiner]**

Harvard Advocate, CVIII, 2 & 3: special issue, 'W. H. Auden, 1907-1973' **[HA]**

Isherwood, Christopher, *Christopher and his Kind*, Eyre Methuen, 1977 **[CAHK]**

Isherwood, Christopher, *Lions and Shadows: an education in the twenties*, Hogarth Press, 1938 **[L & S]**

MacNeice, Louis, *The Strings are False: an unfinished autobiography*, Faber & Faber, 1965 **[Strings]**

Mitchison, Naomi, *You May Well Ask: a memoir, 1920-1940*, Victor Gollancz, 1979 **[You May Well Ask]**

Pike, J. A., ed., *Modern Canterbury Pilgrims*, A. R. Mowbray, 1956 **[Modern Canterbury Pilgrims]**

Plimpton, George, ed., *Writers at Work: the Paris Review interviews*, 4th series, Secker & Warburg, 1977 **[Paris Review]**

Pudney, John, *Home and Away*, Michael Joseph, 1960 **[Pudney (Home)]**

Pudney, John, *Thank Goodness for Cake*, Michael Joseph, 1978 **[Pudney (Cake)]**

Scobie, W. I., 'W. H. Auden, In Faithless Arms, In Faithful Love', *Advocate*

(San Mateo, California), 14 June 1978, Book Section, 24-27 [**Advocate**]

Spears, Monroe K. (ed.), *Auden: a Collection of Critical Essays*, (Twentieth Century Views), New Jersey: Prentice-Hall, 1964 [**TCVA**]

Spears, Monroe K., *The Poetry of W. H. Auden: the Disenchanted Island*, New York: Oxford University Press, 1963 [**Spears**]

Spender, Stephen, *World Within World*, Readers Union edition, 1953 [**WWW**]

Spender, Stephen, ed., *W.H. Auden, a tribute*, Weidenfeld & Nicolson, 1975 [**TR**]

Stravinsky, Igor and Craft, Robert, *Memories and Commentaries*, Faber & Faber, 1960 [**Memories & Commentaries**]

Stravinsky, Vera and Craft, Robert, *Stravinsky in Pictures and Documents*, Hutchinson, 1979 [**Strav. / Craft**]

Sussex, Elizabeth, *The Rise and Fall of British Film Documentary*, University of California Press, 1976 [**Sussex**]

Upward, Edward, 'Remembering the earlier Auden', *Adam International Review*, 1973-4, 17-22 [**Upward**]

Yanovsky, V. S., 'W.H. Auden', *Antaeus*, 19 (Autumn 1975), 107-135 [**Yanovsky**]

附录二　引用文献

正文中使用的引文，在本附录中通过其出现的页码[1]和引用的头几个词加以标记。当两个以上来自同一文献的引文在较短篇幅内相继出现时，我通常只使用第一次引用时的头几个词来标记。缩略语可查阅参考文献（附录一），我在那里给出了作品或原始资料的完整信息。

xv "有关作家"：ACW vii. "自称为学者"：*For W.H. Auden, February 21,1972*, ed. P.H. Salus and P.B. Taylor, Random House, 1972, 34. "杜绝传记"：to Edward Mendelson, 9 May 1972.

xvi "灵活机动"：Edward Mendelson, 'Authorised Biography and its Discontents', *Harvard English Studies* (1978), 10. "任何诗人"：*Buried Day* 25. "如果艺术家"：FA 89f. "相反，我"：ibid. 247.

3 "归根结底"：EA 208. "一种有意识"：EA 334. "我有个"：FA 503.

4 "一个哈姆雷特式"：ACW 331. "抓狂"：to J.R.R. Tolkien, 28 July 1955 (Estate of J.R.R. Tolkien). "Why shun a"：ACW 17. "Hug a

---

1　原书页码，即本书边码。

shady": TR 179. "litotes": HA 18. "如果你": *Paris Review* 264.

5   "那种为了": FA 515. "我特别喜爱": EA 191. "神圣": CP 623.

6   "从伯明翰": EA 175. "充满了": CP 581. "对于某些": FA 486. "从未见过": EA 191. "太温顺": FA 500f. "妈妈应该": *Observer Magazine*, 7 November 1971, 41f. "真心实意": FA 499.

7   "我最初": *Modern Canterbury Pilgrims* 33.

8   "纯粹的": FA 496. "在我童年": LFI 8. "在父亲的": FA 497. "我父亲的": EA 397.

9   "唯一堪与": TR 90. "小时候": foreword to Angus Stewart, *Sense and Inconsequence*, Michael deHartington, 1972. "更关注": ACW 156. "治疗并不是": CP 627.

10 "性格冷静": FA 499. "反应迅捷": ibid. "我接触": *Observer Magazine*, 7 November 1971, 41f.

11 "疾病可能": CP 602. "一个早熟": FA 508. "实在是古怪": FA 501. "汤米按照": British Library Add. MS. 52430, fol. 8.

12 "我想我们": EA 359. "理解圈套": ibid. 335. "没有人愿意": EA 198. "通常所说的": *New Republic*, 10 February 1941, 185f. "基本上仍然": *Southern Review*, Summer 1940, 81. "8月9日": holiday diary in the possession of Dr John Auden.

13 "那些从不": CP 203.

14 "把自己": EA 191. "我醒着": FA 502. "唯一主宰者": *Southern Review*, Summer 1940, 78. "一个像": DH 34. "我想": EA 398.

16 "我敢肯定": FA 505. "一个由": EA 398.

17 "任何一个": ACW 146. "负负得正": ibid. 92. "声音刺耳": EA 398. "他一点都不": ibid. "老老少少": FA 505. "迷茫又困惑": EA 192. "对茫茫人世": ibid. "奥登，我": FA 505.

18 "一号机枪": *St Edmund's School Chronicle*, June 1917, 53–5. "一战已经": EA 192.

19 "我就喜欢": ibid. "言论的效果": TR 35. "热衷于": EA 322. "我想": FA 508. "邂逅": *Southern Review*, Summer 1940, 78. "要过充满": ibid.

20 "我接受": *Common Sense*, January 1940, 23. "乘坐": holiday diary in the possession of Dr John Auden. "从某种程度": FA 500.

21 "从来没有": ibid. "父亲在": CP 602. "确实影响": Ansen. "对我们": L & S 181f. "我看见他": ibid. 182. "一个小男孩": *New Statesman*, 9 June 1956, 656.

22 "我想,上帝": *Paris Review* 249. "那些教堂": L & S 182.

23 "在鲁克霍普": CP 182. "会长将": *Times Literary Supplement*, 5 November 1971, 1390.

24 "我们每个人": TR 33. "跟我们解释": EA 323. "听他朗读": ibid.

25 "我相信""然而,不管": EA 325. "这意味着": ibid.

26 "真正优秀的": EA 324. "宗教狂热": FA 517. "只有含糊不清": EA 326. "相当露骨": *Modern Canterbury Pilgrims* 34. "只有不被""很容易": ibid. 35. "一切生命": EA 397.

28 "乘坐游览车": EA 322. "我担心": TR 40. "踢着": EA 194.

29 "在悄无声息": B.C. Bloomfield, *W.H. Auden: A Bibliography*, 1st ed., University Press of Virginia, 1964, ix. "摇曳的灯光": Dodds collection. A MS. of this poem owned by A.S.T. Fisher and published by him in *Notes and Queries*, October 1974, 371, has several textual differences.

30 "茫茫一片": *The Gresham*, 16 December 1922, 23. A MS. of the poem is in the Dodds collection, and has several textual differences. "一个诗人": DH 36. "却没有找到": *Southern Review*, Summer 1940, 78. "发红的手腕": TR 39.

31 "奥登在": ibid. "最不像": ibid. 42. "你不该": EA 323. "我觉得自己": TR 39f. "经历有": EA 322.

32 "黎明的报颜""秋天来了": Dodds collection. "很有可能": *Observer*

Magazine, 7 November 1971, 36. "对我来说": EA 185.

33 "噢, 猩红的美人": Dodds collection. "他自己": TR 39. "那些日子里": Fisher collection.

34 "好的诗歌": DH 36. The poems cited in the second paragraph on this page are all in the Dodds collection. "一捆捆诗": TR 40. "我想知道" "我很抱歉": Dodds collection. "是的, 他": Dodds collection.

35 "技巧过早": *Southern Review*, Summer 1940, 81. "将近一年多": ibid. "浓密的髭须": ibid. "我们人类": Fisher collection. "铁轮悬挂在": Dodds collection.

36 "冶炼厂": TR 75. "迄今为止": *Southern Review*, Summer 1940, 83. "在动物学": Dodds collection. "解剖这些": DBS 117. "我有一个": Dodds collection.

37 "这是一个": Davidson 1. "奥登, 我": ibid. 127. "迷住了" "哪怕只是" "我找到了": ibid. "不是由于": FA 509. "他曾告诉我": Davidson 129. "善意地": ibid. "我很感谢": FA 509.

38 "宫廷政变": *Southern Review*, summer 1940, 80. "在睡眼惺忪": L & S 187. "你的音乐": Fisher collection. "在我们这代": FA 332. "苏醒并快乐": Fisher collection. "粉碎机": Dodds collection; printed in L & S 186 with slightly different punctuation.

39 "置于一片": *Public School Verse 1923–24*, Heinemann, 1924, 18. "鹁鸰在": Fisher collection.

40 "长时间": FA 508. "一只鸟": *Paris Review* 249. "他爱上我了": Pudney, *Cake*, 71. "他会在清晨": Pudney, *Home*, 46. "给我讲了": Pudney, *Cake*, 51. "威斯坦说话": Pudney, *Home*, 45. "威斯坦居然": ibid. 47.

41 "下定决心": Davidson 128. "威斯坦有所": TR 41. "一个坚定的": *Common Sense*, January 1940, 23. "我摩托车": Fisher collection. "便捷的旅店": WWW 34.

42 "有人使劲" and subsequent reminiscences by A.S.T. Fisher are from his unpubished memoir of Auden; see Appendix A. "花哨": *Buried Day* 185.

43 "很随意": TR 46. "火山喷发" "断奶": L & S 193. "难忘的言语" "要是一首": EA 327. "他常常记错": Gardiner 15.

44 "我们绘制了": *Oxford Poetry 1926*, Blackwell, 1926, 6.

45 "马一般的": to CK [December 1941] (HRC). "煮火腿！": TR 245. "他庞大的": L & S 193. "我只是": TR 113.

46 "是的，他": L & S 183. "它们既不是" "意蕴丰富" "一个彻底的": ibid. 185.

47 "他那冰冷的": David Ayerst to the author, 14 April 1980. "他们要么": EA 326. "在我读书": FA 511. "堕落": EA 195. "我在牛津" "这让我" "颓废大师": *Strings* 103.

48 "就像风": EA 437. "自知之明": WWW 46.

49 "你是知道": Fisher. "对异性恋者" "这是正确的": to W.L. McElwee [c. August 1927] (British Library). "我的脑海里": to V.M. Allom [July 1927].

50 "你听我说": Fisher collection. "天才总是" "在这么短": Fisher collection.

52 "纯粹的": FA 514. "碰巧我": ibid. "德国和": ibid. 511. "我没有成为": FA 498.

53 "当我与": *Encounter*, April 1954, 3-4. "我并不打算": FA 513. "太傲慢了": ibid. "一天上午": *For W.H. Auden, February 21, 1972*, ed. PH. Salus and P.B. Taylor, Random House, 1972, 35. "他不是大师": FA 513.

54 "为了根据": *For W.H. Auden* (see note to p. 53), 35. "最乏味的": EA 183. "无感": unidentified newspaper interview dated November 1937, in the possession of Giles Auden. "他最优秀的": *From Anne to Victoria*, ed. B. Dobrée, Cassell, 1937, 105. "英国文学史": *A Choice of*

Dryden's Verse, ed. W.H. Auden, Faber, 1973, 9.

55 "真的欣赏": TR 44. "这是我": ACW 22. "雷恩是一个": unpublished interview with Robert H. Boyer, 11 January 1972. "他说过的话": DH 41f. "盎格鲁-撒克逊": ibid. "一般而言": to John Pudney [April 1931] (Berg). "更加直觉性": EA 182. "我的建议是", to ERD, 21 June [1968].

56 "如果说": *Observer*, 5 February 1961, 21. "除了英语": ibid. "来自荣格": L & S 191. "因无所事事": FA 513. "我很清楚": ibid. "我在 19 岁": ibid. 514.

57 "纯洁的""刚开始读": Tom Driberg, *Ruling Passions*, Cape, 1977, 58. "1907 年": *Southern Review*, summer 1940, 83. "我把自己": *T.S. Eliot: A symposium*, ed. R. March and Tambimuttu, Editions Poetry, 1948, 82. "在这片松林下": *Oxford University Review*, 18 November 1926, 177. "双向奔赴": *Oxford Poetry 1926*, Blackwell, 1926, 1–3.

58 "诗歌不是": T.S. Eliot, *Selected Prose*, Penguin, 1953, 30. "诗人必须": *Buried Day* 157. "沉滞的河道": T.S. ELiot, *Collected Poems 1909–1962*, Faber, 1963, 70. "奥登最喜欢": *Buried Day* 177. "很可能是": ibid. "与丁尼生": to A.S.T. Fisher [1972].

59 "芸芸众生": *Oxford Outlook*, June 1926, 180. "为数不多": Spears 67. "霍普金斯应该": John Lehmann, *The Whispering Gallery*, Longmans, 1955, 329. "可以被窃取": *Southern Review*, summer 1940, 85f. "本世纪": to P.H. Salus, 8 July [1965] (Berg). "我们的腹股沟": *Oxford Poetry 1925*, Blackwell, 1925, 4.

60 "诗人借以": *Oxford Outlook*, May 1926, 120. "嘴唇完全": *Cherwell*, 22 May 1926, 130. "美好的夜晚": *Oxford Magazine*, 19 June 1926, 8. "我们尽量": *Oxford Poetry 1926*, Blackwell 1926, preface.

61 "我疯狂": to David Ayerst [probably early September 1926]. "笑是": L & S 189. "当然,无论如何": ibid. "大声地试练": ibid. 190. "他非

常希望":ibid."(威斯坦)虽然":ibid. 190f.

62　"在它们":CAHK 42."浪漫的渴望":ibid. 10.

63　"他肆意":L & S 194."让我大吃一惊":ibid. 195."他的那些":ibid."并不浪漫":CAHK 197."粗短稚气":L & S 183."矮胖整洁":EA 156."一有机会":CAHK 197."他们的友谊":ibid.

64　"做爱的价值":Christopher Isherwood to the author, 23 September 1979."我一直没":John Betjeman, *Slick but not Streamlined*, Doubleday, 1948, 9.

65　"他一向都":*Shenandoah*, Winter 1967, 47."我没有":*New York Review of Books*. 16 October 1967, 12."那时候":ibid."在牛津大学":FA 512.

66　"看得越来越":verse-letter to C. Day-Lewis [1929] (HRC)."超凡的智慧""然而":*Buried Day* 176."绝对是":L & S 214."传奇世界":ibid. 215."我不太明白":TR 46."废话":*Partisan Review*, November 1948, 1207."给我留下":TCVA 27.

67　"他果真":TR 125."他禁止":CP 668."奥登有":TCVA 31."他与自身":DH 9f."如果一个":DH 40."从本质上":transcript of radio discussion on 19 March 1941, in files of magazine *Decision* (Yale University Library)."请永远记住":to Caroline Newton [21 January 1943] (Berg)."我确实":to SS [autumn 1940].

68　"真的很":*Partisan Review*, November 1948, 1207."拥有疯子":*Missing Persons* 123."可能最好":*Buried Day* 177."有自己的":ibid. 178."学到了很多":*Kenyon Review*, spring 1948, 187."我自己的":*Buried Day* 178."这位高个子":*Encounter*, November 1963, 48."你总能":*Strings* 114."你在这儿吗?":British Library Add. MS. 59618.

69　"我和麦克尔威":to David Ayerst [? January 1927]."最亲爱的":Auden's letters to Hedwig Petzold are in the Berg Collection."就我们":

附录二 引用文献　　　　　　　　　　　　　　　　　　　　711

to W.L. McElwee [Easter 1927] (British Library).
70　"前几天":to Christopher Isherwood [probably June 1927]."我下结论":
　　EA xiii."总的来说":ibid."这里成天":to W.L. McElwee [summer
　　1927] (British Library)."那天的牛排":*Oxford Poetry 1927*, Blackwell,
　　1927."在混乱":ibid. 5."情感不再":ibid. vi.
71　"我选择":EA 439f.
73　"我曾与父亲":*Badger* (Downs School magazine), autumn 1934, 22."拂
　　晓之际":EA 440."它本身":*Shenandoah*, Winter 1967. 47."谁站在":
　　EA 22.
74　"假如他们":ibid."那也不是":ibid. 24."我对工作":to W.L.
　　McElwee [Easter 1927] (British Library)."他的言论":*For W.H. Auden*
　　(see note to p. 53), 38."拜访奥登":WWW 43f.
75　"一个高耸":*Strings* 113."一群新生":WWW 44."在我认识":ibid.
　　44f."就像一个":ibid. 88.
76　"轻度的折磨":ibid. 42."由于精元":EA 441."我称你为":British
　　Library Add. MS. 52430, fol. 65."你独特的":to Gabriel Carritt, 31
　　October [1931].
77　"这首诗":ibid."我意识到":to Gabriel Carritt, 6 October 1930."奥
　　登虽然":WWW 46.
78　"卡里特夫人":TR 57."奥登相信""没关系":TR 47."迪克":
　　verse-letter to C. Day-Lewis [1929] (HRC).
79　"更离奇":EA 26."似乎是":to Monroe K. Spears, 21 July 1962.
80　"我刚刚从":to W.L. McElwee [Good Friday, 1928] (British Library).
　　"学位考试":to W.L. McElwee [probably Easter vacation, 1928] (British
　　Library)."我们都以为":J.I.M. Stewart to the author, 27 July 1979.
81　"我在学业上":BBC television interview broadcast on 28 November
　　1965."假如一个":DH 41, 43."人们通常":unpublished memoir of
　　Auden by V.M. Allom."亲爱的戴维":to David Ayerst [summer 1928].

82 "在斯帕": to David Ayerst [summer 1928]. "他们拒绝": EA xiii.
83 "合理的标点": LFI 109. "我发现不少": *Missing Persons* 121. "一种可以": WWW 46. "分析、阐释": ibid. 52. "把知识": TR 150. "你知道的": to SS [autumn 1940].
84 "我的未婚妻": to C. Day-Lewis, quoted in Scan Day-Lewis's biography of his father (1980). "我不会": FA 521. "我要去柏林": to David Ayerst [August 1928].
85 "精彩绝伦": *Oxford German Studies* I (1966), 166. "沉醉于": to EM, 1 March 1943.
86 "被他那" and other quotations from Layard's (at present unpublished) autobiography were made available through the kindness of James Greene. "人性本善": Homer Lane, *Talks to Parents and Teachers*, Allen & Unwin, 1928, 130. "'良善，你'": EA 300.
87 "冲动是": D.H. Lawrence, *Fantasia of the Unconscious*, Penguin, 1971, 68, 83. "他传递的": DH 278. "要想笔直地": André Gide, *Fruits of the Earth*, Secker & Warburg, 1949, 151f.
88 "我们活着": CP 199. "'它'试图": Georg Groddeck, *The Unknown Self*, C.W. Daniel, 1929, 81. "如果'它'": ibid. "生病的路径": ibid. 83. "刻意抑制": J.W. Layard, 'Malekula; Flying Tricksters…', *Journal of the Royal Anthropological Institute*, 1930, 521n. "既不注重": John Layard, *The Lady of the Hare* Faber, 1944, 64.
89 "本能的欺骗": EA 21. "家庭的": EA 66. "对那些": *Oxford and the Groups*, ed. R.H.S. Crossman, Blackwell, 1934. 97. "就像九柱戏" and other Layard quotations, see note to p. 86.
90 "在与约翰" and other quotations from the journal: Auden's Berlin Journal is in the Berg Collection. "我需要": Layard's autobiography (see note to p. 86). "德国无产阶级" "柏林是": to Patience McElwee [December 1928] (British Library, filed with letters to W.L. McElwee).

"是我遇到": to C. Day-Lewis; see note to p. 84.

91 "我本该": to W.L. McElwee, 31 December 1928 (British Library). "被挫败": EA 215. "这些自命不凡""我们的新理想": L & S 303f. "我很清楚": to Patience McElwee [December 1928] (British Library).

92 "谁会想到": recalled by Stephen Spender in conversation with the author, June 1979. The rhymes on psychosomatic illness are in a verse notebook now in the British Library (Add. MS. 52430). "正在用": to Naomi Mitchison [April 1930] (Berg). The chart and 'Glossary' are in the notebook described above.

95 "今天寄给": to W.L. McElwee, 31 December 1928 (British Library). "一部相当""这家伙": Bibliography 3. "这该死的": see note to p. 90. "诗人应该": verse letter to C. Day-Lewis [1929] (HRC).

96 "我搬进": to W.L. McElwee, 31 December 1928 (British Library). "自红隼盘旋": EA 28. "我们完成": EA 26. "克里斯托弗""为自己": see note to p. 90. "这挚爱": EA 31.

97 "唯一健在的": quoted in Laura Riding, *Collected Poems*, Cassell/Random House, 1938, xxii. "X 光一般的": CAHK 13. "我的男伴": see note to p. 90.《雄心勃勃的爱》, EA 30. "这是复活节": EA 37.

98 "我也想过": see note to p. 90. "给我 10 马克": see note to p. 90. "我是希望": EA 301. "我觉得": see note to p. 90.

99 "约翰说：'你'": see note to p. 90. "如果他": Gardiner 11. "你设法": see note to p. 90.

100 "你的朋友": see note to p. 90. "4 月 2 日": ibid. "威斯坦是": see note to p. 86. "到了后": ibid.

101 "4 月 3 日": see note to p. 90. "一位极为潦倒的": L & S 299.

102 "我很晚": EA 38. "此时的夜晚": ibid. "一个人": BBC television interview, broadcast on 28 November 1965.

103 "粗略地": Gardiner 11. "踏上这条""严防进出": EA 32, 33. "他的

房间": CAHK 14.

104 "看到我们": ibid. 16. "我喜欢": to W.L. McElwee [summer 1929] (British Library). "离开德国": to John Layard [July 1929]. "我不太懂": to EM [March 1943]. "很少有人": see note to p. 90. "今天我": to John Layard [29 July 1929]. "如你所知": to W.L. McElwee [summer 1929] (British Library).

105 "许多同性恋者" "我不相信": *You May Well Ask* 122. "同性恋是": ibid. "A 喜欢女孩": *Criterion*, January 1933, 288f. A carbon typescript of 'The Enemies of a Bishop' is in the Berg Collection.

107 "非常有趣": to W.L. McElwee [summer 1929] (British Library). "只不过是" "毕晓普是": TR 77. "来这里": to W.L. McElwee [summer 1929] (British Library).

108 "只因独自": EA 39. "没有工作": *Oxford and the Groups*, ed. R.H.S. Crossman, Blackwell, 1934, 94. "我每周": to John Layard [July 1929].

109 "你会让": EA 35. "你有可能": *You May Well Ask* 188. "索多玛": to John Layard [1930]. "原来是": to John Layard [26 February 1930].

110 "助我康复": ibid. "我发现": FA 517.

111 "教师工作": to John Auden [summer 1930] (Berg). "我北上": verse-letter to Gabriel Carritt [1930]. There is a MS. in Carritt's possession, and a version is in a verse notebook in the British Library (Add. MS. 53430). "12 岁左右": Ansen.

112 "我出生在": unpublished memoir of Auden at Larchfield by Norman Wright. "他告诉我": Gardiner 14. "我要把": recalled by Gabriel Carritt in conversation with the author, summer 1979. "北方的": *Buried Day* 190. "邪恶之城": Upward 14. "我认为": *You May Well Ask* 122. "康普顿": EA 106.

113 "如果可以": EA 48.

114 "在我们的": EA 46. "只要一个人": *Listener*, 7 January 1965, 5. "理

性是": EA 302. "必须引用": *Criterion*, April 1934, 497. "从未真正": *Listener*, 7 January 1965, 5. "对他认为": DH 10. "需要遵守": to Anita Money [1965]. "完全不像": *New York Review of Books*, 5 August 1965, 12. "评论家": DH 9.

115 "我 7 月份": to John Auden [summer 1930] (Berg). "太痛苦了": to Naomi Mitchison [summer 1930] (Berg). "派克神父": to John Auden [summer 1930] (Berg). "关于新剧": quoted in *Twentieth Century Literature*, December 1976, 278. "我正在写": to John Auden [summer 1930] (Berg). "我几乎": *You May Well Ask* 119.

116 "在彼此的""命运如此""你在想些": EA 53, 55, 56. "往往带有": *Times Literary Supplement*, 19 march 1931, 221. "至于奥登": *Listener*, 29 October 1930, 711. "我果真": *You May Well Ask* 119. "我发现": to ERD, 27 September [1968].

117 "奥登先生的诗歌": *Adelphi*, December 1930, 251f. "奥登先生的尝试": *Oxford Outlook*, March 1931, 59–61. "显而易见": *Weekend Review*, 25 October 1930, 592, 594. "对我的影响": Pudney, *Cake*, 52. "那本淡蓝色的": *Shenandoah*, Winter 1967, 43. "夏日的早晨": *New Country*, ed. Michael Roberts, Hogarth Press, 1933, 232.

118 Dylan Thomas's copy of *Poems* is in the Humanities Research Center, University of Texas at Austin. "无论它": P. Stansky & W. Abrahams, *Journey to the Frontier*, Constable, 1966, 164. "艾略特第一次": *T.S. Eliot, A study of his writings by several hands*, ed. B. Rajan, Dobson, 1947, 109. "你可以": Stansky & Abrahams (see above), 174. "永远不要": to John Pudney [April 1931] (Berg). "这些诗": to Edward Upward, 6 October 1930.

119 "我去那里": Upward 20. "一天下午""就在下车前": ibid. 19. "相对轻松地": EA 45.

120 The text of *The Orators* has been reprinted in EA.

121 "在我看来": quoted in Valerie Eliot to the author, 8 May 1980. "解除了": D.H. Lawrence, *Fantasia of the Unconscious*, Penguin, 1971, 88. "有人擅长": R.K. Gordon, *Anglo-Saxon Poetry*, Everyman, 1926, 349. "让女孩": Lawrence (see above) 87.

122 "从某种意义""从形式上": *You May Well Ask* 120f. "中心主题": EX xxv.

123 "要是这部": *You May Well Ask* 122. "我正在写": ibid. 121. "从英雄角度": ibid.

124 "这部作品": to 'Mrs Kuratt', 16 August [1932] (Lockwood Memorial Library, State University of New York, Buffalo). "像一个": *Chronicle* 287.

126 "战争爆发了！": General Ludendorff, *The Coming War*, Faber, 1931, 98.

128 "我将在这里": Upward 22.

129 "总的来说": to John Pudney [April 1931] (Berg). "这本书": EA xv.

130 "我在扉页""我现今揣测": introduction to 3rd ed. of *The Orators*, Faber, 1967. "我一直在": to Gabriel Carritt, 31 October [1931]. "汗水和鲜血": programme note by Spender to Cambridge Mummers' production of *The Orators*, 4 & 6 September [n.y.]. "在我看来": quoted in Valerie Eliot to the author, 8 May 1980. "学校霉迹斑斑": to Gabriel Carritt, 31 October [1931]. "五个庭院": *You May Well Ask* 122f.

131 "英国的乡村": to Mrs Snodgrass [? 1933] (Berg). "这很愉快": EA 196. "那些喜欢": FA 451. "我的海伦斯堡": to Gabriel Carritt, 31 October [1931]. "谁和谁": EA 113. "请把我": *You May Well Ask* 121.

132 "他有一种": recalled by Arnold Snodgrass in conversation with the author, April 1979. "别担心": ibid.

133 "我同意": to Naomi Mitchison, 18 October 1932 (Berg). "一个重要

附录二 引用文献

的"：EA xv. The first part of the poem 'A Happy New Year' is printed in EA 444–51.

134 "作家并不"：HA 35. "界限的尊者" and other quotations from the second part of 'A Happy New Year', EA 115f. "给人类"：D.H. Lawrence, *Apocalypse*, Martin Secker, 1932, 148.

135 "我完成了"：*You May Well Ask* 123. "赫德"：P.N. Furbank, *E.M. Forster: A Life*, Vol. II, Secker & Warburg, 1978, 136. "深奥的科学"：CAHK 83.

136 "高尚的""他们的面庞"：*Times Literary Supplement*, 16 January 1976, 53. "我没有"：EA xv. "奥登先生"：*Criterion*, October 1932, 131–4. "这本书"：*Oxford Magazine*, 10 November 1932, 158–9.

137 "他积淀"：*Adelphi*, August 1932, 793–6. "艾略特"：HA 38. "我主要"：T.S. Eliot to Herbert Read, 11 December 1930 (quoted by kind permission of Mrs Valerie Eliot). "哦，我的磁场"：EA 116f. "友好但不""我真的"：*You May Well Ask* 118. "乏味的诗歌""无聊空洞"：quoted in John Pearson, *Facades*, Macmillan, 1978, 299, 306. "她就像"：to Arnold Snodgrass, 23 July 1932 (Berg).

138 "自给自足" etc.：*Theatre Newsletter*, 29 September 1951, 5.

139 "即使是""一种只适合""听闻此言"：recalled by Robert Medley in conversation with the author, June 1980. "奥登"：*Theatre Newsletter*, 29 September 1951, 5. "一种不寻常"：to AS, 28 July 1932 (Berg). "我正在"：to Rupert Doone, 20 July 1932 (Berg). "你找到"：to AS, 23 July 1932 (Berg). "我刚刚"：to AS [late July 1932] (Berg).

140 "至于工作"：to John Pudney, 28 July 1932 (Berg). "如果可以"：to AS, 28 July 1932 (Berg). "你的题材"：to John Pudney, 27 July 1932 (Berg). "想看看我"：Pudney, *Cake* 52. "我知道"：to John Pudney, 28 July 1932 (Berg). "没有爱"：Pudney, *Cake* 42.

141 "亲爱的约翰"：to John Pudney, 18 September 1932 (Berg). "我就站

在": EA 141.

142 "我们的钱": *You May Well Ask* 123. "这个地方": to Iris and Alan Sinkinson, 4 October 1932 (Berg). "教分数": ibid. "曾想过": Ansen. "忙得不可开交": to Rupert Doone [autumn 1932] (Berg). "美妙的""蕴藏了""例如": EA 318. "一定要": *Criterion*, July 1934, 705.

143 "对我们来说": *Badger* (Downs School Magazine), Autumn 1974, 34. "奥登的拳头": *Chronicle* 71. "他的课堂": *Badger* (as above).

144 "这地方": to Gabriel Carritt [autumn 1932]. "明天去牛津": to AS [autumn 1932] (Berg). "我已经": to Rupert Doone, 19 October 1932 (Berg). "我现在": to John Hayward, 28 July 1932 (King's College, Cambridge, Hayward Papers). The MS of 'In the year of my youth' is in the library of Swarthmore College, Pennsylvania. The poem has been published, with notes and commentary by Lucy McDiarmid, in *Review of English Studies*, n.s. XXIX, 115 (1978).

147 "我已经": *You May Well Ask* 123. "我见缝插针": to AS [autumn 1932] (Berg). "我有一张": EA 123. "那一天": ibid. 47.

148 "共产主义者": WWW 116. "作为局外人": CAHK 81. "同志们": EA 120ff; the poem's textual variations are discussed in an appendix to EA.

150 "我有一张": EA 123.

151 "难道罗素": EA 315. "我们正处于": ibid. 317. "国家独裁者""自由主义": *Criterion*, January 1933, 289. "谁掌握": ibid. "如果要让": EA 317.

152 "两者都正确": EA 341. "除非基督徒": ibid. 353. "它的浪漫": ibid. 405. "纳粹之所以": *Modern Canterbury Pilgrims* 40. "英国共产主义": unpublished interview for *Time* magazine by T.G. Foote, 1963. "对资产阶级": EA 14. "这本书": *Colby Library Quarterly*, December 1977, 276.

153 "他现在": CAHK 181. "一个渴望": transcript of radio discussion, March 1941, in files of magazine *Decision* (Yale University Library). "老式的": EA 405. "身为作家": BBC television interview, broadcast on 28 November 1965. "一切事实": DH 19. "不。我": to Rupert Doone [autumn 1932] (Berg). "《新诗》是": *New Verse,* May 1939, 49. "你怎会": to Geoffrey Grigson, 11 October 1932 (HRC).

155 "我过得": to AS, 21 February 1933 (Berg). "奥登团体": e.g. Julian Symons, *The Thirties,* Faber, 1975, 32. "向西看": *New Country,* ed. Michael Roberts, Hogarth, 1933, 223f.

156 "现在是": ibid. 11. "热爱英国": *Listener,* 14 June 1933, 958. "这个团体": *Scrutiny,* June 1933, 74. "他们不仅": *Observer Magazine,* 20 June 1976, 17. "除了纸张": *New Verse,* March 1933, 15–17. "即使那段": *Encounter,* November 1963, 48. "在那里": EA 133.

157 "我们将": EA 136. "孩子": EA 148. "不要转向": ibid. 146.

158 "在这个": EA 147. "当男朋友": *Poets at Work,* introduced by Charles D. Abbott, Harcourt Brace, 1948, 175. "我有一份": to W.L. McElwee [summer 1927] (British Library).

159 "在我看来": EA 37. "祝福这月亮": ibid. 147. "随着年齿": Gardiner 14. "我过去常常": to an unidentified correspondent, 8 November 1937 (HRC). "他喜欢居家": unpublished memoir of Auden by Maurice Feild.

160 "他一点也不": *Badger* (Downs School magazine), autumn 1974, 33. "有两周": ibid., autumn 1934, 4. "我可以担保" "1933 年": FA 69f.

161 "我与基督教": FA 70. "任何一个": *Oxford and the Groups,* ed. R.H.S. Crossman. Blackwell, 1934, 100. "正是爱": EA 319.

162 "我躺在床上": EA 136ff.

163 "救赎者": EA 148. "世上再无": ibid. 146. "这些诗": TR 14. "我不知道": to Mrs Snodgrass [? 1933] (Berg). "它们表现": MS. of Harold

Nicolson's diary, entry for 18July 1933 (Balliol College Library, Oxford; quoted by kind permission of Nigel Nicolson and Messrs Collins). "基本构思": Harold Nicolson, *Diaries and Letters, 1930–1939*, Collins, 1966, 153.

164 "希特勒决意": *New York Review of Books*, 31 August 1972, 6.

165 "自契诃夫": L & S 215.

166 "单薄": *Times Literary Supplement*, 15 March 1934, 190. "《死亡之舞》是": *You May Well Ask* 125.

167 "巨大的成功": *You May Well Ask* 125. "因为他是": CAHK 125. "威斯坦的葬礼": conversation with the author, June 1979. "回归现实": *New Statesman*, 3 March 1934, 303.

168 "令人惊讶": *New English Weekly*, 12 April 1934, 617. "难忘的言语": EA 327. "如果只": ibid. 328. "它一定": *Scrutiny*, September 1935, 306–8.

169 "由黑帮": *Badger*, autumn 1934, 22. "就是被": *You May Well Ask* 124. "很讨厌瑞士": *Badger*, spring 1935, 18. "就我个人": ibid., autumn 1934, 22. "这部史诗": *You May Well Ask* 124. "我正扑在" to Rupert Doone & Robert Medley, 5 August 1934 (Berg). All quotations from 'The Chase' are taken from the carbon typescript which is in the library of Exeter College, Oxford (MS. 198).

171 "我刚完成": to Alan and Iris Sinkinson [January 1935] (Berg). "最重要": *Oxford German Studies* I (1966), 169. "一场带有": ibid. 170.

172 "对剧情梗概": *Huntington Library Quarterly*, August 1968, 378. "这部作品": Finney 108.

173 "相当于": *Times Literary Supplement*, 11 Jury 1935, 108. "《皮下之狗》是": *Spectator*, 28 June 1935, 1112. "很高兴": to AS [July 1935] (Berg), "我想马上": to Michael Roberts [5 April 1935] (Berg). "我上学期": to AS [December 1934] (Berg).

174 "新来的男孩": MS. in the possession of Maurice and Alexandra Feild. "在很大程度上": *Badger*, spring 1935, 19. "王权背后": to Alan and Iris Sinkinson [January 1935] (Berg). "我明年可能": ibid. "我 9 月份": to Michael Roberts [5 April 1935] (Berg). "写信给": to Michael Roberts [22 April 1935] (Berg).

175 "我对接下来": ibid. "既尖刻": Klaus Mann, *The Turning Point*, Gollancz, 1944, 216. "把一个": CAHK 156. "荣幸、兴奋": ibid. 157.

176 "住在花园": Gavin Ewart, speech at PEN International, London, 21 May 1980. "伊舍伍德来信": and other quotations from Austin Wright: these are taken from Austin Wright to Maurice Feild, 12 May 1977, subsequently revised by Mr Wright in correspondence with the author, 1980. "你能娶我": *New Review*, March 1977, 42. "亲爱的": anecdote told to the author by James Stern.

177 "我直到婚礼": Finney, 120.

178 "无论如何": to AS [July 1935] (Berg). "轻松、友好": *Musical Times*, November 1963, 779. "迅速让我": MS. by Auden on Britten and the GPO film unit, in possession of Stephen Spender. "最了不起": Charles Osborne, *W.H. Auden, the Life of a Poet*, Eyre Methuen, 1980, 109.

179 "诗歌并不": EA 329. "我们的希望""这个词""在带镶板""每一个": ibid. 156.

180 "如今""让行动": EA 156f. "我对那样": *Grierson on Documentary*, ed. Forsyth Hardy, Collins, 1946, 12. "从平凡之中""有点担心""在混乱": ibid. 15. "我们逐渐": ibid. 12.

181 "我的薪水": to ERD [autumn 1935]. "我很少见到": Sussex 66. "伐木工": transcribed from soundtrack of *Coal Face* (print in National Film Archive, British Film Institute, London).

182 "就连制片人": John Lehmann, *Thrown to the Woolfs*, Weidenfeld &

Nicolson, 1978, 52. "暗得要命": Sussex 76. "构思不连贯": *Sight and Sound*, Winter 1935–6, 177. "格里尔逊": Sussex 70. "所有能": to AS [July 1935]. "这是夜间""高地像": EA 290.

183 "我们放在": Sussex 7. "所以，我们": ibid. 73. "一点也不""在我看来": ibid. 67. "在技术上": Basil Wright in conversation with the author, March 1979. "这部影片": ibid.

184 "在那里": Sussex 71. "我不觉得": Basil Wright in conversation with the author, March 1979. "我发现": Sussex 72.

185 "我们需要": *France-Grande Bretagne*, July-August 1939, 229. The fragment of the script from the film *Negroes* is at the Humanities Research Center, University of Texas at Austin. "是一件": manuscript in possession of Stephen Spender.

186 "没有任何": ibid. "一些美妙的": ibid. "刚刚为": *Janus*, May 1936, 12. "威斯坦": Isherwood to John Lehmann, 10 October 1935 (HRC). "让人印象": Golo Mann to the author, 10 May 1979. "我读过": *Town Crier* (Birmingham), 14 October 1938, 2. "对克尔凯郭尔": *Saturday Review of Literature*, 8 June 1940, 14.

187 "谁是最": information from Edward Mendelson, who obtained it from Chester Kallman. "有点意思": Golo Mann to the author, 10 May 1979. "自从上次": to HP [January 1938]. "可怕的伦敦": LFI 217. "生机勃勃""极为强烈": *Times Literary Supplement*, 15 February 1980, 180. "显而易见": Isherwood to the author, 17 April 1980.

188 "在凄凄切切": EA 160. "为了我": LFI 238. "幽暗而温存": EA 162. "在我看来": Sir Peter Pears to the author, 24 April 1980. "要说奥登": Isherwood to the author, 17 April 1980.

189 "如此才华横溢": E.W. White, *Benjamin Britten*, Boosey & Hawkes, 1954, 23. "不是提供": EA 356. "在具体的""等到奥登": *World Film News*, April 1936.

190 "一部政治": pamphlet in Group Theatre archive (Berg). "它尖锐": *Theatre Arts Monthly*, December 1935, 906f. The production script of *The Dog Beneath the Skin* is in the Berg Collection, New York Public Library.

191 "我很沮丧": to AS [January 1936]. "一部具有": *Times*, 31 January 1936. "本季": *Daily Worker*, 7 February 1936. Remarks from the *Observer* and the *Sunday Times* were quoted in advertisements for the play in *The Times* during February 1936. "空空荡荡": *New Statesman*, 8 February 1936, 188.

192 "奥登先生": *New Verse*, February-March 1936, 15. "内行人": *Paris Review* 260. "这已经": CAHK 179. "这让人激动": *Paris Review* 260. "威斯坦一点": CAHK 180.

193 "我想知道": FA 480. "真正的强者": *F6* 37.

194 "威斯坦在": CAHK 179. "我们在": ibid. 180. "笑声、失足": ibid. 179. "疯狂的": ibid.

195 "你知道": *F6* 58. "我知道": interview for BBC television, broadcast on 28 November 1965. "吃午饭时": TR 60.

196 "圣地": LFI 8. "同性恋": P.N. Furbank, *E.M. Forster: A Life*, Vol. II, Secker & Warburg, 1978, 213.

197 "这是托马斯": ibid. "拥有一些": *New Writing*, Autumn 1936, 201. "好": EA 169. "这些平原": ibid. 203. "城里的": LFI 25. "惨不忍睹": ibid. 106. "费用昂贵": ibid. "常规的风景": ibid. 108.

198 "刚跨上马背": LFI 142. "大呼小叫": ibid. "一个小男孩": ibid. 181. "硬度": ibid. 40. "我这三个月": ibid. "英俊潇洒": ibid. 136. "他觉得": ibid. 106. "既不聪明": ibid. 140. "任何一个": ibid. 110. "不像": ibid. 184. "弗兰克·莫利": quotation kindly supplied by Mrs Valerie Eliot.

199 "莫利的建议": ibid. "根据你的": EA xviii. "令人高兴": LFI 113.

"我刚刚才": ibid. 121. "欧洲已缺席": EA 203. "像间歇喷泉": LFI 137. "我突发奇想": LFI 139f.

200 "这是我": LFI 144. "我真想知道": ibid. 145. "我们一上路": ibid. 142. "老太太之家": ibid. 145. "实在是": ibid. 146 "对彼此": *Encounter*, November 1963, 49. "虚假的情感": *Listener*, 24 October 1963, 646. "风趣幽默" "在我的生活": *Encounter* (as above). "聚焦": LFI 31.

201 "为我们祈祷": EA 188. "就像埃德加": LFI 161. "也许他们": TR 61. "仿佛他": TR 62. "一片宾客": ibid. "非常高大": LFI 159. "天知道": TR 63. "一种民主": LFI 135. "他在熔岩上": TR 63.

202 "他待过": LFI 166. "我必须": EA 190. "我们都与": LFI 28.

203 "他让我": Marie-Jaqueline Lancaster (ed.), *Brian Howard: Portrait of a Failure*, Anthony Blond, 1968. 373. "一个极为": *Left Review*, November 1936, 779–82. "更像是": Finney 163.

204 "伊舍伍德和我": to Bennett Cerf, 6 October 1936 (Butler). "《攀登F6》的": to AS [Christmas 1936]. "费伯-费伯出版社": to Bennett Cerf [*c.* November 1936] (Butler). "一个显著的": *Left Review* (see note to p. 203). "是奥登先生": *Listener*, 30 December 1936, 1257. "他没有": *Scrutiny*, December 1936, 323–7. "关于冰岛": to Bennett Cerf, 6 October 1936 (Butler).

205 "他们都是": TR 101. Auden's commentary for *The Way to the Sea* has been transcribed (with different punctuation) and published in Donald Mitchell, *Britten & Auden in the Thirties*, Faber, 1981, 90–93. "我正集中": *You May Well Ask* 124. "路易斯为": to ERD, 8 December 1936.

206 "我很期待": to Naomi Mitchison [autumn 1936] (Berg). "我已经": to ERD [December 1936]. Quotations from Day-Lewis, Spender and Warner are taken from Hugh Thomas, *The Spanish Civil War*, Pelican, 3rd ed., 1977, 347. "我们去": ibid., 453. "我并不喜欢": to ERD

[December 1936].

207 "我并不是": to ERD, 8 December 1936. "让自己": ibid, "要么开": CAHK 195. "我要在": to Frederic Prokosch [January 1937] (Berg). "我在一周内": to AS [Christmas 1936].

208 "我会乘一辆": EA 209. "威斯坦还没": Donald Mitchell, *Britten and Auden in the Thirties*, Faber, 1981, 141. "确切无疑": EA 207. "知名诗人": Samuel Hynes, *The Auden Generation*, Bodley Head, 1976, 251.

209 "一次郑重": CAHK 197. "政局尤其": unpublished interview for *Time* by T.G. Foote, 1963. "我发现": *Modern Canterbury Pilgrims* 41.

210 "这种感觉": ibid. "自从政府": EA 361. "外国记者": ibid. "百无聊赖": *Time* interview (see note to p. 209). "掌管了一切" "一直没有": ibid. "他们没有": *New York Times Magazine,* 8 August 1971, 101ff.

211 "对伤员": Michael Yates to the author, 4 February 1979. "走上前线": *Oxford Review*, 11–12 (n.d.), 51. "官僚主义": *Albion* (Elmira, New York), IV, 1 (1972), 7.

212 "到处都是": EA 361.

213 "一小群" "我在 12 年后": Arthur Koestler, *The Invisible Writing*, Collins, 1954, 336f. "奥登当时": TR 69. "奥登躲到": TR 70. "他一直待在": *Nine*, Autumn 1950, 344–6.

214 "仅仅是": *Time* interview (see note to p. 209). "因为我想": to SS [February 1937]. "去了萨拉戈萨": *Time* interview (see note to p. 209).

215 "从（1937 年）": George Orwell, *Homage to Catalonia*, Penguin, 1966, 25. "当你发出": ibid. 19. "这种战争": ibid. 26. "如果一切": Constance Orwell to P.E.N., 20 January 1937 (HRC). "他不愿意": CAHK 201. "他短暂": WWW 213. "我从西班牙": Hugh D. Ford, *A Poet's War*, University of Pennsylvania Press, 1965, 288. "我十分震惊": *Time* interview (see note to p. 209).

216 "自 1930 年": Orwell, op. cit. (see note to p. 215), 174. "我想": ibid

173. "我们戏剧界": quoted in newspaper advertisements for *The Ascent of F6*. "他说着": *New English Weekly*, 11 March 1937, 433. "亲爱的": CAHK 201. "精彩绝伦": W.B. Yeats to Rupert Doone, 18 March [1937] (Berg).

217 "以超凡": *New Statesman*, 1 July 1929, 13. "我们从来": *Bibliography* 21. "这些变化": Christopher Caudwell, *Illusion and Reality*, 2nd ed., Lawrence & Wishart, 1946, 271. "自瑞恰兹": *New Verse*, May 1937, 22. The original text of *Spain* is in SP 51–55.

218 "战争不是": 'The Prolific and the Devourer', MS at HRC.

219 "有一种": *New Verse*, May 1937, 22. "诗人持续": ibid., November 1937, 22. "对他来说": George Orwell, *Inside the Whale*, Gollancz, 1940, 169. (Orwell's essay was previously published separately, and may have been read by Auden before he revised the poem; see Bernard Crick's biography of Orwell.) "我绝不是": Spears 157.

220 "我对此类": to Nancy Cunard [summer 1937] (HRC). "我支持": *Authors Take Sides on the Spanish War*, Left Review, 1937, 6. "对西班牙": ibid. "拒绝承认": TR 125.

221 "每当我": introduction to Paul Valéry, *Analects*, transl. S. Gilbert, Princeton University Press, 1970, xvii. "法国佬": TR 96. "法国的": Ansen. "一个最": to Alfred A. Knopf, 15 December 1939 (HRC). "好吧，我来了": to AS [summer 1937]. "在喷水池": EA 217.

222 "维克多": Ansen. "生活保留了": EA 228. "获准前往": *Morning Post*, 5 July 1937.

223 "一个天才": Constance Babington Smith, *John Masefield: A Life*, Oxford University Press, 1978, 202. "星期三": internal memorandum, 30 July 1937, in files of the Oxford University Press; quoted by kind permission of the Delegates.

224 "这是我": *Modern Canterbury Pilgrims* 41. "我以前": ibid. "你说得

附录二 引用文献

很对""这次谈话": Stephen Spender, *The Thirties and After*, Fontana, 1978, 31. "威斯坦比": Harold Nicolson, *Diaries and Letters*, Collins, 1966, 310.

225 "混乱而""为了省钱": John Lehmann, *Thrown to the Woolfs*, Weidenfeld & Nicolson, 1978, 55. "挤满了": CAHK 215. "我们会有": ibid.

226 "我挣的钱": to HP [January 1938]. "反英雄": Christopher Isherwood, *Down There on a Visit*, Methuen, 1962, 177. "富有警示": *Scrutiny*, December 1934, 303–6. "他从房间": Furbank (see note to p. 196), 211n. "拂晓时": EA 223.

227 "我觉得很": to Dilys Powell [1936] (HRC). "想拿个": *Spectator*, 18 November 1938, 858.

228 "我们的剧": reproduced in facsimile in Upward. "我和伊舍伍德": Bibliography 35. "最后一个": to J.M. Keynes, 9 October 1937 (King's College, Cambridge).

229 "中国之行": to J.M. Keynes, 18 November 1937 (King's College, Cambridge). "我下周要": to John Mulgan [autumn 1937] (Oxford University Press).

230 "日益受到""我那时": *New Verse*, autumn 1938, 14f. The quotations from 'Sixteen Comments on Auden', *New Verse*, November 1937, 23–9. "奥登一代": ibid., March 1938, 19. "通常情况下": Yanovsky 115.

231 "赞誉?": CP 582. "我们有些人": FA 413.

232 "人类生性": script of 'Hadrian's Wall' in BBC Written Archives. "感到自豪": MS in possession of Stephen Spender. "归属于": Pudney, *Cake* 53. "奥登先生": Mrs. A.E. Dodds to John Mulgan, 5 February 1938 and 31 March 1938 (Oxford University Press). "我总是在": to AED, 20 April [1938].

233 "当它到来": EA 231. "威斯坦在": CAHK 227. "作家面向": EA 148. "你需要": telephone conversation with the author, September 1979.

234 "对我个人": Ansen. "一张巨大的": EA 232. "金字塔": to AED [January 1937]. "印度洋": TR 72. "不，他": EA 231. "整个漫长的": JTAW 18.

235 "突然间": JTAW 22. "中国人": to AED, 20 April [1938]. "今天，我": JTAW 39. "一只疯狂的": TR 94. "只是旅行者": JTAW 43. "勇往直前": ibid. 48. "世界似乎": ibid. 9.

236 "就在今晚": ibid. "一个伟大": to AED, 20 April [1938]. "你们总是": JTAW 51. "我还以为": ibid. 55. "看起来": to AED, 20 April [1938]. "最有可能": *New Republic*, 1 June 1938, 97. "一张中式": *Listener*, 2 February 1939, 247. "什么也不会": CAHK 225.

237 "酣然入眠": JTAW 65. "我们震惊": ibid. 86. "我必须盯牢": TR 74. "小心，小心点": CAHK 228. "总的来说": JTAW 94. "我们居然": ibid. 104.

238 "接连三次": ibid. "你看上去": ibid. 105. "认为自己": Finney 139. "富人和穷人": JTAW 151. "心怀敬畏": CAHK 226. "在中国": to AED, 20 April [1938]. "战争毫无": *Listener* (see note to p. 236). "这一切": JTAW 169. "经过两个月": to AED, 20 April [1938]. "受到耶稣": CAHK 180.

239 "我们和弗莱明": JTAW 222. "这确实是": ibid. 235. "他们的社会良知": CAHK 229. "我想": to ERD, 1 February 1944. "一个旅行者": *New Republic*, 6 December 1939, 208f. "中国完全": *Time* interview (see note to p. 209).

240 "我在这里": to John Mulgan [August 1938] (Oxford University Press), "非常欢快": to AED, 29 August 1938. "我不知道": to AED, 31 August 1938. "附在这里": to AED, 5 September 1938.

241 "一个充满": EA 256. "一场斗争": ibid. 164. "人类不像": ibid. 268. "哦，教会我": ibid. 169. "我已经完成": to AED [September 1938]. "异常兴奋": *Common Sense*, January 1940, 23f.

242 "好吧，亲爱的": CAHK 240. "请提提意见": to AED [autumn 1938]. "但他们": CAHK 241.

243 "把这些": to John Pudney, 18 September 1932 (Berg). "在营造": FA 382. "那时的处境": interview for BBC television, broadcast on 28 November 1965.

244 "传统的": EA 368. "民主社群": ibid. "英国能": to AED [July 1939].

245 "你只能书写": to Henry Treece [autumn 1937]. "一位自私的": EA 190. "每个人都": EA 177. "人不是生来": *New Era in Home and School*, January 1939, 7. "整天": to AED [autumn 1938]. "人民阵线": CAHK 248. "独立国家": *Nation*, 23 September 1944, 355.

246 "爱国者？": CP 592. "我之所以": Ansen. "就一部": Finney 139. "毋庸置疑": *Manchester Guardian*, 16 November 1938. "就这么": *Spectator*, 18 November 1938, 858. "没有发挥": *New Verse*, January 1939, 24f.

247 "悄无声息": CAHK 244. "没有一部": *Paris Review* 260. "大多数人": *Times Literary Supplement*, 5 November 1938, 712. "旅行销售员": ibid., 14 July 1978, 798. "很遗憾": to AED [autumn 1938]. "意味着": to T.C. Worsley [c. 1940] (Butler). "一个烦人的": *Spectator*, 24 March 1939, 498.

248 "他即使": David Gascoyne, *Paris Journal, 1937–1939*, Enitharmon Press, 1978, 104. "这里是": to AED, 15 December 1938. "皮埃尔": to John Lehmann, 30 December 1938. "接下来要": typescript in the possession of John Lehmann.

249 "我下个星期": to John Mulgan [January 1939] (Oxford University

Press). "好吧，我们"：CAHK 247.

253 "他们站在"：CAHK 251f. "有时候会"：to ERD, 21 August [n.y., 1950s].

254 "我见过的"：to AED, n.d. "据说这城市"：CP 210. "我们的诗人"：HA 10. "一个'偶像'"：ibid. 48. "事实仍然"：*Kenyon Review*, winter 1939, 45. "奥登来到"：*We Moderns: Gotham Book Mart 1920–40*, catalogue no. 42, 12. "我并没有"：*New York Times*, 12 March 1939, 24 (not in final edition). "你千万别"：to AED [1939].

255 "一个死者"：EA 242. "我们在英国"：*New York Times*, 5 April 1939, 10. "我们每个人"：*Bookseller's Quarterly*, May 1939, 8.

256 "如果我们"：ibid. "我的心灵" "在纽约"：to AED [11 July 1939]. "我再不会"：to AED [May 1939]. "艺术是"：EA 393. "我相信"：'The Prolific and the Devourer', MS at HRC.

257 "我们很忙"：to ERD, 17 March 1939. "会场闷热"：Jonathan Fryer, *Isherwood*, New English Library, 1977, 191. "来错人了"：ibid. "威斯坦爱上"：*Advoate* 24.

258 "母亲在"：Chester Kallman, *Absent and Present*, Weslcyan University Press, 1963, 49. "你我的怪癖"：verse-letter to Chester Kallman, Christmas Day 1941 (HRC). "她本来"：recalled in Dorothy Kallman to the author, 13 May 1980. "即便不是"：David Jackson to the author, 5 May 1979.

259 "你离得"：Dorothy Kallman to the author, 13 May 1980. "当然"：to AED [11 July 1939]. "偶尔在"：CP 334.

260 "有两个世界"：EA 362. "多年来"：to AED [11 July 1939]. "他是一个"：*Advocate* 25. "我认为"：Chester Kallman to Auden, 9–10 March [1943?]. "因为你"：verse-letter to Chester Kallman, Christmas Day 1941 (HRC). "深入切斯特"：Dorothy Kallman to the author, 7 July 1979. "在我喜欢"：DH 372.

261 "拿走你的"：TR 177. "肛交中"：FA 327. "显然"：FA 310. "他选择了"：*Partisan Review*, January/February 1953, 84. "不太可能"：BBC radio interview with Auden, Kallman and Hans Werner Henze, recorded on 17 July 1961. "莫扎特歌剧"，*Opera*, January 1961, 12. "我主要的"：to AED, 28 February 1940.

262 "我已经成为"：to T.C. Worsley [*c*.1940] (Butler). "最伟大"：*English Institute Annual*, 1940, 5. "顶级作曲家"：notes by Alan Ansen on a lecture by Auden at the New School for Social Research (Berg). "但凡是绅士"：TR 178. "威兹阿姨"：to Alan Ansen, n.d. (Berg). "我们是谁？"：Ansen. "切斯特"：CP 650. "自弥尔顿"：James Merrill to the author, May 1979. "什么样"：*Hika* (Kenyon College), June 1939, 9. "婚姻"：to AED [11 July 1939]. "我们的蜜月"：to AED [29 May 1939]. "C 事件"：to Alan Ansen, 27 August [1947] (Berg).

263 "此刻在那"：CP 203. "我们"：AT 61. "愿这张"：EA 454. "你对我来说"：verse-letter to Chester Kallman, Christmas Day 1941 (HRC). "最好也是"：to Edward Kallman, 7 August 1939 (HRC).

264 "我突然"：Finney 173. "他采用"：Joel Roache, *Richard Eberhart*, Oxford University Press (New York) 1971, 104.

265 "他可能在"：ibid. 104f. "在餐厅里"：HA 30. "化学生活"：CAHK 234. "病弱者"：to SS, 12 April 1942 (King's College, Cambridge). "救命啊"：to Alan Ansen, n.d. (Berg). "这里仿佛"：to AED [May 1939]. "低得令人"：to T.C. Worsley [*c*.1940] (Butler).

266 "他精于"：Roache, op. cit. (see note to p. 264), 105. "现在，工作"：*Hika* (see note to p. 262), 9. "在战争爆发"：to AED [May 1939]. "我的心"：to John Lehmanns, 9 June 1939 (HRC). "亲爱的约翰"：to John Layard [1939].

267 "来自蜜月"：to John Auden [1939] (Berg). "从新奥尔良"：to Edward Kallman, 5 July 1939 (HRC). "它就那么"：ibid. "路的尽头"：to AED

[11 July 1939]. "我们在": ibid. "我在写的": to AED [May 1939].

268 " 那 些 在 " " 在 如 今 ": EA 403. Quotations from the unpublished portions of 'The Prolific and the Devourer' are taken from the typescript at HRC.

271 "切斯特的": to AED, 7 August 1939. "我一头扎进": ibid. "这儿很美妙": to Edward Kallman, 7 August 1949 (HRC). "写了很多": to AED [29 August 1939]. "这辆": ibid.

272 "每当我": *Common Sense*, January 1940, 24.

273 "我在一间": EA 245.

274 "一些政客": quoted in John Fuller, *A Reader's Guide to W.H. Auden*, Thames and Hudson, 1970, 259. "战争爆发": to AED [1939]. "通往真正": *Nation*. 7 October 1939, 386. "人知道": ibid., 9 September 1939, 273. "你好吗？": to AED, 26 November 1939.

276 "在某种程度上": unpublished account of Britten and Pears in America by Caroline Seebohm. "最棒最亲爱": to EM (n.d.). "睿智的平静": CP 193. "尽管有某种": Yanovsky 123. "我正全力以赴": to AED, 26 November 1939.

277 "大陆的": *Paul Bunyan*, Faber Music, 1978, ix. The quotations from the libretto of *Paul Bunyan* are taken from the vocal score (Faber, 1978).

278 "对一个": MS in possession of Stephen Spender. "威斯坦写的": Seebohm (see note to p. 276). "亲爱的本": to EM and others, 22 February 1940 (Berg). "这座房子": to AED, 27 October 1939. "我刚刚完成": to AED, 26 November 1939.

279 "你想想吧": HA 31. "这是一个": to AED, 26 November 1939. "我6点半": to T.C. Worsley [*c*.1940] (Butler). "世上只有": TR 173. "约束激情": DH 41. "今天": *New York Times Book Review*, 4 February 1951, 3. "实在是": Yanovsky 108.

280 "我见过的": to ERD 21 August [n.y., 1950s]. "与教孩子们": to AED,

附录二 引用文献　　　　　　　　　　　　　　　　　　　　　　　　733

26 November 1939. "我并不认为": to AED [1940]. "真话并不": *Washington Post*, 5 November 1978, magazine section, 20ff.

281 "第 4201 号": information from Auden's correspondence with Random House (Butler). "刚从加拿大": to AED, 26 November 1939. "我是纽约人": TR 104. "我们这儿""我们可以": to AED, 27 October 1939. "我还没有": to AED, 26 November 1939.

282 "大自然从未": DH 317. "难以描摹": ibid. 323. "不太行": to T.C. Worsley [c.1940] (Butler). "美国小说": *Common Sense*, January 1940, 23f. "我从未想""我第一次": EA xx. "我那时": *New York Times Magazine*, 8 August 1971, 10ff.

283 "一定有": TR 89. "现如今": ibid. 102. "自由主义": *Decision*, January 1941, 50. "要么我们": EA 460.

284 "所有人": Charles Williams, *The Descent of the Dove*, Eerdmans, 1964, 69. "基督教世界": ibid. 1. "调和了": ibid. 235.

285 "他说他只是": Charles Williams to Michal Williams, 12 March 1940 (Wade Collection, Wheaton College, Illinois). "《白鸽》终有": Charles Williams to Michal Williams, 16 October 1940 (Wade Collection). "我近期在": to ERD, 11 March 1940. "彻底征服了": recalled by Oliver Sacks in conversation with the author, New York, May 1979. "被它们的": FA 183.

286 "独自在上帝""最终选择了": Louis Dupré, *Kierkegaard as Theologian*, Sheed & Ward, 1963, 48. "跃入虚空": ibid. 101. "以一种": *Modern Canterbury Pilgrims* 41. "亲爱的伊丽莎白": to EM, 1 January 1940.

287 "伟人都有": *Common Sense*, March 1940, 25.

288 "给你的诗": to EM, 22 February 1940. "正在用": to AED, 28 February 1940. "我们对": G.A. Auden to ERD, 28 December 1939 (Bodleian). "在过去": to ERD, 16 January 1940.

289 "你可以说"：ibid. "我喜欢这里"：*You May Well Ask* 26.

290 "无论有没有"：to ERD [1940]. "自西班牙"：*Horizon*, February 1940, 68–9.

291 "我认为"：to AED, 28 February 1940. "我们当中"：Furbank (see note to p. 196), 238. "这个欧洲"：ibid. "当年轻的"：*Daily Mail*, 27 May 1941. "在遥远他乡"：*Daily Mirror*, 15 August 1940. "英国符合"：Furbank (see above), 329f.

292 "没有任何"：TR 101. "我去了"：to AED [1940]. "如果我确信"：to SS, 13 March 1941.

294 "我已经"：to AED, 21 April 1940.

295 "一个相当"：to AED [1940]. "极好"：to EM [1940]. "我们的内在"：Williams, op. cit. (see note to p. 284), 192. "房子不错"：to Mina Curtiss [1940] (Berg). "他们肉眼可见"：Golo Mann to the author, 10 May 1979.

296 "严肃的友谊"：ibid. "我一直牵挂"：to AED [summer 1940]. "用我英国"：ibid. "继续写"：ibid. "我正试着"：to Charles Williams, 14 July 1940 (Wade Collection, Wheaton College, Illinois).

297 "做出一些"：TR 105. "每逢星期日"：ibid. 102. "哦，此时此地"，CP 294. "当大地"：FA 179.

298 "真实才是"：CP 274. "credo ut"：CP 169. "我不是一个"：TR 90f. "听到了"：CP 583. "祈祷中"：FA 470. "你相信"：*Paris Review* 168. "笑话"：*New Yorker*, 19 March 1955, 130. "若真有其事"：TR 108.

299 "似乎是"：CP 509. "奇怪的"：WWW 258. "他的宗教"：CAHK 249. "主啊，让我"：CP 466. "他的鸡巴"：CP 232. (The text in *The Double Man* [1941] has: 'Never will his sex belong / To his world of right and wrong, / Its libido comprehend / Who is foe and who is friend.') "起初，婴儿"：EA 394.

300 "奥古斯丁"：TR 106. "为了规避"：*New Statesman*, 1 March 1952,

249 "神爱是"：*Theology*, November 1950, 412. "上帝正是"：verse-letter to Chester Kallman, Christmas Day 1941 (HRC). "虽然我爱你"：CP 244.

301 "新加尔文主义"：to 'Bill', 13 November 1943 (HRC). "天主教"：TR 99. "高教会派"：TR 106. "围着永生之树"：CP 485. "狂欢精神"：*New York Times*, 2 February 1971, 37.

302 "做个小小的"：TR 116. "我常常想"：ibid.

303 "我无法"：John Lehmann, *Thrown to the Woolfs*, Weidenfeld & Nicolson, 1978, 77.

304 "我们的"：*Encounter*, November 1963. 49. "这是寄宿公寓"：Virginia Spencer Carr, *The Lonely Hunter*, Doubleday, 1975, 123. "肮脏不堪"：Seebohm (see note to p. 276). "奥登会"：Paul Bowles, *Without Stopping*, Putnam, 1972, 233. "乔治嘴里"：recalled by James Stern in conversation with the author, London, August 1979.

305 "我不喜欢"：Ansen. "看起来"：FA 374. "他穿衣服"：CP 581. "一群"：*For W.H. Auden* (see note to p. xv), 49.

306 "对不起"：*Paris Review* 254. "变得"：CP 581. "总是带有"：TR 99. "让人激动"：ibid. 106. "我现在"：to AED [1941].

307 "一种失去""一个凌驾于"：Reinhold Niebuhr, *An Interpretation of Christian Ethics*, Meridian Books (New York), 1960, 117, 119. "仁慈的苍鹰"：TR 112. "我们在"：*New Republic*, 2 June 1941, 765–6.

308 "埃丽卡·曼"：*Evening Standard*, 9 July 1941. "比其他吼声"：MS of 'New Year Letter' in Humanities Research Center, University of Texas at Austin.

309 "把这说成"：*New Republic*, 8 July 1940, 59. "战胜希特勒"：*Decision*, January 1941, 52. "无论如何"：to SS (n.d.). "为了捍卫"：to SS, 13 March 1941.

310 "我希望"：to Caroline Newton [2 November 1940] (Berg). "致切斯特"：

copy in possession of Robert Wilson. "通往永远": *Horizon*, August 1941, 139–43. "这是一种": *Dublin Review*, July 1941, 99–101. "为他（威斯坦）": G.A. Auden to Caroline Newton, 7 October 1941 (Berg). "失败的": MS in possession of Stephen Spender. Quotes from reviews of *Paul Bunyan* are taken from E.W. White, *Benjamin Britten*, 3rd ed., Booesy & Hawkes, 1970, 98. "公众似乎": ibid. 33.

311 "你所给予的" "只有创作": to Caroline Newton [April 1941] (Berg). "我被迫": *Modern Canterbury Pilgrims* 41. "因为你": verse-letter to Chester Kallman, Christmas Day 1941 (HRC). "在美国": Ansen.

312 "哦，我的爱": CP 214. "在本质上": CP 583. "在个人": TR 109. "我们发誓": CP 249.

313 "约瑟": Ansen. "您在哪里？": CP 281–2. "我们不去": told by Chester Kallman to Edward Mendelson. "我对自己": to Alan Ansen [October 1947] (Berg).

314 "我只想": to Caroline Newton, 6 September 1941 (Berg). "伊丽莎白": photograph in possession of Beata Sauerlander. "倘若爱": CP 445. "切斯特留在": to Caroline Newton, 19 January 1942 (Berg). "滥交非常": ibid.

315 "仍然没有": Chester Kallman to Auden, 9–10 March (? 1943). "你以后": to CK [December 1942]. "三重处境": to RJ, 14 July 1947. "胆小得": CP 581. "跟我一起": to CK (n.d.). "不过": to CK [December 1942]. "但愿我": to Mina Curtiss, 14 January [1942] (Berg).

316 "像爱丽丝": recalled by Sheila Auden in conversation with the author, London, spring 1979. "在西里尔": Ansen. "我们的上帝之爱" "觉悟的试练": CP 157. "上帝小姐": to RJ [June 1947]. "有一段时间": to EM [February 1943].

317 "诗人是": FA 106. "他使我": to Caroline Newton, 10 January 1942 (Berg). "在生命中": *New York Review of Books*, 20 April 1972, 3. "我

近来": to SS, 16 January 1942. "我日日夜夜": to CK [December 1941] (HRC).

318 "自打": to Caroline Newton [autumn 1941] (Berg). "尽管如此": *Michigan Quarterly Review*, Fall 1978, 508.

319 "一个人": ibid. 509. "在大四": ibid. 513. "他让我": ibid. 514. "到了本科生": *Time* interview (see note to p. 209). "本周": to Caroline Newton [October 1941] (Berg).

320 "已婚妇女": to Louise Bogan [28 May 1942], Amherst College Library. "为什么我": TR 123. "早上9点": unpublished memoir of Auden by Albert & Angelyn Stevens. "文化是": DH 458. "异国情调""异端": Ansen.

321 "亲爱的": William Caskey to the author, 24 June 1979. "我认为": *New York Review of Books*, 27 January 1972, 19. "这可不太": to Caroline Newton, 10 January 1942 (Berg), "失态的": to C.K., n.d. "真正的": to EM [February 1942].

322 The title page of *The Queen's Masque* and Auden's comments: Ansen. "与此同时": to SS, 16 January 1942.

323 'The Shepherds' Carol' is published in Britten's setting by Boosey & Hawkes. "本希望": Sir Peter Pears to the author, 18 April 1980.

324 "一种现代": to EM [April 1942]. "昨天，他们": to Caroline Newton, 2 September 1942 (Berg). "他们问我": James Stern to the author, 27 May 1980. "非常沮丧": Edmund Wilson, *Letters on Literature and Politics*, Routledge, 1977, 432. "被认为是": to ERD, 1 February 1944. "无趣": ibid. "美国的": DH 320.

325 "我很难说": to EM (n.d.). "有罪者": DH 128. "关于基督教": TR 111. "再陪我": CP 316.

326 "请阐释": *Swarthmore College Bulletin*, March 1962, 4. "莎士比亚": *Phoenix* (Swarthmore College), 19 December 1944, 3. "在公共场合":

ibid., 13 April 1943, 6. "看起来": *Connecticut Review*, April 1968, 45. "我关于": TR 112.

327 "不靠谱之辈": *Swarthmore College Bulletin*, March 1962, 3. "我在这里": to CK [December 1942]. "写柴可夫斯基": ibid. "我从早到晚": Chester Kallman to Auden, 30 November (n.y.). "《冰姑娘》": Chester Kallman to Auden, 9–10 March [1943 ?]. "迄今为止": to EM, 9 January 1943.

328 "不安的感觉": *Connecticut Review*, April 1968, 45. "徒劳地钻探": to EM, 17 July 1943. "很有趣": ibid. "没有人": to CK, 2 August 1943. "石油": to EM, 17 July 1943. "之所以": to Frederick Bradnum, 16 January 1960 (BBC Written Archives). "微弱的": CP 340. "到目前为止" "如果非要": to Frederick Bradnum (as above).

329 "他们一个个": to ERD, 1 February 1944. "很好教": ibid. "在英语": FA 222. "很可爱" "宛若天堂": to EM [autumn 1943]. "如果再": Ansen. "我 说": BBC radio interview with Peter Porter, broadcast on 29 April 1966. "迄今为止": to EM [March 1944]. "作者通常都": to Saxe Commins, 16 January 1942 (Butler).

330 "不能过早地": B.C. Bloomfield, *W.H Auden: A Bibliography*, University of Virginia Press, 1964, vii–ix. "我时而": to Louise Bogan [18 May 1942] (Amherst College Library). "尚可的": preface to CP 45. "主体、客体": CP 45 153. "温文尔雅": ibid. 155. "哦，天哪": *Swarthmore College Bulletin*, March 1962, 6. "他可以命令": *Listener*, 16 April 1951, 673. "一个该死的": Bloomfield (see above), viii.

331 "垃圾": John Fuller, *A Reader's Guide to W.H. Auden*, Thames & Hudson, 1970, 251. "我这么做": to SS, 10 June 1951.

332 "人类的": *New Republic*, 15 May 1944, 683ff. "众所周知": *Harper's Magazine*, July 1948, 40.

333 "他努力": James Stern, *The Hidden Damage*, Harcourt Brace, 1947, 4.

"亲爱的": *Times Literary Supplement*, 28 March 1975, 827. "我见了": to EM, 9 May 1945.

334 "他一通": John Lehmann, *I Am My Brother*, Longmans, 1960, 290. "这个房间": recalled by Sir Isaiah Berlin in conversation with the author, Oxford, May 1979. "伦敦并没有": Edmund Wilson, *Letters on Literature and Politics*, Routledge, 1977, 429. "我真的爱": recalled by Natasha Spender in conversation with the author, London, June 1980. "用'士气'": TR 136. "这对夫妻": *New York Times Magazine*, 8 August 1971, 10ff. "这座城市": TR 126. "我不禁": ibid. 145. "我老是想": to EM, 9 May 1945 (Berg).

335 "准确无误": TR 131. "平庸之辈": ibid. 136. "整座城市": to EM, 4 June 1945 (Berg). "工作很": TR 126. "我们问他们": *Time* interview (see note to p. 209).

336 "我对他们": to EM, 4 June 1945. "他们大多数": TR 136. "本来可以", TCVA 33.

337 "穿过广场": CP 452.

338 "糟糕得很": to EM [October 1946]. "我做这件事": Ansen.

339 "有人问": ibid. "一位私下": TR 196. "我个人认为": to ERD, 20 January 1945. "形式是": Bonamy Dobrée (ed.), *From Anne to Victoria*, Cassell, 1937, 100. "我的表达": HA 32.

340 "我之所以": to SS, 20 June 1951. "所有的诗体": CP 642. "一切优秀的": to Henry Treece [autumn 1937] (HRC). "试着把": to an unknown corresondent, 8 November 1937 (Berg). "一场知识": *Poets at Work*, introduced by Charles D. Abbott, Harcourt Brace, 1948, 173.

341 "当有人": HA 32–3. "诗人心目中": *Poets at Work* (see note to p. 340), 176. "汝不应": CP 262.

342 "因为一个": *Times Literary Supplement*, 1 April 1977, 401.

343 "罗达是" and other quotations from Dorothy Farnan, Dorothy Kallman

to the author, 14 June 1980. "我非常想念": to RJ [c. 1946]. "我能住在": to RJ, 14 April 1946. "这里的天气": to RJ, 2 May 1946. "每当我": Milton Klonsky to the author, 16 July 1980.

344 "很显然": to RJ, 2 May 1946. "威斯坦一定": Milton Klonsky to the author, 16 July 1980. "我认为他": TR 114.

345 "海滩棒极了": to ERD, 30 March 1947. "挤成一堆": *Nones* 28.

346 "很高兴""糟透了""作品本身": to RJ, 9 August 1946. "我很期待": to RJ, 15 August 1946. "太贵了": to RJ, 27 August 1946. "极其脏乱": HA 59. "一股子": TR 147. "你这个白痴！": WWW 257. "一次彻底的": notes on the lecture by Alan Ansen (Berg). "非常无聊": ibid.

347 "致艾伦": copy in Berg Collection, New York Public Library.

348 "无聊透顶": *Horizon*, May 1949, 377–8. "很多很多的爱": to RJ, 17 June 1947. "于是，我": CP 215. "岛上的": to RJ [1947].

349 "威斯坦在": Dorothy Kallman to the author, 14 June 1980. "我试着跟": Gardiner 16. "这对我": Yanovsky 123. "我并不认为": TR 118. "非常感兴趣": Strav./Craft 396. "我认为": interview with Peter Porter for BBC Radio, broadcast 29 April 1966.

350 "不必多说": *Memories and Commentaries* 155. "囊中羞涩": ibid. 156. "喝咖啡": ibid. "一幕幕": ibid. 154.

351 "一个资产阶级": unscripted talk for BBC Third Programme, 18 August 1953 (BBC Written Archives). "在歌剧里": ibid.

352 Stravinsky and Auden's working synopsis for *The Rake's Progress* is printed as an appendix to *Memories & Commentaries*. "我们不工作": *Memories and Commentaries* 157. "天使是": ibid. "他是我能": ibid. 158. "怕极了": Strav./Craft 397. "一个专业的": ibid. "我无法": *Memories and Commentaries* 160.

353 "要是你": RP 33. "一些适合": ibid. "威斯坦·奥登": TR 153. "我想你可以": RP 33. "渐入佳境": ibid. "两位脚本作家": Strav./

附录二 引用文献 741

Craft 650. "表明他": RP 33. "一会儿": SW 99. "为了歌唱": radio discussion between Auden, Kallman and Hans Werner Henze, recorded by BBC on 17 July 1961 (BBC Written Archives).

354 "是一项": RP 33. "措辞很": unscripted talk (see note to p. 351). "我从未": *Opera*, January 1952, 35. "正如你": *Memories and Commentaries* 160.

355 "很喜欢" "随意删减": ibid. 161. "我们认为": RP 34. "笑得": ibid. 33. "巴巴觉得": SW 101.

356 "有点太": RP 6. "卡尔曼先生是" "卡尔曼先生写": TR 149f.

357 "这份工作": Strav./Craft 401. "威斯坦差点": William Caskey to the author, 24 June 1979. "我来了": to EM, 8 May [1948]. "我们到了": to RJ, 30 May 1948. "性交易": ibid.

358 "一开始": ibid. "我偶尔": ibid. "几个月内": ibid. "什么样的": *Nones* 26. "不过": Marie-Jacqueline Lancaster (ed.), *Brian Howard: Portrait of a Failure*, Blond, 1968, 493. "文字能": EA 397.

359 "这是春日里": *The Platonic Blow*, Fuck You Press, 1965 (copy in Bodleian Library). "艳情诗": *Daily Telegraph Magazine*, 9 August 1968.

360 "从我的经历": to RJ, 6 July 1948. "一种强调": to J. R. R. Tolkein, 14 June 1955. "亲爱的": to RJ, 6 July 1948.

361 "眼下还没": *Nones* 80f. "向他": John Fuller, *A Reader's Guide to W. H. Auden*, Thames & Hudson, 1970, 187.

362 "印象极深": to John Hayward, 25 October [1948] (King's College, Cambridge). "本身就是": *Listener*, 26 April 1951, 673. "是漂泊": *The Enchaféd Flood*. Faber, 1950, 125.

363 "有关庞德": to RJ, 16 August 1949. "经过漫长": *Memories and Commentaries* 163. "忙着写作" "切斯特已经": to EM, 30 May [1949]. "沉浸于": to ERD, 27 May 1949.

364 "他尽力了": to EM, 6 June [1950]. "多年以后": to EM [July 1942]. "在意大利": Davidson 129–30. "显然不是": Chronicle 25.

365 "浊浪拍击": CP 445. "造诣最高": ibid. 671. "所有字眼": ibid. 472. "一个基督徒": ibid. 17. "用 20 年": DH 52.

366 "与其他": World Review, November 1950, 30. "在现今": Nine, autumn 1950, 345. "从容不迫""一种过于": New Statesman, 1 March 1952, 249. "附着在": Poetry, September 1951, 352–6. "我们不得不": TR 148.

367 "让斯蒂芬": ibid. "此类会议": to EM [October 1964]. "今年，我们": to ERD, 26 May [1950]. "因为它": ibid. "靠近墓园": to CK, 26 January [n.y.] (Berg). "在这棵": CP 435. "事情变得": to Howard Griffin, 27 January [1951] (Berg).

368 "哎呀，我": to Rupert Doone, 7 March [1951] (Berg). "有急事""不了，我""这通电话": Daily Express, 16 June 1951.

369 "我很忙": letter from Auden printed in Sunday Times, 20 January 1957. "我需要": Times Literary Supplement, 14 March 1980, 294. "我要去": Tom Driberg, Guy Burgess: a portrait with background, Weidenfield, 1956, 99. "好吧！": to SS, 14 June 1951. "在 20 世纪": Daily Express, 13 June 1951. "精彩绝伦": Manchester Guardian, 11 June 1951. "整件事": to SS, 14 June 1951.

370 "对于'伯-麦'": to SS, 20 June 1951. "我当时": Driberg (see note to p. 369) 99. "如果伯吉斯": Sunday Times (see note to p. 369). "我不能": ibid. "姑娘们": TR 153. "排练让人": to EM [September 1951]. "除了音乐": Chronicle 26.

371 "泪流满面": ibid. 28. "紧张得像": ibid. 29. "到了第二幕": E. W. White, Stravinsky, Faber, 1966, 427. "罗西尼，心灵": Strav./Craft 415. The synopsis of 'On the Way' is at the Humanities Research Center, University of Texas at Austin. "我和卡尔曼": to Igor Stravinsky, 2 July

1949.

372 "仍在等候": to Alan Ansen, 17 April [1952] (Berg). "整整两年": Robert Craft to the author, 18 April 1980. "我的代理人": to ERD, 26 May [1950].

373 "奥登无疑": *Chronicle* 43. "我永远不会", to SS, 13 March 1941. "一个人": FA 427. "就像是用": *Chronicle* 40.

374 "一面几乎" "我们通常会": ibid. "我们必须": recalled by Thekla Clark in conversation with the author, London, February 1980. "我们的文化": DH xi. "我发觉自己": to Alan Ansen [November 1952] (Berg). "迷人、聪明": to Howard Griffin, 22 April [1953] (Berg).

375 "执导缺乏": Strav./Craft 418. "在这部": to EM, 16 July [1953]. "但愿可以": to EM [June 1953]. "每个人都": to EM, 16 July [1953]. "如果我对": HA 10. "不是一件": to Alan Ansen, 16 July [1953]. "这是最美好": to EM, 8 November [1953].

376 "有时候": to HP, 17 February [1954]. "我的纽约窝": to Alan Collins, 23 February (1967) (Butler).

377 "智力的盛宴": Yanovsky 127. "一个犹太姑娘": ibid. "五杯马提尼酒": Strav./Craft 416.

378 "宁静而勤奋": to EM, 1 July [1954]. "一个为赚钱": to HP, 14 May [1955]. "我不太可能": CP 431. "奥登已经": *Yale Review*, June 1955, 607. "我猜贾雷尔": MS notes by Stephen Spender on first draft of the present book.

379 "我一生中": to J. R. R. Tolkien [April 1955]. "要是有人": *Times Literary Supplement*, 8 December 1955. "我强烈反对": *Partisan Review*, January-February 1952, 18. "我们倾向于": Auden & Kallman (transl.), *The Magic Flute*, Random House, 1956, xiv.

380 "我花了": Gardiner 15. "很荣幸": Joanna Richardson, *Enid Starkie*, Oxford University Press, 1973, 196f.

381 "冬季的": ibid. "适合教席": ibid. 197. "请投我": to ERD, 7 November [1955]. "大家对": *The Diaries of Evelyn Waugh*, Weidenfeld, 1973, 753. "我的未来": to HP, 13 January [1956]. "最合适的" "最伟大的": *Sunday Times*, 5 February 1956. "的确": *Isis*, 8 February 1956.

382 "你到底是": Richardson (see note to p. 380), 198. "我该怎么": to SS, 16 February 1956. "这是 250": TR 214. "就像刚进": *Evening Standard*, 11 June 1956. "你们选择": DH 32. "我这辈子": to CK, 25 June [1956].

383 "宁肯为": *Oratio Creweiana MDCCCCLVI* (University of Oxford). "请给我": to CK, 25 June 1956. "我生日": to CK, 26 January [n.y.] (Berg). "这里有点": to EM, 19 December [1956]. "谢天谢地": to HP [June 1957].

384 "迄今为止": quoted in *Observer*, 5 February 1961. "要是有人": *Adam International Review*, 1973–4, 24ff. "奥登一言不发": *Daily Telegraph Magazine*, 9 August 1968, 20.

385 "我要半磅": recalled by Natasha Spender in conversation with the author, London, June 1980.

386 "我刚刚获得": to HP [June 1957]. "我不喜欢": Charles Osborne, *W. H. Auden: the Life of a Poet*, Eyre Methuen, 1980, 246. "切斯特的": to Alan Ansen, 8 July [n.y.] (Berg).

387 "或许会": to Christa Esders, 15 July 1957 (Berg). "在一个": CP 569. "我们在": to HP, 4 October [1957].

388 "漂亮得": to HP, 3 July [1958]. "他们很好": to HP, 11 October [1958]. "我再也不": ibid. "虽然人们": CP 488.

389 "我和切斯特": to Howard Griffin, 28 September [1958] (Berg). "3 只猫": to Geoffrey Grigson, n.d. (Butler). "100% 美国式": to Howard Griffin, 28 September [1958] (Berg). "真让人意外": to HP, 3 July [July

1958]. The visitor's book is now in the Humanities Research Center, University of Texas at Austin.

390 "我们动作""我与村长": *New York Times Magazine*, 8 August 1971, 10ff. "那封电报": Gardiner 18.

391 "他一遍遍": *Life*, 30 January 1970, 52ff. "轮到马提尼酒": CP 633. "我喝过的": TR 92.

392 "奥登先生": *American Scholar*, Spring 1967, 267–9. "雨下个": to EM, 8 August [1960]. "我在五十岁": CP 520.

393 "我亲爱的": to HP, 1 April [1960]. "奥登已经". *Chronicle* 70. "非常、非常": TR 145. "大获成功": to HP [December 1958].

394 "兼具准确性": TR 145. "这将是": to EM, 7 July [1960]. "有时候": FA 150. "亲爱的 G 先生""伟大的 G 先生": ibid. "倘若可以": CP 522. "虽然 G 先生": to EM, 18 September [1961]. "我无法": CP 499. "我惊喜地": to RJ, 17 May 1949.

395 "二十四年": CP 538. "我爱慕的人": ibid. 499. "期待着你": ibid. 491. "他建议我": TR 175f.

396 "你需要钱": CP 561. "客厅收拾": Gardiner 18. "而我多么": CP 561.

397 "胡格尔": ibid. "历史事实": CP 465. "奥登另一个": *Time & Tide*, 9 July 1960, 803. "牛吼器": HC dedication.

398 "禁欲主义": DH 192. "印象极为": to EM, 1 July [1954]. "我们最初": BBC radio discussion between Auden, Kallman and Henze, recorded 17 July 1961 (BBC Written Archives). "为了歌唱": ibid.

399 "人类的智慧": quoted by Auden in his note to the Glyndebourne programme of *Elegy*. "虽然我和": to EM, 16 March [1965].

400 "大约75%": Spears 341. "我们用": *Chronicle* 211. "激动人心""管弦乐队": to EM, 8 August [1960]. "我确实": to SS, 13 May 1961. "格雷夫斯": *Chronicle* 159. "很感动": to HP, 21 August [1962]. "我希望":

to J. R. R. Tolkien, 18 January 1963.

401 "一种高贵的": Malcolm de Chazal, *Plastic Sense*, Herder & Herfer, 1971, 7. "我们的歌剧": Chester Kallman to Toni & Noah Greenberg, 31 May 1961. "要实现": to HP, 25 April [1961]. "这是我": to HP [May 1961]. "你真不该": Anthony Gishford (ed.), *Grand Opera*, Weidenfeld, 1972, 190. "可能更糟": to EM, 8 August [1961]. "精湛的": *Musical Times*, CII (1961), 418–9.

402 "无论我": ibid. 639–10. "根本不对劲": SW 108. "我这个": CP 520. "现在只剩": to EM, 10 July [1964]. "他活着": MS of address at memorial service, in possession of Stephen Spender.

403 "但愿他们": to HP, 14 April [1962]. "在你因偷窃": CP 561. "我一个人": to HP [July 1959]. "善良、体面": James Merrill to the author. May 1979. "崇拜": TR 227.

404 "这就是": to SS, n.d. "充分展现": *Times Literary Supplement*, 12 October 1973, 212; reprinted in Clive James, *At the Pillars of Hercules*, Faber, 1979.

405 "对我而言": Dag Hammarskjöld, *Markings*, Knopf, 1964, 14. "我平生所见": ibid. 4. "奇妙的": ibid. 25. "总是陷入": ibid. 18. "格外激进": ibid. 16. "好吧": information from Edward Mendelson.

406 "翻译在": Auden & Pearson (ed.), *Poets of the English Language*, Vol. II, Viking, 1978, xv. "译者是否": ibid. "无论在": I. Duczynska (ed.), *The Plough and the Pen*, Peter Owen, 1963, 10. "奥登的特点": TCVA 31. "大歌剧脚本": SW 109. "今天，我们": ibid. "任何一种": MS note on the libretto of *The Bassarids* by Chester Kallman (HRC).

407 "'Bassarids' 或": to EM, 18 July (1966). "一半以上": to ERD, 8 October [n.y.]. "帕斯卡利斯": to EM, 9 August [1966]. "《酒神的伴侣》是": *Musical Times*, October 1966, 887. "必须重写": *Evening Standard*, 18 September, 1963.

408 "奥登在"：*Advocate* 26. "我都是从"：ibid. "嫉妒到"：ibid. "切斯特正在"：to Howard Griffin, 31 December [1965] (Berg). "我尝试"：to SS, 12 November [n.y.]. "给我写"：to CK, 1 January [1968] (HRC). "厨房一团糟"：Yanovsky 120.

409 "威斯坦很"：TR 173. "我唯一的"：*New York Times Magazine*, 8 August 1971, 10ff. "我觉得我们"：*Mid-Century,* January 1962, 3–7. "晚餐前"：*Chronicle* 156.

410 "圣地"：LFI 8. "二十八年前"：CP 546. "我感觉"：to Peter Salus, 15 June [1964] (Berg). "过程一直"：11 August [1964] (Berg). "我第一次"：to Howard Griffin, 31 December [1965] (Berg). "我年轻时"：to EM, 7 July [1960].

411 "多少个""不仅是"：to HP, 14 May [1955]. "福特基金会"：to EM, 11 June [1963]. "我在各种"：to Peter Salus, 10 April [1965] (Berg). "要不是有"：to EM, 13 January [1965]. "你老母"：recalled by Peter Heyworth in conversation with the author, London, spring 1979.

412 "我成年后""亲爱的"：ibid. "噢，我不用"：ibid. "说句真心话"：to HP, 12 January [1965]. "一件极为"：to EM, 13 January [1965]. "我不喜欢"：ibid. "无论将来"：*Listener*, 7 January 1965, 5.

413 "如果我能"：to Louise Bogan, 13 April 1945 (Amherst College Library). "奥登的后期"：*Times*, 3 February 1966. "食人魔自有"：CP 604. "我写的"：TR 89. "这有些无情"：CP 522.

414 "有着面孔"：DH 88. "我不认为"：to Peter Salus, 26 August [n.y.] (Berg). "你能理解"：to ERD, 21 June [1968]. "我们那个"：*Times*, 11 July 1969. "你和你的"：Gardiner 15f. "尽管人们"：FA 166. "对窃贼"：to HP, 14 April [1962]. "老左派"：EA 190.

415 "现如今"：Owen Barfield, *History in English Words*, Eerdmans, 1967, 9. "语言是"：SW 122. "二十岁时"：CP 540. "我从头到尾"：to EM [September 1965].

416 "我从来": CSP66 15. "这么说": ibid. "我离开": draft to Naomi Mitchison, 1 April 1967 (Berg). "关于 W. B. 叶芝": to SS, 20 May [n.y.]. "违背我": Anthony Ostroff (ed.), *The Contemporary Poet as Artist and Critic*, Little Brown, 1964. 185.

417 "不修边幅": CSP66 16. "现如今": ibid. 15. "我人生": ibid. 16.

418 "我似乎": *Hudson Review*, spring 1968, 207. "完全不": *Listener*, 22 February 1967, 267. "一些": *Observer*, 27 November 1966. "他的后期": ibid. "当然没有": *Paris Review* 245. "亲爱的": draft to Naomi Mitchison, 1 April 1967 (Berg). "在那么多": Ostroff (see note to p. 416) 185f.

419 "要把措辞": to EM, 8 September [1962]. "不管诗歌": Ostroff (see note to p. 416) 185f.

420 "我最近": to Peter Salus, 9 July [1964] (Berg). "我是这""威斯坦完全": *Chronicle* 257. "上帝保佑": CP 486.

421 "这是莎士比亚": *Times Literary Supplement,* 12 January 1973, 15f; reprinted in Clive James, *At the Pillars of Hercules*, Faber, 1979. "对自己": *Times Literary Supplement*, 4 October 1974, 1076.

422 "上帝保佑": CP 549. "一个名叫": to Jacques Barzun, 14 November 1966 (Butler).

423 "实在是": Yanovksy 119. "保不准": TR 180. "让我产生": CP 537. "中世纪": *Newsweek*, 29 January 1968, 54. "吓得要死": to CK, 10 December [n.y.] (HRC). "我为什么": *Daily Mail*, 14 October 1972. "至极""他的脸": Finney 269. "沟槽蹙皱": James Merrill, *Mirabell*, Atheneum 1978, 70. "生命本身": TR 182. "一张": ibid. 245. "你的摄影师": interview by Christopher Burstall, 1965.

424 "但是，突然": Yanovksy 117. "在我这样": TR 179. "他穿上了": Yanovksy 117. "为了达到": *Observer*, 6 October 1974. "欢庆的": draft letter to the *Observer* by Chester Kallman, 23 October 1974 (HRC).

"越来越": *Chronicle* 260. "要是那个": Yanovsky 121. "我很惭愧": to CK, 1 January [1968] (HRC).

425 "不，不": Yanovsky 121. "他很晚": ibid. "这很有趣": unpublished memoir of Auden by Bernard Richards. "有个人": Gardiner 19. "好吧，在我": TR 175.

426 "当一个人": CP 562. "他与广博": Yanovsky 108. "对他而言": TR 190f.

427 "我会活到": TR 124. "他的控场力": *Financial Times*, 12 July 1971. "他不是": Charles Osborne, *W. H. Auden, the life of a poet*, Eyre Methuen, 1980, 322f. "亲爱的埃玛": CP 575. "切斯特伤心": Yanovsky 129.

428 "很感兴趣": BBC radio interview with Hans Keller, recorded 10 July 1971. "前几天看了": to SS [n.d.]. "惊人的": MS note by Stephen Spender on first draft of the present book. "没有办法": *Chronicle* 258.

429 "翻译那些": to Peter Salus, 29 August 1968 (Berg). "新作": *Spectator*, 13 December 1969, 827–8. "大部头": to Jason Epstein, 21 July 1968 (Butler). "一种自传": ibid.

430 "比以往": Gardiner 18. "我的厨房": to ERD, 2 January 1966. "我穿了": Yanovsky 116.

431 "下午4点": *Esquire*, January 1970, 139. "我并不是": *Daily Telegraph*, 13 January 1970. "他无法": Yanovsky 122.

432 "老态龙钟": Gardiner 19. "威斯坦已经": recalled by Stephen Spender in conversation with the author, London, June 1979. "后期写作": TR 8. "异常敏感": *Chronicle* 374. "'我不喜欢'": Yanovsky 121. "啊，但我": TR 124. "虐待狂": CP 627. "他肯定": Yanovsky 117.

433 "除了他": ACW vii. "在奥地利": *Life*, 30 January 1970, 52ff. "我本人": *Chronicle* 395. "我完全": Yanovsky 116. "答应我": recalled by

Natasha Spender in conversation with the author, London, June 1980. "但你不能": recalled by Stephen Spender in conversation with the author, London, June 1979.

434 "玩笑话很": Sean Day-Lewis, *C. Day-Lewis,* Weidenfeld, 1980, 297. "威斯坦": TR 125. "对不起": recalled by Peter du Sautoy in conversation with the author, London, July 1979. "他要走": TR 124. "你们对我": to Stephen and Natasha Spender, 5 November [n.y.].

435 "迷人""花销十分": to Robert Lederer, 25 April 1970 (Berg). "所有收到": HA 10. "那就是": recalled by Valerie Eliot in conversation with the author, March 1980.

436 "威斯坦结束": Yanovsky 131. "不是外在的": SP xvii. "我们都": CP 654. "自马克斯": to Geoffrey Grigson, 5 April [1971] (Berg). "在委员会": *Evening Standard,* 1 August 1971.

437 "令人非常":to Jacques Barzun, 23 November 1971 (Butler). "我们会": *Evening Standard,* 18 August 1971. "纽约是地狱": to CK, 1 November [1972] (HRC). "第一次与": TR 189.

438 "发现他": TR 192. "检查结果": Yanovsky 118. "切斯特在": ibid. 131. "谈话就像": TR 155. "我越来越": *Evening Standard,* 7 February 1972.

439 "在牛津大学": *Daily Telegraph,* 8 February 1972. "我们在": TR 155. "兰登书屋": Yanovsky 131. "请允许我": *New York Times,* 18 March 1972, 31.

440 "我说全都": Robert Wilson, *Auden's Library* (privately printed). "您看起来":TR 188. "无稽之谈": *Times,* 22 June 1972. "奥登衣衫褴褛": Yanovsky 132f.

441 "我完全": *Daily Mail,* 14 October 1972. "我每天": ibid. "包含了": *Sunday Times,* 8 October 1972. "闲适？": *Times,* 12 October 1972. "上星期": *Sunday Times,* 29 October 1972.

442 "没有剃胡子": *Sun*, 5 January 1973. "这实在是": Daily Telegraph, 30 January 1973.

443 "还没有": to CK, 1 November 1972 (HRC). "我不喜欢": *Radio Times*, 27 January 1973. "走吧, 去": recalled by Andrew Motion in conversation with the author, June 1979; see also TR 207.

444 "一切都": to CK, 19 December [1972] (HRC). "正如已故": *Times*, 8 February 1972. "我们这里": TR 204. "基督教堂学院": draft letter by Chester Kallman to the *Observer*, 23 October 1974 (HRC).

445 "随着年龄": recalled by James and Tania Stern in conversation with the author, Wiltshire, August 1979. "散步?": TR 125. "渐渐习惯": CP 657f. "形单影只": TR 205.

446 "当然": TR 180. "不, 不": unpublished memoir of Auden by Bernard Richards. "我肯定": J. I. M. Stewart to the author, 27 July 1979. "我无法": *Theology*, November 1977, 430. "你想要": recalled by Andrew Motion in conversation with the author, summer 1979.

447 "已经干涸": recalled by Naomi Mitchison in conversation with the author, Oxford, January 1979. "你迟到了": Gardiner 19. "粗鄙": recalled by Sir Isaiah Berlin in conversation with the author, Oxford, May 1979. "跟我说话": *Times*, 14 November 1973. "越来越": TR 148. "双方都": TR 208. "出色工作": ibid.

448 "你认为": ibid. "哦,你": information from Charles Monteith.

449 "让你睡前": CP 672f. "看起来": HA 62. "亲爱的多兹": to ERD, 31 August [1973].

450 "生命短暂": TYF 49. "一辆好车": TR 30. "他的姿势": Charles Osborne, *W. H. Auden, the life of a poet*, Eyre Methuen, 1980, 306. "他仍然热爱": TYF 13.

451 "威斯坦走了": TR 227. Michael Yates's account of the funeral was specially written for this book in April 1980.

453 "我失去了"：Alan Ansen to the author, 30 May 1979. "无耻的"：CP 643.

454 "W. H. 奥登"：*Times*, 1 October 1973. "他似乎"：Upward 22. "我相信"：John Lehmann, *The Whispering Gallery*, Longmans, 1955, 255. "如果我们"：TR 25. "毕加索"：Lincoln Kirstein to the author, 10 August 1980.

455 "我有一个"：*Listener*, 22 February 1973, 240. "迄今为止"：LFI 9. "我真的"：Ansen. "一切自有"：CP 243.

附录三 致谢

正如一开始所言，这不是一本"授权"或"委托"的奥登传记，并没有受到奥登文学遗产基金会的赞助，纯粹是我自主撰写的作品。尽管如此，奥登的文学遗产受托人爱德华·门德尔松教授鼎力支持我的工作，我对他的感谢说不尽也道不完。除了允许我征引奥登的信件和其他未曾发表的手稿（在这方面，我还必须感谢柯蒂斯·布朗学术有限公司、纽约公共图书馆的博格收藏馆、得克萨斯大学奥斯汀分校人文研究中心以及其他存有奥登手稿的图书馆）以外，他还大量提供了我不可能通过其他渠道获取的信息，并且让我阅读了他的《早期奥登》一书的打印稿，此书包含很多独家资料。也许最难能可贵的是，他不厌其烦地审读此书在不同阶段的打印稿和最终的校样，煞费苦心地提出建议、纠正错误。E. R. 多兹曾高度肯定他妻子对奥登的《牛津轻体诗选》做出的贡献，套用他的那句话来说，我觉得爱德华·门德尔松教授是这本传记的"积极合作者"，应该享有同等的赞誉（如果有任何赞誉的话）。当然，书中的一切错谬之处，全都归咎于我。

自传记发轫之始，我便联系奥登的亲朋好友，希望他们能和我谈谈，或者通过文字说说有关奥登的记忆。这个方法卓有成效：一些人考虑到奥登对自身传记的看法，起初难免踌躇不决，但随着时间的推移，他们中的每一个人都愿意提供帮助，表现得非常慷慨。有些人借给我信件、照片和诗稿。有些人事无巨细地回答了我的问题，并且热情款待了我。后来，一些人阅读了这本书的草稿，并提出了更正和改进的建议。我在这里按照首字母顺序列出他们的名字，感谢他们的无私帮助（本次或后续名单中的任何遗漏，纯属偶然，但愿能得到宽宥）：V. M. 阿洛姆，艾伦·安森，贾尔斯·奥登，约翰·B. 奥登博士和他的妻子希拉、他的女儿安妮塔·莫尼和丽塔·穆德福德，戴维·艾尔斯特，以赛亚·伯林爵士，A. H. 坎贝尔教授，珍妮特·卡尔顿（珍妮特·亚当·史密斯），加布里埃尔·卡里特，特克拉·克拉克，已故的内维尔·科格希尔教授，威廉·科德斯特里姆爵士，罗伯特·克拉夫特，已故的 E. R. 多兹教授，瓦莱丽·艾略特，莫里斯·费尔德和亚历山德拉·费尔德夫妇，A. S. T. 费舍尔牧师，奥兰·福克斯，玛格丽特·加德纳，T. O. 加兰博士，杰弗里·格里格森，汉斯·维尔纳·亨策，彼得·海沃斯，克里斯托弗·伊舍伍德，林肯·柯尔斯坦，米尔顿·克朗斯基，约翰·莱曼，戴维·卢克博士，海德丽·麦克尼斯（海德丽·安德森），莫里斯·曼德尔鲍姆，戈洛·曼，罗伯特·梅德利，詹姆斯·梅里尔，查尔斯·米勒，米奇森夫人（娜奥米·米奇森），查尔斯·蒙蒂思，厄休拉·尼布尔，彼得·皮尔斯爵士，奥利弗·萨克斯博士，彼得·H. 萨卢斯，贝娅塔·索兰德，伊丽莎白·西夫顿，艾丽斯·辛金森，阿诺德·斯诺德格拉斯，斯蒂芬·斯彭德和娜塔莎·斯彭德夫妇，詹姆斯·斯特恩和塔尼娅·斯特恩夫妇，阿尔伯特·史蒂文斯和安杰琳·史蒂文斯夫妇，J. I. M. 斯图尔特，保罗·B. 泰勒，爱德华·厄普华，雷克斯·沃纳，奥斯汀·赖特，巴兹尔·赖特，迈克尔·耶茨和玛尼·耶茨夫妇。

　　在调研切斯特·卡尔曼的生活及其与奥登的关系时，他的父亲爱德华·卡尔曼医生，尤其是卡尔曼医生的妻子多萝西（多萝西·法南）给了我很多帮助，她耐心且详细地回答了我所有的问题，并欣然把照片借给我。

许多其他人也慷慨地给予我帮助,我在这里特别感谢以下人员提供相关信息和建议、借阅信件和文件、回忆有关奥登的点滴以及各种形式的助益:德里克·奥登,唐·巴查迪,弗兰克·比克罗夫特,安东尼·布伦特,布兰达·布顿,罗伯特·H.博耶教授,基思·布拉斯,约翰·伯恩,威廉·卡斯基,亨利·查德威克教授,韦恩·科斯韦尔,瓦伦丁·坎宁安,M. A.戴维牧师,吉尔·戴-刘易斯(吉尔·鲍尔肯),肖恩·戴-刘易斯,厄休拉·德隆克,彼得·杜·索托伊,约翰·艾扎德,菲斯福尔男爵夫人,布莱恩·芬尼,迈克尔·福德姆博士,乔纳森·弗莱尔,利维亚·戈兰茨,罗杰·格林,托尼·格林伯格夫人,詹姆斯·格林,哈罗德夫人,安德鲁·哈维,戴维·杰克逊,弗朗西斯·金,理查德·莱亚德,休·劳埃德-琼斯教授,唐纳德·米切尔,安德鲁·莫特,约翰·伯纳德·迈尔斯,弗雷德里克·普罗科什,H. W.珀维斯夫人,伯纳德·理查兹,P. C.罗杰主教,玛丽·桑德巴赫,威尼弗雷德·桑德巴赫,卡罗琳·西博姆,汤姆·希佩教授,迈克尔·西德内尔,萨谢弗雷尔·西特韦尔爵士,马修·斯彭德,克里斯托弗·托尔金,菲利普·汤因比,琼·特维尔·皮特,马克·维斯希,J.威廉·文森,约翰·威利特,罗伯特·威尔逊和诺曼·赖特。

如果没有约翰·富勒的《奥登阅读指南》(泰晤士 & 赫德逊出版社,1970年),我将很难破译奥登的很多诗歌。约翰·富勒本人也给出了诸多建议与鼓励。我务必要感谢塞缪尔·海因斯的《奥登一代》(博德利·黑德出版社,1976年),从中汲取了不少线索。然而,对任何从事奥登传记工作的人来说,巴里·布卢姆菲尔德和爱德华·门德尔松合著的《奥登书目:1924—1969》都是最为重要的案头书,这本详实的书目是所有后续研究都不可或缺的基石,我已经在"附录一"予以说明。

许多图书馆和有关机构也为我的研究提供了便利,我真诚地感谢以下组织机构及其工作人员:牛津大学贝利奥尔学院图书馆,BBC

音频档案库，BBC手稿档案库，纽约公共图书馆的博格收藏馆，伯明翰公共图书馆，牛津大学博德利图书馆，布里斯托尔公共图书馆，布里顿基金会，哥伦比亚大学巴特勒图书馆，牛津大学基督教堂学院图书馆，科尔沃尔的唐斯学校（特别感谢D. C.博伊德和约翰·奈茨），牛津大学埃克塞特学院图书馆，费伯音乐有限公司（特别感谢帕特里克·卡内基），霍尔特的格雷欣公学图书馆，哈佛大学霍顿图书馆，得克萨斯大学奥斯汀分校人文研究中心，剑桥大学国王学院图书馆（特别感谢M. A.霍尔斯），海伦斯堡的罗门学校（原为拉知菲学校），伦敦的马克思纪念图书馆（特别感谢南·格林），英国国家电影档案馆，英国国家肖像馆，牛津大学出版社（特别感谢雨果·布伦纳），苏富比公司（特别感谢R. L.戴维斯），斯沃斯莫尔学院图书馆，维京出版社（特别感谢埃德温·肯纳贝克和艾伦·威廉姆斯），惠顿学院的韦德收藏馆，耶鲁大学图书馆和耶鲁大学拜内克图书馆。琼·多兹夫人翻阅了已故的约翰·莱亚德的文献资料，发现了很多与奥登有关的信息。

费伯-费伯出版社和兰登书屋准允我征引奥登出版的作品，对此我深表感谢。至于书中引用的其他作家的作品，我已经在注释中对相关出版商表达了谢意。

约翰·S.格里菲斯帮忙完成了家谱调研。我要特别感谢道格拉斯·安德森，他帮忙查找并提供了奥登发表在美国期刊上的文章，而这些文章在英国很难获取。我在纽约调研期间，道格拉斯·安德森也助益良多。我还必须感谢亨利·哈代和玛丽·简·莫瓦特，他们仔细地审读了本书的打印稿，并给出了宝贵的修改意见。克里斯汀·凯利协助我完成了索引，我父亲和罗杰·格林弥补了我在校对方面的不足之处。最后，我当然要感谢奥登先生，他的盎然人生值得付诸笔端。

索 引

索引中的页码为原书页码，即本书边码。

（一）奥登诗歌作品索引

为了区分"诗题"和"首行"，这里的诗歌作品凡是以诗题的形式出现的，均以书名号标识；凡是以首行的形式出现的，均以双引号标识，随文标注相应篇目较为通行的诗题。

A Change of Air《异地疗养》394, 418
A cloudless night like this "一个晴朗无云的夜晚"(《晚间漫步》) 360—361
A Communist to others《一位共产主义者致他人》148—150, 152, 330
A Happy New Year《喜乐新年》133—136, 146
A living room, the catholic area you "一间起居室，这包罗万象的区域，你"(《平凡生活》) 395
A Summer Night《夏夜》161—162
A Thanksgiving《答谢辞》448
A Walk After Dark《晚间漫步》360—361
A. E. Housman《A. E. 豪斯曼》248
A nondescript express in from the South "一列南方开来的普通快车已进站"(《火车南站》) 248
About suffering they were never wrong "关于苦难，他们从来不会出错"(《美术馆》) 248
Abruptly mounting her ramshackle wheel "突然装上她摇摇欲坠的轮子"(《战时》) 324
Adolescence《青春期》129
All are limitory, but each has her own "世人皆有命限，但每个人各有"(《养老院》) 431
Among pelagian travellers "同机的越洋旅客"(《巡回演讲》) 422
Amor Vincit Omnia《爱能征服一切》59
And the traveller hopes: 'Let me be far from any' "每个旅行者都在祈祷'让我远离所有的'"(《冰岛之旅》) 197, 199
Anthem for St Cecilia's Day《圣塞西利亚日赞歌》297, 323
Archaeology《考古学》449

Ares at last has quit the field "阿瑞斯终于退场"(《何方竖琴下》) 341
As I walked out one evening 《某晚当我外出散步》222
At Parting 《惜别》60
At the Grave of Henry James 《在亨利·詹姆斯墓前》455
At the far end of the enormous room "在这个无比宽敞的房间的尽头" 158
August for the people and their favourite islands "八月之于人民和他们最喜爱的岛屿" 179—180
Autumn is come, dear kindly dame "秋天来了,亲爱的良善女士" 32
Autumn Song 《秋日之歌》143n.

Because sap fell away "由于精元已经衰竭" 76
Between attention and attention "在彼此的关切之间"(《简便的知识》) 116
Brothers, who when the sirens roar "兄弟们,当警报器响起来"(《一位共产主义者致他人》) 148—150, 152
Bucolics 《田园组诗》378
By landscape reminded once of his mother's figure "风景一度让他想起了母亲的模样"(《青春期》) 129

California 《加利福尼亚》29
Canzone 《雅歌》316
Casino 《赌场》194
Cinders 《灰烬》44, 60
Compline 《晚祷》301
Comrades, who when the sirens roar "同志们,当警报器响起来"(《一位共产主义者致他人》) 148—150, 152
Consequences 《结果》57
Consider this and in our time "在我们的时代请关注这一幕"(《关注》) 147

Control of the passes was, he saw, the key "控制这重重关隘,他明白是关键所在"(《间谍》) 77
Corns, heartburn, sinus headaches, such minor ailments "鸡眼,胃灼热,窦性头痛,这类小毛病"(《异地疗养》) 394, 418

Danse Macabre 《死神之舞》107—108
Dawn 《黎明》30
Dear, all benevolence of fingering lips "亲爱的,所有摇唇鼓舌的善意"(《疾病与健康》) 312
Dear Philip: 'Thank God for boozy godfathers' "亲爱的菲利普,'感谢上帝让教父们喝得醉醺醺'"(《谕教子书》) 389n.
Dear, though the night is gone "亲爱的,夜晚虽已逝去" 77n., 208
Dear water, clear water, playful in all your streams "珍贵而清澈的水流,在每一条溪涧里嬉闹"(《溪流》) 378
Dichtung und Wahrheit 《诗与真》394ff
Doom is dark and deeper than any seadingle "命运如此晦暗,比世上的海沟更幽深"(《流浪者》) 116
Dover 《多佛港》226, 417

Easy knowledge 《简便的知识》116
Edward Lear 《爱德华·李尔》248
Epistle to a Godson 《谕教子书》389n.

Far from the heart of culture he was used "他被使用在远离文化中心的地方"(《战争时期》第十八首) 238
Far into the vast mists grow dim "茫茫一片雾霭愈发地幽暗"(《黎明》) 30
Father at the wars "父亲远在战场" 21

Fine evenings always bring their thoughts of her "美好的夜晚总会让他们想起她"(《低处的小巷》) 60

Fish in the unruffled lakes "鱼儿在风平浪静的湖里" 208

For the Time Being《在此时刻》313, 320, 325, 331
另见综合索引：W. H. Auden, works

For this and for enclosures like it the archetype "这地方和所有类似的封闭场所，其原型"(《创作的洞穴》) 402

For what as easy "一切如此轻易" 131

From scars where kestrels hover "自红隼盘旋的巉岩"(《迷失》) 96

From the very first coming down "第一次来到了"(《信》) 77

From this new culture of the air we finally see "拜航空新文化所赐，最终我们领略了"(《盖娅颂》) 366

Gare du Midi《火车南站》248

Get there if you can and see the land you once were proud to own "如果可以的话去往那里，看看你曾经引以为傲的土地" 113

Good-Bye to the Mezzogiorno《再见，梅佐乔诺》388

Grown used to New York weather "渐渐习惯了纽约的天气"(《谢谢你，雾》) 445

Half Way《中途》119

Having abdicated with comparative ease "相对轻松地放弃了职位"(《中途》) 119

Hearing of harvests rotting in the valleys "听闻庄稼在座座山谷里正腐烂"(《寓意之景》) 157

He disappeared in the dead of winter "他消逝于寒冬时节"(《诗悼叶芝》) 255

Here are all the captivities; the cells are as real "这儿人人都是俘虏，牢房也真切如实"(《学童》) 221

Here on the cropped grass of the narrow ridge I stand "我就站在狭窄山脊修整过的草地上"(《莫尔文山》) 141

His gift knew what he was – a dark disordered city "他的天赋知晓他，一座幽暗无序的无市"(《马修·阿诺德》) 155

Homage to Clio《向克利俄致敬》378n., 397

Horae Canonicae《祷告时辰》378, 420

Hymn to St Cecilia《圣塞西利亚日赞歌》297, 323

I chose this lean country "我选择这片贫瘠的乡村" 71

I have a handsome profile "我有一张英俊的侧脸" 147, 150, 152

I sit in one of the dives "我在一间下等酒吧坐着"《一九三九年九月一日》273, 282, 293, 330—331, 415, 418

Iceland Revisited《重访冰岛》410

If it form the one landscape that we, the inconstant ones "如若它构成了一种风景，对于变化无常的我们"(《石灰岩颂》) 357, 366

In a garden shady this holy lady "阴凉花园里这圣洁的女子"(《圣塞西利亚日赞歌》) 297, 323

In Memory of W. B. Yeats《诗悼叶芝》255

In Praise of Limestone《石灰岩颂》357, 366

In Sickness and in Health《疾病与健康》263, 313

In the year of my youth when yoyos

came in "我青年时代的那一年,悠悠球来了" 144—147, 332
In Transit《中转航站》366
In War Time《战时》324
Ischia《伊斯基亚岛》358
It was Easter as I walked in the public gardens "这是复活节,我在公园漫步流连"(《1929》第一首) 98, 102, 108
It was quiet in there after the crushing "粉碎机停止作业后这儿十分宁静" 38
It's farewell to the drawing-room's civilised cry "再见,客厅里节制有礼的呼呼"(《死神之舞》) 207—208

James Honeyman was a silent child "詹姆斯·赫尼曼是个安静的小孩"(《詹姆斯·赫尼曼》) 221
January 1, 1931《一九三一年一月一日》(《六首颂歌》第一首) 127
Johnny, since to-day is "约翰尼,因为今天"(《生日贺词》) 321
Journey to Iceland《冰岛之旅》197, 199
Just as his dream foretold, he met them all "恰如他的梦所预示,他碰到了每一个"(《误解》) 331

Kicking his mother until she let go of his soul "踢着他的母亲,直到她释放他的灵魂"(《人世与孩童》) 319

Lay your sleeping head, my love "放低你安眠的头颅,我的爱"(《摇篮曲》) 208, 263, 294, 416
Lead's the Best《铅是最好的东西》60
Leap Before You Look《纵身一跳》300
Left by his friend to breakfast alone on the white "朋友留他一人吃早饭,在白色的沙滩"(《爱德华·李尔》) 248
Let History Be My Judge《让历史成为我的裁判》42
Let me tell you a little story "让我给你讲个小故事"(《吉小姐》) 221
Let out where two fears intersect, a point selected "经许可走出,来到了两种恐惧交织的地带"(《中转航站》) 366
Letter to Lord Byron《致拜伦勋爵的信》xvi, 12, 199—200, 202, 205, 245, 418n.
Look, stranger, on this island now "看,陌生人,此刻在这座岛屿上"(《在这座岛屿上》) 186
Lullaby《摇篮曲》208, 263, 294, 416

Many Happy Returns《生日贺词》321
Matthew Arnold《马修·阿诺德》255
Memorial for the City《城市的纪念》337
Miss Gee《吉小姐》221
Missing《迷失》96
Mundus et Infans《人世与孩童》319
Musée des Beaux Arts《美术馆》248

Negroes《黑人》185—186
New Year Letter《新年书简》286—289, 292, 295, 296ff, 303, 308 另见综合索引:W. H. Auden, works
Night covers up the rigid land "夜幕遮蔽了这片僵硬的土地" 188
Night Mail《夜邮》178, 182—184, 352
No one, not even Cambridge, was to blame "无人该被指责,即使是剑桥大学"(《A. E. 豪斯曼》) 248
Nones《午后经》378
Not as that dream Napoleon "不要像空想的拿破仑"(《有如天命》) 362

Not, Father, further do prolong "不，父啊，不要再拖延了"(《六首颂歌》第六首) 129

Now, as desire and the things desired "此刻，当欲望和欲望之物"(《晚祷》) 301

Now from my window-sill I watch the night "此刻我从窗台眺望这夜晚"(《眺望者》) 132n., 134, 331

Now the leaves are falling fast "现在开始树叶凋零得很快"(《秋日之歌》) 143n.

O had his mother, near her time, been praying "哦，大限将至，他的母亲一直在祈祷"(《帕斯卡尔》) 271

Ode to Gaea《盖娅颂》366

Old People's Home《养老院》431

O Love, the interest itself in thoughtless Heaven "哦，爱，真正感兴趣的是无知的天堂" 154

O lurcher-loving collier, black as night "哦，宠爱混种猎狗的煤矿工人" 181

O tell me the truth about love "哦，告诉我那爱的真谛" 233—234, 259

O what is that sound which so thrills the ear "哦，那如此震耳的声音是什么" 153

'O where are you going?' said reader to rider "'哦，你要去哪里？'读者对骑手说" 129

On and on and on "不停地，不停地" 348

On the Circuit《巡回演讲》422

On the cold waterfall the flush of dawn gleams bright "黎明的报颜在冰冷的瀑流里熠熠生辉" 32

On the frontier at dawn getting down "拂晓之际渐渐抵达了边境地带" 73

On the provincial lawn I watch you play "我看着你在外省的草坪上玩耍" 157

Only the hands are living; to the wheel attached "只有手还活着，被那轮盘吸引"(《赌场》) 194

Orpheus《俄耳甫斯》221

Our hill has made its submission and the green "我们的山丘已顺服，岭上的新绿"(《向克利俄致敬》) 463

Our hunting fathers told the story "我们的猎人父亲说着故事"(《我们的猎人父亲》) 188, 331

Out of the gothic North, the pallid children "离开了哥特式的北方和面色苍白的孩子们"(《再见，梅佐乔诺》) 388

Out on the lawn I lie in bed "我躺在床上就在那室外草坪"(《夏夜》) 161—162

Over the heather the wet wind blows "湿湿的凤儿从石楠丛上吹拂而来"(《罗马墙蓝调》) 232

Pascal《帕斯卡尔》271

Paysage Moralisé《寓意之景》157

Perfectly happy now, he looked at his estate "此刻极为快乐，他看着他的庄园"(《伏尔泰在费尔内》) 155

Pleasure Island《欢乐岛》345

Portrait《肖像》60

Prime《晨祷》420

Quique amavit《爱过》68

Roar Gloucestershire, do yourself proud "喧闹的格洛斯特郡，你是否为之骄傲"(《六首颂歌》第四首) 128—129, 134

Roman Wall Blues《罗马墙蓝调》232

Runner《奔跑者》189n.

Say this city has ten million souls "据说这城市有一千万个灵魂"(《流亡者蓝调》) 254

Schoolchildren《学童》221

September 1, 1939《一九三九年九月一日》282, 293, 330—331, 415, 418

Serenade《小夜曲》348

Shepherds' Carol《牧羊人的颂歌》323

Simultaneously, as soundlessly "在同一时刻，悄无声息地"(《晨祷》) 420

Sir, no man's enemy, forgiving all "先生，没有人是敌人，原谅所有"(《请求》) 415

Some say that Love's a little boy "有人说爱是个小男孩"(《哦，告诉我那爱的真谛》) 233—234

Spain《西班牙》217—219, 240, 294, 415

Spring this year in Austria started off benign "今年奥地利的春天分外宜人"(《与自己的交谈》) 436

Steep roads, a tunnel through the downs, are the approaches "陡峭的山路，一条丘崖下的隧道，入口已至"(《多佛港》) 226, 417

Streams《溪流》378

Suppose they met, the inevitable procedure "假如他们相遇，那不可避免的一步" 74

Talking to Myself《与自己的交谈》436

Taller to-day, we remember similar evenings "更离奇的今天，我们忆起了同样的暮晚"(《更离奇的今天》) 79

Thank You, Fog《谢谢你，雾》445

Thanksgiving for a Habitat《栖居地的感恩》403, 410, 419

That night when joy began "那晚当快乐开始" 131

The Age of Anxiety《焦虑的时代》332, 345, 347ff, 422n.

The archaeologist's spade "考古学家的铲子"(《考古学》) 449

The Cave of Making《创作的洞穴》402

The chimney sweepers "扫烟囱的人" 196n.

The chimneys are smoking, the crocus is out in the border "烟囱在冒烟，番红花长在边界"(《两个世界》) 137

The Common Life《平凡生活》195

The Creatures《造物》188

The Exiles《流亡者》(《六首颂歌》第三首) 128

The eyes of the crow and the eye of the camera open "乌鸦睁开双眼，摄影机镜头打开"(《城市的纪念》) 117

The Fall of Rome《罗马的衰亡》342n., 365

The four sat on in the bare room "四人坐在空无一物的房间" 77

The fruit in which your parents hid you, boy "孩子，在那果实里父母孕育了你" 157, 233

The latest ferrule now has tapped the curb "最新的套圈已经扣住了猎物" 159

The Letter《信》77

The lips so apt for deeds of passion "嘴唇完全倾向于激情的行为"(《肖像》) 60

The Malverns《莫尔文山》141

The month was April, the year "这是在一年中的四月" 156

The Old Colliery《旧煤矿场》35

The piers are pummelled by the waves

索引

"浊浪拍击着码头"(《罗马的衰亡》)342n., 365
The Platonic Blow《柏拉图式的吹箫》358ff, 433
The Prophets《预言者》262
The Quest《探索》296, 303
The Robin《知更鸟》34
The Rookery《栖林地》38
The Sea and the Mirror《海与镜》259, 325—329, 331—332
The Secret Agent《间谍》77
The sense of danger must not disappear "危险的感觉并未消失不见"(《纵身一跳》)300
The snow, less intransigeant than their marble "积雪, 比大理石更容易妥协"(《在亨利·詹姆斯墓前》)455
The Sunken Lane《沉巷》60
The Temptation of St Joseph《圣约瑟的诱惑》313
The twinkling lamps stream up the hill "摇曳的灯光涌上了山冈" 29
The Voyage《航海记》234
The wagtails splutter in the stream "鹡鸰在溪流间喳喳鸣叫" 39
The Wanderer《流浪者》116
The Watchers《眺望者》132n., 134
The Watershed《分水岭》73
The Witnesses《见证者》147
There is a time to admit how much the sword decides "曾有个时代承认刀剑的决定性力量"(《伊斯基亚岛》)358
They are our past and our future: the poles between which "他们是我们的过去和未来: 在两极之间"(《造物》)188
This is the Night Mail crossing the Border "这是夜间邮车正穿越边境"(《夜邮》)178, 182—184, 352

This lunar beauty "这月色之美" 131
This peace can last no longer than the storm "这种宁静不会比暴风雨逗留更久" 48
Thomas Epilogises《托马斯的收场白》57—58, 60
Though aware of our rank and alert to obey orders "尽管知晓我们的身份, 留心去服从指令"(《六首颂歌》第五首)129
Time will say nothing but I told you so "时间闭口不言而我将如此告诉你"(《若我能对你说出》)300
Tommy did as mother told him "汤米按照母亲的意愿行事" 11
Tonight at Seven-Thirty《今晚七点半》419
Turn not towards me lest I turn to you "不要转向我, 以免我转向了你" 157

Underneath the abject willow "在凄凄切切的柳树下方" 188
Under Which Lyre《何方竖琴下》341
Unwashed, unshat "来不及洗漱和排便"(《重访冰岛》)410

Victor was a little baby "维克多是个小男孩"(《维克多》)221—222
Voltaire at Ferney《伏尔泰在费尔内》255

Walk on air do we? And how! "我们飘飘然了吗? 确实!"(《六首颂歌》第二首)128
Watching in three planes from a room overlooking the courtyard "从三架飞机的舱口俯瞰底下的庭院"(《六首颂歌》第一首)127
We made all possible preparations "我们

完成了所有准备工作"(《让历史成为我的裁判》) 96

What does the song hope for? And the moved hands "歌声在期待着什么？他那双灵动的手"(《俄耳甫斯》) 221

What siren zooming is sounding our coming "什么样的警报长鸣在宣告我们的到来"(《六首颂歌》第三首) 128

What's in your mind, my dove, my coney "你在想些什么，我的鸽子，我的狡兔" 116

What there is as a surround to our figures "存在于我们人类周边的环境"(《欢乐岛》) 345

What we know to be not possible "我们认为不可能之事"(《午后经》) 178

When pre-pubescent I felt "青春期之前，我觉得"(《答谢辞》) 448

When shall we learn, what should be clear as day "什么时候，我们才会明白这个显明的道理"(《雅歌》) 316

Where does the journey look which the watcher upon the quay "这个旅程朝向何方？码头上的眺望者"(《航海记》) 234

Who stands, the crux left of the watershed "谁站在，分水岭左面的十字荒野"(《分水岭》) 73

Woods in Rain《雨中的树林》39

Wrapped in a yielding air, beside "藏身在顺从的空气里，就在"(《如他这般》) 221

Yesterday all the past. The language of size "昨天的一切已消逝。度量衡术语"(《西班牙》) 217—219, 240, 294, 415

(二) 综合索引

Aalto, Bill 比尔·阿尔托 360
Abse, Dannie 丹妮·阿布斯 441
Ackerley, J.R. J. R. 阿克利 48n., 204
Acton, Harold 哈罗德·阿克顿 59, 65
Adam Smith, Janet 珍妮特·亚当·史密斯 193, 203, 204n.
Adelphi《阿德尔菲》117, 137
Adrian, Max 马克斯·阿德里安 191
'A. E.' "A. E." 30
Aeschylus 埃斯库罗斯 319
Aesop 伊索 427
Air Mail to Australia《寄往澳大利亚的航空邮件》186—187
Alexander, Carlos 卡洛斯·亚历山大 401
Allan, Rev. Michael 迈克尔·艾伦牧师 433
Allen, John 约翰·艾伦 190—191
Allom, V. M. V. M. 阿洛姆 52n., 65n., 70, 81, 128n., 300n.
Allott, Kenneth 肯尼思·阿洛特 192, 246
All Souls College 万灵学院 385, 441—442
Alston 奥尔斯顿 22, 43, 71, 72, 79n., 115
Alvarez, A. A. 阿尔瓦雷斯 418
American Scene , The《美国掠影》328, 337, 425
Anderson, Hedli 海德丽·安德森 190—191, 222, 233
Ann Arbor, University of Michigan at 密歇根大学安阿伯分校 310, 314, 317—318, 324ff, 329, 409
Anselm, St 圣安瑟伦 298
Ansen, Alan 艾伦·安森 339, 347, 360, 372, 403, 408, 435, 451, 453

索引

Antrim, Lord 安特里姆勋爵 213
Appletreewick 阿波尔特里威克 33, 43, 70
Arabella (Strauss)《阿拉贝拉》(施特劳斯) 400
Arcifanfo, King of Fools (Dittersdorf)《阿西凡法诺，愚人之王》(迪特斯多夫) 406
Arendt, Hannah 汉娜·阿伦特 423, 430, 432, 445
Arts To-day, The《现代艺术》151
Ashbery, John 约翰·阿什贝利 117
Auden, origin of surname 奥登(姓氏渊源) 7—8
Auden, Anita (niece) 安妮塔·奥登(侄女) 366, 423, 453
Auden, Bernard (brother) 伯纳德·奥登(哥哥) 3, 16, 21, 22, 51, 61, 108, 434
Auden, Betty (sister-in-law) 贝蒂·奥登(嫂子) 434
Auden, Constance Rosalie (Bicknell) (mother) 康斯坦斯·罗莎莉(·比克内尔)·奥登(母亲) 3—14 *passim*, 41, 50—51, 140, 261n., 313
Auden, Erika (Mann) (wife) 埃丽卡(·曼)·奥登(妻子)
见埃丽卡·曼
Auden, George Augustus (father) 乔治·奥古斯塔斯·奥登(父亲) 3—14 *passim*, 20—22, 35, 288, 333, 357, 383—384
Auden, Giles (nephew) 贾尔斯·奥登(侄子) 434
Auden, Harold ('Harry') (uncle) 哈罗德·奥登("哈里")(叔叔) 10
Auden, Jane (niece) 简·奥登(侄女) 434
Auden, Rev. J. E. (uncle) J. E. 奥登牧师(叔叔) 4

Auden, John (brother) 约翰·奥登(哥哥) 3, 11, 12, 16, 18, 19, 20, 22, 29, 69, 72, 108, 111, 115, 193, 195, 242, 261n., 267, 275, 314, 366, 378, 383n., 409n., 423, 434, 441, 448, 451—453
Auden, Lewis (uncle) 刘易斯·奥登(叔叔) 10
Auden, Mary (niece) 玛丽·奥登(侄女) 434
Auden, Rita (niece) 丽塔·奥登(侄女) 366, 423, 451, 453
Auden Skökull 奥登·司寇库尔 7
Auden, William (great-great-grandfather) 威廉·奥登(高曾祖父) 7
Auden, Wystan Hugh (1907—1973) 威斯坦·休·奥登(1907—1973)
LIFE 生平：
birth and early childhood 出生和婴孩时期 3—15
moves from York to Birmingham 从约克搬到伯明翰 5
childhood delight in urban landscape 城市景观中的童年之乐 5—6
religious upbringing 宗教成长背景 6—7
interest in supposed Icelandic ancestry 对假定的冰岛血统的兴趣 7—8
childhood reading 童年时期的阅读 8—9
interest in medicine and psychology 对医学和心理学的兴趣 9—10
early relations with mother 与母亲的早期关系 11—12
nomadic life during 1914–18 war 1914年至1918年间的居无定所的生活 13—14
interest in limestone and lead mines 对石灰岩和铅矿的兴趣 14

sent to preparatory school 就读私立小学 16ff
meets Isherwood 结识伊舍伍德 21—22
sent to Gresham's School 就读格雷欣公学 23ff
lapses from religious belief 失去了宗教信仰 27
has homosexual feelings at school 在学校萌生了同性恋情愫 27—28
decides to write poetry 决定写诗 28
early poems 早期诗歌 29—40
goes up to Oxford 就读牛津大学 41ff
homosexual indulgence there 纵情同性恋 47—49
changes from Science to English 专业从科学转到英语 52—53
influence of T. S. Eliot on his poems T. S. 艾略特对他的诗歌创作的影响 57ff
becomes recognised as undergraduate poet 作为大学生诗人闻名 59—60
growth of friendship with Isherwood 与伊舍伍德的友谊长足发展 61—64
takes 'Schools' and gets Third Class 参加学位考试并取得三等学位 80—81
goes to Berlin 前往柏林 85ff
observes German political unrest 目睹德国政局动荡 101—102
teaches at Larchfield Academy 在拉知菲学校任教 111—112
begins to write for Group Theatre 开始为"群体剧团"写作 138f
teaches at Downs School 在唐斯学校任教 141ff
interested in Communism 对共产主义产生兴趣 147—153
marries Erika Mann 与埃丽卡·曼结婚 175—177
joins GPO Film Unit 进入邮政总局电影部工作 177ff
visits Iceland 冰岛之行 197—202
goes to Spanish Civil War 前往西班牙战场 206ff
visits China 中国之行 233ff
decides to emigrate to America 决定移居美国 242—246
arrival in New York 抵达纽约 253
'change of heart' towards politics "退出"政治化行动 256
meets Chester Kallman 结识切斯特·卡尔曼 257
Kallman introduces him to opera 卡尔曼引导他进入歌剧领域 261—262
'honeymoon' with Kallman 与卡尔曼的"蜜月"267ff
reconsiders attitude to religion 重新思考宗教信仰 268ff
reunion with Benjamin Britten and collaboration on *Paul Bunyan* 与本杰明·布里顿重逢,并与他合作《保罗·班扬》275ff
trouble with immigration authorities 处理移民局的责难 280—281
attitude towards Second World War and reasons for staying in America 对第二次世界大战的态度和留在美国的原因 281—282, 288—293, 307—310
returns to Christianity 皈依基督教 283—288, 297—302
moves to Middagh Street, Brooklyn Heights 搬到布鲁克林高地米德格街 297, 303ff
begins to drink regularly 开始常规性饮酒 306
discovers that Chester Kallman has another lover 发现切斯特·卡尔曼出

索引

轨 311ff
accepts teaching post at Ann Arbor 接受密歇根大学安阿伯分校的教职 314, 318ff
rejected by military draft board 被军方征兵处拒绝 324
accepts teaching post at Swarthmore 接受斯沃斯莫尔学院的教职 324ff
joins United States Strategic Bombing Survey and visits Europe 参加"美国战略轰炸调查", 前往欧洲 333ff
lives off literary work 开始以文学创作为生 337—338
becomes US citizen 成为美国公民 339
affair with Rhoda Jaffe 与罗达·贾菲的恋情 342—349
writes libretto of *Rake's Progress* 创作《浪子的历程》的脚本 349—357
first visit to Ischia 首次前往伊斯基亚岛 357
begins to spend summers there regularly 开始定期去伊斯基亚岛消夏 363ff
involved with Burgess and Maclean affair 卷入伯吉斯和麦克莱恩出逃事件 368—370
première of *Rake's Progress*《浪子的历程》首演 370—371
shares New York apartment with Kallman 与卡尔曼共享纽约的寓所 373ff
elected Professor of Poetry at Oxford 当选牛津大学诗歌教授 380—385
buys summer home in Kirchstetten 在基希施泰腾购置了消夏居所 386ff
collaborates with Kallman on opera libretti 与卡尔曼合作歌剧脚本 398—407 passim

revisits Iceland 重访冰岛 410
revises early poetry 修订早期诗歌 415—418
grows visibly older 明显衰老 423—426
growing dislike of New York life 逐渐厌恶纽约的生活 430—433
increasing ill-health 健康状况日益恶化 436—437
offered cottage by Christ Church 牛津大学基督教学院提供宅子 438—439
leaves America 离开美国 440
robbed in Oxford 在牛津大学遇到窃贼 442
moves into cottage 搬入牛津大学的宅子 443
shocked by changes in Oxford 对牛津大学的变化感到震惊 444
last summer at Kirchstetten 在基希施泰腾度过最后一个夏天 448—449
death 去世 450
funeral 葬礼 451ff
disputed inheritance of his papers 有关奥登文件的继承问题 453—454
obituaries and last tributes 讣告和悼念 454

CHARACTER AND INTERESTS 性格与兴趣:

Anglo-Saxon, enthusiasm for 对盎格鲁-撒克逊文学兴趣浓厚 55, 65, 74
America, views on 对美国的看法 282, 288ff, 295, 311
American literature 对美国文学的看法 282
appearance 外表 3, 143, 192, 281, 305, 318, 326, 335, 342, 364, 377, 380, 382, 412, 423—424, 442, 447
daily routine, insistence on 坚持日常

程式 203, 265, 279, 304ff, 320, 325, 364, 377, 391—392, 412, 424, 434

dogmatic habits of mind and speech 思想和谈话的教条习惯 66—67, 306, 352, 364, 377, 401, 411, 424—425, 428, 432, 446, 448

domestic clutter 凌乱的房间 325, 331, 336, 346, 373—374, 386, 390, 408—409, 430, 441

dreams, use of in poetry 诗歌中的梦元素 77n., 158

dress, manner of 衣着打扮 281, 385, 424, 432, 440

drinking habits 饮酒习惯 65, 220, 306, 326, 335, 371, 384, 391, 409, 412, 422, 424, 432, 441, 445

drugs, use of 服用药物（毒品）65, 399, 409, 424

generosity 慷慨 382, 413, 423, 444

guest, habits as a 做客习惯 45, 192, 265, 350, 385, 424, 433—434, 442

homosexuality 同性恋 12, 25, 27, 31, 33, 47—49, 62—64, 68—69, 105, 140, 259—261, 276, 299—300, 312, 315, 322, 342, 358—359, 412, 425, 433

Icelandic literature, enthusiasm for 对冰岛文学兴趣浓厚 7—8, 54, 429

lead-mines, interest in 对铅矿的兴趣 14, 22—23

limestone, interest in 对石灰岩的兴趣 13—14, 357

lunatic clergyman, role as a 扮演疯狂牧师 61, 67, 301—302, 321, 425

lecturer, manner as a 讲座方式 342, 347, 363, 374, 427, 445

loneliness 孤独 332, 349, 383, 446

money, attitude to 对金钱的态度 347, 422

mother, relations with 与母亲的关系 3, 11—12, 50, 258, 313, 320

opera, pleasure in 歌剧的乐趣 261—262 另见各歌剧脚本的标题

pacifism, attitude towards 对和平主义的态度 270—271, 307, 309

poetry, views on the writing of 诗歌创作观 61, 255ff, 268, 286, 288, 293, 330, 339—342, 365, 397, 404, 410, 413, 416—417, 420

political views 政治观 20, 25—26, 52, 147—153, 206ff, 245, 256, 268, 282, 287, 309—310, 363, 406, 413—414

psychology, interest in 对心理学的兴趣 9—10, 40, 282, 299

punctuation, lack of skill at 在标点符号方面缺乏技巧 32, 83, 370

religious beliefs 宗教信仰 6—7, 22, 27—28, 132—133, 152, 160, 209—210, 237, 268ff, 282, 283, 286—288, 294, 297—302, 306, 316, 320, 377, 404

self-confidence 自信 12, 78, 293, 310

sexual development 性发展 参见 homosexuality

short sight 近视 32, 412

speech, manner of 谈话风格 333, 356

teaching, methods and views on 执教风格与观点 142, 265, 318—319, 324—326

WORKS 作品（具体的诗篇，参见诗歌作品索引）：

A Certain World《某个世界：备忘书》247, 429

About the House《有关寒舍》410, 413, 418—419

Academic Graffiti《学术涂鸦》436

索引

The Age of Anxiety《焦虑的时代》332, 345, 347ff, 422n.
'Alfred'《阿尔弗雷德》197, 295
Another Time《另一时刻》138, 219, 285, 294
The Ascent of F6《攀登F6》173, 192—195, 196n., 203—204, 216—217, 229, 245, 333
The Bassarids《酒神的伴侣》406—407, 436
'The Chase'《追逐》169—173, 208
City Without Walls《无墙之城》429
Collected Longer Poems《长诗合集》418n.
Collected Poems (1976)《诗选》(1976) 419n., 454
Collected Poetry (1945)《诗选》(1945) 264, 331—332, 356, 415, 418
Collected Shorter Poems (1950)《短诗合集》(1950) 365—366, 415
Collected Shorter Poems 1927–1957 (1966)《短诗合集：1927—1957》(1966) 417, 420—421, 449
The Dance of Death《死亡之舞》139, 144, 164—168, 190, 204, 330, 348
'The Dark Valley'《黑暗谷》295
Delia《迪莉娅》372—373
The Dog Beneath the Skin《皮下之狗》85, 171—174, 190—192, 194n., 203, 208, 216, 217, 447
Don Giovanni (translation)《唐·乔瓦尼》(翻译) 398
The Double Man《双面人》295ff, 303, 309
The Dyer's Hand《染匠之手》401, 404, 413, 422n.
Education - Today and Tomorrow《教育：今天和明天》247

Elder Edda (translation)《老埃达》(翻译) 429
Elegy for Young Lovers《年轻恋人的挽歌》399ff, 407
An Elizabethan Song Book《伊丽莎白时代歌曲集》387
The Enchafed Flood《激越的浪潮》362
'The Enemies of a Bishop'《毕晓普的敌人》98, 105—107, 115—116, 155, 169—170, 172, 351
The English Auden《英国奥登》395n., 454
The Entertainment of the Senses《感官的欢娱》450
Epistle to a Godson《谕教子书》441
The Faber Book of Modern American Verse《费伯美国现代诗选》373
For the Time Being《在此时刻》332, 422n. 参见诗歌作品索引
Forewords and Afterwords《序跋集》404, 435
'The Fronny'《弗朗尼》115—116, 169—170, 205
'Hadrian's Wall'《哈德良长城》232
Homage to Clio《向克利俄致敬》397, 413, 436
'In the year of my youth'《我青年时代的那一年》参见诗歌作品索引
'In Time of War'《战争时期》240—241
Italian Journey (translation)《意大利之行》(翻译) 393—394, 418
Journey to a War《战地行纪》223, 225, 240—241, 247
Letters from Iceland《冰岛书简》174n., 199—200, 204—206, 223, 225, 418n.
Look, Stranger!《看，陌生人！》

150，198—199，204，229 另见 *On This Island*

Love's Labour's Lost (libretto)《爱的徒劳》（歌剧脚本）428，436，447

The Magic Flute (translation)《魔笛》（翻译）379，398

'Making, Knowing and Judging'《创作、认知与判断》382

Markings (translation)《标记》（译著）405，411

Moralities《道德》427

New Year Letter《新年书简》xvi，91，303，309 另见诗歌作品索引

Nones《午后经》366，413

On the Frontier《边境》225，226—229，231，237，246—247，288

On This Island《在这座岛屿上》204，329 另见 *Look, Stranger!*

The Orators《雄辩家》116，120—132，136—138，144，150，151，155，166，179，194n.，204，262n.，297，330，332，418n.

Our Hunting Fathers《我们的猎人父亲》188—189，331

The Oxford Book of Light Verse《牛津轻体诗选》223—224，231—232，240，243，247，278，284，449

'Paid on Both Sides'《两败俱伤》79—80，82，89，91—96，114，117，127—128n.，165，237，330，366，418n.

Paul Bunyan《保罗·班扬》276ff，297，310，323，348，354

Poems (1928)《诗集》（1928）82—83，330

Poems (1930)《诗集》（1930）113—115，116—118，137，166，329

Poets of the English Language《英语诗人》358，367

The Poet's Tongue《诗人之舌》168，173，179—180，232

The Portable Greek Reader《袖珍希腊读本》338

'The Prolific and the Devourer'《丰产者与饕餮者》267—274，282，286，299，401

'The Queen's Masque'《女王的假面舞会》322

The Rake's Progress《浪子的历程》349—357，362—363，368，370—373，375，402，407，422

'The Reformatory'《少管所》98，105—106

The Shield of Achilles《阿喀琉斯之盾》378，413

Some Poems《诗选》294

Thank You, Fog《谢谢你，雾》454

The Viking Book of Aphorisms《维京格言》400

Audenshaw 奥登肖 7

Austen, Jane 简·奥斯汀 54

Austin, H. W. ('Bunny') H. W. 奥斯汀（"兔子"）291

Austria, visits to by Auden 奥登的奥地利之旅 41，69
另见 Kirchstetten

Avant-Garde《先锋派》360，433

Awakenings (Sacks)《觉醒》（萨克斯）437

Ayer, A. J. A. J. 艾耶尔 49n.

Ayerst, David 戴维·艾尔斯特 47，49，52，61，64，69，74，81—82，84—85，165，167

Bacchae, The《酒神的伴侣》406—407

Bachardy, Don 唐·巴查迪 376

Badger, The《獾》143

Baker, Josephine 约瑟芬·贝克 90

Balanchine, George 乔治·巴兰钦 375，

索引

393
Baldwin, Stanley 斯坦利·鲍德温 133
Barcelona 巴塞罗那 209—210, 213
Barham, R. H. R. H. 巴勒姆 9
Barnard College, New York 巴纳德学院, 纽约 347
Baudelaire, Charles 夏尔·波德莱尔 109, 125, 286
Bayley, John 约翰·贝利 421
Beach, Joseph Warren 约瑟夫·沃伦·比奇 418
Beaverbrook, Lord 比弗布鲁克勋爵 125
Beerbohm, Max 马克斯·比尔博姆 436
Beeton, Mrs 比特恩夫人 8
Belfrage, Leif 莱夫·贝尔弗拉格 405
Bellini 贝里尼 261, 391
Belloc, Hilaire 希莱尔·贝洛克 9
Benenson, Flora 芙洛拉·贝内森 108—109
Bennington College 本宁顿学院 343
Benson, E. F. E. F. 本森 364
Beowulf《贝奥武甫》55
Bergner, Elizabeth 伊丽莎白·伯格纳 338
Bergonzi, Bernard 伯纳德·伯尔贡齐 384
Berlin 柏林 84—103 *passim*, 115, 125, 140, 148, 154, 164, 410—411
Berlin, Isaiah 以赛亚·伯林 292, 446
Berlioz, Hector 埃克托尔·柏辽兹 327, 371
Bernstein, Leonard 伦纳德·伯恩斯坦 348
Beside the Seaside《海边》186
Betjeman, John 约翰·贝杰曼 64—65, 337, 347, 440, 453
Bicknell family 比克内尔家族 8
Bicknell, Constance 康斯坦斯·比克内尔

见 Auden, Constance
Bicknell, Daisy 黛西·比克内尔 10
Biddle, Katharine 凯瑟琳·比德尔 292
Bing, Rudolf 鲁道夫·宾 375
Binyon, Laurence 劳伦斯·比尼恩 223
Biography, Auden's views on 奥登对传记的态度 xv—xvi
Birrell, Francis 弗朗西斯·比勒尔 69
Birtwhistle, Harrison 哈里森·伯特惠斯尔 428
Blackwell, B. H. B. H. 布莱克韦尔 59
Blake, William 威廉·布莱克 28, 185, 259, 267, 287, 376
Blanchland 布兰奇兰村 170
Blea Tarn 布莱湖 29
Bloomfield, Barry 巴里·布卢姆菲尔德 435
Blue John Caves 蓝约翰矿洞 14, 357
Blunden, Edmund 埃德蒙·布伦登 65, 74
Blunt, Anthony 安东尼·布朗特 207n.
Bogan, Louise 路易斯·博根 330, 414
Bollingen Prize 博林根诗歌奖 363
Bolt's Law 博尔特山 23
Bond, Edward 爱德华·邦德 428
Book of Common Prayer《公祷书》433
Boothby, Basil 巴兹尔·布思比 235, 410, 429
Boras, Yannis 扬尼斯·波拉斯 403, 408, 427
Botteghe Oscure《暗店》373
Bower, Tony 托尼·鲍尔 248n.
Bowles, Jane 简·鲍尔斯 304, 306
Bowles, Paul 保罗·鲍尔斯 304, 306
Bowra, Maurice 莫里斯·鲍勒 65, 381
Bradshaw, Jon 乔恩·布拉德肖 430—431
Bradwell 布拉德韦尔 14

Brahms, Johannes 约翰内斯·勃拉姆斯 262

Brecht, Bertolt 贝托尔特·布莱希特 85, 338, 393, 412—413, 425

Brett-Smith, H. F. B. H. F. B. 布雷特-史密斯 53

Bridges, Robert 罗伯特·布里奇斯 238

British Association for the Advancement of Science 英国科学促进会 4

Britten, Benjamin 本杰明·布里顿 178, 181—184, 187—189, 205, 208, 216, 222, 229, 232—233, 246, 248n., 275ff, 278, 295, 297, 304, 310, 320, 322—323, 333, 338, 346, 370, 375, 428

Brooklyn College 布鲁克林学院 258, 342

Brown, Curtis 柯蒂斯·布朗 203—204, 223

Browne, Felicia 费利西娅·布朗 206

Brussels 布鲁塞尔 187, 209, 240—242, 248

Bryanston School 布莱恩斯顿公学 137, 174, 195—196, 198, 200—201, 205

Bryn Mawr 布林莫尔女子学院 329

'Bubi' "布比" 96—97, 103, 105

Buckingham, May 梅·白金汉 226

Bultmann, Rudolf 鲁道夫·布尔特曼 298

Burgess, Guy 盖伊·伯吉斯 368—370

Burns, Robert 罗伯特·彭斯 150

Byron, Lord 拜伦勋爵 197, 199, 201, 231, 384, 399, 425

Cabaret《卡巴莱》393

Calendar of the Year《年度事件概览》184—185

Campbell, A. H. A. H. 坎贝尔 75, 244, 385, 419

Campbell, Helen 海伦·坎贝尔 132

Campbell, Roy 罗伊·坎贝尔 213, 366

Capek, Karel 卡雷尔·恰佩克 33

Carelton, Janet 珍妮特·卡尔顿 见 Adam Smith, Janet

Carritt, Gabriel 加布里埃尔·卡里特 75—78, 82n., 91, 109—112, 125, 127—128n., 128, 130—131, 140, 144, 148, 170, 259, 385

Carroll, Lewis 刘易斯·卡罗尔 9, 123, 168

Casals, Pablo 巴勃罗·卡萨尔斯 437

Cashwell 卡什威尔 73

Caskey, Bill 比尔·卡斯基 345, 357, 408

Caudwell, Christopher 克里斯托弗·考德威尔 217

Caucasian Chalk Circle《高加索灰阑记》338

Cavalcanti, Alberto 阿尔贝托·卡瓦尔坎蒂 181—182

Cerf, Bennett 贝内特·瑟夫 204, 223, 228

Cecil, Lord David 戴维·塞西尔勋爵 381

Chadwick, Henry 亨利·查德威克 431, 445

Chapman, Frederick 弗雷德里克·查普曼 127n.

Chapman, Robert 罗伯特·查普曼 318

Charlton, Leo 利奥·查尔顿 135

Chaucer 乔叟 55, 231

Chavéz, Carlos 卡洛斯·查维斯 373

Cherry Grove, Fire Island 切里格罗夫,火岛 345—346

Cherwell《彻韦尔》60

Cherwell, Lord 彻韦尔勋爵 42

Chevaliers de la Table Ronde《圆桌骑

索引 773

士》368
Chiang Kai-shek 蒋介石 225, 235—236
Chou En-lai 周恩来 225
Christ Church, Oxford 基督教堂学院，牛津大学 40, 42ff, 59, 64, 68, 73, 321, 382—385, 412, 425, 431—438 passim, 441—442
Christianity and Power Politics (Niebuhr)《基督教与强权政治》(尼布尔) 306—307
Christie, John 约翰·克里斯蒂 401
Church, Richard 理查德·彻奇 223
Churchill, Winston 温斯顿·丘吉尔 133
'Ciddy' "西迪"
见 Morgan-Brown, Cyril
Clark, John 约翰·克拉克 374, 431
Clark, Thekla 特克拉·克拉克 374, 431n., 451
Clark-Kerr, Archibald 阿奇博尔德·克拉克-尔 239
Clifton, Violet 维奥莱特·克利夫顿 161
Coade, T. F. T. F. 科德 174n.
Coal Face《采煤场》178, 181—182, 184
Coates, Ross 罗斯·科茨 161
Cockburn, Claud 克劳德·科伯恩 211
Cocteau, Jean 让·科克托 138, 167, 368
Coghill, Nevill 内维尔·科格希尔 53—57, 74, 81, 160, 167n., 168, 223, 281
Coldstream, Nancy 南希·科德斯特里姆 184
Coldstream, William 威廉·科德斯特里姆 181, 184, 187, 205, 208, 222, 248n.
Collett, Anthony 安东尼·科利特 172n.

Columbia Broadcasting System 哥伦比亚广播公司 295
Columbia University 哥伦比亚大学 310, 339, 342, 395, 437
Common Sense《常识》254
Communism 共产主义 101, 142, 147—153, 155—156, 179, 206—220 passim, 224, 235—236
Connolly, Cyril 西里尔·康诺利 83n., 191, 213, 220, 229, 234, 290—291, 316, 342n., 347
Connolly, Jean 琼·康诺利 213, 233
Cornford, John 约翰·康福德 118, 206
Cosi Fan Tutte《女人心》350
Cosy Corner 安逸角 90, 96
Coward, Noel 诺埃尔·科沃德 165n., 168
Cowley, Wilfred 威尔弗雷德·考利 174, 195
Craft, Robert 罗伯特·克拉夫特 353, 356, 363—364, 368, 371—374, 377, 393, 409, 424, 432—433, 438—439
Criterion《标准》95, 114, 136, 150, 161
Cross, Joan 琼·克罗斯 375
Crossman, Richard 理查德·克罗斯曼 78, 109, 125, 205, 446
Cunard, Nancy 南希·丘纳德 219—220
Cupid and Death《丘比特与死神》450
Curtis Brown Ltd. 柯蒂斯·布朗有限公司 203—204, 223
Curtiss, Mina 米娜·柯蒂斯 296, 316
Culley, Hugh 休·卡利 4
Czinner, Paul 保罗·钦纳 338

Daily Herald《每日先驱报》151
Daily Mail《每日邮报》291

Daily Mirror《每日镜报》291

Daily Telegraph《每日电讯报》431，445

Daily Worker《工人日报》191

Dante 但丁 120，145，154，223，325，425

Darmstadt 达姆施塔特 334

Dartington 达廷顿 137

Davidson, Michael 迈克尔·戴维森 37—39，41，206，364

Davies, W. H. W. H. 戴维斯 30

Davis, George 乔治·戴维斯 240，246，281，297，303

da Viti, Etta 埃塔·达·维蒂 99

Day, Dorothy 多萝西·戴 382

Day-Lewis, Cecil 塞西尔·戴-刘易斯 58—59，64，65—66，68，70，72，75，84，90，95，109，111—112，127，148，155—156，160，174，177，203—204，206，229，366，380，433，440

Day-Lewis, Sean 肖恩·戴-刘易斯 58n.，95n.

Decision《抉择》309

de la Mare, Walter 沃尔特·德·拉·梅尔 30，34，44，232

Descent of the Dove (Williams)《白鸽降临》(威廉斯) 283—286，293，295

de Selincourt, Ernest 欧内斯特·德塞林科特 81

Deluge, The《洪水》167—168

Devlin, William 威廉·德夫林 216—217

Dibblee, G. H. G. H. 迪布利 114—115

Dichtung und Wahrheit (Goethe)《诗与真》(歌德) 394

Dickens, Charles 查尔斯·狄更斯 54，384

Dickinson, Emily 艾米莉·狄金森 59

Dickinson, Patric 帕特里克·狄金森 348

Dobrée, Bonamy 博纳米·多布里 156

Dodds, Mrs A. E. A. E. 多兹夫人 116—117，232，234—236，238，240—242，245，247，254，256ff，271，276，278ff，281，288，292，294，296，306

Dodds, E. R. E. R. 多兹 82n.，83，108，116—117，205—207，232，234，239，285，288—290，292，294，336，338，357，364，367，379，381，407，414，430，449

Don Giovanni《唐·乔瓦尼》352，398

Donizetti 多尼采蒂 261，291

Donne, John 约翰·多恩 54

Doone, Rupert 鲁珀特·杜恩 138—139，142，144，160，164—168，171，173—174，190—192，216—217，225，248n.，368

Don Quixote《堂吉诃德》407

Douglas, Lord Alfred 阿尔弗雷德·道格拉斯勋爵 261

Dover 多佛 226，228

Dowland, John 约翰·道兰德 178

Downs School, Colwall 唐斯学校，科尔沃尔 140，141—145，159—161，167—168，173—174，176，178—179，182，193，208，221—223，324

Doyle, Arthur Conan 阿瑟·柯南·道尔 9

Dream of the Rood《十字架之梦》55，74

Driberg, Tom 汤姆·德莱伯格 57，70，370

Dryden, John 约翰·德莱顿 54，287

Dublin Review《都柏林评论》310

Duchess of Malfi, The《马尔菲公爵夫人》338

Dukes, Ashley 阿什利·杜克斯 190

Dunbar, William 威廉·邓巴 77，247

索引

Duncan, Isadora 伊莎多拉·邓肯 327
Dundas, R. H. R. H. 邓达斯 49n.

Eberhart, Richard 理查德·埃伯哈特 254, 264ff
Ebert, Carl 卡尔·埃伯特 370
Eccles, J. R. J. R. 埃克尔斯 25
Eddison, Robert 罗伯特·埃迪森 191
Eiermann, Frau Emma 埃玛·艾尔曼夫人 388, 427
Eiermann, Josef 约瑟夫·艾尔曼 388
Eisenhower, Dwight 德怀特·艾森豪威尔 342
Ekelöf, Gunnar 贡纳尔·埃克勒夫 405
Eliot, T. S. T. S. 艾略特 4, 57ff, 68, 70, 95, 114, 115, 118, 121—122, 124, 129, 130, 134, 136—137, 159, 161, 168, 173, 190, 194n., 198, 204, 224, 301, 303, 328, 333, 340, 344—345, 355—356, 412—413, 435
Eliot, Valerie 瓦莱丽·艾略特 194n., 412, 435
Eliot, Vivien 薇薇安·艾略特 114n.
Empson, William 威廉·燕卜荪 238, 279
Encounter《邂逅》373, 379
Esquire《时尚先生》431—432
Euripides 欧里庇得斯 406
Evans, Jon 乔恩·埃文斯 113n.
Evening Standard《伦敦标准晚报》308, 431
Every, George 乔治·埃夫里 310
Ewart, Gavin 加文·尤尔特 166, 176
Exeter Book《埃克塞特书》55, 121
Exeter College, Oxford 埃克塞特学院,牛津大学 53, 65n., 168

Faber & Faber 费伯-费伯出版社 69, 113, 115—116, 118, 122, 130, 132, 136, 164, 166, 171, 173, 195—196, 198—199, 203—204, 216, 219, 223, 224, 249, 303, 309, 332, 348, 365, 415, 418n., 422, 429, 434, 436, 441
Falstaff (Verdi)《法尔斯塔夫》(威尔第) 346, 373
Farnan, Dorothy 多萝西·法南 343—344, 453—454
Farrar, Dean 法勒教长 9
Feild, Alexandra 亚历山德拉·费尔德 159—160, 173—174, 177
Feild, Maurice 莫里斯·费尔德 159—161, 173—174, 177
Ferguson, Captain 弗格森上尉 79
Festiniog Railway 费斯蒂尼奥格铁路 13
Firbank, Ronald 罗纳德·弗班克 54, 349, 364
Field, 'Beaky' 菲尔德,"鸟嘴" 24
Financial Times《金融时报》427
Fire Island 火岛 345—346
Fischer-Dieskau, Dietrich 迪特里希·菲舍尔-迪斯考 401
Fisher, A. S. T. (Stanley) A. S. T. 费舍尔(斯坦利) 42ff, 53, 59, 60, 64
Flaubert, Gustave 古斯塔夫·福楼拜 259
Fleming, Peter 彼得·弗莱明 239
Fletcher, John 约翰·弗莱彻 429
Ford Foundation 福特基金会 411
Fordham, Michael 迈克尔·福德姆 26, 51n.
Forster, E. M. E. M. 福斯特 135, 196, 203, 226, 233, 237, 241, 249, 292, 330, 339, 362, 376, 431, 444
Fox, Orlan 奥兰·福克斯 395—396, 404, 408—409, 424, 430, 440, 443, 445
Fraser, G. S. G. S. 弗雷泽 300, 345n.,

366

Frazer, James 詹姆斯·弗雷泽 111

Fremantle, Anne 安妮·弗里曼特尔 132—133

Freshwater 弗雷什沃特海湾 20, 61

Freud, Sigmund 西格蒙德·弗洛伊德 40, 48, 86, 88, 92, 151, 280, 332

Frommer, Dr 弗罗默博士 128n.

Frost, Robert 罗伯特·弗罗斯特 34, 68, 384, 419, 425

Fuchs, Klaus 克劳斯·福克斯 369

Fuller, John 约翰·富勒 94n.

Fuller, Roy 罗伊·富勒 117

Furbank, P. N. P. N. 弗班克 135

Galeen, Henrik 亨利克·加仑 106

Ghandhi, Mrs Indira 英迪拉·甘地夫人 367

Gardiner, John 约翰·加德纳 450

Gardiner, Margaret 玛格丽特·加德纳 99, 101, 103, 108, 112, 116, 119, 159, 282, 380, 389, 396, 414, 425, 430, 432, 447

Garland, T. O. T. O. 加兰 26

Garrett, John 约翰·加勒特 168, 173

Gartside-Bagnall, Reginald 雷金纳德·加特赛德-巴格诺尔上校 17, 46

Gascoyne, David 戴维·盖斯科因 248

General Strike 大罢工 51—52, 57

Gibson, Wilfred 威尔弗雷德·吉布森 223

Gide, André 安德烈·纪德 87, 224, 352

Giehese, Therese 特蕾泽·吉泽 175, 196—197, 295

Gilbert, W. S. W. S. 吉尔伯特 178, 398

Ginsberg, Allen 艾伦·金斯堡 339

Giocondo 焦孔多 363—364, 375, 386—387

Gloriana (Britten)《女王荣耀》(布里顿) 375

Glyndebourne 格林德伯恩 401

God's Chillun《上帝的儿女》185—186

Goethe 歌德 286, 393—394, 399, 418, 448

Goldie, Wyndham 温德姆·戈尔迪 246

Gollancz, Victor 维克托·戈兰茨 113n., 133

Goodbye to Berlin (Isherwood)《再见了，柏林》(伊舍伍德) 393

GPO Film Unit 邮政总局电影部 177—178, 180—189

Graham, Harry 哈里·格雷厄姆 8

Grass, Günter 君特·格拉斯 411

Graves, Robert 罗伯特·格雷夫斯 59, 97, 129, 381, 400

Greatorex, Walter 沃尔特·格雷特雷克斯 26—27, 37

Greenberg, Noah 诺亚·格林伯格 387

Greene, Graham 格雷厄姆·格林 59, 136, 230

Gresham, The《格雷欣公学》30—31

Gresham's School 格雷欣公学 22, 23—41 *passim*, 132, 140, 369

Grierson, John 约翰·格里尔逊 177—178, 180—186, 189, 248

Griffin, Howard 霍华德·格里芬 347

Griffith, J. G. J. G. 格里菲斯 383

Grigson, Geoffrey 杰弗里·格里格森 114, 153, 156, 163, 219, 230, 233, 247, 347, 366, 454

Grimm, brothers 格林兄弟 115

Groddeck, Georg 格奥尔格·格罗德克 87—88, 91, 120, 132, 179, 296, 419

Groote, Kurt 库尔特·格鲁特 97

Group Theatre 群体剧团 138, 144, 154, 164—168, 171, 189—192, 203, 216—217, 225, 229, 368

索引

Guinness, Alec 亚历克·吉尼斯 217
Gunn, Thom 汤姆·冈恩 397
Guthrie, Tyrone 蒂龙·格思里 138, 167, 190

Haggard, Rider 赖德·哈格德 9
Hammarskjöld, Dag 达格·哈马舍尔德 404—405, 410, 437
Hammerfest 哈默费斯特 401
Hampson, John 约翰·汉普森 196
Handel, G. F. G. F. 亨德尔 178
Harari, Manya 曼雅·哈拉里 109n.
Harborne 哈伯恩 22, 44, 50, 61, 70, 73, 77, 108, 228
Hardy, Thomas 托马斯·哈代 35, 36, 44, 59, 68, 114, 159, 217, 287, 448
Harper's Bazaar《时尚芭莎》240, 280
Harper's Magazine《哈泼斯杂志》373
Harrod, Roy 罗伊·哈罗德 53, 448
Harvard University 哈佛大学 137, 341
Hawkes, Ralph 拉尔夫·霍克斯 349—350, 357
Haydn 海顿 286
Hays, H. R. H. R. 海斯 338
Hayward, John 约翰·海沃德 136, 144, 233
Hayward, Max 马克斯·海沃德 406
Heard, Gerald 杰拉尔德·赫德 135—136, 137, 146, 148, 152, 154—155, 163, 170, 179, 243, 264, 291, 296, 320, 419
Hecht, Anthony 安东尼·赫克特 254, 418
'Heinz'"海因茨" 167, 171, 175, 187, 192, 220, 225
Helensburgh 海伦斯堡 95, 112, 116, 125, 132, 134, 290
Henk, Emil 埃米尔·亨克 336
Henze, Hans Werner 汉斯·维尔纳·亨策 398, 400, 402, 406—407, 427—428
Herbert, A. P. A. P. 赫伯特 231
Herbert, George 乔治·赫伯特 54, 443
Heyworth, Peter 彼得·海沃斯 411—412, 428
Heyworth, Laurence 劳伦斯·海沃斯 80n.
Hidden Damage, The (Stem)《隐藏的伤害》(斯特恩) 337
Hitler, Adolf 阿道夫·希特勒 102, 126, 130, 152, 164, 169, 175, 212, 235, 241, 425
Hobbit, The (Tolkien)《霍比特人》(托尔金) 379
Hockney, David 大卫·霍克尼 428n.
Hoffman, Daniel 丹尼尔·霍夫曼 276, 337, 339
Hoffman, Heinrich 海因里希·霍夫曼 9
Hoffmannsthal, Hugo von 胡戈·冯·霍夫曼斯塔尔 400
Hogarth 荷加斯 349f, 372
Hogarth Press 霍加斯出版社 247, 249, 303
Hoggart, Richard 理查德·霍加特 383, 425n., 434
Hollander, John 约翰·霍兰德 337, 339
Höllerer, Walter 沃尔特·赫勒雷尔 411
Holt 霍尔特镇
　参见 Gresham's School
Hopkins, G. M. G. M. 霍普金斯 xvi, 59, 128
Horace 贺拉斯 365, 448
Horizon《地平线》290, 292, 310, 316
Houghteling, James 詹姆斯·霍特林 180
Housman, A. E. A. E. 豪斯曼 38, 44,

132, 260
Howard, Brian 布赖恩·霍华德 48, 65, 203, 209, 222, 233, 248n., 258
Howard, Richard 理查德·霍华德 339
Howson, G. W. S. G. W. S. 豪森 24—25
Hoyland, Geoffrey 杰弗里·霍伊兰 142, 160, 174, 176, 193, 196
Hoyland, W. F. (Bill) W. F. 霍伊兰（比尔）196, 200—202
Hudson Review《哈德逊评论》418
'Hugerl' "胡格尔" 396—397, 403, 451
Huxley, Aldous 阿道司·赫胥黎 264, 291, 349
Huxley, Julian 朱利安·赫胥黎 40
Hynes, Samuel 塞缪尔·海因斯 134, 217n.
Hypocrites' Club 伪君子俱乐部 65n.

Iceland 冰岛 7, 195—202, 410, 431
Independent Labour Party 独立工党 134
International Brigade 国际纵队 206, 209, 214—215
Interpretation of Christian Ethics, An (Neibuhr)《基督教伦理学解读》（尼布尔）307
Ischia 伊斯基亚岛 360, 363—364, 367, 372, 375, 381, 383, 386—387, 394, 398, 400, 412—413, 434
Isham, Gyles 盖尔斯·艾沙姆 191
Isherwood, Christopher 克里斯托弗·伊舍伍德 21—22, 45—46, 61—64, 70, 72, 75, 79, 82, 91, 95—98, 101, 103—107, 109, 115—116, 118, 122—123, 125, 127, 133, 135, 140, 148, 154—155, 164—165, 167, 171—173, 175, 179, 182, 186—188, 190, 192, 202—207, 209, 211, 213,
216—217, 220, 225—230, 232—242, 246—249, 253, 264ff, 288, 290ff, 296, 299, 314n., 320, 345, 351, 356—357, 376, 393, 423, 451
Isis《伊希斯》381, 384
Isle of Man 马恩岛 195
Isle of Wight 怀特岛 20, 61, 179
Italienische Reise (Italian Journey)《意大利之行》393—394, 418
Izzo, Carlo 卡洛·伊佐 388, 422n.

Jacob, Ernest 欧内斯特·雅各布 73
Jaffe, Else 埃尔丝·贾菲 335
Jaffe, Rhoda 罗达·贾菲 342—349, 357—358, 360, 363, 394
James, Clive 克莱夫·詹姆斯 404, 421
James, Henry 亨利·詹姆斯 328, 337, 425
Jarrell, Randall 兰德尔·贾雷尔 348, 378
Jefferies, Richard 理查德·杰弗里斯 38
Jenkins, Claude 克劳德·詹金斯 384
John, Augustus 奥古斯塔斯·约翰 390
Johnson, Samuel 塞缪尔·约翰逊 45, 310—311
Johnstone, Archie 阿奇·约翰斯通 214
Jonasson, Ragnar 拉格纳·乔纳森 198—200
Jones, David 戴维·琼斯 59, 433
Joyce, James 詹姆斯·乔伊斯 230n.
Jung, C. G. C. G. 荣格 32, 56, 101

Kafka, Franz 弗朗茨·卡夫卡 238, 327
Kallman, Bertha 伯莎·卡尔曼 258
Kallman, Chester 切斯特·卡尔曼 76n., 97n., 230, 257—263, 266ff, 271ff, 274, 276, 278ff, 281, 290, 292, 294, 300ff, 305, 309—317,

索引

320, 324—325, 327—328, 343—349, 353—358, 363—364, 367—368, 370—380 passim, 382—383, 386—396 passim, 398—403 passim, 406—409 passim, 417, 422, 424—425, 427—430, 432—433, 435, 437, 442ff, 449—455

Kallman, Dorothy 多萝西·卡尔曼 见 Farnan, Dorothy

Kallman, Edward 爱德华·卡尔曼 257ff, 263, 266, 271, 311, 349, 356, 453—454

Karloff, Boris 鲍里斯·卡洛夫 423

Keats, John 约翰·济慈 54

Kelly, Bryan 布莱恩·凯利 385n.

Kennedy, John F. 约翰·F. 肯尼迪 420

Kent, University of, at Canterbury 肯特大学,位于坎特伯雷 427

Kenyon Review《凯尼恩评论》280

Ker, W. P. W. P. 克尔 55

Kerman, Joseph 约瑟夫·克曼 372

Keynes, J. M. J. M. 凯恩斯 228—229, 246

Kidd, Bruce 布鲁斯·基德 189n.

Kierkegaard, Soren 索伦·克尔凯郭尔 187, 285ff, 296ff, 299, 327, 332, 448

King's College, Cambridge 国王学院,剑桥大学 85

Kirchstetten 基希施泰滕 387—392, 400, 405, 410, 430—431, 436, 440, 448—454

Kirstein, Lincoln 林肯·柯尔斯坦 253, 296, 336, 393, 404—405, 428, 454

Kiss Me Kate《野蛮公主》346

Kitaj, Ron 罗恩·基塔依 428n.

Klonsky, Milton 米尔顿·克朗斯基 342—344

Knights of the Round Table《圆桌骑士》368

Koestler, Arthur 阿瑟·库斯勒 212—214

Köhler, Wolfgang 沃尔夫冈·苛勒 253, 324

Kolzov, Michael 迈克尔·科尔佐夫 213

König Hirsch (Henze)《鹿王》(亨策) 398

'Kosta' "科斯塔" 427

Kraus, Karl 卡尔·克劳斯 415

Kraus, Otakar 奥塔卡尔·克劳斯 371

Kronenberger, Louis 路易斯·克罗嫩伯格 400

Küsel, Otto 奥托·屈泽尔 103, 105

Lagerkvist, Pär 佩尔·拉格克维斯特 449

Lake District 湖区 29, 107, 115, 139—140, 154, 167, 207, 217 另见 Wescoe

Lane, Homer 霍默·莱恩 86—90, 92, 99, 107, 179, 243

Langland, William 威廉·兰格伦 55, 145

Larchfield Academy 拉知菲学校 109, 111—118 passim, 125, 127, 129—131, 134, 137, 141—142, 205

Lawrence, D. H. D. H. 劳伦斯 77, 87, 90, 92, 115, 120—122, 126—130, 132—135, 149, 151—152, 165, 168, 179, 243, 267, 287, 295, 335, 384, 419

Lawrence, Frieda 弗里达·劳伦斯 267, 335

Lawrence, T. E. T. E. 劳伦斯 193—194n.

Layard, Austen Henry 奥斯汀·亨利·莱亚德 85

Layard, John 约翰·莱亚德 82n., 85—

101 passim, 103—104, 108—109, 113—114, 124, 127, 133, 135, 152, 179, 243, 266, 281, 419

League of American Writers 美国作家联盟 257, 280, 294

Lear, Edward 爱德华·李尔 9

Leavis, F. R. F. R. 利维斯 114, 156, 166, 204

Lee, Canada 卡纳达·李 338

Lee, Gypsy Rose 吉普赛·罗斯·李 304

Legg, Stuart 斯图亚特·莱格 183

Lehmann, Beatrix 比阿特丽克丝·莱曼 225, 227, 333

Lehmann, John 约翰·莱曼 204, 247—249, 266, 303, 333—334, 454

Leitner, Ferdinand 费迪南德·莱特纳 370—371

Levin, Harry 哈里·莱文 137

Lewis, Wyndham 温德姆·刘易斯 129

Life《生活》433

Life and Letters《生活与文学》132, 170

Lindemann, F. A. F. A. 林德曼 42

Lindsay, Vachel 韦切尔·林赛 168

Listener, The《听众》114, 116, 156, 189, 204, 362, 383n., 418

Little Guide to Shropshire《什罗普郡小指南》4

Llewellyn Smith, Harold 哈罗德·卢埃林·史密斯 19, 22

London Mercury《伦敦信使》225

Lopokova, Lydia 莉迪亚·洛波科娃 229, 246

Lord of the Rings, The (Tolkien)《魔戒》（托尔金）379

Loucheim, Walter and Katie 沃尔特和凯蒂·洛凯姆 280

Love's Labour's Lost《爱的徒劳》428

另见 W. H. Auden, works

Lucas, Jocelyn 乔斯林·卢卡斯 291

Ludendorff, Erich 埃里希·鲁登道夫 126

Ludwig of Hesse, Prince 黑森的路德维希亲王 400

Luke, David 戴维·卢克 385, 431, 437, 444—448, 451

'Lycidas'《利西达斯》319

McCullers, Carson 卡森·麦卡勒斯 303

MacDiarmid, Hugh 休·麦克迪尔米德 112

McDiarmid, Lucy 露西·麦克迪尔米德 145

MacDonald, George 乔治·麦克唐纳 9

MacDonald, Ramsay 拉姆齐·麦克唐纳 125, 133, 148

McElwee, Patrick 帕特里·麦克尔威 69

McElwee, W. L. (Bill) W. L. 麦克尔威（比尔）68—70, 74—75, 76n., 79, 80, 82, 90—91, 94, 96, 104, 107, 108, 158, 259

Maclean, Donald 唐纳德·麦克莱恩 369—370

MacNeice, Louis 路易斯·麦克尼斯 43, 47, 68, 70, 75, 117, 190, 196, 200—202, 204—205, 207n., 220, 227, 246, 257, 292, 304, 408, 410

Madge, Charles 查尔斯·玛奇 117, 155, 230

Magic Flute, The《魔笛》372, 379, 398

Mahagonny (Brecht)《马哈哥尼城的兴衰》（布莱希特）85, 393

Making of the Auden Canon (Beach)《奥登经典的生成》（比奇）418

Malekula 马勒库拉岛 85, 101, 124

Mallory, G. L. G. L. 马洛里 109
Malvern Hills 莫尔文山 141, 145
Manchester Guardian《曼彻斯特卫报》246, 369
Mandelbaum, Maurice 莫里斯·曼德尔鲍姆 263, 329
'Manfred' "曼弗雷德" 412
Mangeot family 芒若家族 46
Mann, Erika 埃丽卡·曼 175—177, 186—187, 196, 205, 207, 253, 263, 283, 295, 304, 307—308, 321
Mann, Golo 戈洛·曼 186—187, 283, 292, 295—296, 304
Mann, Klaus 克劳斯·曼 175, 207n., 253, 309, 321
Mann, Thomas 托马斯·曼 175, 186—187, 197, 266, 321
Man of La Mancha《拉曼却的男人》407
Mansfield, Katherine 凯瑟琳·曼斯菲尔德 158
Mao Tse-tung 毛泽东 225
Marshall, Margaret 玛格丽特·马歇尔 72
Martin, Graham 格雷厄姆·马丁 418
Martin, Kingsley 金斯利·马丁 414
Marx, Karl 卡尔·马克思 91, 147, 151—152, 166, 217, 332
Masefield, John 约翰·曼斯菲尔德 223, 229
Maugham, W. Somerset W. 萨默塞特·毛姆 168
Mawer, Allen 艾伦·马威尔 81
Mayer, Beata 贝娅塔·梅耶 见 Sauerlander, Beata
Mayer, Elizabeth 伊丽莎白·梅耶 275ff, 278, 286—288, 300, 304, 314, 316, 320, 323, 333, 335, 357, 364, 367, 370, 375ff, 383, 389, 392, 394, 399, 402, 407, 411, 415, 419, 434
Mayer, William 威廉·梅耶 275
Mead, Margaret 玛格丽特·米德 296
Measure for Measure《一报还一报》279
Medley, Robert 罗伯特·梅德利 28, 30—33, 41, 75, 138—139, 160, 164—168, 191—192, 225, 227, 246
Melville, Herman 赫尔曼·梅尔维尔 327
Mendelson, Edward 爱德华·门德尔松 xvi, 133n., 163, 172n., 408n., 435—436, 450—451, 453
Meredith, William 威廉·梅雷迪思 254, 435
Merrill, James 詹姆斯·梅里尔 423
Merry Wives of Windsor《温莎的风流娘儿们》346
Merwin, W. S. W. S. 默温 337
Metropolitan Opera, New York 纽约大都会歌剧院 398
Meyer, Gerhart 格哈特·梅耶 97—98, 100, 103
Michelangelo 米开朗琪罗 435
Midsummer Night's Dream (Britten)《仲夏夜之梦》(布里顿) 428
Miller, Charles 查尔斯·米勒 318
Milne, A. A. A. A. 米尔恩 231
Milton, Ernest 欧内斯特·米尔顿 246
Mitchison, Naomi 娜奥米·米奇森 109, 112, 115, 116, 117, 122—123, 129—131, 133, 135, 137, 142, 145, 147, 166—167, 169, 205—206, 289, 385, 418, 447
Monmouth 蒙茅斯 4, 10
Monteith, Charles 查尔斯·蒙蒂思 441, 448, 451, 453
Moore, Marianne 玛丽安·摩尔 280,

344, 377, 384
Moraes, Dom 多姆·莫赖斯 397
Morgan-Brown, Cyril 西里尔·摩根-布朗 16, 46
Morgan-Brown, Rosamira 罗莎米拉·摩根-布朗 17
Morris, Mark 马克·莫里斯 447
Morris. William 威廉·莫里斯 28
Mosley, Oswald 奥斯瓦尔德·莫斯利 134
Mother Courage (Brecht)《大胆妈妈》（布莱希特）412
Motion, Andrew 安德鲁·莫辛 446
Mount Holyoke College 曼荷莲学院 367
Mozart 莫扎特 161ff, 172—173, 381, 398
Much Ado about Nothing《无事生非》26
Mudford, Peter 彼得·穆德福德 451
Muir, Edwin 埃德温·缪尔 204, 230, 309
Mulgan, John 约翰·马尔根 232, 240
Murray, Basil 巴兹尔·默里 213
Murrill, Herbert 赫伯特·默里尔 167, 191, 194
Musical Times《音乐时代》401

Nabokov, Nicolas 尼古拉斯·纳博科夫 336, 346, 350, 366—367, 368, 428—429, 436, 447
National Film Board of Canada 加拿大国家电影委员会 189n.
Nation《国家》154, 106—107
Nature and Destiny of Man, The (Niebuhr)《人的本性及其命运》（尼布尔）307
Nayer, Kersten 克斯滕·内耶 407
Nazi Party 纳粹党 102

Negroes《黑人》185—186
Nehru, J. J. 尼赫鲁 366—367
New Country《新国家》134, 155—156
New English Weekly《新英语周刊》168, 216
New Republic《新共和》254, 255
New School for Social Research 社会研究新学院 205, 306, 346
New Signatures《新签名》156
New Statesman《新政治家》14, 150, 167, 191, 212, 246, 292, 414
Newton, Caroline 卡罗琳·牛顿 310, 321, 324—325, 332, 376, 399
New Verse《新诗》114, 153, 163, 166, 204, 216, 230, 244, 246, 247
New Writing《新写作》204, 225
News Chronicle《新闻纪事报》213—214, 216
Newman, Sidney 西德尼·纽曼 42—43, 82n.
New York City Ballet 纽约市芭蕾舞团 393
New Yorker《纽约客》254, 310
New York Pro Musica 纽约古乐团 387
New York Public Library 纽约公共图书馆 276, 404, 453
New York Review of Books《纽约书评》449
New York Times《纽约时报》254, 255, 264, 310, 373, 379, 383, 439
Nichol Smith, David 戴维·尼科尔·史密斯 53, 81
Nicolson, Harold 哈罗德·尼科尔森 163—164, 224, 291, 391—392
Niebuhr, Reinhold 莱因霍尔德·尼布尔 306—307
Niebuhr, Ursula 厄休拉·尼布尔 306—307, 312, 326, 344, 347, 349, 420
Night Mail《夜邮》178, 182—184, 205

Nijinsky 尼金斯基 274
Njal's Saga《尼亚尔萨迦》54
Nobel Prize for Literature 诺贝尔文学奖 405
No More Peace! (Toller)《再无宁静！》（托勒）194
Norse, Harold 哈罗德·诺斯 257, 259
Nye, Robert 罗伯特·奈 441

Observer《观察者》191, 418
Odyssey《奥德赛》372
Oedipus Rex《俄狄浦斯王》350
Oh! Calcutta《哦！加尔各答》433
Old School, The《传统学校》132
Old Wives Tale (Peele)《老妇人的故事》（皮尔）372
Olivet College 奥利弗学院 312
Orwell, George 乔治·奥威尔 209, 214—216, 219, 445
Orwell, Sonia 索尼娅·奥威尔 445, 451
Osborne, Charles 查尔斯·奥斯本 427, 429, 449, 451, 453
Ottershaw College 奥特肖学院 137
Outline for Boys and Girls and Their Parents《男孩、女孩及其父母论纲》133
Owen, Wilfred 威尔弗雷德·欧文 59, 132
Oxford Book of Modern Verse《牛津现代诗选》223
Oxford English Dictionary《牛津英语词典》66, 391, 419
Oxford Magazine《牛津杂志》136
Oxford Mail《牛津邮报》441—442
Oxford Outlook《牛津展望》59, 117
Oxford Poetry《牛津诗歌》59—60, 65, 70, 72
Oxford University Review《牛津大学评论》60

Pabst, G. W. G. W. 帕布斯特 372
Paget-Jones, Michael 迈克尔·佩吉特-琼斯 174n.
Pal Joey《酒绿花红》359
Pállson, Arni 阿尼·佩尔森 198
Panfilio and Lauretta《潘菲洛和劳蕾塔》373
Pantheon Books 万神殿书局 393
Paris Review《巴黎评论》305n.
Parkes, Henry Bamford 亨利·班福德·帕克斯 127n., 152
Parkinson, Michael 迈克尔·帕金森 441
Parsons, I. M. I. M. 帕森斯 173
Partisan Review《党派评论》294, 303
Pascal 帕斯卡尔 267—271, 327
Pears, Peter 彼得·皮尔斯 188, 246, 275ff, 297, 304, 320, 322—323, 333, 375
Pearson, Norman Holmes 诺曼·霍姆斯·皮尔逊 358, 367
Peele, George 乔治·皮尔 372
Pelletti, Thekla 特克拉·佩莱蒂 见 Clark, Thekla
Penguin Books 企鹅出版社 415n., 443
Pennsylvania State College 宾夕法尼亚州立学院 310
'Peppermill' "胡椒磨"剧团 见 'Pfeffermühle'
Pericles《泰尔亲王配力克里斯》260
Perse, St-John 圣-琼·佩斯 212
Peter Grimes (Britten)《彼得·格里姆斯》（布里顿）323, 346
Petzold, Hedwig 黑德维希·佩措尔德 41, 69, 105, 401, 403
'Pfeffermühle' "胡椒磨"剧团 175, 196

'Pieps' "佩皮斯" 89—90
Piers Plowman《农夫皮尔斯》55, 145
Piper, John 约翰·派珀 225, 375
Play of Daniel《但以理的表演》387
Plomer, William 威廉·普洛默 226, 375
Plumb, Charles 查尔斯·普拉姆 60
Poe, Edgar Allan 埃德加·爱伦·坡 9, 201
Poetry《诗歌》366
'Poetry International' 国际诗歌节 427, 433, 440, 449
Ponte, Lorenzo da 洛伦佐·达·蓬特 398
Pope, Alexander 亚历山大·蒲柏 xv—xvi, 54, 154, 231
Porter, Andrew 安德鲁·波特 401—402, 407
Porteus, Hugh Gordon 休·戈登·波特斯 216
Potter, Beatrix 毕翠克丝·波特 9, 399
Pound, Ezra 埃兹拉·庞德 363
Powell, Dilys 迪莉斯·鲍威尔 227
Prabhavananda 帕拉伯瓦南达
　见 Swami Prabhavananda
Prelude, The《序曲》362
Preston, Simon 西蒙·普雷斯顿 446
Princeton 普林斯顿大学 387
Prokosch, Frederic 弗雷德里克·普罗科施 207
Protetch, David 戴维·普罗蒂奇 409, 432
Proust, Marcel 马塞尔·普鲁斯特 259
Public School Verse《公学诗集》37, 39
Pudney, John 约翰·普德尼 40—41, 117—118, 129, 140, 231—232, 243
Pulitzer, Prize 普利策奖 347
Put Out More Flags (Waugh)《多插几面旗》(沃) 291

Rake's Progress《浪子的历程》
　参见 W. H. Auden, works
Random House 兰登书屋 203—204, 223, 225, 228, 254, 278, 280, 303, 309, 329, 334, 347, 363, 365—366, 403—404, 415, 418n., 422, 438—439
Read, Herbert 赫伯特·里德 137
'Reggy' "雷吉"
　见 Gartside–Bagnall, Reginald
Reiner, Fritz 弗里茨·赖纳 375
Reinhart, Max 马克斯·赖因哈特 370
Reith, John 约翰·里斯 204n.
Repton 雷普顿 4, 10, 22, 45
Rettger, James 詹姆斯·雷特格 319, 321
Reykjavik 雷克雅未克 197—200, 202, 410
Rich, Adrienne Cecile 阿德里安·塞西尔·里奇 337
Richards, Bernard 伯纳德·理查兹 425
Richards, I. A. I. A. 瑞恰兹 55, 217, 223
Richardson, Sheilah 希拉·理查森 84n.
Rickword, Edgell 埃杰尔·里克沃德 219—220
Riding, Laura 劳拉·莱汀 97, 113, 129, 157
Ridler, Anne 安妮·里德勒 118
Rilke, R. M. R. M. 里尔克 287, 308—309, 327, 416
Rimbaud, A. A. 兰波 127n.
Rise and Fall of the City of Mahagonny (Brecht)《马哈哥尼城的兴衰》(布莱希特) 85, 393
Rivers, W. H. R. W. H. R. 里弗斯 56, 86, 94n., 99
Robbins, Jerome 罗杰姆·罗宾斯 348
Roberts, Michael 迈克尔·罗伯茨 117,

索引

136, 155—156, 173—175, 193
Robertson, Mr (housemaster) 罗伯逊先生（舍监）26, 31, 92
Roger, Peter 彼得·罗杰 169, 176, 177, 309n.
Rookhope 鲁克霍普村 23
Roosevelt, F. D. F. D. 罗斯福 311
Rosenkavalier《玫瑰骑士》315, 355
Ross, Hugh 休·罗斯 310
Rossetti, Christina 克里斯蒂娜·罗塞蒂 9
Rossini 罗西尼 261, 371, 409
Rotehüte 红屋村 103, 105
Rotha, Paul 保罗·罗瑟 189, 205
Rothermere, Lord 罗瑟米尔勋爵 125
Rounseville, Robert 罗伯特·朗斯韦尔 371
Rowley Regis 罗利里吉斯 7
Rowse, A. L. A. L. 罗斯 49, 59, 78, 83n.
Rügen Island 吕根岛 122, 179
Runner《奔跑者》189n.
Russell, Bertrand 伯特兰·罗素 150—151
Russell, G. W. G. W. 罗素 30
Rylands, George 乔治·莱兰兹 338
Ryle, Gilbert 吉尔伯特·赖尔 53

Sacks, Oliver 奥利弗·萨克斯 426, 437—438, 440
Sackville-West, V. V. 萨克维尔-韦斯特 163
St Aldate's Coffee House 圣奥尔达特咖啡馆 443, 446
St Edmund's School, Hindhead 圣埃德蒙学校，欣德黑德 16—20 *passim*, 27
St Mark's School, Southborough 圣马克学校，绍斯伯勒 264ff, 280, 326
Saintsbury, George 乔治·圣茨伯里 55, 419
Salus, Peter 彼得·萨卢斯 379, 435, 438
Salzburg 萨尔茨堡 41
Sandbach, Mary 玛丽·桑德巴奇 51n.
Sanjust, Filippo 菲利波·桑贾斯特 436
Sant, Margaret 玛格丽特·桑特 161
Sartre, Jean Paul 让-保罗·萨特 405
Sassoon, Siegfried 西格弗里德·萨松 59
Sauerlander, Beata 贝娅塔·索兰德 276, 377
Sautoy, Peter du 彼得·杜·索托伊 434
Schlesinger, Peter 彼得·施莱辛格 428n.
Schuyler, James 詹姆斯·斯凯勒 360
Schwartz, Delmore 德尔莫尔·施瓦茨 254, 348
Schwarzkopf, Elizabeth 伊丽莎白·施瓦茨科普夫 371
Schwetzingen Festival 施韦青根音乐节 401—402
Scott, Walter 沃尔特·司各特 235
Scrutiny《细察》114, 166, 168
Seafarer, The《航海者》55
Sedbergh School 塞德伯公学 68, 75, 78—79, 107, 109, 127n., 128
Sense of Occasion (Kallman)《郑重其事》（卡尔曼）373
Seven Deadly Sins (Brecht)《七宗罪》（布莱希特）393
Shakespeare 莎士比亚 24, 67, 261, 317, 325, 328, 342, 344, 346, 384, 404, 428, 447
另见其戏剧作品的标题
Shaw, Sebastian 塞巴斯蒂安·肖 30
Shelley, P. B. P. B. 雪莱 28, 54
Shenandoah《谢南多厄》379n., 418

Shephard, Esther 埃丝特·谢泼德 276n.
Shetlands 设得兰群岛 123, 131
Shirley, James 詹姆斯·雪利 450
Shrewsbury School 什鲁斯伯里学校 21
Sidnell, Michael 迈克尔·西德内尔 164n.
Sieg im Poland《征服波兰》282
Sight and Sound《视觉与声音》182
Simpson, Cuthbert 卡思伯特·辛普森 385, 431
Simpson, John 约翰·辛普森 196
Simpson, Louis 路易斯·辛普森 339
Sinkinson, Alan 艾伦·辛金森 131, 170
Sinkinson, Iris 艾丽斯·辛金森 131, 142, 170, 171
Sintra 辛特拉 192, 194
Sissinghurst 锡辛赫斯特 163—164, 224
Sitwell, Edith 伊迪丝·西特韦尔 65, 137—138
Sitwell, Sacheverell 萨谢弗雷尔·西特韦尔 69—70
Sjöberg, Leif 莱夫·斯约伯格 405, 449
Skelton, John 约翰·斯凯尔顿 54
Slick but not Streamlined《流畅而非流线》337n.
Smedley, Agnes 艾格尼丝·史沫特莱 236
Smith College 史密斯学院 192, 296, 374
Smith, Milton 米尔顿·史密斯 310
Smith, Oliver 奥利弗·史密斯 304
Smith, R. D. R. D. 史密斯 196—197
Smith, Sydney 西德尼·史密斯 xvi, 368
Snodgrass, Arnold ('Nob') 阿诺德·斯诺德格拉斯（"诺布"）132, 137,
139—140, 142, 144, 147, 155, 171, 173, 178, 182, 191, 204, 207, 221
Snodgrass, Iris 艾丽斯·斯诺德格拉斯 见 Sinkinson, Iris
Snodgrass, Mrs ('Mop') 斯诺德格拉斯夫人（"乱蓬蓬"）127, 131, 163
Solihull 索利哈尔 5, 12, 22
Solomon, Colonel 所罗门上校 108
Sopwith, Thomas 托马斯·索普维斯 23
Spa 斯帕 82, 84
Spanish Civil War 西班牙内战 199—200, 206—222, 229, 253
Spanish Medical Aid Committee 西班牙医疗援助委员会 210—211, 219
Sparrow, John 约翰·斯帕罗 381
Spears, Monroe 门罗·斯皮尔斯 435
Spectator《旁观者》173, 247, 291, 292, 429
Spencer, Theodore 西奥多·斯宾塞 341n.
Spender, Lizzie 莉齐·斯彭德 385, 433
Spender, Matthew 马修·斯彭德 385
Spender, Michael 迈克尔·斯彭德 193
Spender, Nancy 南希·斯彭德 见 Coldstream, Nancy
Spender, Natasha 娜塔莎·斯彭德 223, 368—370, 385
Spender, Philip 菲利普·斯彭德 389n., 441
Spender, Stephen 斯蒂芬·斯彭德 45, 48, 59, 66—67, 74, 77, 80n., 82—83, 89, 91, 94n., 109n., 113, 123, 127, 130, 148, 152, 155—156, 160, 172, 174, 177, 194n., 203—204, 206, 209, 212, 214—215, 220, 222—224, 226, 228—229, 238, 246, 264, 292, 299, 305n., 309, 316—317, 322, 331, 333—334, 336, 340, 345,

366—371, 373, 378, 382, 385, 389, 392, 404, 406, 408, 411, 416, 418—419, 421, 423—424, 426—428, 432—434, 447, 449, 451, 453
Starkie, Enid 伊妮德·斯塔基 380—382
Stein, Gertrude 格特鲁德·斯泰因 66—67, 122, 316
Stern, James 詹姆斯·斯特恩 220—221, 281, 295, 304, 320, 324, 331, 333, 335—336, 338—339, 345, 353, 427, 432, 434, 444—445
Stern, Tania 塔尼娅·斯特恩 220, 281ff, 312, 324, 332, 334ff, 338—339, 345, 434, 444—445
Stevens, Albert 阿尔伯特·史蒂文斯 319, 329
Stevens Angelyn 安杰琳·史蒂文斯 319—320, 323, 329
Stevens, James 詹姆斯·史蒂文斯 276n.
Stevens, Wystan Auden 威斯坦·奥登·史蒂文斯 320
Stewart, J. I. M. J. I. M. 斯图尔特 80, 445—446
Stolper, Wolfgang 沃尔夫冈·施托尔珀 328
Strauss, Richard 理查德·施特劳斯 390—391, 400
Stravinsky, Igor 伊戈尔·斯特拉文斯基 349—357, 362—363, 368, 370—375, 377, 380, 390, 402, 420, 430, 433, 438, 452, 454
Stravinsky, Vera 薇拉·斯特拉文斯基 350, 353n., 374, 377, 430, 433, 438
Strobl, Frau 施特罗布尔夫人 427, 454
Sullivan, Arthur 阿瑟·沙利文 178
Sunday Times《星期日泰晤士报》191—192, 381, 441

Swami Prabhavananda 斯瓦米·帕拉伯瓦南达 296
Swarthmore College 斯沃斯莫尔学院 91, 324ff, 333, 341
Sykes, Christopher 克里斯托弗·赛克斯 445
Symons, Julian 朱利安·西蒙斯 191, 216

Taming of the Shrew《驯悍记》30, 326, 346
Tawney, R. H. R. H. 托尼 52
Taylor, Paul B. 保罗·B. 泰勒 429, 438
Tempest, The《暴风雨》41, 260, 325
Tennyson, Alfred 阿尔弗雷德·丁尼生 9, 57, 316, 329
Theology《神学》310
Third Hour, The "第三时" 377
Thomas, Dylan 狄兰·托马斯 118, 230, 372—373
Thomas, Edward 爱德华·托马斯 38
Thompson, Denys 德尼斯·汤普森 168
Threepenny Opera《三分钱歌剧》85, 372
Threlkeld 斯雷尔凯尔德 107, 139
Thurber, James 詹姆斯·瑟伯 60n.
Tillich, Paul 保罗·蒂利希 306
Time《时代》310
Times, The《泰晤士报》191, 239, 387—388, 413, 440, 444—445, 454
Times Literary Supplement《泰晤士报文学副刊》55, 116, 136, 166, 183, 247
Tippett, Michael 迈克尔·蒂皮特 167, 428
Toklas, Alice B. 爱丽丝·B. 托克拉斯 316
Tolkien, J. R. R. J. R. R. 托尔金 55, 81, 115, 377, 378n., 379, 397
Tolkien Society 托尔金学会 379n.

Toller, Ernst 恩斯特·托勒尔 194, 266
Tolstoy 托尔斯泰 301, 426
Toulouse-Lautrec 图卢兹-罗特列克 343
To the Lighthouse (Woolf)《到灯塔去》（伍尔夫）364
Toynbee, Philip 菲利普·汤因比 156, 364
Trades Union Congress 总工会 52, 57
Treece, Henry 亨利·特里斯 244
Trollope, Anthony 安东尼·特罗洛普 xvi, 54, 235
Trotsky 托洛茨基 376
'Truly Strong Man' "真正的强者" 193
Tucker, Sophie 索菲·塔克 66
Turleigh, Veronica 韦罗妮卡·图利 191, 194n.
Turville-Petre, Francis 弗朗西斯·特维尔-彼得 103—104, 116, 170, 234, 248n.
Tuscan Players (Kallman)《托斯卡纳的戏剧表演者》（卡尔曼）373
Twentieth Century Verse《二十世纪诗歌》191, 216
Tyler, 'Tock' 泰勒，"嘀嗒" 24

United States Strategic Bombing Survey 美国战略轰炸调查 333ff, 337
Uppingham School 阿平汉姆学校 24
Upward, Allen 艾伦·厄普华 126
Upward, Edward 爱德华·厄普华 63, 106, 118—119, 126, 128, 137, 148, 150, 152, 155—156, 179, 228, 454
US《我们／美国》189n.
U Thant 吴丹 437

Valencia 巴伦西亚 210—212, 214—215, 222, 224
Valentine, Mary 玛丽·瓦伦丁 344

Valery, Anne 安妮·瓦雷里 360n.
Valéry, Paul 保罗·瓦雷里 221, 330, 368
Valmouth (Firbank)《瓦尔茅斯》（弗班克）349
Van Gogh, Vincent 文森特·梵高 xvi
Vedanta 吠檀多 296, 320
Verdi 威尔第 261, 346
Verne, Jules 儒勒·凡尔纳 9
Viertel, Berthold 贝特霍尔德·菲尔特 225, 227, 248n.
Viking Press 维京出版社 337, 400
Virgil 维吉尔 145, 163
Vogue VOGUE 264
Voltaire 伏尔泰 287
Voznesensky, Andrei 安德烈·沃兹涅先斯基 406

Wagner, Richard 理查德·瓦格纳 xvi, 261, 350
Wain, John 约翰·韦恩 384
Walker, Peter 彼得·沃克 446
Walpole, Hugh 休·沃波尔 230
Walter-Ellis, Desmond 德斯蒙德·沃尔特-埃利斯 191
Walton, William 威廉·沃尔顿 413
Wanderer, The《流浪者》55
Warner, Jonathan ('John') 乔纳森·沃纳（"约翰"）128, 134, 155
Warner, Rex 雷克斯·沃纳 65—66, 70, 128, 155, 174, 206
Watt, Harry 哈里·瓦特 182—185
Waugh, Evelyn 伊夫林·沃 247, 291, 381
Way to the Sea《通往大海之路》205
Webster, C. K. C. K. 韦伯斯特 292
Webster, John 约翰·韦伯斯特 330, 385
We Come to the River (Henze)《我们来

到河边》（亨策）428
Week-end Review《周末评论》117
Weil, Simone 西蒙娜·薇依 298n.
Weill, Kurt 库尔特·魏尔 303
Weinheber, Josef 约瑟夫·魏因赫贝尔 390
'Wescoe' "维斯克" 107, 139, 167
Whitman, Walt 沃尔特·惠特曼 259, 301
Whitty, May 梅·惠蒂 295
Wilde, Oscar 奥斯卡·王尔德 261, 301
Williams, Charles 查尔斯·威廉斯 223—224, 231, 237, 283—287, 295, 300—301, 310, 337, 359, 405, 448
Williams, Emlyn 埃姆林·威廉斯 42, 326
Williams, Tennessee 田纳西·威廉斯 346
Wilson, Edmund 埃德蒙·威尔逊 342
Wilson Knight, G. G. 威尔逊·奈特 381—382
Wilson, Robert 罗伯特·威尔逊 439—440
Wincott, Geoffrey 杰弗里·温科特 191
Winter's Tale《冬天的故事》260
Wistanstow 威斯坦斯托 4
Witnesses, The "两个见证者" 134, 146—147, 170, 191
Wood, Chris 克里斯·伍德 135

Woodhams, Hilda 希尔达·伍德姆斯 161
Wordsworth, William 威廉·华兹华斯 29, 30, 54, 70n., 199, 295, 362
World Film News《世界电影新闻》189
Worsley. T. C. T. C. 沃斯利 247, 265, 279
Wrenn, C. L. C. L. 雷恩 55
Wright, Austin 奥斯汀·赖特 176—177
Wright, James 詹姆斯·赖特 337
Wright, Norman 诺曼·赖特 112
Wystan, St 圣威斯坦 4

Yale University 耶鲁大学 311
Yale University Press 耶鲁大学出版社 337
Yanovsky, V. S. V. S. 亚诺夫斯基 276, 377, 408—409, 414, 427, 431—432, 436, 438ff
Yates, Marny 玛尼·耶茨 390, 451
Yates, Michael 迈克尔·耶茨 143, 168, 174n., 195—196, 201—202, 389—390, 392, 410, 428, 436, 451—452
Yeats, W. B. W. B. 叶芝 68, 159, 216, 223n., 255ff, 284, 390, 399, 416, 425, 448, 455
York 约克 3—5, 146
Yugoslavia, visit to 前往南斯拉夫 73

译后记

与奥登相伴多年,而且是在人生的 20 至 40 岁期间,正是内在的触角小心翼翼但又毫不妥协地向外探寻的年纪。早已奉他为人生导师,就像他在人生暮年感恩曾拥有"一位可以倾诉衷肠的导师",我在人生中途时常感喟奥登助我形塑了独立的品格。不敢遑论有多了解他,但汉弗莱·卡彭特的《奥登传》,一直以来都是我从事奥登诗歌翻译与研究的案头书。

起念翻译《奥登传》,要追溯到十年前。那时,我译出了前两章,明媚如春风的苏州女子易海舟翻译了半个章节,但我们踌躇满志的译事却没有就此生根发芽。《奥登诗选》尚未出版,编辑似乎并不期待《奥登传》面世,再则考虑到版权事宜,林林总总很是让人气馁。在过去的十年间,相继与几位出版社编辑聊过此书,最终都不了了之。我一度以为这本传记没有汉译的可能性了。时间辗转倾流至 2020 年,许是柳暗花明,有人相邀翻译《奥登传》,且来自不同的出版社。最终,上海明室拿到了版权,我与赵磊编辑的合作就此开启。

其间，我的研究生张玮琦、郑逸梵、杨瑶，还有我的师妹张茁，他们抽空帮忙校对了译稿，在此必须奉上由衷的谢意。浙江省哲学社会科学规划重点课题"两战之间英国诗坛代际关系研究（1929—1939）"（项目编号：23NDJC028Z）的立项资助，也为我"清心志于一事"提供了有力支撑。大学"青椒"的忙碌应该是众所周知之事，我虽然年届"老椒"，但在很多统计数据里仍然忝列"青年"，有安身立命所需的日常教学和科研工作要完成。若想在学术事业上走得更远，翻译绝不是一个首选，尤其是这么厚重的一本书。不过，这是"亲爱的 A 先生"啊！

专注于钟爱之事，这其实正是奥登给予我的最重要的生活智慧。奥登年纪轻轻就立志要成为大诗人，由于始终铭记初心，他此后的人生选择和诗学取向都是朝着最初设定的诗歌理想前行：当现实的处境让他感觉到这个理想难以为继的时候，他就主动选择"他乡"作为新的创作环境；当创作的主题让他察觉到自己难以产生共鸣的时候，即便要在痛苦中承认自己的失败，他也要在痛定思痛之后重新思考自己的位置。斯彭德作为"奥登的心腹、学家和注释员"，曾谈到他对晚年奥登的印象，认为他"一直保持着目标的一致性"："他只专注于一个目标——写诗，而他所有的发展都在这个目标之内。当然，他的生活并非完全没有受到非文学事务的扰攘，但这些扰攘没有改变他的生活。其他人（包括我自己）都深陷于生活的各种事务中——工作、婚姻、孩子、战争等——与当初相比，我们大家都像是变了个人……奥登也在变化，但始终是同一个人。"用美国现代诗人詹姆斯·梅里尔的话来说，奥登主动选择了一种文学性的生活。由于始终铭记自己的独特面孔，他每走一步，都不是白费，而是积累。他不仅仅积累经验，也积累智慧。关于这一点，黄灿然先生不无感慨地说："奥登不仅提供了一条成功的途径，而且提供了一条哪怕不成功，也仍然可以活得自足、自在、自信，从而免受外部力量左右的途径。"小径多分岔，许多时候无关对错，却关乎初心。

在翻译的过程中，奥登的生命画卷随作者细腻的笔触缓缓铺展。书中的很多内容，都是我这些年来在各类文献资料里接触过、推敲过的细节。童蒙时期的"那个堆满书籍的房间"，奠定了奥登广博的阅读兴趣和兼收并蓄的思想倾向。青少年时代的公学生活，让他在之后的岁月里始终对权威保持一份警惕，并且尽量避免自己沦为某种"权威"的代言人。成年之后渴望以"灵性之爱"抵御人世浮沉中的种种诱惑与磨难，像一个虔诚的基督徒那样把爱的信仰浇灌到日常生活里，不管对方（切斯特·卡尔曼）"如何一而再再而三地／诋毁它、遗弃它、／对它抱以冷眼与怀疑"，他都"永不弃绝"。在体验了成长的欢愉、创作的激情、思想的交锋之后，衰老不期而至。雕塑家亨利·摩尔曾赞叹，奥登的脸是"深深的犁沟""横贯田野的犁沟"。哲学家汉娜·阿伦特说，这就好像"生命本身细致地勾绘了一种面部景观，借以展现'内心无形的愠怒'"。诗人布罗茨基说，四面八方的皱纹纠缠在奥登的双眼之间，形成了一幅错综复杂的地图。作曲家斯特拉文斯基则不无抱怨地指出，为了看清楚奥登的模样，须得熨平他的脸。最生动的描述来自奥登本人——"我的脸看起来就像是一块被雨水打湿的婚礼蛋糕"。奥登的脸就像是他留给我们的一张上了锁的私人面孔，而这本《奥登传》无疑是一把适配的钥匙，借此可以敲开他盎然的诗意人生。

译稿完成之际，我已届不惑之年。所谓"不惑"，并非没有疑惑，而是不再与疑惑缠斗。有人说，一个读书人往往处于深刻与茫然之间，书山的背后也许恰恰是巨大的虚空。我虽尚未拥有"深刻"，但类似于浮士德走出书斋的感慨时常生发。而今，每每遭遇如是困惑，总是念及"亲爱的 A 先生"。他一直深信，"诚"与"真"的最高形式是践行，也就是说，阅读、思考和写作，最终都要落实到具体可感的生活里。

我手里握着的时间正在变薄，与其追赶时间，不如模仿时间。布罗茨基曾说，很多人之所以不喜欢晚年的奥登，是因为"他达到了声音的中立，嗓子的中立"，但恰恰是这种"中立"异常难能可贵——"它来自当他与时间汇流在一起。因为时间是中立的。生活的实体是中立的。"

Many happy returns of the day, Mr. A.

蔡海燕
2022 年 2 月 21 日初稿
2023 年 1 月 15 日定稿

图书在版编目（CIP）数据

奥登传：穿越焦虑时代 /（英）汉弗莱·卡彭特著；
蔡海燕译 . -- 北京：北京联合出版公司 , 2024.4
 ISBN 978-7-5596-7418-0

Ⅰ . ①奥… Ⅱ . ①汉… ②蔡… Ⅲ . ①奥登－传记
Ⅳ . ① K856.156

中国国家版本馆 CIP 数据核字 (2024) 第 041776 号

北京市版权局著作权合同登记号 图字：01-2024-0631 号

奥登传：穿越焦虑时代

作　者：［英］汉弗莱·卡彭特
译　者：蔡海燕
出 品 人：赵红仕
策划机构：明　室
策划编辑：赵　磊
特约编辑：赵　磊　李佳晟
责任编辑：龚　将
装帧设计：山川制本 workshop

北京联合出版公司出版
(北京市西城区德外大街 83 号楼 9 层　100088)
北京联合天畅文化传播公司发行
北京市十月印刷有限公司印刷　新华书店经销
字数 612 千字　880 毫米 ×1230 毫米　1/32　26.25 印张
2024 年 4 月第 1 版　2024 年 4 月第 1 次印刷
ISBN 978-7-5596-7418-0
定价：148.00 元

版权所有，侵权必究
未经书面许可，不得以任何方式转载、复制、翻印本书部分或全部内容。
本书若有质量问题，请与本公司图书销售中心联系调换。
电话：(010) 64258472-800

W. H. Auden: A Biography by Humphrey Carpenter
Copyright © Humphrey Carpenter 1981
This edition arranged with Felicity Bryan Associates Ltd.
through Andrew Nurnberg Associates International Limited
Simplified Chinese edition copyright
© 2024 Shanghai Lucidabooks Co., Ltd.
All rights reserved.